TÂNIA DA SILVA PEREIRA
ANTÔNIO CARLOS MATHIAS COLTRO
SOFIA MIRANDA RABELO
LIVIA TEIXEIRA LEAL

COORDENADORES

AVOSIDADE
RELAÇÃO JURÍDICA ENTRE AVÓS E NETOS

ENFOQUE MULTIDISCIPLINAR

2021

2021 © Editora Foco

Coordenadores: Tânia da Silva Pereira, Antônio Carlos Mathias Coltro, Sofia Miranda Rabelo e Livia Teixeira Leal
Autores: Acary Souza Bulle Oliveira, Aderbal Sabra, Álvaro Villaça Azevedo, Ana Carolina Brochado Teixeira, Andrea Romero de Almeida, Antônio Carlos Mathias Coltro, Carolina Kffuri Nunes, Clara Cardoso Machado Jaborandy, Cristiano Chaves de Farias, Danielle Tavares Peçanha, Denise Abreu Cavalcanti, Felipe Quintella Machado de Carvalho, Guilherme Calmon Nogueira da Gama, Gustavo Tepedino, Heloisa Helena Barboza, Juliene Terra, Livia Teixeira Leal, Maria Aglaé Tedesco Vilardo, Maria de Fátima Freire de Sá, Maria Garcia, Miriam Nardelli, Nelson Rosenvald, Paulo Lôbo, Pedro Caetano de Carvalho, Renata Furlan Viebig, Roberto Rosas, Rolf Madaleno, Selma Sabra, Sergio Nick, Sofia Miranda Rabelo, Taisa Maria Macena de Lima, Tânia da Silva Pereira, Tatiane Gonçalves Miranda Goldhar, Tereza Cristina Monteiro Mafra e Vitor Almeida
Diretor Acadêmico: Leonardo Pereira
Editor: Roberta Densa
Assistente Editorial: Paula Morishita
Revisora Sênior: Georgia Renata Dias
Capa Criação: Leonardo Hermano
Imagem de Capa: Eugenio Zampighi (1859–1944) – Playing With Baby Oil on Canvas
Diagramação: Ladislau Lima e Aparecida Lima
Impressão miolo e capa: FORMA CERTA

Dados Internacionais de Catalogação na Publicação (CIP) (Câmara Brasileira do Livro, SP, Brasil)

A962 Avosidade: relação jurídica entre avós e netos – enfoque multidisciplinar / Acary Souza Bulle Oliveira ... [etal. ; coordenado por Tânia da Silva Pereira ... [et al.]. - Indaiatuba, SP : Editora Foco, 2021.
432 p. ; 17cm x 24cm.

Inclui índice e bibliografia.

ISBN 978-65-5515-138-1

1. Direito familiar. 2. Relação jurídica. 3. Avós. 4. Netos. I. Oliveira, Acary Souza Bulle. II. Sabra, Aderbal. III. Azevedo, Álvaro Villaça. IV. Teixeira, Ana Carolina Brochado. V. Almeida, Andrea Romero de. VI. Coltro, Antônio Carlos Mathias. VII. Nunes, Carolina Kffuri. VIII. Jaborandy, Clara Cardoso Machado. IX. Farias, Cristiano Chaves de. X. Peçanha, Danielle Tavares. XI. Cavalcanti, Denise Abreu. XII. Carvalho, Felipe Quintella Machado de. XIII. Gama, Guilherme Calmon Nogueira da. XIV. Tepedino, Gustavo. XV. Barboza, Heloisa Helena. XVI. Penha, Juliene Terra da. XVII. Leal, Livia Teixeira. XVIII. Vilardo, Maria Aglaé Tedesco. XIX. Sá, Maria de Fátima Freire de. XX. Garcia, Maria. XXI. Nardelli, Miriam. XXII. Rosenvald, Nelson. XXIII. Lôbo, Paulo. XXIV. Carvalho, Pedro Caetano de. XXV. Viebig, Renata Furlan. XXVI. Rosas, Roberto. XXVII. Madaleno, Rolf. XXVIII. Sabra, Selma. XXIX. Nick, Sergio. XXX. Rabelo, Sofia Miranda. XXXI. Lima, Taisa Maria Macena de. XXXII. Pereira, Tânia da Silva. XXXIII. Goldhar, Tatiane Gonçalves Miranda. XXXIV. Mafra, Tereza Cristina Monteiro. XXXV. Almeida, Vitor. XXXVI. Título.

2020-2234   CDD 342.16   CDU 347.61

Elaborado por Vagner Rodolfo da Silva - CRB-8/9410

Índices para Catálogo Sistemático:

1. Direito familiar 342.16   2. Direito familiar 347.61

DIREITOS AUTORAIS: É proibida a reprodução parcial ou total desta publicação, por qualquer forma ou meio, sem a prévia autorização da Editora FOCO, com exceção do teor das questões de concursos públicos que, por serem atos oficiais, não são protegidas como Direitos Autorais, na forma do Artigo 8º, IV, da Lei 9.610/1998. Referida vedação se estende às características gráficas da obra e sua editoração. A punição para a violação dos Direitos Autorais é crime previsto no Artigo 184 do Código Penal e as sanções civis às violações dos Direitos Autorais estão previstas nos Artigos 101 a 110 da Lei 9.610/1998. Os comentários das questões são de responsabilidade dos autores.

NOTAS DA EDITORA:

Atualizações e erratas: A presente obra é vendida como está, atualizada até a data do seu fechamento, informação que consta na página II do livro. Havendo a publicação de legislação de suma relevância, a editora, de forma discricionária, se empenhará em disponibilizar atualização futura.

Erratas: A Editora se compromete a disponibilizar no site www.editorafoco.com.br, na seção Atualizações, eventuais erratas por razões de erros técnicos ou de conteúdo. Solicitamos, outrossim, que o leitor faça a gentileza de colaborar com a perfeição da obra, comunicando eventual erro encontrado por meio de mensagem para contato@editorafoco.com.br. O acesso será disponibilizado durante a vigência da edição da obra.

Impresso no Brasil (09.2020) – Data de Fechamento (09.2020)

2021

Todos os direitos reservados à
Editora Foco Jurídico Ltda.

Rua Nove de Julho, 1779 – Vila Areal
CEP 13333-070 – Indaiatuba – SP

E-mail: contato@editorafoco.com.br
www.editorafoco.com.br

SOBRE OS AUTORES

ACARY SOUZA BULLE OLIVEIRA
Pós-doutorado na Columbia University, New York, EUA. Residência médica, mestrado e doutorado em Neurologia pela Escola Paulista de Medicina. Graduado em medicina. Professor afiliado da Disciplina de Neurologia da EPM – UNIFESP.

ADERBAL SABRA
Livre-Docente e Doutor pela UFRJ. Fez 3 Pós-Doc: Gastroenterologia em Denver em 1973, Doenças Infecciosas Intestinais em Detroit em 1985 e em Imunologia e Alergia Alimentar em Washington, DC, em 1997. Membro Titular da Academia Nacional de Medicina. Chefe da Unidade de Alergia Alimentar e Autismo do Serviço de Imunologia Clínica e Experimental da Santa Casa da Misericórdia do Rio de Janeiro. Foi Professor Titular de Pediatria da UFF, da UFRJ, da FM de Petrópolis e da UNIGRANRIO. Autor de 7 livros de medicina; *Diarreias Agudas na Infância; Diarreia Aguda e Crônica em Pediatria; Mal Absorção; Doenças do Tubo Digestivo em Pediatria; Hepatologia Pediátrica e Manual de Alergia Alimentar*, todos esgotados. Autor de mais de 150 trabalhos científicos, com os trabalhos pioneiros que associam alergia alimentar e autismo. Professor Sabra tem clínica em Ipanema, no número 330, sala 311, tel. 22670645. Seu celular é 21 998347709. Seu ORCID é 0000.0002.1251.4960. Currículo Lattes 6687.1203.5251.7690. CRM é 52-02146-0.

ÁLVARO VILLAÇA AZEVEDO
Doutor em Direito. Professor Titular de Direito Civil. Regente de Pós-Graduação e ex-Diretor da Faculdade de Direito da Universidade de São Paulo – USP. Professor Titular de Direito Romano, de Direito Civil e ex-Diretor da Faculdade de Direito da Universidade Presbiteriana Mackenzie, em São Paulo. Professor Titular de Direito Romano e ex-Diretor da Faculdade de Direito da Fundação Armando Álvares Penteado – FAAP, em São Paulo. Advogado e ex-Conselheiro Federal e Estadual da Ordem dos Advogados do Brasil. Advogado. Parecerista e Consultor Jurídico. Autor de aproximadamente trinta livros, incluindo o Curso de Direito Civil (7 volumes) – Saraiva.

ANA CAROLINA BROCHADO TEIXEIRA
Doutora em Direito Civil pela UERJ. Mestre em Direito Privado pela PUC/MG. Especialista em Diritto Civile pela Università degli Studi di Camerino, Itália. Professora de Direito Civil do Centro Universitário UNA. Coordenadora editorial da Revista Brasileira de Direito Civil – RBDCivil. Advogada.

ANDREA ROMERO DE ALMEIDA
Graduada em Nutrição pela Universidade de São Paulo (1993) e em Psicologia pela Universidade Presbiteriana Mackenzie (2018), Mestre em Saúde Pública pela Universidade de São Paulo (2000). Doutoranda no Programa de Distúrbios do Desenvolvimento da Universidade Presbiteriana Mackenzie (2018). Especialista pela UNIFESP em Teorias e Técnicas para Cuidados Integrativos (2012) e em Administração Hoteleira pelo SENAC (1995). Desde 2010 é professora da Universidade Presbiteriana Mackenzie, supervisiona os alunos em estágios de AUAN e Saúde Coletiva, é orientadora de TCC, participa de projetos de pesquisa e orienta projetos de Iniciação Científica. Atua como psicóloga nas áreas de Análise do Comportamento e Transtornos Alimentares.

ANTÔNIO CARLOS MATHIAS COLTRO
Mestre em Direito das Relações Sociais (PUC-SP). Presidente do Instituto Brasileiro de Direito Constitucional (IBDC). Regente de Direito Civil na PUC-SP, de 1990 a 2005 e de IED na FADISP, por cinco anos, a partir de sua fundação. Autor de trabalhos de Direito Civil, Processual Civil, Constitucional e Penal Eleitoral. Desembargador do TJSP.

CAROLINA KFFURI NUNES
Graduada em Direito pela Universidade de Alfenas – UNIFENAS. Especialista em Direito Civil, Processo Civil, Família e Sucessões pelo Centro Universitário de Maringá – UNICESUMAR. Mestranda em Direito e Internet pela Universidade do Minho em Braga, Portugal. Advogada nas comarcas paraenses de Campo Mourão e Curitiba.

CLARA CARDOSO MACHADO JABORANDY

Doutora e mestre em direito pela UFBA. Especialista em direito público pela UNIDERP. Professora do Programa de mestrado em direitos humanos da UNIT. Advogada e Vice-presidente da Comissão de Estudos Constitucionais da OAB/SE. claracardoso-machado@gmail.com.

CRISTIANO CHAVES DE FARIAS

Mestre em Família na Sociedade Contemporânea pela Universidade Católica do Salvador – UCSal. Professor da Faculdade Baiana de Direito. Professor do Complexo de Ensino Renato Saraiva – CERS. Membro da Diretoria Nacional do Instituto Brasileiro de Direito de Família – IBDFAM. Promotor de Justiça do Ministério Público do Estado da Bahia.

DANIELLE TAVARES PEÇANHA

Mestranda em Direito Civil da Faculdade de Direito da Universidade do Estado do Rio de Janeiro (UERJ). Advogada.

DENISE ABREU CAVALCANTI

Mestranda em Direito das Migrações Transnacionais pela UNIVALI e Universitá Perugia – Itália. Especialista em Direito Civil. Assessora Jurídica e Colaboradora voluntária na Operação Acolhida. Presidente do Instituto Brasileiro de Direito de Família em Roraima. Presidente da Comissão da Criança e do Adolescente da OAB/RR. Membro da Comissão Nacional dos Direitos da Criança e do Adolescente do CFOAB. Membro da Comissão Nacional de Adoção do IBDFAM. Advogada.

FELIPE QUINTELLA MACHADO DE CARVALHO

Doutor, Mestre e Bacharel em Direito pela UFMG. Coordenador Geral da Faculdade de Direito Milton Campos. Professor dos Cursos de Graduação e de Mestrado da Faculdade de Direito Milton Campos. Professor do Ibmec BH. Advogado e consultor jurídico na área de planejamento patrimonial.

GUILHERME CALMON NOGUEIRA DA GAMA

Doutor em Direito Civil pela UERJ. Professor Titular de Direito Civil da UERJ. Professor Titular de Direito Civil do IBMEC/RJ. Professor Permanente do PPGD da UNESA. Membro fundador da Academia Brasileira de Direito Civil (ABDC). Membro do Instituto Brasileiro de Direito de Família (IBDFAM). Membro do Instituto Brasileiro de Responsabilidade Civil (IBERC) e membro honorário do Instituto dos Advogados do Brasil (IAB). Desembargador do Tribunal Regional Federal da 2ª Região. Desembargador do Tribunal Regional Federal da 2ª Região. Pesquisador na área do Direito. ex-Conselheiro do Conselho Nacional de Justiça,

GUSTAVO TEPEDINO

Professor Titular de Direito Civil e ex-diretor da Faculdade de Direito da Universidade do Estado do Rio de Janeiro (UERJ).

HELOISA HELENA BARBOZA

Professora Titular de Direito Civil da Faculdade de Direito da Universidade do Estado do Rio de Janeiro (UERJ). Diretora da Faculdade de Direito da Universidade do Estado do Rio de Janeiro (UERJ). Doutora em Direito pela UERJ e em Ciências pela ENSP/FIOCRUZ. Especialista em Ética e Bioética pelo IFF/FIOCRUZ. Procuradora de Justiça do Estado do Rio de Janeiro (aposentada). Parecerista e advogada.

JULIENE TERRA

Pós-graduanda Lato Sensu em Direito Imobiliário, Notarial e Registral pela Uerj. Bacharel em Direito pela UERJ, aprovada no XXVI Exame Unificado da Ordem dos Advogados do Brasil (OAB/RJ), Jornalista e Pesquisadora.

LIVIA TEIXEIRA LEAL

Doutoranda e Mestre em Direito Civil pela UERJ. Pós-Graduada pela EMERJ. Professora da PUC-Rio, da EMERJ e da ESAP. Assessora no Tribunal de Justiça do Rio de Janeiro – TJRJ.

MARIA AGLAÉ TEDESCO VILARDO

Doutora em bioética, ética aplicada e saúde coletiva pelo Programa de Pós-Graduação em Bioética, em associação da Universidade do Estado do Rio de Janeiro, Universidade Federal do Rio de Janeiro, Universidade Federal Fluminense e Fundação Oswaldo Cruz, com doutorado sanduíche no Kennedy Institute of Ethics, na Georgetown University – Washington DC – EUA. Professora da Escola da Magistratura do Estado do Rio de Janeiro – EMERJ. Presidente do Fórum Permanente de Biodireito, Bioética e Gerontologia da EMERJ. Juíza de Direito do Tribunal de Justiça do Estado do Rio de Janeiro.

MARIA DE FÁTIMA FREIRE DE SÁ

Doutora (UFMG) e Mestre (PUCMinas) em Direito. Professora da Graduação e do Programa de Pós-graduação (especialização, mestrado e doutorado) em Direito na PUCMinas. Pesquisadora do Centro de Estudos em Biodireito – CEBID. Advogada.

MARIA GARCIA

Professora-Associada Livre-Docente – PUC /SP. Procuradora do Estado. Ex-Assistente Jurídico da Reitoria da USP. Professora de Direito Constitucional, Educacional, Biodireito/Bioética, Previdenciário e Psicologia Jurídica. Membro do Comitê de Bioética/HCFMUSP e HCOR. Diretora Geral do IBDC. Membro do Instituto dos Advogados de São Paulo/IASP, da Academia Paulista de Letras Jurídicas (Cadeira Enrico T. Liebman) e do Conselho Superior de Direito da FECOMERCIO.

MIRIAM NARDELLI

Mestre pela Universidade de Brasília (UnB) e pós-graduada em Iluminação e Design pelo IPOG-DF. Arquiteta. Professora universitária por 14 anos na Unieuro-DF. Professora convidada para participar de bancas de graduação, atuou também como orientadora e coorientadora de muitos formandos. Foi por duas vezes conselheira do Crea-DF tendo sido Coordenadora da Câmara de Arquitetura. Integrou a Comissão Organizadora do XX Congresso Pan-americano de Arquitetos, em 2006, e foi coautora de artigo apresentado no IV Encontro Nacional de Tecnologia do Ambiente Construído, em 1997. Arquiteta aposentada do Banco do Brasil.

NELSON ROSENVALD

Pós-Doutor em Direito Civil Universidade Roma Tre (IT). Pós-Doutor em Direito Societário pela Universidade de Coimbra (PO). Doutor e Mestre pela PUC-SP. Professor de Direito Civil do Doutorado e Mestrado do IDP/DF. Procurador de Justiça do Ministério Público de Minas Gerais. Presidente do IBERC – Instituto Brasileiro de Estudos de Responsabilidade Civil.

PAULO LÔBO

Doutor em Direito Civil pela USP. Professor Emérito da UFAL. Foi Conselheiro do Conselho Nacional de Justiça. Membro fundador do IBDFAM. Membro da International Society of Family Law.

PEDRO CAETANO DE CARVALHO

Filósofo e Juiz de Direito aposentado. Coordenador Estadual da Fundação Catarinense do Bem-Estar do Menor. Presidente do Conselho Estadual dos Direitos da Criança e do Adolescente, onde representava a Escola de Pais do Brasil, seccional de SC. Professor da ESMESC – Escola Superior da Magistratura Catarinense. Secretário Executivo da ABMP-Associação Brasileira dos Magistrados e Promotores da Infância e Juventude. Ex-membro da Ordem dos Clérigos Regulares Teatinos e do IBDFAM. Autor de diversas publicações sobre o cuidado, família, criança e adolescente. Pai de dois filhos e avô de um neto.

RENATA FURLAN VIEBIG

Graduada em Nutrição pela Universidade Bandeirante de São Paulo (1998). Doutora em Ciências pelo Departamento de Medicina Preventiva da Faculdade de Medicina da Universidade de São Paulo – FMUSP (2010) e Mestre em Saúde Pública pela Faculdade de Saúde Pública da Universidade de São Paulo – FSP/USP (2002). Especialista em Nutrição Clínica (2000) e em Teorias e Técnicas em Cuidados Integrativos pela Universidade Federal de São Paulo – UNIFESP (2013). Docente da Universidade Presbiteriana Mackenzie, desde 2009, atuando também como supervisora de estágios na área de Nutrição Clínica e na orientação de Trabalhos de Conclusão de Curso e de Iniciação Científica. Docente e orientadora de cursos de pós-graduação do Centro Universitário São Camilo, desde 2003.

ROBERTO ROSAS

Professor Titular da Faculdade de Direito da Universidade de Brasília; Doutor em Direito pela Faculdade de Direito da UFRJ; Doutor em Direito pela Universidade de Brasília; Mestre em Direito pela Universidade de Brasília; Membro da Academia Brasileira de Letras Jurídicas; Ex-Ministro do Tribunal Superior Eleitoral.

ROLF MADALENO

Professor de Direito de Família e Sucessões na Pós-Graduação da PUC/RS. Diretor Nacional e sócio fundador do IBDFAM. Metre pela PUC/RS. Palestrante no Brasil e exterior. Advogado.

SELMA SABRA

Mestre em Pediatria pela Universidade Federal Fluminense – UFF e da Clínica Médica da Criança e do Adolescente da Universidade do Grande Rio – UNIGRANRIO. Doutoranda da UFF. Membro Titular da Academia de Medicina do Rio de Janeiro. Membro da Associação de Mulheres Jornalistas e Escritoras do Brasil, (AJEB) Unidade Rio de Janeiro. Membro Titular da Academia Brasileira de Medicina e Reabilitação. Editora da Coluna Saúde de domingo do Jornal O Fluminense. Bacharel em Direito, advogada com pós-graduação "Lato Sensu" em Direito Civil e Processo Civil.

SERGIO NICK

Especialista em Psiquiatria e Psicoterapia da Criança e do Adolescente - IPUB/UFRJ. Especialista em Direito Especial da Criança e do Adolescente - UERJ. Psiquiatra e Psicanalista. Vice-Presidente da International Psychoanalytical Association – IPA (2017-2021). Psicanalista de Crianças e Adolescentes – COCAP/IPA. Membro efetivo da Sociedade Brasileira de Psicanálise do Rio de Janeiro – SBPRJ. Membro da Associação Brasileira de Psiquiatria – ABP.

SOFIA MIRANDA RABELO

Doutora em Direito Privado pela PUC/MG. Mestre em Direito pela UFMG. Segunda vice-presidente do Instituto dos Advogados de Minas Gerais (IAMG). Membro da International Society of Family Law (ISFL), da Academia Brasileira de Direito Civil (ABDC), do Instituto dos Advogados de São Paulo (IASP) e da Associação Brasileira de Direito Processual (ABDPRO). Advogada.

TAISA MARIA MACENA DE LIMA

Doutora e Mestre em Direito pela UFMG. Professora da Graduação e do Programa de Pós-graduação (mestrado e doutorado) em Direito na PUCMinas. Ex-bolsista do DAAD. Conselheira do KAAD. Desembargadora do Trabalho.

TÂNIA DA SILVA PEREIRA

Mestre em Direito Privado pela UFRJ, com equivalência em Mestrado em Ciências Civilísticas pela Universidade de Coimbra (Portugal). Professora de Direito aposentada da PUC/Rio e da UERJ. Advogada especializada em Direito de Família, Infância e Juventude.

TATIANE GONÇALVES MIRANDA GOLDHAR

Mestre em Direito Civil pela Universidade Federal de Pernambuco. Especialista em Processo Civil pela FANESE/JusPodivm. Professora Universitária de Graduação e Pós-Graduação. Conselheira da Ordem dos Advogados do Brasil – OAB/SE Diretora do Núcleo de Pós Graduação da Escola Superior de Advocacia de Sergipe – ESA/SE Presidente da Associação Jurídica do Estado de Sergipe –AJE-SE. Advogada. tatianegoldhar@gmail.com.

TEREZA CRISTINA MONTEIRO MAFRA

Doutora, Mestra e Bacharela em Direito pela UFMG. Diretora da Faculdade de Direito Milton Campos. Professora dos Cursos de Graduação e de Mestrado da Faculdade de Direito Milton Campos. Advogada.

VITOR ALMEIDA

Doutor e Mestre em Direito Civil pela Universidade do Estado do Rio de Janeiro (UERJ). Professor Adjunto de Direito Civil da Universidade Federal Rural do Rio de Janeiro (UFRRJ). Professor dos cursos de especialização do CEPED-UERJ, PUC-Rio e EMERJ. Vice-diretor do Instituto de Biodireito e Bioética (IBIOS). Membro do Instituto Brasileiro de Estudos de Responsabilidade Civil (IBERC). Pós-doutorando em Direito Civil pela Universidade do Estado do Rio de Janeiro (UERJ). Advogado.

PREFÁCIO

> *"Ser avô e avó é como fazer uma colcha de retalho... é juntar pedaço por pedaço de cada quadradinho, de cada retângulo, de tamanhos diferentes, de cores diferentes, mas sempre cores vivas, alegres, cheias de vida e transformando aqueles pequenos retalhos num ato de amor, mesmo que cada um tenha estilo próprio".*[1]
>
> Ana Maria Pantaneira

Antes mesmo de se manifestar no Brasil a Pandemia da Covid-19, tínhamos programado uma obra coletiva interdisciplinar visando trazer para o Direito os debates que já se iniciavam em outras ciências sociais e médicas sobre a Avosidade, ou seja, relações entre avós, filhos e netos, buscando a aproximação entre gerações, envolvendo também as relações com a família extensa.

Os "Estatutos" vigentes no Brasil, a partir da década de oitenta, não conseguiram vencer os desafios que se apresentaram quanto às situações humanas que envolviam as diversas vulnerabilidades de crianças e jovens, idosos e pessoas com deficiência.[2]

Neste momento em que se propõe a valorização da convivência familiar dos idosos e pessoas com deficiência entre si e também com crianças e jovens, este convívio na proposta inicial da obra deveria representar uma troca de experiências entre gerações e referencial significativo, incentivando a construção de uma cultura solidária.

No entanto, em meio à Pandemia, nos vimos diante do grande desafio de vivenciar a integração intergeracional em meio ao risco de contágio ou ao enfrentamento de suas consequências. Da mesma forma, tornou-se mais difícil o convívio na distância física

---

1. Disponível em: [https://blogdopoliglota.com.br/2016/07/26/avos-e-netos-uma-relacao-de-infinito-afeto/]. Acesso em: 17.07.2020.
2. O *Estatuto da Criança e do Adolescente* (Lei. n. 8.069/80) nasceu da declaração de direitos fundamentais da criança e do adolescente enumerados no art. 227 da Constituição Federal, fruto de uma mobilização social em prol da emenda à Constituição que incorporou no texto constitucional os princípios básicos da Convenção Internacional sobre os Direitos da Criança, os quais já eram discutidos na ONU. A referida convenção foi aprovada em novembro de 1989 e ratificada pelo Brasil através do Decreto 99.710, de 21.11.1990. A Lei n. 8.069 de 13.07.1990 de julho de 1990 entrou em vigor em 12 de outubro do mesmo ano. O *Estatuto do Idoso* (Lei n. 10.741 de 10.10.2003) nasceu do art. 230 da Constituição Federal ao fixar os princípios básicos para a proteção e atendimento do idoso, determinando especialmente a defesa de sua dignidade e bem-estar, garantindo o direito à vida e a participação na comunidade. O *Estatuto da Pessoa com deficiência* (Lei n. 13.146/2015), conhecida como *Lei brasileira de Inclusão da pessoa com deficiência*, tem como base a Convenção sobre os direitos das pessoas com deficiência e o seu Protocolo Facultativo, ratificados pelo Congresso Nacional por meio do Decreto Legislativo n. 186 de 09.07.2008, atendendo o procedimento previsto no § 3º do art. 5º da Constituição Federal.

duradoura e na privação de recursos, diante de situações-limite que impedem a aproximação e as oportunidades de demonstrar carinho e responsabilidade.

Neste cenário complexo do novo *coronavírus*, a obra avançou com o desenvolvimento de temas atuais vinculados às relações entre os avós e netos e o aprofundamento teórico pertinente, abrangendo a família, idosos, relações intergeracionais e impulsionando as reflexões concernentes à *avosidade*.

Esclareça-se que o neologismo "*avosidade*", emprestado da língua espanhola, "*abuelidad*", refere-se às relações entre avós e netos na contemporaneidade. Fenômeno estudado no ocidente, tem-se expressões inauguradas para designação da intensa relação intergeracional nos mais diversos idiomas. *Grandparenthood,* para língua inglesa, *grands-parentalités* para a francesa, inaugurando a dinâmica social e familiar a partir da participação efetiva dos avós.

A avosidade, até então despercebida no Brasil no âmbito do Direito, é apresentada nesta obra coletiva com diversas reflexões, questionamentos e investigações, representando marco inicial de debates, não só no mundo jurídico, como em outras áreas do conhecimento.

Nestes estudos cabe-nos reportar ao movimento feminino que ocorreu na Argentina, no século passado, conhecido como as "Avós da Praça de Maio", liderado por mulheres que se mobilizaram incansavelmente para localizar seus netos, cujos nascimentos se deram nas prisões durante a ditadura militar (1976/1983). Os bebês recém-nascidos eram "doados" às famílias indicadas pelos militares. A Associação Civil *Abuelas de Plaza de Mayo* é mundialmente conhecida como uma organização de direitos humanos que tem como finalidade localizar e restituir crianças sequestradas ou desaparecidas no período da ditadura militar argentina, buscando suas legítimas famílias e criando as condições para prevenir este crime contra a humanidade e obter o castigo correspondente para todos os responsáveis.[3]

O jornal Folha de São Paulo de 21.08.2018 noticiou a morte aos 95 anos de Maria Isabel "Chica" Chorobik de Mariani, uma das fundadoras do Grupo; numa busca incansável, jamais reencontrou sua neta Clara Anahí. O caso "Clara Anahí" tornou-se emblemático em razão das "Cartas Abertas" que Mariani escreveu à sua neta. Mariani dirigiu o grupo até 1977, quando se afastou para criar a Fundação Clara Anahí com o objetivo de buscar a neta, tendo sido sucedida por Estela de Carlotto na direção daquela organização. Até o dia 09 de abril de 2019 a Associação tinha solucionado 129 casos de crianças desaparecidas durante a última ditadura militar. Em 10 de dezembro de 2003, Estela de Carlotto recebeu o Prêmio de Direitos do Homem da ONU, e em 12 de maio de 2008 a Associação foi nominada ao Prêmio Nobel da Paz.[4]

Seja em relação ao ocorrido na Argentina, seja no tocante ao Brasil, quanto à edição de leis destinadas à proteção do Idoso e da Infância e Juventude, percebe-se claramente

---

3. Disponível em: [https://pt.wikipedia.org/wiki/Av%C3%B3s_da_Pra%C3%A7a_de_Maio]. Acesso em: 27.04.2020.
4. Disponível em: [https://www1.folha.uol.com.br/mundo/2018/08/fundadora-das-avos-da-praca-de-maio--morre-sem-reencontrarneta.shtml]. Acesso em: 26.04.2020.

uma evidente manifestação do *cuidado* pelo legislador, preocupando-se tanto com a defesa daqueles a que se destinam tais diplomas legais, quanto o respeito ao postulado da dignidade da pessoa humana, cujo sentido e alcance é muito maior que o da simples representação gramatical, podendo-se considerar que o disposto no ECA e no Estatuto do Idoso, se encontra inserido no espectro do quanto cabe na referida dignidade, como fundamento da República que é.

Por conta de sua natural vulnerabilidade, a dispensar obviamente esclarecimentos a respeito, tanto relativo à infância e juventude como ao idoso, os debates a eles pertinentes demandam uma atitude cuidadosa, protetiva, apoiadora e carinhosa, de maneira a destinar-lhes a atenção indispensável à condição que possuem e às necessidades a tanto inerentes, o que, no caso dos avós, se manifesta como representação afetiva, amorosa e da atenção que merecem por tudo o que fazem relativamente aos netos e aos integrantes da família, em manifestação do que se pode considerar como *Avosidade*, circunstância ligada "ao desenvolvimento da gerontologia e aos direitos dos idosos, bem como, ao fenômeno do prolongamento da vida humana", na bem lançada manifestação de Hugo E. Biagini.[5]

Tendo em vista a necessidade de se aprofundar, no Brasil, o estudo teórico da "Avosidade" sob uma abordagem multidisciplinar, buscou-se nesta obra agregar temas relacionados à velhice, à saúde, à ancestralidade, à convivência intergeracional, inclusive à arquitetura, entre os povos indígenas, aos direitos e deveres dos avós, aos alimentos avoengos, à socioafetividade, à multiparentalidade, à gravidez infanto-juvenil, à guarda compartilhada com os avós e à responsabilidade civil em relação aos avós.

Com efeito, diante do acelerado processo de envelhecimento da população brasileira, efetivas políticas sociais devem garantir a convivência interfamiliar com os idosos, visando adaptá-los a exigências do mundo moderno e às mudanças que afetam as outras gerações com as quais convive.

Nesta relação, os avós, por mais que se mostrem disponíveis para a criação dos netos, devem reconhecer limites no lidar com o cotidiano familiar, cientes de que boa parte das decisões são tomadas pelos pais. Vivendo juntos ou separados, ou vivenciando novos relacionamentos, são pessoas diferentes, com experiências próprias, as quais poderão representar referências positivas ou negativas na vida dos netos. Diante das dificuldades decorrentes do envelhecimento, são pessoas que devem ser capazes de perceber seus limites e podem encontrar alternativas para uma convivência no cotidiano familiar, inclusive com os netos.

O enfoque multidisciplinar foi a preocupação dos coordenadores, o que reflete a consciência da realidade, ao buscar a reciprocidade e a integração entre diversas áreas e objetivando a resolução de problemas de forma global e abrangente. Finalmente, o diálogo entre as diversas áreas de conhecimento permite novos desdobramentos na compreensão da realidade e sua interpretação.

---

5. BIAGINI, E. Hugo. Abuelity. Projeto: Dicionário de pensamento alternativo. CECIES. Disponível em: [https://blogdopoliglota.com.br/2016/07/2016/avos-e-netos-uma-relacao-de-infinito-afeto/]. Acesso em: 11.07.2020.

Finalmente, a Avosidade é fenômeno inédito na história mundial e esta obra abre espaço para estudos e debates sobre o tema no contexto brasileiro, tanto no âmbito jurídico como no enfoque multidisciplinar.

Com essas considerações, esperando haver cumprido a tarefa que a nós e aos demais autores foi passada, esperamos colaborar com o entendimento a respeito da Avosidade, e a compreensão do que ela significa e a importância que possui para a família e para as demais pessoas nela envolvidas, com relevo nos netos e os avós.

Tânia da Silva Pereira
Antônio Carlos Mathias Coltro
Sofia Miranda Rabelo
Livia Teixeira Leal

SUMÁRIO

SOBRE OS AUTORES III

PREFÁCIO
    Tânia da Silva Pereira, Antônio Carlos Mathias Coltro, Sofia Miranda Rabelo e
    Livia Teixeira Leal VII

AVOSIDADE E SAÚDE
    Acary Souza Bulle Oliveira 1

A IMPORTÂNCIA DA RELAÇÃO DOS AVÓS COM OS NETOS PARA A SAÚDE
    Aderbal Sabra 27

DIREITOS E DEVERES DOS AVÓS
    Álvaro Villaça Azevedo 33

AVOSIDADE & AVOTERNIDADE: A COPARTICIPAÇÃO PARENTAL DOS AVÓS NO DIREITO BRASILEIRO
    Ana Carolina Brochado Teixeira e Sofia Miranda Rabelo 43

AVOSIDADE, MANIFESTAÇÃO DE AMOR
    Antônio Carlos Mathias Coltro 59

O DIREITO DE PERTENCER. NETOS EM FACE DOS AVÓS
    Carolina Kffuri Nunes 97

O LITISCONSÓRCIO ENTRE PAIS E AVÓS NAS AÇÕES DE ALIMENTOS: COMPREENDENDO UMA MEGERA INDOMADA EM TRÊS ATOS
    Cristiano Chaves de Farias 113

OS LAÇOS AFETIVOS DA AVOSIDADE ENTRE OS POVOS INDÍGENAS NO ESTADO DE RORAIMA
    Denise Abreu Cavalcanti 129

PLANEJAMENTO PATRIMONIAL E AVOSIDADE: PROTEÇÃO PATRIMONIAL DE AVÓS IDOSOS E DE NETOS INCAPAZES
    Felipe Quintella Machado de Carvalho e Tereza Cristina Monteiro Mafra 141

AVOSIDADE E SOLIDARIEDADE: A (IR)RAZOABILIDADE DA PRISÃO CIVIL DO IDOSO DEVEDOR DE ALIMENTOS
    Guilherme Calmon Nogueira da Gama e Juliene Terra 155

O PAPEL DOS AVÓS NA CONVIVÊNCIA FAMILIAR E NA FORMAÇÃO DA PERSONALIDADE DOS NETOS
    Gustavo Tepedino e Danielle Tavares Peçanha 175

A AVOSIDADE COMO NOVA FACE DA PARENTALIDADE E OS DESAFIOS DAS FAMÍLIAS INTERGERACIONAIS
    Heloisa Helena Barboza e Vitor Almeida 191

A AVOSIDADE NA JURISPRUDÊNCIA DO SUPERIOR TRIBUNAL DE JUSTIÇA
    Livia Teixeira Leal 209

AS DECISÕES SOBRE SAÚDE DOS AVÓS E O RESPEITO À ESPIRITUALIDADE E À AUTONOMIA
    Maria Aglaé Tedesco Vilardo 223

A CONVIVÊNCIA HUMANA: AVÓS E O ART. 230 DA CONSTITUIÇÃO
    Maria Garcia 241

O ESPAÇO E A AVOSIDADE: A CRIANÇA E O IDOSO
    Miriam Nardelli 251

AVOSIDADE E RESPONSABILIDADE CIVIL: UM DIÁLOGO EM CONSTRUÇÃO
    Nelson Rosenvald 265

SOCIOAFETIVIDADE E MULTIPARENTALIDADE E SEUS EFEITOS NO PARENTESCO AVOENGO
    Paulo Lôbo 285

A VELHICE BEM-SUCEDIDA E A AVOSIDADE
    Pedro Caetano de Carvalho 299

AVOSIDADE, NUTRINDO O AFETO E A ALIMENTAÇÃO SAUDÁVEL ATRAVÉS DAS GERAÇÕES
    Renata Furlan Viebig e Andrea Romero de Almeida 315

O AVÔ NA LITERATURA E O ACESSO AOS NETOS
    Roberto Rosas 329

GUARDA COMPARTILHADA COM OS AVÓS
Rolf Madaleno 333

AVOSIDADE: A IMPORTÂNCIA DA RELAÇÃO DOS NETOS COM OS AVÓS PARA A SAÚDE
Selma Sabra 349

VOVÓ, COMO FOI QUE MAMÃE NASCEU? VICISSITUDES TRANSGERACIONAIS NAS RELAÇÕES AVÓS-NETOS
Sergio Nick 355

O PAPEL DOS AVÓS NA GRAVIDEZ INFANTOJUVENIL
Taisa Maria Macena de Lima e Maria de Fátima Freire de Sá 365

AVOSIDADE E A CONVIVÊNCIA INTERGERACIONAL NA FAMÍLIA: AFETO E CUIDADO EM DEBATE
Tânia da Silva Pereira 377

OS EFEITOS JURÍDICOS DA BUSCA DA ANCESTRALIDADE NA RELAÇÃO AVOENGA: UMA ANÁLISE A PARTIR DO PRINCÍPIO DA FRATERNIDADE
Tatiane Gonçalves Miranda Goldhar e Clara Cardoso Machado Jaborandy 399

AVOSIDADE E SAÚDE

Acary Souza Bulle Oliveira

Pós-doutorado na Columbia University, New York, EUA. Residência médica, mestrado e doutorado em Neurologia pela Escola Paulista de Medicina. Graduado em medicina. Professor afiliado da Disciplina de Neurologia da EPM – UNIFESP.

Se você quer civilizar um homem, comece pela avó dele.

- Victor Hugo

"Melhoral, melhoral é melhor e não faz mal".

Sumário: I. Palavras relacionadas aos avós. 1. Mentor. 2. Talento. 3. Estratégia. 4. Saúde emocional. 5. Caráter e ética. 6. Espiritualidade. II. Doenças, saúde, salutogênese. III. Hábitos de saúde. 1. Alimentação. 2. Higiene. 3. Mais movimentação, menos sedentarismo. 4. Maior interação, menos estresse. 5. Roupas e objetos. 6. Sol. 7. Sono. 8. Tecnologia. IV. Remédios e medicamentos. V. Relação entre avós e netos. VI. Avós e netos no século XXI. VII. Moral da história.

Dentre os mais belos presentes que eu recebi dos meus pais foi uma infância na fazenda com os meus avós. Com eles aprendi a complexidade da nossa história, os fenômenos da natureza, a imprevisibilidade, o significado e ciclos de vida e hábitos saudáveis selecionados. Tudo sob uma maneira simples e tranquilizadora.

No Brasil e em Portugal, o *Dia dos Avós* é comemorado em 26 de julho, data escolhida em razão da comemoração do dia de Santa Ana e São Joaquim. Conta a história que, no século I a.C., Ana e seu marido, Joaquim, viviam em Nazaré e não tinham filhos, mas sempre rezavam pedindo que o Senhor lhes enviasse uma criança. Apesar da idade avançada do casal, um anjo do Senhor apareceu e comunicou que Ana estava grávida, e eles tiveram a graça de ter uma menina abençoada a quem batizaram de Maria. Devido à sua história, Santa Ana é considerada a padroeira das mulheres grávidas e dos que desejam ter filhos. Ana morreu quando Maria tinha apenas três anos. Maria cresceu conhecendo e amando a Deus e foi por Ele a escolhida para ser mãe de seu filho Jesus Cristo.[1]

A despeito da adesão ou não à tradição dos santos católicos, bem como da inserção da figura dos avós de Jesus nessa tradição, a figura de Ana e Joaquim diz muito sobre o papel fundamental dos avós na estruturação de uma família, sejam quais forem os problemas ou as felicidades que ela venha partilhar. A figura dos avós é uma das mais queridas e respeitadas (ainda que, infelizmente, essa não seja a realidade de todas as famílias). Isso acontece, principalmente, em virtude da experiência que eles acumularam ao longo dos anos e pela sabedoria que podem transmitir às gerações posteriores.

É nas origens que estão o início da memória, os grandes estímulos da criatividade, as emoções infantis que se prolongam por toda a vida. Esquecer as origens é renunciar

---

1. RAMOS, Bruna. *Dia dos avós*: entenda a data. Portal EBC. 25 de julho de 2014.

à memória da nossa história individual e coletiva. A relação com os avós é sobretudo uma relação afetiva, com laços indissolúveis, que tem a ver com questões familiares, com saberes riquíssimos, ampliando e aprofundando as visões de mundo e da vida, com relação mais equilibrada e saudável com a natureza e com a transcendência.

Os meus avós tiveram uma filha única, Maria Mercedes. Embora a minha mãe tivesse uma educação esmerada em internato, os meus avós tiveram estudo fundamental incompleto, mas com conhecimento vastíssimo.

O saber social de minha avó era excepcional: tomava conta da casa, cozinhava maravilhosamente, costurava, cantava, cuidava das plantas e dos animais que viviam em volta da casa. Conhecia tudo de saúde. Para qualquer dor ou desconforto, chá de melhoral. Tratava-se de uma planta, abundante em volta do rego d'água, nome popular da planta medicinal da família Convolvulaceae, Evolvulus glomeratus, que tem propriedades antitérmicas e contra dores no corpo.[2] Fazia uso com gosto e o resultado? Imediato. Igual ao anúncio no rádio, único meio de comunicação da casa: "Melhoral, Melhoral, é melhor e não faz mal. Dor de cabeça, tenha cuidado. Não tome o bonde errado. Tome melhoral. É batata tal".[3]

Para mim, os meus avós tinham criado o conhecimento e as práticas de cura e de apaziguamento, com linearidade. O meu avô era da lida. Era conhecido como aquele que faz tudo e sabe tudo. Conhecia tudo de mecânica, de agropecuária, matemática e português. Como trabalhara antes com ingleses, dirigindo o famoso Ford Bigode, aprendeu a dissecar as palavras. Os melhores dias? Eram aqueles com muita chuva, possibilitando-nos escutar as suas histórias e as suas respostas às perguntas até, aparentemente, muito bobas, no alpendre da casa velha: "Vô, qual é o significado desta palavra vô"?

Sua resposta nunca era curta. Tudo tinha explicação, com paciência. "Dizem que avós são pais em dobro. Ser avó e avô é como amar o filho pela segunda vez, é ter uma segunda oportunidade de participar na criação de crianças na família, mas, desta vez, de forma mais leve e tranquila". Existe uma Teoria da Avó, que na verdade não é teoria, dizia ele. As mulheres mais velhas que se voltavam para atividades e tarefas ligadas aos netos, sempre contribuíram com suas tribos. Ou seja, de acordo com a teoria, por ajudar filhas e noras com as crianças, as avós as libertavam para que elas engravidassem novamente – o que torna as mulheres idosas, de certa forma, responsáveis pelo crescimento populacional das tribos. Quanto mais idosa, mais sábia. E, ao cuidar dos netos, as avós também permitiam que as mães saíssem para buscar comida, ou elas mesmas poderiam buscar alimento – o que gerava um sustento extra para a sobrevivência da comunidade. Na falta de alimentos à mão, as mulheres tinham que identificar, escolher, recolher e carregar os alimentos, rapidamente, pois o mundo antigo era mais difícil e havia a competição com os animais. As melhores escolhas vinham das mulheres mais antigas e

---

2. ASSIS, Rafael Marlon Alves de et al. Avaliação fenológica da espécie Evolvulus gromeratus NEES & C. MART (Convolvulaceae). Disponível em: [https://www.embrapa.br/amazonia-oriental/busca-de-publicacoes/-/publicacao/1053924/avaliacao-fenologica-da-especie-evolvulus-glomeratus-nees--c-mart-convolvulaceae]. Acesso em: 10. 06.2020.
3. Melo, BRAZ. *Os jingles que fizeram história*. Disponível em: [https://www.douradosagora.com.br/noticias/entretenimento/os-jingles-que-fizeram-historia-braz-melo]. Acesso em: 10.06.2020.

experientes e da habilidade de identificar os frutos. Daí a preferência das mulheres pela cor rósea ou vermelha.

O termo *avós*, é oriundo do latim *av s*, plural de *avus*, *avô (pai do pai/mãe)* e *avia avó (mãe do pai/mãe)*. A razão para o feminino *avó* possuir a vogal *o* é porque o termo é derivado do diminutivo baixo-latino *aviola*. Em latim, *avus*, "avô", foi usado mais tarde no diminutivo, *aviolus, daí vindo *abuelo*, em espanhol. Palavras outras utilizadas são *vovô* e *vovó*, *vovozinho* e *vovozinha*, as abreviações coloquiais *vô* e *vó* além dos afetivos *nena* ou *nana* e *neno*. Sendo um país de imigrantes, é comum no Brasil que descendentes de estrangeiros chamem seus avós pelos termos nas línguas estrangeiras destes ancestrais. Descendentes de italianos, corriqueiramente, chamam seus avós de *nonni*, *nonno* para avô e "*nonna*" para *avó*. Descendentes de alemães e holandeses usam os hipocorísticos afetivos *opa* para *vovô* e *oma* para *vovó*, descendentes japoneses chamam de *ba-chan* avó e para *oji-chan* para avô. Em português, as formas "vovô" e "vovó" manifestam o carinho da família pelos mais velhos. O sentido original da palavra é "protetor" e "predileto". No latim clássico, havia outro diminutivo, *avunculus*. Esse "avozinho" era o tio materno. O *magnus avunculus* era o irmão da avó. Daí veio *oncle* ("tio", em francês) e *uncle* (em inglês).[4]

Não contente, como às vezes a chuva não parava, e não havia eletricidade na casa, ele continuava nas explicações. Todas relacionadas com o ciclo da natureza.

• *bisavô/bisavó* – termos usados para pai/mãe de cada uma das avós e também para pai/mãe de cada um dos avôs (segunda geração de avós)

• *trisavô/trisavó* ou *trisbisavô/trisbisavó* – termos usados para pai/mãe de cada uma das bisavós e também para pai/mãe de cada um dos bisavôs (terceira geração de avós e é comum chamarem de tataravô(ó).

• *tetravô/tetravó* ou *tataravô/tataravó* – termos usados para pai/mãe de cada uma das trisavós e também para pai/mãe de cada um dos trisavôs (quarta geração de avós)

A partir de tetravô(ó) ou tataravô(ó), pode-se utilizar os prefixos gregos matemáticos seguidos do vocábulo avô(ó), designações eruditas, semelhantes às dos sólidos geométricos, formadas por numerais cardinais:

Nome comum a ser falado (masculino)	Nome alternado (masculino)	Nome comum a ser falado (feminino)	Nome alternado (feminino)
5ª geração de avô	Pentavô	5ª geração de avó	pentavó
6ª geração de avô	Hexavô	6ª geração de avó	hexavó
7ª geração de avô	heptavô	7ª geração de avó	heptavó
8ª geração de avô	Octavô	8ª geração de avó	octavó
9ª geração de avô	Eneavô	9ª geração de avó	eneavó
10ª geração de avô	Decavô	10ª geração de avó	decavó
11ª geração de avô	hendecavô, undecavô ou uni-decavô	11ª geração de avó	hendecavó, undecavó ou uni-decavó
12ª geração de avô	dodecavô ou duodecavô	12ª geração de avó	dodecavó ou duodecavó

---

4. Avós. *Dicionário infopédia da Língua Portuguesa [em linha]*. Porto: Porto Editora, 2003-2019.

Nome comum a ser falado (masculino)	Nome alternado (masculino)	Nome comum a ser falado (feminino)	Nome alternado (feminino)
13ª geração de avô	tridecavô	13ª geração de avó	tridecavó
14ª geração de avô	tetradecavô	14ª geração de avó	tetradecavó
15ª geração de avô	pentadecavô	15ª geração de avó	pentadecavó
16ª geração de avô	hexadecavô	16ª geração de avó	hexadecavó
17ª geração de avô	heptadecavô	17ª geração de avó	heptadecavó
18ª geração de avô	octadecavô	18ª geração de avó	octadecavó
19ª geração de avô	eneadecavô	19ª geração de avó	eneadecavó
20ª geração de avô	icosavô	20ª geração de avó	icosavó
21ª geração de avô	hencosavô, uncosavô ou unicosavô	21ª geração de avó	hencosavó, uncosavó ou unicosavó
22ª geração de avô	docosavô ou duocosavô	22ª geração de avó	docosavó ou duocosavó
23ª geração de avô	tricosavô	23ª geração de avó	tricosavó
24ª geração de avô	tetracosavô	24ª geração de avó	tetracosavó
25ª geração de avô	pentacosavô	27ª geração de avó	pentacosavó
26ª geração de avô	hexacosavô	26ª geração de avó	hexacosavó
27ª geração de avô	heptacosavô	21ª geração de avó	heptacosavó
28ª geração de avô	octacosavô	28ª geração de avó	octacosavó
29ª geração de avô	eneacosavô	29ª geração de avó	eneacosavó
30ª geração de avô	triacontavô	30ª geração de avó	triacontavó
40ª geração de avô	tetracontavô	40ª geração de avó	tetracontavó
50ª geração de avô	pentacontavô	50ª geração de avó	pentacontavó
60ª geração de avô	hexacontavô	60ª geração de avó	hexacontavó
70ª geração de avô	heptacontavô	70ª geração de avó	heptacontavó
80ª geração de avô	octacontavô	80ª geração de avó	octacontavó
90ª geração de avô	eneacontavô	90ª geração de avó	eneacontavó
100ª geração de avô	hectavô	100ª geração de avó	hectavó
200ª geração de avô	Dictavô	200ª geração de avó	dictavó
300ª geração de avô	Trictavô	300ª geração de avó	trictavó

Dizia ele. Esta 300ª geração de avô, trictavô, viveu mais ou menos nos anos 4000 a.C. Como sabemos? As histórias e os ensinamentos deixados na Índia, China e Mesopotâmia. Mais 300 gerações de avós, vamos ver os rastos do início da plantação, quando o homem deixou de ser caçador e coletor. Esta época, marca o início das cidades. Cerca de 2000 gerações, a grande conquista. A forma de comunicação com linguagem, fala articulada e pensamento consciente e habilidades. Cerca de 400 000 gerações de avós testemunharam a separação da espécie humana dos símios. "Como o nosso ancestral comum era belo", dizia ele.

Mais outras gerações, os nossos avós presenciaram as maravilhas da natureza. Mundo muito rico, lindo maravilhoso, mas bruto, difícil. Outras, outras e outras gerações, o início da vida neste planeta, único, chamado Terra. O começo da vida, não foi fácil. Demorou muito.

O que define vida não são os tijolos que ela usa (eles são banais), mas a maneira como eles se encaixam e interagem. Tudo veio de uma substância chamada cianeto de hidrogênio (HCN), que se forma aos montes na poeira interestelar, mas é tóxico para qualquer forma de vida que respira oxigênio. Entretanto, juntando-se cinco moléculas de HCN dá uma de $H_5C_5N_5$, denominada adenina, a base central da formação do DNA e RNA, ou seja, da carga genética, responsável pela complexidade da natureza, que se encontra num contínuo de vida e morte e morte e vida.

Outras gerações vivenciaram a criação do universo, com os sues fenômenos que repetem o ciclo de "formação, evolução, declínio e desintegração". Dizia ele, "o Universo é uma forma de vida que possui, inerentemente, o poder de reviver. Tudo foi feito de um único ponto, com um pouquinho de substâncias, mais ou menos de três xícaras de hidrogênio e uma de hélio, criados logo após uma grande explosão (Big-Bang) que gerou a luz, a luz da vida. Mas para que ela começasse a ocorrer, foram necessárias mais 800 milhões de gerações de avós. Não tenha dúvida, os nossos avós estavam lá observando estes espetáculos".

Eu escutava tudo isto maravilhado e as histórias sempre tinham uma moral. Desta, explicou-me: a nossa vida representa exatamente o começo do mundo. Quando você reclamar que não tem nada, Deus criou o Universo de um único ponto, com poucas substâncias. E tudo isto que estamos vendo, foram necessárias cerca de 700 000 milhões de gerações de avós que viveram e morreram para que tudo chegasse desta forma como você está vendo. Ele reafirmava: agora, em setembro, é época de plantar. A terra está preparada para receber uma pequena semente, que vai germinar e dar o alimento que precisamos. Após a colheita, temos que agradecer, não pela colheita, mas à mãe Terra por ela ter se sacrificado, aceitando os cortes do arado. Temos que agradecer a Deus pelo dom que Ele nos ofertou, sem pedir nada em troca, o dom (a luz) que virou talento, talento que nos permitiu entender algumas leis da natureza e viver dela. Como podemos agradecer a Deus? Orar, e não pedir nada mais. Ele já nos deu todas as substâncias que precisamos.

Mas se o dom veio de graça, como eu pago a minha conta? Perguntava-lhe. Use o seu talento para ajudar o próximo, assim você estará diminuindo a sua dívida, que é imensa. E aproveite a vida, ela é uma festa", dizia ele.

A convivência com eles e a relação íntima com os ciclos da natureza proporcionaram-me a seleção de várias palavras e hábitos saudáveis que vieram destas gerações de vários avós, que nos permitiram: conexões sociais complexas; acúmulo de informações; seleção natural e sexual; transmissão de conhecimento (ambiental, cultural, tecnológico).

I.   PALAVRAS RELACIONADAS AOS AVÓS

1.   Mentor

A palavra mentor vem da história de Ulysses que, ao deixar Ítaca mergulhar em sua aventura da Odisseia, deixou seu filho Telêmaco nas mãos de seu tio Méntor para iluminá-lo e treiná-lo em todos os aspectos necessários: ser rei. Entendia-se que o treinamento transcendia o campo acadêmico e técnico. Foi uma formação integral que também considerou valores, que englobaram a sabedoria além do conhecimento, habilidades pessoais e competências específicas esperadas de um líder.

Com o passar do tempo, mentor tornou-se o Indivíduo experiente que ensina e transmite habilidades práticas e de conhecimento da vida; guia ou mestre. Pessoa responsável pelo desenvolvimento e/ou idealização de algo cuja prática influencia os comportamentos de uma outra pessoa. Por Extensão, indivíduo que direciona, desenvolve, produz ou cria projetos, ideias, obras etc.

"Se a oportunidade não bater, construa uma porta", esta frase sempre me marcou.

2. Talento

A acepção mais clássica de talento era medida de peso. Usada no Egito, na Babilônia, em Israel, na Grécia e em Roma, aparece como *kikkor* no texto hebraico da Bíblia, termo que, segundo o Webster's etimológico, foi traduzido para o grego como *talanton* ("balança"). A medida era variável de lugar para lugar e ao longo do tempo, acredita-se que oscilando entre 20 e 40 quilos. *Talanton* grego equivalia a 6 mil dracmas numa época em que o soldo de um militar era uma dracma por dia. Os gregos chamavam tálanton ao pratinho de pesagem da balança e, por extensão, também às quantidades de metais preciosos que ali eram pesados. Posteriormente, com uma nova evolução do termo, se chamou *talento* a diferentes moedas que circulavam em várias cidades do mundo helênico. Foi como nome de moeda que *talentum* chegou mais tarde a Roma, até que à certa altura do desenvolvimento do Império, adquiriu o significado de *tesouro e, mais tarde, inclinação, desejo de fazer, de conquistar.*

Em 1155, a palavra aparece pela primeira vez em castelhano em já com o sentido de "inteligência" ou "dotes intelectuais". A hipótese de que essa mudança de sentido em espanhol pode ser devida à parábola de Matheus do servidor que obteve lucro dos talentos (tesouro) que lhe foram confiados em custódia, ao contrário de outro, que enterrou o tesouro que lhe havia sido entregue sem extrair dele nenhum proveito, o que teria dado origem ao significado de talento como: "aptidão, dom especial".

"Dinheiro não compra talento, mas talento já foi dinheiro", foi uma das mensagens recebidas por mim.

3. Estratégia

Do grego: στρατηγία – stratègós – de stratos ("multidão, exército, expedição") e ago (de agein – liderar, comandar). O significado original caracterizava a "arte do general", que deixou de estar ao lado do exército para estar à distância, no alto das colinas, de onde podia observar o campo, adquirindo um maior potencial para selecionar a melhor posição e o melhor conjunto de ações para vencer a batalha e, quiçá, a guerra.

Preparação para a defesa contra determinada ameaça. Ter estratégia é ter um plano para lidar com possíveis ameaças internas e externas provocadas por nossas forças e fraquezas. Para desenvolvermos uma boa estratégia, devemos reconhecer, inicialmente, os nossos aspectos positivos: quais são minhas maiores qualidades, dons e talentos; quais são os valores éticos que orientam minha vida?; quais são os meus maiores diferenciais, aquilo que se destaca positivamente em mim? Mas também é fundamental a identificação dos aspectos negativos: quais são as atitudes que prejudicam o meu crescimento?; como meus pensamentos e crenças sabotam o meu sucesso?; o que faz com que eu me sinta desconfortável comigo mesmo?

A estratégia de vida deve ser construída em três dimensões em equilíbrio: pessoal (família, amor, saúde, realizações pessoais); profissional (formação, promoções, mudança de área etc.); financeira (recursos para viabilizar os objetivos).

"Quem sabe o que planta, não teme a colheita", foi outro aprendizado.

4. Saúde emocional

A Saúde Emocional está relacionada à capacidade que o indivíduo tem de gerenciar as próprias emoções, e que resulta em um estado de bem-estar.

Como fenômeno multidimensional, a emoção é definida como um sistema sincronizado que coordena sentimento, ativação biológica, propósito (direção e metas) e expressão social. Observando a natureza, o meu avô pontuou-me que os peixes reagem mais intensamente ao perigo do predador do que a oportunidade de comida. Isto evidencia que os circuitos de emoções negativas já se encontram prontos quando nascemos, fundamentais para a sobrevivência, e no processo de seleção natural. A nossa mente foi projetada para reagir mais intensamente a ameaças, violações e limitações. A tristeza relaciona-se com retraimento e desistência. A ansiedade e medo com preparação para luta ou fuga. A raiva com disposição para atacar.

Já durante a evolução humana, houve a incorporação de outros circuitos cerebrais que permitiram a aquisição de emoções positivas que fortalecem os recursos intelectuais, sociais e físicos, criando reservas que podem ser utilizadas quando aparecem oportunidades e ameaças. Estas emoções aumentam as chances de relações sociais de se desenvolverem e se solidificarem.

Entretanto, para adquiri-las é como a plantação. Tem que escolher adequadamente a semente, colocá-la no solo do jeito certo e cuidar dela. Na escolha, prefira aquelas que lhe proporcionem: um sentido de viver; autoconhecimento; criatividade; foco; pessoas que você ama e tempo para elas; e, principalmente, aquela com a história escrita para os seus netos. Comemore, sempre, mesmo as pequenas colheitas...

Dizia ele: "Pessoas infelizes criam argumentos muito mais fortes que as felizes e aquele que transforma em beleza todas as emoções, sejam de tristeza, medo ou dor, vive na perfeita alegria".

5. Caráter e ética

Caráter é o termo que designa o aspecto da personalidade responsável pela forma habitual e constante de agir peculiar a cada indivíduo; esta qualidade é inerente somente a uma pessoa, pois é o conjunto dos traços particulares, o modo de ser desta; sua índole, sua natureza e temperamento.

Ética é aquilo que pertence ao caráter, aos bons costumes. Diziam os meus avós: "Nós devemos ter como premissa o seguinte pensamento: o que eu não quero para mim, não desejo ao outro. Já que a vida é relativa e nem sempre o bom para mim é o melhor para o outro, na dúvida faça o bem, dê amor, faça o seu melhor, não crie novos problemas".

"O galo canta para o céu, mas não voa". O que significa: "Podemos denunciar os crimes, mas se não podemos voar, se não tivermos o poder a autoridade para corrigi-los, acabamos só criando mais problemas".

6. Espiritualidade

Somente nos tornamos humanos, quando reconhecemos que éramos mortais.

A crença ou envolvimento em assuntos da alma ou espírito, são muitas das diferentes abordagens que os seres humanos tomam na tentativa de responder a perguntas fundamentais sobre o lugar da humanidade no universo, o sentido da vida e a forma ideal para viver uma vida. Assim, a espiritualidade incorpora-se como um fenômeno universal na raça humana, com experiências religiosas e místicas semelhantes, mesmo nos povos mais diferentes.

A descoberta do Deus Criador passa a moldar as nossas condutas. A palavra deus é originária de DJOUS (*diw* ou *deiwos* do idioma proto-indo-europeu = "brilhante" ou "celeste"), que derivou DYAUṢ PITĀ (द्यौष्पितृ्/ *DyauṣpitṛDyauṣpitṛ*), (pronúncia: diós pitá): literalmente, "Pai do Céu", antigo deus do céu do panteão védico. Em grego, transformou-se em ZEUS, assumindo no caso genitivo, a forma Dios = posse; em latim Dius = luminoso, do céu, Divus = divino, Dies = dia, a presença do sol, Diespiter = "o Pai do dia", Iuppiter = Júpiter (forma usada para invocar o deus), de onde derivou nas línguas latinas JU: JOUR (francês); GIORNO (italiano); HOC JU = HOJE (este dia) (português).

Assim, Deus começa a fazer parte de todos os nossos dias. Deus criou o universo. Deus se encontra em todas as coisas e lugares. Deus é a força que nos une.

Religião é, geralmente, definida como um sistema de crenças sobre os códigos de sobrenatural, sagrado ou divino, e códigos morais, práticas, valores, instituições e rituais associados a essa crença. O desenvolvimento da religião assumiu diferentes formas em diferentes culturas. Algumas religiões colocam a tônica na crença, enquanto outras enfatizam a prática. Algumas religiões focam na experiência religiosa subjetiva do indivíduo, enquanto outras consideram as atividades da comunidade religiosa como mais importantes.

Os avós têm uma grande importância na incorporação das crenças espirituais e religiosas. Desde pequeno, aprendi a orar não para solicitar algo para mim mesmo. Mas para o outro ou para agradecer. A hora mais importante do dia? Às seis horas P.M., pela Rádio Nacional do Rio de Janeiro, a Ave Maria de Gounod. O copo com água, ao lado do rádio era consumido por todos aqueles à mesa, na hora da janta.

"Você ora, Deus ouve. Você espera, Deus prepara. Você crê, Deus faz acontecer!

II. DOENÇAS, SAÚDE, SALUTOGÊNESE

Desde que existiram pessoas doentes ou machucadas, deve ter havido pessoas que tentaram ajudá-las. Para nossos avós mais distantes, a doença sistêmica era um mistério, tratada frequentemente com auxílio da magia, da superstição e da religião. As lesões são menos misteriosas e mais visíveis, além de responder a tratamentos mais simples. Há mais ou menos cinco mil anos, surgiu uma forma de indivíduos especializados em lidar com problemas da saúde, aperfeiçoando naquele que conhecemos, hoje, como médico.

Nestes anos todos, muitas foram as idas e vindas, com várias conquistas, mas a história da medicina está longe de estar completa.

Saúde não é simplesmente não ter doença. Saúde é o bem-estar físico, mental, espiritual, social e com justiça. Isso está consagrado nas premissas, desde 1948, com a adoção da Declaração Universal dos Direitos Humanos pela Organização das Nações Unidas (ONU). A saúde, a partir da Carta de Ottawa, passou a ser vista como um conceito ampliado, oportunizando um estado de saúde positiva por meio de um conjunto de ações que visam transformar as condições de vida da população, com foco na qualidade de vida expandindo os horizontes para atuação da promoção da saúde.[5] Segundo a Organização Mundial de Saúde (OMS) – 1998, *"Saúde é um estado dinâmico de completo bem-estar físico, mental, espiritual e social, e não meramente a ausência de doença ou enfermidade."* A doença pode ser definida como um conjunto de sinais e sintomas específicos que afetam um ser vivo, alterando o seu estado normal de saúde. A saúde deve ser vista como um recurso para a vida, e não como objetivo de viver.

Contrapondo esse modelo da Patogênese, temos a *Salutogênese*, termo cunhado por Aaron Antonovsky (sociólogo e médico) que, após estudar o drama de seres humanos submetidos à situações extremas (sobreviventes de campo de concentração nazista, após a Segunda Guerra Mundial), percebeu que as pessoas com alguma bagagem espiritual – seja qual for a sua tradição religiosa – apresentavam maior capacidade de autocontrole, de serenidade e mesmo de equilíbrio imunológico diante de situações estressantes[6].

A Salutogênese traz um enfoque contrário ao da Patogênese: ela questiona por qual motivo adoecemos e como vamos tratar a doença. Ela se dirige ao como devemos fazer para nos mantermos sadios e em equilíbrio, mesmo diante dos embates da existência, como manter a harmonia consciente diante dos desafios da vida.

Antonovsky propõe como centro da possibilidade salutogênica do indivíduo o senso de coerência, que é a forma com que o indivíduo encontra a possibilidade de resolver de modo satisfatório e saudável os seus desafios existenciais. Para atingir um estado de completo bem-estar físico, mental e social os indivíduos e grupos devem saber identificar aspirações, satisfazer necessidades e modificar favoravelmente o meio ambiente. Neste sentido, a perspectiva salutogênica muda a forma de ver as questões relacionadas com a saúde e bem-estar, buscando a superação da dicotomia entre saúde e doença, de acordo

---

5. WHO. Carta de Ottawa, p. 11-18. Ministério da Saúde/FIOCRUZ. Promoção da Saúde: Cartas de Ottawa, Adelaide, Sundsvall e Santa Fé de Bogotá. Ministério da Saúde/IEC, Brasília. 1986.
6. ANTONOVSKY, A. *The salutogenic model as a theory to guide health promotion*. Health Promot. Int. v. 11, n. 1, p. 11-8, 1996.

com o ideário da Promoção da Saúde, encontrando maneiras de promover comportamentos saudáveis que aumentam o sentimento das pessoas de bem-estar e qualidade de vida.

A teoria salutogênica caracteriza-se por buscar as forças que geram saúde e seu objetivo central é desvelar quais fatores positivos os indivíduos são capazes de mobilizar no processo de enfrentamento das adversidades e que, simultaneamente, favoreçam o alcance de resultados favoráveis em termos de saúde[7].

A visão da salutogênese implica no desenvolvimento pessoal e social para o fortalecimento da saúde das pessoas nos mais diferentes meios e cenários sociais, tornando-se o potencial da boa saúde, portando a resposta para a saúde está relacionada a dois aspectos principais: o senso de coerência (SOC) e os recursos gerais de resistência (GRRs)[8].

O SOC representa um atributo essencial para esse processo. O SOC consiste em uma orientação global no sentido de ver a vida estruturada, manejável e com sentido emocional. A salutogênese considera que quanto maior o SOC, mais efetivamente os indivíduos são capazes de enfrentar as dificuldades da vida e, portanto, manter a própria saúde[9]. O SOC resulta da capacidade de ler e interpretar a realidade do meio interno e externo, identificando os GRRs que estão relacionados com a habilidade do indivíduo para lidar com a tensão e evitar ou manejar o estresse[10].

Os GRRs, são definidos por Antonovsky, como sendo as variáveis relacionadas ao indivíduo, grupo social e meio ambiente que podem facilitar o manejo efetivo das tensões ou seja, recursos que têm a ver com o "bem-estar" ou o "não estar bem"[11].

No modelo da salutogênese há uma relação recíproca entre SOC e os (GRRs). Enquanto um forte SOC auxilia na mobilização desses recursos com o propósito de lidar com as tensões, os recursos ajudam na conformação do SOC do indivíduo[12].

De acordo com a teoria salutogênica, para se promover saúde é necessário pensar em saúde, em suas dimensões amplas geradas por recursos individuais e externos do ambiente social, político e cultural, indo além dos conceitos biológicos. A saúde é composta teoricamente por quatro variáveis que atuam conjuntamente, permitindo ao indivíduo enfrentar os estressores presentes na vida cotidiana: compreensibilidade (capacidade de compreender um evento); gerenciamento (os recursos que possui são suficientes para lidar com as demandas pessoais); maneabilidade (percepção do potencial de manipulá-lo ou resolvê-lo); e significância (significado que se dá a esse evento). Ver o mundo como

---

7. LINDSTRÖM, B.; ERIKSSON, M. *Salutogenesis*. J. Epidemiol. Community Health. v. 59, p. 440-2, 2005; CEZARIO, K. G. *Desenvolvimento de habilidades para promoção da saúde na pessoa deficiente*: análise de conceito. Arquivos de Ciências da Saúde, [S.l.], v. 23, n. 3, p. 22-26, nov. 2016. Disponível em: http://www.cienciasdasaude.famerp.br/index.php/racs/article/view/414. Acesso em: 29 mar. 2018.
8. ANTONOVSKY, A. *The salutogenic model as a theory to guide health promotion*. Health Promot. Int. v. 11, n. 1, p. 11-8, 1996.
9. DANTAS, 2007 DANTAS, R.A.S. *Adaptação cultural e validação do questionário de senso de coerência de Antonovsky em uma amostra de pacientes cardíacos brasileiros*. Tese de Doutorado, Universidade São Paulo (USP). Ribeirão Preto, 2007. 115 p.; ERIKSSON, LINDSTRÖM, 2007.
10. ANTONOVSKY. A. *Unraveveling the mystery of health* – how people manage stress and stay well. Londres: Jossey-Bass, 1987.
11. ERIKSSON, M.; LINDSTRÖM, B. A *salutogenic interpretation of the Ottawa Charter*. Health Promot. Int, v. 23, n. 2, p. 190-9, 2008.
12. ERIKSSON; LINDSTRÖM, 2007.

compreensível, gerenciado, manejável e com significado facilitaria a seleção de recursos e comportamentos eficazes e culturalmente apropriados para o enfrentamento de situações adversas. Tais conceitos tentam explicar como as pessoas conseguem administrar suas vidas apesar das condições de vida adversas, nos proporcionando instrumentos para ações em promoção da saúde em que a resiliência individual pode ser desenvolvida; em que é possível ajudar pessoas a sentirem-se mais saudáveis, com uma boa qualidade de vida e bem-estar.[13]

As doenças ficaram para os médicos. Entretanto os aspectos relacionados à saúde estão, intimamente, relacionados aos nossos avós. Foram eles que selecionaram os aspectos definidos como salutogênese.[14-15]

III. HÁBITOS DE SAÚDE

1. Alimentação

• *Cozinhe mais em casa*

Escolha os ingredientes e controle o modo de preparo. Dê uma chance para o "faça você mesmo". Procure receitas rápidas e práticas. Transforme esse momento do seu dia em algo especial, mágico, transformador.

• *Reduza o consumo de sal*

O excesso de sódio está relacionado com a hipertensão arterial e com a doença renal crônica. Leia os rótulos dos produtos, evitando levar os ricos em sódio, e troque parte do sal nas receitas por ervas. Importante: não leve o saleiro à mesa.

• *Aliás, consuma fibras*

Além das frutas, as fibras estão nos vegetais e nos grãos integrais. São importantes para a saúde do aparelho digestório, ajudam a baixar o colesterol e a controlar o peso e contribuem para prevenir o câncer de intestino.

• *Coma alimentos saudáveis / Mais comida, menos substâncias comestíveis*

Opte por comida de verdade, preparada em casa, com alimentos in natura, como carnes, peixes, queijos, nozes, castanhas, folhas e legumes. Evite pratos com substâncias comestíveis", como alimentos refinados, processados e modificados, intimamente relacionados com a epidemia de síndrome metabólica atual.

– *Mais gorduras naturais, menos óleo vegetal*

Nossos avós sempre usufruíam de gorduras naturais (banha de porco, manteiga, óleo de coco, azeite de oliva, gordura bovina e gordura de pato) por milênios e a ciência mostra claramente que todos nos beneficiaríamos com a volta dessa prática.

---

13. European Union. Literature Review Salutogenesis and the Promotion of Positive Mental Health in Older People. *EU Thematic conference "Mental Health and Well-being in Older People – Making it Happen"*. 19th- 20th April 2010, Madrid.
14. Relatório mundial de envelhecimento e saúde. Organização Mundial de Saúde, 2015.
15. Tavares RE, Jesus MCP, Machado DR, Braga VAS, Tocantins FR, Merighi MAB. Envelhecimento saudável na perspectiva de idosos: uma revisão integrativa. Rev Bras Geriatr Gerontol, 2017, 20 (6): 889-900.

• *Mais probióticos, menos conservantes*

Nossos avós tinham contato com a terra – fonte de probióticos, ou seja, boas bactérias – e comidas fermentadas, as quais auxiliavam na manutenção da saúde da flora intestinal, que está associada à força do nosso sistema imunológico e proteção ao desenvolvimento de várias doenças e condições.

Com o senso de higiene exagerado, a flora intestinal das pessoas vem sofrendo e perdendo diversidade. Os intestinos "modernos" são menos saudáveis e possuem menos diversidade de bactérias do que os intestinos das populações mais antigas, justificando-se o aumento de doenças autoimunes e câncer.

Exemplos de probióticos: chucrute, iogurte natural e picles natural.

– *Mais nutrientes, menos química*

Antigamente, alimentos orgânicos eram norma e não exceção. Alimentos sem agrotóxicos, além de serem mais nutritivos, contêm um completo conjunto de vitaminas e minerais benéficos à saúde.

• *Consuma alimentos frescos*

Antigamente, era comum as famílias terem uma hortinha em casa, às vezes até um galinheiro, ou moravam em sítios ou fazendas. Os alimentos eram colhidos, cozidos e iam para mesa em questão de horas. Muito mais saudável. Se não for possível ter uma hortinha em casa ou um pé de alguma fruta, vale a pena dar preferência a alimentos orgânicos ou "de época" que possuem menos agrotóxicos. Mesmo um vasinho de manjericão na varanda do apartamento já ajuda a dar um bom exemplo para os pequenos que, inclusive, podem ajudar a cuidar. E ainda vai deixar o macarrão mais saboroso.

– *Coma mais alimentos crus e use métodos de cocção mais saudáveis*

Esse tipo de alimento é facilmente digerido pelo organismo, possui uma grande concentração de nutrientes que não se perdem durante o processo de cozimento e as fibras presentes melhoram o funcionamento do intestino. Os métodos de cocção utilizados pelas vovós também são mais variados e minimizam a perda de nutrientes: carnes grelhadas ou assadas, legumes no vapor, em banho-maria ou grelhados.

• *Cozinhe usando também restos de alimentos*

Sabe aquela receita com casca de banana e laranja ou aquela outra que leva talo de brócolis, que nossos avós compartilham orgulhosamente? Elas são ótimas para reduzir os resíduos orgânicos que produzimos em nossas casas e ainda contêm uma série de nutrientes importantes — além de ser supergostosas.

• *Cultive uma horta*

Mesmo que ela seja pequenina, só com alguns temperos e legumes de baixa manutenção. Além de prezar pela sua saúde e economizar alguns trocados, a horta pode ser um ótimo exercício de terapia. Desacelerar nosso ritmo e entender que na natureza tudo tem seu tempo é um valioso aprendizado. Falta de espaço não é desculpa. Se você não tem quintal, converse com uma avó japonesa. Ela tem a solução.

– *Refeições em família*

A vida em uma comunidade política é algo natural, visto que os homens se agrupam por natureza, como os animais selvagens em seus bandos, e que o homem necessita da família para o seu próprio bem, pois ela está na base da formação de uma cidade, e é na vida citadina que o ser humano passa a viver bem. Aristóteles afirma que os homens não vivem em comunidade somente para viver, mas para viver bem. A família é um sistema em que se espera que todos estejam aptos a desenvolver suas funções e para criar e manter uma família, o ato de alimentar é o laço mais forte. A mesa do almoço, ou do jantar, mesmo que seja só nos finais de semana, deve ser considerada como um santuário. Não perca a oportunidade de sentar à mesa, desligar o celular, prestar atenção nas refeições e confraternizar-se com os seus queridos. É tremendamente verdadeira a frase da personagem Alegria no filme Divertidamente da Disney: "a formação de memórias-base felizes é fundamental para a construção da personalidade".

• *Beba água*

Mantenha-se hidratado. Os especialistas preferem usar, como parâmetro, não quantidade de litros ou copos, mas um volume suficiente para deixar a urina amarelo-clara. Só evite a ingestão de água e outros líquidos durante as refeições para não dilatar o estômago e acabar comendo mais do que você realmente necessita.

• *Alimentos e criança*

Existem estudos que demonstram que quanto mais vezes uma criança comer um determinado alimento, maior a probabilidade dela desenvolver uma preferência por ele. Isto funciona com qualquer alimento. Uma das formas de incutir nas crianças a vontade de comer algo como legumes, que usualmente não querem, é deixá-las participar na preparação da refeição. Deixe os seus netos ajudarem a preparar o jantar, coloque-lhes um avental ou até um chapéu de chef de cozinha e torne essa tarefa uma diversão. Dê-lhes tarefas que permitam mexer com as mãos na comida tais como fazer bolas de almôndegas de legumes, ou colocar ingredientes em pizzas que levem mais vegetais do que queijo. Para além de os ensinar a cozinhar e a desenvolver o gosto por prepararem as suas próprias refeições, explique-lhes o quanto simples é elaborar as próprias refeições saudáveis à base de legumes e com muito menos gordura.

Além das frutas, ofereça outras opções de alimentos crus (tomatinhos cereja para o lanche, cenourinha baby, talos de salsão ou pimentão vermelho ou amarelo em tirinhas) para as crianças, assim elas já vão adquirindo o hábito.

Racione os doces: as crianças podem comer doces, não podem é comer muitos! Em vez de lhes dar um pacote de rebuçados, dê-lhes um rebuçado, ou em vez de lhes dar um chocolate dê-lhes um pedaço de chocolate. Desta forma as crianças perceberão que os doces são algo especial e não algo que podem comer sempre que lhes apetecer. Regra geral opte por lhes oferecer uma pequena guloseima se eles se portarem bem, ou concluírem uma tarefa. A guloseima será não só um incentivo, mas também uma forma de educação.

• *Evitando armadilhas*

Beliscos: como estamos com uma facilidade maior de organizar a rotina, organize a alimentação da sua casa de forma que tenha o café da manhã, almoço e jantar muito bem determinados e os lanches intermediários bem organizados. Assim evitará escapes.

Refrigerantes: fuja mesmo dos que não levam açúcar e prefira comer as frutas a transformá-las em sucos. O organismo demora mais a metabolizar a sacarose das frutas em pedaços, postergando a sensação de saciedade, e as fibras ingeridas ajudam o intestino a funcionar.

Bebidas alcoólicas: não dá para falar em sinal verde em matéria de álcool, dados os prejuízos do alcoolismo à saúde física e mental do dependente e de seu núcleo familiar, mas o vinho tem alguma qualidade nessa seara, uma vez que possui o resveratrol, um antioxidante que protege contra doenças cardiovasculares. Contudo, não ultrapasse um cálice por dia.

Supermercado

Cada vez que formos às compras, devemos fingir estarmos acompanhados pelas nossas avós e excluir do carrinho todos os produtos que contêm ingredientes que você não seria capaz de reconhecer e ou produtos que sejam supérfluos. Comer saudável significa focar na qualidade e na simplicidade dos alimentos.

2. Higiene

- *Lave as mãos*

É imprescindível manter esse hábito, especialmente antes de comer e cozinhar, bem como após usar o banheiro, para evitar a contaminação com possíveis agentes infecciosos.

- *Use produtos de limpeza caseiros*

Nossos avós encontravam na cozinha soluções para a sujeira. Recorriam muitas vezes ao fermento (bicarbonato de sódio) e ao velho conhecido vinagre, que permitem não só economizar no supermercado, como uma forma mais saudável de viver em um ambiente com menos compostos químicos espalhados pelo ar.

Dentre os truques, suco de limão para limpar cobre e utensílios, sabão e bicarbonato de sódio para a roupa, pratos de molho em água morna para economizar água, tempo e esforço.

3. Mais movimentação, menos sedentarismo

Nossos avós tendiam a se movimentar mais no dia a dia, mesmo não praticando nenhum tipo de atividade física formal. Minha avó fazia quase tudo a pé. Mesmo quando se mudou da fazenda para uma cidade pequena, não perdia o hábito de se arrumar, pegar a carteira e ir ao supermercado ou ao banco. No banco, não perdia a chance de enfrentar uma fila e escutar as conversas e se inteirar das melhores e, principalmente, das piores aplicações financeiras. Assim, escapava das armadilhas dos orientadores de "poupança".

Com o aumento do conforto e comodidade da sociedade moderna, as pessoas perderam isso e tendem a fazer a menos esforço. A Organização Mundial de Saúde recomenda um mínimo de 150 minutos de atividade física moderada por semana. Sempre que possível, vá até os lugares caminhando ou pedalando. Exercícios físicos regulares ajudam a perder peso, melhoram a pressão arterial, evitam doenças, elevam a autoestima, aumentam a sensação de bem-estar, melhoram o humor e afastam a depressão.

Ao invés de se inscrever em uma academia, ambiente que muitos não gostam, a movimentação natural é benéfica ao organismo. Brincadeiras e passeios são sinônimos de mais saúde e mais sorrisos.

Uma rotina com bons hábitos se cria por repetição. Como estamos conseguindo controlar melhor nosso tempo, podemos organizá-lo com sabedoria e colocar em prática. Nosso único empecilho agora é driblar a desmotivação. Por isso, é um grande exercício para nossa motivação.

4. Maior interação, menos estresse

Com o advento da tecnologia e da fácil e instantânea comunicação, as pessoas estão perdendo a conexão humana que sempre foi parte do dia a dia antigamente. Apesar do maior conforto e comodidade do mundo de hoje, nunca o ser humano esteve tão estressado, com tantas pressões diferentes e tão pouca interação humana. É comprovado que interações sociais são necessárias e positivas para se manter uma boa saúde física e mental. Afinal, o ser humano é um ser social.

Precisamos colocar em perspectiva as nossas prioridades na vida e voltarmos a ter clareza de quais são os maiores valores dela. Como resgatar estes valores? Truques de avós:

• *Cuide de seus vínculos afetivos e sociais*

Mantenha um círculo de pessoas, amigos e parentes, com quem possa contar para dividir seus problemas, comemorar suas conquistas e se distrair.

• *Controle o estresse*

Um dos fatores vitais nesse sentido é administrar bem o tempo, dividindo-o melhor entre atividades de trabalho, de lazer e da rotina em casa. Ademais, encontre uma válvula de escape.

– *Escreva cartas*

Há quanto tempo não escrevemos uma carta com papel e caneta? Talvez nos limitamos apenas aos cartões. O e-mail, as mensagens de texto e o bate-papo quase acabaram com o bom hábito de escrever cartas. A tela do PC e o smartphone nunca terão o mesmo calor do papel de carta. Então, talvez em uma ocasião especial, surpreenda quem você gosta com uma carta escrita à mão. Ela chega cheia de cheiro de amor.

5. Roupas e objetos

• *Cuide de suas roupas como se fossem insubstituíveis*

Lembro sempre do cuidado de meus avós com as **roupas** deles. Além de lavar as roupas na mão e costurá-las, caso tivessem algum defeito, eles nunca as tratavam como se fosse algo descartável e substituível. Eles não são dessa época de consumo desenfreado. As roupas guardam histórias afetivas.

– Remendar roupas

Nossas avós e suas capacidades inatas, que parecem quase mágicas, para consertar as roupas de forma profissional deixando-as novas. Vamos aprender com elas os seus melhores truques? E se não tivermos mais uma avó disponível, tente consultar um dos muitos tutoriais e vídeos que se encontram online para consertar roupas, substituir o zíper de uma mala ou de um casaco e pregar botões. Esta é a solução perfeita para economizar dinheiro e para que os nossos vestidos e acessórios durem mais. Também é um belo exercício de meditação

• *Use seus objetos até o final da vida útil*

Mais ou menos na mesma pegada da dica das roupas, precisamos recriar o hábito de usar nossos objetos até o final de sua vida útil – sejam cosméticos, alimentos ou até cadernos. Com a facilidade, o custo baixo e a grande oferta, as vezes não damos tanto valor aos objetos mais antigo e acabamos substituindo-os. Mas aproveitá-los integralmente é uma forma muito eficaz de reduzir nosso consumo.

– Evite acumulações

Não se trata de abrir mão do conforto, mas de evitar o supérfluo, seguir um pouco menos modas e comprar sempre novos objetos tecnológicos ou não, enquanto eles ainda funcionam. De vez em quando, faça uma sessão de desapego e livre-se daquilo que você realmente não precisa mais: troque, venda ou, preferivelmente, doe para instituições de caridade.

Precisamos aprender a viver mais com menos.

6. Sol

– Aproveite mais o sol

Gaste menos energia: moramos em um país tropical e temos boa parte dos dias ensolarados e com bom tempo para secar a roupa naturalmente, no varal, economizando a secadora. De forma geral, tente ser mais consciente a respeito do uso de seus eletrodomésticos.

• *Exposição solar: tomar sol, mas seguindo alguns cuidados básicos de exposição, é fundamental*

Assim como o cálcio dos alimentos é indispensável para a saúde dos ossos, também é a vitamina D, que pode ser obtida de forma natural e até em quantidades elevadas pelo sol e ajuda a suprir as necessidades diárias, pois faz o organismo reter esse cálcio que é ingerido. Quando os raios solares penetram na pele, eles desencadeiam reações que levam à produção de vitamina D que, por sua vez, assegura que no intestino o cálcio (assim como o fósforo) seja absorvido, garantindo o crescimento e a reparação dos ossos, o funcionamento celular e neuromuscular. A Vitamina D é fundamental para o sistema imune, responsável pela defesa do nosso organismo. Ela estimula a proliferação de células de defesa e a produção de substâncias antimicrobianas

• *Use filtro solar*

O protetor deve ter FPS 30, no mínimo, para pessoas de pele clara, e FPS 15, no mínimo, para pessoas afrodescendentes. Além disso, a exposição ao sol deve ocorrer nos horários de menor radiação ultravioleta (antes das 10 horas da manhã e depois das 16 horas).

7. **Sono**

   – Dormir cedo

"Deus ajuda quem cedo madruga", quem é que nunca ouviu essa? Mas vamos combinar que, para madrugar, é preciso ir para cama cedo. Para os adultos são necessárias em torno de 8 horas de sono, já para bebês e crianças é preciso mais de 10 a 14 horas dependendo da idade. Os benefícios variam desde o descanso merecido depois de um dia agitado até a melhora no raciocínio e aprendizado e o bom funcionamento do organismo.

A falta de sono altera o metabolismo e pode acabar resultando em sobrepeso e resistência à insulina, hormônio que coloca a energia para dentro das células, com consequente risco de evolução para o diabetes. Para se dar bem com o travesseiro, não coma demais à noite nem se exercite antes de dormir. Quando for para a cama, desligue todos os eletrônicos e diminua a luminosidade do quarto, bem como os ruídos.

8. **Tecnologia**

   – De vez em quando, dê um tempo de tecnologia

Nossas avós sabiam como fazer tudo sem ter as ferramentas tecnológicas que nos acompanham todos os dias. A máquina de lavar foi uma revolução, mas, ao mesmo tempo, não devemos esquecer a capacidade de lavar à mão para não estragar. Podemos tentar dar um tempo do ar condicionado, quando não ele não for estritamente necessário, e dizer adeus ao ferro aprendendo a esticar e a dobrar as roupas tão bem como nossas avós e bisavós sabiam fazer.

   – De vez em quando, dê um tempo à tecnologia

Hoje, o telefone celular tornou-se um item imprescindível.

IV. **REMÉDIOS E MEDICAMENTOS**

   • *Vá ao médico periodicamente*

Um hábito que beneficia a saúde das mulheres acima de 60 anos é o costume de visitar, com regularidade, os médicos, além do maior acesso à informação. Elas seguem a recomendação de pelo menos uma avaliação médica ao ano ou conforme recomendação clínica.

   • *Dê preferência a remédios naturais*

Ir até a farmácia é simples e rápido, eu concordo! Muitas vezes essa facilidade salva a nossa vida e acaba com o sofrimento pontual em questão de minutos. Mas o ideal é não recorrer a ela com tanta frequência e dar preferência a remédios naturais, ervas e chás que podem até não ter um resultado tão rápido quanto a alopatia, mas com certeza são mais saudáveis. O remedinho da vovó funciona.[16-17]

– remédios naturais selecionados pelos avós

Plantas com ação estimulante, ricas em cafeína e outras xantinas:

Café (*Coffea arabica*) – Bebida é feita a partir das sementes torradas e é considerada a *droga* estimulante mais consumida no mundo. Estudos recentes indicam que o café diminui a incidência de certas doenças: depressão, doença de Parkinson, doenças cardiovasculares, diabete, abuso de drogas;

Guaraná (*Paullinia cupana*), nativo da região amazônica do Brasil. Utilizado em regimes de emagrecimento. Melhora de alguns parâmetros cognitivos (atenção, memória de trabalho) em jovens após o consumo de guaraná;

Mate (*Ilex paraguariensis*). Fonte do chimarrão (cafeína é termoestável). É um dos mais potentes antioxidantes conhecidos.

Plantas com ação antidepressiva

Hypericum perforatum (erva de São João). Conhecido desde a *Idade Média*, planta colhida na manhã do dia 24 de junho (verão europeu). É um dos principais antidepressivos vendidos no mundo

Plantas com efeito ansiolítico:

Valeriana officinalis (valeriana;)

Passiflora incarnata (maracujá;)

Piper methysticum (kava);

Humulus lupulus (lúpulo).

Plantas utilizadas para tratamento de Doença de Alzheimer

Ginkgo biloba (ginkyo: damasco prateado) Ação: antioxidante, ? viscosidade sanguínea e ↑ a circulação sanguínea: ↑ aporte de oxigênio e glicose para os neurônios;

Ginseng coreano (*Panax ginseng*).

Plantas para dor no estômago

Chá de camomila.

Pele queimada pelo sol

Cascas de batata

Constipação nasal

Chá de alho

---

16. Maurílio Mendonça. O *remedinho da vovó funciona*. O fitoterápico pode ser mais saudável e barato. Gazeta online, 24/10/2011.
17. TabachR, Carlini EA, Rodrigues E, Mendes FR, Gianfratti B. Treatment of drug dependence with Brazilian herbal medicines. Revista Brasileira de Farmacognosia, 2006, 16: 690-695

V. RELAÇÃO ENTRE AVÓS E NETOS

• *Benefícios dos avós aos netos*

Segundo algumas pesquisas, netos que têm um laço emocional próximo com seus avós obtêm uma variedade de benefícios importantes para toda a sua vida. Crianças que têm relacionamentos fortes com os avós são mais bondosas, generosas e com menores taxas de ansiedade e depressão no futuro. O envolvimento dos netos com os avós, de acordo com o mesmo estudo, também aumenta o desempenho escolar, a autoestima, a inteligência emocional e a fazer ou manter amigos.

• *Benefícios dos netos aos avós*

Para os avós, a conexão com os netos permite contato com uma geração muito mais nova e, consequentemente, uma abertura a novas ideias, com incorporação de outros conhecimentos. Eles proporcionam uma dualidade de sentimento: tranquilidade com rejuvenescimento.

Avós que têm a oportunidade de estar com os netos, não apenas emocionalmente, mas também em contribuir com suporte funcional – como buscar de vez em quando na escola, ajudar com algo financeiro ou ainda cuidar das crianças para que os pais possam sair – demonstram ter mais saúde psicológica e menos depressão do que aqueles que não fazem isso.

De acordo com estudos, avós que estão ativamente envolvidos na vida dos netos possuem melhor bem-estar do que os que são mais passivos. E ainda, as avós que cuidam mais de seus netos têm um risco reduzido de sofrer Alzheimer e outros distúrbios cognitivos. Na *análise*, (grandparents.com. – 2009) 72% dos entrevistados acham que "ser avô/avó é a coisa mais importante e satisfatória na sua vida" – citando esse papel como mais relevante que viagens ou segurança financeira. Segundo este estudo, o fato de cuidar dos netos dá aos mais velhos uma sensação de significado, identidade e finalidade, especialmente quando eles já deixaram de trabalhar.

• *Avós maternos e paternos*

Será que, cientificamente, há alguma diferença de efeito entre avós maternos e paternos na criação dos netos? Segundo o <u>Mamãe Plugada</u>, sim. O blog cita que em mais de 45 estudos diferentes sobre este tema (um deles <u>aqui</u>), tanto em países desenvolvidos como em desenvolvimento, foi constatado que o envolvimento de avós maternos teve um impacto significativo na sobrevivência e bem-estar de seus netos, como por exemplo, em reduzir a taxa de mortalidade das crianças pela metade.

Na mesma análise, supreendentemente, a presença do pai teve apenas um pequeno efeito perante o desenvolvimento infantil. Já o envolvimento de avós paternos também teve uma influência saudável, embora fosse mais variável.

Estes estudos, segundo o *blog*, apontam para os avós maternos em assumir um papel maior na assistência aos netos, devido, entre alguns fatores, estarem mais seguros de sua ligação genética com essas crianças, como também ao fato de muitas vezes a nora não ter proximidade com os sogros, o que dificulta a relação dos avós paternos com os netos. O maior envolvimento das avós maternas com seus netos também pode estar relacionado ao vínculo único existente entre mães e filhas.

Tanto avós maternos, quanto paternos influenciam e ajudam seus netos de maneiras diferentes. Por exemplo, esses estudos apontaram que a maior proximidade com as avós maternas faz aumentar as chances de sobrevivência das crianças, enquanto que o maior envolvimento com as avós paternas faz crescer a taxa de natalidade.

Já a relação dos avôs com os netos, embora não tenha sido ainda tão estudada, traz benefícios para a sobrevivência das crianças não perante a um papel prático na criação (como ocorre com as avós), mas a ensinamentos importantes de habilidades e valores.

VI. AVÓS E NETOS NO SÉCULO XXI

Para Foucault, a história não é o trilho de um trem sempre em frente. A história é resultado de conflitos, de relações de poder, que ora avançam, ora recuam, sem ritmo definido ou apreciável. A história é um cataclismo, pausada, é um desarrumado, é um emaranhado. A história se realiza por deslocamentos, por rupturas sucessivas.

Foi em Nietzsche que Foucault apoderou-se do método genealógico para analisar o poder como elemento capaz de explicar como se produzem os saberes e como o homem pós- moderno se constitui na articulação entre poder e saber.[18]

Foucault (2002) deixa claro que encontrou em Nietzsche conceitos apropriados para diferenciar dois fenômenos que em tudo se relacionam com a ideia de descontinuidade histórica. Segundo o próprio Foucault, Nietzsche diferenciou nitidamente os conceitos de origem e invenção ao proclamar a frase em texto datado de 1873, e só publicado postumamente: "Há muitos séculos, em um ponto perdido do universo, banhado pelas cintilações de inúmeras galáxias, houve um dia um planeta em que animais inteligentes inventaram o *Conhecimento*. Foi o instante mais arrogante e mais mentiroso da história do universo, mas foi apenas um instante. Depois de alguns suspiros da natureza, o planeta se congelou e os tais animais inteligentes tiveram que morrer."[19]

Nota-se que Nietzsche (1873) identificou que o conhecimento fora inventado e que tempo e espaço preexistiam à própria invenção do conhecimento. Eram como um solo pobre de astro, sobre o qual se erigiu o tal conhecimento, ou, em melhor texto, o tempo, o espaço e a própria inteligência preexistiam ao conhecimento.

Para o presente debate, importa que se verifique que Nietzsche trabalhou notadamente com a ideia de invenção e não de origem. Na análise, Foucault argumenta: [...] o conhecimento foi, portanto, inventado. Dizer que ele foi inventado é dizer que ele não tem origem. É dizer, de maneira mais precisa, por mais paradoxal que seja, que o conhecimento não está absoluto inscrito na natureza humana. O conhecimento não constitui o mais antigo instinto do homem, ou, inversamente, não há no comportamento humano, no apetite humano, no instinto humano, algo como um germe de conhecimento.[20]

---

18. VEIGA-NETO, Alfredo. *Foucault & a educação*. 2. ed. Belo Horizonte: Autêntica, 2007.
19. NIETZSCHE, 1873, apud FOUCAULT, 2002, p. 130. NIETZSCHE, Friedrich Wilhelm. *A gaia ciência*. Trad. Paulo César de Souza. São Paulo: Schwarcz, 2001.
20. FOUCAULT, 2002, p. 16.

Dessa forma, a descontinuidade defendida por Foucault importa no abandono da ideia de que a história tem uma origem silenciosa, que mais distante está na medida em que se tenta uma aproximação por meio da descoberta.

De acordo com a interpretação destes autores, a relação entre avós e netos, sobretudo para a segunda metade deste século, está ameaçada, sobretudo pela perda da importância e esquecimento.

Em 1960, a taxa mundial de fecundidade era de quase cinco filhos por mulher, segundo o Banco Mundial. Quase 60 anos depois, em 1918, caiu para apenas 2,4 e a população global está envelhecendo rapidamente. Pela primeira vez na história, há mais idosos no mundo do que crianças pequenas, informou a ONU. Mas como isso pode nos afetar? E como já está nos afetando?

Ao mesmo tempo, os avanços socioeconômicos beneficiaram quem nasceu nesse período. Em 1960, as pessoas viviam em média pouco mais de 52 anos; a expectativa de vida atual atingiu 72 anos em 2017.

Isso significa que estamos todos vivendo mais e demandando cada vez mais recursos à medida que envelhecemos, aumentando a pressão sobre os sistemas de saúde e previdenciário, por exemplo.

• *Nível de reposição*

Quando falamos de demografia, 2,1 é o número mágico. Esse é o chamado 'nível de reposição', ou seja, a quantidade de filhos necessária para garantir a substituição das gerações. No entanto, os dados mais recentes da ONU mostram que pouco mais da metade dos países do mundo procria nesse ritmo. O Brasil, por exemplo, com 1,7 filhos por mulher, já não está mais nesse grupo.

Os pesquisadores também apontam que os países com maior mortalidade infantil e menor expectativa de vida precisam de uma taxa de fertilidade de 2,3, um limiar atualmente alcançado por apenas 99 nações. Devido à queda no número dos nascimentos, muitos países provavelmente vão ver suas populações encolherem significativamente, apesar do aumento geral da população global – espera-se que cheguemos à marca de 8 bilhões até 2024.

O envelhecimento da população é mais acentuado nos países desenvolvidos. Esses países tendem a ter menores taxas de natalidade por uma série de razões ligadas principalmente à afluência econômica – as taxas de mortalidade infantil são menores, o controle da natalidade é mais fácil e a educação dos filhos pode ser relativamente cara. Nessas nações, as mulheres deixam para ter filhos mais tarde e, portanto, têm menos filhos. Um padrão de vida melhor significa que as pessoas vivem mais nesses países. Um bom exemplo é o Japão, onde a expectativa de vida ao nascer é de quase 84 anos (a mais alta do mundo). Ali, os idosos somaram 27% da população no ano passado – também a maior taxa do mundo. E a população com menos de 5 anos? Segundo a ONU, 3,85%.

"Caminhos para uma sociedade com poucas crianças e muitos idosos e isso representa um desafio". São 705 milhões de pessoas acima de 65 anos contra 680 milhões entre zero e quatro anos. As estimativas apontam para um crescente desequilíbrio entre os mais velhos e os mais jovens até 2050 – haverá duas pessoas com mais de 65 anos para cada uma entre zero e quatro anos.

- *Impacto econômico*

O declínio e o envelhecimento das populações resultam em menos pessoas na força de trabalho, o que, por sua vez, pode levar a uma diminuição da produtividade econômica. Isso acaba prejudicando ainda mais o crescimento. Em novembro passado, o Fundo Monetário Internacional (FMI) alertou que a economia do Japão poderia encolher mais de 25% nos próximos 40 anos devido ao envelhecimento da população

- *Impacto no cuidado aos avós*

Menos crianças, menos netos. Menos netos, menor necessidade de atuação como avô/avó e menor a interação entre as três gerações. Menos atuação como avós, maior dificuldade para passar os hábitos selecionados e os netos estarão mais sujeitos às informações rápidas, sobretudo pela rede de computadores / informática / APP / WhatsAPP / blogs / FakeNews. Será muito difícil selecionar, dentre as inúmeras informações, aquelas que, realmente, têm importância e são mais próximas da verdade.

Não havendo interação, avós deixarão de ser avós. Avós perderão a importância. Se eles deixam de ter importância, a vida deixa de existir. E se estiverem vivos, fisicamente, não estrão protegidos pela família e tampouco pela sociedade.

Assustador, principalmente, nos países desenvolvidos, como Inglaterra, Itália, Espanha e Estados Unidos da América, durante a epidemia de Covid-19, foi a constatação que a população que mais faleceu foi aquela acima de 60 anos, institucionalizada em asilos ou lar para idosos. Houve uma diferença muito grande na mortalidade entre estes idosos institucionalizados, quando comparados com aqueles, da mesma idade, não institucionalizados.

Como vai ser, então, a vida dos avós em 2050? Eles terão uma proteção legal? As nossas leis atuais serão suficientes? Precisaremos de lei específica?

Considerando-se o conceito de saúde, em sua expressão plena, nunca devemos nos esquecer dos princípios que norteiam saúde e a dignidade humana, bem amparados pela Constituição Brasileira de 1988 e pela Organização Mundial da Saúde.

- A constituição Brasileira de 1988 determina que a *saúde é um Direito fundamental de todos e Dever do Estado*.

- Esta determinação foi regulamentada pela 8080 / 1990, que estabelece que o Sistema único de Saúde (SUS) tem por objetivo garantir à população brasileira, o *direito ao acesso universal e integral à saúde*.

- Portanto, é dever do Estado garantir aos *seus cidadãos* o direito à saúde.

- O direito público subjetivo à saúde representa prerrogativa jurídica indisponível assegurada à generalidade das pessoas pela própria Constituição da República (art. 196).

- Traduz bem jurídico constitucionalmente tutelado, por cuja integridade deve velar, de maneira responsável, *o Poder Público, a quem incumbe formular – e implementar – políticas sociais e econômicas idôneas que visem garantir, aos cidadãos, o direito*.

Desde a constituição da Organização das Nações Unidas (ONU), em 1945, houve uma grande evolução nos Direitos Humanos. Os Direitos Humanos são os direitos essenciais de todos os seres humanos, sem que haja discriminação por raça, cor, gênero, idioma, nacionalidade, ou por qualquer outro motivo.

Nesses 75 anos, também ocorreu uma grande modificação na forma de encararmos os problemas das pessoas com deficiência:

Declaração dos Direitos das Pessoas Portadoras de Deficiência
Resolução aprovada pela Assembleia Geral da Organização das Nações Unidas, em 09 de dezembro de 1975

Constituição Brasileira de 1988
que originou a Lei n° 7.853/1989, posteriormente regulamentada pelo Decreto n° 3.298/1999.

Lei 10.048/2000
Ementa: Dá prioridade de atendimento às pessoas que especifica e dá outras providências.

LEI N° 10.436, de 24 de abril de 2002 - Dispõe sobre a Língua Brasileira de Sinais - Libras e dá outras providências.

Decreto 5296 de 2 de dezembro de 2004.
Regulamenta as Leis n°s 10.048, de 8 de novembro de 2000, que dá prioridade de atendimento às pessoas que especifica, e 10.098, de 19 de dezembro de 2000, que estabelece normas gerais e critérios básicos para a promoção da acessibilidade.

Convenção Internacional sobre os Direitos das Pessoas com Deficiência de 2006 e seu Protocolo Facultativo, assinados em Nova York, em 30/03/2007, ratificado, com equivalência de emenda constitucional, através do Decreto Legislativo n. 186, de 9/7/08, do Congresso Nacional e promulgado no Brasil pelo Decreto n. 6.949, de 25/08/2009..

Fonte: A Convenção dos Direitos das Pessoas com deficiência Comentada

"*Deficiência*: perda ou anormalidade de estrutura ou função psicológica, fisiológica ou anatômica, temporária ou permanente. Incluem-se nessas a ocorrência de uma anomalia, defeito ou perda de um membro, órgão, tecido ou qualquer outra estrutura do corpo, inclusive das funções mentais. Representa a exteriorização de um estado patológico, refletindo um distúrbio orgânico, uma perturbação no órgão;

Incapacidade: restrição, resultante de uma deficiência, da habilidade para desempenhar uma atividade considerada normal para o ser humano. Surge como consequência direta ou é resposta do indivíduo a uma deficiência psicológica, física, sensorial ou outra. Representa a objetivação da deficiência e reflete os distúrbios da própria pessoa, nas atividades e comportamentos essenciais à vida diária;

Desvantagem: prejuízo para o indivíduo, resultante de uma deficiência ou uma incapacidade, que limita ou impede o desempenho de papéis de acordo com a idade, sexo, fatores sociais e culturais. Caracteriza-se por uma discordância entre a capacidade individual de realização e as expectativas do indivíduo ou do seu grupo social. Representa a socialização da deficiência e relaciona-se. às dificuldades nas habilidades de sobrevivência.

Art. 4° É considerada pessoa portadora de deficiência a que se enquadra nas seguintes categorias: I – deficiência física – alteração completa ou parcial de um ou mais segmentos do corpo humano, acarretando o comprometimento da função física, apresentando-se sob a forma de paraplegia, paraparesia, monoplegia, monoparesia, tetraplegia, tetraparesia, triplegia, triparesia, hemiplegia, hemiparesia, ostomia, amputação ou ausência de membro, paralisia cerebral, nanismo, membros com deformidade congênita ou adquirida, exceto as deformidades estéticas e as que não produzam dificuldades para o desempenho de funções; (Redação dada pelo Decreto 5.296, de 2004) II – deficiência auditiva – perda bilateral, parcial ou total, de quarenta e um decibéis (dB) ou mais, aferida por audiograma nas frequências de 500HZ, 1.000HZ, 2.000Hz e 3.000Hz; (Redação dada pelo Decreto 5.296, de 2004) III – deficiência visual – cegueira, na qual a acuidade visual é igual ou menor que 0,05 no melhor olho, com a melhor correção óptica; a baixa visão, que significa acuidade visual entre 0,3 e 0,05 no melhor olho, com a melhor correção óptica; os casos nos quais a somatória da medida do campo visual em ambos os olhos for igual ou menor que 60o; ou a ocorrência simultânea de quaisquer das condições anteriores; (Redação dada pelo Decreto 5.296, de 2004) IV – deficiência mental – funcionamento intelectual significativamente inferior à média, com manifestação antes dos dezoito anos e limitações associadas a duas ou mais áreas de habilidades adaptativas, tais como: a) comunicação; b) cuidado pessoal; c) habilidades sociais; d) utilização da comunidade; d) utilização dos recursos da comunidade; (Redação dada pelo Decreto 5.296, de 2004); e) saúde e segurança; f) habilidades acadêmicas; g) lazer; e h) trabalho; V – deficiência múltipla – associação de duas ou mais deficiências.

Desde então, o indivíduo portador de deficiência, passou a ser respeitado como cidadão, pelo menos, sob o ponto de vista legal. Entretanto, tem sido registrado um longo caminho entre a vigência da Lei e a Eficácia dela. O desconhecimento, a ignorância e o preconceito, ainda, são vigentes.

Não se pode esquecer que a constituição brasileira coloca como fundamento da República Federativa do Brasil a *dignidade da pessoa humana:*

• E, como fundamento da República Federativa do Brasil, conclamo-nos a realizar uma sociedade solidária, justa e livre.

• A Constituição do Brasil, quando trata da *saúde como direito fundamental, usa o termo universal "todos".* É um direito difuso. E, assim, cada vez que a Constituição usa o termo "todos", ela está garantindo um direito universal.

• Assim, todos têm direito à educação, à saúde, à moradia, à vida, ao meio ambiente equilibrado.

• Tais objetivos fundamentais, em que o Estado Democrático de Direito se assenta, o faz em busca da *justiça social*; caminho esse que conta com o elemento vitalizador que é o princípio fundamental da dignidade da pessoa humana (III, art. 1º) e o da igualdade (art. 5º da CF).

• *Portanto, é imprescindível entender que o ser humano, ou melhor, a dignidade humana é o ponto norteador do Estado e do Direito, e assim, tal fundamento de validade da ordem jurídica, e mais ainda da Constitucional, deve tê-lo como princípio norteador e aplicável em toda interpretação.* Ainda mais, quando esse Estado de Direito é agregado na forma democrática.

Em 17 de novembro de 2011, é publicado o Decreto 7.612 – Plano Nacional dos Direitos da Pessoa com Deficiência: *Viver sem Limite*, propondo modelos de capacitação específicos e práticos.

O decreto foi elaborado com a participação de mais de 15 ministérios e do Conselho Nacional dos Direitos da Pessoa com Deficiência (Conade), que trouxe as contribuições da sociedade civil, o Plano Viver sem Limite, definindo que a Atenção Básica deverá oferecer atenção multiprofissional e projeto terapêutico singular:

O indivíduo e sua família devem ser acompanhados no seu território pela equipe de atenção básica, durante e após o processo de definição diagnóstica

O apoio multiprofissional, a partir da necessidade de cada paciente, essencial para a qualidade do cuidado prestado;

Alguns instrumentos, como a realização do Projeto Terapêutico Singular (PTS), são norteadores para as equipes de referência (Serviços Especializados e Serviços de Referência de Doenças Raras, Atenção Básica, NASF e outros) atuarem com uma abordagem integral, compartilhando o cuidado entre si.

A atenção especializada deve garantir:

a) Acesso a recursos diagnósticos e terapêuticos, mediante protocolos e diretrizes;

b) Acesso à informação;

c) Estruturação do cuidado de forma integrada e coordenada, desde o acolhimento, apoio, reabilitação e prevenção;

d) Apoio matricial à Atenção Básica;

Em síntese o que se pretende? Introduzir a pessoa com deficiência sob uma forma plena à sociedade, que ela possa viver uma vida digna, plena, respeitável e produtiva. Há 75 anos, a força da ética e o desejo de reduzir o sofrimento e preservar os direitos fundamentais dos cidadãos, fizeram nascer a declaração dos direitos humanos. Desde então, o mundo mudou, mas os valores que o norteiam continuam vivos e, mais do que nunca, precisam ser revitalizados.

Se trocarmos a palavra deficiência por avós, acredito que estaremos protegendo as futuras gerações de netos.

Em tempo, as alterações trazidas pela Lei 12.398/11, em seu Art. 1589 do Código Civil e nova redação ao inciso VII do art. 888 do Código de Processo Civil, que vieram a conferir nova regulamentação ao direito de visitas aos filhos, estenderam também aos avós o direito de visitas aos netos, deverá ter uma nova redação com mudança de sentido. Não são os avós que poderão visitar os seus netos, mas sim os seus netos é que deverão visitar e, se possível, conviver com os seus avós.

Com as histórias registradas de meus e de outros avós, tenho aprendido com eles *a arte de viver e de amar, cada momento especial de minha vida, com esperança.* É possível não viver na plenitude das nossas capacidades físicas, mas apesar de tudo, é possível levar existências válidas e muito felizes.

Interpretando, diferentemente, de Foulcault, eu não tenho dúvidas que na criação dos mundos, naquele $1/10^{44}$ de segundos antes do Big-Bang, a substância primordial da vida era *amor de avós, a base de todo o conhecimento.*

VII. MORAL DA HISTÓRIA

Costume dos contos de antigamente, as histórias sempre terminavam com a *moral da história,* uma conclusão, uma lição a ser aprendida. Para finalizar este texto, eu diria que:

Vovôs e vovós fazem muito bem para a saúde: "Avozal, avozal, é melhor não faz mal".

A IMPORTÂNCIA DA RELAÇÃO DOS AVÓS COM OS NETOS PARA A SAÚDE

Aderbal Sabra

Livre-Docente e Doutor pela UFRJ. Fez 3 Pós-Doc: Gastroenterologia em Denver em1973, Doenças Infecciosas Intestinais em Detroit em 1985 e em Imunologia e Alergia Alimentar em Washington, DC, em 1997. Membro Titular da Academia Nacional de Medicina. Chefe da Unidade de Alergia Alimentar e Autismo do Serviço de Imunologia Clínica e Experimental da Santa Casa da Misericórdia do Rio de Janeiro. Foi Professor Titular de Pediatria da UFF, da UFRJ, da FM de Petrópolis e da UNIGRANRIO. Autor de 7 livros de medicina; *Diarreias Agudas na Infância*; *Diarreia Aguda* e *Crônica em Pediatria*; *Mal Absorção*; *Doenças do Tubo Digestivo em Pediatria*; *Hepatologia Pediátrica* e *Manual de Alergia Alimentar*, todos esgotados. Autor de mais de 150 trabalhos científicos, com os trabalhos pioneiros que associam alergia alimentar e autismo. Professor Sabra tem clínica em Ipanema, no número 330, sala 311, tel. 22670645. Seu celular é 21 998347709. Seu ORCID é 0000.0002.1251.4960. Currículo Lattes 6687.1203.5251.7690. CRM é 52-02146-0.

Sumário: 1. Ocorrência de doenças infecciosas nos avós trazidas pelos netos ou com repercussão para seus netos. Vacine-se contra todas elas e tenha um ambiente familiar saudável. 2. O risco da imunossenescência para avós e netos.

O amor que os avós sentem pelos seus netos é muitas vezes maior, mais simples de ser vivido e menos desgastante do que o amor que tiveram por seus filhos. Para os filhos o imenso amor dos pais se dilui nas inúmeras responsabilidades que advêm da necessidade de educar, de adaptá-lo ao mundo que o cerca, do universo das inúmeras responsabilidades e tarefas intransferíveis, a serem executadas como essenciais a sua formação como cidadão.

Já quando os netos chegam, a experiência é totalmente diferente. Não existe a responsabilidade da educação. Não existem obrigações. Toda a relação é de amor, afeto e carinho, muitas vezes extrapolado pelo que não puderam dar aos seus filhos. Quanto maiores foram as adversidades na educação dos filhos, mais os avós se esforçam pela dedicação aos netos.

Um dado que precisa ser apontado como essencial nesta relação avós e netos é a disponibilidade de tempo. Não se trata de ausência paterna por omissão nem ociosidade dos avós, mas é evidente que a maioria dos avós tem o tempo para os netos que não tiveram para os seus filhos. Não raro estão financeiramente estáveis, não raro com folga financeira, o que contrasta com o momento dos tempos de pai, quando o essencial era a construção patrimonial.

Mesmo que este elemento de poder aquisitivo falte, o tempo de disponibilidade é infinitamente maior para os avós comparado com o dos pais. Os avós habitualmente estão em casa, geralmente usufruindo de suas aposentadorias e os pais, pelo contrário, não saem da rua, correndo em busca do "ganha pão". Por estas claras diferenças podemos entender por que os netos vêm para colorir os dias dos avós, diverti-los e fazer de suas rotinas um turbilhão de atividades impensadas. Os netos mudam totalmente as rotinas dos avós.

Avôs e avós são vistos como um "porto seguro" por seus filhos. O natural distanciamento que ocorreu entre pais e filhos, pode agora ser corrigido com a chegado dos netos. Os filhos se aconchegam com os netos em busca do carinho dos avós. Geralmente este é o momento do reencontro familiar. Laços perdidos são refeitos, distancias encurtadas, afetos relembrados e assim este reencontro faz dos avós o centro das atenções familiares.

Neste momento os avós revivem e deixam de lado uma rotina monótona que tinham e entram no turbilhão dos netos. E assim revivem para a vida. Além de fortalecer os laços familiares, o amor entre avós e netos faz bem para a saúde dos avós. Afastam os estados depressivos. Executar tarefas novas a pedido dos netos, participar de brincadeiras, ver TV lado a lado com os netos, funcionam como uma verdadeira terapia, que beneficia tanto os avós quanto as crianças.

Um problema insolúvel para os avós, que pertencem ao grupo BBC (*born before computer*) é rapidamente corrigido pelos netos que funcionam como uma ponte entre os avós e a internet, os smartphones, as gírias atuais e a vida da forma como acontece hoje. Essa conexão com a atualidade é bastante produtiva para os avós e naturalmente exercida pelos netos.

Mas a chegada dos netos pode trazer complicações à saúde dos avós. Bem como a saúde imunológica dos avós pode trazer problemas para os netos. A relação é bidirecional. O convívio íntimo preside esta relação. Enquanto os netos estão na plenitude de sua função imunológica, desde que com suas imunizações em dia, os avós pelo contrário estão com seu sistema imune vivendo um período que chamamos de imunossenescência. Ou seja, seu estado imunológico está inoperante. Qualquer doença transmissível nos netos será um problema para os avós.

Recomendamos então que os avós se preparem para a chegado dos netos. Para isso ele tem o tempo da gestação de seus filhos. A única forma de fortalecer seu sistema imune será revendo toda sua cartela de imunizações. A importância desta medida serve para os idosos acima de sessenta anos, tirando os mesmos da inoperante fase da imunossenescência. Diria mesmo que independente do preparo para a chegada dos netos, estas vacinações são importantíssimas para melhorar o estado de saúde dos avós.

1. OCORRÊNCIA DE DOENÇAS INFECCIOSAS NOS AVÓS TRAZIDAS PELOS NETOS OU COM REPERCUSSÃO PARA SEUS NETOS. VACINE-SE CONTRA TODAS ELAS E TENHA UM AMBIENTE FAMILIAR SAUDÁVEL

SARAMPO: uma doença extinta entre nós até alguns anos atrás, que representava uma fiscalização e uma das causas da diminuição da imunização contra ela, aparece como um problema de saúde entre nós, depois que os casos que migram da Venezuela. Até janeiro do ano passado, 10.302 casos haviam sido confirmados – cerca de 95% (9.724) no Amazonas – com 12 mortes no território nacional. No Amazonas, os dados disponíveis apontam que, entre os 15 e os 29 anos, são responsáveis por 46% dos casos. Atualmente, 10 estados no Brasil têm circulação ativa do vírus do sarampo.[1]

FEBRE AMARELA: Em 1980, o Brasil iniciou surtos sucessivos de febre amarela selvagem, que aumentaram desde 2016. De 2016 a 2018, tivemos 2.155 casos e 745 mortes e os estados mais afetados foram Minas Gerais, São Paulo, Rio de Janeiro e Espírito Santo. A prevalência foi maior em adultos acima dos 50 anos (faixa etária com menor cobertura vacinal), com predomínio do sexo masculino.[2]

HEPATITE A: Dos 165.000 casos de hepatite A, registrados como ocorrendo no Brasil, nos últimos 20 anos, 20% ocorreram em indivíduos acima de 20 anos de idade. Em comparação com a incidência em crianças menores de 10 anos, com 54% dos casos, a participação de adultos ainda é pequena. No entanto, em 2017, o grupo mais afetado foram as pessoas de 20 a 39 anos. A maioria são homens, que contraíram o vírus sexualmente. O que é alarmante sobre as estatísticas e o que chama nossa atenção é o aumento da incidência nessa faixa etária, crescendo 14 vezes em apenas um ano. O que não pode ser esquecido é que mais de 70% das mortes por hepatite A ocorrem entre adultos. Esses dados estão nos levando a tomar ações vigorosas de vacinação nesses adultos após a adolescência.[3]

HEPATITE B: Também nos últimos 20 anos, tivemos um número elevado de casos de hepatite B, totalizando 218.000 casos. Chama a atenção que os adultos são responsáveis por 91% dos casos, com mais de 200.000 notificações. Entre os adultos, a incidência prevalece após os 20 anos, sendo a maioria notificada com idade entre 35 e 39 anos, com prevalência masculina e incidência respectiva entre 38,3% e 54,4% do total. Durante o período, a taxa de detecção da hepatite B caiu na faixa de 0 a 34 anos, permaneceu a mesma na faixa de 35 a 39 anos e aumentou a partir dos 40 anos, com ênfase nos maiores de 60 anos. A hepatite B matou 14.000 pacientes nesse período. Embora não exista uma vacina específica contra a hepatite D, as mortes também foram consideradas evitáveis, uma vez que o vírus afeta apenas pessoas infectadas pela hepatite B, uma doença imunoprevenível.[4]

DIFTERIA: A vacinação reduziu a incidência de difteria no Brasil a tal ponto que muitos médicos nem sequer viram a doença nos últimos 20 anos, com apenas cerca de 100 casos relatados. Desses 33 casos ocorreram em 2010, em um surto no Estado do Maranhão, com 10 óbitos. Devemos manter nossos esquemas de vacinação contra a difteria atualizados devido a surtos recentes em outros países vizinhos, onde ocorreram mais de 300 mortes. O Ministério da Saúde recomenda a vacinação contra a difteria com o par adulto a cada dez anos, a partir dos 14 anos.[5]

---

1. Boletim. Brasil. Ministério da Saúde. *Situação do Sarampo no Brasil* – 2019. Informe 36. Brasília: Ministério da Saúde, 24 jan. 2019.
2. Boletim. Brasil. Ministério da Saúde. *Monitoramento do período sazonal da febre amarela.* Brasil – 2017/2018. Informe 27. Brasília: MS, 05 out. 2018.
3. Boletim. Prefeitura de São Paulo. Coordenação de Vigilância e Saúde. *Hepatite A. Boletim Epidemiológico nº 08 SE 45/2018* – Situação até 10/11/2018.
4. Boletim. Brasil. Ministério da Saúde. Secretaria de Vigilância em Saúde. *Hepatites virais 2018.* Boletim Epidemiológico 49(31). Brasília: MS, 2018.
5. Brasil. Ministério da Saúde. *Tabela de casos de Difteria.* Brasil, Grandes Regiões e Unidades Federadas. 1997 a 2017.

INFLUENZA: A gripe que ocorreu nos Estados Unidos, nos surtos de 2017-2018, atingiu cerca de 11 milhões de pessoas, que precisavam de hospitalização com o registro de 80.000 mortes. Como em outras ocasiões, as maiores de 65 anos foram as principais vítimas, concentrando 70% das internações e 90% das mortes. A cepa predominante foi uma variante de A (H3N2), não incluída na vacina para o Hemisfério Norte.[6]

No Brasil, ao mesmo tempo, em 2018, tivemos hospitalizações por influenza em quase 7.000 casos com "síndrome respiratória aguda grave" (SARS), quase o dobro do que em 2017. Das 1.381 mortes registradas, a maioria (76,4%) ocorreu em pessoas com algum fator de risco, sendo o mais comum: idade acima de 60 anos (55,1%), pacientes com doença cardiovascular crônica (31,6%) e pacientes com doenças pulmonares crônicas (24,6%).

É preocupante que, devido à necessidade de vacinação anual, à incerteza sobre os sorotipos circulantes, ao fato de ainda não existirem vacinas universais e à natureza cíclica do aparecimento de mutações em vírus, não possamos descartar a ocorrência de pandemias dessa doença. doença no futuro.

DOENÇA PNEUMOCÓCICA: A Organização Mundial da Saúde (OMS) estima que 1,6 milhão de pessoas de todas as faixas etárias morrem a cada ano de doença pneumocócica. Nos Estados Unidos, a estimativa é que 900.000 pessoas contraiam pneumonia pneumocócica a cada ano e que 400.000 precisem de hospitalização. Destes, 5% a 7% da mortalidade é maior em idosos. No Brasil, houve uma queda importante na doença pneumocócica invasiva (DPI) em crianças menores de 5 anos após a introdução da vacina conjugada pneumocócica 10 valente (PCV10). Porém, diferentemente da imunidade coletiva esperada que protege outras faixas etárias, além das vacinadas, não houve diminuição na ocorrência de DPI entre adultos e observou-se um aumento na incidência entre idosos.[7]

CAXUMBA: A caxumba não é obrigatória para relatar, portanto, não é possível conhecer com precisão o real impacto da doença. No entanto, há relatos de aumento da incidência em unidades federais, em todas as regiões do país, nos últimos 5 anos, com o registro de cerca de 40.000 casos notificados. (22 a 27) No Brasil, de 2011 a 2014, foram relatados cerca de 20.000 casos de coqueluche. Havia cerca de 10.000 casos em crianças menores de 1 ano, com 87% dos casos em crianças menores de 6 meses de idade. A letalidade segue o mesmo padrão: no período, 98,7% das mortes ocorreram em crianças menores de 1 ano, das quais 97% tinham menos de 2 meses, faixa na qual ainda não há indicação da primeira dose da vacina. Desde 2015, os casos de coqueluche diminuíram. Quanto à incidência, a queda passou de 4,2 / 100.000 habitantes em 2014 para 0,9 / 100.000 habitantes em 2017.

Nos adultos, a infecção por Bordetella pertussis é assintomática na maioria dos casos, o que explica a baixa incidência da doença nessa faixa etária. No entanto, os adultos são a principal fonte de infecção para a criança, especialmente aqueles com menos de 1

---

6. Boletim. Brasil. Ministério da Saúde. Secretaria de Vigilância em Saúde. *Influenza*: Monitoramento até a semana epidemiológica 52 de 2018. Brasília: Ministério da Saúde, 2018.
7. Boletim. São Paulo. Secretaria de Estado da Saúde. Instituto Adolfo Lutz. *Vigilância das pneumonias e meningites bacterianas*. 2018.

ano de idade, que ainda não completaram o cronograma de vacinação contra a doença. A principal estratégia para preservá-las nesse período de maior risco é a vacinação de gestantes após 20 semanas de gestação, conduta que permite a transferência de anticorpos maternos pela via transplacentária e a proteção do bebê nos primeiros três meses de vida. A vacinação de crianças mais velhas, adolescentes e adultos que vivem com crianças com menos de um ano também contribui para reduzir a ameaça ao bebê, uma vez que a fonte da infecção está em casa cerca de 75% das vezes. A evolução mais branda entre os adultos, no entanto, não significa que estejam completamente livres de complicações, principalmente os idosos, como: perda de peso (33%), incontinência urinária (28%), síncope (6%), fraturas de costelas devido a tosse (4%) e pneumonia (2%). A taxa de hospitalização varia de 1% a 4% e as mortes são raras.[8]

HPV: Cerca de 5% das novas detecções anuais de câncer em todo o mundo são atribuídas ao HPV. O vírus é responsável por mais de 99% dos casos de câncer do colo do útero – uma doença que afeta anualmente cerca de 20.000 mulheres brasileiras e mata outras 5.000 – e por tumores malignos no ânus (91% do total), pênis (63%), vagina (75%), orofaringe (72%) e vulva (69%). Além disso, o HPV é responsável por cerca de 20.000 casos de verrugas genitais anualmente no país.

Os países que implementaram a vacina no sistema público já colheram resultados importantes. Na Inglaterra, onde meninas de 12 a 18 anos foram vacinadas desde 2008, houve uma redução na ocorrência de infecção por HPV e verrugas genitais em cerca de 75% dos casos. Na Austrália, onde é oferecido desde 2006 para meninas de 9 a 26 anos e para meninos de 9 a 13 anos, houve uma redução de 59% no diagnóstico de verrugas genitais em mulheres desde 2013; Queda de 48% na incidência de lesões cervicais de alto grau (risco de progredir para câncer) em meninas menores de 18 anos e redução de 88% nas taxas de infecção oral por HPV. Embora a prioridade mundial seja a vacinação de adolescentes e jovens, homens e mulheres adultos também podem se beneficiar da vacinação, com um risco reduzido de novas infecções, reinfecções e recorrência de lesões preexistentes.[9]

HERPES ZOSTER: O herpes zoster se manifesta em pessoas previamente infectadas pelo vírus da varicela zoster, que, após causar varicela, permanece latente e pode ser reativado em situações de baixa imunidade, incluindo a imunosenescência. A prevalência sérica do vírus é semelhante em todo o planeta: de 95 a 98% em adultos. Nos Estados Unidos, o CDC estima que aproximadamente 30% dos indivíduos desenvolvam herpes zoster em algum momento da vida, com uma curva de incidência ligada ao avanço da idade, principalmente após os 60 anos. A partir dos 85 anos, uma em cada duas pessoas desenvolverá a doença. doença. A complicação mais frequente do herpes zoster é a neuralgia pós-herpética (NPH), que ocorre em 18% a 30% dos casos, principalmente naqueles com mais de 60 anos de idade.

O vírus da catapora pode nos atormentar mais de uma vez. Este vírus é capaz de se reativar com o avanço da idade e causar um ataque doloroso, como um Herpes Zoster.

8. Boletim. São Paulo. Secretaria da Saúde. Centro de Vigilância Epidemiológica. *Caxumba*: Distribuição de surtos, casos e óbitos, segundo ano de início dos sintomas e faixa etária, Estado de São Paulo, 2001 a 2018.
9. Fedrizzi EN. Epidemiology of the genital HPV infection. *Rev Bras Pat Trato Gen Inf.* 2011; 1(1): 3-8.

A projeção é que mais pessoas sofram disso depois dos 60 anos, de acordo com uma análise publicada na revista BMC Geriatrics. Espera-se que a taxa de pessoas afetadas pelo problema cresça de 2,35 a 3,74% ao ano até 2030, como mostram os cientistas que avaliaram dados da Austrália, Japão e Estados Unidos.[10]

TUBERCULOSE: A tuberculose é uma doença presente em todo o território nacional, com uma incidência alarmante em alguns municípios do nosso Brasil.

O BCG é uma imunização preventiva, realizada no nascimento, com o objetivo de prevenir formas graves de tuberculose, como meningite tuberculosa, tuberculose pulmonar e formas sistêmicas de tuberculose.

A administração de BCG é feita em dose única, com injeção intradérmica, em crianças com peso igual ou superior a 2 kg.

A resposta imune causada pelo BCG ativa a imunidade celular com aumento da circulação de linfócitos do sistema CD8. Esse conhecimento faz do BCG uma outra arma de ativação imunológica em pacientes no estado de imunosenescência e com necessidade de ativação do sistema imunológico da resposta CD8.[11]

2. O RISCO DA IMUNOSSENESCÊNCIA PARA AVÓS E NETOS

Se você tiver mais de sessenta anos, no estado de imunossenescência e está prestes a receber um netinho em casa, sugerimos que você nos nove meses que antecedem a sua chegada tome o quanto antes uma dose de cada uma das vacinas listadas: influenza 4V; VPP23 (pneumococo); dTpa-VIP (difteria, tétano, coqueluche acelular e com poliomielite inativada); Hepatite A e B; ACWY (meningococo); MMR (sarampo, caxumba e rubéola) e Herpes Zoster, de acordo com a sociedade brasileira de imunização para idosos. Não deixe de consultar seu médico.

---

10. Centers for Disease Control and Prevention. National Center for Immunization and Respiratory Diseases. *Varicella (chickenpox) and herpes zoster (shingles):* Overview of VZV disease and vaccination for healthcare professionals. 2013.
11. CALENDÁRIO DE VACINAÇÃO SBIm – IDOSO. Recomendações da Sociedade Brasileira de Imunizações (SBIm) – 2019/2020.

DIREITOS E DEVERES DOS AVÓS

Álvaro Villaça Azevedo

Doutor em Direito. Professor Titular de Direito Civil. Regente de Pós-Graduação e ex--Diretor da Faculdade de Direito da Universidade de São Paulo – USP. Professor Titular de Direito Romano, de Direito Civil e ex-Diretor da Faculdade de Direito da Universidade Presbiteriana Mackenzie, em São Paulo. Professor Titular de Direito Romano e ex-Diretor da Faculdade de Direito da Fundação Armando Álvares Penteado – FAAP, em São Paulo. Advogado e ex-Conselheiro Federal e Estadual da Ordem dos Advogados do Brasil. Advogado. Parecerista e Consultor Jurídico. Autor de aproximadamente trinta livros, incluindo o Curso de Direito Civil (7 volumes) – Saraiva.

Sumário: 1. Generalidades. 2. Dever de alimentar os avós. 3. Direito alimentar dos avós. 4. Prisão civil dos avós. E a prisão civil dos netos? 4.1 Conceito e natureza jurídica. 4.2 Prisão reiterada, prazo e lugar da prisão. 4.3 Prisão civil dos avós. 4.4 Prisão civil dos netos? 4.5. Minha posição.

1. GENERALIDADES

Cuidar dos avós, de suas vidas, é dever fundamental que se impõe no Direito de Família, na área dos alimentos, como o dever dos pais e dos filhos, num sentido global de proteção da célula familiar.

A família fortalece-se com os cuidados entre seus membros, para a continuidade de sua existência com a formação do tronco ancestral.

2. DEVER DE ALIMENTAR OS AVÓS

O Código Civil de 1916 já reconhecia, em seu art. 397, o direito à prestação de alimentos como "recíproco entre pais e filhos", e extensivo a todos os ascendentes, recaindo a obrigação nos mais próximos em grau, uns em falta de outros. Esse texto é reproduzido, integralmente, idêntico ao do art. 1.696 do Código Civil de 2002.

Na falta dos pais, a obrigação deve ser cumprida pelos avós, bisavós, trisavós etc.; uns em falta de outros. Desse modo, se existem vários ascendentes do mesmo grau, são obrigados todos em conjunto, em razão do que "a ação de alimentos deve ser exercida contra todos, e a quota alimentar é fixada de acordo com os recursos dos alimentantes e as necessidades do alimentário. Assim, intentada a ação, o ascendente (avó, bisavó etc.) pode opor que não foram chamados a prestar alimentos os outros ascendentes do mesmo grau. Se algum dos ascendentes não tem meios com que alimente o descendente, o outro dos ascendentes do mesmo grau os presta". Ante qualquer recebimento alimentar precário ou insuficiente, pode ser pedida complementação.[1]

---

1. PONTES DE MIRANDA, *Tratado de direito privado*, cit., 2. ed., t. IX, § 1002, n. 9, p. 231.

Pondera, assim, Yussef Said Cahali[2] que

> duas circunstâncias abrem oportunidade para a convocação do ascendente mais remoto à prestação alimentícia: a falta de ascendente em grau mais próximo ou a falta de condição econômica deste para fazê-lo; o grau mais próximo exclui aquele mais remoto, sendo o primeiro lugar na escala dos obrigados ocupado pelos genitores, apenas se faltam os genitores, ou se estes se encontram impossibilitados financeiramente de fazê-lo, estende-se a obrigação de alimentos aos ulteriores ascendentes, respeitada a ordem de proximidade.

Destaque-se, nessa oportunidade, acórdão da Sétima Câmara Cível do Tribunal de Justiça do Estado do Rio Grande do Sul,[3] sendo Relatora a Desembargadora Walda Maria Melo Pierro, em que se reconheceu que:

> A responsabilidade alimentar dos avós, por excepcional e subsidiária, só tem lugar mediante prova da impossibilidade financeira absoluta do genitor. Atrasos e relutância no pagamento não autorizam a transferência da obrigação, mormente quando esta se mostra em dia. Para fixação da obrigação, na forma da complementação, há de vir prova escorreita de que o valor alcançado pelo pai, somado ao valor propiciado pela mãe, é insuficiente, o que não ocorre no presente caso. Não se pode confundir dificuldades oriundas das modestas condições econômicas dos genitores, a que devem se adaptar os filhos, com incapacidade de sobrevivência. O padrão de vida dos avós não serve de parâmetro para tal fim.

Nesse decisório, foram citados outros julgados do mesmo Tribunal, que demonstraram o caráter subsidiário e excepcional da obrigação avoenga, salientando-se que o sustento dos filhos é primordialmente dos genitores, pai e mãe, somente sendo chamados os avós, quando demonstrada a incapacidade econômica dos pais (absoluta impossibilidade), não tendo o neto direito ao padrão de vida dos avós.

Outro julgado deve ser referido, da Oitava Câmara Cível do Tribunal da Justiça do Estado do Rio Grande do Sul,[4] sendo relator o Desembargador Claudir Fidelis Faccenda, que admitiu que:

> Comprovado que o genitor não tem condições de suportar o encargo alimentar do filho menor, é cabível demandar o avô paterno para complementar os alimentos. A responsabilidade dos avós, por ser subsidiária e complementar, não é igual à dos pais, limitando-se a atender as necessidades básicas da criança.

Corroboram esses julgados o teor do art. 1.698 do Código Civil, que assenta:

> Se o parente, que deve alimentos em primeiro lugar, não estiver em condições de suportar totalmente o encargo, serão chamados a concorrer o de grau imediato; sendo várias as pessoas obrigadas a prestar alimentos, todos devem concorrer na proporção dos respectivos recursos, e intentada ação contra uma delas, poderão as demais ser chamadas a integrar a lide (artigo sem correspondência no Código Civil de 1916).

Com fundamento em decisão do Tribunal de Justiça de São Paulo,[5] Maria Berenice Dias[6] acentua que:

---

2. *Dos alimentos* cit., p. 517.
3. Ap. Cív. 70.009.321.951-Santa Maria, j. 23.02.2005, provido por maioria.
4. Ap. Cív. 70.016.501.889Sarandi, j. 21.09.2006, provido parcialmente.
5. TJSP, AC 345.0704/0, 6ª Câm. de Dir. Priv., rel. Des. Sebastião Carlos Garcia, j. 02.12.2004. "Pleito contra genitor e o avô paterno – Admissibilidade. Demonstração da necessidade de suplementação dos alimentos pelo avô paterno, ante a impossibilidade de suprimento da totalidade das necessidades do alimentando pelos próprios pais. Inocorrência da sustentada ilegitimidade passiva *ad causam*. Apelo Improvido".
6. *Manual de direito das famílias* cit., 8. ed., p. 540-541, n. 27.12.

é necessário, primeiro, buscar a obrigação alimentar do parente mais próximo. Nada impede, no entanto, intentar ação concomitante contra o pai e o avô. Constitui-se um litisconsórcio passivo sucessivo. Ainda que não disponha o autor de prova da impossibilidade do pai, o uso da mesma demanda atende ao princípio da economia processual. Na instrução é que, comprovada a ausência de condições do genitor, evidenciada a impossibilidade de ele adimplir a obrigação, será reconhecida a responsabilidade dos avós. A cumulação da ação contra pais e avós tem a vantagem de assegurar a obrigação desde a data da citação.

Reforça esse raciocínio essa jurista, em sequência, apoiando-se em julgado do Tribunal de Justiça do Distrito Federal,[7] que assenta (com fundamento em Fátima Nancy Andrighi) que:

> o fato de a lei fazer uso da palavra pais, no plural, ao lhes atribuir os deveres decorrentes do poder familiar, não quer dizer que está a se referir a ambos os pais, e sim a qualquer dos pais. A denominada paternidade responsável estendeu seus efeitos, alcançando os avós, que tendo condições, podem ser chamados a completar o pensionamento prestado pelo pai que não supre de modo satisfatório a necessidade do alimentado.

O STJ[8] vem manifestando o entendimento de que a responsabilidade dos avós não é apenas sucessiva, mas complementar, podendo ser chamados a subsidiar a pensão prestada pelo pai, que não supre de modo satisfatório a necessidade dos alimentandos.

Relativamente aos precedentes do Superior Tribunal de Justiça, tem este admitido a responsabilidade dos avós de suplementarem (completarem) a pensão insuficientemente prestada aos netos, na medida das possibilidades desses ascendentes próximos (avós).[9]

3. DIREITO ALIMENTAR DOS AVÓS

Até esse ponto, venho referindo a existência do direito da personalidade dos netos, relativamente a seus ascendentes.

Aqui, também, está presente o dever destes nessa prestação alimentar.

Como já acentuei, existe reciprocidade desse direito, que, por isso, é direito – dever da personalidade. Os ascendentes também, pelo *ius sanguinis*, têm direito a alimentos junto a seus descendentes. Desse modo, o avô que tiver necessidade, quanto à sua sub-

---

7. TJDF, AC 20050110342045, 2ª T. Civ., rel. Des. J. J. Costa Carvalho, j. 11.10.2006. "Ação de Alimentos – Avós – Responsabilidade subsidiária. 1. A responsabilidade de os avós suportarem o pagamento de pensão alimentícia dos netos tem natureza subsidiária, decorrendo da incapacidade de o pai cumprir com a sua obrigação. 2. Para que seja acolhida pretensão exposta em ação de alimentos ajuizada diretamente contra os avós paternos, mister se faz comprovação de que o genitor, devedor originário, não tem condições de arcar com seu dever".
8. STJ, REsp 119.336/SP, 4ª T., rel. Min. Ruy Rosado Aguiar, *DJ* 10.03.2003, baseado em Procedentes; REsp 81.838/SP, 4ª T., rel. Min. Aldir Passarinho Junior, j. 06.06.2000; REsp 366.837/RJ, 4ª T., rel. p/ acórdão Min. Cesar Asfor Rocha, j. 19.12.2002 (obrigação "própria, complementar e/ou sucessiva, mas não solidária"); REsp 401.484/PB, 4ª T., rel. Min. Fernando Gonçalves, j. 07.10.2003 (responsabilidade complementar diluída entre avós paternos e maternos); REsp 658.139/RS, 4ª T., rel. Min. Fernando Gonçalves, j. 11.10.2005 (avós concorrem na proporção de seus recursos); também TJSP, Ap. 256.719, rel. Des. Azevedo Franceschini, *RT* 509/78; TJSP, MS 281.431, rel. Des. Toledo Piza, *RT* 531/67 (prestação insuficiente).
9. STJ, REsp 268.212/MG, 3ª T., rel. Min. Ari Pargendler, *DJ* de 27.11.2000 (ainda sob a vigência do CC de 1916); REsp 50.135-9/RJ, 4ª T., rel. Min. Barros Monteiro, j. 12.09.1994 ("o credor não está impedido de ajuizar a ação apenas contra um dos coobrigados...").

sistência, pode pedir alimentos a seus netos, que deverão prestá-los na medida de suas condições econômico-financeiras.

É o direito que nasce no trono ancestral de prestação de continuidade das famílias em sentido geral.

Destaca Pontes de Miranda,[10] nesse passo, que:

> A obrigação à prestação de alimentos é recíproca no direito brasileiro, uma vez que se estende em toda a linha reta entre ascendentes e descendentes, e na colateral entre os irmãos, que são parentes recíprocos por sua natureza. E é razoável que assim seja. Se o pai, o avô e o bisavô têm o dever de sustentar o filho, neto ou bisneto, abastado, não fosse obrigado a alimentar o seu ascendente incapaz de manter-se *Iniquissum enim quis merito dixerit patrem egere, cum filius sit in facultatibus* (L. 5, § 13, D., de *agnoscendis et alendis libertis*, 25.3).

Desse modo, "ao direito de exigir alimentos corresponde o dever de prestá-los", lembra Silvio Rodrigues,[11] afirmando:

> se por causa de idade ou moléstia a pessoa não pode prover a subsistência, deve reclamar alimentos de seu pai, avô etc. (art. 1.696), ou de seus filhos (art. 1.697). A estes, desde que o possam, incumbe fornecer os alimentos, ainda que haja netos, ou bisnetos, com recursos muito mais amplos. Não havendo filhos, são chamados os netos a prestar alimentos, e assim por diante, porque a existência de parentes mais próximos exclui os mais remotos da obrigação alimentícia.

A lei distribui em categorias os sujeitos de obrigação alimentar, sendo certo que:

> Na primeira, encontram-se os ascendentes de primeiro grau, isto é, o pai e a mãe. Quem careça de alimentos deve reclamá-los, em primeiro lugar, dos pais. Na falta destes, a obrigação passa aos outros ascendentes, paternos ou maternos, recaindo nos mais próximos em graus, uns em falta de outros. Assim, ocupam o primeiro plano na segunda categoria, os avós; em seguida os bisavós, e assim sucessivamente. Na falta de ascendentes, cabe a obrigação aos descendentes, guardada a ordem da sucessão. Em primeiro lugar os filhos; em segundo os netos, e assim sucessivamente. Faltando os descendentes, a obrigação incumbe aos irmãos, germanos ou unilaterais.[12]

4. PRISÃO CIVIL DOS AVÓS. E A PRISÃO CIVIL DOS NETOS?

4.1 Conceito e natureza jurídica

Estudamos, atrás, o conceito e a natureza jurídica da prisão civil por débito alimentar, como meio coativo para forçar o recebimento do crédito alimentar.

Vimos que o art. 1.694 atual alargou bastante o reconhecimento desse direito recíproco aos parentes, cônjuges e conviventes.

A Súmula 379 do Supremo Tribunal Federal proibia a renúncia do direito a alimentos no acordo da separação judicial.

---

10. Op. cit., § 1006, n. 1, p. 236.
11. *Direito civil* cit., p. 380 e nota de rodapé 325. No mesmo sentido: DINIZ, Maria Helena. *Curso de direito civil brasileiro* cit., p. 649-661, letra F.
12. GOMES, Orlando. *Direito de família*, cit., p. 436, n. 263.

Eu sempre fui contrário a esse entendimento, como esclareci anteriormente, já que os alimentos entre parentes nascem com a pessoa e integram o sentido de sua existência, ao passo que os alimentos que nascem do contrato (de casamento ou de união estável) não se encontram entre os direitos *ex iure sanguinis* e podem sofrer alterações, com separações culposas etc.

Entretanto, ante o atual Código, não restam dúvidas de que admitiu ele esse entendimento sumular, pois assenta, em seu art. 1.707: "pode o credor não exercer, porém lhe é vedado renunciar o direito a alimentos, sendo o respectivo crédito insuscetível de cessão, compensação ou penhora".

Mesmo tendo esse Código Civil admitido o direito recíproco a alimentos entre cônjuges e conviventes, para "viver de modo compatível com a condição social, inclusive para atender às necessidades de sua educação" (art. 1.694, *caput*), não foram eles considerados parentes.

Os direitos adquiridos com o nascimento nascem como direitos da personalidade, com todas as características desses direitos da personalidade, sendo, portanto, imprescritíveis. O direito a alimentos, por seu turno, quando entre cônjuges ou conviventes, pode ser perdido em razão de decreto judicial na separação do casal; não é inato.

Só o descumprimento do dever alimentar entre consanguíneos é que pode levar ao decreto da prisão civil, no meu entender, ainda com o advento do atual Código.

Uma coisa é ser devida e irrenunciável a pensão alimentícia, outra é possibilitar a prisão por seu descumprimento.

Principalmente, ante o atual Código, que possibilita o pensionamento alimentício a credor culpado, caso em que os alimentos devem ser, apenas, "os indispensáveis à subsistência" (§ 2º do art. 1.694).

Com essa conceituação, por mim justificada, pela qual a prisão do devedor de alimentos só se admite com o pressuposto de relação entre parentes, analiso a natureza desse modo de constrangimento pessoal.

4.2 Prisão reiterada, prazo e lugar da prisão

Quanto à prisão reiterada e o prazo da prisão, já estudadas anteriormente, aplica-se essa matéria aos avós.

Também quanto ao lugar da prisão, a matéria já foi estudada anteriormente, contudo, merece destaque nessa oportunidade, elogiável decisão do Superior Tribunal de Justiça[13] que garantiu prisão domiciliar a idoso devedor de pensão, com 73 anos de idade e portador de vários problemas graves de saúde.

4.3 Prisão civil dos avós

O mesmo acontece com a prisão civil dos avós, que são pessoas idosas e, geralmente, com problemas de saúde e que precisam ser preservados.

---

13. HC 35.171/RS-Capão da Canoa, 3ª T., rel. Min. Humberto Gomes de Barros, *Revista Consultor Jurídico*, de 04.08.2004.

Cite-se, nessa feita, acórdão do Tribunal de Justiça do Rio Grande do Sul, sendo relator o Des. Antonio Carlos Stangler Pereira,[14] em que se decidiu, em ação de execução de alimentos, contra avós paternos, que sendo, "a obrigação dos avós de natureza subsidiária, além do que demonstrada nos autos a precariedade de suas situações financeiras, tratando-se, portanto, de impagamento involuntário e escusável", não se justificaria o decreto da sua prisão.

Esse acórdão preservou a dignidade da pessoa dos avós e sua vida, honrando a proteção desses estampada na Lei Complementar ao art. 230[15] da Constituição de nossa República Federativa, e presente na Lei n. 10.741, de 1º de outubro de 2003 (Estatuto do Idoso).[16]

Outra decisão do Tribunal de Justiça do Rio Grande do Sul, por sua 7ª Câmara Civil, sendo relator o Des. Luiz Felipe Brasil Santos[17], em um caso em que foi decretada a prisão civil da mãe (poderia ter sido da avó), por não prestar a obrigação alimentar a filho menor, julgou que a pena deveria ser cumprida em regime aberto para tornar possível o exercício do trabalho. Nesse caso, não havia possibilidade de recolhimento em albergue, no mesmo município da residência das partes. Aplicou-se, analogicamente, o art. 117, III, da Lei n. 7.210/84 (Lei de Execução Penal), dado que, não sendo desse modo, o maior prejudicado seria o menor, com afastamento da mãe, para cumprimento da medida em outra comarca. Nessa situação era inevitável a proteção do menor pelo Estado.

A prisão civil, assim, não pode ser meio de aniquilamento do ser humano, principalmente tratando-se de decreto contra avós.

Tenha-se, ainda, presente que o Tribunal de Justiça de São Paulo[18] entendeu de não decretar a prisão em ação proposta contra os avós paternos, ante interrupção dos pagamentos das pensões, quando o pai perdeu o emprego. Nesse caso, o devedor efetuara o pagamento "das três últimas prestações da prisão". Entendeu que "a execução de pensões em atraso" deveria ser feita por rito diferente, em separado e "sem necessidade de distribuição". E, mais, que: "A pensão obtida na ação que moveram aos avós paternos não é substitutiva e sim complementar àquela devida pelo pai". Em outra decisão, desse mesmo Tribunal,[19] foi afastada ameaça de prisão ilegal contra avós paternos, sem ter sido reconhecida judicialmente a impossibilidade de os pais alimentarem a exequente, sua filha. Esta havia desistido da ação promovida contra seu pai por não ter sido encontrado o mesmo pelo oficial de justiça.

---

14. AI 70.010.420.057, 8ª Câm. Civ., rel. Des. Antonio Carlos Stangler Pereira, publ. em 27.04.2005.
15. "Art. 230. A família, a Sociedade e o Estado têm o dever de amparar as pessoas idosas, assegurando sua participação na comunidade, defendendo sua dignidade e bem-estar e garantindo-lhes o direito à vida".
16. "Art. 10. É obrigação do Estado e da sociedade assegurar à pessoa idosa a liberdade, o respeito, e a dignidade, como pessoa humana e sujeito de direitos civis, políticos, individuais e sociais, garantidos na Constituição e nas Leis".
17. AI 70.014.615.637, j. 03.05.2006, v.u.
18. AI 493.8494/000-Santos, 2ª Câm. de Dir. Privado, rel. Des. Morato de Andrade.
19. HC 449.789-4900-Limeira, rel. Des. Ary Bauer. Inteligência do art. 1.698 do Código Civil: "Se o parente, que deve alimentos em primeiro lugar, não estiver em condições de suportar totalmente o encargo, serão chamados a concorrer os de grau imediato [...]". No mesmo sentido, do mesmo relator, Apelação 452.615.4/300Piracicaba. "A má vontade do pai dos menores em assisti-los convenientemente não pode ser equiparada à sua falta, em termos de devolver a obrigação ao avô". Ver, ainda, TJSP, Apel. 2.3901, citada nesse julgamento.

Outra situação é a de que os avós "só podem ser obrigados a alimentar o neto se a situação econômica deles permitir que garantam a subsistência do neto sem prejuízo de seu próprio sustento".[20]

A tendência dos tribunais é a de continuar condenando os avós, quando for o caso, decretando-lhes a prisão civil, embora com alguma relutância, quando as circunstâncias do caso assim o permitirem. Mas também tende a Jurisprudência ao decreto de prisão civil pelo sistema aberto, domiciliar, para preservar a dignidade dos idosos.

Lembre-se, nesse caso, de que o Superior Tribunal de Justiça[21] garantiu prisão domiciliar a idoso devedor de pensão, pela primeira vez, levando em consideração, nesse caso, o preenchimento de dois requisitos, para cumprimento de pena em regime domiciliar: o devedor tinha 73 anos (mais de 70) e era portador de doença grave, já anteriormente citado.

Embora esse caso não seja de prisão domiciliar por prisão de avô, o certo é que, geralmente, este tem problemas de idade e de saúde.

Como situação agravante, nesse caso, todas as noites, o aposentado deveria recolher-se à cadeia da cidade vizinha (mais de 70 quilômetros) da sua cidade, que não tinha unidade carcerária. Daí a acertada decisão.

Por outro lado, decretou-se prisão de avó, que, "inobstante seu vasto patrimônio, do qual é meeira, insiste, sem qualquer razão, no inadimplemento". Essa decisão foi atacada por *habeas corpus*, denegado.[22]

Três acórdãos recentes do Superior Tribunal de Justiça reconheceram o caráter complementar e subsidiário da prestação de alimentos avoengos e não admitiram a prisão.[23]

4.4 Prisão civil dos netos?

Sendo a obrigação alimentar entre avós e netos, direito-dever da personalidade, porque é recíproco entre eles e nas categorias ligadas pelo *ius sanguinis*, seria de indagar-se, nessa feita, que, assim como existe ação alimentar dos avós em face de seus netos, seriam estes, também, obrigados a esse pagamento sob pena de prisão?

Deve causar preocupação uma tal ordem generalizada de prisões desse tipo, pois o direito à prestação alimentar entre consanguíneos, nos moldes dos arts. 1.696 ("recíproco entre pais e filhos, e extensivo a todos os ascendentes"...) e 1.697 (na falta destes "cabe a obrigação aos descendentes guardada a ordem de sucessão"... até os "irmãos, assim germanos como unilaterais"), traz uma gama enorme de credores e de devedores que devem preservar a continuidade da família. Assim, tudo bem; mas com risco de prisão civil?

No caso dos netos, por exemplo, não podem eles furtar-se ao amparo de seus avós, se tiverem condições econômicas de sustentá-los, em sua velhice, se necessitados.

---

20. TJSP, Ap. Cív. 421.583400Jales, rel. Des. Ary Bauer.
21. HC 35.171, já citado.
22. TJSP, 3ª Câm. de Direito Privado, rel. Des. Jesus Lofrano, j. 05.03.2013.
23. HC 416.886/SP, rel. Min. Nancy Andrighi; Ag. Int. no REsp 740.032/BA, rel. Min. Marco Aurélio Bellizze; HC 46.949/SP, rel. Min. Carlos Alberto Menezes Direito; todos do STJ, 3ª Turma.

O Código de Processo Civil, cuidando da execução de prestação alimentícia, não distingue, em seus arts. 528 e 911, entre categorias de consanguíneos, refere-se a "devedor" dos alimentos. Se este não pagar, estará sujeito à prisão civil.

4.5 Minha posição

Quanto à prisão em razão de débito alimentar, sou, em princípio, contrário a ela.[24]

Veja-se, inicialmente, que os Tribunais[25] admitem que devem ser exauridos todos os meios compulsórios, antes do decreto de prisão.

Destaque-se, ainda, a decisão da 2ª Câmara Cível do Tribunal de Justiça de São Paulo, em 26 de abril de 1988, por maioria de votos, sendo relator o então Des. Cezar Peluso,[26] que reconheceu que "não se justifica a modalidade extrema da prisão civil do devedor de alimentos que possui disponibilidades suscetíveis de arresto e penhora cuja efetivação garante a satisfação imediata do credor. Tal modalidade coercitiva só é cabível em caso de frustração de execução pelo devedor". No mesmo sentido, quando o alimentante age com má-fé e recalcitrância, sendo solvente.[27]

Por seu turno, o art. 5º, LXVII, da Constituição de nossa República Federativa, de 5 de outubro de 1988, ao admitir a exceção ao princípio de que "não haverá prisão civil por dívida", ressalva a "do responsável pelo inadimplemento voluntário e inescusável de obrigação alimentícia".

Assim, é necessário comprovar-se que o devedor de alimentos não quer pagar, não fazendo qualquer empenho, nesse sentido; depois, deve somar-se a essa situação a inescusabilidade desse cumprimento obrigacional. Essas ressalvas não existiam anteriormente, bastando confrontar o texto atual com o do §17 do art. 153 da Constituição de 24 de janeiro de 1967, após a Emenda Constitucional n. 1, de 17 de outubro de 1969.

Ninguém nega que os pais devam, em primeiro lugar, cumprir sua obrigação alimentar junto a seus filhos; quando esse descumprimento assume caráter grave, é possível a instauração de procedimento criminal por abandono material de filho, conforme o *caput* do art. 244 do Código Penal (com a redação determinada pela Lei n. 10.741/2003 – Estatuto do Idoso):

> Deixar, sem justa causa, de prover a subsistência do cônjuge, ou de filho menor de 18 (dezoito) anos ou inapto para o trabalho, ou de ascendente inválido ou maior de 60 (sessenta) anos, não lhes proporcionando os recursos necessários ou faltando ao pagamento de pensão alimentícia judicialmente acordada, fixada ou majorada; deixar, sem justa causa, de socorrer descendente ou ascendente, gravemente enfermo: Pena: detenção, de 1 (um) a 4 (quatro) anos, e multa, de uma a dez vezes o maior salário-mínimo vigente no País.

---

24. AZEVEDO, Álvaro Villaça. *Prisão civil por dívida*. 3. ed. São Paulo: Atlas, 2012, em especial p. 111-144.
25. RT 452/332, 454/325 e 337, 456/368, 468/297, 471/305, 473/295, 474/284, 477/114, 485/277, 489/295, 508/322, 516/285, 529/301, 534/307, 535/275, 544/348, 554/66, 562/67, 563/68, 576/219, 590/94; *RJTJSP* 11/405, 25/418 e 422, 32/221 e 240, 33/215, 36/245, 48/277, 56/291 e 305, 59/337, 60/323 e 318, 97/389, 114/467; *RSTJ* 24/166, entre muitos outros.
26. *RT* 631/115. Em sentido contrário, acórdão in *RT* 670/132.
27. *RT* 535/275.

A prisão em decorrência desse ilícito penal é indiscutível e deveria ser a regra de atuação dos lesados em prestação alimentar. Aí, sim, a prisão é cabível.

O inadmissível é considerar o simples não pagamento de pensão alimentar como ilícito civil capaz de causar a prisão do devedor. A não ser que este aja com dolo, opondo obstáculos, para frustrar o pagamento alimentício, tendo condições de fazê-lo.

Poder-se-ia, por outro lado, admitir a prisão administrativa, não civil, quando o devedor de alimentos declarasse falsamente, perante o Poder Judiciário, não ter patrimônio suficiente ao pagamento da pensão, enganando o juiz. Essa falsa declaração perante o juiz poderia acarretar a prisão do declarante, por crime contra a administração da justiça, e que nada tem a ver com a prisão civil por dívida.

Nos Estados Unidos da América do Norte, essa matéria é passível de prisão por crime inafiançável contra a administração da justiça. Aqui, estaria presente a omissão dolosa de ocultação de recursos ao seu parente, colocando-o, até, em risco de vida.

AVOSIDADE & AVOTERNIDADE: A COPARTICIPAÇÃO PARENTAL DOS AVÓS NO DIREITO BRASILEIRO

Ana Carolina Brochado Teixeira

Doutora em Direito Civil pela UERJ. Mestre em Direito Privado pela PUC/MG. Especialista em Diritto Civile pela Università degli Studi di Camerino, Itália. Professora de Direito Civil do Centro Universitário UNA. Coordenadora editorial da Revista Brasileira de Direito Civil – RBDCivil. Advogada.

Sofia Miranda Rabelo

Doutora em Direito Privado pela PUC/MG. Mestre em Direito pela UFMG. Segunda vice-presidente do Instituto dos Advogados de Minas Gerais (IAMG). Membro da International Society of Family Law (ISFL), da Academia Brasileira de Direito Civil (ABDC), do Instituto dos Advogados de São Paulo (IASP) e da Associação Brasileira de Direito Processual (ABDPRO). Advogada.

> *"A afeição dos avós pelos netos é a última etapa das paixões puras do homem. É a maior delícia de viver a velhice".*[1]
>
> Edgard de Moura Bittencourt

Sumário: 1. Introdução ao objeto de estudo. 2. Desvendando a avosidade. 3. Avosidade, Avoternidade a coparticipação parental dos avós. 4. Considerações finais.

1. INTRODUÇÃO AO OBJETO DE ESTUDO

O presente artigo foi finalizado no dia 26 de julho de 2020, dia dos avós, data recentemente inserida nas celebrações culturais, que transparece a valorização dos avós[2] e das relações intergeracionais no âmbito familiar e social em um momento inédito da história mundial, que, pela primeira vez, tem a população de avós superior a de netos.[3]

No Brasil o aumento da expectativa de vida revela a longevidade populacional. Pesquisa realizada pelo IBGE em 2018 demonstrou o crescimento do envelhecimento da

---

1. BITTENCOURT, Edgard de Moura. *Guarda de Filhos*. 2. ed. São Paulo: LEUD, 1981, p. 123.
2. A demógrafa Simone Wajnman aponta a pesquisa que "reporta um exercício interessante no qual ele testou a ocorrência de uso dos termos irmão, irmã, tio, tia, avô, avó, mãe e pai no *Google book word data base* em textos digitalizados na língua inglesa, desde 1800 até 2000. O resultado exibido é o declínio das referências a tia e tio, irmã e irmão, em contraposição ao aumento de aparições para avô e, especialmente, avó. WAJNMAN, Simone. *Demografia das famílias e dos domicílios brasileiros*. 2012. Tese de Professor Titular – Departamento de Demografia da Faculdade de Ciências Econômicas da Universidade Federal de Minas Gerais, Belo Horizonte, 2012, p. 49.
3. Disponível em: [https://nacoesunidas.org/acao/pessoas-idosas/ e https://www.paho.org/bra/index.php?option=com_content&view=article&id=5661:folha-informativa-envelhecimento-e-saude&Itemid=820]. Acesso em: 04.07.2020.

população de 4,8 milhões de idosos desde 2012, superando a marca dos 30,2 milhões em 2017, o que significa um crescimento de 18% desse grupo etário. A população idosa tem sido cada vez mais feminina, com 16,9 milhões (56% dos idosos), enquanto os homens são 13,3 milhões (equivalente a 44% da população).[4] No mesmo ano, a Organização Mundial de Saúde alertou, que ineditamente na história mundial, a população idosa é superior às crianças até cinco anos de idade, prevendo que a população mundial com 60 anos ou mais chegue a 2 bilhões em 2050.[5] Neste contexto, o crescimento do número de pessoas idosas aliado às transformações no interior da família acabaram por reconfigurar o papel dos avós no ambiente social e familiar.

A estrutura da família na contemporaneidade é estudada pelas mais diversas áreas do conhecimento. A elasticidade e pluralidade dessas relações ganharam relevância no sistema jurídico. Neste cenário, as relações multigeracionais passaram a ser objeto de investigações, assim como a mudança da função dos avós.

O século XX vivenciou frenéticas alterações sociais, culturais, econômicas e demográficas, as relações privadas se inventaram, desencadeando novos laços conjugais, parentais e intergeracionais.

O aumento da expectativa de vida, a queda do índice de natalidade, os novos formatos de família e as suas diversas rupturas, os desmembramentos e recomposições conjugais, a necessidade da dedicação ao trabalho com crescimento laborativo entre as mães, a busca pela realização profissional, a falta de confiabilidade e possibilidade financeira para entregar os filhos a terceiros, a infantilização dos pais e as inúmeras crises econômicas são alguns dos fatores que tem movimentado a esfera social e familiar.

As mudanças nas relações familiares são objeto de debates pela doutrina e reconhecidas pela jurisprudência. Novas entidades familiares, o perfil mais solidarista e democrático da família, a revitalização de funções exercidas pelos seus membros são alguns exemplos de temas que estão "na pauta do dia" da ciência jurídica.

A importância que os avós têm desempenhado na família também é crescente. Desde o acesso da mulher ao mercado de trabalho, o compartilhamento do sustento do lar e a busca do sucesso profissional, os cuidados diretos com os filhos sofreram impacto dessa transformação. Se antes, no âmbito de uma família patriarcal, a mulher cuidava dos filhos e o marido era o provedor, para que os filhos continuassem cuidados pelos pais, a mesma força feminina usada para as atividades laborativas teria de ser investida e disponibilizada pelo parceiro no ambiente doméstico.[6] Mas isso, em regra, não aconteceu.

---

4. Disponível em: [https://agenciadenoticias.ibge.gov.br/agencia-noticias/2012-agencia-de-noticias/noticias/20980-numero-de-idosos-cresce-18-em-5-anos-e-ultrapassa-30-milhoes-em-2017]. Acesso em: 26.06.2020.
5. Disponível em: [https://www.paho.org/bra/index.php?option=com_content&view=article&id=5661:folha-informativa-envelhecimento-e-saude&Itemid=820]. Acesso em: 1º.05.2020.
6. Está aqui traçando um panorama geral que comporta um crescente número de exceções de pais participativos que assumem o exercício da paternidade em verdadeiro compartilhamento de funções. No entanto, o sinal mais radical dessa desigualdade de gênero no exercício de papéis parentais – o abandono paterno – ainda se faz muito presente na sociedade brasileira. A pesquisadora Ana Liése Thuler já apontou que o número de crianças registradas sem o nome dos pais nas certidões de nascimento chegou a 25%. No Distrito Federal, a pesquisadora apontou que os índices são menores, de 12%. "Quanto ao Brasil, pode-se apenas supor que o índice de não-reconhecimento seja maior do que o do Distrito Federal. 'Os indicadores sociais do DF são sempre melhores do que a média nacional. É uma constante', diz ela. Na França, onde é mantido um controle, apenas 2% das crianças nascidas não são

Ao lado de estruturas profissionais de apoio doméstico – para um extrato mínimo da população no Brasil, as babás e, para a maioria, creches públicas e privadas – o papel dos avós no exercício dos cuidados torna-se cada vez mais fundamental.[7] Cuidados que vão desde apoio financeiro à presença[8] e, por que não, ao exercício fático da parentalidade ou parcela do poder dever da autoridade parental, em algumas circunstâncias.[9]

Pesquisa divulgada em abril de 2020 revelou que "os idosos são as pessoas de referência ou os chefes de família de 19,3% dos domicílios brasileiros. Na relação que ocupam com a pessoa de referência da casa, eles são 91,5% dos avós, 69% dos sogros ou sogras e 61,2% dos pais ou mães".[10]

Inúmeros são os fatores que geram essa convivência:[11] filhas solteiras que moram com os pais e engravidam, gestações infantojuvenis, separação e divórcio dos filhos, viuvez da avó que passa a coabitar com os filhos ou a permanecer mais com eles, desemprego de filhos que passam a residir com os pais, a imaturidade dos pais.[12]

---

registradas". Disponível em: [https://ibdfam.org.br/noticias/na-midia/1680/Paternidade+ignorada]. Acesso em: 20.07.2020.

7. "As mulheres costumam ter participação ativa na vida familiar ao longo do ciclo vital e, segundo Kipper e Lopes (2006), essa participação é renovada quando se tornam avós. De acordo com os autores, esse é um marco evolutivo e fato importante no processo de individuação e na identidade feminina, por ser considerado uma fonte de renovação e renascimento, possibilitando a chance de repensar antigos conflitos. Além disso, o futuro genético representado pela chegada de um neto, em meio às tarefas de aposentadoria, doenças e perda do cônjuge, traz à mulher uma nova importância e utilidade e os netos têm o poder de reavivar desejos, sonhos e ideais adormecidos". MAINETTI, Ana Carolina; WANDERBROOCKE, Ana Claudia Nunes de Souza. Avós que assumem a criação de netos, *Pensando fam.* v. 17, n. 1. Porto Alegre. jul. 2013. Disponível em: [http://pepsic.bvsalud.org/scielo.php?script=sci_arttext&pid=S1679-494X2013000100009]. Acesso em: 26.06.2020.

8. "Os apoios se manifestam através de reciprocidades múltiplas: apoio econômico, apoio para o pagamento de aluguel, intervenções na vida cotidiana, ajuda no cuidado dos netos, sendo que muitos pagam os estudos e ajudam na manutenção". CAMARANO, Ana Amélia e GHAOURI, Solange K. Família com Idosos: Ninhos Vazios? *Texto para Discussão*, n. 950, IPEA, 2003, p. 81.

9. "Assim, quando o(a) filho(a) dependente solicita aos pais apoios financeiro e moral para manter e educar seus próprios filhos, os pais-avós sabem que terão, muitas vezes, que assumir responsabilidades e tarefas que nem sempre desejam ou podem, como o cuidado dos netos. Cuidar dos netos é uma prática recorrente no Brasil, pois são poucas as creches e as escolas maternais da rede pública e as do ensino fundamental funcionam somente meio período, obrigando os pais a lançar mão de sistemas informais de guarda das crianças, como seus pais aposentados. Este fenômeno é bastante comum nas camadas populares brasileiras, principalmente quando as filhas divorciadas (mas não só) retornam à casa dos pais porque seus salários são baixos, os aluguéis altos e as pensões alimentares versadas pelos ex-maridos são, também, baixas ou inexistentes. Nessas condições, é impossível, para as mães que trabalham, pagar alguém para cuidar dos filhos durante as horas de trabalho. São, então, as avós que ajudam os seus filhos/as, assumindo a tarefa de prover e educar os netos". PEIXOTO, Clarice Ehlers; LUZ, Gleice Mattos. De uma morada à outra: processos de recoabitação entre as gerações. *Cad. Pagu* n. 29, Campinas, July/Dec. 2007. Disponível em: [https://www.scielo.br/scielo.php?script=sci_arttext&pid=S0104-83332007000200008&lng=en&nrm=iso&tlng=pt]. Acesso em: 27.06.2020.

10. Disponível em: [https://agenciabrasil.ebc.com.br/saude/noticia/2020-04/brasileiros-com-65-anos-ou-mais-sao-10-53-da-populacao-diz-FGV]. Acesso em: 27.06.2020.

11. "Os resultados indicam que as avós podem assumir o cuidado dos netos por diferentes motivos: pela sobrecarga de trabalho dos filhos, por questões financeiras, por deficiência física ou mental dos filhos, por morte de um dos genitores, por desconhecimento da paternidade, por dependência química dos filhos, por situação de recasamento da(o)(s) filha(o)(s), por abandono dos netos e por abuso infantil e/ou negligência." Deus, Meiridiane Domingues de; DIAS, Ana Cristina Garcia. *Avós Cuidadores e suas funções: uma revisão integrativa da literatura*. In: Pensando Famílias, 20(2), dez. 2016, (56-69), p. 60.

12. "A coabitação pode ser lida, então, como um fator que estimula a solidariedade familiar nos períodos mais difíceis da vida de cada um de seus membros. Isso não significa, no entanto, que as trocas intergeracionais tenham aumentado ou diminuído e, sim, que as relações familiares adquiriram uma outra dinâmica, pois a recoabitação sempre acarreta uma inversão dos papéis familiares: alguém perderá a autoridade (chefia) familiar, cedendo seu

Incluem-se ainda os avós que cuidam dos netos para que os pais possam conciliar as atribuições profissionais assumindo funções que são essencialmente do pai e da mãe. Mas, independentemente das situações elencadas,[13] a maior convivência e apoio são uma realidade que leva à temática proposta. São tempos que o suporte dos avós, por estabilidade financeira ou disponibilidade maior de tempo, exercem o apoio afetivo e educacional dos netos.[14]

A remodelação familiar com novo papel desempenhado pelos avós é recente e os laços de aproximação entre as gerações de avós e netos representa a avosidade, tema analisado no presente trabalho com vistas a refletir as decorrências jurídicas destas novas relações na convivência intergeracional na contemporaneidade.

Acerca da temática, atribui-se especial relevância ao envelhecimento populacional como à adequação familiar e aos projetos de parentalidade, que exigem a conjugação com a atividade profissional de homens e mulheres em uma mesma medida.

O século XXI, descrito como o século dos avós, descortina um estreitamento no elo entre avós e netos, expandindo as funções avoengas. O protagonismo dos avós nos cuidados com os netos trouxe à arte de envelhecer um novo viés, no qual os idosos assumem uma função especial na sociedade e na família. Cuidadores, provedores, pais dos pais... são múltiplos papéis exercidos em conjunto ou separadamente inaugurados na história.

---

lugar para outro. Por exemplo, algumas mães viúvas perdem a autoridade doméstica quando acolhem um filho (ou filha) com dificuldade financeira, ainda que sejam as provedoras e proprietárias do imóvel; às vezes, perdem até sua própria independência. Outras mães viúvas conseguem garantir a autoridade doméstica e, neste caso, o filho (ou filha) dependente perde a chefia da sua casa, mas nem sempre da sua família. Uma terceira possibilidade é quando a mãe viúva vai morar na casa de um filho (ou filha), tornando-se 'visita', sem possibilidades de participar das decisões domésticas". PEIXOTO, Clarice Ehlers; LUZ, Gleice Mattos. De uma morada à outra: processos de recoabitação entre as gerações. *Cad. Pagu* n. 29, Campinas, July/Dec. 2007. Disponível em: [https://www.scielo.br/scielo.php?script=sci_arttext&pid=S0104-83332007000200008&lng=en&nrm=iso&tlng=pt]. Acesso em: 27.06.2020.

13. "Atualmente, ampliou-se o número de lares em que se verifica a corresidência, nos quais várias gerações residem juntas, assim como aqueles em que os avós criam seus netos integralmente. Nessa circunstância, eles são chamados "pais substitutos", "avós em tempo integral", "avós com custódia" (quando detêm a guarda dos netos judicialmente), "avós cuidadores" e também "avós guardiões" (Dias et al., 2005; Dias & Costa, 2006; Lopes et al., 2005). Pode-se perceber que são diversas as situações que, entrelaçadas a uma multiplicidade de motivações, levam os avós a participar da vida dos netos assumindo papéis de relevância para a família e para a comunidade (Dias, Aguiar & Hora, 2009)". COELHO, Maria Teresa Barros Falcão; DIAS, Cristina Maria de Souza Brito. *Avós Guardiões: Uma Revisão Sistemática de Literatura do Período de 2004 a 2014*. Psic.: Teor. e Pesq. [online]. 2016, v. 32, n.4, e324214. Epub June 22, 2017. Disponível em: [https://doi.org/10.1590/0102.3772e324214]. Acesso em: 30.06.2020.

14. "No contexto brasileiro, os avós jovens muitas vezes ainda estão inseridos no mercado de trabalho e, nesses casos, não conseguem cuidar dos netos. Mas, nos estudos desenvolvidos por Silva e Salomão (2003) com mães adolescentes, foi observado que, nessas situações, as avós acabam incorporando o papel de mães na relação com os netos, o que contribui para alavancar conflitos entre mãe e avó. As tarefas executadas por avós no cuidado das crianças, aliadas ao forte vínculo da relação e à necessidade dos pais em repassar ou dividir a criação dos filhos, podem contribuir para que se consolide na família certa confusão de papéis (Attias Donfut e Segalen, 2001; Coutrim, Broto, Maia e Vieira, 2006). As avós, nessas situações, muitas vezes acabam assumindo as responsabilidades referentes aos pais e tomam para si todos os cuidados com as crianças. Nesse sentido, essa configuração que vai sendo tecida pode não ser percebida pelos membros da família. Como admite Billé (2002), aos avós é designado um papel muito sutil: ser capaz de fazer pelos netos sem, no entanto, usurpar a função dos pais; estar disponível, porém não atrapalhar; responder às demandas por conselhos, mas sem julgar; não se envolver nos projetos educativos, mas oferecer escolhas sem confrontar os genitores". BRITO Leila Maria Torraca de; CARDOSO, Andreia Ribeiro. *Ser avó na família contemporânea: que jeito é esse?* Psico-USF, Bragança Paulista, v. 19, n. 3, p. 433-441, set./dez. 2014 p. 434.

Pelas mais variadas razões, os avós estão mais presentes na vida dos filhos e contribuindo para a criação e cuidado de seus netos.[15] Esta situação ultrapassa o "romantismo" da ficção, os encontros em festividades familiares, os "almoços de domingo" e os estereótipos dos avós até então conhecidos.[16] Despontam-se novos papéis e, com eles, deveres de cuidados recíprocos, fundados no art. 229 da Constituição Federal. Embora a população idosa – composta por aqueles que têm mais de 60 anos, conforme ditames do art. 1º do Estatuto do Idoso – seja tutelada pelo art. 230 da Constituição Federal de forma diferenciada, em razão de uma teórica vulnerabilidade que pode ser física, mental, financeira etc., nota-se que essas funções por eles desempenhados demonstram que são os vulnerados que acabam por cuidar de outros membros da família.

Muitas vezes, os avós estão, concretamente, descolados das referências de fragilidade e vulnerabilidade até então tidas como pré-compreensões da sua função na sociedade e passam a exercer um intenso apoio ao exercício da parentalidade, não somente financeiro, mas também na formação dos netos enquanto sujeitos, com atuação ativa na construção das suas personalidades.

O desempenho das funções assumidas pelos avós no contexto familiar contemporâneo ultrapassa a imagem de outrora, valorizando a participação dos mais velhos na família, fortalecendo os vínculos afetivos diante das diferenças geracionais. A análise da avosidade aproxima a infância e adolescência da velhice, em intersecções que entrelaçam posições de vulnerabilidades.

A literatura jurídica apresenta os avós na relação de parentesco entre descendentes e ascendentes e sua representação social, bem como questões relativas à obrigação alimentar; a guarda, visitas e convivência avoengas.[17] Todavia, ainda são escassas as análises acerca da efetiva participação dos avós na vida, nos cuidados e acompanhamento dos netos, bem como seus efeitos sociais e jurídicos.

Pensar nas relações e repercussões jurídicas existentes entre avós e netos e a coparticipação nos cuidados, criação, desenvolvimento, educação de netos, dentre outras funções é o fio condutor deste trabalho, que tem como propósito apresentar ao Direito a compreensão da avosidade. Para tanto serão apresentados a origem, definição, compreensão e ocorrência da avosidade, na tentativa de desvendar o impacto no contexto familiar com os diferentes significados e intensidade na vida dos netos e as consequências jurídicas desta nova configuração no terceiro milênio, tão pouco analisadas pelo direito.

Este estudo tem a pretensão de colocar algumas luzes sobre o tema, a fim de salientar o quão significativas são a avosidade e a demanda de pesquisas sobre a abrangência de interações intergeracionais nos mais variados panoramas socioculturais.

---

15. CARDOSO, Andréia Ribeiro. *Avós no Século XXI – Mutações e Rearranjos na Família Contemporânea*. Curitiba: Juruá, 2011, p. 111.
16. RABELO, Sofia Miranda; CONCEIÇÃO, Andreza Cássia da Silva. Como o direito de família trata a vulnerabilidade do idoso? In: MENEZES, Joyceane Bezerra de; TEIXEIRA, Ana Carolina Brochado (coord.). *Gênero, vulnerabilidade, autonomia*: repercussões jurídicas. Indaiatuba: Foco, 2020.
17. Sobre o tema: ALMEIDA, Vitor; BARLETTA, Fabiana Rodrigues (coord.). *A tutela jurídica da pessoa idosa*: melhor interesse, autonomia, vulnerabilidade e relações de consumo. Indaiatuba: Foco, 2020.

2. DESVENDANDO A AVOSIDADE

"Avós. A própria palavra evoca as imagens mais caseiras do imaginário popular, do tipo encontrado nos livros infantis antiquados."[18] "O que é um avô? O que é um avô, no contexto de um país ocidental, no início do terceiro milênio? O que sabemos sobre os efeitos da presença do avô, de como exercer a função, no desenvolvimento da criança? "qual é a utilidade" de um avô?"[19] As indagações abrem a discussão para a avosidade, em obras publicadas no Reino Unido e na França e traz ao presente trabalho o desafio de desvendar os novos avós e seu papel na dinâmica familiar, confirmando o interesse em um panorama mundial. São questões que tocam ao direito a partir da efetiva inclusão dos avós nos cuidados com os netos.

Os avanços da ciência e o crescimento da expectativa de vida aliados à redução da natalidade e o planejamento parental com famílias compostas de um ou dois filhos trazem um novo espectro na realidade social. Mas é pela família, como espaço de compartilhamento de afetos, vulnerabilidades e funções, que descortinou-se a participação dos avós na vida dos netos para o direito.

A família longeva traduz a coexistência de gerações, tendo a possibilidade de desenvolver cuidados recíprocos, demonstrando como o processo do envelhecimento é contínuo.[20] Neste contexto, o relacionamento familiar serve de pano de fundo para as relações intergeracionais com a convivência das diferentes funções, valores e a transmissão da cultura e memória familiar. Diversamente do olhar da família como apoio ao idoso, depara-se com os ascendentes mais velhos cumprindo um novo papel na vida de seus descendentes de primeiro, segundo grau e até terceiro grau,[21] qual seja: os avós como suporte parental dos netos.

As funções dos avós são diferenciadas, podendo ser em maior ou menor intensidade. Alguns avós adotam atribuições de "pais de fato", na medida que assumem o cuidado integral dos netos, alguns avós desejam apenas ocupar o lugar de cuidadores, enquanto outros avós afirmam realizar essa atividade por imposição dos filhos, para que estes possam trabalhar.[22]

---

18. Assim inicia o trabalho sobre avosidade pelo Professor da Universidade de Oxford, Jonathan Herring, que descreve em um capítulo o fenômeno "Grandparenthood". HERRING, Jonathan. *Older people in Law and Society*. Oxford: Oxford University Press, 2009, p. 235. – Tradução livre.
19. As indagações são apresentadas na introdução da obra sobre avosidade coordenada pelos psicólogos franceses Sylvain Bouyer, Marie-Claude Mietkiewicz e Benoît ,Schneider.
    BOUYER Sylvain, MIETKIEWICZ Marie-Claude, SCHNEIDER Benoît, *Grands-parents et grands-parentalités*. Toulouse:ERES, 2005, p.7. – Tradução livre.
20. OLIVEIRA, Alessandra Ribeiro Ventura Oliveira. *Classificação de estilos de avós: adaptação de instrumento para avaliar responsividade e exigência percebidas na adolescência* Tese de Doutorado em Ciência e Tecnologia em Saúde, Universidade de Brasília, 2015, p. 21.
21. "Nos estudos com bisavós apresentados por Dias e Pinto (2007), essas pouco se diferenciavam dos papéis assumidos por avós, a não ser no que diz respeito a dificuldades referentes a certas limitações físicas decorrentes da idade. As autoras apontaram que já é uma tendência das famílias contemporâneas o relacionamento entre quatro gerações, embora ainda sejam escassos os estudos que abordem esse aspecto". BRITO Leila Maria Torraca de; CARDOSO, Andreia Ribeiro; *Ser avó na família contemporânea: que jeito é esse?* Psico-USF, Bragança Paulista, v. 19, n. 3, p. 433-441, set./dez. 2014 p. 437.
22. Deus, Meiridiane Domingues de; DIAS, Ana Cristina Garcia. *Avós Cuidadores e suas funções: uma revisão integrativa da literatura*. In: Pensando Famílias, 20(2), dez. 2016, (56-69) P. 61.

Os avós do século XXI têm características diferentes dos avós de gerações anteriores, exercendo papéis multidimensionais, tanto na sociedade quanto na estrutura familiar. A longevidade expõe preocupações e reflexões relativas às fragilidades da população idosa, porém, distante das vicissitudes do envelhecimento, tem-se a avosidade que reinventa a senescência. Já se mencionou que a intensificação das relações dos avós com os netos é um fenômeno contemporâneo, que tem sido investigado em diversos países, em razão do envelhecimento populacional, da erosão dos costumes da família patriarcal e da necessidade dos pais de recorrerem aos seus ascendentes para os cuidados com os seus filhos de forma a permitir o exercício profissional e o próprio projeto parental.

> O século XXI será o século dos avós. Entre os americanos, cerca de 50% tornam-se avós entre 49 e 53 anos, passando de 30 a 40 anos exercendo este papel. Na França, cerca de 80% das avós têm mais de 65 anos e 50% delas tornar-se-ão bisavós, enquanto em torno de 20% das mulheres com mais de 80 anos já são tataravós. Na Inglaterra, quase metade da população tem netos, sendo que 25% do grupo são os principais cuidadores dessas crianças, passando, em média, seis horas por semana substituindo os pais.[23]

No Reino Unido estima-se que existam 13 milhões de avós, sendo 29% de todos os adultos são avós e três quartos daqueles com mais de 66 anos. Destaca-se no contexto britânico, a preocupação estatal com os avós que cumprem um papel importante na vida das crianças, proporcionando estabilidade e segurança.[24]

O parlamento britânico desenvolve estudos assegurando direitos dos avós e dos netos[25] com enfática valorização da importante função que os avós desempenham na vida dos netos, independentemente da composição familiar (sejam os pais casados ou não, divorciados) reconhece-se o "papel essencial na educação de qualquer criança que tenha a sorte de tê-los. Ninguém contesta isso",[26] defende Jonathan Herring, Professor de Direito da Universidade de Oxford.

Pesquisas realizadas por Herring afirmam que "82% das crianças britânicas recebem algum cuidado dos avós, e quase 5 milhões de avós passam o equivalente a três dias por semana cuidando dos netos".[27] Em seu estudo sobre avosidade, o Professor aponta que metade das mulheres que exercem profissão remunerada com filhos de até 5 anos deixam as crianças com os avós e constatou que 45% dos avós exercem funções de cuidado de seus netos menores de 2 anos.

O cientista social britânico Geoff Dench enfatiza o papel das avós, especialmente as maternas, nos cuidados com os netos, apontando a responsabilidade da escassez de creches para que as mulheres possam trabalhar, causando um "déficit parental" às crianças, cuja solução é o maior envolvimento dos avós, mudando a imagem e o papel que ocupavam no passado.[28]

---

23. OLIVEIRA, Alessandra R. V., Vianna, Lucy G. e Cárdenas, Carmen J. Avosidade: visões de avós e de seus netos no período da infância. Rio de Janeiro: *Revista Brasileira de Geriatria e Gerontologia*, 2010, 13(3), 461-74, p. 462.
24. HERRING, Jonathan. *Older people in Law and Society*. Oxford: Oxford University Press, 2009, p. 235.
25. Disponível em: [https://hansard.parliament.uk/commons/2017-04-25/debates/574F3F38-595B-4DA4-9DD4-529F7D2FDA91/GrandparentsRightsAccessToGrandchildren]. Acesso em: 14.07.2020.
26. HERRING, Jonathan. *Older people in Law and Society*. Oxford: Oxford University Press, 2009, p. 235.
27. HERRING, Jonathan. *Older people in Law and Society*. Oxford: Oxford University Press, 2009, p. 237.
28. DENCH, Geoff. *Grandmothers: The Changing Culture*. New York: Routledge, 2018,

Estudos mostram que, no continente europeu, os avós exercem um papel importante no cuidado intensivo ou ocasional dos netos. Dos 12 países analisados pelo *Grandparents Plus*, mais de 40% dos avós ficam com os netos sem os pais, destacando que 51% dos avós na França ficam com netos menores de 16 anos, sendo que esse número sobe para 63% na Inglaterra.[29]

Na referida pesquisa, as políticas públicas influenciam as atribuições dadas aos avós. Em Portugal, Espanha, Itália e Romênia, onde os incentivos aos pais para os cuidados com os filhos são limitados e há poucas estruturas formais e oportunidade de trabalho em meio-período, os avós têm um papel intenso na vida dos netos. Nesses países, as mães trabalham mais de 40 horas por semana e não há um sistema de creches acessível, os pais confiam aos avós de seus filhos.

A realidade de cada país é variada, todavia percebe-se que no Reino Unido, Alemanha, Suíça e Holanda o suporte público às famílias é mais eficaz, permitindo cuidados menos intensos dos avós. Segundo a pesquisa, a Holanda é de longe o país onde a grande maioria das mães trabalha em meio período e as estruturas formais de cuidados para as crianças são democratizadas.

Em geral, os países com menor disponibilidade de creches formais, como Hungria, Portugal ou Romênia, têm os maiores percentuais de avós que cuidam intensamente dos netos. Em um paralelo dos países europeus, 40% dos avós nos países do sul cuidam de seus netos regular e intensivamente, sendo que 20% dos avós na Itália mantem os netos todos os dias, em comparação com apenas 2% dos avós na Holanda. Há estreita relação entre a necessidade do exercício profissional parental, papel ativo do Estado e o papel dos avós, que atuam exatamente nesse vazio deixado pela ausência de políticas públicas e a demanda dos pais em trabalhar, sustentar a casa, desenvolverem-se profissionalmente.

Na Espanha, as pesquisas mostram os avós dedicam em média sete horas por dia com os cuidados aos netos, intensidade bastante superior a de outros países[30]. As pesquisadoras, Nuria Badenes Plá e María Teresa Lopez López afirmam que os avós são um ponto de apoio muito importante no cuidado das crianças, mas alertam para a necessidade de se oferecer soluções para proteção aos avós dadas às condições da idade avançada.[31]

Nos Estados Unidos, o papel dos avós como pais substitutos tem sido o tema dominante, assim como o número de netos criados em famílias chefiadas por avós aumentou consideravelmente nas últimas décadas do século XX, de 2,2 milhões ou 3,2% de crianças menores de 18 anos em 1970 para 3,9 milhões ou 5,5% em 1997, mas desde então se estabilizou (3,8 milhões 5,2 por cento) em 2003.[32]

---

29. No referido estudo foram comparados os seguintes países Alemanha, Áustria, Bélgica, Dinamarca, Espanha, França, Grécia, Holanda, Inglaterra, Itália, Suécia, Suíça. *Grand-parentalité en Europe: La politique familiale et le rôle des grands-parents dans la garde d'enfants.* p. 2. Disponível em: [https://framework.agevillage.com/documents/pdfs/GrandparentaliteenEurope.pdf]. Acesso em: 30.06.2020.
30. GUERRA, Juan Carlos Ballesteros; QUIRÓS, Ignacio Megías. *Abuelos y abuelas... para todo: percepciones en torno a la educación y el cuidado de los nietos.* Madrid: Fundación de Ayuda contra la Drogadicción, 2011.
31. LÓPEZ, María Teresa, Lopez. PLÁ, Nuria Badenes. *Doble dependência abuelos que cuidan nietos en España.* Madrid: Editorial Civitas, 2010.
32. Disponível em: [https://www.census.gov/newsroom/blogs/random-samplings/2016/09/grandparents-and-grandchildren.html]. Acesso em: 09.07.2020.

Entre as crianças nos agregados familiares chefiados pelos avós norte-americanos, mais de um terço vivia com familiares de geração ignorada (nem pai nem mãe) e quase metade com pais e avós solteiros. Observa-se que as pesquisas e dados têm referências diferenciadas quanto a grupos étnicos e raciais, o que revela a condição sociocultural para a participação dos avós na vida dos netos nos Estados Unidos. A proclamação em 1995 como "Ano dos Avós" e o "dia dos avós" destacado no calendário norte-americano demonstram o significado sociocultural dos avós.

O certo é que o papel dos avós nos cuidados com os netos tornou-se essencial e deixou de ser invisível, alterando a perspectivas das relações intergeracionais, como resumem Taísa Macedo de Lima e Maria de Fátima Freire de Sá:

> ...o tempo passou e tudo mudou. A crescente infantilização dos adultos redesenhou o papel dos avós na criação dos netos. São muitas as famílias em que o genitor não comparece financeiramente, comprometendo o sustento dos filhos e gerando, para os avós, uma obrigação antes impensável.[33]

Estudos relatam que na década de 80 cresceu o interesse da comunidade científica nas pesquisas das relações entre avós e netos

> Embora seja nos anos 80 que ocorra o aumento de estudos sobre avós, de acordo com Dias e Silva (1999), na década de 60 já era possível entender as especificidades da relação entre avós e netos ao longo do desenvolvimento. Neste período, os avós tinham como função: narrar histórias infantis, mimar os netos e serem cuidadores das crianças na ausência dos pais. Nas décadas de 70 e 80, os estudos sobre avós enfocavam suas funções no contexto familiar. As principais funções descritas eram de suporte financeiro, emocional e cuidadores. Já na década de 90, os estudos buscaram aprofundar como os avós se constituíam em importantes fontes de apoio nos momentos de dificuldades familiar. Os estudos também reconheceram o papel dos mesmos transmissores da história familiar, ao contarem suas histórias de vida aos netos, narrando os acontecimentos da própria infância e a de seus filhos (pais dos netos) (Dias & Silva, 1999).[34]

Com a reduzida disponibilidade de tempo dos pais para se dedicarem aos filhos, intensificaram-se os cuidados dos avós com os netos, tornando-se efetivamente "importantes fontes de apoio, segurança, estabilidade e suporte emocional para os seus filhos nos momentos de estresse e/ou dificuldade no grupo familiar".[35]

> Esses avós podem apresentar um amor incondicional pelos netos, considerando estes como fontes de renovação de si e da família, concedendo-lhes mimos e caprichos (Pessoa, 2005). De acordo com Oliveira (2011), os avós dificilmente se recusam desempenhar atividades relativas aos cuidados com os netos. Eles parecem assumir um compromisso maior com sua descendência, o que contribui para que eles se responsabilizem pela prole de seus filhos, ainda que essa atividade possa lhes trazer algum prejuízo em suas atividades diárias.[36]

---

33. LIMA, Taisa Maria Macena de; SÁ, Maria de Fátima Freire de. *O idoso na relação com os netos: obrigação alimentar e direito de visita*. In: LIMA, Taisa Maria Macena de; SÁ, Maria de Fátima Freire de. Ensaios sobre a velhice. 2. ed. Belo Horizonte: Arraes, 2018, p. 37.
34. DEUS, Meiridiane Domingues de; DIAS, Ana Cristina Garcia. *Avós Cuidadores e suas funções: uma revisão integrativa da literatura*. In: Pensando Famílias, 20(2), dez. 2016, p. 57. Disponível em: [http://pepsic.bvsalud.org/pdf/penf/v20n2/v20n2a05.pdf]. Acesso em: 18.06.2020.
35. DEUS, Meiridiane Domingues de; DIAS, Ana Cristina Garcia. *Avós Cuidadores e suas funções: uma revisão integrativa da literatura*. In: Pensando Famílias, 20(2), dez. 2016, p. 65. Disponível em: [http://pepsic.bvsalud.org/pdf/penf/v20n2/v20n2a05.pdf]. Acesso em: 18.06.2020.
36. DEUS, Meiridiane Domingues de; DIAS, Ana Cristina Garcia. *Avós Cuidadores e suas funções: uma revisão integrativa da literatura*. In: Pensando Famílias, 20(2), dez. 2016, p. 57. Disponível em: [http://pepsic.bvsalud.org/pdf/penf/v20n2/v20n2a05.pdf]. Acesso em: 18.06.2020.

Ante esse cenário mundial, decifrar o conceito de avosidade é um grande desafio, pois originou-se a partir da dinâmica familiar contemporânea, estudada por áreas do conhecimento diversas e ainda pouco prestigiadas no âmbito do direito.

Esclarece-se que a expressão avosidade, originária da língua espanhola "abuelidad",[37] foi apresentada pela pesquisadora argentina[38] Paulina Redler em 1977. Redler propôs a ampliação da visão biológica e cronológica dos avós, realçando os laços de parentesco, que exigem do "idoso uma reestruturação psíquica ao ocupar um novo status pessoal, psíquico, familiar e social: ser avô/avó".[39] A obra "Abuelidad: mas alla de La Paternidad" publicada por Redler em 1986, apresentou o conceito e a função dos avós, comparando-os e contrastando-os com a paternidade.[40]

Como fenômeno mundial, nasceram expressões em diversos idiomas para nomear a avosidade. Como "Grandparenthood" na língua inglesa, na francesa "Grandparentalité" e na Alemanha, "Großelternschaft". Interessante pontuar que os novos vocábulos vieram representar realidades recentes e inéditas na história e na esfera familiar. A significação nos idiomas citados, seja importada de outra língua, como usada em português - "avosidade", ou formada dentro da própria língua – espanhola, inglesa e francesa, alemã, são as palavras que surgiram como neologismos criados em razão da necessidade de se nomear a relação de proximidade entre avós e netos, que até então não existia com tamanha intensidade. Os fatos sociais demandaram da linguística a invenção da "avosidade". Goldfarb e Lopes explicam a avosidade como uma "função intimamente ligada à materna ou à paterna das quais se diferencia, mas que como aquelas, têm um papel determinante na estruturação psíquica do sujeito".[41]

No Brasil, os termos avosidade ou "vovozice" (expressão menos usada) são neologismos, empregados para denominação da relação entre netos e avós, sendo os primeiros representando um sopro de vida para os segundos, sem as agruras do envelhecer e da finitude humana que se ameaça com o avanço da idade. Já os avós são a referência da ancestralidade, da tradição e da transmissão de registros preciosos da memória familiar para os netos. Nesse contexto os avós são considerados estabilizadores e vigilantes da família – os pilares da família. Tem-se ainda a expressão avoternidade ou avoparentalidade para designar as funções parentais exercidas pelos avós na atualidade, que se entende mais adequadas para designar as relações intensa entre avós e netos.

---

37. Neologismo ainda não reconhecido pela Real Academia da Espanha. Diccionario de la lengua española. Disponível em: [https://dle.rae.es/]. Acesso em: 04.06.2020.
38. Encontra-se referências da origem do termo "abuelidad" relacionadas ao movimento conhecido como "Abuelas de Plaza de Mayo" em Buenos Aires. Atualmente Abuelas de Plaza de Mayo é uma organização não governamental criada em 1977 com o objetivo de localizar e restituir às famílias as crianças desaparecidas na ditadura argentina. Disponível em: [https://www.abuelas.org.ar/archivos/publicacion/revista_abuelas30.pdf]. Acesso em: 18.06.2020.
39. PINTO, Kelly Lins Beserra. ARRAIS, Alessandra da Rocha. BRASIL, Katia Cristina Tarouquella Rodrigues. *Avosidade x maternidade: a avó como suporte parental na adolescência*. Psico-USF, Bragança Paulista, v. 19, n. 1, p. 37-47, jan./abril 2014 3, p. 38.
40. REDLER, Paulina. *Abuelidad: mas alla de La Paternidad*. Buenos Aires: Editorial Legasa, 1986, p. 16.
41. GOLDFARB, Delia Catullo; LOPES, Ruth Gelehrter da Costa. *Avosidade: a família e a transmissão psíquica entre gerações*. In: CÔRTE, Beltrina; GOLDFARB, Delia Catullo; LOPES, Ruth Gelehrter da Costa (org.). *Psicogerontologia* – v. 5, Curitiba: Juruá, 2009, p. 151.

Para as pesquisadoras Goldfarb e Lopes, "a avosidade não remete a uma idade cronológica, mas a um laço de parentesco localizado nas filiações trigeracionais, do ponto de vista pessoal, familiar e social".

> A arte de ser avó é vista como aspecto privilegiado da habilidade de ser pais de filhos adultos, partilhando ideias e experiências dentro da nova condição de simetria que os filhos atingem ao se tornarem pai. Ao aproximar gerações, são quebradas barreiras, eliminados preconceitos e vencidas discriminações.[42]

Para a análise da avosidade "torna-se necessário abordar perspectiva bidirecional e interativa, pois cada questão que se discute depende da interação de ambas".[43] A relação entre as duas gerações é mutuamente importante.

A avosidade é definida pela gerontologia "como laço de parentesco localizado nas filiações trigeracionais do ponto de vista pessoal, familiar e pessoal",[44] que "está intimamente ligada às funções materna e paterna, das quais, entretanto, se diferencia, exercendo papel determinante na formação do sujeito".[45]

> Na nossa cultura a função de transmissão psíquica é preferencialmente exercida pela família. Ela garante a primeira transmissão intersubjetiva, ou seja, um espaço de intercâmbio e investimentos narcísicos ao fomentar os vínculos e, ao mesmo tempo, promover a separação e individuação para que cada história de vida seja uma história singular, porém, inserida na cultura da comunidade. Eis o paradoxo fundamental do conflito geracional: a família tem como objetivo constituir laços fortes e vínculos duradouros ao mesmo tempo em que deve promover a independência e autonomia de seus membros. Numa sociedade onde as mudanças são imperativas, onde novos arranjos familiares nos surpreendem todos os dias, onde a instabilidade e transitoriedade dos vínculos é o habitual, não só o conteúdo da transmissão é questionado mais também sua própria existência. O valor do legado geracional e seus conteúdos deve ser repensado.[46]

Interessante pontuar-se que "as diferenças interculturais no espaço intergeracional, devido ao aumento de recursos tecnológicos, dos meios de comunicação social e das políticas governativas, não abalaram ou enfraqueceram os laços familiares e de transmissão cultural".[47]

A coparticipação intensa dos avós nos cuidados com os netos inaugurou um lugar para os idosos no contexto da família no século XXI, que conjuga cuidado, apoio e vulnerabilidades. Reconhecendo os novos laços que se constituem entre os avós e netos, o

---

42. OLIVEIRA, Alessandra Ribeiro Ventura Oliveira. *Classificação de estilos de avós: adaptação de instrumento para avaliar responsividade e exigência percebidas na adolescência* Tese de Doutorado em Ciência e Tecnologia em Saúde, Universidade de Brasília, 2015, p. 21.
43. Oliveira, Alessandra R. V., Vianna, Lucy G. e Cárdenas, Carmen J. *Avosidade: visões de avós e de seus netos no período da infância.* Rio de Janeiro: Revista Brasileira de Geriatria e Gerontologia, 2010, 13(3), 461-74, p. 462.
44. OLIVEIRA, Alessandra Ribeiro Ventura; GOMES, Lucy; TAVARES, Adriano Bueno; CÁRDENAS Carmen Jansen. *Relação entre avós e seus netos no período da infância.* São Paulo: Revista Kairós Gerontologia, novembro 2009, p. 149-58. 12 (2).
45. OLIVEIRA, Alessandra Ribeiro Ventura; VIANNA, Lucy; CÁRDENAS, Carmen Jansen. *Avosidade: visões de avós e de seus netos no período da infância.* Rio de Janeiro: Revista Brasileira de Geriatria e Gerontologia, 2010, 13(3), p. 461.
46. GOLDFARB, Delia Catullo; LOPES, Ruth Gelehrter da Costa. *Avosidade: a família e a transmissão psíquica entre gerações.* In: CÔRTE, Beltrina; GOLDFARB, Delia Catullo; LOPES, Ruth Gelehrter da Costa (org.). *Psicogerontologia* – v. 5, Curitiba: Juruá, 2009, p. 145.
47. VIEIRA, João Paulo Rodrigues. *Os Avós na Família e Sociedade Contemporâneas: uma abordagem intergeracional e intercultural.* 2013. 491 f. Tese (Doutorado) – Curso de Psicologia, Universidade Aberta, Brasília, 2013, p. 24.

presente trabalho buscou elucidar a avoternidade, avosidade ou avoparentalidade, denominações que se entende mais apropriadas para a atual função exercida pelos avós na atualidade. O que se examinará agora é se esse novo fenômeno social gera repercussões jurídicas e, em caso positivo, quais são elas.

3. AVOSIDADE, AVOTERNIDADE A COPARTICIPAÇÃO PARENTAL DOS AVÓS

Não parece haver dúvida de que a avosidade é um fenômeno social, cuja ocorrência se tem notícia em vários países. Nota-se, paralelamente a esse novo fato social, o crescimento de normas e decisões que tratam de situações protagonizadas pelos avós. No entanto, é relevante verificar se, naqueles casos em que os avós exercem um cuidado mais permanente com os netos, acabaria por existir um exercício fático da autoridade parental. O exercício de papéis teria o condão de transmissão de titularidades, mesmo sendo a ordem jurídica silente acerca do tema? Em caso afirmativo, qual seria a eficácia jurídica dessa nova titularidade? Em caso negativo, tratar-se-ia apenas de uma atitude colaboradora dos avós no exercício pleno do poder parental, no exercício parental dos deveres de cuidado que emanam do princípio da solidariedade familiar? Não existem respostas prontas para tantas perguntas, em face da novidade da abordagem jurídica da temática. O que se pretende aqui é suscitar alguns problemas para iniciar o debate.[48]

A legislação considera exclusivamente os pais como titulares da autoridade parental, cujas características são a irrenunciabilidade, intransmissibilidade, imprescritibilidade e a indisponibilidade.[49] Isso se justifica em razão desse instituto ter natureza de poder jurídico, ou seja, um centro de competências atribuído a alguém pelo Estado, para ser exercido em benefício de outrem.[50] Diante disso, é um *múnus* instransferível. Entretanto, a prática reflete situações diversas. A realidade impõe novas formas de arranjos familiares, que provocam rearranjos internos, decorrentes da visão de mundo e da construção biográfica de cada um. É preciso muita flexibilidade e diálogo para que se alcance harmonia no funcionamento familiar. Para tanto, em situações em que os avós quem cuidam dos netos, é inevitável que algumas funções, maternas ou paternas, acabem sendo cumpridas por eles.

Pontes de Miranda entendeu ser possível os genitores que exercem o poder familiar designarem alguém que zele pela educação de seus filhos, principalmente na sua ausência. Segundo o jurista, o direito de educar é intransferível, mas não o seu exercício.[51]

---

48. Esse tema já foi debatido no que tange ao papel dos novos cônjuges ou companheiros no âmbito das famílias reconstituídas: "No exercício da autoridade parental também dissentem opiniões. De uma parte, os pais afins podem opinar em todas as questões relativas aos filhos afins, mas a decisão deve ser compartilhada. De outra parte, é aceitável a opinião, mas a decisão não pode usurpar a parentalidade do genitor biológico". GRISARD FILHO, Waldyr. *Famílias reconstituídas*. In: GROENINGA, Giselle Câmara; PEREIRA, Rodrigo da Cunha. *Direito de família e psicanálise:* rumo a uma nova epistemologia. Rio de Janeiro: Imago, 2003, p. 266.
49. Nesse sentido, já decidiu o Superior Tribunal de Justiça: "é tranquilo o entendimento de ser o pátrio poder irrenunciável e indelegável, por ser um 'conjunto de obrigações, a cargo dos pais, no tocante às pessoas dos filhos menores'. (...) Em outras palavras, por se tratar de ônus, o pátrio poder não pode ser objeto de renúncia". STJ, 4ª Turma, REsp 158920-SP, j. 23.03.1999. *DJU* 24.05.1999. *RT* 768/188.
50. Sobre o tema, seja consentido remeter ao nosso TEIXEIRA, Ana Carolina Brochado. *Família, guarda e autoridade parental.* 2. ed. Rio de Janeiro: Renovar, 2009.
51. PONTES DE MIRANDA. *Tratado de direito privado.* Rio de Janeiro: Borsoi, 1972, v. 9, p. 120.

Constata-se, assim, a possibilidade da transferência de parte do exercício da autoridade parental aos avós, mediante autorização do titular.

Neste sentido, é possível concluir que os avós poderão contribuir de forma decisiva para os deveres de criar, assistir e educar os filhos menores, previstos no art. 229 da Constituição Federal, além de exercerem as funções maternas ou paternas na vida da criança e do adolescente, que, certamente, será decisivo para sua estruturação biopsíquica saudável, enquanto pessoa. Poderão ainda vivenciar a posse de estado, mediante o surgimento e fortalecimento da afetividade entre os integrantes da família, inclusive aprendendo a administrar os conflitos eventualmente surgidos.

Quando os avós estão de fato presentes no exercício dos cuidados, é inevitável sua participação nas tarefas inerentes à autoridade parental, em razão da convivência permanente; participam dos conflitos familiares, dos momentos de alegria e de comemoração, da organização familiar, da orientação aos filhos. Também simbolizam a autoridade que, geralmente, é compartilhada com os pais. Por ser integrante da família, sua opinião é relevante, pois a família é funcionalizada à promoção da dignidade de seus membros. Mas, perante o neto, juridicamente, sua autoridade é delimitada pelos pais, titulares da autoridade parental.

Parece ser possível, portanto, a possibilidade de exercício da autoridade parental pelos avós, mediante autorização do titular.[52] Essa, muitas vezes, é feita de forma tácita, por meio de permissões sucessivas, de pedidos de auxílio que se tornam permanentes etc.[53] Trata-se de apoio recíproco que emana dos deveres de cuidado intrafamiliares previstos pelo art. 229 da Constituição Federal. Embora esse dispositivo trate expressamente dos deveres dos pais para com os filhos menores e os filhos para com os pais na velhice, nota-se que ele retrata e desperta o necessário cuidado entre os membros da família apregoado pelo Texto Constitucional, decorrente do princípio da solidariedade familiar.[54]

---

52. "Uma avó está sendo obrigada pela justiça holandesa a apagar todas as fotos de seus netos compartilhadas no Facebook e no Pinterest. O motivo? Ter publicado as imagens sem autorização dos pais. A sua filha, mãe de um jovem de 14 anos e de duas crianças de seis e cinco anos, foi a responsável pelo processo judicial, que se baseou em regras de privacidade do Regulamento Geral de Proteção de Dados (GDPR) da União Europeia, que inspirou a nossa Lei Geral de Proteção de Dados Pessoais (LGPD), que entraria em vigor em agosto deste ano no Brasil. Tudo começou quando a mãe dos menores de idade pediu várias vezes para que a avó deletasse imagens deles da internet. Ela não queria a exposição de seus filhos no ambiente online. A avó não concordou e uma ação judicial foi aberta pela filha. Na semana passada, um tribunal holandês determinou que a avó retirasse as fotos dos netos publicadas no Facebook e no Pinterest. Caso não cumpra a decisão, ela poderá pagar uma multa que pode variar entre 50 e mil euros. Se a avó publicar novas fotos, ela também será multada". Disponível em: [https://www.uol.com.br/tilt/noticias/redacao/2020/05/22/com-base-na-gdpr-justica-obriga-avo-a-apagar-fotos-de-netos-do-facebook.htm]. Acesso em: 20.07.2020.
53. Entretanto, se houver qualquer problema com essa delegação, são os pais os responsáveis.
54. Sobre o desenvolvimento do cuidado como valor jurídico, remete-se aos estudos capitaneados por Tânia da Silva Pereira, Guilherme de Oliveira e Antônio Carlos Mathias Coltro. O trecho a seguir resume a necessidade de aprofundamento dos estudos nessa área: "A concretização do 'melhor interesse da criança e do adolescente' e do 'envelhecer com dignidade' foi inserida entre os objetivos do projeto, buscando-se alternativas jurídicas existentes no Brasil e em Portugal que possam auxiliar, mutuamente, os países envolvidos. Propôs-se ainda um maior alcance do princípio da dignidade humana nas relações intergeracionais e a pesquisa de procedimentos e ações que envolvam o cuidado na dimensão da solidariedade, compromisso e responsabilidade". PEREIRA, Tânia da Silva. Prefácio. In: PEREIRA, Tânia da Silva; OLIVEIRA, Guilherme de (coord.). *O cuidado como valor jurídico*. Rio de Janeiro: Forense, 2008, p. XI.

Já existem no ordenamento jurídico brasileiro algumas normas positivadas que revelam a importância dos avós no ambiente familiar, sendo resultado das mudanças sociais retratadas pelo fenômeno da avosidade. Ao regulamentar a tendência jurisprudencial que lhe antecedeu, o Código Civil de 2002 tornou os avós responsáveis subsidiária e complementarmente pelo sustento dos netos, como se constata do art. 1.698. Entende-se que não se trata de alternativa que vise proporcionar alimentos civis, mas apenas os naturais, como meio de garantir às crianças e adolescentes sua subsistência, mas não o padrão de vida dos avós.[55] Trata-se de norma que resguarda a sobrevivência material dos netos a partir da ativa participação dos avós.

O Código Civil estabelece, no art. 1.584, §5º, que quando o filho não permanecer sob a guarda do pai ou da mãe, deferirá a guarda a pessoa que revele compatibilidade com a natureza da medida, considerados, de preferência, o grau de parentesco e as relações de afinidade e afetividade. Trata-se, portanto, de hipótese em que a lei prevê a guarda com terceiros, sendo aqui o fundamento para que os avós possam ter, eventualmente, a guarda dos netos. Quando os pais não detiverem condições de cuidar dos filhos e existir uma proximidade entre avós e netos, existe possibilidade de eles passarem a ter a guarda dos netos ou, mesmo, compartilhar a guarda com um dos genitores.[56] Certamente, para que se configure esse ambiente de afinidade e afetividade, a avosidade já terá se caracterizado como relação afetiva que calca nos avós e netos, a confiança necessária para formalizar as responsabilidades da guarda entre eles.

Além disso, o art. 1.589, parágrafo único do Código Civil estabelece que o direito de visitas se estende aos avós, observados os interesses da criança ou do adolescente. Trata-se de medida importante para preservar as relações já construídas ou a serem edificadas, com base na convivência intergeracional, pois é no convívio que se faz possível o fortalecimento dos laços afetivos. Preservar a convivência entre as gerações é fundamental, pois é fonte de aprendizado para todos: de vivências de historicidade e de apreensão de valores familiares para os netos; de renovação das energias vitais e de construção e fortalecimento dos afetos com as novas gerações, para os avós, ou seja, da criação e conservação da avosidade. Não se trata de direito absoluto de nenhuma das partes, pois deve estar submetido à realização do princípio do melhor interesse das crianças e adolescentes, que são os alvos de prioridade absoluta, consoante estabelece o art. 227 da Constituição Federal.

Já em relação à adoção, tem-se verificado situação diferente. Não obstante o Estatuto da Criança e Adolescente vede a adoção por ascendentes do adotando em seu art. 42 §1º, constata-se que tem aumentado o número de julgados em que o melhor interesse da criança e do adolescente tem sido fundamento para superar essa norma, em razão da existência de um vínculo de socioafetividade que vai além do parentesco "avós e netos". São hipóteses em que, o que se constata, é o verdadeiro exercício do papel de pais pelos

---

55. OLIVEIRA, Alexandre Miranda; TEIXEIRA, Ana Carolina Brochado. Obrigação alimentar dos avós: limites e critérios para fixação. In: *Revista Brasileira de Direito de Família*, v. 38, 2006, p. 64-86.
56. A guarda com terceiros é possível "caso haja motivos graves, em nome do melhor interesse das crianças e dos adolescentes, vetor hermenêutico principal, os filhos devem ficar sob os cuidados de quem possa deles cuidar a fim de preservar seus direitos fundamentais". TEPEDINO, Gustavo; TEIXEIRA, Ana Carolina Brochado. *Fundamentos de direito civil*: Família. v. 6. Rio de Janeiro: Forense, 2020, p. 319.

avós, ou seja, avós que faticamente exercem a autoridade parental. Nesses casos, a constatação da socioafetividade acaba por traduzir a avosidade, tem sido o argumento para superar o direito posto, para se realizar o melhor interesse da criança e do adolescente. Caso paradigmático foi submetido ao STJ: o adotando foi fruto de violência sexual contra sua mãe, o que fez com que os avós o criassem, pois se verificou a incapacidade da mãe de fazê-lo. Com isso, acabou por se formar uma relação socioafetiva com os avós, que foi a *ratio decidendi* para se autorizar a adoção:

> A família estendida – *in casu* – os avós maternos do então infante, prontamente supriram a justificada impossibilidade materna de assumir os cuidados do seu filho, acolhendo-o, e dispensando para aquela criança, igual cuidado com que criaram a própria prole. Como decorrência desse tratamento equânime, os recorrentes, após 10 anos de íntima relação estabelecida com o adotando, e também entre ele e os filhos do casal (mãe biológica e tio do infante) – que se tratavam como irmãos –, entenderam que as relações familiares internas com o menor, não eram de avós cuidando de neto, ou de mãe/filho e tio/filho, mas sim de pais cuidando da prole – aumentada em mais um filho, desta feita, socioafetivo – e que o conjunto daí forjado era, para todos os efeitos práticos, uma família arquétipa. Desse singular cenário, nasceu, sem dúvida, o pedido de adoção, que tinha por objetivo, regularizar uma situação fática na qual o neto, na verdade era filho e a mãe e tio biológicos, eram seus irmãos.[57]

Outra tendência à valoração positiva da avoternidade também pode ser encontrada no Projeto de lei 5.996/2016, que altera o art. 473 da Consolidação das Leis do Trabalho para permitir que a avó materna ou o avô materno ausente-se do trabalho por 5 (cinco) dias, sem prejuízo do salário, em caso de nascimento de neto cujo nome do pai não tenha sido declarado, e para prever o afastamento do serviço às doadoras de leite materno. A licença avoenga retrata a necessidade de suporte e cuidado com a criança e com a mãe logo no pós-parto, o que justifica a falta remunerada ao trabalho para essa finalidade. É o princípio da solidariedade a serviço da avosidade.

Verifica-se, portanto, que a avosidade tem repercutido no Direito, como forma de contemplar, proteger e responsabilizar os sujeitos dessa relação, que tem sido de tamanha importância para as famílias da contemporaneidade.

4. CONSIDERAÇÕES FINAIS

Identificar a avosidade e refletir sobre as consequências jurídicas nas relações familiares faz-se necessário. A realidade atual, efêmera, surpreendente, tecnológica, líquida, como ensinou Bauman, repercute na vida das crianças, adolescentes, idosos, pessoas

---

57. STJ, REsp 1.635.649 – SP. 3ª T. Relª. Minª. Nancy Andrihi, j. 27.02.2018, DJe 2.3.2018. Veja-se outros trechos que retratam a avosidade: "28. Ora, se na busca do melhor interesse da criança/adolescente, alguém, *in casu*, os avós, querem subir um tom na relação já existente, para dar a máxima inserção familiar possível ao menor, por certo, isso configura o melhor interesse da criança, mormente quando se evidencia pelas circunstâncias, que não há interesses escusos nesse pleito. 29. Assim tenho que o art. 42, § 3º, submetido, como deve estar, ao arcabouço principiológico de proteção e preservação do melhor interesse da criança e do adolescente, pode ser superado quando suas bases teleológicas são frágeis, ou mesmo inexistentes, como na espécie, pois é certo, pelo quadro traçado na origem, que os recorrentes foram além do agir por dever, mas potencializaram, numa construção diária, as relações próprias entre avós e netos (quando aqueles detêm a guarda), para construírem uma relação filial, que foi igualmente assumida pelo resto do grupo familiar.

com deficiência, que exigem um olhar diferenciado, quantitativo e qualitativamente, para as vulnerabilidades.

Neste cenário merece ser incorporado o estudo sobre avosidade no Direito, como fenômeno multigeracional contemporâneo, concreto e objeto de pesquisas em diversos países e campos do conhecimento. Para tanto, faz-se necessária a compreensão da nova relação entre avós e netos, sendo este o objetivo primordial deste trabalho.

Os avós como pais substitutos ou como pais de fato levam a repensar a parentalidade, tendo-a como estendida ou, tão somente, exercida com a coparticipação dos avós, mas sobretudo apresentando na contemporaneidade a particularidade da aproximação dos mais novos aos mais velhos, o que valoriza a infância e adolescência conjugada com os idosos. Ressalta-se a amplitude dos cuidados intrafamiliares, em realidades em que os avós se tornam essenciais para que os netos possam crescer saudáveis, em um ambiente de maior cuidado, segurança e, por via de consequência, maior afeto.

Os novos fatos demandam a compreensão das transmissões intergeracionais e as possibilidades de interações entre avós e netos nos diversos contextos socioculturais. Serão proveitosas, para verticalização do tema, reflexões que explorem a participação dos avós nos cuidados dos netos envolvendo políticas públicas que favoreçam o melhor interesse da criança e do adolescente alicerçado no melhor interesse do idoso, pois não se pode ignorar que esse cuidado – que desempenha indubitável função positiva – pode ser uma circunstância forçada em algumas situações, que acaba por onerar o idoso numa fase em que suas demandas pessoais e físicas seriam diversas nessa fase da vida. O ideal é que esse cuidado seja opção e não necessidade premente, tendo os pais suporte no Estado em creches e outras instituições que acolham seus filhos enquanto eles trabalham.

Fato é que, no Brasil, ante a ausência de amparo público, a avosidade é tema a ser pesquisado e pensado, na medida em que, entre avós e netos, não há dúvidas do enorme espaço de afeto a ser experienciado entre eles a gerar efeitos jurídicos.

AVOSIDADE, MANIFESTAÇÃO DE AMOR[1]

Antônio Carlos Mathias Coltro

Mestre em Direito das Relações Sociais (PUC-SP). Presidente do Instituto Brasileiro de Direito Constitucional (IBDC). Regente de Direito Civil na PUC-SP, de 1990 a 2005 e de IED na FADISP, por cinco anos, a partir de sua fundação. Autor de trabalhos de Direito Civil, Processual Civil, Constitucional e Penal Eleitoral. Desembargador do TJSP.

Sumário. 1. Abertura. 2. O conceito. 3. O relevo e circunstâncias inerentes à avosidade. 4. Todos ganham. 5. Conclusão.

1. ABERTURA

Talvez o leitor estranhe, ao exame dessas notas, o fato de serem citadas outras, além de trechos de escritos com participção do próprio autor, o que, todavia, é consequência do fato de atuar na seara jurídica e, percebendo, desde o momento em que resolveu fazer as observações aqui constantes, que, sendo elas pertinentes ao relacionamento entre avós e netos envolveria circunstâncias entrosadas com a sociologia, psicologia, antropologia, gerontologia e também a filosofia, eventualmente concernindo ao direito, a teor do pretendido quanto ao espectro do texto e a circunstância a que se refira, deliberou, assim, valer-se tanto daqueles que se dedicam ao estudo de tais ciências, como transcrever o que fosse oportuno e viesse a encontrar no tocante aos aspectos considerados durante o desenvolvimento do artigo.

A bem indicar o mencionado, quanto à forma como se deva encarar a condição sobre a qual aqui se trata, de muito já salientara e como sempre com inegável sensibilidade, o grande humanista que foi Edgard de Moura Bittencourt, afirmando: "A afeição dos avós pelos netos é a última etapa das paixões puras do homem. É a maior delícia de viver a velhice. A jurisprudência que assegura essa afeição sanciona – na frase de Gaston Lagarde – os direitos morais dos avós", os quais, de forma indubitável, estão relacionados com o sentimento que nutrem pelos netos e também o destes em relação a eles e que se têm como envolvidos em condição que se pode denominar como *avosidade*, expressão nem sempre encontrada em trabalhos jurídicos, mas que em data não distante passou a ser utilizada.

Acrescente-se, ademais e conforme Alessandra Ribeiro Ventura Oliveira; Lucy Gomes Vianna; Carmen Jansen de Cárdenas esclarecem, que,

"O papel do idoso tem sofrido modificações, tanto no âmbito social quanto no familiar. Aumentaram o número de avós e o número de anos que as pessoas vivem como avós. A avosidade, definida como laço de parentesco, está intimamente ligada às funções

---

1. Dedico estas observações a Antonio, meu neto querido; aos avós Leontina e Dario Antônio, Yole e Ângelo e a minha amada mulher, Mara, com quem pude ter a felicidade decorrente da experiência da avosidade.

materna e paterna, das quais, entretanto, se diferencia, exercendo papel determinante na formação do sujeito".[2]

2. O CONCEITO

Deve-se, assim e primeiramente e ainda que no curso da exposição também a tanto se aluda, procurar estabelecer o sentido que o vocábulo possui, para uma adequada compreensão do quanto se objetiva considerar.

Advirta-se, inicialmente e conforme Nicole Markowski da Rosa, que,

"[...] tanto por parte de autores, como por parte das avós entrevistadas, uma grande subjetividade nos relatos e possíveis conceitos sobre o significado de avosidade. Seus entendimentos sobre o assunto foram descritos por cada uma a partir de suas próprias experiências e vivências enquanto avós, de acordo com a relação estabelecida entre a díade".[3]

Consoante consta na Wikipedia – La enciclopedia libre,

"Avosidade é um conceito cunhado pela Dra. em Medicina, Médica Psiquiatra e Psicanalista argentina Paulina Redler (...) para denominar a relação e função do avô com respeito ao neto, e os efeitos psicológicos do vínculo.

O termo é associado com seu equivalente 'paternidade', para descrever o vínculo e função do pai com seu filho. No idioma inglês, o conceito pode traduzir-se como 'grandeparenthood' referente a 'the state of being a grandparent', ou seja, o 'estado de ser avô ou estado de ser avó', em tradução livre da expressão, utilizada desde o século XIX. Para significar o mesmo na língua francesa foi introduzido desde a década de 1990, o conceito 'grandparentalité' ou 'grandparentalité'", como consta no local onde extraída a informação.[4]

É importante transcrever o referido por Hugo E. Biagini, da Academia de Ciências--Conicet,[5] dirigido a que,

"O termo abuelidad vem de um neologismo criado em 1977 pela médica argentina Paulina Redler para dar conta da organização que incluía, na estruturação psíquica individual e familiar, a figura do avô; que também era chamado de grantitude. Para que o termo em questão fosse a organização semântica da língua espanhola, o Dr. Redler pediu à Academia Argentina de Letras para realizar um estudo filológico dos dois termos que ela, depois de vários anos trabalhando em subjetividade no que diz respeito aos assuntos substantivos, pareceu-lhe o lugar mais preciso do parentesco indicado por *abuelaty* ou *abuelastic affairs*. Com a resposta da Academia Argentina de Letras, em 1981, a autora

---

2. Avosidade: visões de avós e de seus netos no período da infância. *Revista brasileira de geriatria gerontologia*. v. 13. n. 3. Rio de Janeiro, set./dez. 2010. Disponível em: [https://doi.org/10.1590/S1809-98232010000300012]. Acesso em: 07.07.2020.
3. Avós guardiões: fronteiras e limites entre avosidade e parentalidade. Disponível em: [https://www.lume.ufrgs.br/bitstream/handle/10183/183272/001077918.pdf?sequence=1].
4. Enciclopédia/Dicionário de Psicologia e Neurociências: Abuelity.
5. Projeto: dicionário de pensamento alternativo II – Abuelity – Cecies – Pensamento latino americano y alternativo. Consulta na internet em: 07.07.2020.

decidiu usar, exclusivamente, o termo abuelidade em suas pesquisas subsequentes e exposições orais e escritas. O conceito de vovó foi mais tarde confirmado nas publicações em espanhol que gradualmente começaram a se referir ao assunto do ponto de vista histórico social. Por outro lado, além do trabalho de Paulina Redler, que viu os netos como uma expressão de imortalidade e como evidência indolor de morte inescapável, há um atraso atraente no uso deste termo e nas conceituações associadas a ele, tanto na produção psicanalítica, quanto gerontológica, familiar ou sociológica em espanhol. Somente a partir de 1996 o termo abuelity apareceu na bibliografia desses campos disciplinares, mas fora do domínio nacional e, neste último, somente após 1998.

Em suma, a noção de "abuelidade" e principalmente a exatidão do vínculo e a importância social das relações entre avós e netos, é um fenômeno relativamente recente, ligado ao desenvolvimento da gerontologia e dos direitos dos idosos, bem como ao fenômeno de prolongamento da vida humana. O papel da avó está ligado à transmissão do conhecimento geracional do passado e das origens, mantendo uma relação com netos menos tensas por suas relações de autoridade com seus pais, os avós estão em excelente posição para cuidar de seus netos na ausência dos pais. Assim, desempenham uma função essencial no processo de transmissão intergeracional; processo intimamente ligado ao da construção de identidade. Embora as conceituações de abuelidade na teoria e prática psicanalítica de cada sujeito de qualquer idade e particularmente, no domínio da chamada "terceira idade", tenham sido introduzidas na Argentina pelo autor supracitado, a palavra ganhou notoriedade pública a partir da transcendência e compromisso social das Avós da Praça de Maio".

Como refere a Enciclopedia/Diccionario de Psicología y Neurociencias, "A noção de 'avosidade' e eminentemente, a precisão do vínculo e a relevância social das relações entre avós e netos, é um fenômeno parcialmente recente, ligado ao desenvolvimento da gerontologia e os direitos dos anciãos, como o fenômeno de alargamento da vida humana e da noção de 'terceira idade'",[6] constando, adiante:

"Gloria Ferrero destacou que o papel da avó está ligado à 'função da transmissão do conhecimento geracional, do passado, das origens', na insalubridade, também que, ao sustentar uma relação com os netos menos tensas pelas relações de autoridade que mantêm com seus pais, os avós são mais capazes de 'ouvir, entender e manter seus netos às vezes que seus pais não podem fazê-lo... 'Dessa forma, desempenham um papel essencial no *processo* de 'transmissão intergeracional', *processo* intimamente ligado ao da construção da identidade".[7]

Cumpre ter em conta, a teor do constante na *Rev. Bras. Geriatria e Gerontologia* (2001, 8 (1); 9-20 Avosidade), que,

"As relações dos netos com seus avós constituem uma linha de investigação na qual se torna necessário abordar perspectiva bidirecional e interativa, pois cada questão que se discute depende da interação de ambas perspectivas. A importância da mutualidade da relação entre avós e netos foi reconhecida sobretudo durante a década de 80 e, desde

---

6. Enciclopédia/Dicionário de Psicologia e Neurociências: Abulony wiki: informações, livros pdf e vídeos. Abuelity, consulta na internet em 07.07.2020.
7. Loc. Cit. Nota 6.

então, o interesse sobre a avosidade cresceu consideravelmente. Dentre os fatores que contribuíram para esta situação, está o aumento na expectativa de vida, o que tem levado a maior tempo de permanência dos indivíduos na função de avós O século XXI será o século dos avós. Entre os americanos, cerca de 50% tornam-se avós entre 49 e 53 anos, passando de 30 a 40 anos exercendo este papel. Na França, cerca de 80% das avós têm mais de 65 anos e 50% delas tornar-se-ão bisavós, enquanto em torno de 20% das mulheres com mais de 80 anos já são tataravós. Na Inglaterra, quase metade da população tem netos, sendo que 25% do grupo são os principais cuidadores dessas crianças, passando, em média, seis horas por semana substituindo os pais. No Brasil, quanto mais elevado o número de filhos, maior é a chance de a mulher acima de 60 anos ter filhos e netos residindo em sua casa. Em 2000, os netos representavam cerca de 14% dos membros nas famílias de idosos, assim como 2% nas famílias com idosos".[8]

Essas, assim, as observações tidas como necessárias em relação ao que se deva compreender como avosidade.

3. O RELEVO E CIRCUNSTÂNCIAS INERENTES À AVOSIDADE

Do mencionado é possível inferir a importância que a avosidade possui e a posição assumida pelos avós no desempenho da função que lhes é própria e, que, inclusive e em determinados casos, por conta de circunstâncias da vida, acaba por determinar venham eles a cuidar dos netos como se fossem os seus pais.

Assim e indicando como relevante é a avosidade, o jornalista José Ruy Gandra[9] afirmou, em entrevista, "ter sido salvo pelo neto", segundo o que se passa a descrever:

"Ao ter que lidar com a perda trágica do filho Paulo, ele encontrou no papel de avô a possibilidade de recriar o afeto.

No livro *Coração de pai*, José Ruy explicita todos esses sentimentos que envolveram a alegria pela chegada de um neto, que por sua história de vida, imaginou que nem conseguiria conhecer, e a dor da partida de um filho.

'É incomparável pelo amor que eu tenho por ele. Esse menino salvou minha vida. Deus me deu o antídoto antes de me dar o veneno'".

Além disso e consoante Thaís Araujo de OP de Carvalho,[10] "Ser avô não depende de idade cronológica nem de papel social. A avosidade é uma função determinada na estruturação psíquica do sujeito, na qual a transmissão entre as gerações ocorre por processos psíquicos inconscientes constituintes de subjetividades. A família é o lugar designado para esta transmissão transgeracional, onde ocorrem os diversos mecanismos de identificação".

Acrescentando, pondera: "A relação entre avô e netos, na avosidade, segundo Goldfarb e Lopes, referindo (2011) depende de vários fatores como a estrutura psíquica

---

8. *Rev. Bras. Geriatria e Gerontologia*; 2006; 8 (1); 9-20 Avosidade.
9. JUNQUEIRA, Elisabete e SOUZA, Jorge Luiz de. *Meu neto me salvou*. Entrevista com o jornalista José Ruy Gandra. Disponível em: [https://avosidade.com.br/meu-neto-me-salvou/]. Acesso em: 08.07.2020.
10. Avosidades, 27.07.2019. Portal do Envelhecimento. Acesso em 08.07.2020.

daquele que se tornou avô/avó, a história familiar e o meio cultural em que o vínculo se desenvolveu e ainda que o gênero possui uma acentuada diferenciação, pois para a mulher é mais fácil e importante ser avó de forma mais atuante e participativa do que para o homem".

Segundo Gloria Ferrero observa, "[...] o papel da avosidade se vincula com 'a função da transmissão do conhecimento generacional do passado, as origens', em uníssono, que, ao manter uma relação com os netos menos tensa pelas relações de autoridade que estes sustentam com seus progenitores, os avós estão em melhores condições de ouvir, entender e manter seus netos nas vezes em que seus progenitores não podem fazê-lo...'. Jogam dessa forma um papel essencial no *processo* 'transmissão intergeracional', *processo* ligado de maneira estreita ao da construção da identidade".[11]

Demais disso e conforme indicado em 2006, 8 (1); 9-20, na *Revista Brasileira de Geriatria e Gerontologia*, aludindo à avosidade e a condição das pessoas idosas, "O papel do idoso tem sofrido modificações, tanto no âmbito social quanto no familiar. Aumentaram o número de avós e o número de anos que as pessoas vivem como avós. A avosidade, definida como laço de parentesco, está intimamente ligada às funções materna e paterna, das quais, entretanto, se diferencia, exercendo papel determinante na formação do sujeito".

Conforme Evaldo Cavalcante Monteiro, aludindo à Dra. Paulina Redler, "Ao expressar seu objeto de estudo, *abuelidad*, sente a reação negativa dos ouvintes. Esta extrapola para o âmbito de cultura quando a mesma não tem um termo para nomear o tornar-se avó. Como há um substantivo para função paterna e materna. Deveria existir ou ser criado um para nomear a função de ser avó. O fato de não ter sido criado é entendido como uma resistência ao tema. Propomos que seja adotado o termo *avosidade* para esta função".[12]

Em nota de rodapé sob n. 2 de tal escrito, aponta seu autor: "Abuelidad é o termo que Redler emprega para tratar a questão do exercício da função de ser avô. Considerando a ausência de um termo correlato na língua portuguesa estamos fazendo uma livre tradução do termo para avosidade".

A importância da relação entre avós e netos é demonstrada em nota de rodapé de página, onde se alude, inclusive, à celebração do dia dos avós, pela Universidade da Maturidade.[13]

---

11. Cf. Enciclopédia/Dicionário de Psicologia e Neurociências: Abulony wiki: informações, livros pdf e vídeos. Disponível em: [https://www.psicologia1.com/neurociencias/abuelidad.html]. Acesso em: 13.07.2020.
12. MONTEIRO, Evaldo Cavalcante. 4º CIEH – Anais CIEH (2015) – Avosidade: o exercício da função de avós, as relações e os conflitos, 4º Congresso internacional de envelhecimento humano, *Anais*, 2015, v. 2, n. 1. Acesso em: 15.07.2019.
13. "Os acadêmicos da Universidade da Maturidade (UMA) – Programa de Extensão da Universidade Federal do Tocantins (UFT) – Campus de Palmas, irão realizar nesta sexta-feira (26), às 14 horas, a festa "Avosidade é viver os sabores da infância" em comemoração ao Dia Mundial dos Avós. Acesso em 13.07.2020.
    Para a coordenadora do programa e doutora em gerontologia, professora Neila Osorio, os avós desenvolvem um importante papel na vida de seus netos, principalmente na infância. "Os avós são uma referência afetiva grandiosa e significativa na formação emotiva e cognitiva das crianças", ressaltou.
    Neila também destacou que, com o aumento da expectativa de vida, o papel dos avós será ocupado por um número cada vez maior de pessoas, por isso a importância de realizar eventos como este. A comemoração do Dia dos Avós já é tradição na UMA e marca o retorno das aulas do segundo semestre". Disponível em: [https://ww2.uft.edu.br/index.php/ultimas-noticias/25843-com-o-tema-avosidade-universidade-da-maturidade-realiza-evento-para-celebrar-o-dia-dos-avos]. Acesso em: 13.07.2020.

Para Aline da Silva Pedrosa e Ruth Gelehrter da Costa Lopes, em trabalho publicado na Biblioteca Virtual em Saúde,

"A avosidade é tema pouco estudado. A Gerontologia mostra-se como uma área propiciadora para que esta temática seja mais explorada. A presença dos avôs no processo educativo e formativo dos netos é um fato e nos remete a uma reflexão sobre as novas configurações familiares. Pretende-se apreender como o idoso interpreta a relação avô-neto, o intercâmbio de experiências entre gerações e os sentimentos que se evidenciam no dia a dia. Considerando que a avosidade é um fenômeno singular e pessoal, por meio de entrevistas pretendeu-se uma compreensão dos significados, valores e expressões. A avosidade está associada a um forte sentimento de paternidade. Os avôs demonstram uma enorme satisfação na relação com os netos".[14]

Na referência de Rafaela Diniz, "A individuação como avós é uma fase em que se admite um papel social em uma nova relação entre gerações. O indivíduo ressignifica sua posição perante os filhos, que agora são pais, se vê confrontado por um novo vínculo e aceita a nova identidade".[15]

Ser avô é sinônimo de felicidade, ressaltando', quanto a isto, o constante no site JusBrasil, sob o título *O que consiste o princípio da busca da felicidade*, publicado por Flávia, advogada,[16] há quatro anos, onde observa: "A contemplação do direito à busca pela felicidade foi prevista, pela primeira vez, na Declaração de Independência dos Estados Unidos da América como uma resposta desse povo à necessidade de não mais ser uma colônia vinculada à Inglaterra. No Brasil, foi erigido ao predicado de princípio por força de julgamento do Colendo STF, no caso emblemático do julgado concernente à união homoafetiva (ADPF 132, Relator (a): Min. Ayres Britto, Tribunal Pleno, julgado em 05.05.2011)".

Informa-se nessa oportunidade, inclusive, tramitar "[...] no Congresso Nacional a proposta de Emenda Constitucional 19/2012, o qual dá nova redação ao art. 6º da Constituição Federal, *in verbis*: Art. 6º São direitos sociais, *essenciais à busca da felicidade,* a educação, a saúde, a alimentação, o trabalho, a moradia, o lazer, a segurança, a previdência social, a proteção à maternidade e à infância, a assistência aos desamparados, na forma desta Constituição" (o destaque é do original).

Destaca-se, depois e em tal local: "[...] a acepção do princípio da afetividade que surge como um mandamento axiológico fundado no sentimento de proteção, ternura, amparo familiar, dever de proteção que deve perdurar nas relações familiares, sobretudo entre ascendentes e descendentes ou vice-versa".

Não se pode negar, assim, estar a avosidade inserida no que o texto refere, por concernente à ordem familiar, ressaltando-se, ainda e no mesmo lugar, segundo Flávio

---

14. Avôs na contemporaneidade: significado dos netos para o cotidiano, Portal Regional da BVS Informação e Conhecimento para a Saúde, Biblioteca Virtual em Saúde. Acesso em: 13.07.2020. Disponível em: [http://bases.bireme.br/cgi-bin/wxislind.exe/iah/online/?IsisScript=iah/iah.xis&src=google&base=LILACS&lang=p&nextAction=lnk&exprSearch=588807&indexSearch=ID].
15. Avosidade, escuta dos avós: a avosidade, o vínculo, e o tempo. *Revista portal de divulgação*, p. 54. Disponível em: [file:///C:/Users/accol/Downloads/718-1104-1-SM%20(2).pdf]. Acesso em: 13.07.2020.
16. Disponível em: [https://draflaviaortega.jusbrasil.com.br/noticias/383860617/o-que-consiste-o-principio-da-busca-da-felicidade]. Acesso em: 08.07.2020.

Tartuce, que, "[...] o afeto talvez seja apontado, atualmente, como o principal fundamento das relações familiares. Mesmo não constando a expressão afeto no Texto Maior como sendo um direito fundamental pode-se afirmar que ele decorre da valorização constante da dignidade humana e da solidariedade", que devem ser afirmados como princípios que a própria forma como construído o sistema legislativo nacional permite inferir integrados no que fundamenta as relações familiares e a própria família, como instituição sociojurídica.

Observe-se, neste passo e com Nehemias Domingos de Mello, aludindo à a antiguidade, surgir "A família (...) como um fato natural, quer dizer próprio da natureza humana, baseada fundamentalmente na necessidade de convivência entre as pessoas (afetividade); na necessidade da perpetuação da espécie (formação da prole); de reforço da mão de obra doméstica (função econômica) e até mesmo como um dever cívico, já que a prole iria servir aos exércitos de seus respectivos Estados (função política), sem esquecer a função religiosa, tendo em vista que o pai de família, na antiguidade, era ao mesmo tempo, o chefe político e religioso de sua comunidade".[17]

Não bastando isso, cite-se o ponderado por Sérgio Resende de Barros, em *O princípio do afeto e a relação entre avós e netos por afinidade*:

"Da família, o lar é o teto, cuja base é o afeto. Lar sem afeto desmorona (...) A família é o lar dos direitos humanos. Por isso, o direito fundamental à família e os seus direitos operacionais devem ser garantidos sem discriminação alguma, a fim de que o direito de família seja não só o mais humano dos direitos, como também o mais humano dos direitos humanos",[18] indicando, assim, a importância da entidade familiar, independente de ser ela advinda dos laços do parentesco, sem discriminação qualquer, como ora se ressalta, principalmente por ser possível surgir em circunstâncias variadas, inclusive a da afetividade, anota-se.

Prosseguindo, acrescenta: "Para Henri Wallon a teoria das emoções é de grande importância, porque 'As emoções são a exteriorização da afetividade (...). Nelas que assentam os exercícios gregários, que são uma forma primitiva de comunhão e de comunidade. As relações que elas tornam possíveis afinam os seus meios de expressão, e fazem deles instrumentos de sociabilidade cada vez mais especializados...'".

Aliás e a respeito, a "[...] juíza de Direito da 3ª Vara de Família e Sucessões de Porto Alegre, Jucelana Lurdes Pereira dos Santos, destacou que 'Vivemos numa época em que está se estimulando muito a presença da família. No passado, isto não era levado tão em conta (...) Primeiro vêm os fatos da vida, depois vem a lei, que organiza a nossa vivência'",[19] manifestando-se a entidade familiar em diversidade de formas, como será mencionado.

Retomando o concernente a este trabalho e conforme Alessandra Ribeiro Ventura Oliveira, Lucy Gomes Vianna e Carmen Jansen de Cárdenas, "A avosidade, definida

---

17. A família ensamblada: uma Análise à luz do direito argentino e brasileiro. Disponível em: [https://www.google.com.br/search?q=A+Fam%C3%ADlia+Ensamblada+-+uma+An%C3%A1lise+%C3%A0+Luz+do+Direito+Argentino+e+Brasileiro&ie=&oe=]. Acesso em: 08.07.2020.
18. Disponível em: [https://ambitojuridico.com.br/edicoes/revista-112/o-principio-do-afeto-e-a-relacao-entre-avos-e-netos-por-afinidade]. Acesso em: 08.07.2020.
19. Texto cit. sob nota de rodapé de n. 9.

como laço de parentesco, está intimamente ligada às funções materna e paterna, das quais, entretanto, se diferencia, exercendo papel determinante na formação do sujeito".[20]

Além disso e consoante situam tais autoras no mesmo escrito, "A avosidade está associada a um forte sentimento de paternidade. Os avôs demonstram uma enorme satisfação na relação com os netos".

Como assinalam, é "[...] laço de parentesco entre avós e netos, estando os últimos no período da infância. Assim, avosidade é tema que cria um elo entre a pediatria e a gerontologia",[21] induzindo considerar a importância que possui o vínculo daí resultante e a condição que dele resulta e que consiste justamente na avosidade.

Em texto denominado *Avós e o desenvolvimento emocional e afetivo dos netos*, observa-se: "Dizem que ser avô ou avó é ser mãe ou pai duas vezes. Que o amor vem em dobro e com gostinho especial. Afinal, aquele pequeno ser veio de outro grande amor, seu filho ou filha. As responsabilidades também são diferentes nesse momento. E não é preciso se esforçar muito para perceber como a interação entre netos e avós é positiva e importante para ambos. O que traz diversos benefícios, além de muito amor, é claro".[22]

No texto anteriormente mencionado e objeto de referência sob n. 9 das notas de rodapé, cita-se o seguinte: "*Os avós talvez sejam hoje o segmento da família que tem despertado maior visibilidade e interesse do meio social, pois a longevidade permite a coexistência de várias gerações. Outrossim, a sociedade está enfrentando um momento de constantes transformações, as quais se refletem também na forma como as pessoas se relacionam. Como bem observa Suzana Medeiros: 'Uma das características do estilo de vida atual é a velocidade dos eventos e a fragilidade dos relacionamentos. Vive-se correndo, há uma sensação permanente de transitoriedade'*" (O destacado não é do original).

Cabe ressaltar, no entanto e como feito no artigo por último mencionado, que, "[...] a pessoa pode ter durante toda a sua vida diversos tipos de relacionamentos familiares, considerando a possibilidade de separação, divórcio, rompimento de união estável, recasamento etc.

Ocorre que, na maioria das vezes, desses relacionamentos nascem filhos, que se tornarão netos e bisnetos, e que terão uma relação de afeto pelos membros das novas famílias constituídas pelos seus pais, avós e bisavós, sendo o que as Professoras Cecilia P. Grosman e Marisa Herrera chamam na Argentina de 'família ensamblada', isto é: 'a organização familiar que nasce de um matrimônio ou uma união onde um deles ou ambos têm filhos, ajam ou não filhos em comum ou próprios deste novo par', acrescenta o mesmo escrito, em tradução livre para este trabalho.

Nessa condição estão, também, os avós, pois, como aponta o comento citado, '[...] além dos padrastos e madrastas, existem os avódrastos, ou seja, aquelas pessoas que

---

20. Avosidade: visões de avós e de seus netos no período da infância. *Rev. bras. geriatr. gerontol.* v. 13. n. 3. Rio de Janeiro, Sept./Dec. 2010. Disponível em: [https://doi.org/10.1590/S1809-98232010000300012]. Acesso em: 08.07.2020. [http://bases.bireme.br/cgi-bin/wxislind.exe/iah/online/?IsisScript=iah/iah.xis&src=google&base=LILACS&lang=p&nextAction=lnk&exprSearch=588807&indexSearch=ID#bottom].
21. Avosidade: visões...., cit.
22. Calesita / 26 de julho de 2019. Disponível em: [https://www.calesita.com.br/blog/os-avos-e-o-desenvolvimento--emocional-e-afetivo-dos-netos/]. Acesso em: 08.07.2020.

mantêm uma relação de *afinidade* com os enteados de seus filhos. No Brasil, era o que se chamava em linguagem informal de avós tortos. Hoje poderiam ser denominados como avós afins ou avós por afinidade",[23] condição que não é objeto da legislação, mas que não pode o estudioso furtar-se à necessidade de referir e inclusive submeter ao judiciário, que deverá, quando isto ocorrer, considerar tanto a possibilidade de sua existência, como a necessidade de a respeito deliberar, sem preconceito ou eventual restrição que interfira na solução que se der à hipótese.

Consiste ela em "[...] *sintonia, atração, simpatia e semelhança*. É uma relação que desperta a afinação, as igualdades, os sentimentos de afeto, de carinho e amizade entre os indivíduos.

Normalmente, a afinidade é definida quando há um *encontro de identidades ou personalidades semelhantes entre duas pessoas*, por exemplo.

Ter afinidade é ter sintonia com as mesmas ideias, gostos e sentimentos característicos de outra pessoa. Afinidade é uma base para um bom relacionamento.

A afinidade é a atração que flui entre as energias químicas dos corpos, é a popularmente chamada 'química do amor'",[24] do exposto sendo possível constatar a força que tem, sendo que a "química" mencionada independe do vínculo de sangue, surgindo exatamente entre aqueles que não o têm, disto resultando a "força" que possui, já referida!

Todavia e de acordo com *Âmbito Jurídico – O seu portal jurídico da internet,* "A legislação brasileira não prevê expressamente a tutela desse tipo de relação. Da mesma forma, sequer existem decisões judiciais manifestando-se sobre os interesses dos avós e netos por afinidade. Certamente, o Judiciário logo terá que enfrentar esta questão. Como vimos, somente há poucos dias foi publicada lei que permite o direito de visitação dos avós aos seus netos, muito tempo depois de a jurisprudência já estar consolidada neste sentido. Portanto, é preciso aguardar até que os conflitos envolvendo avós e netos por afinidade cheguem ao Poder Judiciário. A partir daí a jurisprudência irá se pronunciar sobre essa nova demanda de interesses no Direito de Família".

Conforme Marianna Chaves, "(...) não é um parentesco de segunda classe, como muitos classificam. Note-se que o parentesco pode advir de um fato da natureza, mas também pode ser oriundo de uma noção social, uma vez que a própria família é uma construção sociológica, onde as designações de parentesco não estão, necessariamente, relacionadas com os liames biológicos, posto que existem os pais biológicos, os adotivos e os socioafetivos.

Reafirmando esse entendimento, assevera Waldyr Grisard Filho que:

---

23. No mesmo local onde está esse trecho, consta, também: "Além disso, as novas relações familiares decorrentes de separações, divórcios, novos casamentos e uniões estáveis criam novos elementos na família, como os padrastos, as madrastas, os avódrastos e, até mesmo, os bisavósdrastos". Cf. em O princípio do afeto e a relação entre avós e netos por afinidade, 01.05.2013. Âmbito jurídico. O seu portal jurídico da internet. Consulta em 10.07.2020. Disponível em: [https://ambitojuridico.com.br/edicoes/revista-112/o-principio-do-afeto-e-a-relacao-entre-avos--e-netos-por-afinidade/#:~:text=Resumo%3A%20O%20artigo%20sustenta%20a,av%C3%B3s%20e%20netos%20por%20consang%C3%BCinidade].
24. Significado de afinidade, disponível em: [https://www.significados.com.br/afinidade/]. Acesso em: 13.07.2020.

Muito embora alguns autores não atribuam à afinidade um verdadeiro parentesco, que não ultrapassaria a menção de "membros da família" pela aliança estabelecida entre marido e esposa, esta noção estreita não vence o conteúdo socioafetivo das relações familiares, pelo que ao parentesco entre um dos cônjuges ou companheiro e os filhos do outro tributa-se um vínculo familiar pleno, pois tão natural (o afeto e os estados psíquicos daí derivados, as emoções, a assistência) quanto o vínculo sanguíneo".

Todavia e conforme a mesma Marianna Chaves, "É importante relembrar que a afinidade é de ordem pessoal e não se estende além dos limites determinados pela lei. Assim, os afins do casal não são afins entre si, "porque a afinidade não gera afinidade" Note-se que na linha reta, a afinidade não se extingue com a dissolução do matrimônio ou da união estável. A permanência deste vínculo ocorre para todos os efeitos legais, como impedimentos matrimoniais, por exemplo. Mas, *a priori*, não para os alimentos ou sucessão".[25]

Para os interessados, inclusive, recomenda-se a leitura ao artigo *A criança e o adolescente e o parentesco por afinidade nas famílias reconstituídas*, da já referida Marianna Chaves, publicado na internet em 12/2010 e consultado em 08.07.2020.

Na esteira do pontuado por Moura Bittencourt e valendo tanto para o caso da existência de parentesco, como para quando ele inexista, sempre sobrelevando o interesse dos netos, "[...] pode-se construir um raciocínio em favor dos avós", concernindo a situação por tal doutrinador mencionada em obra de sua autoria, na cirunstância em que se deu a separação dos pais, ficando a prole ou o filho sob a guarda de um dos genitores, apesar de que e como situa,

"Do lar, outrora unido, brotou o afeto dos avós e dos netos, que se separam, sobretudo quando o genro ou a nora é que leva consigo os filhos. Desse lar esfacelado nasceu uma situação inconveniente para os filhos, que se privam de um ambiente saudável. A compreensão e o respeito recíproco que os pais, ou pelo menos um deles, não souberam manter, precisam ser substituídos pelo exemplo de outro lar. *O mais próximo é o dos avós. Bem razoável, portanto, é que a companhia e a casa destes venham atenuar o vazio da vida dentimental que as crianças percebem e sofrem*" (o detaque é deste texto).

Continuando, acrescenta: "*A jurisprudência francesa, de longa data, mantém ... o direito de visita e de convívio dos netos com seus avós*. Quando, por circunstâncias peculiares à vida de quem está com as crianças (mudança de domicílio, por exemplo), a visita não se puder realizar, são aquelas remetidas para a casa dos avós, em período de férias ou em dias que não perturbem os compromissos escolares"[26] (destacou-se), *respeitado, assim, o direito que possuem de manter contato com eles, ressalvadas, como é lógico, hipóteses em que tal não seja aconselhável e apropriado, segundo os fatos que a tanto orientem.*

---

25. A criança e o adolescente e o parentesco por afinidade nas famílias reconstituídas. Disponível em: [https://jus.com.br/artigos/17987/a-crianca-e-o-adolescente-e-o-parentesco-por-afinidade-nas-familias-reconstituidas].
26. BITTENCOURT, Edgard de Moura. *Família...* 5. ed. Joaquim Macedo Bittencourt Netto; Antônio Carlos Mathias Coltro (Atual.). Campinas: Millenium, 2003. p. 208-209.

Na referência de Giovanna Ribeiro[27] em escrito intitulado *"Você sabe o que é 'Avosidade'?"* e embora o conceito do que consista a maternidade e a paternidade seja de todos conhecido, o mesmo inocorre quanto ao significado da citada expressão,[28] apesar do antes transcrito e a tal concernente.

Dessarte e em espaço diverso, adverte-se, a respeito:

"A avosidade é também um tema que transparece diversidade, intergeracionalidade. Acima de tudo, a avosidade é um encontro entre gerações, uma relação ainda sujeita a preconceitos, estereótipos, como aqueles que se referem ao ser mãe, pai, marido, esposa.

Em decorrência da longevidade, o papel de avô/avó será ocupado por um número cada vez maior de pessoas, aumentando, consequentemente, o número de bisavôs/ bisavós. Vivemos tempos modernos, tempos de novos arranjos familiares e, conforme citado por *Roudinesco*, arranjos da 'família em desordem'.

Tempos líquidos, nos quais novas estruturas se sobrepõem às milenares estruturas familiares: avô, avó, pai, mãe e irmãos e um único casamento. Hoje vivemos os modelos instantâneos, dissolvíveis: dois pais, duas mães, madrastas, padrastos, vários avós e meios irmãos, relações do hoje. Graças aos novos tempos e novos arranjos, surgem distintas possibilidades para o avô/avó, novas 'avosidades'"[29] (o destaque não é do original), pois, de acordo com a circunstância, embora assumindo a condição, *não têm os avós laço familiar justificador da condição referida*, advindo ela dos laços afetivos assumidos por eles e que acabam por propiciar a afinidade já mencionada e que sem dúvida motiva inclusive o surgimento do próprio amor entre os envolvidos.

A respeito e conforme Frederico Antônio Azevedo Ludwig: "[...] seria muito bem-vinda uma legislação própria sobre estas relações por afinidade, como na Argentina, onde já existe um projeto de lei para a proteção das relações envolvendo as 'famílias ensambladas'",[30] como chamam Cecilia P. Grosman e Marisa Herrera "a organização familiar que nasce de um matrimônio ou uma união onde um deles ou ambos têm filhos, existam ou não filhos em comum ou próprios do novo casal", citadas que são por Ludwig, no artigo indicado supra.

As mesmas doutrinadoras, segundo Ludwig, também no escrito citado e referindo a importância de se considerar a afinidade, mencionam, quanto a um projeto existente na Argentina: "[...] o certo é que um avanço na visibilidade da família reconstituída no corpo normativo civil seria um primeiro passo e fundamental, para aprofundar e observar a relevância de que também se amplie o reconhecimento à geração seguinte, aos avós afins.

---

27. Você sabe o que é "Avosidade"? Veja o site que celebra relação de avós e netos. Disponível em: [https://www.metrojornal.com.br/plus/2016/05/25/voce-o-que-e-avosidade-veja-o-site-que-celebra-relacao-avos-e-netos.html]. Acesso em: 08.07.2020.
28. Expressão de muitos desconhecida, como pôde constatar o autor deste artigo, inclusive junto a pessoas com as quais guarda amizade e proximidade, uma ou outra inclusive estranhando a palavra.
29. Portal do envelhecimento e longeviver, 09.12.2014. Disponível em: [https://www.portaldoenvelhecimento.com.br/avosidade-e-usada-como-tema-da-historia-das-marcas/]. Acesso em: 08.07.2020.
30. O princípio do afeto e a relação entre avós e netos por afinidade. Disponível em: [https://ambitojuridico.com.br/edicoes/revista-112/o-principio-do-afeto-e-a-relacao-entre-avos-e-netos-por-afinidade/]. Acesso em: 08.07.2020.

Em outras palavras, uma conquista normativa com a que aqui se propõe e se acompanha deixaria o terreno mais fértil para uma regulamentação expressa da relação entre avós e netos afins".

Outrossim e em escrito outro, indicam elas, no resumo introdutório ao texto, referindo-se inclusive aos avós e a demonstrar não só sua importância no relacionamento com os netos, como o que eventualmente possa lhes incumbir, conforme a situação existente.

Não se olvide, conforme adverte Sérgio Resende de Barros, que, "A relação entre avós e netos também pode trazer uma enorme carga de afeto, pois a convivência mais próxima dessas gerações, além da crescente longevidade adquirida pelos idosos nos últimos anos, tem proporcionado uma maior interação entre eles no âmbito familiar",[31] o que se dá inclusive quando se tratar de ligação em que inexista a ligação por consanguinidade, existindo, todavia, o vínculo da afinidade, já aludido e no qual e em determinadas situações, o afeto se manifesta com a mesma força ou até maior que a revelada no vínculo parental.

Ressalte-se, concretamente e como já lembrado, que,

"[...] sequer existem decisões judiciais manifestando-se sobre os interesses dos avós e netos por afinidade. Certamente, o Judiciário logo terá que enfrentar esta questão. Como vimos, somente há poucos dias foi publicada lei que permite o direito de visitação dos avós aos seus netos, muito tempo depois de a jurisprudência já estar consolidada neste sentido. Portanto, é preciso aguardar até que os conflitos envolvendo avós e netos por afinidade cheguem ao Poder Judiciário. A partir daí a jurisprudência irá se pronunciar sobre essa nova demanda de interesses no Direito de Família",[32] sem que se possa negar a realidade de tal situação e afirmar a necessidade de sobre ela se manifestar e positivamente, o judiciário, mesmo porque e como colocado uma vez mais por Marianna Chaves,[33] afirmando ela própria sobre existir parentesco por finidade e ressaltando que "[...] não um parentesco de segunda classe, como muitos classificam. Note-se que o parentesco pode advir de um fato da natureza, mas também pode ser oriundo de uma noção social, uma vez que a própria família é uma construção sociológica, onde as designações de parentesco não estão, necessariamente, relacionadas com os liames biológicos, posto que existem os pais biológicos, os adotivos e os socioafetivos".

À frente e na referida exposição, acrescenta ser "importante relembrar que a afinidade é de ordem pessoal e não se estende além dos limites determinados pela lei. Assim, os afins do casal não são afins entre si, 'porque a afinidade não gera afinidade'. Note-se que na linha reta, a afinidade não se extingue com a dissolução do matrimônio ou da união estável. A permanência desse vínculo ocorre para todos os efeitos legais, como impedimentos matrimoniais, por exemplo. Mas, *a priori*, não para os alimentos ou sucessão".

---

31. LUDWIG, Frederico Antônio Azevedo. *O princípio do afeto e a relação entre avós e netos por afinidade*. Disponível em: [https://ambitojuridico.com.br/edicoes/revista-112/o-principio-do-afeto-e-a-relacao-entre-avos-e--netos-por-afinidade/#:~:text=1%2D%20A%20RELA%C3%87%C3%83O%20ENTRE%20AV%C3%93S,entre%20eles%20no%20%C3%A2mbito%20familiar]. Acesso em: 13.07.2020.
32. O princípio do afeto e a relação entre avós e netos por afinidade. Disponível em: [https://ambitojuridico.com.br/edicoes/revista-112/o-principio-do-afeto-e-a-relacao-entre-avos-e-netos-por-afinidade/]. Acesso em: 13.07.2020.
33. A criança e o adolescente e o parentesco por afinidade nas famílias reconstituídas Disponível em: [https://jus.com.br/artigos/17987/a-crianca-e-o-adolescente-e-o-parentesco-por-afinidade-nas-familias-reconstituidas]. Acesso em: 13.07.2020.

Sobre a adoção por avós, consulte-se Rogério Tadeu Romano, em [https://jus.com.br/artigos/80093/a-possibilidade-de-adocao-dos-netos-pelos-avos].

Prosseguindo no quanto aqui se trata, acrescenta-se, que, ao se tornaram avós em 2012 e objetivando compartilhar informações, dúvidas e alegrias sobre o universo dos avós e netos, a publicitária Elisabete Junqueira e o jornalista Jorge Luiz de Souza, criaram o site *Avosidade*, ao constatar a própria inexistência de literatura a respeito de tal situação familiar.

De sua parte, a psicóloga Ana Ferraz[34] menciona, aludindo aos avós:

"Considerando que as novas gerações estão sujeitas ao mundo virtual cada vez mais precocemente, é preciso refletir sobre a sua influência na determinação de valores para as crianças. Os avós têm uma importante função junto aos pequenos. É o que constato a partir da fala de muitos pacientes, e da minha observação.

São os agentes do afeto,[35] esse elemento agregador da célula familiar. Item fundamental na construção dos laços que estabelecem com os demais e da consciência de si próprios. Transmitem seus valores que irão servir de base para esse sujeito que está em construção.

Como avó, sou encantada pelo meu neto. Esse ser pequenino que me mostra a continuidade de meus valores e costumes. E me ensina que a vida sempre recomeça".

Indicando a importância que a avosidade possui, acentua o texto:

"Nossos netos nos trazem a alegria de compartilhar momentos de ternura. E do saber que amealhamos ao longo da vida. Talvez ainda haja tempo de reverter a caminhada em direção ao isolamento e à solidão que a globalização nos legou.

Creio que os avós são, muitas vezes, como um antídoto para as doenças dos dias atuais. Enquanto os pais e as mães estão absorvidos pela urgência das demandas do trabalho, da construção de uma segurança financeira, os avós que têm o olhar voltado aos netos e suas necessidades",[36] em atitude representativa de puro cuidado, como valor humano que acabou adquirindo outra e ampla feição e sobre a qual passaram a discorrer doutrinadores[37] e pretórios,[38] quanto aos primeiros em coleção instaurada a partir de

---

34. FERRAZ, Ana. As novas famílias em tempos virtuais. Disponível em: [https://avosidade.com.br/novas-familias--em-tempos-virtuais/]. Acesso em: 08.07.2020.
35. Interessante relevar, segundo o site [https://www.bonde.com.br/comportamento/comportamento/relacao-entre-avos-e-netos-traz-beneficios-para-todos-entenda-393054.html], ""O relacionamento entre avó e neto é determinante para um ambiente familiar agradável. Ambos saem ganhando com o bom convívio. Essa relação é capaz de proporcionar uma troca muito importante: avós proporcionam aos seus netos o contato com gerações e culturas passadas, isso soma para educação que os pais dão a seus filhos", diz Mariangela Mantovani, psicóloga de São Paulo. "Já os netos proporcionam aos avós a oportunidade de se atualizarem, levando as novas informações para casa. Isso gera um grande afeto entre eles, aumentando o amor em grande proporção", completa. Acesso em: 08.07.2020.
36. FERRAZ, Ana. As novas famílias em tempos virtuais. Disponível em: [https://avosidade.com.br/novas-familias--em-tempos-virtuais/]. Acesso em: 13.07.2020.
37. "A jurisprudência francesa, de longa data, mantém, como se viu, o direito de visita e de convívio dos netos com seus avós. Quando, por circunstâncias peculiares à vida de quem está com as crianças (mudança de domicílio, por exemplo), a visita não se puder realizar, são aquelas remetidas para a casa dos avós, em período de férias ou em dias que não perturbem os compromissos escolares", como escrito por Edgard de Moura Bittencourt, na obra Família, já referida, p. 209.
38. O abandono afetivo decorrente da omissão do genitor no dever de cuidar da prole constitui elemento suficiente para caracterizar dano moral compensável. Isso porque o *non facere* que atinge um bem juridicamente tutelado,

iniciativa da jurista e professora Tânia da Silva Pereira e tendo como mote fundamental justamente o tal princípio correspondente, analisado, na coleção, sob ótica diversificada e sem olvidar o nítido e imprescindível envolvimento que possui com a própria afetividade, invocando a citada doutrinadora, no prefácio ao primeiro de tais volumes, a palavra de Lya Luft, para a qual, "Quem ama cuida; cuida de si mesmo, da família, da comunidade, do país – pode ser difícil, mas é de uma assustadora simplicidade e não vejo outro caminho".[39]

Aliás e segundo consta na Enciclopédia/Dicionário de Psicologia e Neurociências, vocábulo Abuelity,

"Embora o papel familiar do vovô tenha recebido pouca atenção até muito pouco tempo atrás, há um amplo acordo sobre o impacto muito importante que os avós têm na educação dos netos, mesmo que eles já sejam adultos. Pode-se destacar entre os elementos vantajosos que os avós têm para que os netos sejam guia e conselheiro, transmitam conhecimentos e valores ou deem uma sensação de patrimônio familiar e estabilidade. Os avós dão ajuda vital a todos os níveis: econômico, emocional... Cuidado. Eles sabem como perceber seus netos e os ouvem em questões relevantes".

A relação avó-avô-neto tem a ver com a circunstância do afeto relativamente ao ente familiar, ressaltando Renata Cristina Othon Lacerda de Andrade, que, "A valorização do afeto se dá exatamente a partir do momento em que se reconhece a decadência de um modelo único e exclusivo de família, rigidamente moldado pela sociedade do fim do século XIX e que durou até meados do século XX. Essa ruptura de paradigma impulsionou a construção de variados arranjos familiares, a que se denominou entidades familiares",[40]

---

no caso, o necessário dever de cuidado (dever de criação, educação e companhia), importa em vulneração da imposição legal, gerando a possibilidade de pleitear compensação por danos morais por abandono afetivo. Consignou-se que não há restrições legais à aplicação das regras relativas à responsabilidade civil e ao consequente dever de indenizar no Direito de Família e que o cuidado como valor jurídico objetivo está incorporado no ordenamento pátrio não com essa expressão, mas com locuções e termos que manifestam suas diversas concepções, como se vê no art. 227 da CF. O descumprimento comprovado da imposição legal de cuidar da prole acarreta o reconhecimento da ocorrência de ilicitude civil sob a forma de omissão. É que, tanto pela concepção quanto pela adoção, os pais assumem obrigações jurídicas em relação à sua prole que ultrapassam aquelas chamadas *necessarium vitae*. É consabido que, além do básico para a sua manutenção (alimento, abrigo e saúde), o ser humano precisa de outros elementos imateriais, igualmente necessários para a formação adequada (educação, lazer, regras de conduta etc.). O cuidado, vislumbrado em suas diversas manifestações psicológicas, é um fator indispensável à criação e à formação de um adulto que tenha integridade física e psicológica, capaz de conviver em sociedade, respeitando seus limites, buscando seus direitos, exercendo plenamente sua cidadania. A Min. Relatora salientou que, na hipótese, não se discute o amar – que é uma faculdade – mas sim a imposição biológica e constitucional de cuidar, que é dever jurídico, corolário da liberdade das pessoas de gerar ou adotar filhos. Ressaltou que os sentimentos de mágoa e tristeza causados pela negligência paterna e o tratamento como filha de segunda classe, que a recorrida levará *ad perpetuam*, é perfeitamente apreensível e exsurgem das omissões do pai (recorrente) no exercício de seu dever de cuidado em relação à filha e também de suas ações que privilegiaram parte de sua prole em detrimento dela, caracterizando o dano *in re ipsa* e traduzindo-se, assim, em causa eficiente à compensação. Com essas e outras considerações, a Turma, ao prosseguir o julgamento, por maioria, deu parcial provimento ao recurso apenas para reduzir o valor da compensação por danos morais de R$ 415 mil para R$ 200 mil, corrigido desde a data do julgamento realizado pelo tribunal de origem. REsp 1.159.242-SP, Rel. Min. Nancy Andrighi, julgado em 24.04.2012.

39. PEREIRA, Tânia da Silva; OLIVEIRA, Guilherme de (Coord.). *O cuidado como valor jurídico*. Rio de Janeiro: Forense, 2008. p. XII
40. A afetividade em perspectiva: entre o afeto e o cuidado. Jus.com.br. Disponível em: [https://jus.com.br/artigos/75574/a-afetividade-em-perspectiva-entre-o-afeto-e-o-cuidado/2]. Acesso em: 08.07.2020.

cuja diversidade efetivamente vem-se apresentando e poderá, futuramente, manifestar situações outras, muito possivelmente.

Para Frederico Antônio Azevedo Ludwig, "A relação entre avós e netos também pode trazer uma enorme carga de afeto, pois a convivência mais próxima dessas gerações, além da crescente longevidade adquirida pelos idosos nos últimos anos, tem proporcionado uma maior interação entre eles no âmbito familiar.

Essas transformações nas relações familiares causam mudanças estruturais na sociedade, considerando a importância da família como organização de referência na construção de uma identidade social".[41]

Conforme Deise Maria L. Fernandes Mendes e Luciana Fontes Pessôa, "A afetividade e a emoção são consideradas dimensões essenciais dos cuidados parentais, com reflexos no desenvolvimento infantil através das práticas adotadas no cotidiano, das crenças parentais e das expectativas que norteiam a forma de se criar e educar a criança".[42]

Não se pode desconsiderar, ainda e pela importância que em muitas situações manifesta, a afinidade, já que, "[...] muitas vezes se verifica que em relações unicamente de afeto se estabelecem *vínculos muito mais profundos do que em relações familiares, onde existe uma consanguinidade.*

A razão disso talvez esteja no fato de que os vínculos de afinidade sejam determinados por relações voluntárias e verdadeiras, sem a obrigatoriedade que se impõe nas relações entre parentes de sangue, quando os relacionamentos podem ser forçados, mesmo que não existam os sentimentos que aproximam as pessoas".[43] (destacou-se).

Essa afinidade pode ocorrer quanto a variados aspectos da situação familiar e envolvendo diversos de seus participantes, como nos casos de filhos de apenas um dos membros do casal, mas que mantém com o outro uma ligação intensa e recheada de afeto, sendo aqui citada inclusive quanto à ligação entre avós e netos e que também pode ter como base a mesma condição, inclusive por situar-se ela própria na moldura do bem querer, havendo estreita ligação entre tais circunstâncias.

Em verdade e como já corretamente asseverado, "[...] é importante manter a relação entre avós e netos, seja por laços de consanguinidade, seja por laços de afinidade",[44] como em determinados casos ocorre.

Afinal e segundo citado no texto a que se refere a nota de rodapé sob n. 28 deste artigo,

"A relação que nasce entre avós e netos, é terna, infinita e, mesmo que não tenha sido opcional assumir tal papel, não há como negar que é um bem-querer que vai além da vida, onde suas sábias palavras e experiências de vida – nem sempre bem-vindas,

---

41. O princípio do afeto e a relação entre avós e netos por afinidade. 01.05.2013. Disponível em: [https://ambitojuridico.com.br/edicoes/revista-112/o-principio-do-afeto-e-a-relacao-entre-avos-e-netos-por-afinidade/]. Acesso em: 08.07.2020.
42. Comunicação afetiva nos cuidados parentais. Psicol. estud. v. 18. n. 1 Maringá Jan./Mar. 2013. Disponível em: [https://doi.org/10.1590/S1413-73722013000100003]. Acesso em: 13.07.2020.
43. O princípio do afeto..., ref.
44. Idem nota 25.

mas verdadeiras – servirão como um ponto de referência, essencial e indispensável para toda a família".[45]

De acordo com o mesmo texto, ademais, "Os avós são pessoas ligadas a nós através de laços consanguíneos, pois são os pais dos nossos pais. Assim, cada pessoa tem quatro avós, sendo uma avó e um avô paterno e uma avó e um avô materno".

Demais disso, "A relação entre avós e netos, como já expusemos, estabelece vínculos diferenciados, não podendo ser confundida com a relação entre pais e filhos.

Nesses casos, parece que a obrigação de educar as crianças e adolescentes acaba inibindo os pais de demonstrarem mais abertamente o seu afeto pelos filhos. De modo diverso, os avós não têm esse compromisso com os netos, o que lhes permite manter um relacionamento muito mais próximo e afetuoso".[46]

Entretanto, cuida-se de condição que pode decorrer da *afinidade*, também, como se dá nos casos em que uma pessoa que já tenha netos se una a outra, circunstância na qual pode surgir o vínculo baseado em entendimento dessa natureza, entre a última e eles, passando a sentir-se como sua avó ou seu avô por afinidade, por conta da ligação afetiva e a empatia que surja entre eles e cria um parentesco por afinidade.

Aliás e na esteira do referido em trabalho no qual se objetivou estabelecer o conceito da afinidade, termo advindo de *affinĭtas* e que "[...] chegou à nossa língua sob a designação afinidade", observa-se cuidar "[...] de um parentesco de tipo político: não há consanguinidade entre os parentes".[47]

Acrescentando-se, cabe observar, sob o aspecto gramatical, que, "O termo avós, é oriundo do acusativo latino 'avos', plural de 'avus', avô e 'avia', avó. A razão para o feminino avó possuir a vogal "o" é porque o termo é derivado do diminutivo baixo-latino 'aviola' e não do nominativo oficial 'avia'".[48]

Quanto às alterações pelas quais tem passado a sociedade, no concernente à moldura e conteúdo do ente familiar – e não são poucas e extremamente inovadoras, até porque segundo Oliver Holmes, um dos maiores juízes da Suprema Corte Norte-Americana, "A mente do homem, uma vez ampliada por uma nova ideia, jamais retorna à sua dimensão original",[49] o que se não pode negar, como a própria história da civilização o vem confirmando, especialmente no que toca ao espectro da família e em como ela se caracteriza.

Como escrito por Erika de Cordeiro Albuquerque dos Santos Silva Lima, em *Entidades familiares: uma análise da evolução do conceito de família no Brasil na doutrina e na jurisprudência*, de oportuna alusão,

---

45. Blog do Poliglota. 26.07.2016. Disponível em: [https://blogdopoliglota.com.br/2016/07/26/avos-e-netos-uma--relacao-de-infinito-afeto/]. Acesso em: 08.07.2020.
46. Âmbito Jurídico – O seu portal jurídico na internet, O princípio do afeto e a relação entre avós e netos por afinidade. Acesso em: 08.07.2020. Disponível em: [https://ambitojuridico.com.br/edicoes/revista-112/o-principio-do-afeto-e-a-relacao-entre-avos-e-netos-por-afinidade/].
47. Conceito de afinidade. Disponível em: [https://conceito.de/afinidade], onde constam ambas as referências acima constantes. Acesso em: 13.07.2020.
48. A sorte de quem ainda tem seus avós, constando apenas Dri, 3 meses ago 6. Disponível em: [https://unebrasil.org/2020/02/19/a-sorte-de-quem-ainda-tem-seus-avos/]. Acesso em: 08.07.2020.
49. Disponível em: [https://www.pensador.com/frase/MTQw/]. Acesso em: 13.07.2020.

"A família é um dos conceitos jurídicos que mais sofreu alterações nos últimos anos, fruto do influxo de diferentes perspectivas sobre as transformações verificadas nos valores e práticas sociais no período que vai do último quarto do século XX ao início do século XXI. Desde a concepção tradicional, que pressupunha o casamento para a formação da entidade familiar, até a moderna noção de família unipessoal, passando pela união estável, pela família monoparental e pela chamada família anaparental, diversas são as realidades sociais a demandar a qualificação de família, de sorte a atrair a proteção jurídica respectiva",[50] referindo-se, aqui e em rodapé de página, situações outras.

Aliás, no posfácio preparado para a obra *O cuidado como valor jurídico, seu também coordenador*, Guilherme de Oliveira, da Universidade de Coimbra, após referir as mudanças que se têm visto em setores variados da vida e que menciona, pondera interessar, "[...] que, ao lado das eternas preocupações jurídicas com o patrimônio, a produção e o consumo – com o dinheiro, em geral – surge mais nítido um Direito atento às pessoas, na sua intimidade, na sua fragilidade, afinal", concluindo, após outras considerações: "Tudo isto, enfim, coloca as Pessoas cada vez mais no centro das preocupações dos sistemas jurídicos",[51] reportando-se, adiante, à circunstância de impor-se cada vez mais o *philosophare*, "[...] com a pretensão de dar um sentido à vida ou, para os menos exigentes, com o propósito modesto de encontrar os caminhos que nos permitam ir vivendo em paz, uns com os outros".[52]

A respeito, inclusive e na advertência de Giselda Hironaka, "[...] não se inicia qualquer locução a respeito de família se não se lembrar, *a priori*, que ela é uma entidade histórica, ancestral como a história, interligada com os rumos e desvios da história ela mesma, mutável na exata medida em que mudam as estruturas e a arquitetura da própria história através dos tempos. Sabe-se, enfim, que a família é, por assim dizer, a história, e que a história da família se confunde com a história da própria humanidade".[53]

Note-se, em acréscimo, o fato de o afeto ter passado a merecer a imprescindível consideração no tocante à família, constatando-se, inclusive, "[...] que em relações unicamente de afeto se estabelecem vínculos muito mais profundos do que em relações familiares, onde existe uma consanguinidade.

A razão disso talvez esteja no fato de que os vínculos de afinidade sejam determinados por relações voluntárias e verdadeiras, sem a obrigatoriedade que se impõe nas relações entre parentes de sangue, quando os relacionamentos podem ser forçados, mesmo que não existam os sentimentos que aproximam as pessoas",[54] segundo Frederico Antônio Azeredo Ludqwig.

---

50. Disponível em: [https://jus.com.br/artigos/64933/entidades-familiares-uma-analise-da-evolucao-do-conceito-de-familia-no-brasil-na-doutrina-e-na-jurisprudencia]. Acesso em: 13.07.2020.
51. Posfácio de O cuidado como valor jurídico cit., p. 395.
52. Op. cit. nota 4, p. 396.
53. Família e casamento em evolução. *Revista Brasileiro de Direito de Família*, IBDFAM, Síntese, n. 1, p. 7.
    Conforme citado pela autora referida e no mesmo trabalho, "A essência do bom casamento é o respeito recíproco pela personalidade, combinado com aquela profunda intimidade, física, mental e espiritual, que faz do amor sério entre o homem e a mulher a mais frutífera de todas as aventuras humanas. Esse amor, como tudo que é grande e precioso, exige sua própria moral, e frequentemente acarreta um sacrifício do menor ao maior; porém esse sacrifício deve ser voluntário porque, quando não é, destrói a própria base do amor pelo qual é feito."
54. O princípio do afeto e a relação entre avós... cit. Acesso em: 13.07.2020.

No concernente ao expendido e no tocante ao tema objeto deste escrito e pertinente aos avós, Kelly Lins Beserra Pinto; Alessandra da Rocha Arrais e Katia Cristina Tarouquella Rodrigues Brasil Arrais,[55] consideram:

"Estudos apontam que, com os novos arranjos, a composição das famílias brasileiras *ganhou força expressiva dos idosos* (Debert & Simões, 2006; Dias, 1994; Goldfarb & Lopes, 2006, Lima, de Moraes & Augusto Filho, 2008). Diante do aumento da longevidade os idosos passaram não só a conviver mais tempo com seus descendentes, bem como passaram a exercer diferentes papéis na dinâmica familiar e a velhice passou a ocupar um novo lugar. Apesar da ideia de exclusão e de fragilidade associadas à velhice, além do apoio financeiro, o idoso pode ser uma figura de referência parental tanto para seus filhos como para seus netos (Oliveira, 2011)" (não há o destaque acima, no original).

Assim, "Para conviver com as gerações mais novas, os avós desenvolveram estratégias relacionais de convivência com outras gerações, entre elas, a abertura para novas experiências. Diante das particularidades da dinâmica familiar, alguns avós desempenharam a função de cuidadores, prestando apoio afetivo e financeiro à rede familiar, enquanto outros assumiram a função paterna ou materna somando os papéis de avós e pais dos netos (Oliveira, 2011; Vitale, 2008)".[56]

Para Fábio Ancona Lopes, mesmo citando só as avós, mas valendo-se de considerações aplicáveis também aos avôs, por conta de, como será visto no curso do trabalho, o sentimento que envolve relação tal acabar, normalmente, por ter similar identidade, por fundado no afeto, amor, bem querer ou circunstância equivalente, mas com igual intensidade e interesse, ainda que eventualmente o neto ou neta possa ser mais ligado ao avô ou à avó, sem isso interferir negativamente no vínculo que se forma entre o trio.

Retornando ao aduzido ainda por Ancona Lopes e como ele próprio enuncia e tem-se como apropriado referir, confirmando a circunstância afetiva própria a tanto, que,

"Casa de avó é recanto de carinho, muito carinho. A ideia é praticamente um consenso para a maioria das pessoas. Entretanto, o que pouca gente sabe é que os cuidados e a atenção das vovós podem ter sido muito mais importantes do que se imagina. Pesquisadores da Universidade de Utah, nos Estados Unidos, pesquisam na tentativa de comprovar a 'hipótese da avó'. É uma teoria existente desde 1997. Esta teoria defende que foi a presença das avós nas famílias que proporcionou uma situação favorável para que os seres humanos vivessem mais tempo do que os demais primatas.

'A função social da avó foi o primeiro passo para que nos tornássemos o que somos hoje', defende a antropóloga Kristen Hawkes,[57] uma das cientistas que propôs a tese há 15 anos.

---

55. Avosidade x maternidade: a avó como suporte parental na adolescência. Disponível em: [https://www.scielo.br/scielo.php?script=sci_arttext&pid=S1413-82712014000100005&lng=pt&nrm=iso&tlng=pt]. Acesso em: 07.07.2020.
56. Avosidade x maternidade: a avó como suporte parental na adolescência. Disponível em: [https://www.researchgate.net/publication/269599388_Avosidade_x_maternidade_a_avo_como_suporte_parental_na_adolescencia] cons. na data por último referida, nota supra.
57. Para os que se interessarem em aprofundar o estudo a respeito, remete o autor ao artigo de Luiza Fletcher, O papel das avós na evolução humana é incontestável e a ciência confirma. Disponível em: [https://osegredo.com.br/o-papel-das-avos-na-evolucao-humana-e-incontestavel-e-a-ciencia-confirma/]. Acesso em: 13.07.2020.

De acordo com ela, o fato de adicionar os cuidados das avós ao grupo familiar foi o determinante para que a espécie humana conseguisse chegar ao tempo de vida humano atual.

Para se ter ideia da importância disso devemos pensar que, entre os primatas, as fêmeas de chimpanzés sobrevivem apenas mais 15 ou 16 anos após o início do período fértil (que acontece aos 13 anos). E as mulheres podem viver mais 60 anos após essa etapa, iniciada em torno dos 19 anos".[58]

Objetivamente considerando e como refere, "[...] a avó nos ajudou a desenvolver 'toda uma gama de capacidades sociais que são a base para a evolução de outras características distintamente humanas, incluindo a união de pares, cérebros maiores, aprendendo novas habilidades e nossa tendência para a cooperação'.

Hawkes trabalhou ao lado de Peter Kim, um biólogo matemático da Universidade de Sydney, e também de James Coxworth, um antropólogo de Utah. Juntos, eles prepararam simulações de computador para fornecer evidências matemáticas da hipótese da avó".[59]

Sobre a teoria referida e de que trata Hawkes, mencione-se vir sendo discutida por outros pesquisadores, podendo-se indicar, pelo interesse e para os curiosos, o exposto por Camilo Rocha, sob o título *Por que avós têm papel central na evolução humana, segundo estas pesquisas*,60 inclusive aludindo ao fato de o biólogo George C. Williams61 ter sido um pioneiro quanto à já citada hipótese da avó e isso em 1966, anteriormente, portanto.

Nesse passo, cabe aludir à origem do termo avosidade e seu significado, sendo possível constatar, em Arrais, o seguinte:[62]

"A literatura aponta (Berger, 2003; Goldfarb & Lopes, 2006) que a modificação no papel dos idosos no contexto familiar e social provocou uma crise de identidade na avosidade. A definição desse termo difundiu-se com os estudos de Paulina Redler, no ano de 1977, sobre psicogerontologia. Estes sugeriam ampliação da visão biológica para

---

58. ANCONA, Fabio. A importância das avós para as famílias. Disponível em: [https://avosidade.com.br/dr-fabio-ancona-importancia-das-avos-para-as-familias/]. Acesso em: 13.07.2020.
59. As avós desempenharam um papel crucial na evolução humana. Controvérsia. Disponível em: [https://controversia.com.br/2020/01/14/as-avos-desempenharam-um-papel-crucial-na-evolucao-humana/]. Acesso em: 13.07.2020.
60 Disponível em: [https://www.nexojornal.com.br/expresso/2018/06/14/Por-que-avós-têm-papel-central-na-evolução-humana-segundo-estas-pesquisas]. Acesso em: 13.07.2020.
61 "Williams' 1957 papel *Pleiotropia, a seleção natural e a evolução da senescência* é um dos mais influentes na biologia evolutiva do século 20, e contém pelo menos três ideias fundamentais. A hipótese central da pleiotropia antagônica continua a ser a explicação evolutiva predominante de senescência. Neste papel Williams também foi o primeiro a propor que a senescência deve ser geralmente sincronizada por selecção natural . De acordo com esta formulação original se os efeitos adversos génicos apareceu mais cedo em um sistema do que qualquer outro, que iriam ser removidos por selecção do sistema que mais facilmente do que de qualquer outro. Em outras palavras, a seleção natural será sempre em maior oposição ao declínio do sistema mais senescência propensas.

    Este conceito importante de sincronia de senescência foi levado para cima, pouco tempo depois por John Maynard Smith, e a origem da ideia é muitas vezes mal atribuída a ele, incluindo em seu obituário no jornal, Nature . Este documento também contém o primeiro esquema básico da chamada " hipótese da avó ", que afirma que a seleção natural pode selecionar para a menopausa e pós-reprodutiva da vida em mulheres, embora Williams não menciona explicitamente netos ou a aptidão inclusiva contribuição de *grandparenting*". Disponível em: [https://pt.qwe.wiki/wiki/George_C._Williams_(biologist]. Acesso em: 13.07.2020.
62. *Avosidade x maternidade: a avó como suporte parental na adolescência*, Kelly Lins Beserra Pinto; Alessandra da Rocha Arrais; Katia Cristina Tarouquella Rodrigues Brasil, Universidade Católica de Brasília, Brasília, Brasil, Disponível em: [https://www.scielo.br/scielo.php?script=sci_arttext&pid=S1413-82712014000100005]. Acesso em: 23.07.2020.

além da idade cronológica ao realçar os laços de parentesco que exigem do idoso a reestruturação psíquica ao ocupar um novo *status* pessoal, psíquico, familiar e social: ser avô/avó (Pedrosa 2006). Contudo, para Goldfarb e Lopes (2006), *o que definirá a avosidade não será a idade cronológica ou o papel social, mas a possibilidade de transmitir as funções materna e paterna para as próximas gerações.* Tornar-se avô requer uma elaboração do próprio papel como filho e pai, pois o nascimento de um neto exige uma reorganização psíquica. Agora, ele ocupará um novo lugar, será preciso demarcar os limites entre ser avô e pai para passar pelo processo de individuação na estrutura familiar. A chegada de um neto para a mulher de meia-idade pode oferecer uma nova oportunidade para viver a experiência da maternidade, em forma de autorrealização emocional, mas também pode provocar desconforto e desapontamento colocando-a em confronto com a realidade, forçando-a a pensar na idade e na proximidade da morte (Dias, 1994). Apesar disso, ser avó na contemporaneidade aponta para novas posições nas relações na família e no contexto social. Rodrigues e Justo (2009) chamam atenção para os novos papéis desempenhados pelas avós, que podem ser ao mesmo tempo mães e avós zelosas, mas também mulheres maduras, sedutoras e ativas" (o destacado não é do original).

Advirta-se, com Camilo Rocha, que,

"As avós têm um papel especial na perpetuação da espécie humana desde a época em que éramos caçadores-coletores. Na contramão da ideia tradicional dos homens como 'provedores' da comunidade, mulheres pesquisadoras vêm propondo uma outra visão nas últimas décadas.

O biólogo evolutivo americano George C. Williams foi um pioneiro da teoria conhecida como 'hipótese da avó', em 1966. A hipótese tenta entender por que fêmeas humanas vivem muitos anos depois do fim de sua capacidade de reprodução.

A teoria ganhou força com as pesquisas da antropóloga americana Kristen Hawkes, iniciadas na década de 1980. Hawkes, da Universidade de Utah, nos Estados Unidos, estudou grupos de caçadores-coletores como os Hadza, da Tanzânia, e os Aché, do Paraguai".[63]

Aliás e em local outro pode-se constatar, sob o título Avosidade: *Uma Ótima Maneira de Reinventar a Vida. Confira!* segundo consta de Roberta Almeida, a observação seguinte: "[...] resolvi fazer este texto para que possamos refletir sobre o papel dos avós na nossa sociedade, a chamada avosidade. Uma palavra desconhecida e um tanto difícil mas vivida no dia a dia por quem tem avós e sabe a delícia de ser cuidado por eles".[64]

Podem alguns argumentar que a experiência com a maternidade ou a paternidade facilitaria a condição da avosidade, o que, todavia, não deve ser considerado sem argumento outro e que fortaleça a conclusão.

De acordo com a citada Elisabete Junqueira, ela própria avó de cinco netos, o relacionamento com eles é diferenciado daquele mantido com os filhos, pois,

---

63. *Por que avós têm papel central na evolução humana, segundo estas pesquisas*, 14 de jun. de 2018 (atualizado 14.06.2018 às 19h23). Consulta em 23.07.2020.
64. Disponível em: [https://opsicologoonline.com.br/avosidade/].

"O amor é completamente diferente. Na criação dos filhos existe uma doação, são tarefas que temos que cumprir e resolver. Já com os netos há um outro encantamento, é uma recompensa prazerosa, mas devemos sempre nos lembrar que os pais são os protagonistas e nós somos coadjuvantes. É importante também quebrar o tabu de que o avô estraga o neto", aludindo à circunstância de que os avós modernos também encontram desafios da nova geração, pois, "Esta é a primeira geração de avós separados. Até a geração da minha mãe era comum ter mais netos que avós. Hoje, é comum um neto ter quatro avós. A mãe de agora é mais tardia, mais informada e também menos instintiva. Ao mesmo tempo, os avós são mais ativos, cheios de vida e saúde".[65]

Conforme Elizabeth Monteiro,

"A avosidade é uma função que está diretamente ligada à paternidade e à maternidade, porque geralmente os avós ficam presos à infância dos netos quando os seu filhos crescem", porquanto, "Os avós são a força do passado que se transforma em sabedoria. Transmitem os conhecimentos adquiridos das gerações anteriores, assim como a cultura e as tradições familiares".[66]

Como observa no mesmo escrito,

"Bons avós, conscientes de seus papéis, servem de porto seguro aos netos, principalmente quando as famílias se desestruturam. O que vemos hoje é que o que os pais das gerações passadas faziam não serve mais para a atual geração. Os novos pais ainda buscam um modelo novo e estão muito perdidos em seus papéis", nos novos modelos de família não tão longe surgidos, ressalta-se.

Especialmente quando ocorre a separação entre os pais, não conseguindo manter a vida em comum e do até aqui mencionado e que é pouco, torna-se possível inferir a importância que a avosidade assume e as circunstâncias em que pode ser considerada, refere a mesma Elizabeth Monteiro, no documento já referido e a relevar o fato, o seguinte:

"As crianças de hoje sofrem da chamada ansiedade antecipatória. Os pais, geralmente estão ausentes ou ligados às redes sociais. Restam os avós. A presença sábia, constante, firme e amorosa dos avós pode garantir às crianças o apaziguamento de suas angústias. Os avós são sábios porque sabem escutar. Geralmente os pais modernos não têm tempo de ouvir os filhos. Preferem julgá-los e rotulá-los. Os avós aprenderam a ouvir, sabem conversar, orientar e principalmente aceitar as dificuldades da criança que está à sua frente".

Outrossim e como referido por Cecilia P. Grosman e Marisa Herrera, em comentário a respeito do assunto,

"Este trabalho busca aprofundar as principais relações jurídicas que são tecidas na velhice e no direito de família. Basicamente, o ponto de intersecção entre os dois espaços temáticos gira em torno da figura dos avós e dos diferentes papéis e relações jurídicas que nascem com os outros membros de uma família. Nesse contexto, serão abordadas questões relativas aos avós como cuidadores de seus netos, sejam aqueles que permanecem encarregados deles temporariamente e definitivamente através das figuras da tutela,

---

65. Art. cit. n. 1, mmo. loc.
66. MONTEIRO, Elizabeth. É preciso quebrar a corrente de conflitos familiares Disponível em: [https://avosidade.com.br/e-preciso-quebrar-a-corrente-de-conflitos-familiares/]. Acesso em: 13.07.2020.

tutela ou acolhimento de acordo com a complexidade da situação familiar em causa; sendo um dos conflitos gerados o disjuntivo sobre a substituição ou complementaridade dos avós no campo da responsabilidade parental que os pais possuem".[67]

Como de muito invocado pelo mesmo Moura Bittencourt, comentando a importância da figura dos avós em relação aos netos e aludindo a julgado de nossa Suprema Corte,

"[...] Constitui princípio fundamental – registra o julgado de 18 de agosto de 1944, relatado pelo Ministro Barros Barreto – sem qualquer desrespeito aos direitos paternos, a manutenção de relações de amizade e de um certo intercâmbio espiritual entre uma avó e sua neta menor, sendo odiosa e injusta qualquer oposição paterna, sem estar fundada em motivos sérios e graves; assim, constitui abuso do pátrio poder o impedimento, direto ou indireto, a que a ascendente mantenha estritas relações de visita com sua neta, procurando apagar nesta todo os vestígios de sentimentos pelos componentes da família de sua falecida mãe".[68]

Em escrito diverso e sob o título *Criando filhos em tempos difíceis*, retomando aspecto a que já aludira no comentário antes citado, coloca Elizabeth Monteiro:

"Avós sábios sabem dar bons conselhos, mas também entendem quando chega a hora de se calar. Quando se fala demais, perde-se o respeito do outro e se corre o risco de invadir a vida desse outro. Conheço avós que, embora sábios, infelizmente usam o saber como forma de força, controle e poder. E assim transformam os momentos de encontro em desencontros e em discussões improdutivas".[69]

Em verdade,

"As relações dos netos com seus avós constituem uma linha de investigação na qual se torna necessário abordar perspectiva bidirecional e interativa, pois cada questão que se discute depende da interação de ambas perspectivas. A importância da mutualidade da relação entre avós e netos foi reconhecida sobretudo durante a década de 80 e, desde então, o interesse sobre a avosidade cresceu consideravelmente. Dentre os fatores que contribuíram para esta situação, está o aumento na expectativa de vida, o que tem levado a maior tempo de permanência dos indivíduos na função de avós".[70]

Segundo novamente Fábio Ancona Lopes,[71] "'Pesquisadores da Universidade de Utah, nos Estados Unidos, pesquisam na tentativa de comprovar a hipótese da avó'". É uma teoria existente desde 1997. Essa teoria defende que foi a presença das avós nas famílias que proporcionou uma situação favorável para que os seres humanos vivessem mais tempo do que os demais primatas.

---

67. Uma Intersecção Complexa: Anthyure, Abuelity e Direito de Família (Uma Dura Intersecção: Idosos, Avós e Direito de Família), Oñati Socio-Legal Series, v. 1, n. 8, 2011.
68. Família... cit., p. 209.
69. Disponível em: [https://avosidade.com.br/e-preciso-quebrar-a-corrente-de-conflitos-familiares/] cit. Acesso em: 13.07.2020.
70. Oliveira, Alessandra Ribeiro Ventura; VIANNA, Lucy Gomes; Cárdenas, Carmen Jansen de. Avosidade: visões de avós e de seus netos no período da infância. *Rev. Bras. Geriatr. Gerontol.*, Rio de Janeiro, 2010; 13(3):461-474. Disponível em: [file:///C:/Users/AntonioCarlos/AppData/Local/Packages/Microsoft.MicrosoftEdge_8wekyb-3d8bbwe/TempState/Downloads/Avosidade_visoes_de_avos_e_de_seus_netos_no_period%20(1).pdf]. Acesso em:13.07.2020.
71. Dr. Fabio Ancona: a importância das avós para as famílias. Disponível em: [https://www.revistaprosaversoearte.com/a-importancia-das-avos-para-as-familias-dr-fabio-ancona/]. Acesso em: 13.07.2020.

'A função social da avó foi o primeiro passo para que nos tornássemos o que somos hoje', defende a antropóloga Kristen Hawkes, uma das cientistas que propôs a tese há 15 anos.

De acordo com ela, o fato de adicionar os cuidados das avós ao grupo familiar foi o determinante para que a espécie humana conseguisse chegar ao tempo de vida atual.

Para se ter ideia da importância desse fato devemos pensar que, entre os primatas, as fêmeas de chimpanzés sobrevivem apenas mais 15 ou 16 anos após o início do período fértil (que acontece aos 13 anos). E as mulheres podem viver mais 60 anos após essa etapa, iniciada em torno dos 19 anos".

Adiante, pondera:

"De acordo com esta teoria, historicamente o aumento na expectativa de vida foi possível porque as matriarcas, a partir de um determinado ponto ainda impreciso no tempo, começaram a ajudar a alimentar os netos após o desmame.

Isso aliviou as mães, que puderam, então, interromper o aleitamento mais cedo e terem mais filhos em intervalos menores.

Quando os nossos ancestrais ainda viviam na floresta, após o desmame, os bebês encontravam opções de alimento por contra própria. 'Quando a floresta começa a ficar mais escassa, eles migram para ambientes abertos, onde é mais difícil encontrar alimento`, explica Rosana Tidon, professora do Departamento de Genética e Morfologia da Universidade de Brasília (UnB).

As mães passaram, então, a gastar mais tempo e esforço para alimentar sua prole. Foi nesse momento que as avós surgiram como solução. Elas estavam por perto, já tinham passado da idade reprodutiva e passaram a atuar na alimentação dos netos. Nisso, elas liberaram suas filhas para terem mais filhos.

Além disso, as fêmeas ancestrais que viraram avós conseguiram passar adiante o patrimônio genético da longevidade para as gerações posteriores, o que contribuiu para que a expectativa de vida da espécie aumentasse.

4. TODOS GANHAM

As duas ganham com isso: a mãe porque fica liberada para outras atividades e a avó porque, ao aumentar a capacidade de vida dos netos, acaba aumentando a sua própria aptidão de repassar as características da longevidade aos descendentes.

O outro fato maravilhoso, que tem ligação com este, e do qual falaremos depois, é que avós que se dedicam mais tempo aos netos têm menor incidência de doenças degenerativas da idade, como o Alzheimer! Aí são os netos cuidando dos avós!".[72]

É um momento especial, mas não tão especial quanto aqueles em que os avós dedicam sua atenção e cuidado[73] aos netos, dedicando-lhes desvelo e atenção e com isso

---

72. ANCONA, Fabio. A importância das avós para as famílias. Disponível em: [https://www.revistaprosaversoearte.com/a-importancia-das-avos-para-as-familias-dr-fabio-ancona/]. Acesso em: 13.07.2020.
73. De acordo com Eliane Brum, "Cuidar é escutar a demanda, da vida. É não tratar como morte o que é vida e como coisa o que é gente". O idoso e a família nos dias de hoje, por *Lilia Aparecida Pereira Carolino*, 13.09.2017, Portal

mostrando o carinho e amor existentes na relação entre ambos, integrantes que são da entidade que se denomina família.

Essa entidade, que se funda e inicia, acima de tudo, na circunstância da afetividade e que pode ser implicitamente considerada, na alusão de Stefano e Rodrigues[74] como um postulado constitucional implícito e induvidosamente, na menção de Célio Egídio da Silva, "[...] é construção cultural, que se dá na convivência, sem interesses materiais, que apenas secundariamente emergem quando ela se extingue. Revela-se em ambiente de solidariedade e responsabilidade. Como todo princípio, ostenta fraca densidade semântica, que se determina pela mediação caracterizadora do intérprete, ante cada situação real. Pode ser assim traduzido: onde houver uma relação ou comunidade unidas por laços de afetividade, sendo estes suas causas originária e final, haverá família",[75] cujo sentido varia, segundo os autores referidos, conforme o momento e o momento social em que se a considere, estando "[...] diretamente ligado à evolução do homem perante as relações sociais".[76]

Assim e como já mencionado, tanto pode a família resultar do matrimônio, quanto da união estável referida no art. 226, § 3º da CF e, que, pode, inclusive, advir de relacionamento entre pessoas do mesmo sexo, na esteira do decidido pelo STF, na ADPF 132, enquanto o STJ admitiu o casamento homossexual, ainda que por maioria de votos, no Resp. 1.183.348, tendo se debruçado, ademais, sobre o exame da conversão da união de fato entre pessoas do mesmo sexo em casamento.[77]

Não bastando isso e fora do Brasil, outrossim, já houve situações diversas das mencionadas e até inusitadas, mas, que, por aqui provavelmente ainda ocorrerão e a tal se alude em nota de rodapé de página.[78]

Anteriormente a 1988 e a CF neste ano editada, o direito tratava a união de fato entre o homem e a mulher (ainda não se discutia no âmbito do direito, a relação entre pessoas do mesmo sexo) como concubinato,[79] que a sociedade e até o direito algumas vezes não aceitavam como caracterizador da entidade familiar e produtor de efeitos

---

do envelhecimento e longeviver. Disponível em: [https://www.portaldoenvelhecimento.com.br/o-idoso-e-familia-nos-dias-de-hoje/]. Acesso em: 03.07.2020.

74. STEFANO, Isa Cabriela de Almeida; RODRIGUES, Oswaldo Peregrina. O idoso e a dignidade humana. In: PEREIRA, Tânia da Silva; OLIVEIRA, Guilherme de (Coord.). *O cuidado como valor jurídico*. Rio de Janeiro: Forense, p. 241261.
75. História e desenvolvimento do conceito de família. Dissertação de Mestrado em Direito das Relações Sociais, na PUC-SP, 2005. p. 133.
76. História..., p. 248, n. 4.1.
77. Processo de conversão de união estável em casamento também pode ser iniciado na Justiça. Disponível em: [https://stj.jusbrasil.com.br/noticias/508843399/processo-de-conversao-de-uniao-estavel-em-casamento-tambem-pode-ser-iniciado-na-justica].
78. Como já pôde o autor observar em trabalho outro (Confira-se em Estudos em homenagem a Clóvis Beviláqua por ocasião do centenário do Direito Civil codificado no Brasil, v. 2, publicado pela Escola Paulista da Magistratura, intitulado Visão geral das transformações contemporâneas no Direito de Família.
79. Consoante Newton Teixeira de Carvalho, "[...] com o advento das famílias paralelas (mais de um núcleo familiar) ou do poliamor (um único núcleo familiar com várias pessoas), ainda com decisões tímidas no Judiciário, já não é mais correto sequer falar em concubinato. Agora, a guerra dos conservadores é tentar negar as famílias paralelas ou poliamor. Espero que o Judiciário, desta vez, não tarda a reconhecer direitos, em nome de um irritante conservadorismo, eis que: negar fatos é não reconhecer direitos" (*Concubinato como entidade familiar*. Disponível em: [https://domtotal.com/artigo/7682/2018/09/concubinato-como-entidade-familiar/]. Acesso em: 13.07.2020.

jurídicos segundo alguns, recebendo inclusive crítica de ordem moral de outros, por conta de conservadorismo excessivo e a inaceitação da realidade.

Em comentário cujo título é *Concubinato sob um viés antropológico*, Karin Christine Zgoda e Karla Camargo Fischer, referem:

"O termo concubinato ainda hoje nos traz uma referência pejorativa, julgada de forma preconceituosa, onde o Estado acaba muitas vezes por não reconhecer uma tutela em situação jurídica merecedora, justamente por acabar sendo influenciado por este preconceito".[80]

À frente e no mesmo escrito, no item 3, acrescentam:

"O termo concubinato ainda hoje nos traz uma referência pejorativa, julgada de forma preconceituosa, onde o Estado acaba muitas vezes por não reconhecer uma tutela em situação jurídica merecedora, justamente por acabar sendo influenciado por este preconceito".

Aliás, aquele que provavelmente tenha sido a maior autoridade brasileira no tema, Edgard de Moura Bittencourt, observou: "[...] dentre os aplicadores do Direito, aqueles que negam peremptoriamente razoável amparo às situações matrimoniais irregulares, mas honestas, desvirtuam a finalidade da justiça, ignoram ou desprezam as informações da sociologia e transformam o pretório em tribunais de moral concebida a seu modo",[81] o que, de qualquer forma, veio a ser corrigido pelo constituinte de 1988, ao instituir a sociedade de fato entre duas pessoas de sexos diversos, como união estável, a partir daí abrindo-se a porta à regulamentação a respeito e motivando a que inclusive e corretamente segundo se entende, se passasse a entender o concubinato como uma forma de entidade familiar,[82] pois, "Não é correto falar que casamento é a melhor das entidades familiares. E, desde que exista afeto é válido dizer que existente entidade familiar, independentemente do rótulo", no comentário de Newton Teixeira de Carvalho.[83]

Como colocam Zgoda e Fischer, no texto aludido,[84]

"As relações sociais estão mais complexas a cada dia, e por este motivo, o ordenamento jurídico brasileiro mais ineficiente, pois mesmo podendo atribuir algum efeito jurídico, acaba por excluí-los, no que se diz respeito ao concubinato. O Estado deve assegurar que a convivência familiar seja satisfatória para seus membros, protegendo sua dignidade e garantindo seu desenvolvimento".

---

80. Disponível em: [file:///E:/CONCUBINATO%20SOB%20UM%20VIÉS%20ANTROPOLÓGICO%20.pdf].
81. Família, ref., p. 133 e 135
82. Cf., a respeito, v.g., o interessante comentário de Mariana Graziela Almeida Lopes, sob o título O concubinato como forma de entidade familiar, Dom Total. Disponível em: [https://domtotal.com/direito/pagina/detalhe/27286/o-concubinato-como-forma-de-entidade-familiar]. Segundo observa, "O conceito de família foi reinventado, ampliado para entidade familiar, e, nesta nova definição, a principal característica é o afeto, o qual é o único elo capaz de gerar consequências de ordem pessoal e patrimonial" (...) Afora isso, confira-se *Concubinato como entidade familiar*, de Newton Teixeira de Carvalho. Disponível em: [https://domtotal.com/artigo/7682/2018/09/concubinato-como-entidade-familiar/].
83. Concubinato como entidade familiar, DOM Total. Disponível em: [https://domtotal.com/artigo/7682/2018/09/concubinato-como-entidade-familiar/].
'84. Concubinato sob um viés antropológico. Disponível em: [file:///C:/Users/accol/Downloads/2946-Texto%20do%20artigo-11228-1-10-20170706%20(3).pdf].

Conforme já escrito, "O afeto é, sem dúvida, a viga mestra que sustenta toda e qualquer relação familiar. Sem afeto, não há família. Com afeto, qualquer relação humana, em qualquer forma, pode vir a construir uma família. É o que acontece com pares homoafetivos, famílias monoparentais, famílias constituídas apenas por irmãos etc. Se há alguma possibilidade de se expressar amor mútuo, há a possibilidade de surgir uma família e quanto a isso parece não haver mais divergência – pelo menos, jurídica".[85]

Anote-se, todavia e como feito por João Lucas Souto Gil Messias, quanto ao sentido que o afeto possui, ser mais adequado ser entendido como postulado e não como princípio, pois, ainda que adotado pela CF como arrimo das relações familiares, não pode ser exigido de quem quer que seja, por se cuidar de fato natural, espontâneo e que surge da mesma maneira.[86]

Na referência de Cristiano Chaves de Farias e Nelson Rodenwald, mencionados pelo antes citado João Lucas, "[...] Mário Quintana, como sempre feliz em seus escritos, já nos trouxe a ideia de que: ´é curioso um laço... uma fita dando voltas. Enrosca-se, mas não se embola. É assim que é o abraço: coração com coração, tudo isso cercado de braço. Por isso é que se diz: laço afetivo, laço de amizade. Então o amor e a amizade são isso... Não prendem, não escravizam, não apertam, não sufocam. Porque quando virá nó, já deixou de ser um laço!´. Assiste razão ao poeta", conclui.[87]

Com a Constituição de 1988 cai a adjetivação. O que era concubinato puro passa a ser união estável".[88]

Vale ressaltar a manifestação de um Ministro/Poeta que passou pelo Supremo Tribunal Federal e que deixou saudades, Carlos Ayres Brito a derrubar preconceitos e falsos moralismos:

[...] 'Companheiro' como situação jurídica-ativa de quem mantinha com o segurado falecido uma relação doméstica de franca estabilidade ('união estável'). Sem essa palavra azeda, feia, discriminadora, preconceituosa, do concubinato. Estou a dizer: não há concubinos para a Lei Mais Alta do nosso País, porém casais em situação de companheirismo. Até porque o concubinato implicaria discriminar os eventuais filhos do casal, que passariam a ser rotulados de 'filhos concubinários'. Designação pejorativa, essa, incontornavelmente agressora do enunciado constitucional de que 'os filhos, havidos ou não da relação do casamento, ou por adoção, terão os mesmos direitos e qualificações, proibidas quaisquer designações discriminatórias relativas à filiação. [...] A concreta disposição do casal para construir um lar com um subjetivo ânimo de permanência que o tempo objetivamente confirma. Isto é família, pouco importando se um dos parceiros mantém uma concomitante relação sentimental a dois. No que andou bem a nossa Lei Maior, ajuízo, pois ao direito não é dado sentir ciúmes pela parte supostamente traída,

---

85. MESSIAS, João Lucas Souto Gil. O afeto como postulado e não como princípio. Disponível em: [https://jus.com.br/artigos/25174/o-afeto-como-postulado-e-nao-como-principio].
86. O afeto como postulado e não como princípio. Disponível em: [https://jus.com.br/artigos/25174/o-afeto-como-postulado-e-nao-como-principio]. Acesso em: 13.07.2020.
87. O afeto como postulado e não como princípio, Jus.com.br. Disponível em: [https://jus.com.br/artigos/25174/o-afeto-como-postulado-e-nao-como-principio]. Elaborado em 08/2013.Cons. data por último referida.
88. CARVALHO, Newton Teixeira. Concubinato como entidade familiar. Disponível em: [https://domtotal.com/artigo/7682/2018/09/concubinato-como-entidade-familiar/]. Acesso em: 13.07.2020.

sabido que esse órgão chamado de coração 'é terra que ninguém nunca pisou'. Ele, coração humano, a se integrar num contexto empírico da mais entranhada privacidade, perante o qual o Ordenamento Jurídico somente pode atuar como instância protetiva. Não censora ou por qualquer modo embaraçante [...]. (STF, REx. 397.762-8 BA; Rel. Min. Marco Aurélio: Trecho do voto – vista do Min. Carlos Ayres Britto; public. DJe de 12.09.08).'"[89]

Para Paula Carvalho Ferraz:

"No conceito pluralista de família do artigo 226 estariam implicitamente incluídas as relações concubinárias e ainda, as uniões homossexuais, a união de parentes e pessoas que convivem em interdependência afetiva sem pai ou mãe que o chefie, como exemplo, irmãos que vivem juntos, entre outros, desde que apresentem os requisitos de afetividade, ostensibilidade e estabilidade conforme preceitua Paulo Luiz Netto Lôbo. Acompanhando a tendência de inclusão, podemos citar a Lei Maria da Penha, Lei 11.340 de 2006. Seu artigo 5º, inciso III, identifica família para proteção legal como qualquer relação íntima de afeto".[90]

Após citar precedentes do STJ que permitiriam ampliar-se o conceito do ente familiar a situações outras, alcançando o art. 226 da CF inclusive as uniões concubinárias, observa, no item 2.2 de seu escrito: "Trata-se de uma relação amorosa baseada no afeto e não no patrimônio, dessa forma, a indenização por serviços domésticos prestados é uma forma de camuflar o direito a alimentos, visto existir todo um preconceito em torno dessas relações que impede que as concubinas sejam tratadas com dignidade. O concubinato está percorrendo juridicamente o mesmo caminho percorrido pela união estável, antes cercada pelos mesmos julgamentos de ordem moral".

Complementando, observa: "A família atual não se resume àquela tradicional, representada por um homem e mulher unidos pelo casamento e com filhos oriundos desse relacionamento, ela não se condiciona mais a esse modelo.

A família assumiu uma concepção ampla. Atualmente, são reconhecidas outras formas de se estabelecer uma entidade familiar, os filhos convivem simultaneamente em duas ou mais famílias, devido ao fim da união de seus pais e os laços de afetividade em certos casos sobrepõem os laços sanguíneos.

As relações são de igualdade e respeito mútuo. Não existem mais razões que justifiquem a excessiva ingerência do Estado na vida das pessoas, é preciso proteger e regular sem excessos".

De acordo com a mesma autora, considerando a orientação eudemonista, para a qual o adão não existe para a família e o casamento, mas ambos para o seu desenvolvimento pessoal, conduzindo a conclusão à possibilidade de cada qual optar pelo que tenha como o melhor para si, pois "[...] sua dignidade é o valor principal e não a instituição escolhida em si, essa é apenas um meio para sua realização", como acentua.

Além disso e na lição de Guilherme Calmon Nogueira da Gama, que invoca, "A família adquiriu função instrumental para melhor realização dos interesses afetivos de

---

89. Cf em Concubinato como entidade familiar cit.
90. O Concubinato e uma perspectiva de inclusão constitucional. Disponível em: [http://www.ibdfam.org.br/artigos/470/O+Concubinato+e+uma+perspectiva+de+inclusão+constitucional]. Acesso em: 13.07.2020.

seus componentes" e o interessado "[...] tem liberdade para escolher o arranjo familiar que melhor atenda a sua realização pessoal, já que sua dignidade é o valor principal e não a instituição escolhida em si, essa é apenas um meio para sua realização", segundo a autora antes citada.

Retornando, todavia, ao que é objeto destas considerações e atinente à avosidade e citando novamente Elisabeth e Jorge, "As alegrias (enormes) e as dificuldades (não tantas) proporcionadas por essa nova relação de parentesco motivaram a criação desse ambiente de relacionamento entre avós e netos",[91] como referem exatamente no site que instituíram e cujo vocábulo a que se referem estas notas passou a integrar o seu título.

Ambiente esse que, uma vez mais, é recheado do também já citado afeto, o qual, inclusive e como se pode verificar no site Âmbito Jurídico, "Desde a Constituição Federal de 1988, passando pelo Código Civil de 2002 e pelas modificações do ECA em 2009, culminando há poucos dias atrás (29/03/2011), com a publicação da Lei 12.398/11, a qual estende aos avós o direito de visita aos netos, é evidente que a afetividade tem sido valorizada pelas leis no Brasil",[92] reforçando, assim, a relevância que a circunstância afetiva assume, quando se fala no relacionamento entre netos e avós.

Na esteira do quanto advertem os já citados Stefano e Rodrigues, havendo a CF estabelecido a dignidade da pessoa humana como um dos fundamentos da República, "[...] ela garante um direito individual do ser humano de autodeterminar-se de ser valorizado pelo simples fato de ser humano"[93] e, não fosse apenas isto, também o laço parental existente entre os avós e os netos reforça a consideração e o respeito pelos últimos merecidos na condição de avosidade, seja como consequência do aspecto social e humanístico, seja o jurídico.

Frise-se, relativamente a tal, não interferir nisso o fato de a avosidade advir do casamento, ou outro tipo de união de que acaso decorra, como, por exemplo, no caso da relação de fato, o mesmo se dando quando a doutrina e os tribunais reconheciam a figura do concubinato e sua aptidão a produzir efeitos, como ainda ocorre, ainda que na eventual excepcionalidade da situação. De igual forma não se há desconsiderar a união entre pessoas do mesmo sexo, que o STF também reconheceu, a partir do julgamento da ADIn 4277 e inclusive quanto a pessoa hermafrodita (Tribunal de Justiça de Santa Catarina TJ-SC – Conflito de Jurisdição : CJ 64616 SC 2009.006461-6).

Refira-se, com André Côrtes Vieira Lopes, em trabalho sob a denominação *Transexualidade: Reflexos da Redesignação Sexual*, que, em hipótese tal, "A lei brasileira exige, portanto, a diversidade de sexos como condição da existência do ato. E não havendo norma proibitiva com relação aos transexuais solteiros após a mudança do sexo civil no registro público, tem-se a admissão do matrimônio".[94]

---

91. Avosidade. Disponível em: [https://avosidade.com.br/quem-somos/]. Acesso em: 13.07.2020.
92. Disponível em: [https://ambitojuridico.com.br/edicoes/revista-112/o-principio-do-afeto-e-a-relacao-entre-avos-e-netos-por-afinidade/]. Acesso em: 13.07.2020.
93. O idoso... cit., loc. ref., p. 256.
94. Juiz de Direito do Estado do Rio de Janeiro, Titular da 18ª Vara de Família da Comarca da Capital, Membro Titular do Instituto dos Magistrados Brasileiros, Membro Titular do Instituto Ibero-americano de Direito Público, Membro do IBDFAM, Conferencista da EMERJ de 1996/1998. Disponível em: [http://www.ibdfam.org.br/assets/upload/anais/229.pdf]. Acesso em: 13.07.2020.

Por igual decidiu o Tribunal de Justiça de Minas Gerais, em 20 de novembro de 2008, publicada em 10 de dezembro de 2008, na Apelação Cível 1.0017.05.016882-6/003, que teve como relatora a Desembargadora Maria Elza, com a seguinte ementa: "Direito das famílias. União estável contemporânea a casamento. União dúplice. Possibilidade de reconhecimento face às peculiaridades do caso. Recurso parcialmente provido", valendo a pena a consulta ao acórdão, pelo interesse da espécie então deliberada e que não interfere na condição que os antecedentes têm, como avós, ressalva-se.

Como acentuado em escrito outro por Oliveira, Vianna e Cárdenas, "A arte de ser avó é vista como aspecto privilegiado da habilidade de ser pais de filhos adultos, partilhando ideias e experiências dentro da nova condição de simetria que os filhos atingem ao se tornarem pai. Ao aproximar gerações, são quebradas barreiras, eliminados preconceitos e vencidas discriminações". [95]

Não bastando simplesmente a circunstância jurídica que estabelece o liame entre eles existente, importa considerar a circunstância humana e afetiva envolvendo o relacionamento aos mesmos correspondente e tudo quanto disto deriva para os que nela se encontrem inseridos.

Consoante referido em publicação que tem como título *Aos 66, avó volta a estudar para ajudar neto com lição de casa.*[96]

"A história de Maria das Mercês Silva, de 66 anos, e seu neto, Felipe Alexandre Feitosa, de 10 anos, é um exemplo de como a participação da família na vida escolar das crianças é muito importante para adultos e crianças.

Pernambucana, Maria não frequentou a escola que, de acordo com seu pai, era coisa de menino. Foi então que, incentivada pelo neto – de quem cuidou a vida toda – ela decidiu ir à escola.

Felipe, que sempre ouviu de sua avó sobre a importância de estudar, queria a ajuda da avó para a lição de casa e então começou a dizer o mesmo a ela. 'Vovó, vamos para a escola. Vai ser bom para você. Você vai aprender e vai me ensinar', dizia o neto.

Hoje, Maria já está alfabetizada, e também muito feliz. 'Estou igual a uma criança. Sabe quando a pessoa está cega e começa a enxergar? É isso que está acontecendo comigo hoje. Aprendendo a ler e a escrever, eu nasci de novo'", disse, prestando-se o caso a mostrar que se os avós têm relevo para os netos, estes também têm quanto a eles.

Quanto à importância que os avós têm para os netos, inclusive, transcreva-se rápido momento do constante em entrevista com a neta de Zélia Gattai e Jorge Amado, Maria João Amado:[97]

"Ter avós como os escritores Zélia Gattai e Jorge Amado, cujos nomes são expressivos no mundo inteiro, pode parecer difícil. Mas Maria João Amado virou o jogo realizando

---

95. Avosidade: visões de avós e de seus netos no período da infância. Disponível em: [https://www.researchgate.net/publication/316004487_Avosidade_visoes_de_avos_e_de_seus_netos_no_periodo_da_infancia]. Acesso em: 13.07.2020.
96. Em Catraca Livre. Disponível em: [https://catracalivre.com.br/catraquinha/aos-66-avo-volta-estudar-para-ajudar-neto-com-licao-de-casa/]. Acesso em: 13.07.2020.
97. A homenagem da neta aos avós Zélia Gattai e Jorge Amado – neto curte vô, em Avosidade. Disponível em: [https://avosidade.com.br/homenagem-da-neta-aos-avos-zelia-gattai-e-jorge-amado/]. Acesso em: 13.07.2020.

um projeto acalentado pela avó assim que ficou viúva. E criou um memorial que oferece ao público a casa que foi frequentada pelos maiores intelectuais do século 20.

É a Casa do Rio Vermelho, que deu vida novamente aos avós de Maria João. Além da beleza da casa e seus jardins (onde foram depositadas as cinzas de Zélia e Jorge), e de todos os objetos de bom gosto reunidos durante décadas pelo casal de escritores, que viajava intensamente por muitos e muitos países, o trabalho feito por experimentados profissionais de museologia conta com os melhores recursos da tecnologia atual".

Se já foi referido o fato de a família ter assumido "retrato" diverso do anteriormente considerado, uma vez que seu conceito (...) mudou significativamente até que, nos dias de hoje, assume uma concepção múltipla (...), plural, podendo dizer respeito a um ou mais indivíduos, ligados por traços biológicos ou sócio-psico afetivos, com intenção de estabelecer, eticamente, o desenvolvimento da personalidade de cada um",[98] deve-se também reconhecer que a sociedade atual não tem o mesmo desenho que o anterior, referindo a Psicóloga Sabrina Paiva: "Uma das principais características da sociedade atual é o fato desta ser marcada por profundas transformações: a rapidez de informações e o avanço de novas tecnologias modificaram o modo de pensar e de viver das pessoas".[99]

Tanto assim, que, em trabalho denominado *O processo de reparação na mudança da avosidade para a parentalidade baseado na custódia e educação dos netos*,[100] da autoria de César Augusto Saouda de Lima e Armando Rocha Junior, assinalou-se, em certo passo do resumo introdutório, sobre a importância que a figura dos avós assume, em determinados casos, nos quais tal condição "[...] passou a ser comum nas relações familiares contemporâneas, além de assumirem papéis específicos e importantes nessas relações. Entre essas atribuições, nessa pesquisa, destacou-se o papel dos avós como substitutos parentais, ou seja, em decorrência do abandono parental por óbito ou negligência. Nesses casos, os avós assumem as funções próprias dos pais, ocasionando-lhes vivências e sentimentos, como: raiva, medo, culpa, depressão, aumento da autoestima, maior pertence social, entre outros, além da possibilidade de repararem experiências como filhos e/ou pais, sentidas e vivenciadas como conflitivas, assim, atenuando e ressignificando tais conflitos. Por fim, buscou-se verificar e evidenciar a importância dos avós como atores sociais e indivíduos dotados de subjetividades, de mecanismos psíquicos, que interferem e sofrem interferências, quando há a mudança da avosidade para a parentalidade e vice-versa".

O tão bem situado nessa exposição serve a indicar a relevância e a posição que a figura dos avós passa a ter em determinadas situações da vida familiar, nas quais, muitas vezes e sob certo aspecto necessitam agir como se os genitores fossem, por esta ou aquela razão.

Em função de tudo quanto ocorre na vida atual, principalmente no tocante às inflexões a que submetida a família, infelizmente não é incomum constatar que as relações paterno-filiais não são as que idealmente seriam as apropriadas, fazendo com que

---

98. SARA, Williane. A família na atualidade: Novo conceito de família e novas formações. Disponível em: [https://willianesara21.jusbrasil.com.br/artigos/617244671/a-familia-na-atualidade-novo-conceito-de-familia-e-novas-formacoes]. Acesso em: 13.07.2020.
99. Visualizando- Reflexões sobre a sociedade atual e a Individualidade, Disponível em: [http://www.babyboomers.com.br/noticia/visualizar/344/refluxuies_sobre_a_sociedade_atual_e_a_individualidade_por_sabrina_paiva]. Acesso em: 13.07.2020.
100. *Revista Educação*, v. 9. n. 1, 2014, UNG. Acesso em: 13.07.2020.

a intervenção dos avós seja inevitável, inclusive pelo fato de sentirem-se eles a tanto levados, por conta de natural senso de responsabilidade e que os conduz à inevitável preocupação com os netos, os próprios filhos e ao sentimento de que necessitam intervir em favor de todos.

O carinho, atenção e cuidado que normalmente dedicam aos netos têm inegável colaboração e influência em sua educação.

Segundo a psicóloga Rita Calegari,[101] do Hospital São Camilo (SP), sendo possível a participação deles na criação dos netos, pode trazer uma série de benefícios aos envolvidos, tanto pela experiência que possuem quanto à paternidade-maternidade, com o que e como situa, podem os pais dividir a tarefa de cuidar e os filhos ficam submetidos a um grupo familiar maior, no qual não se pode negar o fato de possuírem os avós sabedoria e experiência socialmente reconhecidas e, que, acrescente-se e de forma induvidosa vêm em favor da educação dos netos.

Como publicado a esse respeito no site Saúde Plena, e é relevante ser citado,

"Corujas ou distantes, antenados ou saudosistas, saudáveis ou debilitados. Os tipos de avós são diversos e, muitas vezes, o tempo, a distância e outros contratempos dificultam o contato rotineiro com os netos. Quando, no entanto, os obstáculos são vencidos, os benefícios são grandes para os dois lados. Os netos podem aprender com a experiência acumulada pelos mais velhos, ao mesmo tempo em que podem ensinar aos avós as particularidades da modernidade. 'A troca entre gerações costuma ser muito produtiva, pois tanto os avós quanto os netos têm muito a se beneficiar dessa convivência", afirma Denise Dfalcke, coordenadora do programa de pós-graduação em psicologia da Universidade do Vale do Rio dos Sinos (Unisinos)'".[102]

A respeito, a mesma Rita Calegari refere e vale a pena aludir, inclusive por conta da experiência profissional que possui, que, "A criança se enriquece muito com esse contato, já que recebe mais estímulos, amplia seu repertório e aprende a conviver em um ambiente distinto com pessoas diferentes. Os avós também. Hoje, o 'velho' está ligado a algo pejorativo graças ao mundo de consumo em que estamos inseridos. O que é 'velho' tem que ser descartado. *Para os avós, então, ter a responsabilidade de cuidar de uma criança é sinônimo de valorização social. A experiência deles é importante ali. Ele tem papel utilitarista, está ajudando outras pessoas, e isso dá sentido à sua vida*", conforme acertadamente relata[103] (o destacado é destas notas).

Demais disso e como Maria Clara Vieira observa, "Uma nova pesquisa sobre o assunto foi realizada pela *Universidade da Califórnia*, nos Estados Unidos. Os cientistas elaboraram uma hipótese de que os avós com a mente saudável aumentam as chances de sobrevivência dos filhos de seus filhos porque, assim, são capazes de transmitir a eles seus

---

101. Feres, Elisa. A importância dos avós para pais e netos. Disponível em: [https://revistacrescer.globo.com/Familia/Rotina/noticia/2013/07/dia-dos-avos-importancia-deles-para-pais-e-netos.html]. Acesso em: 13.07.2020.
102. Relação frequente entre avós e netos rende benefícios generalizados. Os mais velhos protegem-se da depressão e estimulam o intelecto. A nova geração encontra nos experientes respostas para os anseios da juventude. *Correio Braziliense*. Acesso em: 13.07.2020.
103. A importância dos avós para pais e netos. Disponível em: [https://revistacrescer.globo.com/Familia/Rotina/noticia/2013/07/dia-dos-avos-importancia-deles-para-pais-e-netos.html]. Acesso em: 13.07.2020.

conhecimentos e habilidades. Como um reforço à teoria, eles procuraram e conseguiram identificar em vários genes mutações relativamente novas que protegem contra doenças neurodegenerativas como o Alzheimer, que costuma aparece em pessoas idosas".[104]

Conforme a psicóloga Lídia Aratangy acrescenta, indicando a diversidade que pode haver quanto a cada um dos netos, como já mencionado em outro momento destas notas: "Tenho nove netos e sou nove avós. Com um neto, o forte do vínculo é a cumplicidade, para outros sou principalmente conselheira, o outro é meu companheiro de futebol, e por aí vai. Mas qualquer que seja a função, os avós têm sempre a característica de serem depositários da história da família. E pesquisas comprovam que o equilíbrio emocional depende também de a criança conhecer sua história, saber de onde ela vem".[105]

De outro lado, devem os pais facilitar e incentivar a proximidade dos netos com os avós, de forma a colaborar no relacionamento entre eles e valorizar a aproximação de todos e a valorização e compreensão quanto à família, com relevo à posição dos avós, de maneira a fazê-los respeitados e admirados pelos neto.

De acordo com a psicopedagoga Walquíria Silva, "[...] a relação dos avós com os netos é muito benéfica para ambos. 'É uma relação muito permeada de afeto. Isso é de extrema importância para a criança, independente da fase em que ela esteja, porque está experimentando relações sociais que vão torná-la um adulto saudável. Os avós com sua experiência transmitem a educação de uma forma mais afetuosa e lúdica. E a criança tem mais consciência de sua história de vida e familiar'".[106]

Na exposição de Alessandra Ribeiro Ventura Oliveira, Lucy Gomes Vianna e Carmen Jansen de Cárdenas,

"O papel do idoso tem sofrido modificações, tanto no âmbito social quanto no familiar. Aumentaram o número de avós e o número de anos que as pessoas vivem como avós. A avosidade, definida como laço de parentesco, está intimamente ligada às funções materna e paterna, das quais, entretanto, se diferencia, exercendo papel determinante na formação do sujeito. O objetivo deste trabalho foi avaliar a relação entre avós e netos no período da infância, de acordo com a percepção de avós e de seus netos. Foram realizadas 17 entrevistas semiestruturadas com avós e seus netos. Os resultados foram analisados e categorizados utilizando-se o *software* alceste, o qual realiza automaticamente análise quantitativa de dados textuais. O estudo revelou presença significativa de intergeracionalidade na visão das avós, representada pelas palavras mais frequentes em ordem decrescente: avó, netos e pai (......). Para análise dos discursos dos netos, revelaram-se as categorias e subcategorias, respectivamente: benefício – diversão e afeto; sentimento – orgulho e diferença; significado da velhice – desconhecido e previsível. Na categoria benefício, os dados obtidos indicaram que os netos ou netas sentiam-se alegres e satisfeitos quando realizavam determinadas atividades com as avós. Além disso, valorizavam o

---

104. Disponível em: [https://revistacrescer.globo.com/Familia/noticia/2016/01/netos-e-avos-entenda-].
105. A importância dos avós para pais e netos. Disponível em: [https://revistacrescer.globo.com/Familia/Rotina/noticia/2013/07/dia-dos-avos-importancia-deles-para-pais-e-netos.html]. Acesso em: 13.07.2020.
106. Avós falam de sua relação com os netos: "presente de deus na velhice". Disponível em: [https://noticias.cancaonova.com/brasil/avos-falam-de-sua-relacao-com-os-netos-presente-de-deus-na-velhice/] [https://noticias.cancaonova.com/brasil/avos-falam-de-sua-relacao-com-os-netos-presente-de-deus-na-velhice/]. Acesso em: 13.07.2020.

carinho dispensado por elas. Na categoria sentimento, os netos evidenciaram as qualidades pessoais de suas avós, construindo formas diferentes de relações entre avós e netos. Por fim, na categoria significado da velhice, alguns netos mostraram desconhecimento sobre o significado do termo, enquanto outros possuíam em suas mentes uma imagem de como será a sua velhice. No presente estudo, pode-se concluir que avós idosas mantêm forte relação de proximidade vivenciada com seus netos no período da infância, o que é confirmado e reconhecido por seus netos".[107]

Ademais e como acentuado em oportuno site relativo ao assunto,[108] em matéria que tem por título *Os avós*, André Pessoa ressalta:

"O papel dos avós junto aos netos é de gratuidade, de prazer de atenção, carinho e amor. Eles mimam. A responsabilidade de educar é dos pais. E é isso que torna tão especial a relação entre avós e netos.

Deve sempre haver respeito aos critérios e hábitos que os pais estabelecem, mas os avós cederem a alguns caprichos ou desejos dos netos não tira a autoridade paterna ou deturpa o caráter da criança.

Quando as crianças passam muito tempo com os avós para os pais trabalharem, eles assumem temporariamente a responsabilidade dos pais e perde-se o que há de mais gostoso na relação avô-neto".

Disso advém, como se não pode negar, a possibilidade de um contato maior entre netos e avós e, como ora se refere, ganham ambos os envolvidos, servindo isto a reforçar o que Leonardo Boff denomina como uma "arte" e que é representada pelo já referido cuidado, que se não esgota ou versa sobre "[...] a um ato que começa e acaba em si mesmo, mas é uma atitude, fonte permanente dos atos, que se deriva da natureza do ser humano",[109] disto advindo dupla consequência, como realçado no texto a que pertence esse trecho:

"Na primeira, o cuidado como desvelo, solicitude, atenção, diligência e zelo, mostra que o outro tem importância porque se sente envolvido com sua vida e com o seu destino. Na segunda implicação, derivada da primeira, o cuidado passa a significar preocupação, inquietação, tornando o outro uma realidade preciosa".

Seja um ou outro de tais aspectos, logicamente têm eles a ver com a função dos avós, independente do fato de os netos estarem sob sua guarda, por razão que a tanto tenha determinado, como o cuidado, atenção, afeto, desvelo e dedicação naturais ao relacionamento existente em situação familiar tal e os benefícios naturalmente advindos da maneira como se conduzam.

Consoante Nathalia Alves de Oliveira, na atualidade muitas famílias contam com idosos em sua estrutura, o que proporciona o aumento do número de famílias multigeracionais e possibilita que muitos avós vejam seus netos nascerem e crescerem (RAMOS,

---

107. Avosidade: Visões de avós e de seus netos no período da infância. Disponível em: [file:///C:/Users/AntonioCarlos/AppData/Local/Packages/Microsoft.MicrosoftEdge_8wekyb3d8bbwe/TempState/Downloads/Avosidade_visoes_de_avos_e_de_seus_netos_no_period%20(1).pdf]. Acesso em: 13.07.2020.
108. Portal da família. Disponível em: [https://www.portaldafamilia.org/artigos/artigo403.shtml].
109. Contribuições de Leonardo Boff para a compreensão do cuidado, Eduardo Tavares Gomes, Brígida Maria Gonçalves de Melo Brandão, Fátima Maria da Silva Abrão, Simone Maria Muniz da Silva Bezerra, *Revista de Enfermagem*, UFPE Online, Artigo Análise Reflexiva, cons. 13.07.2020.

2015). Para além deste contexto, o que tem se observado é uma participação mais efetiva e regular dos avós na educação dos netos e estes têm se mostrado importantes fontes de cuidado principalmente para as crianças (GOLDFARD; LOPES, 2011; MARQUES et al., 2011; SILVA, 2014)".[110]

5. CONCLUSÃO

A teor do citado em *Autoconhecimento*, sobre o que cabe aos avós na criação dos netos, "Os *avós* estabelecem regras para sua casa, mas, tem que respeitar aquelas determinadas pelos pais. Para evitar conflitos, todos precisam conversar e determinar regras comuns as duas casas. O horário de dormir é um denominador comum, em nenhum lugar a criança pode ficar acordada até tarde. Para que o período longe de casa seja benéfico, pais e *avós* devem fazer concessões em prol do bem-estar das crianças".[111]

Por isso e conforme comentário de Rudy Giuliani.[112]

"O que as crianças mais precisam são os essenciais que os avós proporcionam em abundância. Eles dão amor incondicional, bondade, paciência, humor, conforto, lições de vida. E, mais importante, comida boa".

Em verdade e conforme a jornalista Miriam Leitão, "A gente descobre que virou uma pessoa melhor depois que virou avô",[113] ponderando o já citado André Pessoa, que,

"Avô é um estado de espírito que independe da idade. Ser chamado de avô/avó, por si é uma forte demonstração de afeto dos netos. Há quem conquiste este tratamento carinhoso, mesmo sem o ser de fato, por sua maneira afável de ser, pela abertura de diálogo e tempo que dispõe às crianças. São vínculos familiares de ouro que penetram fundo em nosso coração, que permanecem por toda a vida. Quem não se lembra com carinho dos avós?

Não é somente o neto que cresce nesta relação mágica. Os avós também crescem. Depois de terem labutado uma vida cheia de desafios, se veem em um horizonte curto, com os filhos criados, independentes e autônomos, desenvolvem a tendência de se centrar nos padecimentos que a idade traz, de se abstrair da realidade ou de ser fechar no usufruto frustrante do que imaginam ser seus últimos momentos. Redescobrem nos netos o prazer de esquecer de si para lhes serem úteis, contribuindo ao desenvolvimento de seu caráter e de sua inteligência emocional, descortinando-se um horizonte emocionante por participar de seus planos, contaminados pela alegria de viver das crianças e dos jovens".[114]

---

110. Cf. em Idosos cuidadores de idosos em arranjos familiares com e sem a presença de crianças: Sobrecarga, otimismo e estratégias de enfrentamento, p. 2627. Universidade federal de São Carlos Centro de Ciências Biológicas e da Saúde programa de Pós-graduação em Enfermagem Consulta em 13.07.2020.
111. Disponível em: [https://www.eusemfronteiras.com.br/o-papel-dos-avos-na-criacao-dos-netos/]. Acesso em: 13.07.2020.
112. Conforme a internet e em se tratando da mesma pessoa, italiano , nascido em 28 de maio de 1944), um político americano, advogado e orador público que serviu como 107° prefeito de Nova York de 1994 a 2001. Disponível em: [https://en.m.wikipedia.org/wiki/Rudy_Giuliani].
113. Disponível em: [https://avosidade.com.br/miriam-leitao-quero-ser-uma-boa-lembranca-quando-forem-adultos/]. Acesso em: 13.07.2020.
114. Os avós..., Loc. cit., nota de rodapé n. 78.

A alegria que a avosidade propicia àqueles que se tornam avós é indescritível e faz com que se renove sentimento próximo ao da paternidade/maternidade, num momento em que os objetivos parecem perder-se em tempo anterior e que passa a ter atualidade, trazendo de volta à memória a doce lembrança de uma época em que tudo estava se iniciando.

Por outro lado e "Se perguntarem para um neto, qual é o melhor lugar do mundo, muitos responderão, no sítio do vovô, na casa do vovô, ao lado do vovô", como ressalta Pessoa, no texto já referido, nada mais sendo necessário, em face do exposto nesse texto, para constatar-se a importância que a proximidade dos avós com os netos possui e tudo de bom que dessa relação pode advir e quanto àqueles e a estes.

Demais disso, e como advertido em texto cujo título é *A importância dos avós para o desenvolvimento emocional dos netos*,[115] a

"[...] relação entre netos e avós é benéfica para ambos os lados. A convivência ajuda as crianças a ter uma visão mais ampliada da família, a sabedoria que a idade traz ajuda a focar em pontos que são importantes para a educação. Minha filha, um dia, questionou-me, porque deixei meu neto comer batata frita com leite condensado. Respondi que isso ajuda ele a ousar e fazer diferente. Ele cresceu e ainda gosta dessa combinação.

A minha neta, um dia, dormiu sem tomar banho. A mãe brigou e questionou por que eu deixei. Foi porque ela me mostrou a placa que tenho na sala 'na casa do vovô tudo pode'. Os avós podem ser cúmplices, mas não podem ser comparsas de erros importantes dos netos, precisam ajudar os pais. Os avós são educadores que trazem consigo a história de vida e da família, juntamente com os valores e as regras que formam o caráter das pessoas".

Não bastando isso e no site de Márcia Peltier, comentando sobre *Vovô e vovó online: novos rumos da 'Avosidade'* e após citar a jornalista Elizabeth Junqueira, menciona-se, que,

"O amor dos avós é sempre diferente, mais sereno. Os psicólogos chamam esse círculo de família expandida. A criança que costuma ter desde cedo um contato muito grande com familiares além do pai e da mãe é mais resiliente.

A mãe tem obrigações. Já o avô, independente da atividade dele, quando ele está com o neto, está inteiro. É uma relação de entrega, e tenho essa experiência como avó e como neta. É um estágio de privilégio, porque você teve o seu filho, ele cresceu e deu fruto.

A jornalista defende firmemente a importância da presença dos avós na vida do neto em todas as fases da vida. Mas lembra: é preciso entender que o protagonismo da criação continua sendo dos pais".[116]

---

115. CANÇÃO NOVA, 26.07.2018. Disponível em: [https://catolicodigital.com.br/a-importancia-dos-avos-para-o-desenvolvimento-emocional-dos-netos.html]. Acesso em: 13.07.2020.
116. Disponível em: [https://www.marciapeltier.com.br/vovo-e-vovo-online-novos-rumos-da-avosidade/]. Acesso em: 13.07.2020.

Invocando Beny Shimdt,[117] chefe e fundador do Laboratório de Patologia Neuromuscular da Escola Paulista de Medicina, além de professor adjunto de Patologia Cirúrgica da Universidade Federal de São Paulo (Unifesp),

"A luz, o som, o cheiro, o ar e o paladar misturam-se na formação das nossas ideias.

Todos esses pensamentos que se sucedem carregam nossa vida com o passar dos dias.

E assim o tempo vai passando.

Na avosidade acontece lentamente algo um pouco diferente. Muitas vezes temos a impressão de que algo estranho aos sentidos está acontecendo. Parece até estar além do próprio mundo exterior.

São estranhamentos. Impressões indecifráveis e indescritíveis.

Será que nossa alma nesses breves momentos começa a timidamente se desencarnar para ir para outro lugar?

Será que espíritos estão tentando se comunicar?

Serão vultos a brincar?

Com a idade a certeza é que todos 'sentimos' algumas coisas estranhas. Talvez, quem sabe, se trate de espiritualidade. Ela tende a ficar cada vez mais forte e presente à medida que nosso ímpeto de sugar a vida desacelera.

Tem-se a impressão que muitos ficam mais bonzinhos.

Os idosos muitas vezes sentem-se desconfortáveis em falar sobre isso. Talvez temam ser julgados pelos erros passados. Mas parece claro que é certo para nós que todos somos sujeitos a errar.

Para isso quem sabe Deus criou o perdão, que no meio desse mar infinito com o passar da idade e a chegada dessa espiritualidade só deseja purificar com o amor sua criação".[118]

Como ele próprio refere,[119] a *avosidade* tem luz própria e é muito forte, constituindo-se, na observação de Roberta da Costa Almeida, em texto cuja leitura é recomendada, numa "[..] ótima maneira de reinventar a vida!"[120]

Outro texto[121] indaga como as avós nos ajudariam a ter mais tempo de vida, observando:

"Há muitas vantagens de ter uma avó e morar perto dela. Ela ajuda a coletar e fornecer alimentos, alimenta as crianças e permite que as mães tenham mais filhos. As avós são cuidadoras suplementares e, como este estudo sugere – elas desempenham um papel crucial na evolução humana".

---

117. SCHMIDT, Beny. Avosidade. Avós e a espiritualidade. Disponível em: [https://avosidade.com.br/avos-espiritualidade-e-deus/]. Acesso em: 13.07.2020.
118. SCHMIDT, Beny. Avosidade: quando algo estranho acontece. Disponível em: [https://avosidade.com.br/dr-beny-schmidt-quando-algo-estranho-acontece/]. Acesso em: 14.07.2020.
119. SHMIDT, Beny. Avosidade: A avosidade tem luz própria. Disponível em: [https://avosidade.com.br/dr-beny-schmidt-avosidade-luz-propria/]. Acesso em: 14.07.2020.
120. Avosidade: Uma Ótima Maneira de Reinventar a Vida. Confira! O psicólogo online. Disponível em: [https://opsicologoonline.com.br/avosidade]. Acesso em: 14.07.2020.
121. As avós desempenharam um papel crucial na evolução humana. Disponível em: [https://www.pensarcontemporaneo.com/as-avos-desempenharam-um-papel-crucial-na-evolucao-humana/]. Acesso em: 14.07.2020.

Adiante, acrescenta:

"Como Hawkes compartilha: 'A avó nos deu o tipo de educação que nos tornou mais dependentes um do outro socialmente e propensos a atrair a atenção um do outro'. Essa tendência também foi encontrada para impulsionar o aumento do tamanho do cérebro, juntamente com maior expectativa de vida e menopausa.

Esse pode ser apenas outro motivo para agradecer ou pensar em sua avó, embora essa simulação apoie a ideia de que as avós ajudam a desenvolver habilidades sociais e vidas mais longas, qualquer pessoa que tenha sido próxima da avó quando crescer já deve saber disso.

Não há nada como o amor das avós. Ela desempenha um papel essencial em nossa educação e ajuda as famílias a prosperar, sobreviver e superar os tempos difíceis'".[122]

Para Vania Abreu, cuja oportunidade é adequada a invocar,

"Vivo com ternura as fases da minha vida sabendo que em cada uma delas haverá novas e incríveis felicidades. Família é muito mais que laços sanguíneos. Ela se faz na fraternidade, do poder que há na certeza de nascer e se sentir fazendo parte de algo. No sentido que isso nos dá para viver, para enfrentar dores, crescer, envelhecer e enfrentar tantos outros mistérios sem explicações. É uma bênção poder ter sentido tanto, de diferentes formas [...]".

Assim, acrescenta Raquel Lopes, "Vamos lá! Recomece! Reinvente-se! Não tenha medo da mudança! Não deixe a vida te testar. Que tal você, dessa vez, testar a vida?"[123] acrescentando Cecília Meirelles, em sua *Reinvenção*:[124]

"A vida só é possível reinventada.

Anda o sol pelas campinas e passeia a mão dourada pelas águas, pelas folhas...

Ah! Tudo bolhas que vêm de fundas piscinas de ilusionismo... – mais nada.

Mas a vida, a vida, a vida, a vida só é possível reinventada.

Vem a lua, vem, retira as algemas dos meus braços.

Projeto-me por espaços cheios da tua Figura.

Tudo mentira! Mentira da lua, na noite escura.

Não te encontro, não te alcança...

Só – no tempo equilibrada, desprendo-me do balanço que além do tempo me leva.

Só – na trevas fico: recebida e dada.

Porque a vida, a vida, a vida, a vida só é possível reinventada".

Na acertada advertência do já citado Fábio Ancona Lopes,[125]

---

122. ABREU, Vania. Lembranças das avós e do avô. Avosidade. Disponível em: [https://avosidade.com.br/lembrancas-das-avos-e-do-avo/]. Acesso em: 14.07.2020.
123. A vida é uma reinvenção. Disponível em: [https://www.asomadetodosafetos.com/2017/04/vida-e-uma-reinvencao.html]. Acesso em: 14.07.2020.
124. Pensador. Disponível em: [https://www.pensador.com/frase/MzA5Mjg1/]. Acesso em: 14.07.2020.
125. ANCONA, Fabio. Como se preparar para ser avô. Em Avosidade. Disponível em: [https://avosidade.com.br/dr-fabio-ancona-como-se-preparar-para-ser-avo/]. Acesso em: 14.07.2020.

"Creio ser este o segredo da boa avó: em casa de avó sempre deve ser domingo, como dizem, porém o que não pode fazer perto da mãe também não pode perto da avó.

Para exercer estes papéis corretamente é fundamental que, desde o momento em que se sabe que vamos ser avós, ocorra um preparo interior no sentido de, aproveitando a maior experiência que os mais velhos devem ter, poder atuar como fatores de agregação, paz e união familiar".

Finalizando assinala-se que ser avó/avô, é tudo isso, mas não é apenas o que se referiu, sendo muito mais que o mencionado, pois representa uma situação nova em uma idade, para os avós, que vem a ser preenchida com a novidade que o neto representa e, como refere Dr. Ancona |Lopes,[126]

"O outro fato maravilhoso, que tem ligação com este, (...) é que avós que se dedicam mais tempo aos netos têm menor incidência de doenças degenerativas da idade, como o Alzheimer!

Aí são os netos cuidando dos avós!".

---

126. ANCONA, Fabio. Avosidade: a importância das avós para as famílias. Disponível em: [https://avosidade.com.br/dr-fabio-ancona-importancia-das-avos-para-as-familias/]. Acesso em: 14.07.2020.

O DIREITO DE PERTENCER.
NETOS EM FACE DOS AVÓS

Carolina Kffuri Nunes

Graduada em Direito pela Universidade de Alfenas – UNIFENAS. Especialista em Direito Civil, Processo Civil, Família e Sucessões pelo Centro Universitário de Maringá – UNICESUMAR. Mestranda em Direito e Internet pela Universidade do Minho em Braga, Portugal. Advogada nas comarcas paraenses de Campo Mourão e Curitiba.

Sumário: 1. Avós no litígio. 2. Avós no núcleo familiar. 3. O dever do direito de adaptação às transformações sociais. 4. Segredos pública na vida privada de família: a intervenção. 5. Dos direitos fundamentais e dos direitos da personalidade. 6. Ação de reconhecimento avoenga. 7. O direito de pertencer.

1. AVÓS NO LITÍGIO

Quem diria que seria cada vez mais comum a presença de avós – ou supostos avós – e netos como partes opostas de um processo judicial?

Diante do reconhecimento e normatização dos direitos humanos, dos direitos fundamentais e dos direitos da personalidade, se deu o reconhecimento do indivíduo como sujeito de direitos e detentor de uma dignidade própria, com isso, passou-se a admitir a busca judicial pelo reconhecimento, reivindicação, proteção e aplicabilidade dos direitos da dignidade da pessoa humana.

A tutela desses direitos deverá ser aplicada inclusive em meio aos conflitos intrafamiliares, que não se limitam às relações entre o casal, que possam resultar na ruptura matrimonial ou da união estável. Mas em meio às relações de irmandade, paterno e ou materno-filial, avoengas, por exemplo, gerando a violação de direitos que nem sempre estão expressamente tipificados, mas que deverão ser reconhecidos, se estiverem amparados na dignidade da pessoa humana, que é o valor supremo e fundamental do Estado Democrático de Direito.

No decorrer deste trabalho, daremos atenção aos direitos da personalidade, no contexto familiar, especialmente quanto ao reconhecimento da relação avoenga, sem a pretensão de esgotar o tema.

Para isso, deve-se salientar que os direitos da personalidade, tipificados pelo Código Civil e demais legislações em decorrência dos direitos fundamentais elencados na Constituição Federal, são somente ilustrativos, tendo a sua tipicidade aberta, o que impede a sua limitação a um rol taxativo que os determine ou defina objetivamente, já que estão intrínsecos à personalidade humana e que, aos poucos, estão sendo identificados pela doutrina e pela jurisprudência em razão ao caso concreto.

Na tentativa de contribuir para o entendimento e resolução dos conflitos intrafamiliares relacionados a alguns dos direitos decorrentes da dignidade da pessoa humana, apresentamos algumas ideias, na expectativa de ampliar o ângulo de visão para o entendimento das necessidades humanas, que raramente são percebidas, que motivam a instauração da demanda judicial, envolvendo os direitos da personalidade, ao nome, à identificação pessoal e familiar, à busca pela sua ancestralidade, pelo histórico familiar e/ou a sua origem genética. Ou, mais especificamente, interpor ação declaratória de relação avoenga. Para tanto, chama-se a atenção para o "Direito ao Pertencimento", que estaria inserido na classificação dos direitos à integridade psíquica, normatizado pelo artigo 21 do Código Civil brasileiro.

Devemos ainda destacar que as ações judiciais, que circundam os direitos da personalidade, envolvendo conflitos de interesses, entre indivíduos da mesma família, não necessariamente visam obter vantagens e/ou direitos de cunho patrimonial e/ou pecuniário, principalmente diante da perspectiva do "direito de pertencer", já que nestes casos o deferimento da ação em seu benefício tem um valor inestimável. Os reflexos quanto ao direito de herança e os relacionados às obrigações alimentares, por exemplo, nem sempre são corretos, considerando os casos de reconhecimento de relação avoenga em que os avós não possuam patrimônio, ou necessários, no caso de o neto não necessitar de ajuda alimentar.

2. AVÓS NO NÚCLEO FAMILIAR

Dentre todas as relações intrafamiliares, certamente avós e netos vivenciam as mais açucaradas delas. Pelo que dizem, entendo que filhos têm ônus, netos, só bônus.

Com a chegada de uma criança, a família se reconfigura totalmente: os filhos passam a ser pais, enquanto os pais passam a ser avós, e, com isso, ocorre a importante transmissão geracional e psíquica:[1]

> Para apresentar a definição e delimitação da Transmissão psíquica geracional recorre-se ao texto eclosão dos vínculos genealógicos e transmissão psíquica (...). A transmissão psíquica geracional e seus mecanismos são articulados com os conceitos elaborados pela metapsicologia psicanalítica, tais como os de pulsão, narcisismo, identificação, trauma, recalcamento, denegação, significantes, fantasma e outros. A transmissão psíquica geracional ocorre por processos psíquicos inconscientes constituintes de subjetividades via linguagem, simbólicos, e também nas dimensões do imaginário e do real e nos vínculos geracionais familiares. A transmissão psíquica ultrapassa os campos do intrasubjetivo e do intersubjetivo, aquele restrito ao indivíduo, tomando a dimensão e o espaço do transubjetivo, expandindo a clínica a uma nova percepção da dimensão de trabalho. (...) A transmissão geracional tem duas modalidades – a intergeracional, transmitida pela geração mais próxima, pelos pais, na qual o material pode ser transformado e metabolizado, ou ainda comprometido e transmitido à próxima geração; e a transgeracional, em que o material psíquico da herança genealógica é inconsciente e não simbolizado, não é integrado no psíquico, este apresenta lacunas, elementos foracluídos, encriptados, e é transmitido por várias gerações.(...) A família é o espaço privilegiado para a transmissão transgeracional, nela

---

1. TRANSGERACIONALIDADE PSÍQUICA: UMA REVISÃO DE LITERATURA. Por Mauro Pioli Rehbein; Daniela Scheinkman Chatelard (Universidade de Brasília, Asa Norte, Brasília, DF, Brasil). Disponível em: [https://www.psicologiahailtonyagiu.psc.br/materias/ponto-vista/682-a-transmissao-psiquica-entre-geracoes]. Acesso em: 28.06.2020.

se articulam diversos mecanismos de identificação. As funções de contenção e elaboração do grupo familiar, como por exemplo, nas situações de violência ficam comprometidas em duas dimensões – na intrafamiliar, com as agressões de todas as ordens, e na político-social, com as guerras, ditaduras, genocídios e miséria.

Netos que convivem com seus avós desfrutam de um afeto insubstituível, no sentido de que o afeto existente nessa relação é diferente das demais. Isso não significa que seja melhor ou pior, maior ou menor, é simplesmente diferente. Talvez por ser mais doce e perfumado. Esse laço de afeto que envolve avós e netos lhes proporciona um voucher para a felicidade, por mais amplo e subjetivo que esse sentimento possa ser.

Como ter uma vida digna sem a "tal felicidade"?

Certamente pessoas mais felizes são as que mais foram e são amadas. Ao receberem mais afeto, são menos solitárias; quanto mais abraçadas, mais energizadas, mais fortes, corajosas e resilientes. Se proporcionam sorrisos, sorriem também, aliviando com isso as tensões, o estresse, mantendo-se mais imunizadas, satisfeitas, garantido uma mente mais saudável, fazendo com que o corpo libere mais oxitocinas e endorfinas, que são os "hormônios do aconchego" – "mente sã, corpo são" – afiançando, assim, a garantia e inviolabilidade de alguns dos seus direitos da personalidade.

A importância da convivência entre avós e netos é tanta, que passou a ser assegurada por lei, a Lei 12.398/11, que inclui um parágrafo único, no art. 1.589 do Código Civil. Sendo que, antes da promulgação Lei, esse direito já estava previsto pela Constituição Federal em seu artigo 227 e pelo Estatuto da Criança e Adolescente – Lei 8.069/90, nos artigos 16, V e 25.

A convivência é benéfica para ambas as gerações, já que os avós contribuem significativamente para a formação e desenvolvimento cultural, emocional, psicológico e social dos seus pequenos, lhes oferecendo a sabedoria adquirida em suas vidas. Esse conhecimento acaba sendo incorporado pelas crianças, mesmo que de forma inconsciente, o que poderá lhes favorecer em suas vidas adultas. Além disso, essa troca contribui para a sobrevivência das novas gerações e personifica a origem da família. Já os avós, quando convivem com uma geração muito mais nova, têm a oportunidade de terem novas ideias, novas motivações, encontram mais razões para viver com plenitude, saúde e energia, e ainda podem aprendem muito com ela. Dizem que as crianças são ótimas professoras para ensinar a lidar com as novas tecnologias!

Os avós trazem consigo suas arcas e baús cheios de histórias, mistérios e receitas mágicas que trazem conforto e, quando contam aos netos suas experiências, vivências, antigos fatos e histórias, as crianças passam a conhecer a História. Avós são humanos permeados de amor, que criam memórias que guardamos no coração.

Assim, além de agregar conhecimento e cultura aos seus descendentes, a convivência possibilita aos avós reviver o passado, através das "lentes da experiência", gerando com isso novas percepções. Ganha atenção o interlocutor, ganham conhecimento os ouvintes.

Muitas vezes a relação netos-avós vai muito além da convivência, já que é comum o fato de os avós sustentarem ou colaborarem com o sustento dessas crianças e adolescentes, e essa interação fortalece blinda o elo de gratidão e afeto entre eles. Isso pode resultar em uma codependência, uma gratidão recíproca, a qual contribuirá para que, no futuro, esses netos cuidem de seus avós com o mesmo carinho que receberam enquanto crianças/jovens. Evitando futuramente o abandono afetivo do idoso.

Outra importante contribuição dos avós para a vida dos netos e para a família como um todo se dá quando ocorre a ruptura da união estável ou conjugal dos pais. Esse é um período muito difícil para a família toda, pois, ainda que a divisão de leitos aconteça de forma consensual, mesmo que isso possa colocar um fim na tensão vivida pelas crianças em razão das brigas e discussões dos pais, a ruptura não deixa de gerar sofrimento a todos. Desfeito o enlace entre o casal, eles permanecerão sendo pai e mãe, por mais que às vezes se esqueçam disso.

Em meio a tudo isso, os avós, que também são atingidos pela transição familiar e tendem a sofrer, especialmente, diante das adversidades que seu filho ou filha está vivendo, são as pessoas mais adequadas e capazes de amparar seu filho(a), genro, nora e claro, os netos.

Essa condição destinada aos avós ocorre por diversas razões, como o fato de serem simplesmente mais velhos e consequentemente mais experientes, e possivelmente tenham tido a oportunidades de conhecer pessoas, quando não por acaso, elas próprias, que tenham passado por processos semelhantes.

Ainda neste sentido, o nosso entendimento é que de que os avôs e avós de hoje correspondem à primeira geração composta por um número expressivo de divórcios. Além de serem protagonistas e espectadores das mais expressivas mudanças sociais e legislativas brasileiras, dos últimos tempos, permeada ainda por muitas quebras de tabus, e constante luta contra a desigualdade de gênero (dentre outras), contra os preconceito de toda ordem, com destaque aos de cunho racial, sexual e religioso, em prol de uma sociedade mais solidária, justa e democrática.

Continuando a descrever as importantes contribuições dos avós, no âmbito familiar, diante as rupturas consensuais do casamento e/ou da união estável, afirmamos que o auxílio destes ascendentes se torna ainda mais necessária nos casos em que a ruptura familiar se dá de forma litigiosa, oportunizando mais desorientação e revolta dos pais, sendo comum que se voltem e se fechem à própria dor ou ainda, em muitos casos, obcecado em stalkear, conturbar, prejudicar ou chamar a atenção do seu ex, cegos pela vingança. Assim, ficam sem tempo e condições de cuidar adequadamente e principalmente olhar com amor para os seus filhos.

Enquanto isso, os avós, que geralmente só sabem olhar para os netos com todo o amor deste mundo desde que nascem, acolhem estas as crianças com afeto, lhes proporcionando, na medida do possível, maior estabilidade emocional, possibilitando que eles se sintam amados, amparados, seguros e mais preparados para enfrentar os tempos difíceis.

3. O DEVER DO DIREITO DE ADAPTAÇÃO ÀS TRANSFORMAÇÕES SOCIAIS

O desenvolvimento social traz mudanças culturais e comportamentais, alterando necessidades individuais e coletivas, exigindo a desafiadora adequação do Direito com a mesma prontidão. E com a globalização e a informatização, essas mudanças passaram a acontecer de forma ainda mais veloz.

A maior e mais importante alteração no ordenamento jurídico pátrio, especialmente em relação à Família, iniciou-se com o advento da Constituição Federal de 1988, que alinhada à Declaração dos Direitos Humanos, instituiu o Estado Democrático de Direito, fundamentado na Dignidade da Pessoa Humana, valorizando assim o ser humano, definindo os direitos e garantias fundamentais, atribuindo à Família especial proteção.

Com a promulgação da Constituição, as legislações posteriores, por obrigatoriedade, a seguiram. E, mesmo que ainda existam falhas, lacunas e talvez necessidade de novas normas, entendemos que a doutrina e a jurisprudência têm atendido aos anseios da sociedade.

A Lei maior, ao redefinir e ampliar conceitos, fez com que o judiciário se modernizasse, de modo a torná-lo mais eficiente. Isso exigiu uma reestruturação física e cultural dos operadores do direito, na utilização eficiente dos meios alternativos para a resolução de conflitos, como por exemplo a mediação, conciliação e arbitragem. Que, ao nosso entender, ainda precisam de profissionais mais qualificados, experientes, capazes de identificar os aspectos psicológicos e subjetivos que envolvem o caso em concreto, para que só assim possam conduzir com sucesso esse tipo de procedimento, principalmente se tratando de questões que envolvam as complexas e delicadas ações da esfera familiar.

Ainda nesse sentido, observamos que, ao contrário do que ocorre na maioria dos núcleos destinados a resoluções alternativas de conflitos, os membros da magistratura e do Ministério Público se mostram, na maioria das vezes, mais preparados tecnicamente e comprometidos em apaziguar as contendas familiares de forma responsável, reconhecendo a importância que lhes compete, diante das decisões e dos pareceres mais humanizados, levando em conta não somente a letra "fria das leis" mas as peculiaridades do caso em concreto, avaliando os reflexos que a suas atuações trarão nas vidas dos jurisdicionados diante das suas escolhas pessoais.

4. SEGREDOS PÚBLICA NA VIDA PRIVADA DE FAMÍLIA: A INTERVENÇÃO

É na família que a espécie humana se origina, se preserva e se imortaliza a cada nova geração. É no núcleo familiar que o ser humano inicia a sua configuração e estabelece suas primeiras conexões sociais e afetivas, alinhavadas ou não por vínculos consanguíneos.

Cabe ao Estado atuar de forma a resguardar a ordem e o bem estar social, disponibilizado meios que permitam ao indivíduo e à sua família se desenvolver, se capacitar, sem perder sua identidade pessoal e familiar, respeitando a privacidade e a intimidade. No entanto, é comum haver grande violência no núcleo familiar. Violência esta que se reflete na sociedade, obrigando que o público interfira no privado.

Os relacionamentos pessoais nem sempre são fáceis, e se intensificam com a rotina cotidiana, na intimidade do lar, por vários pretextos, em diferentes situações, como dificuldades financeiras, humilhações e frustrações pelo desemprego, exaustão em razão da dupla ou tripla jornada de trabalho, acúmulo de funções, uso de drogas e álcool, infidelidade, ciúmes, maus tratos, envolvimento com a criminalidade, violência física e/ou psicológica, preconceito, intolerância e desrespeito de um dos membros da família perante qualquer outro, seja em razão das suas escolhas pessoais, orientação sexual ou divergência de ideias, agravadas geralmente pelo medo e vergonha. Isso pode levar uma família à ruína.

No sentido de evitar o colapso do núcleo familiar, se faz necessária a intervenção estatal na vida privada. Pois, havendo harmonia, paz e respeito no núcleo familiar, seus reflexos repercutem socialmente.

A intervenção do Estado, se faz, em suma, por meios de políticas públicas, do poder de polícia e com a promulgação de leis protetivas, repressivas e reguladoras a fim de coibir ou pelo menos controlar e desestimular os atos ou comportamentos que possam colocar o núcleo familiar e consequentemente toda a sociedade em risco. Bem como garantir ao indivíduo os seus direitos fundamentais. O Estado que não reconhece ou nega direitos fundamentais e basilares a seus cidadãos, acaba por fomentar o ódio, a revolta, incentivando a desordem, dando causa às revoluções, aos conflitos e às guerras. Sendo assim, a segurança jurídica e o acesso à justiça são meios fundamentais para que o indivíduo busque os seus direitos a uma vida digna.

Quanto ao afeto, certamente o Estado nunca terá o condão de impor que uma pessoa aceite ou sinta afeto pela outra. Mas é dever Estado proteger e garantir a cada ser humano, seus direitos fundamentais, sendo o afeto uma destas garantias, reconhecidas juridicamente ao longo do tempo, e assegurar ao indivíduo, ao qual a exclusão, o abandono e o desamor, tenham trazidos danos, seja então reparados.

Entretanto, há limites quanto a essa intervenção pública. O Estado não pode se exceder e deve respeitar o Princípio da Autonomia Privada e da Mínima Intervenção Estatal.

5. DOS DIREITOS FUNDAMENTAIS E DOS DIREITOS DA PERSONALIDADE

Os direitos fundamentais à vida, à saúde, à liberdade, à educação, ao trabalho, à segurança, ao lazer e à previdência privada, entre outros, são reconhecidos e positivados pela Constituição Federal, visando assegurar ao indivíduo uma vida digna. Ou seja, direitos são baseados e alinhados ao Princípio da Dignidade Humana, que é uma cláusula geral constitucional, interpretada de diversas formas, em conformidade com os valores pessoais daqueles que o invocam, e merece ser celebrado, já que representa a evolução do direito, reconhecendo e sintetizando a existência humana, implicando assim no surgimento dos direitos da personalidade.

Os direitos da personalidade não devem ser confundidos com direitos de personalidade, já que personalidade é um conjunto complexo de características psicológicas, comportamentais, físicas e ideológicas que caracterizam e individualizam cada um de nós. Assim como os direitos fundamentais, os direitos da personalidade são aqueles direitos inerentes ao ser humano, que estão elencados e são reconhecidos no atual Código Civil, que dedica todo um capítulo a estes direitos.

Podemos definir os direitos da personalidade de forma sucinta como sendo tudo aquilo que garanta ao ser humano a sua própria existência, a sua vida, sua identificação pessoal, familiar e social, o nome, a integridade física e mental, a liberdade, a sociabilidade, a honra, a privacidade, a autoria, a imagem e outros, que se caracterizam, principalmente, por serem, absolutos, ou seja erga omnes, imprescritíveis, intransmissíveis, irrenunciáveis, ilimitados, impenhoráveis, extrapatrimonial e vitalícios.

Estes direitos podem ainda ser classificados em três categorias no nosso ordenamento jurídico: 1 – Direitos Morais, contidos em na nossa Lei Maior, em seu o artigo 5º, que garante respeito ao indivíduo e a preservação de sua reputação, da sua moral, honra e boa fama, lhe assegura a autoria das suas produções intelectuais etc.; 2 – Direitos à Integridade Física, tipificado por exemplo, pelo Código Civil atual, em seus artigos 13, 14 e 20, que tratam em suma das questões relacionadas à preservação da vida e da saúde do corpo físico, por sua integridade, permitindo ainda o transplante de órgãos e a proteção aos direitos de imagem (fotografia, vídeo e voz); 3 – Direitos à Integridade Psíquica, que também encontra garantia no Código Civil, no artigo 21, que garante a saúde mental, emocional e psíquica, bem como a intimidade, a privacidade, a liberdade entre outros direitos individuais.

Toda pessoa tem seus direitos fundamentais e da personalidade protegidos por lei, de forma ampla e irrestrita, na vida *on* ou *off-line*, inclusive em meio ao seu próprio núcleo familiar, por ser este ambiente uma micro sociedade, onde cada indivíduo inicia suas relações sociais, sendo as relações extrafamiliares um reflexo das intrafamiliares, pois, se a família muda, a sociedade muda.

Por isso é tão importante que seja o lar o primeiro lugar onde uma pessoa deverá conhecer estes direitos, que podemos dizer, a grosso modo, fazem parte de uma boa educação. E assim, impor que os seus direitos sejam respeitados, da mesma forma respeitar, e jamais violar os direitos da personalidade dos outros membros familiares, e de quem mais estiver dentro ou fora do lar, *on-line* ou *off-line*.

A tutela dos direitos da personalidade deve ser garantida integralmente, inclusive no âmbito familiar, através da intervenção do Estado, ou seja, poderá o público interceder no privado, afim de garantir a fruição dos direitos de uma pessoa, prevenindo ou impedindo a violação dos direitos da outra, sendo que a violação direitos poderá ser compensada por meio indenizatório.

Ao observarmos os direitos da personalidade no contexto familiar, podemos perceber que as escolhas dos filhos, mesmo adultos e totalmente capazes, ainda geram obrigações aos pais, no sentido de que os avós terão, por exemplo, a obrigação subsidiária de prestar alimentos aos netos, sejam eles biológicos, afetivos ou adotivos. Solidariedade familiar.

Assim, mesmo que os avós não aprovem aquela criança como neta, incapazes de compreender ou aceitar as motivações que levaram o seu filho ou filha a criar uma criança com a qual não tenha laços consanguíneos, com o "agravante" de que essa criança não "possua a aparência que julgam ser ideal" ou ainda por quaisquer outros motivos ou condições, por preconceito e/ou ignorância, por razão ou emoção. Por entenderem, por exemplo, ser obrigatório, para que seu filho (a), tenha "capacidade" ou o "direito" de ser pai ou mãe, possuir uma condição financeira estável, por não aprovarem o companheiro(a) escolhida pelo seu filho(a), ou ainda por não aprovarem o estilo de vida que seu filho(a) tenha escolhido para si, estes avós terão deveres e obrigações para com aquela criança.

6. AÇÃO DE RECONHECIMENTO AVOENGA

Com o propósito de discorrer de forma prática, objetiva e exemplificativa acerca de alguns dos direitos da personalidade, incorporados a litígios intrafamiliares, envolvendo avós e netos, elegemos para tal a ação que busca o reconhecimento ou não a parentalidade entre eles.

Devemos repetir e enfatizar que o reconhecimento judicial de relação de avosidade, está respaldado pelo Princípio da Dignidade da Pessoa Humana, e que se remete aos direitos fundamentais e da personalidade, de caráter absoluto e oponível a todas as demais pessoas.

Assim, é muito comum que cada uma das partes invoque mais de um desses direitos, em face da outra parte, que também os invocará, podendo haver um choque desses direitos. Exigindo assim o conhecimento técnico e poder argumentativo dos advogados, cabendo ao julgador aplicar Princípios da Razoabilidade, somado ao bom senso, entendimento técnico e experiência para que assim materialize os Princípios da ampla defesa, do contraditório e livre convencimento motivado, em sua decisão, sendo este o meio pelo qual o Estado demonstra o seu poder em solucionar e/ou pacificar as relações sociais conflituosas, com garantia da segurança jurídica.

Os direitos que geralmente são invocados nas ações de reconhecimento da avosidade, que se direcionam à composição coercitiva de parentalidade, são os da identidade pessoal familiar, o direito ao nome, ou melhor dizendo, ao sobrenome, o direito de conhecer o seu histórico familiar, a sua ancestralidade, que reflete na verdade biológica (origem genética), como também os direito de filiação, privacidade e intimidade (geralmente do investigado), e como veremos mais adiante, ao nosso entender, buscar o seu direito de pertencer.

Paulo Lôbo contribui para a identificação dos direitos invocados pelas partes conflitante, afirmando que:[2]

> Em diversos trabalhos, desde 1999, procuramos salientar a distinção necessária que se há de fazer entre o direito ao reconhecimento à parentalidade (paternidade, maternidade, filiação e demais relações de parentesco) e direito ao conhecimento da origem genética ou biológica. O primeiro diz respeito ao direito da personalidade, de caráter absoluto e oponível a todas as demais pessoas. O segundo emerge das relações de família. " e prossegue " Se são distintos os direitos (direito da personalidade e direito de família), então não se pode pretender a obtenção do conhecimento da origem genética mediante ação de investigação de paternidade. O que se busca é esclarecer a origem genética, mas não a atribuição de paternidade ou maternidade, ou a negação da parentalidade já constituída. Quando uma pessoa que foi adotada pugna por conhecer sua origem genética e consegue seu intento, disso não resulta o desfazimento da relação parental/filial. Do mesmo modo, se tiver sido concebido a partir de sêmen de homem que não é seu pai. Pode-se afirmar que as situações de genitor biológico e de pai nem sempre estão reunidas.

---

2. LÔBO, Paulo Luiz Netto. Direito ao conhecimento da origem genética difere do direito à filiação. *Consultor Jurídico*, 14 de fevereiro de 2016. Disponível em: [https://www.conjur.com.br/2016-fev-14/processo-familiar-direito-conhecimento-origem-genetica-difere-filiacao]. Acesso em: 28.06.2020.

Para melhor compreender ainda a dinâmica das ações de reconhecimento de parentalidade entre avós e netos, devemos observar os rígidos e limitadores termos do artigo 1.606 do Código Civil,[3] que determina que nas ações de prova de filiação é atribuída somente ao suposto filho, enquanto viver, passando aos herdeiros, somente se este filho vier a falecer enquanto menor ou incapaz. E somando ao fato de que a regra geral, ninguém poderá demandar em nome próprio, direito alheio, a legitimidade ativa, que é um dos pressupostos da ação, seria então exclusiva do filho deste filho. Assim, raras seriam as possibilidades de um neto (herdeiro) possuir a legitimidade para pleitear uma investigação de paternidade em face do seu suposto avô para que este fosse, então, declarado pai de seu pai.

A rigorosa norma fez então surgir três posicionamentos interpretativos diversos, tanto doutrinários quanto jurisprudenciais acerca desta questão.

O primeiro posicionamento seria o mais rígido dos três, fundamentado exclusivamente no já referido artigo 1.606 do CC, assim, repetimos que o neto só poderia demandar este tipo de ação, caso o seu pai tivesse falecido menor ou incapaz.

Posteriormente, surge o segundo posicionamento, mais moderado, mais flexível, no sentido de permitir ao suposto neto demandar ação de reconhecimento avoenga em face do suposto avô, caso o seu pai tivesse falecido independentemente se menor ou incapaz. Ou seja, assegura ao suposto neto legitimidade para a propositura da ação, somente em razão do falecimento de seu pai, e assim não estaria em nome próprio, invocando direito alheio e sim em nome próprio, pleiteando direito próprio, em busca da sua ancestralidade, do seu histórico familiar, seu sobrenome, seu pertencimento naquele grupo familiar, e em caso de necessidade, garantir a sua sobrevivência digna, já que com o reconhecimento de parentalidade, e pelo princípio da solidariedade familiar, passa ter direito de pleitear pensão alimentícia em face de seus avós, além de ter assegurado seu direitos patrimoniais, em razão de herança, por exemplo.

Finalmente, o terceiro posicionamento doutrinário e jurisprudencial normativo se caracteriza por ser o mais flexível dentre os três, por permitir ao suposto neto demandar ação de reconhecimento avoenga, em face de seu suposto avô ou avó, independentemente de seu pai ter falecido ou não, sob o argumento de que estaria em direito próprio, pleiteando direito próprio mesmo seu pai estando vivo, já que tem o direito da personalidade. Isso lhe permite buscar a sua ancestralidade, o seu direito de pertencer àquele grupo familiar, ou, caso necessário, ainda tenha a possibilidade de receber pensão alimentícia complementar de seus avós, caso os alimentos que esteja recebendo de seu pai sejam insuficientes à sua sobrevivência.

Carlos Mathias Coltro[4] comenta o art.1.606: "Aludindo o Código à possibilidade de os herdeiros moverem a ação se o interessado vier a morrer menor ou incapaz, por lógico que deixou claro não ser-lhes possível substituírem-no quando tiver capacidade

---

3. Código Civil, Artigo 1.606. A ação de prova de filiação compete ao filho, enquanto viver, passando aos herdeiros, se ele morrer menor ou incapaz. Parágrafo único. Se iniciada a ação pelo filho, os herdeiros poderão continuá-la, salvo se julgado extinto o processo.
4. COLTRO, Antônio Carlos Mathias. Do Direito de Família (Art.1.511 a 1.638). v. XIV. In: ARRUDA ALVIM, ALVIM, Thereza (Coord.). *Comentários ao Código Civil Brasileiro*. Rio de Janeiro: Forense, 2006, p. 344.

plena, caso em que, se não propôs a ação" (...) "Entende a lei que foi vontade presumida do filho falecido não dar andamento à questão pela via judicial, devendo assim ser respeitada sua vontade", na orientação de Venosa, já que inúmeras e fortes razões poderia ter ele para adotar tal posição, relegando o assunto ao esquecimento".

Acreditamos que as divergência de posicionamentos, tanto jurisprudenciais quanto doutrinários, acontecem em razão da observação de outros dois dispositivos legais, o artigo 27 do Estatuto da Criança e Adolescente,[5] que reconhece o estado de filiação como sendo um direito da personalidade, por ser personalíssimo, indisponível e imprescritível, bem como exigir esses direitos em face de seus pais ou seus herdeiros, sem qualquer restrição.

E ainda o artigo 1.591 do Código Civil de 2002,[6] que normatiza as relações de parentesco em linha reta, sem impor de sua limitação quanto ao número de gerações que por consequência, determina que todas as pessoas oriundas de um tronco ancestral comum, sempre serão considerados parentes entre si, por mais afastadas que estejam as gerações.

Com isso, jurisprudência consolidou o entendimento pela incontestável existência de relação de parentesco na linha reta a partir do segundo grau e, por consequência, essas germinarão todos os efeitos que o parentesco de filiação (primeiro grau) faria nascer, ou ainda brotar. Reconhecendo a legitimidade dos netos, bisnetos, tataranetos, de demandar em face de os seus avós, bisavós, tataravós, tendo então reconhecido também a existência de relação de parentesco.

Desde o ano 1990, o Superior Tribunal de Justiça (STJ) passou a reconhecer a possibilidade de o neto demandar em face de seu avô, para obter o reconhecimento de paternidade de seu pai. Mas foi a Segunda Seção do Superior Tribunal de Justiça que, em junho de 2010, proferiu decisão mais inovadora à época, (mesmo não sendo a primeira neste sentido) que ainda hoje, doze anos depois, merece ser destacada, tamanha é a sua relevância para o direito de família, especialmente tutelado pelos direitos da personalidade.

A decisão do STJ, da relatoria da Ministra Nancy Andrighi, reformou acórdão do Tribunal de Justiça do Rio de Janeiro que havia extinguido o processo sem julgamento de mérito por acolher a tese de carência de ação. Os desembargadores decidiram pela impossibilidade jurídica do pedido de investigação de paternidade do suposto neto em face do suposto avô, diante da inércia do filho. Ou seja, adotaram a tese mais rígida, conforme explicamos anteriormente.

Diante a representatividade e relevância do Recurso Especial 807849 RJ 2006/0003284-7. Relatora: Ministra Nancy Andrighi, publicado em 06/08/2010 segue a citação da sua emenda:

---

5. Estatuto da Criança e do Adolescente Art. 27. O reconhecimento do estado de filiação é direito personalíssimo, indisponível e imprescritível, podendo ser exercitado contra os pais ou seus herdeiros, sem qualquer restrição, observado o segredo de Justiça. Disponível em: [http://www.planalto.gov.br/ccivil_03/leis/l8069.htm]. Acesso em: 22.06.2020.
6. Código Civil de 2002, Artigo 1.591. São parentes em linha reta as pessoas que estão umas para com as outras na relação de ascendentes e descendentes. Disponível no seguinte endereço eletrônico [http://www.planalto.gov.br/ccivil_03/leis/2002/L10406compilada.htm]. Acesso em: 22.06.2020.

Direito civil. Família. Ação de declaração de relação avoenga. Busca da ancestralidade. Direito personalíssimo dos netos. Dignidade da pessoa humana. Legitimidade ativa e possibilidade jurídica do pedido. Peculiaridade. Mãe dos pretensos netos que também postula seu direito de meação dos bens que supostamente seriam herdados pelo marido falecido, porquanto pré-morto o avô. – Os direitos da personalidade, entre eles o direito ao nome e ao conhecimento da origem genética são inalienáveis, vitalícios, intransmissíveis, extrapatrimoniais, irrenunciáveis, imprescritíveis e oponíveis erga omnes. – Os netos, assim como os filhos, possuem direito de agir, próprio e personalíssimo, de pleitear declaratória de relação de parentesco em face do avô, ou dos herdeiros se pré-morto aquele, porque o direito ao nome, à identidade e à origem genética estão intimamente ligados ao conceito de dignidade da pessoa humana. – O direito à busca da ancestralidade é personalíssimo e, dessa forma, possui tutela jurídica integral e especial, nos moldes dos arts. 5º e 226, da CF/88. – O art. 1.591 do CC/02, ao regular as relações de parentesco em linha reta, não estipula limitação, dada a sua infinitude, de modo que todas as pessoas oriundas de um tronco ancestral comum, sempre serão consideradas parentes entre si, por mais afastadas que estejam mas gerações; dessa forma, uma vez declarada a existência de relação de parentesco na linha reta a partir do segundo grau, esta gerará todos os efeitos que o parentesco em primeiro grau (filiação) faria nascer. – A pretensão dos netos no sentido de estabelecer, por meio de ação declaratória, a legitimidade e a certeza da existência de relação de parentesco com o avô, não caracteriza hipótese de impossibilidade jurídica do pedido; a questão deve ser analisada na origem, com a amplitude probatória a ela inerente. – A jurisprudência alemã já abordou o tema, adotando a solução ora defendida. Em julgado proferido em 31/1/1989 e publicado no periódico jurídico NJW (Neue Juristische Woche) 1989, 891, o Tribunal Constitucional Alemão (BVerfG) afirmou que os direitos da personalidade (Art. 2 Par.1º e Art. 1º Par.1º da Constituição Alemã) contemplam o direito ao conhecimento da própria origem genética. – Em hipótese idêntica à presente, analisada pelo Tribunal Superior em Dresden (OLG Dresden) por ocasião de julgamento ocorrido em 14 de agosto de 1998 (autos 22 WF 359/98), restou decidido que em ação de investigação de paternidade podem os pais biológicos de um homem já falecido serem compelidos à colheita de sangue. – Essa linha de raciocínio deu origem à reforma legislativa que provocou a edição do § 372a do Código de Processo Civil Alemão (ZPO) em 17 de dezembro de 2008, a seguir reproduzido (tradução livre): § 372a Investigações para constatação da origem genética. I. Desde que seja necessário para a constatação da origem genética, qualquer pessoa deve tolerar exames, em especial a coleta de amostra sanguínea, a não ser que o exame não possa ser exigido da pessoa examinada. II. Os §§ 386 a 390 são igualmente aplicáveis. Em caso de repetida e injustificada recusa ao exame médico, poderá ser utilizada a coação, em particular a condução forçada da pessoa a ser examinada. – Não procede a alegada ausência de provas, a obstar o pleito deduzido pelos netos, porque ao acolher a preliminar de carência da ação, o TJ/RJ não permitiu que a ação tivesse seguimento, sem o que, não há como produzir provas, porque não chegado o momento processual de fazê-lo. – Se o pai não propôs ação investigatória quando em vida, a via do processo encontra-se aberta aos seus filhos, a possibilitar o reconhecimento da relação avoenga; exigem-se, certamente, provas hábeis, que deverão ser produzidas ao longo do processo, mas não se pode despojar do solo adequado uma semente que apresenta probabilidades de germinar, lançando mão da negativa de acesso ao Judiciário, no terreno estéril da carência da ação. – O pai, ao falecer sem investigar sua paternidade, deixou a certidão de nascimento de seus descendentes com o espaço destinado ao casal de avós paternos em branco, o que já se mostra suficiente para justificar a pretensão de que seja declarada a relação avoenga e, por consequência, o reconhecimento de toda a linha ancestral paterna, com reflexos no direito de herança. – A preservação da memória dos mortos não pode se sobrepor à tutelados direitos dos vivos que, ao se depararem com inusitado vácuo no tronco ancestral paterno, vêm, perante o Poder Judiciário, deduzir pleito para que a linha ascendente lacunosa seja devidamente preenchida. – As relações de família tal como reguladas pelo Direito, ao considerarem a possibilidade de reconhecimento amplo de parentesco na linha reta, ao outorgarem aos descendentes direitos sucessórios na qualidade de herdeiros necessários e resguardando-lhes a legítima e, por fim, ao reconhecerem como família monoparental a comunidade formada pelos pais e seus descendentes, inequivocamente movem-se no sentido de assegurar a possibilidade de que sejam declaradas relações de parentesco pelo Judiciário, para além das hipóteses de filiação. – Considerada a jurisprudência do

STJ no sentido de ampliar a possibilidade de reconhecimento de relações de parentesco, e desde que na origem seja conferida a amplitude probatória que a hipótese requer, há perfeita viabilidade jurídica do pleito deduzido pelos netos, no sentido de verem reconhecida a relação avoenga, afastadas, de rigor, as preliminares de carência da ação por ilegitimidade de parte e impossibilidade jurídica do pedido, sustentadas pelos herdeiros do avô. – A respeito da mãe dos supostos netos, também parte no processo, e que aguarda possível meação do marido ante a pré-morte do avô dos seus filhos, segue mantida, quanto a ela, de igual modo, a legitimidade ativa e a possibilidade jurídica do pedido, notadamente porque entendimento diverso redundaria em reformatio in pejus. Recurso especial provido.

7. O DIREITO DE PERTENCER

Pertencer. Tocar alguém. Formar ou fazer parte. Ter relação. Ou ainda, ser visto.

Entendemos que este é um direito inerente ao ser humano, que se relaciona ao direito à identidade familiar, à busca pela identidade genética, à busca pela ancestralidade, ao reconhecimento de parentalidade, ao nome, um pouco de tudo, tudo junto e ainda diferente de qualquer um deles.

Pertencer a uma família vai além de ser reconhecido como parte dela ou ter direito a um sobrenome, vai além de ser reconhecido pela sociedade, se tornar herdeiro, é muito mais do que curiosidade, obter afetividade, ser reconhecido como filho, neto... Vai além de conhecer o seu DNA. É do direito de ser reconhecido por si mesmo. É o direito de visto. O que não se confunde com ser reconhecido. Da mesma forma que privacidade não se confunde com intimidade.

Muitas pessoas, em especial as crianças, que façam parte de uma família afetuosa, consanguínea, que tenha conhecido e convivido com seus ancestrais, ainda assim pode não ser vista pelos seus familiares. E ao apresentar alguns problemas comportamentais ou emocionais, são encaminhadas ao psicólogo, matriculadas nas na escolinha de artes, ganham um Ipad e vida que segue.

Quando os pais se divorciam, quem geralmente vai para a terapia são as crianças. Quando um irmãozinho chega em casa, é normal que a irmão mais velho sinta ciúmes, ficando mais manhoso, bravo. E faz tudo isso porque quer "chamar atenção" porque quer ser visto. Quem se sente excluído ou rejeitado deseja ser visto, deseja pertencer.

Processos litigiosos de dissolução de união estável e/ou divórcios, nos quais as partes duelam pelo aparelho de barbear ou pelo disco do Cartola, praticam alienação parental, chantagem emocional, ameaçam se suicidar, sem falar dos valores desmedidos de alimentos, da partilha de bens, entre outras birras que ao nosso entender se resumem em um grito de socorro que diz : "Olhe para mim! Minha mãe nunca olhou para mim, nem meu pai, agora eu quero que você me veja!".

Os filhos socioafetivos, adotivos, que foram criados em lares amorosos, estudaram nas melhores escolas, nunca passaram qualquer necessidade nem vontade, amam seus pais e avós, mas ainda almejam ser vistos pela sua família biológica. É uma necessidade que transpassa a curiosidade de saber com quais mãos as suas se parecem, qual é o rosto da mulher que deu a vida ou porque foi deixado numa caixa de sapatos em frente àquela porta.

Ainda neste sentido, entendemos que não existe comparação entre pais biológicos ou afetivos, mãe de barriga e mãe de coração. Não entendemos que os pais afetivos e adotivos são menos importantes, maravilhosos etc. do que os pais biológicos. Pois muitas vezes em vários quesitos os pais que criam são muito mais do que os pais biológicos. Entretanto, comparar água e vinho? Como comparar e mensurar o valor de quem lhe deu a vida, com quem tornou a sua vida digna?

O nosso entendimento é de que os pais afetivos, adotivos, deveriam ser gratos àquele homem e àquela mulher, reconhecendo que somente em razão da combinação genética dos dois foi possível aquela criança existir. Ou seja, se não fosse aquele homem junto com aquela mulher, eles não seriam pais, mães daquela criança.

Talvez a necessidade de se comparar com o outro, de ser preterido, escolhido, seja também um exemplo que demonstre a necessidade de ser visto.

E ao ser visto, o indivíduo se sente pertencente, incluso, reconhecido para si mesmo, e consequentemente, se sente mais satisfeito, leve, completo, se livrando da angústia, da depressão, do medo, da sensação de incapacidade, inferioridade, de exclusão, da rejeição. Com isso, se sente merecedor e capaz de se desenvolver como ser humano, em todos os diferentes aspectos da vida.

O psicólogo americano Abraham Maslow, famoso em meados do século XX, liderou o movimento da psicologia humanista. definiu necessidade de pertencer ou "necessidade de pertencimento" afirmando que as pessoas são seres sociais que têm uma necessidade de pertencer a um grupo, amar os outros, e ser amados.

Maslow nos ensinou que, se as pessoas não podiam atender a essa necessidade de pertencer, a sua necessidade de autoestima não seria capaz de ser satisfeita. Assim, o indivíduo que é excluído, não reconhecido, e não se sente aceito pelos outros e ou socialmente, é incapaz de desenvolver a sua autoestima, não se desenvolvendo adequadamente.

Kristin Neff, em seu livro Autocompaixão:[7] Pare de se torturar e deixe a insegurança pra trás, diz que Abram Maslow entendeu que as necessidades de crescimento e felicidade individual não poderão ser alcançadas sem primeiro satisfazermos a necessidade mais básica da conexão humana. Que, sem laços de amor e afeto com os outros, não conseguimos alcançar o nosso pleno potencial como seres humanos.

Da mesma forma, o psicanalista Heinz Kohut que desenvolveu um modelo chamado de "psicologia do self" no início da década de 1970, propôs que o "ato de pertencer" é uma das principais necessidades do self.

---

7. Nota do editor: este texto é um trecho do livro Autocompaixão: Pare de se torturar e deixe a insegurança pra trás, de Kristin Neff, professora no departamento de Psicologia Educacional na Universidade do Texas e pesquisadora de autocompaixão. Ele foi traduzido e publicado pela editora Lúcida Letra, do Vitor Barreto, amigo e autor no Papo de Homem. É parte de uma parceria nasce do respeito que temos pelo trabalho da editora, que promove um conteúdo de florescimento humano apoiado por nós. Você pode também comprar o livro Autocompaixão: Pare de se torturar e deixe a insegurança pra trás, da Kristin Neff, clicando na imagem abaixo ou nos links da nota, que te leva direto pro carrinho com frete grátis. Disponível em: [https://papodehomem.com.br/a-necessidade-de-pertencer-ficamos-melhores-quando-percebemos-a-experiencia-humana-compartilhada/]. Acesso em: 15.06.2020.

Heinz Kohut observou que uma das principais causas dos problemas de saúde mental nas pessoas, acontece em razão do seu não pertencimento, do entendimento pessoal de ser excluído e/ou afastamento de nossos semelhantes. Solidão.

Kohut definiu o ato de pertencer como a sensação de ser um "humano entre seres humanos" assim, eu entendo que somos todos iguais, com as nossas importantes diferenças, nos tornando resilientes o que nos capacita para nos conectarmos entre nós de forma mais saudável e respeitosa, comportamentos vitais garantidores de uma sociedade moral e ética, permeada de segurança jurídica.

Para finalizar este texto, trago parte do artigo[8] "Direito ao Conhecimento das Origens Genéticas no Brasil" escrito por Alisson José Maia Melo, que comenta assertivamente parte do texto do livro, "Uma Prova do Céu: a jornada de um neurocirurgião à vida após a morte." de autoria de Eben Alexander III, que se alinha ao nosso entendimento, e contribuirá para a compreensão deste texto.

> O neurocirurgião Eben Alexander III narra a experiência de quase morte em que vivenciou em 2008, em virtude de uma enfermidade neurológica que o deixou em coma durante uma semana, juntamente com o acompanhamento clínico no hospital na presença de sua família. No entanto, em meio a uma narrativa e outra, o autor traz um interessante relato em torno da sua condição familiar: Muito cedo – tão cedo que nem me lembro de quando foi – mamãe e papai me revelaram que eu era adotado (ou ‚escolhido', como eles diziam, uma vez que me garantiram que souberam que eu era filho deles no momento em que me viram). Eles não eram meus pais biológicos, mas me amavam como seu eu fosse a própria carne e sangue. Assim, ele cresceu sabendo que foi adotado, mas não somente isso. Também chegou a conhecer parte da história da sua vida: Quando me deu à luz, em dezembro de 1953, minha mãe biológica tinha apenas 16 anos, era estudante secundária e solteira. O namorado dela era mais velho, porém não tinha condições de sustentar um filho, então concordou em dar o bebê para a adoção, já que nenhum dos dois me queria. O conhecimento de tudo isso veio tão cedo que se tornou simplesmente uma parte do que eu era, uma parte tão aceita e inquestionável quanto a cor dos meus cabelos e o fato de eu gostar de hambúrgueres e detestar couve-flor. Eu amava meus pais adotivos tanto quanto amaria se tivéssemos alguma relação de sangue, e claramente eles sentiam o mesmo por mim. Trata-se tipicamente do caso no qual a condição familiar é inteiramente propícia para a manutenção dos laços afetivos, independentemente da origem genética. Como relata o próprio narrador: – Cresci no seio de uma família que não somente me amava, mas que acreditava em mim e apoiava os meus sonhos. Inclusive o sonho que ganhou corpo no ensino médio e que eu nunca deixei escapar até que conseguisse realizá-lo: ser um neurocirurgião como papai. No entanto, isso não foi o suficiente para impedir que o autor buscasse conhecer suas origens. Chegou a tentar no passado, sendo que no Estado da Carolina do Norte as regras de adoção são muito rígidas, especialmente para proteção do anonimato dos adotados e pais biológicos. Depois quando constituiu sua própria família, a questão teria desaparecido. Mas ela foi retomada pelos seus filhos. Já perto o autor dos seus 45 anos, seu filho mais velho com 12 foi instigado, por conta de um projeto escolar, a investigar sobre sua herança familiar. O narrador tentou novamente contato com a assistência social da casa de adoção, quando no ano seguinte, estava ao volante quando recebeu uma ligação com a notícia de que seus pais biológicos teriam eventualmente se casado. Informação que mexeu com os sentimentos do narrador: Meu coração disparou dentro do

---

8. Álisson José Maia Melo, Doutorando em Direito pelo Programa de Pós-Graduação da Universidade Federal do Ceará (PPGD/UFC). Mestre e Bacharel em Direito pela Universidade Federal do Ceará (UFC). Especialista em Direito Tributário pela Faculdade 7 de Setembro (Fa7). Analista de Regulação da Agência Reguladora de Serviços Públicos Delegados do Estado do Ceará (Arce), em seu artigo "Direito ao Conhecimento das Origens Genéticas no Brasil", onde comenta o Livro, Em Uma Prova do Céu (ALEXANDER III, Eben. Uma prova do céu: a jornada de um neurocirurgião à vida após a morte. Tradução de Joel Macedo. Rio de Janeiro: Sextante, 2013.) Disponível em: [http://publicadireito.com.br/artigos/?cod=2c6b973401b42ba0]. Acesso em: 27.06.2020.

peito e a estrada na minha frente de repente assumiu contornos vagos e irreais. Embora eu soubesse que meus pais tinham se apaixonado, sempre presumi que, após terem me abandonado, suas vidas tomariam rumos opostos. Instantaneamente uma imagem surgiu em minha cabeça. Um retrato de meus pais biológicos e do lar que eles construíram em algum lugar. Um lar que eu nunca conheci. Um lar ao qual *eu não pertencia*. Não bastante, foi-lhe comunicado na mesma oportunidade que seus pais tiveram outros três filhos, mas que um deles havia falecido recentemente e por conta disso não gostariam de conhecê-lo. As duas notícias foram fulminantes para o bem-estar psicológico de um neurocirurgião de seus já 45 anos, que teve uma família adotiva exemplar: Em alguns minutos, a visão que eu tinha de mim mesmo havia mudado inteiramente. Depois daquele telefonema eu continuava sendo, claro, tudo o que era antes: um cientista, um médico, um pai, um marido. Mas pela primeira vez na vida me senti um órfão. Alguém que havia sido abandonado. Alguém que não era aceito nem desejado. Antes daquela conversa, eu nunca me sentira daquele jeito. Jamais tinha pensado nos meus pais biológicos como pessoas que eu tivesse perdido e que nunca pudesse recuperar. Mas, de repente, essa era a única coisa que eu conseguia enxergar sobre mim mesmo. Nos meses seguintes um oceano de desolação se apossou de mim: era uma tristeza que ameaçava me afundar e afogar tudo pelo que eu tinha trabalhado tão diligentemente para construir até então em minha vida. Ainda nas palavras do próprio autor: Mas por que eu não poderia arrancar o mal pela raiz? Simplesmente não parecia correto que uma parte esquecida do meu passado – uma parte que, afinal de contas, eu não podia controlar – pudesse me desestruturar tanto emocional quanto profissionalmente. E assim, o autor entrou numa depressão que afetou sua relação conjugal e sua vida profissional, depressão que perdurou cerca de 7 anos, quando, resolvendo novamente contatar sua família biológica, através de uma carta a uma irmã, na qual informava que seu interesse era saber sobre a vida e a personalidade da família, recebeu uma notícia positiva no sentido de conhecer sua família biológica. Conhecendo sua família biológica, o próprio autor conseguiu identificar traços comuns de comportamento. Logo no prólogo da obra, o autor revela que foi paraquedista esportivo da Universidade da Carolina do Norte durante a faculdade e que fez 365 saltos de paraquedas durante a faculdade, contabilizando cerca de 3 horas e meia em queda livre. Não obstante, recebeu da própria irmã algumas informações sobre seu pai: Quando ela relatou que meu pai biológico havia sido um paraquedista no Vietnã, isso não me surpreendeu: não era por acaso, então, que sempre gostei de saltar de aviões e voar. Meu pai também fez treinamento para astronauta na Nasa durante as missões Apollo nos anos 1960 (cheguei a pensar em me candidatar às missões dos ônibus espaciais em 1983). Além disso, ele foi piloto comercial, tendo trabalhado na Pan Am e na Delta. Após ter conhecido seus pais biológicos e a história deles, o autor faz o seguinte relato: Todos esses encontros marcaram o fim da era que chamei de 'Anos do Não Saber' – um tempo marcado por uma dor terrível que, soube mais tarde, era igual à que eles sentiam em relação a mim. [...] Estranhamente, ao encontrar minha família de sangue, pela primeira vez na vida senti que as coisas realmente estavam bem. Família é importante, e eu tinha uma parte da minha de volta. Foi quando descobri que o conhecimento de suas origens tem o poder de curar sua vida de maneira inesperada. Saber de onde vim, conhecer minhas origens biológicas, me permitiu enxergar – e aceitar – coisas que nunca imaginei ser capaz de entender. Ao encontrá-los, pude finalmente me livrar da ideia perturbadora de que eu não tinha sido amado pela minha família de sangue. Essa suspeita me levou a acreditar, por muitos anos, que eu não merecia ser amado e nem mesmo existir. Descobrir que eu tinha sido amado desde o comecinho da vida deflagrou um processo de cura interior de proporções inimagináveis. Comecei a experimentar uma sensação de completude que nunca havia vivenciado. Com essas palavras introdutórias, o presente trabalho dedica-se ao estudo do direito ao conhecimento das origens genéticas, como peça fundamental dos chamados direitos da personalidade. O próprio relato fala por si: tanto a falta de conhecimento como o conhecimento posterior afetaram profundamente o bem-estar psicológico e a própria noção de identidade de um neurocirurgião consagrado profissionalmente, um pai de família já de meia-idade. O enfoque é realizado com miras ao Direito brasileiro, em virtude da nossa localização cultural e da importância de trazer esse tema para nosso ordenamento jurídico. No entanto, o principal referencial teórico adotado é a obra de Rafael Reis, voltada para a realidade institucional portuguesa. (...). (destaque nosso).

Diante das características apresentadas dos direitos da personalidade e dos direitos fundamentais no contexto da parentalidade, especialmente com relação aos laços que unem as gerações dos antepassados com seus descendentes, conclui-se o quanto é importante a regulação e a aplicabilidade dos direitos individuais para a garantia da dignidade humana e a preservação da família.

Buscamos ainda, com a identificação e a importância do direito de pertencimento, efetivá-lo com a sua positivação em nosso ordenamento jurídico.

O LITISCONSÓRCIO ENTRE PAIS E AVÓS NAS AÇÕES DE ALIMENTOS: COMPREENDENDO UMA MEGERA INDOMADA EM TRÊS ATOS[1]

Cristiano Chaves de Farias

Mestre em Família na Sociedade Contemporânea pela Universidade Católica do Salvador – UCSal. Professor da Faculdade Baiana de Direito. Professor do Complexo de Ensino Renato Saraiva – CERS. Membro da Diretoria Nacional do Instituto Brasileiro de Direito de Família – IBDFAM. Promotor de Justiça do Ministério Público do Estado da Bahia.

Sumário. 1. Abertura ou introdução: Os efeitos jurídicos decorrentes das famílias avoengas a partir das diferentes funções exercidas pelos seus membros. 2. Primeiro ato: a megera é indomável? A (falsa) impressão do descabimento de litisconsórcio entre pais e avós na ação de alimentos. 3. Segundo ato: como domar a megera? O cabimento do litisconsórcio eventual entre pais e avós na ação de alimentos. 4. Terceiro ato: para domar uma megera é preciso soluções criativas? A obrigação alimentícia avoenga e o cabimento de um litisconsórcio facultativo atípico por iniciativa extensiva dos avós demandados e do Ministério Público. 5. Quarto ato: à guisa de um epílogo com final feliz: a instrumentalidade do processo e a efetividade da prestação jurisdicional alimentícia como justificativa do litisconsórcio eventual e facultativo entre pais e avós.

1. ABERTURA OU INTRODUÇÃO:[2] OS EFEITOS JURÍDICOS DECORRENTES DAS FAMÍLIAS AVOENGAS A PARTIR DAS DIFERENTES FUNÇÕES EXERCIDAS PELOS SEUS MEMBROS

Consagrado pelo comando do art. 226 da Constituição da República, o princípio da multiplicidade das entidades familiares viabilizou o reconhecimento de novos formatos de relacionamentos afetivos. Não mais represada no casamento, a família se tornou *possibilidades de convivência*. Nessa perspectiva, deixou de ser apenas uma instituição e se vocacionou a servir como uma unidade de desenvolvimento da personalidade de seus

---

1. No teatro, denomina-se ato a "divisão da peça teatral, dotada de uma determinada autonomia quanto à ação, tempo, espaço, estrutura da intriga ou ação da(s) personagem(ns), que lhe confere uma certa unidade relativamente ao todo do texto em que se insere. No que diz respeito ao texto teatral, isto é, à atualização do texto dramático através da encenação e espetáculo, o ato corresponde, ainda, a uma divisão marcada exteriormente por uma determinada duração, cortada ou não por uma pausa na representação que poderá permitir uma alteração de cenário, a mudança da indumentária dos atores ou a entrada e saída de personagens". In: *Infopédia*. Porto: Porto Editora, 2003-2020. Disponível em: [https://www.infopedia.pt/$ato-(teatro)]. Acesso em: 16.06.2020.
2. *Abertura* ou *introdução* (*ouverture,* em língua francesa) é o momento de iniciação de uma ópera ou representação dramática. Muitas vezes é instrumental. Ganhando importância a partir dos Oitocentos, teve um de seus berços na Itália, a partir das óperas de Alessandro Scarlatti. Servia como uma espécie de padrão introdutório, a partir de movimentos rápido-lento-rápido, em tonalidade maior. Especificamente em *A Megera Domada*, Shakespeare preferiu utilizar a locução *introdução* para ambientar o prelúdio de sua obra. SHAKESPEARE, Willian. *A megera domada.* Tradução Millôr Fernandes. Porto Alegre: L&PM Pocket, 1998, p. 7-14.

membros, a partir de um caráter instrumental: é meio, e não fim. Cuida-se do espaço privilegiado para que os humanos se complementem e se completem, um *núcleo privilegiado para o desenvolvimento da personalidade humana*.[3]

Em razão dessa compreensão instrumentalizada, avançou como expressão de uma unidade de afeto e entreajuda.[4] Por isso, ganharam proteção jurídica novos e velhos arranjos, correspondendo a representações sociais marcadas pela solidariedade e pela busca da proteção e do desenvolvimento da personalidade de seus componentes.

Nessa ambiência, além da família fundada no casamento, outros formatos passaram a merecer tutela jurídica, reconhecidos como entidades de transmissão da solidariedade (entreajuda) e do desenvolvimento/formação da pessoa humana digna. Por isso, Conrado Paulino da Rosa constata ser possível "seguindo a tendência do pluralismo das entidades familiares, pensar em novas formas de afetividade ou, até mesmo, novas modalidades de família a partir dos modelos já construídos e admitidos".[5]

Eis o palco em que estão iluminadas as *famílias avoengas*, formatadas pelas múltiplas relações existentes entre avós e netos. Merecedoras de especial proteção do Estado (CF, art. 226, *caput*), delas decorrem efeitos jurídicos concretos, como a possibilidade de fixação de *visitas*[6] *e guarda para os avós*.[7] Mas não é só. A partir da fórmula proposta pelo art. 1.697 da Codificação de 2002,[8] um outro efeito que pode defluir são os *alimentos avoengos*,[9] com a imposição aos avós de obrigação alimentícia em favor de seus netos.

Dessa maneira, o reconhecimento da natureza familiar e da potencialidade para a produção de consequências jurídicas concede às relações avoengas uma perspectiva funcionalizada, servindo como entidade vocacionada ao exercício de *funções pelos seus componentes*, com vistas à realização pessoal e desenvolvimento de suas personalidades.

Aliás, é exatamente o que propôs Willian Shakespeare (1564-1616), em uma de suas primeiras peças, *A megera domada* (*The Taming os the Shrew*, no original). Escrita em uma época de transformações (1596), a peça recebeu diretas influências do Renas-

---

3. TEPEDINO, Gustavo. *Temas de Direito Civil*. Rio de Janeiro: Renovar, 1999, p. 326.
4. Para verticalização no estudo do tema, consinta-se remeter a: FARIAS, Cristiano Chaves de; ROSENVALD, Nelson. *Curso de Direito Civil*: Famílias. 12. ed. Salvador: JusPodivm, 2020, v. 6, p. 40.
5. ROSA, Conrado Paulino da. *Ifamily*: um novo conceito de família? São Paulo: Saraiva, 2013, p. 101.
6. Art. 1.589, parágrafo único, Código Civil: "o direito de visita estende-se a qualquer dos avós, a critério do juiz, observados os interesses da criança ou do adolescente".
7. Entende a Corte Superior que a melhor compreensão da matéria recomenda conceder a guarda do neto para o avô quando não se tratar, apenas, de conferir ao menor melhores condições econômicas, mas tender à regularização de um forte vínculo de afeto e carinho entre avô e neto, em especial quando houver o consentimento dos pais. Vale conferir: "Pedido de guarda formulado por avô. Consentimento materno. Pai falecido. Deferimento da medida. Possibilidade, desde que observado o maior interesse do menor. (...) 3. Como sói acontecer em processos desta natureza, vale dizer, onde se controvertem direitos da criança e do adolescente, o princípio do maior interesse é, de fato, o vetor interpretativo a orientar a decisão do magistrado. 4. Para fins de fixação de tese jurídica, deve-se admitir, de forma excepcional, o deferimento da guarda de menor aos seus avós que o mantêm e, nesta medida, desfrutam de melhores condições de promover-lhe a necessária assistência material e efetiva, mormente quando comprovado forte laço de carinho, como ocorreu na espécie". STJ, Ac. unân. 3ª T., REsp. 1.186.086/RO, Rel. Min. Massami Uyeda, j. 3.2.11, DJe 14.2.11.
8. Art. 1.697, Código Civil: "na falta dos ascendentes cabe a obrigação aos descendentes, guardada a ordem de sucessão e, faltando estes, aos irmãos, assim germanos como unilaterais".
9. Com a expressão *alimentos avoengos* designa-se "a pensão alimentícia, ou alimentos, estabelecida aos avós em favor dos netos. Decorre do princípio da solidariedade e responsabilidade em contribuir com o sustento dos netos". PEREIRA, Rodrigo da Cunha. *Direito das Famílias*. Rio de Janeiro: Forense, 2020, p. 309.

cimento italiano. Já na introdução (p. 7 a 14), o atemporal escritor adverte que a peça se ambienta no Século XVI e, por isso, reflete os costumes das famílias daquele tempo, embora aplicáveis na contemporaneidade, em larga escala. Retrata um pai que pretende casar suas duas filhas, Catarina e Bianca, de acordo com a ordem de nascimento. Catarina, no entanto, a mais velha, é conhecida como o "demônio de saias", devido ao seu temperamento e, por isso, ordinariamente não é cortejada.[10] E, por isso, termina por impedir a irmã de se casar, indiretamente. No caminhar da obra teatral, apresentam-se diferentes conflitos familiares, como a ansiedade dos pretendentes de Bianca, que precisam aguardar o casamento de Catarina; a autonomia privada de Bianca ao fugir com um de seus pretendentes, contra a vontade paterna; as diferentes fases da relação entre Catarina e Petruchio, o seu noivo; os interesses patrimoniais subjacentes etc. A história se desenrola com a criativa relação estabelecida entre eles, com a paulatina assunção de suas funções no núcleo familiar. Sempre instigante, Shaksepare projeta a família "inserida numa ordem social" e que "dentro dela também há regra" e, por conseguinte, "todos nós temos os nossos papéis", consoante a percepção de José Roberto de Castro Neves.[11]

Volvendo a atenção para a obrigação alimentícia avoenga, a necessidade de definição da extensão dos papéis e funções dos sujeitos envolvidos, certamente, é tema pertencente, historicamente, à área cinzenta do Direito, imerso em acesos debates, por conta da abertura e imprecisão do texto legal, que se mostra lacônico e genérico – a exigir reflexões e proposições hermenêuticas. E, além disso, da necessidade de adaptação do instituto processual do litisconsórcio à realidade de uma relação familiar avoenga, no plano substancial da vida.

2. PRIMEIRO ATO: A MEGERA É INDOMÁVEL? A (FALSA) IMPRESSÃO DO DESCABIMENTO DE LITISCONSÓRCIO ENTRE PAIS E AVÓS NA AÇÃO DE ALIMENTOS

– Petruchio: Portanto, deixando de lado toda esta conversa, expressar-me-ei em termos claros: vosso pai consente que sejais minha esposa. Vosso dote já está estipulado e, queirais ou não, casar-me-ei convosco. Agora, Catarina, sou o marido que vos convém. Logo, por esta luz que me faz ver tua beleza (beleza pela qual te adoro), tu só deves casar-te comigo, já que nasci para dominar-te e transformar uma Catarina selvagem em uma Catarina submissa como as outras gatinhas caseiras. Está chegando vosso pai. Nada de negativas! Devo e quero casar-me com Catarina.

– Batista: Signior Petruchio, como vai indo com minha filha?

– Petruchio: Perfeitamente, perfeitamente, senhor! De outra maneira, não poderia acontecer.

– Batista: Então, minha filha Catarina? Sempre de mau humor?

– Catarina: Estais me chamando de filha? Sem dúvida, estais me dando uma boa prova de ternura paternal querendo casar-me com um semilouco, um rufião furioso, um Jack blasfemador, que acredita poder impor-se com juramentos.

---

10. Logo no Primeiro Ato da peça o pai de Catarina e Bianca se manifesta: "– Deixai de importunar-me, cavalheiros, pois conheceis o meu propósito, a saber: não casar a minha caçula sem que à mais velha tenha dado esposo. – Grêmio (um suposto candidato): Antes, cortá-la; para mim, é áspera". SHAKESPEARE, Willian. A megera domada. Tradução Millôr Fernandes. Porto Alegre: L&PM Pocket, 1998, p. 24.
11. NEVES, José Roberto de Castro. Medida por medida: o Direito em Shakespeare. 5. ed. Rio de Janeiro: Editora Rio, 2016, p. 63-64.

– Petruchio: Meu sogro, tanto vós quanto todos aqueles que me falaram dela fostes injustos. Se ela é maldizente, é por política, pois que não é insolente, mas modesta como uma pomba. Não é violenta, mas pacífica como a manhã. Quanto à paciência, é uma segunda Griselda e uma Lucrécia romana pela castidade. E, para concluir, chegamos a tão bom acordo que marcamos o domingo próximo para o dia de nosso casamento.

– Catarina: Antes, te verei enforcado no domingo.[12]

Afastada do caráter solidário – que não se presume (CC, art. 265)[13] – a obrigação alimentícia mereceu do legislador (CC, art. 1.698) a marca da *subsidiariedade* e *proporcionalidade*.[14] Não é solidária, mas subsidiária e proporcional.

A partir da dicção legal (CC, art. 1.697), o dever de prestar alimentos recai, preferencialmente, sobre os pais, somente alcançando os avós (ou bisavós e assim sucessivamente) em caráter subsidiário.[15] Exercem os avós, portanto, *funções materiais complementares em relação ao que não foi possível atender com a atuação paterna/materna*. Assim, os alimentos avoengos são *residuais*,[16] somente impostos quando não for possível atender inteiramente às necessidades do credor com a contribuição dos ascendentes de primeiro grau. Como bem explica Fabiana Marion Spengler, os avós "só serão chamados a prestar verba alimentar quando os mais próximos estiverem impossibilitados ou quando inutilmente se buscou deles o seu adimplemento".[17]

Giza, *verbum ad verbo*, o comando legal: "*se o parente, que deve alimentos em primeiro lugar, não estiver em condições de suportar totalmente o encargo, serão chamados a concorrer os de grau imediato*; sendo várias as pessoas obrigadas a prestar alimentos, todas devem concorrer na proporção dos respectivos recursos, e, intentada ação contra uma delas, poderão as demais ser chamadas a integrar a lide" (CC, art. 1.698). Visivelmente intencionando reafirmar o comando do citado dispositivo, editou a Corte Superior de Justiça o enunciado 596 da súmula de sua jurisprudência:

> Súmula 596, Superior Tribunal de Justiça: "A obrigação alimentar dos avós tem natureza *complementar e subsidiária*, configurando-se apenas na impossibilidade total ou parcial de seu cumprimento pelos pais".

Como se nota, o texto sumulado – que se mostra mais *declarativo* do que *constitutivo* – realça o caráter subsidiário da obrigação alimentícia dos avós, acrescentando-lhe uma feição *complementar*. Com isso, impõe-se a obrigação avoenga somente quando estiver

---

12. SHAKESPEARE, Willian. *A megera domada*. Op. cit., p. 34-35.
13. Art. 265, Código Civil: "a solidariedade não se presume; resulta da lei ou da vontade das partes."
14. Mencione-se, por oportuno, que o art. 12 do Estatuto do Idoso é expresso ao reconhecer a solidariedade da obrigação alimentar em *favor* de pessoa idosa: "a obrigação alimentar é solidária, podendo o idoso optar entre os prestadores".
15. Há interessante precedente do Sodalício sul-rio-grandense negando a pretensão de pedido de alimentos contra o bisavô quando o pai possui condições econômicas, ainda que reduzidas, de prover o ascendente: "1. No caso, o genitor possui condições de contribuir para o sustento do filho menor, tanto que lhe ofertou alimentos, o que inviabiliza a fixação de alimentos em relação ao avô e aos bisavós. 2. O simples fato de o recorrente ser descendente não lhe consagra direito a alimentos em padrão equivalente ao vivenciado por seus ascendentes mais remotos, devendo limitar-se ao de seus pais". TJ/RS, Ac. 8ª Câmara Cível, Ap. Cív. 70069209203 – Comarca de Estância Velha, Rel. Des. Ricardo Moreira Lins Past, j. 7.7.16, DOERS 14.7.16.
16. A expressão consta em FARIAS, Cristiano Chaves de; ROSENVALD, Nelson. *Curso de Direito Civil*: Famílias. Op. cit., p. 800.
17. SPENGLER, Fabiana Marion. *Alimentos*: da ação à execução. Porto Alegre: Livraria do Advogado, 2003, p. 59.

comprovada a incapacidade financeira, total ou parcial, dos pais.[18] Vale dizer: mesmo que os genitores tenham uma capacidade econômica reduzida, a ação de alimentos deve ser contra eles manejada, respondendo os avós, apenas, subsidiária e complementarmente. *Logo, os alimentos devem ser calculados com base na capacidade contributiva dos pais e nas necessidades do filho* e o simples fato de possuírem os avós uma melhor condição financeira não justifica majorar o cálculo.

Nesse cenário, uma leitura perfunctória poderia conduzir à conclusão da impossibilidade de formação de um litisconsórcio passivo entre o(s) pai(s) e os avós, por não se tratar de um dever solidário, mas, sim, subsidiário e proporcional. Aliás, em reforço argumentativo, seria possível prospectar, ainda, que a norma (CC, art. 1.698) afirma que os coobrigados podem convocar os demais ao processo. Considerando, então, que os avós não são coobrigados *simultâneos* com os pais, mas *sucessivos*, não poderiam ser atingidos concomitantemente. Uma vez afastada a possibilidade de formação litisconsorcial na ação de alimentos, restaria ao credor pleitear os avoengos em uma ação própria, autônoma e posterior em relação à demanda contra os pais. Entretanto, esta não é a conclusão que deve prosperar.

Com efeito, a formação de um litisconsórcio é permissivo deferido, ordinariamente, ao autor da ação, com visíveis propósitos de economia, celeridade e segurança jurídica (no sentido de efetividade da prestação jurisdicional).[19] É a possibilidade de se dirigir uma pretensão em juízo, simultaneamente, contra duas, ou mais, pessoas, evidenciando uma *cumulação de sujeitos*, com vistas a que a decisão judicial delibere sobre as diferentes relações existentes.

Sob o ponto de vista estrutural, malgrado formalmente una, a sentença a ser prolatada em procedimentos nos quais se formou litisconsórcio terá um conteúdo dúplice (ou tríplice...), a depender do número de litisconsortes e de sua natureza.

Afora as hipóteses de imposição legal de sua formação (o chamado litisconsórcio necessário), "haverá processo litisconsorcial se o(s) demandante(s) quiser(em)". Isto é, "a sua formação depende da vontade de quem demanda".[20] Por conseguinte, trata-se de uma prerrogativa do autor da ação, inclusive da ação de alimentos, e, por isso, não se pode dele retirar, o que violaria o seu direito de ação (CF, art. 5º, XXXV), impondo-lhe, por outro lado, um maior ônus.[21]

É bem verdade que existem vozes a ecoar no sentido de se objetar ao credor de alimentos a formação de litisconsórcio entre pais e avós. Por exemplo, o bom mineiro Leonardo de Faria Beraldo se manifesta pela impossibilidade da pluralidade

---

18. "A obrigação alimentar dos avós só nasce quando não existe algum familiar mais perto em grau de parentesco em condições de satisfazer os alimentos". MADALENO, Rolf. *Curso de Direito de Família*. 6. ed. Rio de Janeiro: Forense, 2015, p. 1.022.
19. "A formação do litisconsórcio, então, na grande maioria das vezes, responderá a uma conveniência de economia processual e decisão uniforme aos conflitos de interesses". MARINONI, Luiz Guilherme; ARENHART, Sérgio Cruz; MITIDIERO, Daniel. *Curso de Processo Civil*. São Paulo: RT, 2015, v. 2, p. 84.
20. CÂMARA, Alexandre Freitas. *O novo processo civil brasileiro*. São Paulo: Atlas, 2015, p. 84.
21. "O legislador prestigiou o princípio da economia processual, evitando o aforamento de diversas demandas contra os demais coobrigados pela obrigação alimentar, tendo o alimentando, portanto, plena liberdade em demandar aqueles que possam pagar-lhe a pensão". WELTER, Belmiro Pedro. *Alimentos no Código Civil*. São Paulo: IOB/Thomson, 2003, p. 229.

subjetiva passiva nas ações de alimentos porque "os avós teriam de gastar dinheiro para contratar advogado e, ao final da lei, pode ser que os próprios pais tenham possibilidade de arcar com o sustento do filho comum... Enfim, não cremos que seja justo com os avós tal manobra processual, por mais que tenha boas intenções por detrás dela".[22]

No entanto, em homenagem à boa técnica e à busca da efetividade do direito aos alimentos, o posicionamento prevalecente, inclusive em sede doutrinária e jurisprudencial, acena no sentido do cabimento do litisconsórcio passivo *ad causam* entre pais e avós, por não ser possível subtrair do requerente demandar quem deseje e obter a prestação jurisdicional de modo mais célere, econômico e efetivo. Para além disso, como pondera o atuante advogado gaúcho Conrado Paulino da Rosa, "impor a uma criança ou adolescente um tortuoso caminho quando, muitas vezes, desde o ajuizamento da petição inicial já se tem conhecimento de que o primeiro obrigado (seja o pai ou mãe) é sustentado pelos seus ascendentes (avós do alimentando) não é medida que se coaduna com o senso de justiça".[23]

Exige-se, de todo modo, uma atenção especial para as características e a normatividade dessa acumulação subjetiva nas demandas alimentícias.

3. SEGUNDO ATO: COMO DOMAR A MEGERA? O CABIMENTO DO LITISCONSÓRCIO EVENTUAL ENTRE PAIS E AVÓS NA AÇÃO DE ALIMENTOS

– Petruchio: Ora, dizei-me: se eu conseguir o amor de vossa filha, qual o dote que ela trará no desposório?

– Batista (o pai de Catarina): quando eu morrer, metade do que tenho.

– Petruchio: (...) Ponhamos isso tudo por escrito, porque entre as partes haja um penhor firme.

– Batista: Sim, mas depois de uma cláusula precípua: o sim da noiva, porque isso é tudo.

– Petruchio: Ora, isso é nada. Posso assegurar-vos, pai, que tão decidido eu sou, quanto ela perspicaz e orgulhosa. Ao se encontrarem, duas chamas violentas aniquilam quanto a fúria lhes tenha alimentado. Conquanto o fogo brando se embeveça com pouco vento, os furacões terríveis levam diante de si o fogo e tudo. Ora, sendo eu assim, compete a ela ceder aos meus desejos. Sou muito áspero; não vou fazer a corte como criança.[24]

Na hipótese específica da ação de alimentos, consideradas a subsidiariedade e a complementaridade do dever imposto aos avós, sobreleva atentar para peculiaridades do litisconsórcio a ser estabelecido.

---

22. BERALDO, Leonardo de Faria. *Alimentos no Código Civil*. Belo Horizonte: Fórum, 2012, p. 77.
23. ROSA, Conrado Paulino da. *Curso de Direito de Família contemporâneo*. 2. ed. Salvador: JusPodivm, 2017, p. 424. No mesmo sentido, Francisco Vieira Lima Neto e Layra Francini Rizzi Casagrande pontuam ser "claramente inviável condicionar o ajuizamento da demanda de alimentos em face do segundo obrigado ao trânsito em julgado da ação de alimentos movida contra o primeiro. A imposição de qualquer condição nesse sentido impediria a obrigação alimentícia de alcançar seu desiderato, relegando o parente necessitado à própria sorte até a decisão final em sede de ação de alimentos movida em face do devedor mais próximo". LIMA NETO, Francisco Vieira; CASAGRANDE, Layra Francini Rizzi. *Alimentos no Direito de Família*: aspectos materiais e processuais. Rio de Janeiro: Lumen Juris, 2011, p. 112.
24. SHAKESPEARE, Willian. *A megera domada*. Op. cit., p. 53-54.

Isso porque não é possível a formação de um litisconsórcio direcionando a pretensão simultaneamente contra os pais e os avós. Se estes somente respondem de forma subsidiária e complementar, a pretensão há de atingir, primeiramente, àqueles. Somente na estrita hipótese de impossibilidade prestacional (integral ou parcial) pelos pais, o pedido dirigido contra os avós pode ser apreciado.

É o que se denomina, na melhor literatura processual, *litisconsórcio eventual*: "há a possibilidade de *cumulação eventual* de pedidos, de modo que o segundo pedido somente possa ser examinado se o primeiro não for acolhido – trata-se de um dos casos de cumulação imprópria de pedidos", conforme a lição de Fredie Didier Júnior.

> É possível cogitar a formulação de uma cumulação de pedidos, em que cada pedido seja dirigido contra uma pessoa, mas o segundo pedido somente possa ser examinado se o primeiro não puder ser atendido.[25-26]

Em sendo assim, na ação de alimentos é perfeitamente possível estabelecer um litisconsórcio *eventual*[27] no polo passivo entre os pais e os avós.[28] Insista-se à exaustão: o pedido há de ser formulado *primeiramente* contra aqueles; não podendo prestá-los, no todo em parte, a mesma decisão aprecia, imediatamente, e em sequência, o pleito contra os ascendentes de grau consecutivo.[29]

Destarte, a nota característica do litisconsórcio eventual na ação de alimentos é a expressão *se* como elemento conector das pretensões: o pedido contra os avós somente será apreciado e julgado *se* for improcedente, ou procedente parcialmente, o que se formulou contra os pais. Há, pois, uma relação de prejudicialidade às avessas, pela qual o pedido contra os avós somente será analisado se, e somente se, não puderem os pais atender inteiramente as necessidades do credor. Em sendo acolhido inteiramente, prejudica-se o pedido contra os avós.[30]

Por óbvio, estabelecido um litisconsórcio eventual contra os pais e os avós, em ação de alimentos há de se ensejar a todos os litisconsortes o amplo direito à produção de provas.[31]

---

25. DIDIER JÚNIOR, Fredie. *Curso de Direito Processual Civil*. 22. ed. Salvador: JusPodivm, 2020, v. 1, p. 587.
26. Na mesma esteira, Ovídio A. Baptista da Silva é didático: "o litisconsórcio eventual, então, define-se pelo fato de os pedidos cumulados da parte dirigirem-se a sujeitos diferentes em uma ordem de preferência". SILVA, Ovídio A. Baptista da. *Curso de Processo Civil*. 7. ed. Rio de Janeiro: Forense, 2005, v. 2, p. 217.
27. Também assim, DIAS, Maria Berenice. *Manual de Direito das Famílias*. 10. ed. São Paulo: RT, 2015, p. 623: "movida a ação conjuntamente contra o genitor e os avós, o litisconsórcio é alternativo de caráter eventual".
28. O comando do art. 326 do Código Instrumental é de clareza solar ao reconhecer a licitude da proposição de "mais de um pedido em ordem subsidiária, a fim de que o juiz conheça do posterior, quando não acolher o anterior", concedendo o permissivo para a eventualidade do litisconsórcio.
29. Na mesma direção, os capixabas Francisco Vieira Lima Neto e Layra Francini Rizzi Casagrande são enfáticos ao assegurarem ser "plenamente possível o ajuizamento de ação de alimentos em face de devedores de classes diferentes, quando evidente a impossibilidade do parente de classe mais próxima de arcar totalmente com a obrigação alimentar. O devedor mais distante será chamado a complementar os alimentos de modo a satisfazer as necessidades do alimentando". LIMA NETO, Francisco Vieira; CASAGRANDE, Layra Francini Rizzi. *Alimentos no Direito de Família*: aspectos materiais e processuais. Op. cit., p. 112.
30. Belmiro Pedro Welter chega mesmo a cogitar da nulidade da decisão judicial que condena exclusivamente os avós, litisconsortes em ação de alimentos com os pais, sem apreciar o pedido a estes dirigido. WELTER, Belmiro Pedro. *Alimentos no Código Civil*. Op. cit., p. 229.
31. Art. 369, Código de Processo Civil: "as partes têm o direito de empregar todos os meios legais, bem como os moralmente legítimos, ainda que não especificados neste Código, para provar a verdade dos fatos em que se funda o pedido ou a defesa e influir eficazmente na convicção do juiz".

Até mesmo porque os avós podem ter interesse em demonstrar, na dilação probatória, a total capacidade contributiva dos pais, demonstrando terem condições de suportar inteiramente o encargo, com vistas a que não seja apreciado o pedido eventual contra si formulado. Ou seja, são atendidos, outrossim, os interesses dos próprios avós, que podem explicitar a capacidade contributiva dos pais. Bem por isso, consoante a perspicaz percepção de Cândido Rangel Dinamarco, nesse específico caso de cumulação subjetiva *eventual* há um *litisconsórcio entre os réus sem consórcio*, uma vez que podem se posicionar como adversários, em posições antagônicas.[32]

Pelo fio do exposto, infere-se, com tranquilidade e convicção, que, ao exigir a comprovação da *"impossibilidade de cumprimento da prestação, ou de cumprimento insuficiente, pelos genitores"*[33] para a imposição dos alimentos avoengos, a Corte Superior não impõe a propositura de uma demanda autônoma e independente. Bem por isso, é absolutamente possível que se faça a prova dessa impossibilidade total ou parcial[34] na própria instrução da ação de alimentos, evitando uma desnecessária perda de tempo. Seja por meio documental ou pericial, seja por outras formas, demonstrada a impossibilidade de atendimento integral das necessidades dos filhos pelos pais, enseja-se a análise do pedido direcionado aos avós.[35]

Como se vê, o entendimento sumulado não obsta a possibilidade de formação de um litisconsórcio eventual entre os pais e os avós. Ao revés. A subsidiariedade e a complementaridade da obrigação avoenga explicitam uma prioridade daqueles em relação ao encargo de sustento de sua prole, recaindo sobre estes o dever apenas residualmente, quando provada a impossibilidade prestacional total ou parcial. E, assim, harmonizam-se com este tipo de consórcio subjetivo.

4. TERCEIRO ATO: PARA DOMAR UMA MEGERA É PRECISO SOLUÇÕES CRIATIVAS? A OBRIGAÇÃO ALIMENTÍCIA AVOENGA E O CABIMENTO DE UM LITISCONSÓRCIO FACULTATIVO ATÍPICO POR INICIATIVA EXTENSIVA DOS AVÓS DEMANDADOS E DO MINISTÉRIO PÚBLICO

– Petruchio: Vamos, em nome de Deus! Coloquemo-nos novamente a caminho da casa de nosso pai... Bom Deus! Como a lua brilha clara e serena!

– Catarina: A lua! É o sol. Não há luar agora.

---

32. DINAMARCO, Cândido Rangel. *Litisconsórcio*. 5. ed. São Paulo Malheiros, 1998, p. 397-398. Pondera que "estando em dúvida razoável sobre a identificação do sujeito legitimado passivamente, tem a faculdade de incluir dois ou mais réus em sua demanda, com o pedido de que a sentença se enderece a um ou outro conforme venha a resultar da instrução do processo e da convicção do juiz".
33. "A jurisprudência desta Corte, manifesta-se no sentido de que a responsabilidade dos avós de prestar alimentos é subsidiária e complementar à responsabilidade dos pais, sendo exigível, tão somente, em caso de impossibilidade de cumprimento da prestação, ou de cumprimento insuficiente, pelos genitores". STJ, Ac. unân. 4ª T., AgInt no AREsp. 1.223.379/BA, Rel. Des. Convocado Lázaro Guimarães, j. 26.6.18, DJe 19.6.18.
34. Chegou-se mesmo a asseverar, no Pretório Superior, que "os avós respondem pelos alimentos devidos ao neto apenas quando verificada uma das seguintes circunstâncias: ausência propriamente dita, incapacidade de exercício de atividade remunerada pelo pai, e condições financeiras insuficientes do genitor para suprir as necessidades do filho". STJ, Ac. 3ª T., REsp. 649.774/PR, Rel. Min. Nancy Andrighi, DJU 1.8.05.
35. Também assim: LIMA NETO, Francisco Vieira; CASAGRANDE, Layra Francini Rizzi. *Alimentos no Direito de Família*: aspectos materiais e processuais. Op. cit., p. 112, chegando a pontuar que a imposição da obrigação alimentícia aos avós somente ocorrerá "depois de comprovadas as possibilidades econômicas dos primeiros obrigados".

– Petruchio: Estou dizendo que é a lua que está brilhando tão claro.

– Catarina: Eu sei que é o sol que está brilhando tão claro.

– Petruchio: Ah! Pelo filho de minha mãe, ou seja, eu mesmo, será a lua ou uma estrela ou o que resolver, antes que continue minha viagem para casa de vosso pai. Vamos! Levem nossos cavalos de volta! Sempre contradizendo e contradizendo! Não faz outra coisa senão contradizer!

– Hortênsio: Dizei o que ele diz, ou nunca sairemos daqui.

– Catarina: Prossigamos nosso caminho, por favor, já que viemos de tão longe. Que seja a lua ou o sol, ou o que desejardes. Se quiserdes chamar uma lamparina de sol, juro que não será outra coisa para mim.

– Petruchio: Estou dizendo que é a lua.

– Catarina: Reconheço que seja a lua.

– Petruchio: Então, estais mentindo! É o sol bendito!

– Catarina: Então, bendito seja Deus! É o bendito sol! E não será o sol se disserdes que não seja, e a lua mudará ao sabor de vossa vontade. É, portanto, o que quiserdes que seja, assim será para Catarina.

– Hortênsio: Petruchio, segue teu caminho. Conquistaste o campo de batalha.

– Petruchio: Bem, adiante! Adiante! Assim a bola deve rolar, sem se deixar infortunadamente ir de encontro ao obstáculo! Mas, atenção! Aproxima-se alguém.

(Entra Vicêncio. Dirigindo-se a Vicêncio.)

– Petruchio: Bom dia, gentil senhora. Para onde estais indo? Dize-me, doce Catarina, dize-me francamente, viste alguma dama mais viçosa? Que batalha de branco e vermelho se trava em suas faces! Que estrelas brilham no céu com tanta beleza, como esses dois olhos enfeitam essa face celestial? Linda e encantadora donzela, mais uma vez bom dia! Suave Catarina, abraça-a em consideração a tanta beleza.

– Hortênsio: Vai fazer o homem ficar louco, querendo transformá-lo em mulher.

– Catarina: Jovem virgem em botão, bela, viçosa e doce rosa, aonde vais? Ou onde resides? Felizes pais que têm como filha tão bela jovem! Mais feliz o homem a quem as estrelas propícias te destinam para terna companheira de leito!

– Petruchio Então, que é isto, Catita? Espero que não estejas louca. Um homem, ancião, enrugado, definhado, descarnado, e não uma donzela como dizes.

– Catarina: Perdoa-me, velho pai, o engano de meus olhos. De tal maneira o sol os deslumbrou que tudo aquilo que vejo me parece verde. Percebo, agora, que és um venerável ancião. Perdoa-me, peço-te, meu louco engano.[36]

Reconhecida a possibilidade de estabelecer um litisconsórcio eventual entre pais e avós nas demandas alimentícias, exsurge uma outra questão prática de grande relevância: tratar-se-ia de um litisconsórcio *necessário* ou *facultativo*?

Pois bem, com o advento do Código Civil de 2002 reinou, primeiramente, a dissonância em relação ao tema. Na literatura jurídica brasileira, a discordância terminou, inclusive, por apontar três diferentes soluções: *i)* seria uma nova modalidade de interven-

---

36. SHAKESPEARE, Willian. *A megera domada*. Op. cit., p. 122-124.

ção de terceiros;[37] *ii)* ostentaria natureza de litisconsórcio necessário;[38] *iii)* se enquadra como um caso de litisconsórcio facultativo.[39]

Com efeito, depois de intensos debates, prevaleceu, acertadamente, a tese do litisconsórcio *facultativo*, por não se emoldurar nas taxativas hipóteses de imposição de sua formação, contempladas no Código de Ritos.[40]

De fato, não é o autor da ação de alimentos obrigado a demandar contra os pais e avós concomitantemente, em cumulação subjetiva. Abrem-se-lhe diferentes possibilidades: *i)* pode demandar primeiramente os pais e, se preciso, ulteriormente, os demais ascendentes; *ii)* por outro lado, é possível ajuizar a ação somente contra os avós *quando há prova pré-constituída da impossibilidade contributiva dos pais, no todo ou em parte*;[41-42] *iii)* e, finalmente, lhe é facultado formar um litisconsórcio eventual entre o pai/mãe e os avós. Por tudo isso, lhe é reconhecida uma *faculdade*, e não uma imposição.

Todavia, reconhecido como facultativo, decorre desse litisconsórcio um corolário fatal: a exclusiva legitimidade do autor (o credor) para a sua formação. Afinal de contas, como pondera abalizada literatura jurídica, é prerrogativa apenas do autor estabelecer litisconsórcios facultativos:

> No sistema atual, deferiu-se, com exclusividade, ao autor, o direito de eleger ou não o litisconsorte (facultativo), desde que apoiado na lei, sendo absolutamente irrelevante a vontade positiva ou negativa dos réus, tangencialmente à formação, ou não, do mesmo.[43]

> O litisconsórcio facultativo somente se forma por iniciativa e vontade das partes. Não há nada – seja a lei, seja a própria natureza da relação jurídica material objeto do processo – que obrigue sua formação, decorrente da simples conveniência das partes. Obviamente, essa conveniência deve ser exercida dentre

---

37. Assim: BUENO, Cássio Scarpinella. *Partes e terceiros no processo civil brasileiro*. São Paulo: Saraiva, 2003, p. 285. Igualmente: WELTER, Belmiro Pedro. *Alimentos no Código Civil*. Op. cit., p. 223, para quem "se trata de mais uma hipótese de intervenção de terceiros, não constante da legislação processual".
38. Nesse diapasão: MADALENO, Rolf. *Curso de Direito de Família*. Op. cit., p. 929-930. Inicialmente, prevaleceu esta posição no seio da jurisprudência superior, posteriormente superada: "nos termos da mais recente jurisprudência do Superior Tribunal de Justiça, à luz do Código Civil, há litisconsórcio necessário entre os avós paternos e maternos na ação de alimentos complementares". STJ, Ac. unân. 4ª T., REsp 958.513/SP, Rel. Min. Aldir Passarinho Júnior, j. 22.2.11, DJe 1.3.11.
39. Advogando este entendimento, vejam-se: GONÇALVES, Carlos Roberto. *Direito Civil Brasileiro*: Direito de Família. 12. ed. São Paulo: Saraiva, 2015, v. 6, p. 554; BERALDO, Leonardo de Faria. *Alimentos no Código Civil*. Op. cit., p. 76; PEREIRA, Sérgio Gischkow. *Ação de Alimentos*. 4. ed. Porto Alegre: Livraria do Advogado, 2007, p. 34; DIDIER JÚNIOR, Fredie. *Curso de Direito Processual Civil*. Op. cit., p. 664.
40. Art. 114, Código de Processo Civil: "o litisconsórcio será necessário por disposição de lei ou quando, pela natureza da relação jurídica controvertida, a eficácia da sentença depender da citação de todos que devam ser litisconsortes".
41. "Se, no entanto, o pai, comprovadamente, estiver ausente, ou, estando presente, não reunir condições para responder pela obrigação alimentar, a ação poderá, como dito, ser ajuizada somente contra os avós, assumindo o autor o *ônus de demonstrar a ausência ou a absoluta incapacidade daquele*". GONÇALVES, Carlos Roberto. *Direito Civil Brasileiro*: Direito de Família. Op. cit., p. 554.
42. "Ação de alimentos. Obrigação avoenga. Possibilidade. Embora seja possível o ajuizamento da ação de alimentos contra o avô em favor do alimentando, imperativa se mostra a comprovação da capacidade financeira do progenitor, bem como a demonstração de que o valor do pensionamento não ocasionará prejuízo à sua própria subsistência". TJ/RS, Ac.7ª Câmara Cível, AgInstr.70006359939 – Comarca de Osório, Rel. Des. José Carlos Teixeira Giorgis, j.13.8.03.
43. ARRUDA ALVIM, *Manual de Direito Processual Civil*. 7. ed. São Paulo: RT, 1998, v. 2, p. 87.

de certos limites, *não podendo o autor criar litisconsórcio entre diversos réus,* para demandar de cada qual determinado direito sem que haja algum vínculo entre os direitos e as pretensões alegadas em juízo.[44]

É dizer: somente se forma o litisconsórcio facultativo por iniciativa do autor, que, na ação de alimentos, é o credor, na petição inicial. Por isso, sustentam alguns processualistas que a formação do litisconsórcio facultativo na ação de alimentos (entre pais e avós) deve ocorrer apenas "por provocação do autor".[45] Entre os civilistas, também se localiza manifestação favorável à formação dessa cumulação de sujeitos unicamente por provocação do credor.[46]

Realmente, não se nega que levar ao processo os demais codevedores pode ser relevante "para o alimentando, autor da ação", pois será ampliado o objeto cognitivo da demanda, podendo resultar, no final, em um leque maior de possibilidades para si, o beneficiário da pensão, consoante a percepção de Cássio Scarpinella Bueno.[47] Porém, não se pode limitar a possibilidade de convocação de outros devedores ao demandante, ignorando os legítimos interesses de outros sujeitos.

Isso porque a eventual presença dos demais coobrigados interessa também (e muito) ao acionado (um dos codevedores), inclusive para uma melhor aferição da capacidade contributiva de cada um deles – o que interessa à fixação do *quantum*, por exemplo. Assim, é contraproducente lhe negar a possibilidade de suscitar a presença simultânea dos demais devedores. Retirar-lhe a possibilidade, além de esvaziar a *ratio essendi* do próprio dispositivo legal, importa em onerá-lo excessivamente, uma vez que, respondendo sozinho, pode ser obrigado a suportar o encargo inteiramente, se tiver capacidade contributiva.

Eis o ponto em que aluem fundados argumentos por uma compreensão diferenciada e peculiar do litisconsórcio facultativo eventual na ação de alimentos: a convocação dos demais coobrigados pode defluir, também, de provocação do réu ou do Ministério Público, ao menos quando houver interesse de incapaz. Assim, exemplificativamente, em uma ação de alimentos direcionada contra o pai e os avós paternos, podem ser chamados à lide os avós maternos, por iniciativa dos requeridos ou do Promotor de Justiça, se o credor for incapaz.

Ora, o processo civil não pode encerrar um fim em si mesmo. O rigor formal processual tem de ceder às peculiaridades do direito material subjacente, inclusive alterando os seus referenciais para garantir melhor prestação jurisdicional. Não se olvide a propósito

---

44. MARINONI, Luiz Guilherme; ARENHART, Sérgio Cruz; MITIDIERO, Daniel. *Curso de Processo Civil.* Op. cit., p. 85.
45. DIDIER JÚNIOR, Fredie. *Curso de Direito Processual Civil.* Op. cit., p. 664: "o autor, que originariamente optou por não demandar contra determinado devedor-comum, após a manifestação do réu, ou a despeito dela, em razão de fato superveniente, percebe a possibilidade/utilidade de trazer ao processo o outro devedor-comum, para que o magistrado também certifique a sua pretensão contra ele, tudo isso em um mesmo processo... Dispensa-se a concordância do réu originário, tendo em vista que a inovação objetiva não lhe diz respeito".
46. Assim: TARTUCE, Flávio. *Direito Civil:* Direito de Família. 15. ed. Rio de Janeiro: Forense, 2002, v. 5, p. 649: "em verdade, parece-nos que a tese de convocação pelo autor da ação de alimentos ganha força com o Código de Processo Civil de 2015".
47. BUENO, Cássio Scarpinella. *Partes e terceiros no processo civil brasileiro.* Op. cit., p. 285.

que, na seara familiarista, o princípio dispositivo (CPC, arts. 2º)[48] é mitigado,[49] para assegurar a dimensão existencial da pessoa humana, em razão da peculiaridade do direito material subjacente. Por isso, reconhecer também ao réu, e ao *Parquet*, a formação do litisconsórcio garante, mais amplamente, os interesses e a dignidade, até mesmo, de quem recebe os alimentos, além de prestigiar a celeridade e economia processuais, evitando proposituras ulteriores de demandas para complementação da pensão.

Visualiza-se, assim, que a natureza da convocação dos demais coobrigados, prevista no art. 1.698 do Código Civil,[50] é mista, eclética, envolvendo, simultaneamente, aspectos materiais e processuais.[51] Bem por isso, não se pode, por demasiado apego às formas do processo,[52] periclitar a efetividade dos alimentos. Até porque a presença simultânea dos coobrigados, seguramente, ampliará a cognição processual, permitindo ao julgador uma melhor aferição da capacidade contributiva de cada um deles e o arbitramento de um valor mais condizente à realidade viva.

Em linha conclusiva lógica: não tendo o próprio alimentando proposto a ação contra todos os coobrigados, pode o réu, acionado, em sua defesa, sob pena de preclusão, convocar os demais devedores não acionados, com vistas à melhor realização dos alimentos no plano material. Identicamente, na primeira oportunidade de se manifestar, também pode fazê-lo o Promotor de Justiça, se o credor for incapaz.

Pois bem, após oscilações interpretativas, o Superior Tribunal de Justiça fixou entendimento acerca do tema: trata-se de *litisconsórcio passivo facultativo*,[53] porém, se perfilhando às preocupações aqui elencadas em relação à efetividade da obrigação alimentícia e à instrumentalidade do processo, reconheceu a possibilidade de sua formação a requerimento do autor ou, quando o credor for incapaz, também por provocação do réu ou do Ministério Público. Sistematizando o entendimento de que o litisconsórcio entre pais e avós na ação de alimentos é *facultativo e ulterior*, como consagrado pela jurisprudência superior, é possível afirmar:

---

48. Art. 2º, Código de Processo Civil: "o processo começa por iniciativa da parte e se desenvolve por impulso oficial, salvo as exceções previstas em lei".
49. Nessa esteira, admitindo, pioneiramente, a flexibilização do princípio dispositivo em sede familiarista, vide: MARANHÃO, Clayton. Algumas questões de direito processual de família. In: WAMBIER, Teresa Arruda Alvim; LEITE, Eduardo de Oliveira (coord.). *Repertório de doutrina sobre Direito de Família*. São Paulo: RT, v. 4, 1999, p. 65.
50. Art. 1.698, Código Civil: "se o parente, que deve alimentos em primeiro lugar, não estiver em condições de suportar totalmente o encargo, serão chamados a concorrer os de grau imediato; sendo várias as pessoas obrigadas a prestar alimentos, todas devem concorrer na proporção dos respectivos recursos, e, *intentada ação contra uma delas, poderão as demais ser chamadas a integrar a lide*".
51. É o que reconhece a jurisprudência superior: "(...) 5– A regra do art. 1.698 do Código Civil de 2002, por disciplinar questões de direito material e de direito processual, possui natureza híbrida, devendo ser interpretada à luz dos ditames da lei instrumental e, principalmente, sob a ótica de máxima efetividade da lei civil". STJ, Ac. unân. 3ª T., REsp. 1.715.438/RS, Rel. Min. Nancy Andrighi, j. 13.11.18, DJe 21.11.18.
52. Até mesmo porque, em matéria de Direito das Famílias e, particularmente, em relação aos alimentos, "não mais se justifica o apego à forma, em detrimento da efetividade processual", impondo-se, sempre que possível, "buscar a efetividade processual, evitando-se que o processo seja um fim em si mesmo". STJ, Ac. 4ª T., REsp.216.719/CE, Rel. Min. Sálvio de Figueiredo Teixeira, DJU 19.12.03, in *RBDFam* 21:110.
53. "A natureza jurídica do mecanismo de integração posterior do polo passivo previsto no art. 1.698 do Código Civil é de *litisconsórcio facultativo ulterior simples*, com a particularidade, decorrente da realidade do direito material, de que a formação dessa singular espécie de litisconsórcio não ocorre somente por iniciativa exclusiva do autor, mas também por provocação do réu ou do Ministério Público, quando o credor de alimentos for incapaz". STJ, Ac. unân. 3ª T., REsp. 1.715.438/RS, Rel. Min. Nancy Andrighi, j. 13.11.18, DJe 21.11.18.

i) Se o credor de alimentos é plenamente capaz, pode escolher demandar os pais e os avós, em litisconsórcio eventual, ou acionar apenas os pais, deixando os avós de fora para, posteriormente, se for preciso, ajuizar contra eles uma demanda ou ainda ajuizar a ação somente contra os avós, havendo prova pré-constituída da incapacidade ou impossibilidade dos pais;

ii) Em se tratando de credor incapaz (por causa etária ou psíquica), absoluta ou relativamente, o próprio autor pode, após a defesa do pai (quando foi demandado sozinho), ampliar o polo passivo para incluir os avós, bem assim como podem fazê-lo o próprio réu na sua defesa, sob pena de preclusão, e o *Parquet*, na primeira oportunidade de manifestação, igualmente sob pena de preclusão.

Por óbvio, não se admite o requerimento de formação do litisconsórcio passivo ulterior por quem quer que seja após a decisão de saneamento, o que afetaria a estabilização processual.

Não é despiciendo conferir os termos do *leading case* parametrizador da matéria:

(...) 6– A definição acerca da natureza jurídica do mecanismo de integração posterior do polo passivo previsto no art. 1.698 do Código Civil de 2002, por meio da qual são convocados os coobrigados a prestar alimentos no mesmo processo judicial e que, segundo a doutrina, seria hipótese de intervenção de terceiro atípica, de litisconsórcio facultativo, de litisconsórcio necessário ou de chamamento ao processo, é relevante para que sejam corretamente delimitados os poderes, ônus, faculdades, deveres e responsabilidades daqueles que vierem a compor o polo passivo, assim como é igualmente relevante para estabelecer a legitimação para provocar e o momento processual adequado para que possa ocorrer a ampliação subjetiva da lide na referida hipótese.

7 – Quando se tratar de credor de alimentos que reúna plena capacidade processual, cabe a ele, exclusivamente, provocar a integração posterior do polo passivo, devendo a sua inércia ser interpretada como concordância tácita com os alimentos que puderem ser prestados pelo réu por ele indicado na petição inicial, sem prejuízo de eventual e futuro ajuizamento de ação autônoma de alimentos em face dos demais coobrigados.

8 – Nas hipóteses em que for necessária a representação processual do credor de alimentos incapaz, cabe também ao devedor provocar a integração posterior do polo passivo, a fim de que os demais coobrigados também componham a lide, inclusive aquele que atua como representante processual do credor dos alimentos, bem como cabe provocação do Ministério Público, quando a ausência de manifestação de quaisquer dos legitimados no sentido de chamar ao processo possa causar prejuízos aos interesses do incapaz.

9– A natureza jurídica do mecanismo de integração posterior do polo passivo previsto no art. 1.698 do Código de 2002 é de litisconsórcio facultativo ulterior simples, com a particularidade, decorrente da realidade do direito material, de que a formação dessa singular espécie de litisconsórcio não ocorre somente por iniciativa exclusiva do autor, mas também por provocação do réu ou do Ministério Público, quando o credor dos alimentos for incapaz.

10 – No que tange ao momento processual adequado para a integração do polo passivo pelos coobrigados, cabe ao autor requerê-lo em sua réplica à contestação; ao réu, em sua contestação; e ao Ministério Público, após a prática dos referidos atos processuais pelas partes, respeitada, em todas as hipóteses, a impossibilidade de ampliação objetiva ou subjetiva da lide após o saneamento e organização do processo, em homenagem ao contraditório, à ampla defesa e à razoável duração do processo. STJ, Ac. unân. 3ª T., REsp. 1.715.438/RS, Rel. Min. Nancy Andrighi, j. 13.11.18, DJe 21.11.18.

Ora, o reconhecimento da possibilidade de convocação dos demais codevedores pelo réu e pelo Ministério Público é, seguramente, a afirmação da *atipicidade deste litisconsórcio facultativo*, que se afasta da normatividade comum do processo civil para se adaptar às peculiaridades do direito material. É, pois, um litisconsórcio eventual facultativo passivo ulterior *atípico* – o que, em nada, diminui a técnica e a importância do processo, apenas ressaltando o seu caráter instrumental, afinal deve ser sempre compreendido como *meio,* não como fim.[54]

O que não se pode tolerar é o ajuizamento de ações de alimentos contra avós por conveniência, vindita ou chantagem. A responsabilidade alimentícia é, preferencialmente, dos pais, somente respondendo os avós subsidiária e complementarmente. Uma eventual dificuldade de demandar os pais não é suficiente para acionar os avós.

5. QUARTO ATO: À GUISA DE UM EPÍLOGO COM FINAL FELIZ: A INSTRUMENTALIDADE DO PROCESSO E A EFETIVIDADE DA PRESTAÇÃO JURISDICIONAL ALIMENTÍCIA COMO JUSTIFICATIVA DO LITISCONSÓRCIO EVENTUAL E FACULTATIVO ENTRE PAIS E AVÓS

> Já no final da comédia, durante o matrimônio de Bianca, Petruchio e outros casados convocam as suas mulheres para verificar qual seria a mais obediente. Curiosamente, só aparece Catarina, aparentemente domada:
>
> – Catarina: "Uma mulher irritada é como uma fonte agitada, turva, desagradável e sem encanto. E enquanto assim permanecer, ninguém haverá, por mais sedento ou alterado que esteja, que se digne acercar dela seus lábios ou beber uma só gota".[55]

Não se pode impor aos avós, que já percorreram um caminho mais longo do que os pais, a assunção de obrigações que, primacialmente, decorrem do poder familiar. Aos pais, cumpre a obrigação de sustentar os filhos, em conformidade com as suas possibilidades.

Todavia, a existência de vínculo parental, justifica que se imponha aos avós uma obrigação *complementar* e *subsidiária,* consoante os termos do Enunciado 596 da súmula de jurisprudência da Corte Superior de Justiça. Ou seja, demonstrada a impossibilidade, total ou parcial, de atendimento das necessidades de um filho pelos pais, os avós podem ser demandados.

Apesar desse caráter subsidiário e complementar insinuar em sentido distinto, é absolutamente possível a formação de um litisconsórcio eventual entre os pais e os avós, desde a petição inicial da ação de alimentos. Isso porque o pedido de alimentos dirigido aos avós somente será apreciado se, e somente se, o pleito contra os pais for julgado improcedente ou procedente em parte, em uma espécie de prejudicialidade inversa. A súmula, portanto, reclama uma interpretação cuidadosa sob o prisma processual, de modo a não eliminar possibilidade de formação de cumulação subjetiva.

---

54. A concepção moderna do processo, como instrumento de realização da Justiça, *repudia o excesso de formalismo, que culmina por inviabilizá-lo*". STJ, Ac. unân., 4ª T., REsp. 15.713/MG, Rel. Min. Sálvio de Figueiredo Teixeira, j. 4.12.91, DJU 24.2.92, p. 1876.
55. SHAKESPEARE, Willian. *A megera domada*. Op. cit., p. 147.

Em se tratando de uma opção, e não imposição, do autor da ação (o credor dos alimentos), o caso é de *litisconsórcio facultativo*, e não necessário.

No ponto, malgrado a melhor técnica processual revele que a formação de litisconsórcio facultativo fica a cargo da vontade do autor, nesse específico caso, em face da idiossincrasia do direito material subjacente e com vistas à efetividade dos alimentos, é de se reconhecer uma *atipicidade do litisconsórcio facultativo*. E, assim, também legitimar para a sua provocação o réu da ação de alimentos e o Ministério Público, quando existir interesse de incapaz.

Como alerta Cândido Rangel Dinamarco, lembrando o vaticínio de Chiovenda, "é preciso romper preconceitos e encarar o processo como algo que realmente seja capaz de 'alterar o mundo', ou seja, de conduzir as pessoas à 'ordem jurídica justa'. A maior aproximação do processo ao direito, que é uma vigorosa tendência metodológica hoje, exige que o processo seja posto a serviço do homem, com o instrumental e as potencialidades de que dispõe, e não o homem a serviço de sua técnica".[56]

Enfim, impõe-se adaptar a histórica compreensão formal do litisconsórcio[57] para vocacioná-lo, nesse específico caso, à busca da efetividade do direito material e à dignidade humana, em última análise. Os fins domando os meios, para realçar uma visão *instrumental* do processo e *efetiva* do sistema jurídico.

---

56. DINAMARCO, Cândido Rangel. *A instrumentalidade do processo*. 6. ed. São Paulo: Malheiros, 1998, p. 297.
57. "Na fase atual da evolução do Direito de Família é injustificável o fetichismo de normas ultrapassadas em detrimento da verdade real, sobretudo quando em prejuízo de legítimos interesses de menor". STJ, Ac. 4ª T., REsp.4987/RJ, Rel. Min. Sálvio de Figueiredo Teixeira, j. 4.6.91, DJU 28.10.91.

OS LAÇOS AFETIVOS DA AVOSIDADE ENTRE OS POVOS INDÍGENAS NO ESTADO DE RORAIMA

Denise Abreu Cavalcanti

Mestranda em Direito das Migrações Transnacionais pela UNIVALI e Università Perugia – Itália. Especialista em Direito Civil. Assessora Jurídica e Colaboradora voluntária na Operação Acolhida. Presidente do Instituto Brasileiro de Direito de Família em Roraima. Presidente da Comissão da Criança e do Adolescente da OAB/RR. Membro da Comissão Nacional dos Direitos da Criança e do Adolescente do CFOAB. Membro da Comissão Nacional de Adoção do IBDFAM. Advogada.

Sumário. 1. Considerações iniciais. 2. Introdução. 3. A construção da avosidade nas comunidades indígenas. 3.1 Indígenas Yanomami. 3.2 Indígenas Macuxi. 3.3 Indígenas Taurepang. 3.4. Indígenas Wapichana. 3.5 Indígenas Warao. 4. Considerações finais.

1. CONSIDERAÇÕES INICIAIS

No presente artigo, abordam-se as relações familiares a partir do vínculo entre avós e netos – a avosidade – nas populações indígenas. Para tanto, foi realizada uma pesquisa de campo, coletando-se narrativas que evidenciam o papel destes entes, bem como as influências na estrutura das famílias. Foram, ainda, realizadas, como ferramentas de busca, entrevistas direcionadas a lideranças indígenas de algumas etnias presentes no estado de Roraima, dentre elas, os Yanomami, Macuxi, Taurepang e Wapichana. Contudo, não se pôde ignorar o intenso e recente fluxo migratório venezuelano – reconhecido pela Organização das Nações Unidas,[1] como um dos maiores grupos de deslocados forçados mundiais – e que, inquestionavelmente, trouxe diferentes reflexos não só à sociedade roraimense, mas também a todo o Brasil, de forma mais ampla, devido aos processos voluntários de interiorização dos migrantes. De maneira que se julgou importante incluir dados das relações intrafamiliares de avós e netos na população dos indígenas Warao e, portanto, fundamentar as considerações sobre as influências dos laços de parentescos nos grupos étnicos alvo deste trabalho.

2. INTRODUÇÃO

A se considerar o contexto histórico, houve uma significativa mudança no conceito de família, o qual se atribui à própria evolução da sociedade e, nesse sentido, se estabeleceu a necessidade de uma nova compreensão dessa instituição. No Brasil Colonial, eram aceitas as relações concubinárias entre os portugueses colonizadores e as mulheres indí-

---

1. Disponível em: [https://www.acnur.org/noticias/press/2019/6/5cfa5eb64/refugiados-y-migrantes-de-venezuela-superan-los-cuatro-millones-acnur-y.html]. Acesso em: 20.04.2020.

genas. Depois, no Período Imperial, tornou-se comum o concubinato entre os senhores de engenho e as escravas negras que, em alguns casos, tinham a liberdade assegurada pela carta de alforria e passavam a ser custeadas pelos seus senhores. Embora a História e a literatura registrem a existência dessas relações, elas nunca foram aceitas e os integrantes, principalmente as mulheres, tornavam-se vítimas de preconceito e do estigma.

Legalmente, a Constituição Federal de 1988 trata da família no art. 226, quando normatiza, mas sem excluir a possibilidade de outros arranjos e, assim, explica:

> Art. 226. A família, base da sociedade, tem especial proteção do Estado.
> § 1º O casamento é civil e gratuita a celebração.
> § 2º O casamento religioso tem efeito civil, nos termos da lei.
> § 3º Para efeito da proteção do Estado, é reconhecida a união estável entre o homem e a mulher como entidade familiar, devendo a lei facilitar sua conversão em casamento.
> § 4º Entende-se, também, como entidade familiar a comunidade formada por qualquer dos pais e seus descendentes.
> § 5º Os direitos e deveres referentes à sociedade conjugal são exercidos igualmente pelo homem e pela mulher.
> § 6º O casamento civil pode ser dissolvido pelo divórcio. (Redação dada Pela Emenda Constitucional 66, de 2010)
> § 7º Fundado nos princípios da dignidade da pessoa humana e da paternidade responsável, o planejamento familiar é livre decisão do casal, competindo ao Estado propiciar recursos educacionais e científicos para o exercício desse direito, vedada qualquer forma coercitiva por parte de instituições oficiais ou privadas.
> § 8º O Estado assegurará a assistência à família na pessoa de cada um dos que a integram, criando mecanismos para coibir a violência no âmbito de suas relações.

Depreende-se, dessa forma, a instituição família como o núcleo, no qual o ser humano é capaz de desenvolver todas as suas potencialidades individuais, tendo em vista o princípio da dignidade da pessoa humana, além dos princípios do Direito das Famílias. No universo indígena, esses conceitos foram assimilados de alguma maneira, desde a chegada dos colonizadores até os dias atuais, e repercutem nas organizações familiares.

Ressalta-se, portanto, a relevância desse tema para os operadores do direito e dos demais profissionais, que atuam nas áreas psicossociais, a exemplo do que instigou a intenção de investigar as relações entre avós e netos, ou avosidade, nas formas como se apresentam, ou se alteraram, entre as famílias indígenas. Para isso, empreendeu-se a pesquisa com alguns representantes das etnias Yanomami, Macuxi, Taurepang e Wapichana, no Brasil, e Warao. Esse último grupo, oriundo da Venezuela com o processo migratório, que se intensificou recentemente e tornou o estado de Roraima o lugar de destino para essa população.

Para empreender a busca de dados, recorreu-se à metodologia que se vale de entrevistas estruturadas, aplicadas aos informantes, principalmente aqueles que têm uma relação próxima com os atores investigados, como as lideranças indígenas, trabalhadores humanitários, religiosos e antropólogos. Dessas narrativas, extraiu-se o conteúdo que possibilitou construir análises sobre as relações familiares, principalmente, no que se refere ao vínculo entre avós e netos, suas interferências na formação dos indivíduos, em quaisquer grupos sociais, mas especialmente entre os indígenas dos grupos étnicos selecionados para esta pesquisa. Desta feita, foi possível depreender algumas considerações apresentadas com embasamento teórico.

3. A CONSTRUÇÃO DA AVOSIDADE NAS COMUNIDADES INDÍGENAS

O conceito de avosidade, compreendido de forma simplificada, diz respeito à relação parental entre avós e netos e enfatiza o pertencimento à geração mais velha da família. Assim essa função e velhice se sobrepõem. A ideia do rechaço se dá tanto pela idade quanto pelo papel familiar.[2]

Oliveira assim conceitua avosidade:

> [...] é uma função intimamente ligada à maternidade ou paternidade. Possui um papel importante e determinante na formação psíquica do neto ou neta em questão. Essa função parece ser mais importante para a mulher que para o homem, pois a mulher tem uma tendência a ser ativa e participante, além de comprometida preferencialmente com aspectos emocionais e da saúde do neto. Os homens, por sua vez, participam do lazer, preocupam-se com os estudos e o trabalho. Tanto os homens quanto as mulheres tendem a se relacionar mais com os netos, filhos de seus filhos prediletos.[3]

Mas, para Ferraz, esse conceito e as funções ampliam-se tanto na relação temporal quanto na existencial:

> [...] ser avó é um sinalizador de que avançamos no tempo de nossa existência. Comparamos a uma convocação para guerra, chamados a participar do pelotão de frente. Nesta posição seremos os primeiros no combate e possivelmente os primeiros a tombar, ou seja, a falecer. Ou seja, ser avó nos remete a questão da finitude, ainda que vejamos a vida se prolongando através dos netos. Este é um paradoxo próprio desta relação.[4]

Os avós, inquestionavelmente, em todos os núcleos familiares, deveriam possuir um papel de relevância, seja na função de agregador, como transmissores e receptores de afeto, ou como propagadores de valores éticos e morais pela própria condição etária embora muitas condições intervenientes, às vezes, não as reconheçam, nem as valorizem, ainda que sejam reproduzidas na formação e no comportamento dos indivíduos ao longo da vida. Isso não se diferencia nas sociedades indígenas ou não indígenas.

Sobre o contexto do universo desta pesquisa, salienta-se que Roraima, conforme o Instituto Brasileiro de Geografia e Estatística (IBGE), é o segundo estado com o maior número de comunidades indígenas no país,[5] com 587 comunidades indígenas. Para o

---

2. MONTEIRO. Evaldo Cavalcante. *Avosidade*: o exercício da função de avós, as relações e os conflitos. Disponível em: [http://www.editorarealize.com.br/revistas/cieh/trabalhos/TRABALHO_EV040_MD2_SA1_ID27_06092015121015.pdf]. Acesso em: 20.04.2020.
3. OLIVEIRA, Alessandra Ribeiro Ventura. *Avosidade*: Visão dos Avós e de seus Netos. Brasília: DF. 2009. Disponível em: [https://bdtd.ucb.br:8443/jspui/bitstream/123456789/1279/1/TextocompletoAlessandraRibeiro-2009.pdf]. Acesso em: 05.03.2020.
4. FERRAZ, Ana. *As novas famílias em tempos virtuais*. Disponível em: [https://avosidade.com.br/novas-familias-em-tempos-virtuais/]. Acesso em: 05.03.2020.
5. FOLHA BV. *RR é o segundo estado com mais comunidades indígenas, diz IBGE*. Disponível em: [https://folhabv.com.br/]. Acesso em: 24.04.2020.

antropólogo Carlos Cirino,[6] em estudo realizado na Comunidade Indígena do Milho – Terra Indígena São Marcos – no município de Boa Vista, "é impensável compreender as noções de família e parentesco na lógica da organização social dos povos indígenas e as práticas relacionadas à criação, formação e aos cuidados com suas crianças".

Para esse pesquisador, a compreensão dos vínculos obriga uma compreensão dos fatores mais abrangentes que, segundo suas análises, devem ser considerados:

> Dessa forma é preciso trazer à baila a discussão sobre o sistema de parentesco na cultura indígena e na ocidental e, por sua vez, trazer esclarecimentos ao caso concreto. Segundo a tradição ocidental, o sistema de parentesco se organiza em rede e se configura da seguinte forma: ego (indivíduo) chama de pai e mãe aqueles que o conceberam; irmãos e irmãs, a prole do mesmo casal; tios são os irmãos e irmãs do pai e da mãe; primos e primas os filhos dos tios e tias (primos em 2º grau os filhos dos primos/primas de ego) e avós são os pais de seus pais. Mas nem todas as sociedades usam esse tipo de classificação, principalmente as sociedades indígenas. Um dos modelos mais registrado foi aquele em que Ego usa o mesmo termo para se referir a sua mãe e às irmãs de sua mãe, assim como um mesmo termo para se referir a seu pai e aos irmãos de seu pai...

Deduz-se, assim, que o núcleo familiar do indígena é distinto daquele que se convencionou nas sociedades não indígenas, ocasionando, por consequência, que crianças e adolescentes indígenas recebam cuidados e afeto de sua família biológica e de sua família extensiva ante a convivência comunitária.

No referido laudo antropológico, Cirino esclarece que

> [...] É cultural os avós assumirem as responsabilidades dos netos, assim como os tios e tias. No caso em tela, a maior parte da família mora em uma única unidade familiar....

> Os avós também assumem as responsabilidades que, na nossa sociedade, seriam exclusivas dos pais biológicos. Podemos inferir que os laços de afetividade, de guarda, responsabilidade são mais extensivos que os nossos e se consolidam no convívio em comunidade.

No decorrer das entrevistas realizadas e à luz das fontes bibliográficas pesquisadas, evidenciou-se que, na essência, há grande similaridade nas relações afetivas e sociais entre avós e netos indígenas, independente da etnia, seja em Roraima, em Santa Catarina ou no Mato Grosso. Ou seja, independe do espaço geográfico, ou das condições em que as comunidades são estruturadas.

A antropóloga Antonella Tassinari,[7] ao estudar o tema, cujo enfoque são as crianças e adolescentes indígenas da etnia Kayapó, relata a rotina desse grupo social da seguinte forma:

> [...] homens e mulheres mudam de status quando têm o primeiro filho ou o primeiro neto, participando de diferentes categorias de idade. Com o nascimento do primeiro filho, os homens passam a participar de forma plena nas reuniões do conselho dos homens e, com o primeiro neto, atingem a categoria mais respeitável dos sêniores.

---

6. CIRINO, Carlos Alberto. Laudo antropológico salário maternidade c/c indenização por dano moral, Justiça Federal, Processo: 4216-63.2011.4.01.4200, 09/04/2014.
7. TASSINARI, Antonella. *Concepções indígenas de infância no Brasil*. 2007. ISSN Impresso: 1519-9452 – até TELLUS ano 14, n. 27, jul./dez. 2014. ISSN Eletrônico: 2359-1943, p. 21.

Nessa corrente de análise dos papéis sociais nos grupos étnicos e das atribuições que são inerentes aos participantes em quaisquer faixas etárias, Vasconcelos,[8] ao estudar o comportamento das crianças da etnia guarani e as relações familiares, observou

> [...] a grande influência que os avós têm, e mais ainda as avós, na tomada das decisões. Elas têm grande poder nas negociações, por possuírem, geralmente, melhores condições financeiras (geralmente recebem aposentadoria como trabalhadoras rurais) e melhores possibilidades de criar bem uma criança, e acabam consequentemente, tanto escolhendo quanto sendo escolhidas para ficarem com elas. Ao que parece, há um consenso geral de que os mais velhos também têm grandes direitos em ficar com a criança, como uma espécie de um lugar de poder legitimado e que muitas vezes, mesmo não se querendo, não se pode ir contra isso, pois muitos relatos de mulheres que deixaram suas crianças com avós (paternas) eram lembrados, pelas mães, com algum ressentimento. Esse poder, essa capacidade de intervenção de ficar com a criança, em relação às pessoas mais velhas (e, principalmente, as mulheres mais velhas) aponta que mesmo percebendo uma ressonante questão financeira, haver algo a mais nesse universo social criado pela rede de parentelas que além dessa questão financeira exclusivamente perpassam questões socioculturais e cosmológicas. Assim considerado, todo o processo de negociação, as coisas se somam: a vontade da criança, dos avós, dos pais, enfim, em um processo de negociação e bom-senso de todos os envolvidos.

Numa das entrevistas realizadas, o padre jesuíta António Ronilson Braga de Sousa[9] (filho de uma enfermeira lusitana e de um caboclo do interior do Pará), conhecedor de várias comunidades indígenas no Norte do país, pois já viveu nesses espaços, como a do povo Saterê Mawé, no Amazonas, pôde contribuir imensamente para fundamentar a pesquisa.

Segundo ele, quando se trata de avosidade, é fundamental a relação que se estabelece com os avós, porque as crianças indígenas vão viver com esses entes para escutarem suas histórias, que se entrelaçam nas lendas da mãe d'água, do Matinta Pereira, do Curupira. Ademais os laços entre esses familiares, nas comunidades indígenas, se estabelecem como uma relação de conexão, de continuadores de uma cultura. Os avós sabem que dentro de pouco, pela questão da lei natural, morrerão, desencarnarão na sua fé, participando do grande Cosmo.

Contudo, essa relação social e afetiva nas comunidades indígenas pode, de alguma forma, denotar traços oriundos da forma como os grupos indígenas se organizam. Nesse sentido, cabe um breve panorama da organização dos grupos investigados.

3.1 Indígenas Yanomami

Os Yanomami vivem nas montanhas do Norte do Brasil e no Sul da Venezuela, "formam uma sociedade de caçadores-agricultores da floresta tropical do norte da Ama-

---

8. VASCONCELOS, Viviane Coneglian Carilho de. *Tramando redes*: parentesco e circulação de crianças guarani no litoral do estado de Santa Catarina. Disponível em: [https://repositorio.ufsc.br/handle/123456789/96051. 2011]. Acesso em: 16.06.2020.
9. BRAGA DE SOUSA, António Ronilson. Licenciado em Letras, em Filosofia e em Teologia; mestre em Língua e Cultura Espanhola pela Universidade de Salamanca e em Teologia Fundamental pela Universidade Gregoriana em Roma; em 2004 ingressou na Companhia de Jesus, tendo sido ordenado presbítero jesuíta em 25.07.2015.

zônia. No Brasil, a população desses indígenas era de 19.338 pessoas, distribuídas em 228 comunidades (Sesai, 2011)".[10]

Consta, ainda, que esse grupo étnico encontra-se gravemente ameaçado, sendo o alcoolismo de adultos e crianças a causa que se impõe, além dos impasses que resultam em graves consequências oriundas do garimpo ilegal em suas terras.

Na visão do xamã[11] ("Xamã" parece derivar de çaman, palavra empregada pelos Evenks siberianos para designar os seus especialistas rituais; é análoga ao termo "pajé", derivada por sua vez de termos das línguas tupi-guarani também utilizados na referência a tais especialistas.) e líder indígena da etnia Yanomami, Davi Kopenawa: e líder indígena da etnia Yanomami, Davi Kopenawa:

> A terra-floresta só pode morrer se for destruída pelos brancos. Então, os riachos sumirão, a terra ficará friável, as árvores secarão e as pedras das montanhas racharão com o calor. Os espíritos xapiripë, que moram nas serras e ficam brincando na floresta, acabarão fugindo. Seus pais, os xamãs, não poderão mais chamá-los para nos proteger. A terra-floresta se tornará seca e vazia. Os xamãs não poderão mais deter as fumaças-epidemias e os seres maléficos que nos adoecem. Assim, todos morrerão.[12]

Em relação aos laços de avosidade, o senhor Júnior Hekurari Yanomami,[13] da comunidade Coreauba, na região do Surucucu, assim descreveu como os vínculos se estabelecem, segundo a própria vivência:

> Minha relação com meu avô foi muito importante no meu crescimento, na minha trajetória. Ele me ensinou muitas coisas. Ele liderava uma comunidade muito grande, tinha muito respeito com as comunidades. Era grande liderança. Quando a gente recebe apoio, orientação dos avós, com sete a dez anos, entendeu, se a gente não respeitar a nossa gente recebe castigo muito grande, entendeu? Então eu aprendi muito, desde meus dez anos, e com quatorze anos eu colocava a minha opinião durante a reunião deles. Encontra tudo nas orientações, nas comunidades, comandar um grupo muito grande é muito difícil. Com doze, treze anos somos considerados adultos nas comunidades. Já se sobrevive, já se caça, já se pode colocar a opinião, já se pode responder em próprios atos. Então, tudo meu avô me orientava. Eu me preparar, contra e em conflitos. Eu ando muito com essas comunidades. Orientar a não ter guerra, não ter conflito. Então eu fui com essas orientações que o meu avô deixou, estou seguindo, entendeu. Estou seguindo todas as orientações, nas comunidades, entendeu, porque minha Comunidade é muito grande. Na Surucucu são mais de cinco mil Yanomamis que eu lidero.

3.2 Indígenas Macuxi

Os indígenas da etnia Macuxi constituem os maiores grupos existentes no estado de Roraima. Formam um subgrupo dos indígenas Pemon, que vivem na Venezuela, tendo migrado para o Brasil no século XVIII.[14]

---

10. Disponível em: [https://pib.socioambiental.org/pt/Povo:Yanomami]. Acesso em: 10.05.2020.
11. CESARINO, Pedro de Niemeyer. *Xamanismo – Povos indígenas no Brasil*. Disponível em: [https://pib.socioambiental.org/pt/Xamanismo. 2009]. Acesso em: 06.05.2020.
12. História dos Yanomamis. Disponível em: [http://www.hutukara.org/index.php/hay/historia-dos-yanomami]. Acesso em: 11.04.2020.
13. Júnior Hekurari Yanomami, Presidente em exercício do Conselho Distrital de Saúde – CONDISI Yanomami e Ye'kuana.
14. Macuxis. Disponível em: [https://pt.wikipedia.org/wiki/Macuxi]. Acesso em: 11.04.2020.

A narrativa do senhor Gabriel Madeira do Nascimento Junior, tuxaua (uma espécie de chefe de uma tribo de aborígines)[15] na comunidade indígena Boca da Mata, localizada na Terra Indígena São Marcos, ao norte do estado de Roraima, de forma mais enfática, sobre o tema desta pesquisa expressou o seguinte ponto de vista acerca de avosidade:

> Até onde eu conheço, dentro da comunidade, muitos avós e netos têm uma relação perfeita, aonde se respeitam e pelo carinho, todos conseguem chegar um bom senso, até porque muitas vezes a gente conta mais com nossos avós do que com a nossa própria mãe. Então, por esse carinho, que os netos têm com seus avós, sempre tem o poder de respeitar e ouvir, o que eles têm a falar. E o poder de decisão, sempre ele é acatado, por uma decisão que um avô ou uma vó toma. Diante de uma família sempre os netos têm ouvido. Então, a nossa comunidade não é só de Macuxi. Ela tem várias etnias, são elas: Macuxi, Tareupang, Wapixana, Tucano e Sapará. São formadas por essas cinco etnias, não é somente Macuxi.

Esse posicionamento é ratificado nas falas de outra entrevistada, a senhora Vanda, que é Pajé (o pajé, é uma figura de extrema importância dentro das tribos indígenas). Apesar de uma boa parte da cultura indígena ter sucumbido à chegada do "colonizador", a presença desse personagem quase que principal de uma aldeia, ainda permanece, e com toda a sua sabedoria.).[16] Em relato bem subjetivo, a entrevistada assim se apresentou:

> Eu sou Vanda, Pajé Macuxi. Eu sou do povo Macuxi. Eu sou do Bonfim, minha família mora no Canauani e os outros também. Eu tenho família espalhada nas comunidades aonde chega sentir bem, lá que faz a vida deles, mas, eu vou lá com eles. Eles vêm aqui comigo também e assim que a gente anda hoje.

Quando indagada sobre como ela se percebia na condição de avó, mas também como pajé, e sobre como se dá o relacionamento afetivo e social entre avós e netos, dentro da comunidade, ampliando a questão para que se tivesse, ainda, um parâmetro da participação desses entes familiares na educação, na criação e nos cuidados, ela assim descreveu:

> A convivência da gente e assim: eu sou avó, eu sou a bisavó. Eu tenho meus filhos com os filhos e fiz dos meus filhos com filhos. Então eu sou bisavó. Depende de cada um de nós. Eu tenho como criar meus filhos, meus netos, minhas netas, a gente vive em famílias individual. Antigamente, nós éramos respeitados, a gente criava nossos filhos, nossos netos com muito respeito. Minha mãe me criou a forma que ela sabe, sabia me educar. Ela não sabia escrever, ler, mas, ela me ensinou muitas coisas. Hoje, o que que nós temos a novo desafio hoje, a gente vê, a gente se encontra, a gente encara que tem os filhos, filhas, netos, netas não obedecem, não respeitam mais os idosos. Falam o que querem, então, pra mim, Pajé, eu vejo: A lei do branco, faz, está fazendo a nós sofrermos hoje, porque, antigamente não tinha esse, Conselho de Criança, Juízo de menor. Hoje você vê a criança que sai pra festa, a criança quer namorar cedo, namora atrás da escola. Antigamente não era assim com nós. Hoje a lei que criou, está fazendo as crianças se perderem hoje, porque, a gente não pode dar umas palmadas com sandália, então com a palmatória, né. Eh, não pode, que dizer então, nós idosos temos que sofrer correndo atrás dos nossos filhos? Que engravidam mais cedo e arruma marido e depois separa, aonde a vó fica com neto e neta, né, porque, na primeira experiência da criança acha que é fácil, né. Tem filho, mas quando encontra dificuldade, realmente não é fácil, e a mãe ou então avô ajuda. Não é todos, mas tem alguns que não ajudam, mas tem alguns que ainda abraça né, porque é primeira experiência, "Vamos ver se ela vai errar outra vez, ou não". Então, é assim que a gente convive. É muitas drogas também, muitas drogas entrando. É, sem emprego, hoje a gente vê muitas meninas, meninos, estão perdidos, também. Então, eh, primeiro a gente tinha respeito, né, como muita gente sabe. Nós tínhamos um horário de almoçar,

---

15. "Tuxaua". In: *Dicionário Priberam da Língua Portuguesa* [em linha], 2008-2020. Disponível em: [https://dicionario.priberam.org/tuxaua]. Acesso em: 04.06.2020.
16. Pajé, que índio ele é? Disponível em: [http://povodafloresta.com.br/o-paje-que-indio-ele-e/]. Acesso em: 04.06.2020.

jantar, toma café, vestir camisa, todo mundo sentado. Hoje não, você encontra lá na cama, é no sofá, eh, não dá mais bença Pai, Vó. Isso até é muito difícil. Hoje você encontra né. Então, eh, eu digo assim, a graças a Deus, a minha mãe, ela me ensinou muito, do jeito que ela acha que é certo, né. Então, eu, como mãe, avó, bisavó, eu mantenho isso hoje.

Ressaltam-se das falas os valores que norteiam essas famílias, bem como o lugar social dos avós nas comunidades. Quando questionada sobre outros papéis que exerce e a reciprocidade dos outros indígenas quanto aos costumes, ou no exercício da pajelança, ela foi enfática quanto à hierarquia, embora admita mudanças no comportamento:

Sim, também existe sim e está continuando. Existe. É uma pena né, porque a gente sabe que existiam respeito muito grande pelos anciãos, e não é mais assim.

Importante enfatizar que cabe às mulheres mais velhas, nessas comunidades, normalmente as avós, ensinar aos mais novos o preparo da "Damurida" (caldo de peixe com pimenta), prato ancestral da culinária Macuxi, que é produzido e consumido durante as celebrações.

3.3 Indígenas Taurepang

Os Taurepang habitam a região norte do estado de Roraima, nas Terras Indígenas São Marcos e Raposa Serra do Sol, juntamente com outras etnias. Na Venezuela, são conhecidos como Pemon e habitam a região da Gran Sabana, no sudeste do estado de Bolívar.[17]

A informante selecionada é uma líder indígena e coordenadora geral da União das Mulheres Indígenas da Amazônia brasileira, Telma Taurepang. Ela relatou a própria descendência, como proveniente de uma linhagem matriarcal, ensinada e cultuada por sua avó materna, a senhora Olindina Tenente, da etnia Taurepang, a qual exerce uma posição de liderança, na comunidade. Assim, acumula as funções de líder indígena, mãe e avó de três netinhos, Marcos Aurélio, Lívia Juliane e Ayron Augusto, com os quais mantém um elo afetivo muito forte, segundo a informante.

Para Telma, o conhecimento e a vivência são transmitidos pelos avós. Relatou a própria experiência, atribuindo à avó os ensinamentos e as vivências, dentro da comunidade, do seio familiar indígena; e fora, quando veio para a cidade, trabalhar na função de colaboradora numa escola pública da capital. Segundo ela, durante o trabalho de preparar a merenda dos alunos, na antiga escola Boas Novas, seguia as orientações dos avós, os conhecimentos, mantendo isso sempre vivo, na vivência do dia a dia.

E, nostalgicamente, relatou que sonhou com as três gestações de sua filha, antes que esta lhe informasse que estava gestante, como também, em sonho, soube previamente qual seria o sexo dos netos, que estavam por nascer. A relação afetiva entre avó e netos é muito estreita e eles não a chamam de "vó", mas de mãe, sentimento retribuído, pois também os trata maternalmente, considerando-os como filhos. Enfatizou, ainda, que na comunidade os tios e tias também exercem a avosidade, ou seja, o papel dos avós

---

17. Taurepangs – Povo Indígena no Brasil. Disponível em: [https://pib.socioambiental.org/pt/Povo:Taurepang]. Acesso em: 11.04.2020.

é compartilhado por todos os integrantes, sendo estendida a relação aprazível no seio familiar indígena.

O que se deduz desse relato é que o vínculo entre os mais novos e o grupo familiar parece ser reproduzido constantemente e reafirma-se na importância da formação dos sujeitos, porque se constitui numa tecelagem psíquica grupal que atravessa outras gerações consciente ou inconscientemente.

3.4 Indígenas Wapichana

Os grupos dessa etnia habitam o vale do rio Uraricoera, do rio Tacutu e a região de serras a leste do estado de Roraima, estando ainda presentes na Guiana, país fronteiriço. As aldeias são, em sua maioria de população mista, Wapichana e Taurepang ou Wapichana e Makuxi.[18]

Como informante dessa comunidade, o entrevistado foi o senhor Alfredo Silva Wapixana,[19] 53 anos, líder indígena, professor com formação superior em Letras e pós-graduação (mestrado) em Desenvolvimento Sustentável pela Universidade de Brasília (UnB). Quando se apresentou, frisou as informações acadêmicas e a liderança na comunidade. Em relação à temática investigada, destacou as mudanças que ocorreram ao longo do tempo, suscetíveis de vários fatores, mas deu ênfase para as influências que resultaram do contato com as populações não indígenas ao longo de mais de trezentos anos como relatou. Para ele,

> A relação dos anciãos com seus netos e netas varia bastante. Hoje a gente percebe que as comunidades que ainda estão em regiões um pouco mais isoladas, onde não têm muita influência externa, ainda se percebe essa deferência, esse respeito, essa busca de contato com os mais antigos. Já em comunidades que já têm uma prevalência da incidência de influências externas muito maior, a comunidade, por exemplo, já ficou meio urbanizada... Aí já segue o mesmo sistema da cidade, praticamente os velhos não recebem mais a atenção dos mais jovens. Então, essa mesma realidade que veem na cidade, ocorre em comunidades assim, que já tem essa influência externa muito grande. Onde a via de acesso é melhor, onde há uma estrutura melhor, onde há uma circulação maior de pessoas, os jovens já começaram a receber essa influência, e criou-se essa indiferença com os mais velhos e com conhecimento etc. É isso que acontece!

São constantes essas referências à aproximação, que acontece, geralmente com urbanização, quando os indígenas deixam as comunidades e passam a residir na cidade, para estudar, ou em busca de trabalho, mas sem perder o vínculo com o lugar de origem.

O povo Wapichana, como já dito, também está presente no país vizinho, Guiana. Para subsidiar este trabalho, além do professor, foi entrevistada a catequista Kátia Rodrigues Alves, indígena wapichana que, atualmente, trabalha e reside na capital Boa Vista, em lugar que compartilha com os padres da missão jesuíta.

Durante o relato, Kátia proporcionou momentos agradáveis, entoando, juntamente com o padre Ronilson, canções tradicionais de seu povo. Ao relembrar a canção abaixo

---

18. Wapichana – Povos Indígenas no Brasil. Disponível em: [https://www.indios.org.br/pt/Povo:Wapichana]. Acesso em: 12.04.2020.
19. Alfredo Silva Wapixana, líder indígena, professor.

descrita, ensinada por sua avó, a fisionomia refletia o sentimento dessas memórias ao relembrar que, nas noites de lua cheia, a comunidade se reunia para fazer artesanato, ensinado aos netos por seus avós, entoando uma bela canção sobre o Sol:

> *Aizii kamuu, aizii kamuu, Tuminkery tum nii, Tuminkery tum nii. Wa kunay kian nii, Wa kunay kian nii, tyykii manawyn, tyykii manawyn. Aizii kamuu Tuminkery tum nii, Wa kunaykian nii, tyykii manawyn aizii kamuu, aizii kamuu, Tuminkery tum nii. Aizii kamuu, aizii kamuu, y kadizchanyz, y kadixchanyz wa Kunaykian nii, wa kunay kian nii, tyykii manawyan, tyykii Manawyn. Aizii kamuu y kadixchanyz, wa kunaykian nii. Tyykii manawyan, aizii kamuu, aizii kamuu y kadixchanyz Aizii kamuu, aizii kamuu, y Durunaa kaawan y Durunaa Kaawa, wa kunaykian nii, wa kunaykian nii tyykii manawyan, Tyykii manawyan. Aizii kamuu, y Durunna kaawan. Wa kunay Kian nii tyykii manawyan, aizii kamuu, aizii kamuu, aizii kamuu y Durunaa kaawan.*

Decerto, essas memórias compartilhadas pela Kátia, nessa canção que exalta os elementos da natureza, fazem parte, também, da memória coletiva do povo Wapichana, e costuma se formar mais ou menos consciente, segundo as experiências vividas nessa comunidade, com a possibilidade de ser acessada e/ou repassada, vivificada pelas gerações seguintes. Nessas interações sociais, a identidade torna-se parte integrante das experiências vividas e estabelece os vínculos, a exemplo do que se fundamenta na relação da avosidade.

3.5 Indígenas Warao

Esses indígenas da etnia Warao, são conhecidos como o "Povo do barco" e habitavam a região do delta do rio Orinoco, na Venezuela,[20] país fronteiriço com o estado de Roraima. Com o fenômeno da migração, impulsionado nos últimos anos, desde o ano de 2016 passou a ser frequente a presença de indígenas nas ruas e nos semáforos da capital, Boa Vista. Em geral, tratava-se de um número significativo de mulheres e crianças, identificadas como pertencentes a essa etnia. Viviam em situação de mendicância, o que somente foi reduzido com a atuação da Organização não governamental Fraternidade Internacional e da Rede de proteção.

A entrevistada Clara, da ONG Fraternidade Internacional, trabalha na missão humanitária de acolhimento aos migrantes e refugiados venezuelanos, especificamente com os indígenas Warao e Eñepa, que foram acomodados em abrigo, no bairro Pintolândia, na periferia da capital Boa Vista, e no abrigo Janokoida, em Pacaraima, município fronteiriço do país vizinho. São cerca de 600 indígenas e 95% deles são da etnia Warao.

Segundo a informante, os anciãos, para o povo Warao, são "bibliotecas vivas" que guardam a sabedoria do seu povo, uma vez que a oralidade é a forma de repassar a cultura e os conhecimentos. Os idosos são a fonte de transmissão da cultura e das histórias e estórias, como as bromas.

Nesse grupo dos imigrantes, atualmente são 34 (trinta e quatro) anciãs, no abrigo em Boa Vista, e 30 (trinta) em Pacaraima. Elas ensinam às mais novas o artesanato, uma vez que as mulheres Warao são exímias artesãs. Dessa forma, e por meio do artesanato, tentam evitar a mendicância.

---

20. Disponível em: [https://pt.wikipedia.org/wiki/Waraos]. Acesso em: 09.04.2020.

Embora haja respeito para com os mais velhos, em algumas situações parece ficar no campo do imaginário. Na realidade, observa-se certa dicotomia. A entrevistada Clara relata o caso em que a senhora Ismênia, idosa e já cega, ao ser internada no hospital local, somente pôde contar com o apoio dos familiares após a intervenção dos colaboradores da ONG Fraternidade para que aquela senhora fosse acompanhada por seus parentes.

Para os Warao existem os aidamos[21] (líderes comunitários indígenas) e os anciãos, que são consultados quando necessárias as tomadas de decisões. Os aidamos, aqui no Brasil, não são os anciãos, muitas das vezes são pessoas jovens, escolhidas por falarem espanhol e por saberem escrever. Ou seja, isso denota uma influência sendo assimilada por necessidade.

O ancião é como se fosse um conselheiro, é uma pessoa que tem o poder da palavra. Cada núcleo familiar possui seu ancião, mas diferentemente desse conceito de família, no Brasil, para os indígenas Warao, todos que possuem consanguinidade são parentes, compondo, assim, um grande e extenso núcleo familiar.

As gerações vão nascendo (primos, sobrinhos, filhos, netos, bisnetos, entre outros) e ampliando a família, ou seja, famílias consanguíneas extensas compõem um único núcleo familiar. Via de regra, nesse núcleo, os homens seguem as mulheres, prevalecendo a cultura matriarcal. A título de ilustração: quando o homem indígena se apaixona por uma mulher não indígena, ele deve se afastar, pois passa a ser rejeitado pela comunidade. Entretanto, ocorrendo o inverso, o homem é acolhido e passa a viver como indígena, inclusive passando a utilizar o sobrenome da mulher.

4. CONSIDERAÇÕES FINAIS

A partir dos relatos, advindos de entrevistas realizadas, cujos participantes foram líderes indígenas de diferentes etnias, mas também antropólogos e uma trabalhadora humanitária, pôde-se verificar que as comunidades indígenas sofrem grande influência por parte da civilização dos brancos, ou não indígenas.

A aculturação intervém na mudança dos hábitos, nos costumes e nas tradições, sobretudo, no distanciamento das pessoas mais velhas e experientes das comunidades, conforme verificado nos relatos de Vanda Macuxi e de Alfredo Wapichana.

No entanto, nas etnias com maior distanciamento geográfico e, por consequência, menor contato seja de forma direta, seja de forma indireta, constatou-se que existe maior apego à manutenção das tradições. A cultura indígena da caça, do artesanato, da culinária, as canções, histórias e estórias e ensinamentos míticos são transmitidas de gerações a gerações pelos mais velhos, no caso os avós.

Assim, a avosidade nas comunidades indígenas é marcadamente representada pelo fato de que as culturas são transmitidas de geração para geração, como os rituais do que marca o início da fase adulta para mulheres e homens. Contudo, pôde-se observar que, a

---

21. Disponível em: [https://www.acnur.org/portugues/2020/05/28/como-forma-de-retribuir-eu-colaboro-com-entusiasmo-e-alegria/]. Acesso em: 07.06.2020.

depender da etnia e da localização geográfica da comunidade, há uma maior influência, de forma negativa, com assimilação dos hábitos e costumes não indígenas.

Em relação ao indígena idoso, deduziu-se que há respeito pelo conhecimento que esses indivíduos detêm, considerando-se a experiência de vida, sendo para eles compensador e motivo de alegria transmitir as tradições e a cultura de seu povo aos mais novos. O idoso não é visto como um fardo, conceito errôneo ainda comum nas sociedades não indígenas. Ao contrário disso, na cultura indígena, os avós são reconhecidos como um elo transmissor, e os netos, seus receptores, porque recebem os ensinamentos com carinho e atenção, muitos deles optando, inclusive, por viver com esses entes idosos, atribuindo à avosidade uma importância singular nas relações familiares no contexto das comunidades indígenas.

PLANEJAMENTO PATRIMONIAL E AVOSIDADE: PROTEÇÃO PATRIMONIAL DE AVÓS IDOSOS E DE NETOS INCAPAZES

Felipe Quintella Machado de Carvalho

Doutor, Mestre e Bacharel em Direito pela UFMG. Coordenador Geral da Faculdade de Direito Milton Campos. Professor dos Cursos de Graduação e de Mestrado da Faculdade de Direito Milton Campos. Professor do Ibmec BH. Advogado e consultor jurídico na área de planejamento patrimonial.

Tereza Cristina Monteiro Mafra

Doutora, Mestra e Bacharela em Direito pela UFMG. Diretora da Faculdade de Direito Milton Campos. Professora dos Cursos de Graduação e de Mestrado da Faculdade de Direito Milton Campos. Advogada.

Sumário: 1. Considerações iniciais. 2. Família e avosidade. 3. Planejamento patrimonial em vida e avosidade. 3.1 Doações de netos a avós idosos. 3.2 Doações de avós a netos incapazes. 4. Planejamento sucessório e avosidade. 4.1 Planejamento sucessório de netos para a proteção de avós idosos. 4.1.1 Legado de usufruto. 4.1.2 Legado de alimentos. 4.2 Planejamento sucessório para proteção de netos incapazes. 4.2.1 Disposições em favor de concepturos. 4.2.2 Legado de usufruto. 4.2.3 Legado de alimentos. 5. Considerações finais.

1. CONSIDERAÇÕES INICIAIS

Se, por um lado, vem crescendo no Brasil a preocupação com o tema da *avosidade* – as relações avoengas vêm ganhando claro destaque no Direito de Família, e a presente obra, de que este trabalho faz parte, dá prova disso –, não se pode negar, por outro lado, que o brasileiro ainda tem dificuldade em assimilar a importância do planejamento patrimonial.

Quanto ao patrimônio em vida, não se planeja, vez que o gasto respectivo parece desnecessário.

Quanto ao patrimônio para depois da morte, não se planeja, porque não gostamos de pensar na morte; temos dificuldade em aceitar a efemeridade da vida.

No entanto, é importante que a comunidade jurídica, por meio de advogados e de acadêmicos, auxilie na divulgação da necessidade e da utilidade do planejamento patrimonial, inclusive no que concerne à avosidade.

Nesse sentido, a proposta deste trabalho é justamente a de apresentar ferramentas para planejamento patrimonial em vida, bem como para planejamento sucessório, com o objetivo tanto de proteção de avós idosos, quanto de proteção de netos incapazes. Tal é o recorte estabelecido.

A escolha do recorte se justifica em razão da *vulnerabilidade* tanto dos avós idosos, quanto dos netos incapazes, com as respectivas peculiaridades.

Conforme Tânia da Silva Pereira,

> [e]mbora ambos os grupos sejam constituídos por pessoas 'especialmente' vulneráveis, e haja, em vários pontos, certo paralelismo entre a situação da criança e do adolescente e a do idoso, impondo-se a tutela privilegiada de seus direitos, não se deve perder de vista que, na verdade, tais pessoas caminham em direções opostas, sendo inversamente proporcionais suas necessidades. Enquanto a criança e o adolescente se desenvolvem no sentido do pleno reconhecimento de sua autonomia, o idoso precisa da força protetora da lei para mantê-lo, diante de sua natural e crescente fragilidade com as complexas exigências da vida.[1]

Daí a preocupação, aqui desenvolvida, com a proteção patrimonial *tanto dos avós idosos, quanto dos netos incapazes*.

Neste trabalho, segue-se a distinção entre *planejamento patrimonial* e *planejamento sucessório*. Enquanto esta última expressão se refere à preocupação com a sucessão, ou seja, com um planejamento *causa mortis*, destinado, pois, a produzir efeitos apenas a morte de seu autor, a expressão planejamento patrimonial abrange, também, a preocupação com a organização do patrimônio em vida, destinada a produzir efeitos *ainda em vida*.

Sendo assim, são apresentadas, neste texto, ferramentas de planejamento aplicadas especificamente à proteção de avós idosos, por seus netos, e de netos incapazes, por seus avós: quanto ao planejamento em vida, escolheu-se, para este trabalho, a doação; quanto ao planejamento sucessórios, foram escolhidos alguns legados menos conhecidos, mas muito úteis, bem como as disposições em favor dos concepturos, para que seja possível contemplar netos ainda não concebidos.

Em razão do recorte que todo trabalho deve conter, optou-se por não tratar, aqui, de contratos de seguro e de previdência privada, nem da constituição de pessoas jurídicas. Apesar de muito úteis tais ferramentas, constituem, atualmente, objeto de diversas controvérsias sobre *fraude à legítima*, que o tamanho deste artigo não permitiria desenvolver adequadamente.

2. FAMÍLIA E AVOSIDADE

Nas relações familiares contemporâneas, o exame das relações envolvendo os avós tornou-se de grande relevância, tendo em vista os múltiplos aspectos de evidência social, destacando-se, no presente trabalho, os aspectos financeiros ligados ao planejamento patrimonial.

Dentre os fatores que contribuem para a importância temática da avosidade está o aumento na expectativa de vida, que tem ampliado o tempo de desempenho na função de avós.[2]

---

1. PEREIRA, Tânia da Silva. In: PEREIRA, Rodrigo da Cunha. (Coord.) *Tratado de Direito das Famílias*. 2. ed. Belo Horizonte: IBDFAM, 2016, p. 352-353.
2. DIAS, Cristina Maria de Souza Brito *et al*. Avós que criam seus netos: circunstâncias e consequências. In: FÉRES-CARNEIRO, Terezinha. (Org.). *Família e casal: efeitos da contemporaneidade*. Rio de Janeiro: Ed. PUC-Rio, 2005, p. 158 (158-176).

De acordo com a Organização Mundial da Saúde (OMS), idoso é alguém com 60 anos ou mais, o que no Brasil representa cerca de 13% da população. E tal percentual tende a aumentar significativamente nas próximas décadas, conforme projeção divulgada em 2018 pelo IBGE. O chamado *índice de envelhecimento*, que corresponde à relação percentual entre idosos e jovens, deve aumentar, entre 2018 e 2060, de 43,19% para 173,47%, o que pode ser observado no gráfico abaixo, que segue uma tendência mundial de estreitamento da base (menos crianças e jovens) e alargamento do corpo (adultos) e topo (idosos):[3]

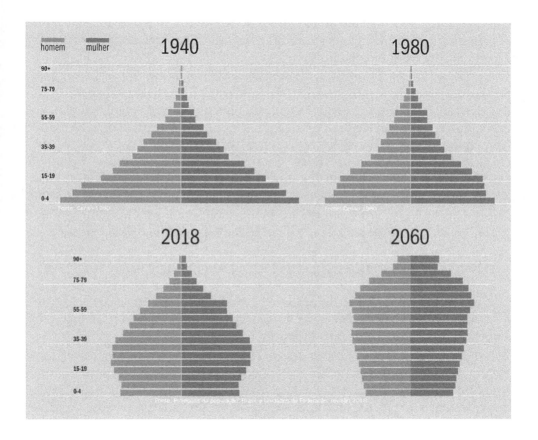

Por conta de dados extraídos de pesquisas e estatísticas semelhantes, Aratangy e Posternak afirmam que "o século XXI será o século dos avós".[4]

Além do aumento da longevidade, diversas transformações sociais impuseram mudanças nas configurações familiares, trazendo novos padrões de funcionamento e novos núcleos não mais fundados na hegemonia patriarcal.

---

3. Disponível em: [https://agenciadenoticias.ibge.gov.br/media/com_mediaibge/arquivos/d4581e6bc87ad8768073f974c0a1102b.pdf]. Acesso em: 29.06.2020.
4. ARATANGY, Lídia Rosemberg; POSTERNAK, Leonardo. *Livro dos avós: na casa dos avós é sempre domingo?* São Paulo: Primavera Editorial, 2010. p. 21.

O padrão tradicional até o século XX, composto pela família nuclear (pai, mãe e filhos), dá lugar, no século XXI, às famílias estendidas, abrangendo três ou mais gerações, "permeadas por laços de afeto e cuidado (*cohousing* e residências coletivas) e pela divisão mais fluida das tarefas e funções relativas aos cuidados com os filhos e o lar".[5]

Diante da redução do número de filhos e da maior expectativa de vida, passou a haver um maior convívio entre várias gerações, "inclusive com a possibilidade de viverem em um mesmo ambiente, compartilhando as tarefas da casa e os cuidados da família".[6]

O papel dos idosos é muito abrangente, envolvendo aspectos afetivos, apoio emocional e financeiro, responsabilidades e cuidados. Assim como "a família constitui, além de um valor simbólico, uma instituição em constante modificação e adaptação, tanto em seus papéis e funções, quanto em suas configurações",[7] o mesmo se dá quanto ao papel dos avós nos diversos modelos familiares.

A corresidência de idosos com filhos e netos decorre de múltiplos fatores, mas, em geral, destacam-se, como principais fatores, a questão financeira e a necessidade de cuidados especiais.[8] Por um lado, o idoso pode ter uma significativa perda de renda com a aposentadoria ou incapacidade laborativa, como pode sofrer de problemas de saúde que não o permitam viver só. Para os filhos adultos, deixar a casa dos pais depende, muitas vezes da inserção no mercado de trabalho e/ou da constituição de uma nova família. E, para os filhos maiores que saíram de casa e constituíram família, a facilidade de acesso ao divórcio e o aumento dos casos, as dificuldades financeiras e problemas de saúde de seus filhos fazem-nos recorrer aos pais, criando novas responsabilidades para os avós.

Daí a relevância de se realizar um planejamento patrimonial da avosidade.

3. PLANEJAMENTO PATRIMONIAL EM VIDA E AVOSIDADE

Conforme afirmado na introdução, ao se estabelecer o recorte deste trabalho, elegeu-se, como ferramenta de planejamento patrimonial em vida para relacionar, especificamente, à avosidade, o contrato de doação.

Por conta das polêmicas acerca de possível *fraude à legítima* quanto aos contratos de seguro de vida e de previdência privada, e quanto à constituição de pessoas jurídicas – tema complexo, que foge ao escopo deste artigo –, decidimos não abordar essas ferramentas de planejamento, tocando apenas, *en passant*, no tema das pessoas jurídicas, ao cuidar das doações de avós para netos incapazes.

Quanto ao uso do contrato de doação como ferramenta de planejamento patrimonial, a grande preocupação sempre tem que ser com as limitações legais à doações: aplicando-

---

5. FARIAS, Vênus Déia Alves de. *Qualidade de vida de adolescentes de uma escola pública do Distrito Federal e reflexões sobre a gerontologia educacional*. Universidade Católica de Brasília. (Dissertação de Mestrado). Brasília, 2019, p. 27.
6. MEIRELES, Fabrina da Silva; TEIXEIRA, Solange Maria. As diversas faces da família contemporânea: conceitos e novas configurações. *Revista Brasileira de Ciências da Vida*, v. 16, n. 31, p. 38.
7. VASCONCELLOS, Karina de Mendonça. *A representação social da família: desvendando conteúdos e explorando processos*. Universidade de Brasília. (Tese de Doutorado). Brasília, 2013, p. 17.
8. CAMARANO, Ana Amélia; EL GHAOURI, Solange Kanso. *Famílias com idosos*: ninhos vazios? Texto para Discussão n. 950. Rio de Janeiro: Ipea, 2003, p. 1.

-se a regra do art. 544, se feitas de ascendente a descendente *que seja chamado à sucessão por direito próprio*, sem dispensa de colação, sujeitam-se à conferência no inventário; se não, ou se feitas com dispensa de colação, sujeitam-se ao limite estabelecido no art. 549, e não podem ultrapassar a metade do patrimônio do doador no momento da doação, sob pena, conforme o art. 2.007, de redução do excesso, considerado *doação inoficiosa*.

3.1 Doações de netos a avós idosos

Vez que o art. 544 não reputa adiantamento de legítima as doações feitas de *descendente* a *ascendente*, as doações que o neto quiser fazer para proteção dos avós idosos não se sujeitam à colação – não incide a regra do art. 2.002 do Código –, mas, todavia, devem observar o limite imposto pelo art. 549.

Constituem, pois, uma interessante estratégia para proteção dos avós idosos por parte dos netos. O que se há que considerar, ao se estudar o planejamento patrimonial, é a capacidade dos avós para administração do patrimônio.

Se, por um lado, por exemplo, a doação de um apartamento pode ser uma ótima ideia para a proteção do direito à moradia dos avós, por outro lado, a título de ilustração, a doação de uma fazenda no interior para avós idosos que moram na capital e que tem pouca possibilidade de deslocamento já não é interessante, ainda que a fazenda renda bons frutos, a não ser que a doação fosse acompanhada por um adequado planejamento de gestão do patrimônio.

3.2 Doações de avós a netos incapazes

No caso das doações feitas de avós a netos, vez que se trata de doações, portanto, de *ascendentes a descendentes*, pode incidir a norma do art. 544 do Código Civil. A despeito de a redação do referido dispositivo legal dar a entender que a norma *necessariamente* incidiria, não é o que se depreende da interpretação sistemática do dispositivo, em conjunto com os arts. 2.002 e 2.009 do Código Civil. Isso porque somente está obrigado à colação o descendente que for chamado à sucessão do doador por direito próprio.

Nesse sentido já explicava Itabaiana de Oliveira que "[q]uando, porém, os netos sucedem, por direito próprio, ao avô, cumpre distinguir se a doação por este feita foi a eles netos, ou ao pai: *a)* no primeiro caso – sendo donatários do avô, são obrigados a conferir o que dele em vida receberam, salvo se foram dispensados da colação".[9] No entanto, conforme prossegue o autor, quando sucedem por direito próprio não estão obrigados a levar a colação as doações recebidas de seu avô por seu pai.[10] Ademais, quando sucedem por direito de representação ou por direito de transmissão, devem colacionar apenas os bens doados ao pai, que representam, ou de quem receberam a transmissão, os quais este próprio teria que conferir.[11]

---

9. OLIVEIRA, Arthur Vasco Itabaiana de. *Tratado de Direito das Sucessões*. 5. ed. Rio de Janeiro: Freitas Bastos, 1986. p. 400.
10. OLIVEIRA, Arthur Vasco Itabaiana de. *Tratado de Direito das Sucessões*. Op. cit., p. 400.
11. OLIVEIRA, Arthur Vasco Itabaiana de. *Tratado de Direito das Sucessões*. Op. cit., p. 400.

Na mesma linha, Carlos Maximiliano pontua que "[o]s netos que não são herdeiros *legítimos* do ascendente, porque vive o pai, ou a mãe, não conferem o que houveram do avô".[12] Prossegue o autor: "[e]ntretanto, a dádiva é *reduzida*, se excede em valor ao da quota disponível da fortuna computável na época em que se efetuou a liberalidade".[13] E sintetiza: "para ser obrigado a conferir, basta o neto ser herdeiro quando falece o avô, embora o não fosse, ainda, quando obteve a doação, isto é, se o pai, ou a mãe, existia naquela época e morreu primeiro que o seu progenitor".[14]

Sobre o presente assunto, Luiz Paulo Vieira de Carvalho chama atenção para a regra nova, do Direito atual, trazida pelo Código de 2002: "[s]e, porém, tiverem recebido liberalidades *inter vivos* do hereditando, em momento em que *não ostentavam a situação jurídica de herdeiros necessários, não estarão obrigados a colacionar*",[15] porque, prossegue o autor, "nesta hipótese, a lei atual, no parágrafo único do art. 2005 do Código Civil, estatui que os bens por eles recebidos integrariam a parte disponível do patrimônio do doador".[16]

Ou seja, enquanto, conforme a lição de Carlos Maximiliano acima transcrita, na vigência do Código de 1916, o neto chamado à sucessão por direito próprio estava obrigado à colação da doação recebida pelos avós *mesmo quando não era o primeiro vocacionado*, ao tempo em que recebeu a doação, nos termos do parágrafo único do art. 2.005 do Código de 2002, "[p]resume-se imputada na parte disponível a liberalidade feita a descendente que, ao tempo do ato, não seria chamado à sucessão na qualidade de herdeiro necessário". Tal presunção há de ser considerada relativa, *iuris tantum*, sendo possível afastá-la, desde que haja prova de que a intenção do doador, no momento da doação, *já era o de fazer adiantamento de legítima*. Isso, no entanto, há de ocorrer em pouquíssimos casos.

Ainda dentro da temática, considerando-se a proliferação da constituição de pessoas jurídicas que se tem visto como ferramenta de planejamento patrimonial, convém chamar atenção para a conveniência de ser doado o *numerário*, a *quantia em dinheiro* para que o neto incapaz – por meio de seu representante ou assistente, claro – adquira a participação societária, trate-se de quotas ou de ações.

Primeiramente, tal medida evita os inconvenientes advindos do fato de que o Direito brasileiro altera as regras sobre o modo de se proceder à colação com inacreditável frequência, e de que, na atualidade, vigentes as regras do art. 639 do Código de Processo Civil de 2015, que derrogaram tacitamente as correspondentes no Código Civil de 2002, procede-se à colação *em substância*, quando o donatário ainda tem o bem doado ao tempo da abertura da sucessão, e *por estimação*, pelo valor do bem ao tempo da morte do doador, quando o donatário não mais os tem neste momento. Logo, não há dúvida de que a doação de quantia em dinheiro facilitará sobremaneira a colação, devendo o valor doado, tão somente, ser submetido à devida atualização monetária.

Em segundo lugar, tal medida evita o risco de se considerar ter havido *fraude à legítima*. Euclides de Oliveira e Sebastião Amorim, por exemplo, entendem que se re-

---

12. MAXIMILIANO, Carlos. *Direito das Sucessões*. v. III. 2. ed. Rio de Janeiro: Freitas Bastos, 1943. p. 437.
13. MAXIMILIANO, Carlos. *Direito das Sucessões*. Op. cit., p. 437.
14. MAXIMILIANO, Carlos. *Direito das Sucessões*. Op. cit., p. 437.
15. CARVALHO, Luiz Paulo Vieira de. *Direito das Sucessões*. 4. ed. São Paulo: Atlas, 2019, p. 1083.
16. CARVALHO, Luiz Paulo Vieira de. *Direito das Sucessões*. Op. cit., p. 1083.

puta fraude à legítima "por meio da transmissão disfarçada de bens a certos herdeiros na forma societária".[17] Prosseguem os autores: "configura-se ato abusivo a constituição de sociedade com atribuição de quotas ou ações em favor de herdeiros sem o efetivo ingresso de capital por parte deles".[18] Os autores ainda defendem que "[s]erá cabível, em tais circunstâncias, desconsiderar a personalidade jurídica da sociedade, para que se reintegre o herdeiro prejudicado na plenitude dos seus direitos legitimários na herança".[19]

Por fim, cabe ressaltar que, no caso da constituição de pessoas jurídicas, podem os avós dispensar os netos da colação, conforme o art. 2.005, desde que o valor da doação caiba na parte disponível calculada naquele momento. Para prevenção de problemas futuros, é interessante, nesses casos, juntar ao instrumento de doação – em que constará a dispensa – prova documental do montante do patrimônio do doador naquele momento.

4. PLANEJAMENTO SUCESSÓRIO E AVOSIDADE

Não se nega que muito se tem avançado, ao menos no plano do debate acadêmico-jurídico, em matéria de planejamento sucessório.

Nas palavras de Daniele Chaves Teixeira,

[a] relevância e a demanda pelo planejamento sucessório são crescentes na atualidade, em razão de vários motivos, entre eles as transformações das famílias e seus desdobramentos jurídicos; a valorização e fluidez dos bens; a economia no pagamento de impostos; a possibilidade de maior autonomia do autor da herança; a celeridade da sucessão; a prevenção de litígios futuros; o evitamento da dilapidação do patrimônio.[20]

O que se pretende, nesta seção, é contribuir para duas hipóteses especificamente, que não têm sido tão discutidas: a da preocupação *dos netos* com a proteção *de seus avós idosos*, caso morram antes destes, e a da preocupação *dos avós* com a proteção *de seus netos incapazes*.

Afinal, conforme se costuma dizer, *tão certa é a morte, quanto incerta é hora*. Tanto é importante que avós se preocupem com a sucessão de seus netos, caso morram antes destes, *quanto também é importante que netos se preocupem com a sucessão de seus avós*, vez que nada os impede de morrer antes deles.

Tal é a proposta específica desta seção, vez que, como se sabe, diversas outras obras científicas têm tratado, nos últimos tempos, do planejamento sucessório em geral, sobretudo dos pais com relação aos filhos, e de um cônjuge com relação ao outro.

Antes de prosseguirmos, porém, uma advertência geral é necessária: há que tomar bastante cuidado, na realização do planejamento, para verificar se os bens destinados à proteção, seja dos avós idosos, seja dos netos incapazes, *cabem na parte disponível* do autor do planejamento – ou seja, metade da herança, conforme o art. 1.789 do Código

---

17. OLIVEIRA, Euclides de; AMORIM, Sebastião. *Inventário e partilha:* teoria e prática. 24. ed. São Paulo: Saraiva, 2016, p. 360.
18. OLIVEIRA, Euclides de; AMORIM, Sebastião. *Inventário e partilha:* teoria e prática. Op. cit., p. 360.
19. OLIVEIRA, Euclides de; AMORIM, Sebastião. *Inventário e partilha:* teoria e prática. Op. cit., p. 360.
20. TEIXEIRA, Daniele Chaves. In: TEIXEIRA, Ana Carolina Brochado; RIBEIRO, Gustavo Pereira Leite (Coord.). *Manual de Direito das Famílias e das Sucessões.* 3. ed. Rio de Janeiro: Editora Processo, 2017, p. 799.

de 2002. Considerando-se que se trata de planejamento com a finalidade específica de proteção de pessoas em situação de vulnerabilidade, não se considera prudente deixar de se tomar a precaução, mesmo sabendo-se que a solução do Código Civil brasileiro para o excesso das disposições testamentárias opera no plano da eficácia (art. 1.967), sem prejuízo da validade do testamento.

4.1 Planejamento sucessório de netos para a proteção de avós idosos

É importante frisar, antes de mais nada, que a preocupação dos netos com a proteção de seus avós idosos não prejudica o planejamento daquelas pessoas para proteção dos respectivos pais, ou dos respectivos filhos – ou demais descendentes –, conforme for o caso.

Neste trabalho, destacamos a possibilidade de utilização de duas importantes e úteis ferramentas de planejamento sucessório, com a finalidade específica de proteção dos avós idosos, por parte de seus netos, nos respectivos planejamentos sucessórios: o legado de usufruto e o legado de alimentos.

Não se desconsidera, por óbvio, que é possível, simplesmente, a nomeação dos avós no testamento, como herdeiros ou legatários. No entanto, como o objetivo deste trabalho é contribuir para a proteção de avós idosos, a ideia é destacar a utilização de ferramentas que podem corresponder melhor à vontade do autor do planejamento. Com o legado de usufruto, o testador protege os avós, sem prejudicar aqueles que sejam, porventura, seus sucessores de predileção – os próprios filhos, por exemplo. Com o legado de alimentos, os avós idosos são protegidos sem que precisem despender qualquer energia, vez que se pode deixar ao testamenteiro a incumbência de cuidar do pagamento.

4.1.1 Legado de usufruto

Aquele que gostaria de, por meio do planejamento sucessório, proteger seus avós idosos, *sem prejudicar os demais sucessores* ou os *sucessores de predileção* – como, por exemplo, os próprios filhos –, pode se valer do legado de usufruto.

Com a instituição do legado de usufruto, a nua-propriedade do bem indicado pelo testador como objeto do legado se transmite, por ocasião da abertura da sucessão, aos herdeiros mais próximos, conforme a ordem de vocação hereditária, ou para o sucessor determinado pelo testador, e surge, para os avós, o direito de usufruto, ou seja, de usar ou de fruir daquele bem – por exemplo, uma casa, ou um apartamento. No exercício das faculdades de usar e de fruir, podem os usufrutuários tanto residir no imóvel, por exemplo, quanto alugá-lo.

Conforme o art. 1.921 do Código Civil de 2002, se não houver disposição diversa no testamento, o usufruto objeto do legado se entende vitalício. Mas pode o testador, consequentemente, e conforme a sua vontade, determinar outra causa extintiva do usufruto, que não a morte do usufrutuário. Em se tratando da proteção de avós idosos, no entanto, a morte há de ser, provavelmente, a causa extintiva que melhor se encaixará na vontade do autor do planejamento.

Seja o usufruto vitalício ou não, é importante destacar neste trabalho que, quando se extinguir, tornará plena a propriedade daquele sucessor que era, até então, nu-proprietário. Como bem salientado por Carlos Maximiliano, traduzindo Cujácio, "'o usufruto propende e como que se precipita a incorporar-se à propriedade da qual saiu' – *usufructus ad proprietatem, unde exivit, tendit et currit*".[21] Por isso, inclusive, destaca o autor que "é inadmissível o usufruto *sucessivo*, nem sequer limitado ao segundo grau".[22]

Com o uso dessa ferramenta, ao mesmo tempo em que o testador protegerá os avós beneficiados pelo legado, não desfalcará o patrimônio a ser herdado pelo sucessor de predileção, vez que este, posteriormente, terá a propriedade plena.

Na eventualidade de falecer o sucessor de predileção – em geral, os filhos do testador – os respectivos sucessores herdarão a nua-propriedade, sem prejuízo da proteção dos avós. E, falecidos estes, aqueles passarão a ter a propriedade plena.

Quanto à instituição do legado de usufruto, na lição clássica de Itabaiana de Oliveira, há três modos por meio dos quais o testador pode fazê-lo:

> a) quando lega simplesmente o usufruto do objeto; neste caso a nua propriedade se entende pertencer ao herdeiro;
>
> b) quando lega a propriedade da coisa, reservando o usufruto (*deducto usufructu*); e a reserva é em benefício do herdeiro;
>
> c) quando lega expressamente a um a propriedade e a outro o usufruto.[23]

Sobre a possibilidade de haver dúvida sobre a constituição do usufruto, já advertia Lacerda de Almeida que "[n]este assunto vale mais a intenção do testador que os termos da verba testamentária; assim, não será de usufruto a deixa que outorgue direitos que a qualidade de um usufrutuário não comporta e só possam ser exercidos por quem é proprietário".[24] Também não entendia, o autor clássico, ser necessária a menção sobre a quem se deixa a nua-propriedade; mencionando o testamento apenas o usufruto, a nua-propriedade seria, naturalmente, dos herdeiros legítimos.[25]

Por fim, é prudente reiterar a advertência feita no início desta seção, agora, aplicando-a, especificamente, ao legado de usufruto, no sentido de que há que se tomar cuidado, no planejamento, para verificar se o objeto do legado cabe na parte disponível do patrimônio do testador. Mesmo nos casos em que o *imóvel* sobre o qual recairá o usufruto não seja objeto de outra disposição testamentária, razão pela qual a nua-propriedade ficará na legítima, há que se ter bastante atenção. Na dúvida sobre como auferir a nua-propriedade e o usufruto, mais cauteloso é trabalhar com o valor da propriedade plena, verificando se esta cabe na parte disponível.

4.1.2 Legado de alimentos

Outra interessante ferramenta para a proteção dos avós, no planejamento sucessório feito por seus netos, é a do legado de alimentos.

---

21. MAXIMILIANO, Carlos. *Direito das Sucessões*. Op. cit., p. 389.
22. MAXIMILIANO, Carlos. *Direito das Sucessões*. Op. cit., p. 389.
23. OLIVEIRA, Arthur Vasco Itabaiana de. *Tratado de Direito das Sucessões*. 3. ed. Rio de Janeiro: Livraria Jacintho, 1926, p. 165.
24. ALMEIDA, Francisco de Paula Lacerda de. *Sucessões*. Rio de Janeiro: Tipografia da Revista dos Tribunais, 1915, p. 393.
25. ALMEIDA, Francisco de Paula Lacerda de. *Sucessões*. Op. cit., p. 393.

Pode o testador, ao instituir o legado de alimentos, fixar o seu valor; não o fazendo, pode o legatário pedir a fixação judicial do montante a ser pago. Nesse caso, conforme adverte Itabaiana de Oliveira, deve o juiz "atender aos bens recebidos pelo alimentante e à necessidade do alimentado, bem como à sua situação para com o testador, e, ainda, à intenção deste, que poderia tê-la manifestado anteriormente, prestando em vida os mesmos alimentos".[26] Ademais, deverá o juiz observar os parâmetros do art. 1.920 do Código Civil de 2002, conforme o qual "[o] legado de alimentos abrange o sustento, a cura, o vestuário e a casa".

Os autores clássicos, que se referiam aos alimentos determinados por testamento como alimentos *jure testamenti*, classificavam como *naturais* os alimentos devidos a maiores, e como *civis* os devidos a menores.[27] Conforme explica Lacerda de Almeida, "os *naturais* são o que é indispensável à vida, como casa, sustento e vestuário; nos *civis*, incluem-se também a educação e instrução".[28]

É bastante útil que o testador indique um herdeiro que seja instituído com a finalidade de pagar os alimentos, o que é permitido pelo que se depreende dos arts. 1.897 (quanto à *finalidade*) e 1.934 (quanto à *escolha de herdeiro para cumprir o legado*). Nesse caso, especificamente, para que se evitem dúvidas quanto ao cumprimento do legado. Pode o testador, por exemplo, deixar "vinte por cento da sua herança para Pedro, *para que* Pedro preste alimentos aos avós do testador, Joaquim e Ana, enquanto estes viverem, e enquanto durar a quantia herdada por Pedro". Para incentivar Pedro a aceitar a herança, convém beneficiá-lo em outra disposição testamentária, condicionada ao aceite da anterior: "desde que Pedro aceite o montante da herança a ele deixado para pagamento dos alimentos a Joaquim e Ana, deixo para ele mais dez por cento da herança".

Sendo a instituição dos alimentos feita a mais de um avô conjuntamente, é importante, sendo tal a vontade do testador, que se estabeleça a substituição recíproca, nos termos do art. 1.948 do Código, esclarecendo que, morrendo um dos avós antes da abertura da sucessão, ou durante a execução do legado, o montante que seria pago a ele acrescerá ao monte para pagamento dos alimentos dos demais. Sem tal ressalva, a verba passaria aos herdeiros legítimos.

Conveniente, também, transcrever a lição de Luiz Paulo Vieira de Carvalho, no sentido de que "[o] legado em questão é irrenunciável e intransferível a qualquer título, sendo, igualmente, impenhorável, inarrestável e insequestrável",[29] além de que "pode ser pago *in natura* de acordo com a vontade do testador, pois ele pode ordenar que se ofereça, por exemplo, ao legatário, hospedagem ou que se ofereçam mensalmente gêneros necessários à sua subsistência, tais como comida, produtos higiênicos etc.".[30]

---

26. OLIVEIRA, Arthur Vasco Itabaiana de. *Tratado de Direito das Sucessões*. 2. ed. Op. cit., p. 162.
27. ALMEIDA, Francisco de Paula Lacerda de. *Sucessões*. Op. cit., p. 415. OLIVEIRA, Arthur Vasco Itabaiana de. *Tratado de Direito das Sucessões*, 2. Ed. Op. cit., p. 161-162.
28. ALMEIDA, Francisco de Paula Lacerda de. *Sucessões*. Op. cit., p. 415.
29. CARVALHO, Luiz Paulo Vieira de. *Direito das Sucessões*. 4. ed. São Paulo: Atlas, 2019. p. 801. No mesmo sentido: VELOSO, Zeno. In: TEIXEIRA, Ana Carolina Brochado; RIBEIRO, Gustavo Pereira Leite (Coord.). *Manual de Direito das Famílias e das Sucessões*. Op. cit., p. 723. Antes deles: PONTES DE MIRANDA, Francisco Cavalcanti. *Tratado de Direito Privado*. t. 57. 3. ed. Rio de Janeiro: Borsoi, 1973, p. 204.
30. CARVALHO, Luiz Paulo Vieira de. *Direito das Sucessões*. Op. cit., p. 801.

Lacerda de Almeida ainda admite que se determine o pagamento dos alimentos dos "rendimentos de certo imóvel".[31] Clóvis Beviláqua, ademais, entende que, na hipótese de os alimentos serem "expressamente consignados sobre um imóvel, a sua prestação torna-se um ônus real, que o acompanha na translação da propriedade".[32]

4.2 Planejamento sucessório para proteção de netos incapazes

Nesta subseção, trataremos de ideias para o planejamento sucessório feito pelos avós com o intuito de proteção *de netos incapazes*. Além de examinarmos o legado de usufruto e o legado de alimentos, já analisados na subseção anterior, mas aqui, com as particularidades do caso, destacaremos também a possibilidade – muito interessante – das disposições em favor dos netos ainda não concebidos ao tempo da realização do planejamento.

Cabe, todavia, primeiramente, uma importante advertência. Ainda que possa parecer natural que o casal de avós realize um planejamento sucessório comum, que ambos compartilhem a mesma vontade, não se pode perder de vista que os testamentos conjuntivos – inclusive o simultâneo – são *expressamente proibidos* pelo art. 1.863 do Código Civil. Logo, cada avô deve elaborar o próprio testamento individualmente, mesmo que as disposições sejam iguais.

Ademais, mais uma vez, considerando-se a premissa de que *tão certa é a morte quanto incerta é hora*, vale destacar que se considera importante a utilização de disposições testamentárias sob condição, vez que a preocupação é específica com a proteção *de netos incapazes*.

Ou seja, ao identificar os beneficiados pelo testamento, o testador deve, primeiramente, condicionar aquela disposição a que o herdeiro ou legatário instituído *ainda fosse menor* ao tempo da abertura da sucessão. Além disso, deve o testador estabelecer a aquisição da plena capacidade – seja pela maioridade, seja pela extinção da causa incapacitante não etária – como *condição resolutiva* das disposições testamentárias de execução continuada que forem estabelecidas, ou como *termo final*, conforme for o caso. A distinção, cabe destacar, depende da certeza ou da incerteza do fato, considerando vivo o legatário.

Nesse sentido, importante transcrever a lição de Zeno Veloso: "[a]o contrário do que era previsto no Direito Romano, nosso ordenamento admite a aposição de condição resolutiva tanto na instituição de herdeiro como de legatário".[33] Também, conforme o autor, "é admitida a aposição de termo ou prazo nos legados".[34]

Para que o ponto fique mais claro, dele trataremos separadamente, no exame de cada ferramenta específica.

---

31. ALMEIDA, Francisco de Paula Lacerda de. *Sucessões*. Op. cit., p. 416.
32. BEVILAQUA, Clovis. *Direito das Sucessões*. 2. ed. Rio de Janeiro: Freitas Bastos, 1932, p. 318.
33. VELOSO, Zeno. In TEIXEIRA, Ana Carolina Brochado; RIBEIRO, Gustavo Pereira Leite (Coord.). *Manual de Direito das Famílias e das Sucessões*. 3. ed. Rio de Janeiro: Editora Processo, 2017, p. 722.
34. VELOSO, Zeno. In TEIXEIRA, Ana Carolina Brochado; RIBEIRO, Gustavo Pereira Leite (Coord.). *Manual de Direito das Famílias e das Sucessões*. Op. cit., p. 723.

4.2.1 Disposições em favor de concepturos

O Código Civil de 2002 traz dois mecanismos que permitem que sejam beneficiados no testamento, como herdeiros ou legatários, os ainda *não concebidos – concepturos*: a disposição direta, de que tratam os arts. 1.799, I e 1.800, e o fideicomisso, de que tratam os arts. 1.951 a 1.960.

Aqui, pois, destacaremos a utilização dessas ferramentas para que os avós possam, no seu planejamento sucessório, contemplar netos ainda sequer concebidos naquele momento.

Por meio da disposição direta em favor do concepturo, pode o avô nomear, por exemplo, como herdeiros de vinte e cinco por cento da herança, *os eventuais filhos do meu filho Miguel, que ainda não os teve*. Imagine, por exemplo, que o testador tem dois filhos, Maria e Miguel; que Maria já tem três filhos, mas que Miguel ainda não tem.

No caso da sucessão direta, se, por ocasião da abertura da sucessão, o sucessor indicado já houver nascido com vida, adquire, de imediato, o direito à sucessão aberta. Se, por acaso, já houver sido concebido, mas ainda não tiver nascido, aguarda-se o resultado da gestação. Se, por fim, não houver sido sequer concebido – caso em que haverá, propriamente, a sucessão direta do concepturo –, deve-se aguardar o prazo de até dois anos para que ocorra a concepção, conforme o art. 1.800, § 4º. Durante esse período, a herança ficará sob a administração de um curador (art. 1.800, *caput*). Nascendo com vida o sucessor, adquire o direito à sucessão aberta, com os acréscimos que sua herança houver produzido desde a abertura da sucessão (art. 1.800, § 3º). Não havendo a concepção ou o nascimento com vida, passa a herança ao substituto designado pelo testador, ou, na falta de designação de substitutos, aos herdeiros legítimos (art. 1.800, § 4º, parte final).

Não querendo o testador, no entanto, limitar-se pelo prazo de dois anos para a concepção – caso queira, por exemplo, preocupar-se com eventuais netos, filhos de seus filhos que ainda são menores – é possível a utilização das disposições fideicomissárias. Por meio do fideicomisso, o testador indica um "sucessor intermediário", denominado *fiduciário*, que receberá a herança por ocasião da abertura da sucessão, mas que a perderá para o "sucessor final", denominado *fideicomissário*, quando ocorrer o fato determinado pelo testador (art. 1.951 do Código Civil).

Pode, assim, o testador, por exemplo, determinar que, por ocasião da sua morte, sua fazenda passará a seu filho Caio, mas que, quando o primeiro filho de Caio completar vinte e cinco anos, a fazenda passará a este. Nesse caso, Caio seria o fiduciário e o primeiro filho de Caio o fideicomissário, e o fato ensejador da substituição seria o aniversário de vinte e cinco anos do fideicomissário. Não haveria problema, pois, se o filho de Caio não fosse concebido dentro do prazo de dois anos da morte do testador.

E se, ao contrário, o fideicomissário *nascesse* antes da morte do testador, o fideicomisso seria convertido em usufruto (art. 1.952, parágrafo único do Código Civil): o fiduciário – Caio, no exemplo – se tornaria usufrutuário; o fideicomissário – o filho de Caio, no exemplo – se tornaria nu-proprietário; e o fato ensejador da substituição, por sua vez – o aniversário de vinte e cinco anos do fideicomissário, no exemplo – seria o termo final do usufruto.

4.2.2 Legado de usufruto

Os avós que gostariam de, por meio do planejamento sucessório, proteger seus netos incapazes, *sem prejudicar os demais sucessores* – como, por exemplo, os filhos, ou outros netos –, podem se valer do legado de usufruto.

O que há de peculiar, aqui, com relação ao que apresentamos na subseção 3.1.1, sobre o planejamento para proteção dos avós, é o fato de que seria importante a inclusão da condição acerca da incapacidade, bem como do termo final do usufruto. Por exemplo: "deixo para minha neta Ana o usufruto da minha casa de praia, *contanto que Ana ainda seja incapaz ao tempo da minha morte, e enquanto ela for incapaz*". Isso porque, nesta subseção, trabalhamos com a hipótese em que a vontade dos avós é proteger *netos incapazes*. Sendo assim, o usufruto vitalício, por exemplo, não faria sentido, a não ser no caso do neto que falecer incapaz. Mas, mesmo nesse caso, a vontade não seria, propriamente, a do *usufruto vitalício*, mas a do *usufruto enquanto perdurasse a incapacidade*...

4.2.3 Legado de alimentos

Também os avós podem, no planejamento sucessório para proteção dos netos incapazes, instituir legado de alimentos.

O que há de peculiar, aqui, com relação ao que apresentamos na subseção 3.1.2, sobre o planejamento para proteção dos avós idosos, é o fato de que seria importante a inclusão da condição acerca da incapacidade.

Em se tratando de legado de alimentos, conforme destacam clássicos como Lacerda de Almeida e Itabaiana de Oliveira, há de se considerar que, mesmo que o primeiro pagamento seja puro e simples, os demais sempre estão sujeitos à condição *si legatarius vivat*, ou seja, se for vivo o legatário.[35] Na hipótese específica de que ora se trata, no entanto, também o primeiro pagamento é condicionado: se o legatário ainda for incapaz. E tal condição pode ser aposta a todos os pagamentos.

No caso específico do planejamento sucessório para proteção dos netos incapazes, é bastante útil que o testador indique um herdeiro que seja instituído com a finalidade de pagar os alimentos, o que é permitido pelo que se depreende dos arts. 1.897 (quanto à *finalidade*) e 1.934 (quanto à *escolha de herdeiro para cumprir o legado*). Além do fato de que tal providência, conforme mencionado na subseção 3.1.2, evita problemas práticos quanto ao cumprimento do legado, no caso específico dos netos incapazes, a medida afasta o risco de o próprio beneficiário dos alimentos ser um dos herdeiros necessários chamados à sucessão, caso em que o legado perderia o sentido. É que, se o objetivo é a proteção dos netos incapazes, mais se os protege com o pagamento dos alimentos do que a eles entregando, de uma só vez, uma fração maior da herança – ou, até mesmo, a herança toda, se for o caso. E não se pode desconsiderar a hipótese de, aberta a sucessão, aquele neto a ela ser chamado, seja por direito próprio – caso não haja filhos vivos, ou todos renunciem à sucessão, dela sejam excluídos ou deserdados –, seja por direito de

---

35. ALMEIDA, Francisco de Paula Lacerda de. *Sucessões*. Op. cit., p. 419. OLIVEIRA, Arthur Vasco Itabaiana de. *Tratado de Direito das Sucessões*. 2. ed. Op. cit., p. 177-178.

transmissão – se ocorrer, em seguida, a morte do pai ou mãe daquele neto, que fora chamado à sucessão –, seja, por fim, por direito de representação, se o ascendente daquele neto, herdeiro do autor da herança, for premorto.

5. CONSIDERAÇÕES FINAIS

A avosidade, sem dúvida, constitui área temática que merece muita atenção do Direito contemporâneo, e este livro dá prova disso. Dentro do contexto temático, o presente artigo pretendeu contribuir para o conjunto da obra dedicando-se ao tema mais específico da relação entre planejamento patrimonial e avosidade.

Nesse sentido, o objetivo estabelecido foi destacar ferramentas de planejamento patrimonial, *inter vivos* e *causa mortis*, tanto para que netos possam estruturar a proteção de avós idosos, quanto para que avós possam estruturar a proteção de netos incapazes.

Primeiramente, ao tratar do planejamento patrimonial *inter vivos*, foram examinadas as doações entre netos e avós, destacando-se as particularidades relevantes tanto no caso das doações feitas pelos netos aos avós, quanto no caso das doações feitas pelos avós aos netos.

Posteriormente, ao tratar do planejamento sucessório, foram examinados os legados de usufruto e de alimentos, tanto no caso do testamento feito para a proteção dos avós idosos, quanto no caso do testamento feito para proteção dos netos incapazes. Além disso, na hipótese específica do testamento feito para proteção dos netos incapazes, cuidou-se das disposições em favor do concepturo, diretas e por meio de fideicomisso, para a proteção de netos ainda não concebidos ao tempo da abertura da sucessão.

Todas as considerações feitas sobre as ferramentas eleitas para este trabalho foram complementadas com ensinamentos de doutrina clássica, bem como de lições de autores contemporâneos.

É certo, por óbvio, que não existe fórmula geral – "receita pronta" – para o planejamento patrimonial, seja entre vivos, seja sucessório. Não obstante, pretendeu-se, aqui, chamar a atenção para mecanismos de planejamento não tão frequentemente debatidos, e não muito populares, bem como, ao mesmo tempo, explicitar sua aplicabilidade, especificamente, à proteção de avós idosos, no planejamento feito por netos, e à proteção de netos incapazes, no planejamento feito por avós.

AVOSIDADE E SOLIDARIEDADE: A (IR)RAZOABILIDADE DA PRISÃO CIVIL DO IDOSO DEVEDOR DE ALIMENTOS

Guilherme Calmon Nogueira da Gama

Doutor em Direito Civil pela UERJ. Professor Titular de Direito Civil da UERJ. Professor Titular de Direito Civil do IBMEC/RJ. Professor Permanente do PPGD da UNESA. Membro fundador da Academia Brasileira de Direito Civil (ABDC). Membro do Instituto Brasileiro de Direito de Família (IBDFAM). Membro do Instituto Brasileiro de Responsabilidade Civil (IBERC) e membro honorário do Instituto dos Advogados do Brasil (IAB). Desembargador do Tribunal Regional Federal da 2ª Região. Desembargador do Tribunal Regional Federal da 2ª Região. Pesquisador na área do Direito. Ex-conselheiro do Conselho Nacional de Justiça.

Juliene Terra

Pós-graduanda *Lato Sensu* em Direito Imobiliário, Notarial e Registral pela Uerj. Bacharel em Direito pela UERJ, aprovada no XXVI Exame Unificado da Ordem dos Advogados do Brasil (OAB/RJ), Jornalista e Pesquisadora.

Sumário: 1. Introdução. 2. A obrigação de alimentos avoengos. 2.1 Limites da obrigação pelos avós. 2.2 Prisão civil por dívida. 3. História e contextualização da prisão civil. 4. Julgamento emblemático do STJ. 4.1 Orientação dos Ministros do STJ. 4.2 Pressupostos que legitimam a prisão civil. 4.3 Técnica da ponderação. 4.4 Igualdade e proteção. 5. Importância da decisão tanto para dignidade do alimentante quanto para a do alimentado. 6. Conclusão.

1. INTRODUÇÃO

Este ensaio objetiva apresentar reflexões a respeito do tema da avosidade e sua conexão com a solidariedade familiar no segmento dos alimentos avoengos. Para tanto, é oportuno referir-se à noção da avosidade como "laço de parentesco entre avós e netos, sobretudo estando os últimos no período da infância; é tema que cria um elo entre a pediatria e a gerontologia" sob a perspectiva das áreas das Ciências Médicas.[1] Os estudos relacionados aos vínculos afetivos e jurídicos de parentesco nas "relações de filiações trigeracionais do ponto de vista pessoal, social e familiar" envolvem os avós e os netos. A distância de duas gerações entre avós e netos deve permitir a realização de estudos multidisciplinares de modo a permitir a desmistificação de determinados preconceitos e estigmas, em especial aqueles relacionados à pessoa idosa e aos seus vínculos com parentes na linha reta descendente.

---

1. OLIVEIRA Alessandra Ribeiro Ventura; GOMES, Lucy; TAVARES, Adriano Bueno; CÁRDENAS Carmen Jansen. *Relação entre avós e seus netos no período da infância*. Disponível em: [https://revistas.pucsp.br/kairos/article/view/4420/2992]. Acesso em: 20.04.2020.

O estudo terá como enfoque principal o tema do inadimplemento da obrigação de alimentos avoengos. Determinado julgado do Superior Tribunal de Justiça (STJ) ensejou o interesse pelo tema que se fudamenta no entendimento recente do referido tribunal em questão. Em dezembro de 2017, a Terceira Turma do STJ decidiu que avós que assumem pagamento de pensão alimentícia aos netos, mas deixam de fazê-lo, não podem ser presos em situação idêntica a qualquer outro devedor inadimplente de alimentos. E deve-se levar em consideração os riscos causados pela privação da liberdade de idosos.

No julgamento do *Habeas Corpus* (HC) 416.886 – SP, os Ministros da Terceira Turma entenderam que a prisão civil é medida coativa excepcional e que a responsabilidade dos avós, além de ser igualmente excepcional, é também subsidiária e complementar à dos pais, baseado no ordenamento jurídico brasileiro (CC, art. 1.698).

A análise do tema é de grande importância na atualidade, consistindo em aspecto técnico, social e do direito essencial da pessoa humana em relação à prestação alimentar no âmbito do núcleo familiar nas relações de parentesco. Os alimentos correspondem à uma prestação destinada à uma pessoa, sendo indispensáveis para a sua sobrevivência, incumbindo aos genitores sustentar os filhos, provendo-lhes a subsistência social, material e moral (Lei nº 8.069/90, art. 22; CC, arts. 1.566, IV, 1.634, I e 1.724). A Constituição Federal introduziu comando normativo que confirmou a juridicização "do dever moral de solidariedade no âmbito dos vínculos mais próximos das pessoas",[2] ao prever o dever dos pais de assistir, criar e educar seus filhos menores, e também o dever dos filhos de ajudar e amparar seus pais na velhice, carência ou enfermidade (art. 229).

O objetivo destas reflexões consiste em trazer um "olhar" sobre o não encarceramento dos avós quanto ao descumprimento da prestação referente à pensão alimentícia em favor dos netos em determinados casos. No entanto, existem duas possibilidades de abordagem: i) quando não houver a presença dos pressupostos decorrentes da obrigação imposta por decisão judicial; ii) ainda que presentes os pressupostos da obrigação decorrente de decisão de autoridade judiciária, a prisão civil por dívida alimentícia ainda é aplicável, porém, pode-se utilizar meios executivos mais adequados para o adimplemento da prestação e, simultaneamente, menos invasivos à pessoa idosa (devedora da obrigação alimentar).

2. A OBRIGAÇÃO DE ALIMENTOS AVOENGOS

"Avó é mãe com açúcar", segundo o dito popular no Brasil. No entanto, nem sempre a avosidade, isto é, o vínculo geracional familiar entre pais (avós), filhos e netos, se apresenta tão "doce" – salutar e cordial – assim na realidade. As relações de parentesco estabelecem direitos e deveres e há casos em que os avós podem ser obrigados por lei a prover o sustento dos netos.

Avós e netos são parentes em segundo grau na linha reta (ascendente/descendente) e o direito para reclamar alimentos se estende às pessoas unidas pelo vínculo familiar, decorrente do parentesco natural (*jus sanguinis*) ou do parentesco civil (decorrente da

---

2. GAMA, Guilherme Calmon Nogueira da. *Direito Civil:* família. São Paulo: Editora Atlas, 2008, p. 484.

adoção, de técnicas de reprodução assistida heteróloga e da sócio afetividade). Diversamente do que ocorreu no passado, não há mais preponderância dos vínculos de parentesco natural sobre os vínculos de parentesco civil. A obrigação alimentícia no âmbito do Direito de Família tem natureza legal. Tal obrigação pode resultar da lei, pelo fato de existir, entre pessoas determinadas, um vínculo de família[3] nas circunstâncias tratadas na norma jurídica. Desse modo, a prestação de alimentos pelos avós é legítima, eis que há previsão no Código Civil e na legislação especial, notadamente a Lei 5.478/68.

De acordo com a ordem hierárquica estabelecida pelo Código Civil, os pais são os primeiros obrigados à prestação alimentar relativamente aos seus filhos. As previsões sobre a obrigação de alimentos contidas na legislação decorrem das regras insertas na CF/88, art. 229, primeira parte; na Lei 8.069/90 – Estatuto da Criança e do Adolescente (ECA), art. 22; e no Código Civil (artigos. 1.630 e 1.634). A obrigação de alimentos representa o modo mais elementar da manifestação de um dos mais essenciais e valorosos direitos da personalidade, a saber, o direito à vida.[4] O direito à vida digna abrange o recebimento de auxílio prestado por aqueles que, por lei, são obrigados a realizar certas prestações devido ao estado de carência do titular do direito à vida.[5]

Embora a obrigação alimentar primeira seja dos pais, é facultado ao neto ajuizar ação de alimentos em face dos avós, nos casos de morte, ausência dos pais ou ainda pela falta material de condições dos pais de sustentá-lo. Em outras palavras, a falta absoluta dos pais ou a impossibilidade de cumprimento da obrigação é requisito para o surgimento dos alimentos avoengos.

A pensão alimentícia prestada pelos avós denomina-se como alimentos avoengos e, para além da nomenclatura, a obrigação de prestar alimentos fundamenta-se no princípio da solidariedade familiar. Assim, os alimentos prestados pelo parente para a mantença do outro serão destinados a garantir as condições de sobrevivência com respeito à dignidade da pessoa humana. Conhecido o fundamento jurídico, pode-se dizer que alimentos avoengos são aqueles destinados ao neto cujo escopo é suprir as necessidades indispensáveis para a subsistência do alimentando no que tange à sua dignidade.

2.1 Limites da obrigação pelos avós

A obrigação alimentar avoenga, por ser excepcional, tem limitação, pois somente pode ser prestada de maneira subsidiária e complementar. Evidenciada a inexistência ou a impossibilidade dos pais de manterem o sustento da sua prole, a obrigação pode alcançar ascendentes e descendentes, e, na falta um dos outros, recairá nos mais próximos em grau (CC, art. 1.696).[6]

Os alimentos avoengos devem ser fixados de acordo com a possibilidade de quem os paga, ponderada a necessidade de que os recebe. E dada a natureza complementar, o

---

3. GOMES, Orlando. *Direito de família*. 7. ed. Rio de Janeiro: Forense, 1990, p. 404.
4. CAHALI, Yussef Said. *Dos alimentos*. 3. ed. São Paulo: Editora RT, 1998, p. 35.
5. GAMA, Guilherme Calmon Nogueira da. *Direito Civil:* família. Op. cit., p. 485.
6. CC, art. 1.696: O direito à prestação de alimentos é recíproco entre pais e filhos, e extensivo a todos os ascendentes, recaindo a obrigação nos mais próximos em grau, uns em falta de outros.

cumprimento da obrigação alimentícia dos avós deve ser feita sem prejuízo necessário do seu sustento.

De outro lado, a pensão alimentícia avoenga tem de estar compatível com o padrão de vida dos filhos do devedor da pensão e não acima, ainda que os obrigados disponham de mais recursos (maior possibilidade). Justifica-se tal conclusão em razão de os netos terem de viver aos moldes da realidade social e financeira dos seus pais. A obrigação alimentícia avoenga não deve reduzir a patamares ínfimos os recursos de quem a presta. Tão pouco deve ser exigida acima daquilo que os pais poderiam manter para os filhos, independentemente de os avós terem condição de fazê-lo.

Como se trata de uma obrigação complementar e excepcional à obrigação dos pais, receber mais do que seria possível daria azo ao enriquecimento sem causa (CC, art. 884 e seguintes). O alimentando não pode pretender se locupletar às custas do alimentante. A obrigação alimentar dos avós deve se limitar ao necessário, pois não são os avós detentores do dever de sustento com relação aos netos.[7]

É importante, ainda, observar que a norma jurídica que trata dos alimentos entre parentes à luz do art. 1.698, do Código Civil, apresenta três preceitos normativos: i) o da complementação dos alimentos em favor do alimentando pelos parentes mais afastados comparativamente ao devedor originário; ii) o da concorrência de todos os parentes obrigados, em consonância com a proporção de seus recursos – noção de obrigação conjunta e divisível; iii) o do chamamento dos demais obrigados em concorrência caso a ação de alimentos venha a ser ajuizada apenas em relação a um (ou alguns) dos coobrigados.[8] A responsabilidade dos avós relativamente aos seus netos é subsidiária e complementar, não tendo natureza solidária, sendo ainda divisível.[9]

Com o percurso do tempo e, consequentemente com o processo de envelhecimento, os avós se tornam frágeis e dependentes dos descendentes sob os aspectos psíquico, emocional e, em algumas situações, até financeiro. Seria injusto lhes impor uma sobrecarga em vias de onerá-los e impossibilitá-los de desfrutar do conforto de uma vida digna, mesmo que modesta.

2.2 Prisão civil por dívida

Engana-se quem pensa que a avosidade somente enseja alegrias para os adultos com alguma idade já avançada. A dívida de pensão alimentícia, ainda que dos avós, também enseja o decreto da única prisão civil prevista no ordenamento jurídico brasileiro (STF, Súmula Vinculante 25; STJ, Súmula n° 419).[10] A prisão civil, que tem previsão legal na Constituição de 1988 (art. 5°, inciso LXVII), é tratada da seguinte forma:

---

7. COSTA, Maria Aracy Menezes da. *Os limites da obrigação alimentar dos avós.* Porto Alegre: Livraria do Advogado, 2011, p. 155.
8. GAMA, Guilherme Calmon Nogueira da. *Direito Civil:* família. Op. cit., p. 497.
9. ROSENVALD, Nelson; BRAGA NETTO, Felipe. *Código Civil comentado.* Salvador: Editora JusPodivm, 2020, p. 1.720.
10. Súmula Vinculante 25 STF: É ilícita a prisão civil de depositário infiel, qualquer que seja a modalidade de depósito. Súmula 419 STJ: Descabe a prisão civil do depositário judicial infiel.

Não haverá prisão civil por dívida, salvo a do responsável pelo inadimplemento voluntário e inescusável de obrigação alimentícia e a do depositário infiel.

O artigo 5º caput da Constituição de 1988, reconhece a exceção ao princípio de que *"não haverá prisão civil por dívida"*, e ressalva a viabilidade da prisão civil *"do responsável pelo inadimplemento voluntário e inescusável de obrigação alimentícia"*. No Pacto de San José da Costa Rica (Decreto 678/92), tratado de direitos humanos do qual o Brasil é signatário, também se admite a prisão civil em caso de inadimplemento de obrigação alimentar, conforme prevê o artigo 7º.

Ao lado da previsão expressa na CF/88, ainda figura como reforço ao instituto da prisão civil por dívida o texto infraconstitucional do artigo 528, §§ 3º a 7º do CPC/15.[11] De acordo com o CPC, a prisão civil do alimentante em razão da dívida de alimentos somente é cabível quando houver até as três prestações anteriores ao ajuizamento da execução e as que se vencerem no curso do processo. O juiz decreta a prisão do devedor pelo prazo de 1 (um) a 3 (três) meses (CPC, art. 528, § 3º) tanto nos casos de alimentos provisórios quanto definitivos (CPC, art. 531).

O STJ firmou a orientação judicial de que, tratando-se de cobrança e prestação alimentícia, a prisão somente se justifica quando se referir à cobrança das últimas parcelas em atraso. Com base em nove julgados,[12] o STJ pacificou o entendimento e, em 2006, alterou a redação da Súmula 309.[13] Os precedentes que ensejaram a edição da referida súmula foram seguidos pelo CPC/15 (art. 528, § 7º).

A prisão civil por dívida consiste numa medida para constranger o devedor a cumprir uma determinada obrigação, a saber, a obrigação alimentar em razão da sua essencialidade. Parafraseando Álvaro Villaça Azevedo,[14] apesar de não ser uma pena, constrange e viola o direito da personalidade do indivíduo. Villaça Azevedo leciona que pelo constrangimento físico e psíquico, em que a pessoa humana fica agredida em seu patrimônio mais caro, de sua personalidade, não se justifica a manutenção desse cruel instituto de pressão exacerbada.[15] A liberdade do devedor é atingida pela efetiva prisão civil que lhe foi imposta em decisão judicial.

---

11. Art. 528. No cumprimento de sentença que condene ao pagamento de prestação alimentícia ou de decisão interlocutória que fixe alimentos, o juiz, a requerimento do exequente, mandará intimar o executado pessoalmente para, em 3 (três) dias, pagar o débito, provar que o fez ou justificar a impossibilidade de efetuá-lo. § 7º O débito alimentar que autoriza a prisão civil do alimentante é o que compreende até as 3 (três) prestações anteriores ao ajuizamento da execução e as que se vencerem no curso do processo.
12. BRASIL, Superior Tribunal de Justiça, 4ª T., HC 16073, Rel. Min. Cesar Asfor Rocha, v.u., j. 13.03.2001; BRASIL, Superior Tribunal de Justiça, 2ª T., HC 53068, Rel. Min. Nancy Andrighi, v.u., j. 22.03.2006; BRASIL, Superior Tribunal de Justiça, 4ª T., RHC 9784, Rel. Min. Aldir Passarinho Júnior, v.u., j. 04.05.2000; BRASIL,Superior Tribunal de Justiça, 4ª T., RHC 10788, Rel. Min. Ruy Rosado de Aguiar, v.u., j. 06.03.2001; BRASIL,Superior Tribunal de Justiça, 3ª T., RHC 13505, Rel.Min. Nancy Andrighi, v.u., j. 18.03.2003; BRASIL,Superior Tribunal de Justiça, 4ª T., RHC 14451, Rel. Min. Barros Monteiro, v.u., j. 16.12.2003; BRASIL,Superior Tribunal de Justiça, 3ª T., REsp 57579, Rel.Min. Nilson Naves, v.u., j. 12.06.1995; BRASIL,Superior Tribunal de Justiça, 3ª T., REsp 278734, Rel. Min. Ari Pargendler, v.u., j. 17.10.2000.; BRASIL,Superior Tribunal de Justiça, 3ª T., REsp 470246, Rel.Min. Carlos Alberto Menezes Direito, v.u., j. 27.05.2003.
13. Súmula 309: O débito alimentar que autoriza a prisão civil do alimentante é o que compreende as três prestações anteriores à citação e as que vencerem no curso do processo.
14. AZEVEDO, Álvaro Villaça. *Prisão Civil por dívida*. 2. ed. São Paulo: Revista dos Tribunais, 2012. p. 36 e 39.
15. Ibid. p. 38.

Diferentemente da prisão penal e da prisão disciplinar no âmbito do regime estatutário dos militares, a prisão civil se realiza no âmbito do Direito Privado decorrente de dívida não paga, ou seja, de um dever ou de uma obrigação descumprida e fundada em norma jurídica de natureza civil.[16] Importante salientar que o preso por dívida de alimentos fica separado dos presos comuns, isto é, os presos em razão do sistema de justiça penal.

3. HISTÓRIA E CONTEXTUALIZAÇÃO DA PRISÃO CIVIL

Desde os tempos mais remotos, a prisão civil por dívida é um instituto condenado ao desuso, mas que na prática sempre despertou polêmicas. Historicamente, a medida coercitiva remonta ao período da Antiguidade. O seu berço tem assento na civilização oriental e regeu as sanções na Babilônia, Índia, Egito e Judeia. O instituto teve previsão no Código de Hammurabi e Código de Manu, respectivas leis dos babilônicos e indianos.

O povo egipcío e hebreu, de igual modo, se valia da prisão civil por dívida para sancionar o devedor. No Egito admitia-se a escravização de pessoas. No reinado dos reformadores sociais Bocchoris e Amasis praticava-se a execução sobre o patrimônio do devedor.[17] No Ocidente, a prisão civil por dívida existiu no antigo Direito Romano. A sanção era imposta ante o descumprimento obrigacional, em decorrência do *nexum*. Posteriormente, com o desaparecimento da *manus iniectio*, a execução do devedor passou a recair sobre o seu patrimônio e deixou de ser pessoal. Por último, na época medieval a execução se deu sobre a pessoa do devedor.

A prisão civil por dívida resistiu ao fim dos regimes de governo e dos povos de civilizações antigas. Fato é que ela perdura e enclausura até hoje, de modo que causa estranheza recorrer à prisão civil, sobretudo em se tratando dos avós, como meio de compeli-los a cumprir a obrigação de alimentos fixada por lei. E essa regra é válida tanto para (ex)cônjuge, (ex)companheiro como para os parentes, incluindo-se os avós.

A prisão civil por débito alimentar segue sendo o mais convincente instrumento processual de persuasão e coerção ao devedor, permitindo propor, como fórmula de amenizar o impacto da contínua segregação pessoal, conhecidas variações na sua aplicação judicial, com o único propósito de não perturbar o exercício laboral do devedor de alimentos e a produção dos recursos que deverão garantir a normalidade das pensões vincendas.[18]

Em 2017, os Ministros da Terceira Turma do Superior Tribunal decidiram de maneira unânime ao conceder o *habeas corpus* para suspender a ordem de prisão civil dos avós que inadimpliram a prestação pecuniária de pensão aos netos (HC 416.886 – SP). Os julgadores entenderam que a prisão civil é medida coativa excepcional e que a execução não deve seguir o mesmo caminho das obrigações alimentares devidas pelos pais, que são os responsáveis originários. Porém, vale lembrar que o mesmo Tribunal já havia negado a concessão de outros pedidos do remédio constitucional liberatório, o que diante

---

16. AZEVEDO, Álvaro Villaça. *Prisão Civil por dívida*. Op. cit., p. 35.
17. *Ibid.*, p. 5.
18. CAHALI, Francisco José. In: PEREIRA, Rodrigo da Cunha. *Alimentos no Código Civil*. São Paulo: Editora Saraiva, 2005, p. 252.

da fragilidade decorrente da idade acrescida houve afronta ao princípio da dignidade da pessoa humana e ao Estatuto do Idoso.

Na linha de proteção da pessoa humana em sua dignidade (baseada na cláusula geral de tutela da pessoa humana à luz do texto constitucional), a prisão civil dos avós inadimplentes, num primeiro momento, parece desarrazoada. Faz-se necessário repensar o instituto da prisão civil por dívida porque submeter o idoso à privação de liberdade, em determinada altura de sua vida, não garante o cumprimento da obrigação. Ao contrário, o tempo do encarceramento, como meio de compelir o devedor a cumprir a prestação, provocará, além do constrangimento físico, moral e psíquico, uma dor desmesurada sob o aspecto emocional e psíquico. Atualmente, inclusive, há o expresso reconhecimento quanto à possibilidade de se proceder ao protesto judicial da sentença condenatória da obrigação alimentar,[19] gerando restrições de crédito à pessoa do alimentante à luz da legislação processual (CPC/15, art. 528, § 1°). Mesmo no período anterior à vigência do CPC/15, parcela da doutrina já defendia a possibilidade de se anotar a informação quanto ao inadimplemento do devedor de alimentos nos serviços de proteção ao crédito, como mais uma medida "disponível para buscar a efetividade da tutela jurisdicional".[20]

Villaça Azevedo[21] assevera que pelo constrangimento físico e psíquico, em que a pessoa humana fica agredida em seu patrimônio mais caro, de sua personalidade – sua liberdade de locomoção –, não se justifica a manutenção desse instituto de pressão exacerbada.

Em defesa da ponderação entre a igualdade de tratamento para os avós e netos, ao abordar o tema da prisão civil, o mesmo jurista[22] questiona:

> Sendo a obrigação alimentar entre avós e netos, direito-dever da personalidade, porque é recíproco entre eles e nas categorias ligadas pelo *ius sanguinis*, seria de indagar-se, nessa feita, que, assim como existe ação alimentar dos avós em face de seus netos, seriam estes, também, obrigados a esse pagamento sob pena de prisão?

Álvaro Villaça Azevedo[23] traz em sua obra que

> a tendência dos tribunais é continuar condenando os avós, quando for o caso, decretando-lhes a prisão civil, embora com alguma relutância, quando as circunstâncias do caso assim o permitirem. Mas também tende a Jurisprudência ao decreto de prisão civil pelo sistema aberto, domiciliar, para preservar a dignidade dos idosos.

Neste elastério, a decisão do STJ não tem o poder de evitar que medida diversa seja tomada nos juízos de primeira e segunda instâncias dos tribunais.

---

19. GAMA, Guilherme Calmon Nogueira da. Comentários art. 1.707. In: NANNI, Giovanni Ettore (coord.). *Comentários ao Código Civil:* Direito Privado contemporâneo. São Paulo: Saraiva, 2019, p. 2100.
20. COVAS, Silvânio. Alimentos: cadastro do devedor. In: LAGRASTA NETO, Caetano; SIMÃO, José Fernando (coords.). *Dicionário de Direito de Família.* v. I. São Paulo: Editora Atlas, 2015, p. 69.
21. AZEVEDO, Álvaro Villaça. *Prisão Civil por dívida.* Op. cit., p. 38.
22. AZEVEDO, Álvaro Villaça. *Prisão Civil por dívida,* Op. cit., p. 157.
23. AZEVEDO, Álvaro Villaça. *Prisão Civil por dívida,* Op. cit., p. 156.

4. JULGAMENTO EMBLEMÁTICO DO STJ

A liberalidade graciosa de um casal de avós paternos que prestava alimentos aos netos, posteriormente prejudicados pela drástica mudança de seu padrão financeiro, foi a origem da ação que tramitou na Justiça Estadual de São Paulo. A ação de execução de alimentos, ajuizada pelos netos menores, ambos representados por sua genitora, se deu em face dos idosos, ascendentes em segundo grau na linha paterna.

Em 2009, os avós assumiram espontaneamente a obrigação de pensão alimentícia aos netos fixada em acordo. A verba era destinada ao custeio das mensalidades escolares e de cursos extracurriculares dos infantes. Dessa forma, o casal de idosos contribuía economicamente com o genitor e com a formação educacional dos alimentandos.

Os avós, que não negaram a existência da dívida de natureza alimentar, não conseguiram mais arcar com os pagamentos das despesas escolares dos netos, a partir de 2014, por motivo de queda do padrão de vida do casal. Desse modo, eles deixaram de adimplir com a prestação alimentar desde então.

Em decisão interlocutória, o TJSP reconheceu a existência da dívida de natureza alimentar dos avós paternos para com os netos. Houve a manifestação do Ministério Público de São Paulo que pediu a conversão da execução para o rito referente à exigência de pagamento de quantia certa, com a efetivação da penhora e expropriação de bens dos devedores de alimentos, ao fundamento de que a prisão civil é medida coativa inabitual e que a responsabilidade dos avós, além de ser igualmente inabitual, é também subsidiária e complementar à obrigação dos pais. O magistrado atendeu a manifestação do *Parquet*.

Contudo, um acórdão do TJ/SP reformou a decisão interlocutória reconhecendo a impossibilidade de conversão do rito executivo e, assim, houve o decreto de prisão civil dos avós. A irresignação dos devedores quanto ao acórdão ensejou a impetração de *habeas corpus* ao STJ.[24] Entre outros argumentos, aventou-se que o julgamento da Corte paulista se mostrou contrário à dignidade da pessoa humana dos avós e, não obstante, caracterizou flagrante desrespeito à condição de idosos.

Dada a modificação do padrão financeiro dos pacientes e o ajuizamento da ação de exoneração de alimentos, o genitor assumiu o compromisso de arcar com os valores relacionados aos estudos dos menores, o que, segundo o relatório do julgamento do Tribunal Superior, vinha sendo regularmente cumprido. Ao que parece, o filho não estava impossibilitado total ou parcialmente de seu cumprimento enquanto responsável pela mantença dos filhos, ao que se apura das informações sobre o caso.

Em contrapartida, os avós ofereceram um lote de terreno suficiente para a quitação da dívida alimentar, o que foi rejeitado pelos menores. Sustentou-se que não houve recusa ao adimplemento da pensão alimentícia aos netos. Dessa feita, depreende-se que a prisão civil decretada no acórdão configurava medida contrária aos direitos humanos e fundamentais das pessoas dos devedores, sobretudo por desconsiderar o risco causado pelo confinamento de idosos.

---

24. BRASIL, Superior Tribunal de Justiça. Recurso em *Habeas Corpus* 416.886/SP, 3ª Turma, Relª Minª Nancy Andrighi, j. 12.12.2017.

Embora os avós tenham mantido espontaneamente, durante 5 (cinco) anos, os alimentos naturais dos netos (*necessarium vitae*) e proporcionado a eles uma vida confortável com direito ao ensino em escola particular e atividades extracurriculares, quiseram transformar a liberalidade em obrigação.

Por outro lado, a lei atropela o dever moral e coage os avós a praticar atos que deveriam ser somente de amor, ameaçando-os até com prisão, analisa a jurista Maria Aracy Menezes da Costa.[25] Não se pode decidir em favor de um em mero dissabor do outro. Na lição de Cristiano Chaves de Farias e Nelson Rosenvald "não se pode tolerar o ajuizamento de ações de alimentos contra avós por conveniência, vindita ou chantagem".[26]

O custeio das despesas para a formação intelectual dos menores no decorrer do tempo criou nos netos e nos genitores a expectativa da prestação contínua e permanente por parte dos avós. Ao perderem esse benefício, a expectativa do cumprimento obrigacional, gerada no lapso temporal, foi frustrada.

4.1 Orientação dos Ministros do STJ

Os avós que assumem a obrigação de pagamento de pensão alimentícia aos netos, mas deixam de cumpri-la, não podem ser necessariamente presos porque a execução não deve seguir o mesmo caminho das obrigações alimentares devidas pelos pais, que são os responsáveis originários. A decisão foi da Terceira Turma do Superior Tribunal de Justiça (STJ), datada de dezembro de 2017. No julgamento do HC 416.886 – SP os Ministros entenderam que a prisão civil é medida coativa incomum e que a obrigação dos avós, além de ser igualmente incomum, é também subsidiária e complementar à dos pais. Ademais, existem os perigos causados pelo encarceramento de idosos.

Por unanimidade, o colegiado seguiu o voto da Ministra e Relatora Nancy Andrighi. A decisão concedeu *habeas corpus* para suspender a ordem judicial de prisão civil contra um casal de idosos que deixou de pagar a pensão aos netos. De acordo com a relatora, o *HC* concedido apenas veda o uso da prisão civil, o que não impede que outros meios de coerção ou sub-rogação sejam utilizados para que os valores devidos sejam quitados pelo casal de idosos.

A responsabilidade alimentícia é, preferencialmente, dos pais, somente respondendo os avós subsidiária e complementarmente, configurando-se apenas na impossibilidade total ou parcial de seu cumprimento pelos pais (Súmula 596 STJ).[27] Assim tem sido o entendimento jurisprudencial do STJ.

A obrigação de prestar alimentos resulta de lei e esta é imposta a pessoas ligadas pelo vínculo de família. Em casos de situação excepcional, sob a análise do trinômio possibilidade-necessidade-proporcionalidade, os avós podem ser obrigados a prestar alimentos. A obrigação alimentar avoenga não é a regra, pois a responsabilidade de pa-

---

25. COSTA, Maria Aracy Menezes da. *Os limites da obrigação* (...). Op. cit., p. 96.
26. FARIAS, Cristiano Chaves de; ROSENVALD, Nelson. *Curso de Direito Civil*: famílias. 10. ed. Salvador: Ed. Juspodium, 2018, p. 774.
27. Súmula 596, STJ: A obrigação alimentar dos avós tem natureza complementar e subsidiária, configurando-se apenas na impossibilidade total ou parcial de seu cumprimento pelos pais.

gar alimentos é dos genitores de acordo com a ordem prevista em lei, notadamente em decorrência do dever de sustentou aos filhos menores.

Os alimentos devem ser fixados de acordo com a necessidade do reclamante. Em contrapartida, quem paga pode fazê-lo sem prejuízo necessário do seu sustento. A obrigação de alimentos não deve ser um fardo pesado para quem a presta. Como leciona a familiarista Maria Aracy "a ajuda prestada voluntariamente pelos avós a um neto, por uma atitude discricionária, é um direito que lhes assiste, e não pode ser tida como obrigação (...)".[28]

Se o genitor consegue cumprir com o mínimo necessário para a subsistência da prole, os avós estão livres de qualquer obrigação como, por exemplo, manter alguns benefícios supérfluos aos netos, quais sejam viagens, atividades de lazer etc. Ressalva-se, apenas, que eles queiram atuar de forma voluntária e por liberalidade em razão da afetividade familiar. Afinal, como já fora mencionado em passagem anterior, a criança deve viver de acordo com o padrão/perfil social (e econômico) de seus pais. E não é razoável impor a obrigação em detrimento do conforto dos avós.

A velhice impõe limitações de toda sorte ao idoso. No tema objeto do presente estudo, percebe-se que a ordem se inverte para quem nesta fase da vida necessita de cuidado e proteção. Recorrer às vias judiciais contra os avós para reclamar alimentos atrasados e onerá-los com a ameaça do decreto de prisão civil, não parece ponderado. Seria demasiado cruel impor a alguém, que proveu o sustento dos filhos, que levasse o encargo de pensão alimentícia aos netos sob pena de prisão civil a essa altura da vida. A normativa constitucional brasileira impõe ao Estado, à sociedade e à família que observem e promovam a dignidade da pessoa idosa; tal significa que o princípio da dignidade atua não apenas na sua função defensiva – limite imposto ao exercício e prática de ações e atividades que lhe podem ser contrárias –, mas também na função prestacional – tarefa, promoção e efetivação de uma vida digna para a pessoa com idade mais avançada.[29]

A justificativa apresentada pelo Conselho da Justiça Federal, ao elaborar o Enunciado 599 supramencionado, traz argumento robusto e justificativa perfeitamente aplicável ao debate. *In verbis*:

> É cediço que a prisão civil, como meio executivo máximo, se destina à maior celeridade possível à cobrança de crédito sensível à sobrevivência do alimentando. No entanto, tal não pode se dar em prejuízo à sobrevivência do alimentante. No caso dos alimentos prestados por avós, ainda, apresenta-se o caráter subsidiário da verba, pois só se dá na impossibilidade ou insuficiência das condições econômicas dos pais. Por outro lado, não se pode descurar que os avós presumivelmente já prestaram a assistência material necessária para que esses genitores chegassem à idade adulta e tivessem filhos. A solidariedade intergeracional não dispensa, e nem pode dispensar, os avós de contribuírem para com o sustento dos netos, mas não se pode descurar que já fizeram o possível quando contavam com o vigor da juventude e, chegados à fase da velhice, precisam de maiores cuidados consigo. A obrigação avoenga não pode ser colocada no mesmo patamar da obrigação materna ou paterna. Não por menos, o Conselho da Justiça Federal já aprovou o Enunciado n. 342 na IV Jornada de Direito Civil: Assevere-se que muitos avós, talvez a maioria dos pleiteados, já são idosos, fase da vida em que a saúde, via de regra, está mais

---

28. COSTA, Maria Aracy Menezes da. *Os limites da obrigação* (...). Op. cit., p. 161.
29. GAMA, Guilherme Calmon Nogueira da. *Direitos da personalidade da pessoa idosa*. Curitiba: Editora Prismas, 2017, p. 33.

debilitada. Assim, nem sempre estão em condições de arcar com alimentos, mesmo após fixados em título judicial, pois podem advir problemas de saúde a exigir gastos excepcionais com tratamentos médicos. Com o enunciado, visa-se trazer, em analogia, a prisão domiciliar para os alimentos avoengos como hipótese excepcional.[30]

Maria Aracy acrescenta que:

> Os idosos, além das dificuldades físicas, psíquicas, sociais e culturais que naturalmente decorrem do envelhecimento, não devem se sentir, além de relegados a um plano secundário, tanto na família como na sociedade, ainda explorados economicamente por sua própria família, e muito menos por meio do Poder Judiciário.[31]

Na esteira da jurisprudência do Tribunal Superior, a responsabilidade pela prestação de alimentos pelos avós possui, essencialmente, as características da complementariedade e da subsidiariedade, de modo que, para estender a obrigação alimentar aos ascendentes mais próximos, deve-se partir da constatação de que os genitores estão absolutamente impossibilitados de prestá-los de forma suficiente.

O artigo 1.696[32] do Código Civil, usa a expressão "em falta de" e esta não pode ser interpretada como sinônimo de omissão. Negligência e omissão dos pais não caracterizam a "falta" de que trata o artigo 1.697.[33] A obrigação alimentar dos avós deve ser lida dentro dos limites necessários, pois não são os avós que têm o dever de sustento com relação aos netos.[34]

Embora a obrigação alimentar dos avós tenha natureza complementar e subsidiária, configurando-se apenas na impossibilidade total ou parcial de seu cumprimento pelos pais, a obrigação dos genitores não pode recair sobre o parente de segundo grau por simples comodidade ou indisposição destes em garantir o sustento da própria família.

Em complemento, o artigo 1.697 dispõe que na *falta dos ascendentes cabe a obrigação aos descendentes*[35] (...). A expressão "na falta de" se refere não apenas ao caso em que os ascendentes tenham morrido, mas também à hipótese em que, embora vivos, não estejam em condições de prestar alimentos.[36]

O vínculo jurídico que envolve as relações familiares – normalmente baseado na consanguinidade, ou em outra origem (CC, art. 1.593) – pode aflorar em estado de necessidade de um parente mais próximo ou mais distante. Nada impede que, pelo princípio da solidariedade familiar, parentes que não têm a obrigação de prestar alimentos aos outros se sensibilizem e ajudem os seus consanguíneos ou parentes civis. Em atenção e respeito aos princípios da dignidade da pessoa humana, da solidariedade familiar e ao melhor interesse da criança e do idoso, o STJ surpreendeu pela decisão.

---

30. A presente interpretação é compatível com precedente do STJ (RHC 38824-SP), j. 17.10.2013, de relatoria da Min. Nancy Andrighi.
31. COSTA, Maria Aracy Menezes da. *Os limites da obrigação* (...). Op. cit.,p. 161.
32. CC, art. 1.696: O direito à prestação de alimentos é recíproco entre pais e filhos, e extensivo a todos os ascendentes, recaindo a obrigação nos mais próximos em grau, uns em falta de outros.
33. COSTA, Maria Aracy Menezes da. *Os limites da obrigação* (...). Op. cit., p. 138.
34. *Ibid*. p. 155.
35. CC, Art. 1.697. Na falta dos ascendentes cabe a obrigação aos descendentes, guardada a ordem de sucessão e, faltando estes, aos irmãos, assim germanos como unilaterais.
36. Código Civil Interpretado conforme a Constituição da República. v. IV, p. 369.

4.2 Pressupostos que legitimam a prisão civil

Os pressupostos que permitem a prisão civil por dívida são o descumprimento voluntário e inescusável de pensão alimentícia (CR/88, art. 5º, LXVII), de acordo com a interpretação judicial e doutrinária devido à internalização da Convenção da Costa Rica no ordenamento jurídico brasileiro – devido ao desaparecimento da viabilidade da prisão civil do depositário infiel.

Para Álvaro Villaça, o pressuposto tem pilar no parentesco e só o descumprimento do "dever alimentar entre consanguíneos" é que pode levar ao decreto da prisão civil.[37] Com respeito ao autor, ao contrário do que ele afirma, o dever alimentar decorre da relação de parentesco que não se restringe mais ao fundamento biológico, como anteriormente já foi esclarecido.

A regra da prisão civil não se justifica em casos de avós que custeiam os gastos dos netos por mero desprendimento e altruísmo e, em certo momento, deixam de fazê-lo. O fato de os avós assumirem espontaneamente o compromisso de arcar com as despesas referentes às matrículas, mensalidades escolares e cursos extracurriculares dos netos não significa que a execução na hipótese de inadimplemento deverá, obrigatoriamente, seguir o mesmo rito e as mesmas técnicas coercitivas que seriam observadas para a cobrança de dívida alimentar devida pelos pais. A decisão anteriormente referida do STJ foi nessa linha.

Se não houve determinação judicial sobre os avós para que cumprissem a pensão alimentícia em favor dos netos, a liberalidade praticada pelos avós resta descaracterizada de obrigação, o que esvazia o pressuposto que poderia fundamentar a ordem da medida coercitiva. É pressuposto para o decreto de prisão civil do devedor de alimentos que houvesse obrigação alimentar, e não mera liberalidade de quem agia para beneficiar um parente.

Por motivos razoáveis como, por exemplo, a dignidade da pessoa idosa, a idade avançada e saúde debilitada, o instituto da prisão civil deve ser revista à luz da análise do caso concreto. Os avós, em determinados casos, não deveriam sofrer esse constrangimento, tendo em vista que a obrigação de alimentos avoengos é complementar e subsidiária à responsabilidade alimentícia dos pais. Não se deve atribuir à obrigação alimentar avoenga a mesma responsabilidade que cabe às pessoas que assumem a obrigação alimentar dos genitores.

Em reforço à tese defendida neste estudo, observa-se que o próprio STJ orientou no sentido de se utilizar de meios de coerção ou sub-rogação para que o débito devido seja quitado sem a necessidade de cercear a liberdade dos avós.

4.3 Técnica da ponderação

Robert Alexy contribuiu sobremaneira para a concepção a respeito da técnica decisória da ponderação e sua aplicação pelo magistrado deve respeitar as normas principiológicas nas quais se fundamentou o seu pensamento.

---

37. AZEVEDO, Álvaro Villaça. *Prisão Civil por dívida*. Op. cit., p. 154.

Cabe ao julgador ter sensibilidade para, diante do caso concreto, decidir de maneira ponderada, precipuamente quando houver idoso na composição da lide. A própria redação da norma processual (CPC/15, art. 139, IV), estabelece essa alternativa em observância à técnica da ponderação.

Somente a aplicação da letra fria da lei pode por em risco certos princípios basilares do ordenamento jurídico, tal como a dignidade da pessoa humana. Por esse motivo, a decisão judicial requer cuidado a fim de evitar que direitos fundamentais tutelados sejam violados.

Estruturada nos postulados da razoabilidade e da proporcionalidade e guiada pelos princípios constitucionais fundamentais, a técnica da ponderação é uma ferramenta relevante para que, em determinados casos, faça com que se entenda que pode não caber a prisão civil do devedor de alimentos que seja pessoa idosa.

No julgamento do RHC 91.642 –MG, a ponderação norteou o entendimento do STJ.[38] A situação fática envolvia uma alimentanda que atingiu a maioridade civil e passou a exercer atividade profissional remunerada e, do outro lado um alimentante idoso e portador de doenças incompatíveis com a reclusão em estabelecimento carcerário.

Conforme a fundamentação do voto da relatora Ministra Nancy Andrighi, trata-se de sopesar os valores envolvidos (máxima efetividade da tutela satisfativa *versus* menor onerosidade da execução, bem como a dignidade da pessoa humana examinada sob os dois prismas, do credor e do devedor) para, diante das especificidades da hipótese, verificar se a medida coativa mais gravosa do sistema processual é, a um só tempo, necessária e potencialmente eficaz.

No voto, a Ministra ponderou que as doenças que acometiam o idoso demandavam cuidados provavelmente incompatíveis com aqueles que receberia no estabelecimento prisional, de modo que a ameaça de encarcerá-lo nessas condições, no contexto fático acima apresentado, mais se aproximaria de uma punição pelo inadimplemento da dívida alimentar – incompatível com a dignidade da pessoa humana – do que com uma técnica de coerção válida e amplamente utilizada, mas que é, e sempre será, excepcional.

A decisão da Terceira Turma determinou que o restante da dívida fosse executado sem a possibilidade de uso da prisão civil como técnica coercitiva, em virtude da indispensável ponderação entre a efetividade da tutela e a menor onerosidade da execução, somada à dignidade da pessoa humana sob a ótica da credora e também do devedor.

Por essas razões, deve-se flexibilizar o rigor na aplicação da prisão civil, sob pena de atentar contra direitos fundamentais. Existem maneiras mais eficientes de assegurar o direito do exequente à satisfação da obrigação sem restringir o direito fundamental de ir e vir do executado. A prisão civil por dívida se mostra, em determinados casos, uma medida arcaica, injusta e gravosa.

---

38. BRASIL. Superior Tribunal de Justiça, 3ª T., RHC 91.462, Rel. Min. Nancy Andrighi, v.u., j. 06.03.2018.

4.4 Igualdade e proteção

Todos são iguais perante a lei, sem distinção de qualquer natureza.[39] Os netos assim como os avós devem ser tratados com a mesma igualdade sem detrimento um do outro. O princípio do melhor interesse tem de atender a criança e o idoso porque eles estão expostos a toda sorte de situações de vulnerabilidade.

Tanto a criança quanto o idoso estão amparados pela Constituição Federal e pelas legislações infraconstitucionais quais sejam o Estatuto da Criança e do Adolescente (Lei 8.069/90) e o Estatuto do Idoso (Lei 10.741/2003), respectivamente. Como já se afirmou, "há, em nível social, um processo de marginalização do idoso, que o coloca no grupo daqueles que têm sua vulnerabilidade potencializada e, por isso, merece ser discriminado positivamente de modo a ser resguardada sua dignidade".[40]

Os artigos 4º do ECA e 3º do EI tratam dos mesmos direitos fundamentais e repetem o texto constitucional (vide arts. 227 e 230 e seus respectivos caput).[41]

O dispositivo do ECA declara:

> Art. 4º: É dever da família, da comunidade, da sociedade em geral e do poder público assegurar, com absoluta prioridade, a efetivação dos direitos referentes à vida, à saúde, à alimentação, à educação, ao esporte, ao lazer, à profissionalização, à cultura, à dignidade, ao respeito, à liberdade e à convivência familiar e comunitária.

O Estatuto do Idoso dispõe:

> Art. 3º: É obrigação da família, da comunidade, da sociedade e do Poder Público assegurar ao idoso, com absoluta prioridade, a efetivação do direito à vida, à saúde, à alimentação, à educação, à cultura, ao esporte, ao lazer, ao trabalho, à cidadania, à liberdade, à dignidade, ao respeito e à convivência familiar e comunitária.

Quanto ao tema da obrigação alimentar, os idosos possuem igual direito de pleitear alimentos em seu favor. No mais, a previsão legal de requerer alimentos aponta no sentido de haver igualdade de direitos ora para a criança, ora para o idoso.

O Estatuto do Idoso contém essa previsão, ao tratar da obrigação em favor do idoso como solidária (art. 12)[42] e cumpre o papel de política pública (art. 3º) ao conferir celeridade ao processo referente à ação de alimentos. Por se tratar da obrigação solidária, cabe o chamamento ao processo (CPC/15, art. 130, III) e respeita-se a ordem dos graus de parentesco para dirigir o pleito alimentar.

Não há que se preterir a criança, adolescente, jovem, adulto ou idoso em favor do outro, mormente no direito à subsistência para manutenção de uma vida digna, sob

---

39. CR/88, art. 5º *caput*.
40. GAMA, Guilherme Calmon Nogueira da. *Direitos da personalidade da pessoa idosa*. Op. cit., p. 39.
41. Art. 227. É dever da família, da sociedade e do Estado assegurar à criança, ao adolescente e ao jovem, com absoluta prioridade, o direito à vida, à saúde, à alimentação, à educação, ao lazer, à profissionalização, à cultura, à dignidade, ao respeito, à liberdade e à convivência familiar e comunitária, além de colocá-los a salvo de toda forma de negligência, discriminação, exploração, violência, crueldade e opressão.
    Art. 230. A família, a sociedade e o Estado têm o dever de amparar as pessoas idosas, assegurando sua participação na comunidade, defendendo sua dignidade e bem-estar e garantindo-lhes o direito à vida.
42. Art. 12. A obrigação alimentar é solidária, podendo o idoso optar entre os prestadores.

pena de cometer uma burla frontal aos princípios da igualdade e da dignidade da pessoa humana.

Ainda que haja o aparato da Constituição Federal e dos Estatutos de cada grupo social (as denominadas "minorias"), parece que existe uma preterição de um em favor do outro. Ironicamente o Estatuto do Idoso nasceu 13 (treze) anos após o Estatuto da Criança e do Adolescente. De um lado, a criança não pode ser prejudicada, e, por outro, o peso da responsabilidade recai sobre os avós. A familiarista Maria Aracy explica que:

> nas ações contra os avós, muitas vezes para o despacho inicial sequer é examinada a necessidade de quem pede, ficando totalmente desconsiderado o critério da subsidiariedade da obrigação: os avós, então, sofrem o impacto de uma liminar judicial na qual se veem, de repente, privados de um percentual considerável de seus rendimentos.[43]

Não se trata de ser favorável a ideia de negar-se alimentos aos netos. Todavia, é mister esclarecer que os avós não têm a mesma responsabilidade dos genitores quanto à subsistência dos seus netos (crianças ou adolescentes). Aos pais, que são os provedores e responsáveis pelo poder-dever familiar, cabe prover as necessidades dos filhos.

Para muito além da acuidade na interpretação do texto legal, o julgado analisado do STJ levou em consideração ainda o lado humanitário na questão fática, ao destacar os malefícios causados pelo encarceramento de idosos. Diante da fragilidade decorrente da idade acrescida da condição financeira desfavorável, "a prisão civil, assim, não pode ser meio de aniquilamento do ser humano, principalmente tratando-se de decreto contra avós".[44]

Aos pais cabe a obrigação alimentar em favor dos filhos menores como aspecto que decorre do dever de sustento. E esta obrigação decorre do poder familiar com fundamento constitucional e legal, e ainda pode ser exigível mesmo com sua suspensão ou perda. Dos avós não decorre a responsabilidade de poder familiar sobre os netos, o que torna a medida de prisão civil contra eles uma via injusta e desumana, em várias situações concretas.

A prisão é exceção, e não regra, no âmbito do sistema jurídico brasileiro em geral. E a prisão civil por dívida de pensão alimentícia é uma exceção prevista na Constituição.[45] No julgamento do Tribunal Superior, em dezembro de 2017, a prisão civil em razão do inadimplento da obrigação de alimentos avoengos foi tratada como exceção.

No julgamento, o STJ flexibilizou o entendimento para a execução na hipótese de inadimplemento pelos avós que arcam espontaneamente com o custeio da educação dos netos menores. Para os Ministros, a norma jurídica e as técnicas repressivas não devem ser, obrigatoriamente, as mesmas que seriam observadas para a cobrança de dívida alimentar devida pelos pais, que são os responsáveis originários pelos alimentos necessários aos menores. Em outras palavras: há necessidade da realização das circunstâncias do caso concreto de modo a permitir a verificação sobre se a medida privativa de liberdade de locomoção, na hipótese específica, é ou não ponderada.

---

43. COSTA, Maria Aracy Menezes da. *Os limites da obrigação* (...). Op. cit., p. 138.
44. AZEVEDO, Álvaro Villaça. *Prisão Civil por dívida*. Op. cit., p. 155.
45. CR/88, art. 5º, LXXXV.

Não se pode punir os avós inadimplementes ao arrepio das decisões precipitadas. "Os alimentos a serem alcançados por eles não podem ser os mesmos que os pais teriam que alcançar".[46]

Para a jurista Maria Aracy, são os avós que se veem espoliados, desfalcados, despatrimonializados.[47] Uma sentença não pode prejudicar os avós e impor a eles a medida de prisão civil em decorrência de inadimplemento de obrigação alimentar para com os netos. Ela explica:

> Coagir os avós a prestar alimentos, não lhes faculta exercer a solidariedade familiar no aspecto afetivo, que pode se concretizar em dádivas materiais. O chamamento à obrigação legal pode levar ao constrangimento, situação agravada pela ausência do afeto pela coação dos avós a prestar alimentos.[48]

Embora a obrigação de alimentos decorra de lei e se estabeleça pelo vínculo familiar, a imposição da prisão civil por dívida aos avós, ainda que em regime domiciliar, fere o princípio basilar da dignidade da pessoa humana. O constrangimento à liberdade, a dor emocional e a afronta ao direito da personalidade referente ao envelhecimento digno podem dissolver a relação de afeto contruída pelos anos de convívio em família.

A responsabilidade decorrente da obrigação alimentar incide sobre o patrimônio do devedor, como ocorre em qualquer outra hipótese de dívida. Porém, na hipótese de inadimplemento obrigacional civil, somente os bens do devedor não respondem pelos débitos. Ao contrário, as medidas coercivas também podem ser adotadas na pessoa do devedor. E, em situação mais dramática, a execução se dá na pessoa dos avós devedores da pensão alimentícia dos netos.

O direito a alimentos é tutelado, em consequência, por sanções especiais, ensina Orlando Gomes.[49] No entanto, ainda que o interesse do credor de alimentos tenha mais peso na balança, o aprisionamento do devedor idoso, leia-se avós, como forma de proteger o alimentário, não é uma via razoável.

5. IMPORTÂNCIA DA DECISÃO TANTO PARA DIGNIDADE DO ALIMENTANTE QUANTO PARA A DO ALIMENTADO

O Direito de Família lida com as emoções afloradas nas relações humanas e de vínculos de parentesco. Na mesma proporção em que há uma parte beneficiada, existe outra que se sentirá desprestigiada. E as decisões judiciais precisam zelar pela dignidade dos envolvidos.

Sob a perspectiva do Direito Civil-Constitucional a dignidade da pessoa humana é um importante instrumento de afirmação. É na dignidade humana que a ordem jurídica (democrática) se apoia e se constitui.[50] O macroprincípio consagrado no texto da

---

46. COSTA, Maria Aracy Menezes da. *Os limites da obrigação* (...). Op. cit., p. 138.
47. *Ibid.*, p. 155.
48. COSTA, Maria Aracy Menezes da. *Os limites da obrigação* (...). Op. cit., p. 138.
49. GOMES, Orlando. *Direito de Família*. 7. ed. Rio de Janeiro: Forense, 1990, p. 464.
50. MORAES, Maria Celina Bodin de. *Na medida da pessoa humana*: estudos de direito civil. Rio de Janeiro: Renovar, 2010, p. 83.

Constituição Federal tem de ser respeitado no âmbito da obrigação alimentar tanto para o alimentante quanto para o alimentando.

O tema deste estudo trata da obrigação de alimentos avoengos que ocorre dos avós para os netos. Como já fora visto, crianças e idosos possuem Estatutos que lhes protegem, de modo que não há escala de importância entre a dignidade de ambos. Ao contrário, crianças e idosos são vulneráveis. Em especial, as crianças encontram-se em fase de desenvolvimento, ainda não alcançaram as suas potencialidades e possuem força física e mental menor que a dos adultos.

Maria Aracy explica que é necessário que se busque um critério de equilíbrio entre o princípio fundamental da dignidade do idoso e o princípio fundamental da dignidade da criança, do adolescente e do jovem para auxiliar na delimitação da obrigação alimentar dos avós.[51]

Na fundamentação de seu voto no julgado do STJ, a Ministra Nancy Andrighi ressalta que sopesando-se os prejuízos sofridos pelos menores e os prejuízos que seriam causados aos pacientes se porventura fosse mantido o decreto prisional e, consequentemente, o encarceramento do casal de idosos, tal qual havia sido deliberado em 2º grau de jurisdição, conclui-se que a solução mais adequada à espécie é autorizar a conversão da execução para o rito da penhora e da expropriação.

Nesta toada, a dignidade do alimentante é preservada quando a decisão tem o condão de determinar para o alimentando o que lhe é devido em observância a proporcionalidade, possibilidade e necessidade. De igual modo, a dignidade do alimentando é preservada quando atendidos os limites da possibilidade do alimentante, além de aspectos referentes à noção de vida digna.

Decerto que depauperar o alimentante para assegurar a sobrevivência do alimentando passa longe de uma decisão harmoniosa para as partes cujas relações, não raras vezes, já se encontram desgastadas. A importância da decisão tanto para a dignidade do alimentante quanto para a do alimentando se pauta no equilíbrio porque o êxito de um não pode importar na perda de condições de sobrevivência digna do outro.

Desse modo, é imperioso observar que, numa realidade social cada vez mais complexa e multifacetada, a norma jurídica positivada deverá merecer a atividade de constante interpretação e reinterpretação para ser aplicada em consonância com os interesses envolvidos no caso. O juízo de ponderação, a ser realizado à luz do caso concreto, poderá ensejar o emprego de outras medidas que não o decreto de prisão civil do devedor de alimentos quando sejam constatados aspectos que devam ser considerados a ponto de prevalecer a liberdade de locomoção e a integridade físico-psíquica do alimentante, em especial quando se tratar de pessoa idosa com manifestações claras a respeito da sua saúde e higidez física e psíquica, como foi bem observado no julgado de 2017 do STJ.

---

51. COSTA, Maria Aracy Menezes da. *Os limites da obrigação* (...). Op. cit., p. 141.

6. CONCLUSÃO

De *lege ferenda* a prisão civil deve ser medida a ser abolida do ordenamento jurídico brasileiro relativamente aos avós que descumprem a obrigação de alimentos aos netos. "*Avosidade e solidariedade:* a (ir)razoabilidade da prisão civil do idoso devedor de alimentos" defende o fim do encarcerarmento dos avós idosos mediante argumentos sintonizados com os tempos mais contemporâneos referentes aos direitos das pessoas idosas. Esta posição não fundamenta o inadimplemento doloso por parte do avô que frustra o cumprimento da obrigação alimentar quando não for identificado qualquer aspecto inerente à vulnerabilidade do idoso que permita a realização do juízo de ponderação.

O trabalho se baseou em decisão inédita e paradigmática do STJ que definiu que os avós que assumem a obrigação quanto à prestação do pagamento de pensão aos netos, não podem ser presos se deixam de fazê-lo. Com base no julgamento do *HC* 416.886 – SP, estendeu-se a tese defendida para os avós que são obrigados a pensionar por decisão judicial.

A medida coativa extrema se faz desnecessária para as hipóteses em que os avós assistem material e voluntariamente ao neto ou que são obrigados a pensioná-lo por decisão judicial, quando descumprem a obrigação. No primeiro caso, a liberalidade difere da obrigação e não há a presença de um dos pressupostos que autorizam a coercibilidade da medida da prisão civil, pois não havia obrigação alimentar. No segundo, pode-se recorrer a meios executivos mais adequados para o adimplemento da prestação no lugar da medida de coerção referente à prisão civil.

Sabe-se que os alimentos são imprescindíveis para a mantença digna da pessoa humana. Moradia, refeições diárias, vestuário, ensino, medicamentos – como tantos outros itens – compõem o vasto rol indispensável para a sobrevivência. No entanto, procurou-se demonstrar que a dignidade da pessoa humana e a razoabilidade devem pautar as decisões judiciais quando se tratar da liberdade individual em casos relacionados à obrigação alimentar devido por avô-idoso em favor de seu neto-criança (ou adolescente).

Doutrinadores e operadores do Direito ainda divergem quanto à discussão da prisão civil dos avós por dívida alimentar. Os juristas têm uma longa caminhada pela frente e o primeiro passo foi dado pelo STJ no referido julgado.

Para o referido Tribunal Superior, a execução na hipótese de inadimplemento por parte dos avós que assumem o custeio da educação dos netos menores poderá seguir rito e técnicas coercitivas distintos dos que seriam cabíveis para a cobrança de dívida alimentar devida pelos pais.

A obrigação alimentícia pode resultar da lei tão somente por existir o vínculo de parentesco civil e a socioafetividade. O dever de alimentar surge da relação entre pai e filho, impondo ao genitor a responsabilidade absoluta de manter a prole enquanto menor de idade. Em alguns casos, a obrigação perdura quando o filho já maior de idade cursa graduação ou precisa de aparato econômico para se estabelecer em alguma atividade profissional e conquistar a independência financeira.

Em razão do vínculo de parentesco, a cobrança de alimentos aos avós é legítima com previsão contida no Código Civil. Por óbvio que a responsabilidade alimentar primeira é dos pais. Porém, é requisito para os alimentos avoengos a falta absoluta dos pais ou a impossibilidade de cumprimento da obrigação.

À obrigação alimentícia avoenga não se deve atribuir a mesma carga de responsabilidade e rigor que cabe à obrigação alimentar dos pais. Os alimentos prestados pelos avós têm natureza excepcional, transitória e configuram-se somente na impossibilidade total ou parcial de seu cumprimento pelos genitores dos alimentandos. Em suma, os alimentos avoengos devem complementar o que falta no subsídio dos pais para o sustento dos filhos e somente em casos extremos virem a ser exigidos com exclusividade.

Sendo a obrigação alimentar dos avós excepcional, a imposição para forçá-los a cumprir a prestação deve ser diferente, sobretudo quanto ao emprego do rito destinado aos genitores que se furtaram da responsabilidade alimentar.

O pai que descumpre o dever de sustento ao filho pode ser réu em ação judicial e, nos casos mais graves, inclusive, ter a prisão civil decretada. Neste caso, o descumprimento do pressuposto obrigacional legitima a medida coativa mais gravosa. Diferentemente, o encarceramento dos avós em situações de inadimplemento de pensão alimentícia dos netos deve ser repensado, inclusive com base nos pressupostos referentes à referida obrigação alimentar e nos direitos fundamentais da pessoa idosa. Por motivos razoáveis como, por exemplo, a dignidade do idoso, a idade avançada e saúde debilitada, a prisão civil deve ser abolida neste caso, como medida de *lege ferenda*. Todavia, mesmo sem alteração legislativa, a não imposição da prisão civil pode decorrer da realização do juízo de ponderação à luz do caso concreto, tal como ocorreu no âmbito de julgado do STJ.

Os avós acionados na esfera judicial pelo neto que pleiteia alimentos em casos de morte dos pais ou pela escassez material, além de preencherem o requisito para os alimentos avoengos, podem ser condenados a contribuir com a sobrevivência do autor da ação. Esta hipótese vem acompanhada da responsabilidade porque há a imposição do Estado-juiz para o seu cumprimento. Em havendo o descumprimento da obrigação, o pressuposto da imposição judicial é violado, o que pode levar à via da prisão civil para os avós. Situação diferente ocorre quando sobre os avós não paira nenhuma obrigação, e eles mantêm os netos por pura satisfação, mero altruísmo e liberalidade.

Não é raro que os avós ajam com desprendimento em favor dos netos, ainda que seus filhos possam arcar com as despesas que lhe caibam com margem de folga. A depender das condições financeiras, os avós custeiam mensalidades escolares, cursos extracurriculares, atividades de lazer e supérfluos. Nestes casos não se identifica a presença de obrigação alimentar.

Ora, como o prazer de financiar os netos não é uma obrigação legal, no momento em que essa expectativa é frustrada por causa de uma adversidade de ordem financeira, não deveria existir cobrança da liberalidade nas vias judiciais para impor qualquer tipo de cumprimento pelos avós. Se não há obrigação, não há rompimento de pressuposto que fundamente a imposição judicial. E consequentemente não há que se cogitar a prisão civil para os avós.

No caso concreto dos avós que foi apreciado pelo STJ, embora eles tivessem firmado voluntariamente um acordo de pensão alimentícia em benefício dos netos, a voluntariedade não deve ser confundida com obrigação passível de sanção para a hipótese de descumprimento.

No caso apresentado, houve, segundo o exposto, a perda do poder aquisitivo de outrora relativamente aos avós, o que é fato alheio à vontade deles. Não houve inadimplemento voluntário da obrigação. Sem condições de contribuir espontaneamente com os netos, o "inadimplemento" foi inevitável. Ressalta-se mais uma vez que a vontade de contribuir sem imposição é uma liberalidade, não uma obrigação, como os outros familiares quiseram que se tornasse.

Outrossim, não houve o elemento de dolo para frustrar o pagamento alimentício. Ao contrário, os avós ofereceram um bem imóvel como meio de quitar a obrigação, e que fora recusado pelos netos. Ainda que se quisesse alegar o abandono material que prejudica os menores, a tese seria infundada porque a obrigação primeira recai sobre os pais.

No julgamento, os Ministros da Terceira Turma entenderam que a prisão civil é medida coativa anormal e que a responsabilidade dos avós foge à normalidade, sendo subsidiária e complementar à dos pais. De mais a mais, levou-se em consideração a inconveniência causada pelo aprisionamento de idosos. Em tempo, o mesmo Superior Tribunal já negou provimento a *habeas corpus* relacionado a mesma matéria.

A realidade se mostra longe de uma justiça mais equânime à luz do caso cocnreto. Enquanto isso, existem avós que estão e serão encarcerados por não pagarem a pensão alimentícia aos netos. Fato é que nem sempre o Poder Judiciário protagoniza decisões justas. O conceito de justiça não tem definição única, o que é justo para o vencedor não é para o vencido.

O dever de sustentar os filhos menores cabe aos genitores. Mas nada impede que, por altruísmo, os avós assumam parcela dessa prestação e ajudem os netos. O sentimento de afeto nutrido pelos avós quanto aos seus netos promove iniciativas espontâneas e as circunstâncias da vida provocam mudanças no curso das boas intenções.

Do mesmo modo, ainda que haja a imposição de obrigação alimentar avoenga, é possível a realização de juízo de ponderação para se considerar a inadmissibilidade da imposição da prisão civil em decorrência de inadimplemento de obrigação alimentar quanto à pessoa idosa, desde que presentes elementos fáticos que demonstrem a irrazoabilidade da medida extrema.

O Direito de Família requer sensibilidade para lidar com as dores do vencido e o êxito do vencedor. Neste fascinante ramo do Direito Civil, a matéria-prima é o ser humano e é ele quem revela a sua face mais bonita e a mais obscura.

O PAPEL DOS AVÓS NA CONVIVÊNCIA FAMILIAR E NA FORMAÇÃO DA PERSONALIDADE DOS NETOS

Gustavo Tepedino
Professor Titular de Direito Civil e ex-diretor da Faculdade de Direito da Universidade do Estado do Rio de Janeiro (UERJ).

Danielle Tavares Peçanha
Mestranda em Direito Civil da Faculdade de Direito da Universidade do Estado do Rio de Janeiro (UERJ). Advogada.

Sumário. 1. Introdução: evolução da família, convivência familiar e dignidade da pessoa humana. 2. Direito de visita dos avós e formação da personalidade dos netos. 3. Participação dos avós na educação dos netos e limites da interferência. 4. Assistência material dos avós em prol dos netos. 5. Notas conclusivas.

1. INTRODUÇÃO: EVOLUÇÃO DA FAMÍLIA, CONVIVÊNCIA FAMILIAR E DIGNIDADE DA PESSOA HUMANA

As profundas alterações por que passaram as relações familiares têm sido objeto de extensa bibliografia. Especialmente nessa seara, em que a evolução extraordinária dos fatos parece ter surpreendido o legislador, é de se avaliar cuidadosamente o impacto e a força vinculante da tábua axiológica constitucional sobre a disciplina das diversas relações familiares.[1] A família, embora tenha ampliado seu prestígio constitucional com a Constituição da República, deixa de ter valor intrínseco, como instituição capaz de merecer tutela jurídica pelo simples fato de existir, passando a ser valorada de forma instrumental, e tutelada à medida que se constitua em núcleo intermediário de promoção da dignidade de seus integrantes e de desenvolvimento da personalidade dos filhos.[2]

Com efeito, a incidência direta dos princípios constitucionais no direito de família, especialmente a dignidade da pessoa humana (art. 1º, III, CR), a solidariedade social (art. 3º, I, CR) e a igualdade substancial (art. 3º, III) leva o intérprete a separar dogmaticamente as situações jurídicas patrimoniais daquelas existenciais, aqui associadas à

---
1. Cfr. TEPEDINO, Gustavo. Dilemas do afeto. *Revista IBDFAM: Famílias e Sucessões*. v. 14, 2016, p. 11-27; FACHIN, Luiz Edson. In: TEIXEIRA, Sálvio de Figueiredo (coord.). *Comentários ao Novo Código Civil*. v. XVIII. Rio de Janeiro: Editora Forense, 2003; PEREIRA, Rodrigo da Cunha. In: TEIXEIRA, Sálvio de Figueiredo (coord.). *Comentários ao Novo Código Civil*. v. XX. Rio de Janeiro: Forense, 2003.
2. V. TEPEDINO, Gustavo Tepedino; TEIXEIRA, Ana Carolina Brochado. *Fundamentos do Direito Civil*. v. 6: Direito de Família. Rio de Janeiro: Forense, 2020.

vida comunitária familiar, destinada à formação e desenvolvimento da personalidade de cada um de seus membros. Tais objetivos da República e princípios fundantes do ordenamento informam, legitimam e dão maior densidade normativa aos princípios inseridos nos artigos 226 e ss., que integram o Capítulo VII da própria Constituição, em matéria de família.

A família torna-se, por força de tal contexto axiológico, pluralista, lócus privilegiado para a comunhão de afeto e afirmação da dignidade humana, funcionalizada para a atuação dos princípios constitucionais da igualdade, solidariedade, integridade psicofísica e liberdade.[3] A afetividade ganha especial atenção do intérprete, que desloca seu olhar do tradicional núcleo familiar rígido, patriarcal e patrimonialista para noção ampla e dinâmica, na qual conceitos como convivência, carinho e amor importam no reconhecimento do merecimento de tutela de múltiplas relações estabelecidas entre as pessoas.[4]

O afeto converte-se, nessa medida, em elemento definidor de situações jurídicas, flexibilizando-se, com benfazeja elasticidade, os requisitos para a constituição da família.[5] O direito de família passa a atribuir particular importância (não à afetividade como declaração subjetiva ou obscura reserva mental de sentimentos não demonstrados, mas) à percepção do sentimento do afeto na vida familiar e na alteridade estabelecida no seio da vida comunitária. Em tal perspectiva, o art. 1.511 do Código Civil, que nem sempre recebeu a merecida atenção por parte da doutrina, adquire nova dimensão valorativa, com extraordinária força expansiva para as relações familiares: "O casamento estabelece *comunhão plena de vida*, com base na *igualdade de direitos e deveres* dos cônjuges".

Vislumbra-se nessa mesma esteira a reconstrução de antigas categorias do direito de família,[6] renovadas pelos valores existenciais. Às relações que decorrem do vínculo natural, próprias da dimensão genética, conjugam-se as relações afetivas, igualmente dignas de salvaguarda.[7] Da combinação de ambos elementos – genético e afetivo –, ganha proeminência a participação dos avós no âmbito da convivência familiar e na formação da personalidade dos netos.

Não apenas em termos materiais ou assistenciais – como no caso em que os avós são chamados a figurar subsidiariamente como alimentantes dos netos, em caso de im-

---

3. MORAES, Maria Celina Bodin de. *Danos à Pessoa Humana – Uma Leitura Civil-Constitucional dos Danos Morais.* Rio de janeiro: Renovar, 2003.
4. TEPEDINO, Gustavo. Novas famílias entre autonomia existencial e tutela de vulnerabilidades. Editorial. *Revista Brasileira de Direito Civil (RBDCivil)*, v. 6 – out./dez. 2015, p. 6-8.
5. Assim entende Paulo Lôbo, que enfrenta a desatualizada ideia de que o afeto seria algo metajurídico e apartado do Direito. Para o autor, não se deve perder de vista a afetividade jurídica, que resulta da "transeficácia do fato social e psicológico para o fato jurídico como categoria distinta dos demais saberes, como categoria própria do Direito". LÔBO, Paulo Luiz Netto. A família enquanto estrutura de afeto, p. 254. In: Eliene Ferreira Bastos; Maria Berenice Dias (coords.). *A família além dos mitos.* Belo Horizonte: Del Rey, 2008, p. 251-258.
6. Sobre a reconstrução dos institutos do direito de família, v. FACHIN, Rosana Amara Girardi. *Em busca da Família do Novo Milênio – Uma Reflexão Crítica sobre as Origens Históricas e as Perspectivas do Direito de Família Brasileiro Contemporâneo*. Rio de Janeiro: Renovar, 2001; ZAMBERLAM, Cristina de Oliveira. *Os Novos Paradigmas da Família Contemporânea – Uma Perspectiva Interdisciplinar.* Rio de janeiro: Renovar, 2001; ALMEIDA, Maria Christina de. *O DNA e Estado de Filiação à Luz da Dignidade Humana.* Porto Alegre: Livraria do Advogado, 2003; CARBONERA, Silvana Maria. *Guarda de Filhos na Família Constitucionalizada.* Porto Alegre: Sergio Fabris, 2000.
7. "O merecimento de tutela da família não diz respeito exclusivamente às relações de sangue, mas, sobretudo, àquelas afetivas que se traduzem em uma comunhão espiritual e de vida". PERLINGIERI, Pietro. *Perfis do Direito Civil.* 3. ed. Rio de Janeiro: Renovar, 2002, p. 244.

possibilidade financeira dos genitores –, mas, especialmente, como presença assídua em sua vida moral, reconhece-se a importância do acompanhamento participativo destes ascendentes para o desenvolvimento da personalidade dos descendentes. Ademais, o diagnóstico valorativo do elo origina-se também da reciprocidade de interesses e benefícios, partilhados também pelos avós, que alcançam no fortalecimento do laço genético e afetivo a realização de seus direitos.

Vale ressaltar que, embora o tratamento comumente conferido à prestação de afeto se dê a partir da busca voluntária por iniciativa dos avós, subtendendo-se que os familiares teriam o impulso natural de procurar o convívio familiar, é possível que se vislumbre hipótese inversa, na qual o avô ou avó se subtrai às funções que deles se esperam, negando-se voluntariamente a estabelecer contato com os menores em fase de desenvolvimento. Em situações como esta, em que os netos podem vir a se sentir gravemente prejudicados, dada a ausência afetiva de seus ascendentes, coloca-se em debate a existência de – no lugar do direito – um dever dos avós de prestar afeto, e de conviver no ambiente familiar.

Há quem afirme que, nesses casos, é perfeitamente factível que se configure o abandono afetivo, com todas as consequências que daí advêm,[8] sem entrar no mérito da viabilidade de reparação no âmbito responsabilidade civil ou por via de consequências restritas à seara do direito de família, podendo gerar a destituição da autoridade parental, no caso de abandono pelos genitores, ou o afastamento do convívio familiar, no âmbito dos demais familiares.[9] Não se pode negar que em casos de abandono moral são lesados diretamente direitos essenciais implícitos na condição de menor, cujo respeito é essencial ao sadio crescimento e desenvolvimento da criança ou adolescente.

Como resposta a tal problemática, todavia, especialmente no caso dos avós, que não possuem autoridade direta sobre a vida dos netos, não parece ser salutar a utilização de remédios drásticos, que mais alimentam o afastamento afetivo que propriamente minoram os conflitos. Recomendável, desse modo, que se enfrente o desafio com a busca por balizas que, fundadas nos princípios e valores constitucionais, sirvam a unificar o sistema, discriminando-se os chamados danos ressarcíveis e reconhecendo a irreparabilidade pelo sistema de responsabilidade civil, já muito sobrecarregado, de numerosos danos do cotidiano. Aqui, mais ainda que em outros domínios, são aconselháveis as soluções que compreendam o diálogo responsável e a efetiva comunicação comprometida entre todos os membros da família.

---

8. Nessa direção: "Assim, o dever de prestar afeto e, como consequência, o dever à convivência familiar é um dever imposto aos pais, aos filhos e aos parentes entre si. Com base nesse raciocínio é perfeitamente aceitável que possa ocorrer o abandono afetivo dos filhos em relação aos pais; avós em relação aos netos; e até mesmo de tios em relação a seus sobrinhos, desde que seja primordial para o pleno desenvolvimento da parte prejudicada. Portanto, sem uma limitação quanto ao grau de parentesco, desde que comprovado o prejuízo pela falta de afeto para o pleno desenvolvimento da pessoa". OLIVEIRA, Anderson Nogueira. (In)existência de limitação aos princípios da solidariedade e afetividade familiar para eventual responsabilização civil pelo abandono afetivo aos parentes de segundo e terceiro grau. *Revista de Direito Privado*, v. 73, jan. 2017, p. 197-205.
9. Favoravelmente à reparação do dano decorrente de abandono afetivo parental, dentre outros, v. MADALENO, Rolf. O preço do abandono afetivo. In: PEREIRA, Tania da Silva; CUNHA, Rodrigo da (coords.). *Ética da Convivência Familiar*: sua efetividade no Cotidiano dos Tribunais. Rio de Janeiro: Forense, 2006. Contrariamente, BERNARDO, Wesley Louzada. Dano moral por abandono afetivo: uma nova espécie de dano indenizável? In: *Diálogos sobre o Direito Civil*. Rio de Janeiro: Renovar, 2008, pp. 475-500.

A participação dos avós na vida dos netos e no âmago da comunidade familiar, ora consolidada no direito de visita, ora na influência sobre a educação e formação desses últimos, ora em termos de prestação de alimentos, com função de garantir a subsistência do alimentando, tem o condão de promover, em última análise, o respeito à dignidade da criança ou do adolescente. Como ser humano em formação, ao se assegurar tal liame relacional, promove-se também o incontestável direito à convivência familiar de maneira sadia e acurada, bem como o pleno desenvolvimento de sua personalidade, concretizando a cláusula geral de tutela da pessoa humana, predisposta no art. 1º, inciso III da Constituição da República.

2. DIREITO DE VISITA DOS AVÓS E FORMAÇÃO DA PERSONALIDADE DOS NETOS

A *avosidade* põe em evidência uma série de situações jurídicas dignas de tutela pelo ordenamento jurídico. Estuda-se, nessa direção, o papel participativo dos avós na vida dos netos, consubstanciado na preservação de laços ancestrais e no amadurecimento do elo de convivência no ambiente familiar. Tal análise deve levar em conta a complexidade de regras e princípios incidentes sobre a matéria, uma vez constatada a relevância desse tipo de vínculo para a formação integral dos netos, com o fim último de desenvolvimento de sua personalidade.[10] Compreende-se, de modo intuitivo, que ao caráter das crianças e adolescentes incorporam-se definitivamente as referências afetivas que, especialmente no caso dos avós, estabelecem raízes culturais profundas e indeléveis por toda a vida.

De tal percepção consolidou-se a consciência de que o direito à convivência familiar não pode se restringir aos genitores, devendo se estender a outros familiares, tais como tios, padrastos, madrastas, irmãos, e, sobretudo aqui, aos avós. Desse modo, importante conclusão restou consignada no Enunciado n. 333 da IV Jornada de Direito Civil, promovida pelo CNJ, em que se lê: "O direito de visita pode ser estendido aos avós e pessoas com as quais a criança ou adolescente mantenha vínculo afetivo, atendendo ao seu melhor interesse".

Tal é a relevância dos familiares no âmbito do desenvolvimento dos filhos que a Lei 12.010/2009, ao acrescentar o parágrafo único no art. 25[11] e o parágrafo 1º no art. 39[12] do Estatuto da Criança e do Adolescente, conceituou a família extensa, ampliada para

---

10. Corrobora este entendimento a rica produção científica relacionada ao princípio do melhor interesse da criança. Cfr. PEREIRA, Tânia da Silva (coord.). *O Melhor interesse da Criança: um debate Interdisciplinar*. Rio de Janeiro: Renovar, 2000, e espec. o texto de BARBOZA, Heloísa Helena. *O Estatuto da Criança e do Adolescente e a Disciplina da Filiação no Código Civil*, p. 103 e ss., em que se evidencia a necessidade de rever as categorias e institutos codificados a partir da primazia dos interesses da criança e do adolescente: "Razoável, por conseguinte, afirmar-se que a doutrina da proteção integral, de maior abrangência, não só ratificou o princípio do melhor interesse da criança como critério hermenêutico, como também lhe conferiu natureza constitucional, como cláusula genérica que em parte se traduz através dos direitos fundamentais da criança e do adolescente expressos no texto da Constituição Federal" (p. 115).
11. ECA, Art. 25. Entende-se por família natural a comunidade formada pelos pais ou qualquer deles e seus descendentes. Parágrafo único. Entende-se por família extensa ou ampliada aquela que se estende para além da unidade pais e filhos ou da unidade do casal, formada por parentes próximos com os quais a criança ou adolescente convive e mantém vínculos de afinidade e afetividade.
12. ECA, Art. 39. A adoção de criança e de adolescente reger-se-á segundo o disposto nesta Lei.
    § 1º A adoção é medida excepcional e irrevogável, à qual se deve recorrer apenas quando esgotados os recursos de manutenção da criança ou adolescente na família natural ou extensa, na forma do parágrafo único do art. 25 desta Lei.

além da unidade pais e filhos, e formada por parentes próximos com os quais a criança convive e mantém vínculos de afinidade e afetividade. Além disso, previu o diploma sua preferência em acolher os menores antes que se proceda à adoção, reconhecendo a importância dos parentes na criação, educação e convivência dos infantes. Mais recentemente, inclusive, no rol de princípios que regem a aplicação das medidas de proteção da criança e adolescente, delineou-se a "prevalência da família",[13] de que se infere a prioridade de integração do menor de idade no seio da família natural ou extensa, incorporando-o na família adotiva apenas quando a primeira opção não for possível.

A despeito do longo vazio que tratasse especificamente sobre a matéria no Código Civil, doutrina[14] e jurisprudência[15] foram essenciais no reconhecendo, com razão, da necessidade de se prestigiar a convivência entre avós e netos. Em boa hora, o legislador pátrio, atendendo aos anseios sociais, incluiu, com a Lei 12.398/2011, parágrafo único ao art. 1.589 do Código Civil,[16] positivando, assim, o direito de convivência dos netos com seus avós, já há muito tempo contemplado em outros sistemas.[17]

O dispositivo tem o condão de alongar o direito de visita aos avós e a outros parentes próximos do menor. Autoriza-se e regulamenta-se, assim, tal direito, recomendado em razão dos princípios informadores do melhor interesse da criança e do adolescente, com fins de que se preserve também a coesão do núcleo familiar, bem como os laços de afeição que unem seus membros. Com efeito, o art. 227 da Constituição da República[18]

---

13. ECA, Art. 100. Na aplicação das medidas levar-se-ão em conta as necessidades pedagógicas, preferindo-se aquelas que visem ao fortalecimento dos vínculos familiares e comunitários.
    Parágrafo único. São também princípios que regem a aplicação das medidas: (...) X – prevalência da família: na promoção de direitos e na proteção da criança e do adolescente deve ser dada prevalência às medidas que os mantenham ou reintegrem na sua família natural ou extensa ou, se isso não for possível, que promovam a sua integração em família adotiva;
14. Veja-se: "O direito de visita é extensivo aos avós. No quadro já esboçado, cresce a importância desta extensão da titularidade do direito, pois, em geral, o relacionamento afetivo entre aqueles e os netos é tecido de fios delicados, enriquecidos de paciente atenção e preocupação que só a idade consegue salvar às neuroses da sociedade de consumo". PELUSO, Antônio Cezar. O menor na separação. In: PINTO, Teresa Arruda Alvim (coord.). *Repertório de jurisprudência e doutrina sobre direito de família*: mudanças. São Paulo: Revista dos Tribunais, 1985, p. 34; e TEIXEIRA, Ana Carolina Brochado. Direito de visitas dos avós. *Revista Trimestral de Direito Civil*, v. 10, abr./jun. 2002, p. 59-77.
15. TJ/RS, 3ª C.C., Ap. Cív. 584015747, Rel. Des. Galeno Vellinho de Lacerda. j. 04.10.1984; TJ/RS, 3ª C.C., AI 590007191, Rel. Des. Flávio Pancaro da Silva, j. 29.03.1990; TJ/RS, 8ª C.C., Ap. Cív. 591067699, Rel. Des. Gilberto Niederauer Corrêa, j. 02.04.1992; TJRS, 7ª Câm. Dir. Priv., AI 70035611953, Rel. Des. André Luiz Planella Villarinho, j. 11.8.2010, publ. DJ 19.8.2010 e TJSP, 3ª Câm. Dir. Priv., AI 572.373.4/3, Rel. Des. Beretta da Silveira, j. 28.4.2009, publ. DJ 19.6.2009.
16. Código Civil, Art. 1.589. O pai ou a mãe, em cuja guarda não estejam os filhos, poderá visitá-los e tê-los em sua companhia, segundo o que acordar com o outro cônjuge, ou for fixado pelo juiz, bem como fiscalizar sua manutenção e educação. Parágrafo único. O direito de visita estende-se a qualquer dos avós, a critério do juiz, observados os interesses da criança ou do adolescente.
17. "A possibilidade da convivência familiar entre avós e netos nasceu na França, decorrente de uma sentença da Corte de Cassação de 8 de julho de 1857, a qual consagrou, pela primeira vez, o direito de visitas em favor dos avós, que puderam ocorrer no domicílio do genitor guardião. O fundamento dessa decisão foi a existência da reciprocidade de interesses e laços entre ascendentes e descendentes, e de direitos e deveres. Além disso, a proibição, por parte do genitor, da relação entre seus filhos e ascendentes pode comprometer o interesse dos menores e lesar deveres e conveniências morais que deveriam ser respeitados". PACTET, Christiane, 1972, *apud* TEIXEIRA, Ana Carolina Brochado. Direito de visita dos avós, p. 68. *Revista Trimestral de Direito Civil – RTDC*, v. 10, Rio de Janeiro: Padma, abr./jun. 2002, p. 59-78.
18. C.R./1988, Art. 227. É dever da família, da sociedade e do Estado assegurar à criança, ao adolescente e ao jovem, com absoluta prioridade, o direito à vida, à saúde, à alimentação, à educação, ao lazer, à profissionalização, à

registra expressamente, dentre outros, o direito do menor à convivência familiar, que deve ser garantido pela família, pelo Estado e, de modo geral, por toda a sociedade. Tal comando é também fixado no art. 19 do ECA, que dispõe: "É direito da criança e do adolescente ser criado e educado no seio de sua família e, excepcionalmente, em família substituta, *assegurada a convivência familiar e comunitária*, em ambiente que garanta seu desenvolvimento integral".

Não se pode olvidar, portanto, da existência do direito à convivência com os familiares, que são os primeiros centros de afetividade com os quais se tem contato, em cujo bojo se encontram os avós, que atuam também como referência histórica da família (referência afetiva). Propicia-se vínculo de forte conexão que tem o condão de fornecer uma espécie de "mapeamento" da sua vida futura, que o situa como ser social no mundo, proporcionando-lhe um "referencial para que possa ser um ser autônomo".[19] Daí extrair-se o direito de ter contato, e de receber a visita de qualquer pessoa de seu interesse, sobretudo de seus avós, que representam ampla fonte de apoio e carinho, como corolário do direito à convivência familiar e comunitária, consagrado constitucionalmente.[20]

Correlato a tal direito da criança e adolescente, identifica-se o dever dos pais de respeitar a visita, notadamente dos avós, bem como não criar ou propiciar entraves a ela, em observância aos princípios da liberdade e da solidariedade. Cabe, então, ao intérprete a importante tarefa de estabelecer os contornos concretos desse tipo de relação no âmbito da comunidade familiar, cujo conteúdo é alargado para além do tradicional arquétipo 'pais e filhos', e as consequências apuradas no caso de seu descumprimento ou complicação proposital pelo genitor.

A despeito da positivação na legislação brasileira, não raro se configuram situações em que um dos pais, comumente divorciados ou separados, impede os pais de seu ex-companheiro de visitar seus filhos, inviabilizando o exercício de regular direito da criança ou adolescente em concretizar o interesse de conviver com seus entes queridos.[21] Nesses casos, observa-se a criação de empecilhos à regular visitação dos avós, quando não o absoluto desligamento do convívio, como resultado de sentimentos de rancor e vingança que acabam por afetar diretamente o pleno desenvolvimento do menor.

---

cultura, à dignidade, ao respeito, à liberdade e à *convivência familiar* e comunitária, além de colocá-los a salvo de toda forma de negligência, discriminação, exploração, violência, crueldade e opressão.

19. TEIXEIRA, Ana Carolina Brochado. Direito de visita dos avós, p. 66. *Revista Trimestral de Direito Civil – RTDC*, v. 10, Rio de Janeiro: Padma, abr./jun. 2002, p. 59-78.

20. Sobre a manutenção do direito à convivência familiar com os avós, mesmo diante de eventual adoção unilateral da criança, afirma-se: "É de suma importância para a criança manter os vínculos e a convivência com seus avós, que são figuras também responsáveis pelo desenvolvimento e crescimento de seus netos, mesmo diante de uma adoção unilateral. Os avós integram a família do menor, de modo que tem direito a manter a convivência, ainda que os netos passem a ter mais de um pai ou mãe no registro de nascimento". VALADARES, Maria Goreth Macedo; FERREIRA, Isadora Costa. Multiparentalidade: uma forma de respeito à convivência avoenga nas adoções unilaterais, p. 87. *Revista Brasileira de Direito Civil (RBDCivil)*, v. 8, abr./jun. 2016, p. 81-98.

21. "Porém, a detentora da guarda usa de mágoa, rancor e da própria guarda para atingir o ex-companheiro, assim cria um verdadeiro ambiente de terror em relação às visitas. Não permite atrasos, começa a fazer ameaças, proíbe o filho de visitar o pai em dia e hora não marcada, em total contrariedade ao espírito da defesa da dignidade da pessoa humana presente em nossa Constituição Federal. Impedir ou dificultar o acesso das crianças e adolescentes ao pai é um incentivo para ocasionar danos profundos ao próprio filho". GONÇALVES, Antonio Baptista. O alerta das consequências da síndrome da alienação parental para as crianças e adolescentes. *Revista de Direito da Infância e da Juventude*, v. 4, jul./dez. 2014, p. 309-343.

O direito à convivência, emanado da solidariedade,[22] como evidenciado, pressupõe sua construção em conjunto pela família. Por esse motivo, situações como estas, que propiciam riscos da alienação parental, devem ser enfrentadas com máxima preocupação e de forma atenta às múltiplas manobras que podem ser pensadas por um dos genitores para fins de obstar ou atingir negativamente os vínculos afetivos dos menores com o outro genitor ou com os demais familiares.

Também no caso dos avós que se vejam prejudicados quanto ao convívio com seus netos, com, por exemplo, o término do casamento ou união estável dos pais de seu neto, incidirão as disposições protetivas da Lei 12.318/2010, a Lei da Alienação Parental, que trata com minúcias sobre o tema.[23] Dentro do rol exemplificativo disposto no parágrafo único do art. 2º da lei, vislumbra-se no inciso IV,[24] como forma de alienação parental,[25] a adoção de medidas com fins de dificultar o exercício do direito regulamentado de convivência familiar, de onde se extrai a incidência da lei sobre as situações aludidas. A grave violência psíquica realizada nesse tipo de circunstância contra o menor de idade, que se encontra em fase de desenvolvimento e especial vulnerabilidade, justifica o esforço máximo para a afastamento da adversidade, cujos efeitos negativos podem se estender para toda a sua vida.

3. PARTICIPAÇÃO DOS AVÓS NA EDUCAÇÃO DOS NETOS E LIMITES DA INTERFERÊNCIA

Além dos benefícios comprovadamente auferidos pelos avós, que encontram no contato com os netos renovada e singular faceta da paternidade revivida, na perspectiva dos netos, pesquisas revelam a satisfação e o afeto sentido por eles no convívio com seus avós, demonstrando a *bidirecionalidade* dessa relação.[26] Confirma-se, assim, o importante

---

22. Sobre a necessidade de reconstrução do princípio da solidariedade familiar, cfr. TEPEDINO, Gustavo. Solidariedade e autonomia na sucessão entre cônjuges e companheiros. *Revista Brasileira de Direito Civil (RBDCivil)*, v. 14, out./dez. 2017, p. 11-13.
23. V. LEITE, Eduardo de Oliveira. A Lei de Alienação Parental e a Responsabilidade do Poder Judiciário. *Revista de Direito de Família e das Sucessões*, v. 3, abr./mar. 2015, p. 57-75.
24. Lei 12.318/2010, Art. 2º. Considera-se ato de alienação parental a interferência na formação psicológica da criança ou do adolescente promovida ou induzida por um dos genitores, pelos avós ou pelos que tenham a criança ou adolescente sob a sua autoridade, guarda ou vigilância para que repudie genitor ou que cause prejuízo ao estabelecimento ou à manutenção de vínculos com este. Parágrafo único. São formas exemplificativas de alienação parental, além dos atos assim declarados pelo juiz ou constatados por perícia, praticados diretamente ou com auxílio de terceiros: (...) IV – *dificultar o exercício do direito regulamentado de convivência familiar*.
25. "Trata-se de atos de violência psíquica que acabam por fazer uma programação psicológica na criança ou no adolescente a partir de relação de lealdade com o genitor com quem habitualmente convive e passa a compartilhar os sentimentos de abandono, injustiça, em clara confusão entre conjugalidade e parentalidade". TEPEDINO, Gustavo Tepedino; TEIXEIRA, Ana Carolina Brochado. *Fundamentos do Direito Civil*. v. 6: Direito de Família. Rio de Janeiro: Forense, 2020, p. 326.
26. Veja-se pesquisa realizada no âmbito do Programa de Pós-Graduação em Gerontologia da Universidade Católica de Brasília – Campus Universitário II, Distrito Federal, Brasil, que relevou a importância da relação entre avós e netos no período da infância, de acordo com a percepção de avós e de seus netos, de cujos resultados se pode destacar: "Na categoria benefício, os dados obtidos indicaram que os netos ou netas sentiam-se alegres e satisfeitos quando realizavam determinadas atividades com as avós. Além disso, valorizavam o carinho dispensado por elas. Na categoria sentimento, os netos evidenciaram as qualidades pessoais de suas avós, construindo formas diferentes de relações entre avós e netos. Por fim, na categoria significado da velhice, alguns netos mostraram desconhecimento sobre o significado do termo, enquanto outros possuíam em suas mentes uma imagem de como será a sua velhice.

papel que, reciprocamente, avós e netos desempenham em suas vidas, ocupando, a cada dia, novos espaços e ampliando os fluxos no âmbito da convivência familiar.

Vale ressaltar que esse relacionamento entre avós e netos não se limita a intensificar sentimentos de ternura e carinho. Mediante participação educativa, tal contato dá oportunidade também a aportes intergeracionais extraordinários, propiciadores de construção da autonomia das crianças e adolescentes, por meio de vivências que se refletem na criação de responsabilidades e na aptidão para a liberdade de escolhas. Crianças e adolescentes postos em contato direto e frequente com pessoas idosas (ou menos jovens), certamente, tendem a desenvolver maior empatia e cuidado com gerações (e experiências de vida) diversas da sua, criando consciência de respeito mútuo no ambiente intergeracional.

O direito à convivência familiar torna jurídica a necessidade humana, sobretudo da criança e do adolescente, de troca de experiências e aprendizado a partir do convívio e interação social e familiar. Todavia, o exercício desse convívio, que se estende aos avós, condiciona-se à efetivação do bem-estar dos netos, não podendo a convivência ser prejudicial a eles. Nessa direção, afirma-se que o parâmetro basilar segundo o qual se averigua o merecimento de tutela daquele vínculo entre avós e netos será o melhor interesse da criança, em prol de sua integral proteção.[27]

Visando à sua proteção irrestrita, o princípio do melhor interesse do menor norteia todo o ordenamento jurídico, e é composto, conforme identificado por autorizada doutrina, pela trilogia "liberdade, respeito e dignidade",[28] para que o ser humano possa enfrentar a própria sobrevivência. A liberdade traduz o direito de a criança e adolescente pensarem por si mesmos, compreendendo os limites das interferências dos adultos em suas vidas e tomada de decisões. O respeito importa na inviolabilidade de sua integridade física, psíquica e moral, visando à preservação da identidade, da imagem, das ideias e crenças, dos espaços e dos objetos pessoais, além do direito de ser, de dar e receber afeto, cujo escopo se mostra muito alinhado com o tema ora debatido. Em última análise, protege-se o direito à dignidade do menor de idade, impondo prioridade absoluta em se lhes proporcionar vida digna, indispensável à plena realização como pessoa e que permita tornar-se adulto não marginalizado.

No presente estudo, pode-se concluir que avós idosas mantêm forte relação de proximidade vivenciada com seus netos no período da infância, o que é confirmado e reconhecido por seus netos". OLIVEIRA, Alessandra Ribeiro Ventura; VIANNA, Lucy Gomes; CÁRDENAS, Carmen Jansen de. Avosidade: Visões de avós e de seus netos no período da infância. *Revista Brasileira de Geriatria e Gerontologia*, v. 13, 2010, p. 461-474.

27. "O direito à convivência familiar impõe o estabelecimento e a ampliação, quando possível, do direito dos avós em visitar seus netos. 2. Contudo, é necessária cautela em relação ao estabelecimento do pernoite – sobretudo quando a criança se mostra refratária a tal possibilidade –, a fim de evitar uma experiência traumática e desfavorável à própria consolidação do vínculo familiar com os avós". TJ/PR, 12ª C.C., AI 1095740-7, Rel. Des. Rosana Amaral Girardi Fachin, j. 12.03.2014, publ. DJ 30.04.2016.

28. "O homem, ao nascer, está desprovido de equipamentos para agir adequadamente; ele depende de alguém que cuide dele, ajudando-o a passar pelos perigos e temores. Abandonada a fase do agir instintivo, abre-se para ele a possibilidade de escolher caminhos. Pensar e optar por diferentes linhas de ação leva-o a criar mecanismos de ação em face da natureza e perante os seres humanos. Consciente, então, de si próprio, ele reage aos comandos da natureza e do grupo social em que vive, o qual, também, significa segurança e proteção. A liberdade, o respeito e a dignidade já comparecem neste momento do homem como mecanismos simples para enfrentar a própria sobrevivência". PEREIRA, Tânia da Silva. *Direito da Criança e do Adolescente:* uma proposta interdisciplinar. 2. ed. Rio de Janeiro: Renovar, 2008, p. 138.

Fruto da Convenção sobre os Direitos da Criança, ratificada pelo Brasil em 1990, através do Decreto 99.710/1990, a doutrina do melhor interesse da criança reafirma o dever dos pais e responsáveis de garantir proteção e cuidados especiais às crianças, bem como o dever do Estado de assegurar seus interesses, promovendo sua proteção integral, conforme esmiuçado no citado art. 227 da Constituição da República. Assim, a infância deve ser considerada prioridade imediata e absoluta, devendo sua proteção sobrepor-se a quaisquer medidas econômicas.[29]

Os princípios da proteção integral e do melhor interesse do menor também serão cruciais para fins de balizar o intérprete quanto ao merecimento de tutela, pelo ordenamento jurídico, da convivência familiar entre avós e netos. Não há que se prestigiar cegamente o direito disposto no parágrafo único do art. 1.589 se houver quaisquer indícios de que a presença do ascendente é, de alguma maneira, prejudicial ao menor.[30] Basta pensar em situação na qual o avô ou avó, que exerce o direito de visita, viola a integridade psíquica do menor, figurando como sujeito ativo de alienação parental, nos moldes do *caput* do art. 2º da Lei 12.318/2010.

Ou seja, é plenamente possível que os avós sejam responsáveis por tentar influenciar os netos para atingir negativamente seus vínculos afetivos com outros familiares. Uma vez constatado esse comportamento, e diante das circunstâncias concretas, em decorrência do princípio do melhor interesse do menor, é desejável que se evite tanto quanto possível a exposição dessa criança ou adolescente ao convívio desacompanhado com aquele avô ou avó.

Da mesma forma, em que pese o direito de visitação dos avós, legalmente garantido, a regulamentação da visita deverá levar sempre em conta o interesse do menor, não podendo o interesse do adulto se sobrepor sobre o primeiro. Nesse sentido, o Tribunal de Justiça do Rio de Janeiro já afirmou que, embora fosse importante preservar o laço entre a avó materna e sua neta, a existência de conflito entre os pais e a avó não pode obstar o bem-estar da criança.[31] Na ocasião, a avó almejava a alteração do horário de visitação,

---

29. Caio Mário da Silva Pereira, sobre o tema, afirma: "os direitos inerentes a todas as crianças e adolescentes possuem características específicas devido à peculiar condição de pessoas em vias de desenvolvimento em que se encontram e que as políticas públicas voltadas para a juventude devem atuar de forma integrada entre a família, a sociedade e o Estado". PEREIRA, Caio Mário da Silva Pereira. *Instituições de Direito Civil*. v. V. 24. ed. Rio de Janeiro: Forense, 2016, p. 48. V. também MARQUES, Márcio Thadeu Silva. Melhor interesse da criança: do subjetivismo ao garantismo. In: Tânia da Silva Pereira (coord.). *O melhor interesse da criança*: um debate interdisciplinar. Rio de Janeiro: Renovar, 2000, p. 472.
30. A discussão resta especialmente atual à luz das recentes medidas de distanciamento social adotadas na tentativa de reduzir a circulação do tão apregoado coronavírus, que alterou substancialmente todas as searas da vida, com medidas de distanciamento social. Nesse cenário, o direito à convivência restará passível de mitigação se houver qualquer risco de contaminação à criança e, também nesse caso, aos avós, por comporem grupo de risco à doença. Vale dizer, caso o avô seja profissional de saúde, poderá ser flexibilizado excepcionalmente o contato com o neto, como medida de prevenção e garantia do bem estar da criança. De outro lado, com o fim de proteger o avô que seja idoso, membro de grupo de risco no que tange à Covid-19, possível que se suspenda – excepcionalmente – sua convivência com o neto, cujos pais ou membros da família que com ele residem, apresentem rotina de grande exposição ao vírus. Sobre o tema da convivência no momento de pandemia, v. TEIXEIRA, Ana Carolina Brochado. *Algumas reflexões sobre os impactos da COVID-19 nas relações familiares*. Disponível em: [http://genjuridico.com.br/2020/04/29/impactos-covid-19-relacoes-familiares/]. Acesso em: 07.05.2020.
31. TJRJ, 8ª C.C., Ap. Cív. 0136480-65.2009.8.19.0001, Rel. Min. Monica Costa Di Piero, publ. DJ 22.8.2013. Na mesma direção, TJ/PR, 12ª C.C., AI 1095740-7, Rel. Des. Rosana Amaral Girardi Fachin, j. 12.03.2014, publ. *DJ* 30.04.2016, em que se afirma: "O direito à convivência familiar impõe o estabelecimento e a ampliação, quando

pretendendo que a criança passasse a dormir em sua casa, tendo sido o pedido negado pela Corte, sob o argumento de que "a visitação não pode prejudicar a rotina da infante (6 anos), não sendo recomendado o pernoite, mormente pela existência de animosidade entre o marido da autora e os pais da menor, sendo certo que esse último não possui laço familiar com a criança". Manteve-se, assim, a visitação quinzenal, considerada adequada diante da avaliação psicológica.

Ademais, controverte-se acerca de quais seriam os limites da participação dos avós na educação dos netos, sobretudo à luz da autoridade parental.[32] Tal questionamento não se coloca quando as opções e posicionamentos dos pais, que possuem a guarda dos filhos, se identificam completamente com os dos avós. Por outro lado, quando as opiniões ou valores não forem coincidentes, vislumbra-se a possibilidade de confronto, que pode ser nocivo à criança ou adolescente, perdido em meio a diversas influências conflitantes e, muitas vezes, impositivas. Tal dificuldade torna-se ainda mais contundente em situações nas quais os avós, além de presentes no âmbito da convivência familiar, são responsáveis por prestar alimentos aos netos, nas hipóteses que serão melhor desenvolvidas no item subsequente.

Na concepção contemporânea, a autoridade parental não pode ser reduzida nem a uma pretensão juridicamente exigível, que criaria direitos em favor dos seus titulares em face dos filhos, nem a instrumento jurídico de sujeição (dos filhos à vontade dos pais), equivalente a um direito potestativo. Afirma-se, então, o conceito da autoridade parental como *múnus* de direito privado, poder jurídico forjado à base na bilateralidade do diálogo e do processo educacional,[33] tendo como protagonistas os pais e os filhos, informados pela função emancipatória da educação.[34]

Desse modo, a utilização dogmática de estrutura caracterizada pelo binômio direito-dever (direito do titular em face do dever a cargo do devedor), típica de situações patrimoniais, apresenta-se incompatível com a função promocional da autoridade

---

possível, do direito dos avós em visitar seus netos. 2. Contudo, é necessária cautela em relação ao estabelecimento do pernoite – sobretudo quando a criança se mostra refratária a tal possibilidade –, a fim de evitar uma experiência traumática e desfavorável à própria consolidação do vínculo familiar com os avós".

32. V., sobre o tema, TEPEDINO, Gustavo. A disciplina da guarda e a autoridade parental na ordem civil-constitucional. In: PEREIRA, Rodrigo da Cunha (coord.). *Afeto, ética, família e o novo Código Civil*. Belo Horizonte: Del Rey, 2004, p. 305-324.
33. Em notas distintivas entre as diferentes situações jurídicas: "o direito potestativo, também designado como direito formativo, pelo qual ao seu titular é atribuído o poder de interferir na esfera jurídica alheia, produzindo efeitos jurídicos independentemente da atuação da pessoa sobre cuja esfera jurídica tais efeitos recaiam. Diferentemente do direito subjetivo, ao seu exercício não corresponde prestação alguma, limitando-se a estabelecer, em face dos interessados, a submissão a seus efeitos. (...) Ao lado do direito potestativo, tem-se a figura do *poder jurídico*, usualmente regulado nas relações de família, para o qual serve de exemplo a *autoridade parental* dos pais em relação aos filhos menores. Designado igualmente como *poder familiar* (CC, art. 1.630), atribui-se aos pais, por meio de tal situação jurídica subjetiva, o direito de interferência na esfera jurídica dos filhos, com vistas ao melhor interesse da criança e do adolescente, que se submetem aos efeitos jurídicos produzidos. Diferentemente do direito potestativo, o poder jurídico há de ser exercido no interesse (não de seu titular, mas) da pessoa em cuja esfera jurídica se projeta. No caso, os filhos menores submetidos à autoridade parental. Por isso mesmo, por ser exercido de modo altruístico, considera-se o poder jurídico como direito-dever, ou ofício de direito privado". TEPEDINO, Gustavo; OLIVA, Milena Donato. *Fundamentos do Direito Civil*. v. 1: Teoria Geral do Direito Civil. Rio de Janeiro: Forense, 2020, p. 105-106.
34. PERLINGIERI, Pietro. *Perfis do Direito Civil*. 3. ed. Rio de Janeiro: Renovar, p. 258: "o esquema do pátrio poder, visto como poder-sujeição, está em crise, porque não há dúvidas de que, em uma concepção de igualdade, participativa e democrática da comunidade familiar, a sujeição, entendida tradicionalmente, não pode continuar a realizar o mesmo papel. A relação educativa não é mais entre um sujeito e um objeto, mas uma *correlação de pessoas*, onde não é possível conceber um sujeito subjugado a outro".

conferida aos pais. A interferência na esfera jurídica dos filhos só encontra justificativa funcional na formação e no desenvolvimento da personalidade dos próprios filhos, não caracterizando posição de vantagem juridicamente tutelada em favor dos pais. A função delineada pela ordem jurídica para a autoridade parental, que justifica o espectro de poderes conferidos aos pais só merece tutela se exercida como um *múnus* privado, um complexo de direitos e deveres visando ao melhor interesse dos filhos, e sua emancipação como pessoa, na perspectiva de sua futura independência.[35]

Uma vez identificada essa autoridade parental constitucionalizada, interpretada em perspectiva funcional, e não mais de forma hierárquica e patriarcal, impõe-se considerar que as possíveis intervenções dos avós que se contrapõem às decisões dos pais em termos de educação devem sempre ser solucionados tendo em mira a realização da personalidade da criança ou adolescente, à luz da principiologia constitucional. Assim, sempre que possível, em perspectiva dialógica, deve-se prestigiar a compreensão mútua e o diálogo, em que deve atuar ativamente o menor de idade, valorizado como protagonista da unidade familiar e relevado como sujeito ativo de sua própria educação. Dessa maneira, promove-se a otimização de sua autonomia, amparada pelos aportes de seus familiares, e a realiza-se a tutela da pessoa humana.

4. ASSISTÊNCIA MATERIAL DOS AVÓS EM PROL DOS NETOS

A assistência material substanciada no dever de prestar alimentos, embora traduza prestação de natureza pecuniária, visa garantir a subsistência de pessoas ligadas por liame familiar, a traduzir a sua *ratio* existencial. Daí afirmar-se que a obrigação alimentar consiste em prestação financeira com escopo existencial, precisamente a sobrevivência do alimentando.[36] Associam-se dois elementos, quais sejam, (i) a prestação pecuniária, que fica vinculada à (ii) garantia de sustento de alguém, não necessariamente nessa ordem de prestígio.[37]

---

35. Daqui resulta a crítica justamente oposta por parte da doutrina mais atenta à utilização da expressão '*poder*' inserida na dicção do Código Civil de 2002, tanto na noção de *pátrio poder* como na de *poder familiar*, adotando-se, ao revés a perspectiva da autoridade parental como "um múnus, significado que transcende o interesse pessoal", numa visão dinâmica e dialética de seu exercício, de modo que "os filhos não são (nem poderiam ser) objeto da autoridade parental", alvitrando-se ao contrário "uma dupla realização de interesses do filho e dos pais". V., FACHIN, Luiz Edson. *Direito de Família – Elementos Críticos à luz do novo Código Civil brasileiro*. 2. ed. Rio de Janeiro: Renovar, 2003, p. 244-246.
36. Observou-se em outra sede: "A solidariedade, através dos alimentos, projeta-se no âmbito material; assim, embora os alimentos sejam um instituto que tenha uma projeção patrimonial, sua *ratio* nem por isso deixa de ser existencial, isto é, a garantia de subsistência de pessoas ligadas por um liame familiar". TEPEDINO, Gustavo; BARBOZA, Heloisa Helena; MORAES, Maria Celina Bodin de. *Código Civil interpretado conforme a Constituição da República*. v. IV. Rio de Janeiro: Renovar, 2014, p. 361.

    Como sublinha Rolf Madaleno: "A verba alimentar apresenta-se com dúplice caráter. Revela sua faceta material, enquanto recurso necessário à manutenção da subsistência do credor e, ao mesmo tempo, permite a visualização de seu prisma imaterial, já que se destina à construção da personalidade de seu destinatário, possibilitando ao mesmo viver com dignidade". MADALENO, Rolf. Alimentos entre colaterais. *Revista Brasileira de Direito de Família*, n. 28, fev./mar. 2005, p. 110.
37. Ensina San Tiago Dantas: "De um modo geral, 'alimentos' indica a prestação pecuniária que alguém faz para sustento de outrem. A ideia de sustento é fundamental. A ideia de prestação pecuniária não o é tanto. Podem-se prestar alimentos em dinheiro e podem prestar-se alimentos em natureza, dando-se ao alimentando o sustento

Os alimentos, então, apresentam a função precípua de garantir a subsistência digna do alimentando, assegurando-lhe as condições materiais e morais essenciais à realização de sua personalidade e à preservação de sua vida, saúde, liberdade e integridade psicofísica, permitindo-lhe viver com dignidade. Visando proporcionar o patrimônio mínimo ao alimentando, compreendido como as condições materiais razoáveis e justas no caso concreto,[38] aptas à realização da dignidade da pessoa humana, os alimentos obedecem ao binômio necessidade-possibilidade.[39]

Vale dizer, os alimentos serão devidos àquele que os necessite – vez que não possui bens suficientes, nem os possa prover por seu trabalho, à própria mantença – e na exata medida dessa necessidade; devendo ser fornecidos por quem tenha a possibilidade de fazê-lo, sem prejuízo do necessário ao seu próprio sustento, observada, ainda, a proporção dos seus recursos.[40] Com isso, modernamente, acrescenta-se a esses dois elementos um terceiro fator, podendo-se falar, a rigor, de um "trinômio".[41] Somar-se-ia, assim, a justa medida entre essas duas circunstâncias fáticas, por meio do parâmetro da razoabilidade ou da proporcionalidade, de modo a conjugar as duas primeiras medidas de forma adequada.[42]

O art. 1.698 do Código Civil[43] consagra a obrigação dos avós de participar do sustento dos seus netos, de forma complementar e subsidiária, com o que se consignou chamar de alimentos avoengos. Trata-se de obrigação que nasce em caso de impossibilidade financeira dos pais de arcar com o sustento dos filhos. Conforme orientação que vem

---

físico e o abrigo, que são os dois elementos fundamentais". DANTAS, San Tiago. *Direitos de família e das sucessões*. Rio de Janeiro: Forense, 1991, p. 325.

38. "A tutela de um patrimônio mínimo nucleado na dignidade da pessoa humana, parece-nos bem representar o novo sentido a ser dado ao patrimônio na perspectiva de um direito civil repersonalizado – o qual tão só se legitima a partir do momento em que observam os valores existenciais e primordiais da pessoa, que hoje estão encartados em sede constitucional". FACHIN, Luiz Edson. *Estatuto jurídico do patrimônio mínimo*. 2. ed. Rio de Janeiro: Renovar, 2006, p. 251.

39. TEPEDINO, Gustavo; BANDEIRA, Paula Greco. Os Alimentos compensatórios no direito brasileiro: inadmissibilidade por ausência de fonte legal e incompatibilidade de função. In: JÚNIOR, Marcos Ehrhardt; JUNIOR, Eroulths Cortiano (coords.). *Transformações no direito privado nos 30 anos da Constituição: estudos em homenagem a Luiz Edson Fachin*. Belo Horizonte: Fórum, 2019, p. 709-720.

40. Código Civil, Art. 1.694. Podem os parentes, os cônjuges ou companheiros pedir uns aos outros os alimentos de que necessitem para viver de modo compatível com a sua condição social, inclusive para atender às necessidades de sua educação. §1º Os alimentos devem ser fixados na proporção das necessidades do reclamante e dos recursos da pessoa obrigada.
Código Civil, Art. 1.695. São devidos os alimentos quando quem os pretende não tem bens suficientes, nem pode prover, pelo seu trabalho, à própria mantença, e aquele, de quem se reclamam, pode fornecê-los, sem desfalque do necessário ao seu sustento.

41. DIAS, Maria Berenice. *Manual de direito das famílias*. 4. ed. São Paulo: RT, 2007, p. 482; TARTUCE, Flávio. *Direito Civil: direito de família*. v. 5. 14. ed. Rio de Janeiro: Forense, 2019, p. 795. Também em sede jurisprudencial já se tem aludido ao trinômio 'necessidade-possibilidade-proporcionalidade', como no seguinte julgado: TJRJ, 3ª C.C., Ap. Cív. 0026933-85.2017.8.19.0203, Rel. Des. Mario Assis Gonçalves, j. 4.12.2019, publ. DJ 11.12.2019.

42. GACLIANO, Pablo Stolze. *Novo curso de direito civil*. v. 6: direito de família. 9. ed. São Paulo: Saraiva Educação, 2019, p. 722.

43. Código Civil, Art. 1.698. Se o parente, que deve alimentos em primeiro lugar, não estiver em condições de suportar totalmente o encargo, serão chamados a concorrer os de grau imediato; sendo várias as pessoas obrigadas a prestar alimentos, todas devem concorrer na proporção dos respectivos recursos, e, intentada ação contra uma delas, poderão as demais ser chamadas a integrar a lide.

sendo consagrada em sede jurisprudencial,[44] tal obrigação é *sucessiva* ou *subsidiária*, na medida em que o dever recai, em primeiro lugar, sobre os pais, em decorrência da autoridade parental, e somente atinge os avós diante de sua comprovada impossibilidade financeira;[45] e *complementar*, no caso de impossibilidade dos pais em arcar sozinhos com os custos necessários à subsistência dos filhos, funcionando a pensão prestada pelos avós como suplemento às necessidades básicas dos netos que não estão sendo suportadas pelos pais. Tal entendimento restou também corroborado no Enunciado n. 596 do Superior Tribunal de Justiça.[46]

Em outras palavras, convocam-se os avós em duas situações: no caso de impossibilidade absoluta – ou falta[47] – dos pais em fazer frente à necessária assistência aos filhos, ou, por outro lado, na situação de insuficiência financeira parcial para satisfazer integralmente as necessidades do menor, de modo que seriam chamados os avós apenas a complementar tal prestação. Em ambos os casos, será necessário ter máxima cautela na interpretação do caso concreto, à luz do binômio necessidade-possibilidade, para se evitar qualquer tipo de prejuízo desarrazoado aos avós alimentantes.

Tem-se debatido, nessa esteira, a possibilidade de prisão civil por dívida alimentar dos avós (ou avoenga). Como se sabe, a prisão civil do devedor de alimentos é contemplada no ordenamento jurídico brasileiro, ao lado da prisão do depositário infiel (afastada por força da Súmula Vinculante 25 do Supremo Tribunal Federal), no art. 5º, inciso LXVII da Constituição da República.[48] A drástica consequência deve incidir nos casos de inadimplemento voluntário e inescusável de obrigação alimentar, sob o fundamento de que a restrição do direito de liberdade do devedor é tida como medida coercitiva eficiente à efetivação da garantia de sobrevivência ou à satisfação de necessidades essenciais do credor. Em que pese a controvérsia quanto à constitucionalidade da disposição, ganha

---

44. STJ, 3ª T., Resp 579.385/SP, Rel. Min. Nancy Andrighi, j. 26.08.2004, publ. *DJ* 04.10.2004; STJ, 4ª T., AgInt no AREsp 1152908/SP, Rel. Min. Marco Buzzi, j. 18.9.2018, publ. DJe 26.9.2018; STJ, 3ª T., AgInt no AREsp 1431007/SP, Rel. Min. Paulo de Tarso Sanseverino, j. 16.9.2019, publ. DJe 25.9.2019. Além disso, no âmbito da IV Jornada de Direito Civil, promovida pelo CJF, foi aprovado o Enunciado n. 342, em que se lê: "Observadas suas condições pessoais e sociais, os avós somente serão obrigados a prestar alimentos aos netos em caráter exclusivo, sucessivo, complementar e não solidário quando os pais destes estiverem impossibilitados de fazê-lo, caso em que as necessidades básicas dos alimentandos serão aferidas, prioritariamente, segundo o nível econômico-financeiro de seus genitores".
45. A jurisprudência tem entendido ser necessário esgotar a aferição da possibilidade dos pais para, somente depois, adentrar à análise da possibilidade dos avós. V. STJ, 3ª T., AgInt no AREsp 1431007/SP, Rel. Min. Paulo de Tarso Sanseverino, publ. 16.9.2019, publ. DJe 25.9.2019; TJSP, 5ª Câm. Dir. Priv., Ap. Cív. 1046133-14.2017.8.26.0576, j. 31.3.2020, publ. DJ 31.3.2020; TJ/PB, 4ª C.C., Ap. Cív. 00011431120158150000, Rel. Des. Romero Marcelo da Fonseca Oliveira, j. 16.08.2016.
46. Enunciado n. 596 da Súmula do STJ, em que se lê: "A obrigação alimentar dos avós tem natureza complementar e subsidiária, somente se configurando no caso de impossibilidade total ou parcial de seu cumprimento pelos pais", publicado em 20.11.2017.
47. Sobre essa hipótese, afirma a Ministra Nancy Andrighi que: "estariam incluídas no comando legal as seguintes hipóteses: (i) ausência propriamente dita (aquela judicialmente declarada, a decorrente de desaparecimento do genitor e o seu falecimento); (ii) incapacidade de exercício de atividade remunerada pelo pai e (iii) insuficiência de recursos necessários para suprir as necessidades do filho". STJ, 3ª T., Resp. 579.385/SP, Rel. Min. Nancy Andrighi, j. 26.08.2004, publ. *DJ* 04.10.2004.
48. C.R., Art. 5º. Todos são iguais perante a lei, sem distinção de qualquer natureza, garantindo-se aos brasileiros e aos estrangeiros residentes no País a inviolabilidade do direito à vida, à liberdade, à igualdade, à segurança e à propriedade, nos termos seguintes: (...) LXVIII – não haverá prisão civil por dívida, salvo a do responsável pelo inadimplemento voluntário e inescusável de obrigação alimentícia e a do depositário infiel.

particular relevo no presente estudo a hipótese em que em um dos centros de interesse da relação obrigacional se encontra o avô ou avó, na posição de alimentante.

O Superior Tribunal de Justiça já analisou caso interessante, em que os avós assumiram a dívida espontaneamente de custeio da educação dos netos, arcando com as mensalidades escolares e cursos extracurriculares. Passado algum tempo, todavia, os ascendentes deixaram de realizar as prestações periódicas, chegando ao Judiciário a discussão em torno da possibilidade de sua prisão, com base na regra geral do inadimplemento da obrigação alimentar. A 3ª Turma da Corte decidiu que a execução, nesse caso específico, não deve seguir o mesmo caminho das obrigações alimentares devidas pelos pais, responsáveis originários. Por unanimidade, e sob relatoria da Ministra Nancy Andrighi, a decisão foi de conceder Habeas Corpus para suspender ordem de prisão civil contra o casal de idosos que deixou de pagar a pensão aos netos.[49]

Tal entendimento corrobora o caráter sucessivo e complementar da obrigação devida pelos avós, visando preservar o mínimo existencial, e, em última análise, a dignidade da pessoa humana. Busca-se preservar, paralelamente à subsistência com dignidade do neto, a integridade de grupo, normalmente composto por idosos, que se encontra em situação de especial vulnerabilidade,[50] amplamente reconhecida e regulada no Estatuto do Idoso (Lei 10.741/2003).[51]

Somado a isso, não se deve perder de vista que a obrigação dos avós não deriva do dever de sustento, como ocorre com os pais, mas sim da solidariedade familiar e, por isso, a responsabilidade dos avós será qualitativa e quantitativamente diferente da responsabilidade dos genitores.[52] Afirma-se, pois, que a obrigação dos avós se restringirá

---

49. Afirmou-se: "Sopesando-se os prejuízos sofridos pelos menores e os prejuízos que seriam causados aos pacientes se porventura for mantido o decreto prisional e, consequentemente, o encarceramento do casal de idosos, conclui-se que a solução mais adequada à espécie é autorizar, tal qual havia sido deliberado em primeiro grau de jurisdição, a conversão da execução para o rito da penhora e da expropriação, o que, a um só tempo, homenageia o princípio da menor onerosidade da execução (art. 805 do CPC/15) e também o princípio da máxima utilidade da execução". STJ, 3ª T., HC 416.886/SP, Rel. Min. Nancy Andrighi, j. 12.12.2017, publ. DJ 12.12.2017. Vale pontuar que a decisão indica que, a depender do nível de recalcitrância dos devedores, outras medidas coercitivas – que não a prisão – poderiam ser tomadas para compeli-los ao pagamento.
50. Sobre a proteção do idoso nas relações familiares, v. NEVARES, Ana Luiza Maia; GIRARDI, Viviane. Pessoa idosa: um novo sujeito e a tutela jurídica dos seus interesses nas relações familiares. In: JUNIOR, Marcos Ehrhardt; JUNIOR, Eroulths Cortiano (coords.). *Transformações no Direito Privado nos 30 anos da Constituição*: estudos em homenagem a Luiz Edson Fachin. Belo Horizonte: Fórum, 2019, p. 737-751.
51. Para a análise das principais discussões em torno do *Direito do Idoso* e de seu tratamento normativo, cfr. BARLETTA, Fabiana; ALMEIDA, Vitor (coords.). *A tutela jurídica da pessoa idosa*: 15 anos do Estatuto do Idoso, São Paulo: Editora Foco, 2020, em que se lê em notas iniciais pelos coordenadores: "No momento em que o envelhecimento populacional se avoluma no Brasil e no mundo pelo aumento da longevidade, há que se refletir sobre a qualidade de vida da população envelhecida diante do arcabouço normativo que o intérprete tem como instrumento." (p. X). V. também, de forma mais ampla: BARLETTA, Fabiana. *O direito à saúde da pessoa idosa*. São Paulo: Editora Saraiva, 2016.
52. Em interessante caso, o TJ/RS levou em conta a difícil situação financeira vivenciada pelos avós, diante dos graves problemas de saúde enfrentados, para fins de autorizar a suspensão da sentença que havia determinado a prestação dos alimentos, veja-se: "Tratando-se de alimentos avoengos, é imprescindível perquirir, primeiro, se as condições de que desfrutam ambos os genitores inviabilizam o atendimento minimamente adequado das necessidades do menor e, depois, se os avós detêm a possibilidade de auxiliá-lo. É que, enquanto o dever dos pais decorre do poder familiar, sendo incondicionado, a obrigação estendida aos avós, ao contrário, deriva da solidariedade entre parentes, sendo, pois, secundária e condicionada à possibilidade dos potenciais prestadores, nos termos do art. 1.698 do Código Civil e conclusão 44 do Centro de Estudos deste Tribunal. No caso, o delicado e atual quadro de saúde dos avós paternos – a avó sofreu recente AVC, necessitando de medicamentos contínuos, fralda geriátrica, tratamento

à prestação dos alimentos naturais, afastando-se os alimentos civis, que têm escopo de garantir o padrão de vida antes desfrutado pelo alimentando.[53]

Importante frisar que os alimentos avoengos desempenham, em última análise, a importante função de promoção da personalidade humana. Encontrando fundamento direto na dignidade da pessoa humana, que informa todo o ordenamento, cujo substrato também apresenta conteúdo material, e na proteção da família, que requer proteção especial do Estado nos moldes do art. 226 da Constituição da República, a obrigação de fornecer alimentos aos netos concretiza o princípio da solidariedade familiar. Deste importante valor, extrai-se a superação de interesses puramente individuais, bem como a proeminência dos interesses e direitos da coletividade (ou, nesse caso, da família), dignos de proteção pelo Estado e por toda a sociedade.

Ao lado da participação de ordem moral, concretizada no mais das vezes através do direito de visita e da influência ativa na educação dos netos no âmbito da convivência familiar, os alimentos avoengos constituem-se em valoroso instrumento, de conteúdo também existencial, em prol da formação e desenvolvimento pleno da personalidade dos netos. Vale, todavia, salientar que o não cumprimento dessa obrigação, seja lá por qual motivo se dê, não deverá ser oposta para fins de obstar a presença desses avós no convívio familiar. Trata-se de direito das crianças e adolescentes, que prescinde da averiguação em torno do cumprimento da obrigação com teor patrimonial, e que é merecedor de tutela desde que realizado o melhor interesse do menor.

5. NOTAS CONCLUSIVAS

Verificada a incidência direta dos princípios constitucionais nas relações interprivadas, e a existência de textura principiológica responsável por nortear o direito de família, amplia-se o reconhecimento de entidades familiares capazes de promover a pessoa humana. A família, além de ser conceito em mutação constante, projetando-se em variados modelos, passa a ser entendida em ser perfil funcionalizado, na qual deve o ser humano, sobretudo a criança e o adolescente, encontrar amparo para desenvolver-se plenamente.

Em cenário de protagonismo do afeto e da ternura, para além da crua aferição da consanguinidade, ganha proeminência o exame acerca da participação dos avós na convivência familiar e na formação da personalidade dos netos, com recondução necessária aos princípios do melhor interesse do menor. Daí decorre, como defluência direta da dignidade da pessoa humana, o inquestionável direito das crianças e adolescentes à convivência com seus avós, os quais se beneficiam mutuamente desse contato, podendo reimprimir seu afeto e sabedoria, direcionando-os a seus netos, e obter o consequente

---

neurológico e fisioterapia e o avô faz uso de medicamentos em razão dos problemas no joelho e pulmão – e seus parcos rendimentos, provenientes de aposentadoria, autorizam, por ora, a suspensão dos efeitos da sentença que julgou a ação de alimentos promovida pelas netas, condenando os avós ao pagamento de pensão na ordem de 30% do salário mínimo nacional". TJRS, 8ª C.C., Pet. n. 70.078.942.687, Rel. Des. Luiz Felipe Brasil Santos, j. 03.09.2018.

53. TEPEDINO, Gustavo; TEIXEIRA, Ana Carolina Brochado. *Fundamentos do Direito Civil*. v. 6: Direito de Família. Rio de Janeiro: Forense, 2020, p. 364; e OLIVEIRA, Alexandre Miranda; TEIXEIRA, Ana Carolina Brochado. Obrigação alimentar dos avós: limites e critérios para fixação. *Revista Brasileira de Direito de Família*, v. 38, 2006, p. 64-86.

resgate de sentimentos que lhes possam preencher com ingenuidade e ternura os intempéries da vida.

Via de regra, a participação mais ativa e intensa dos avós na convivência familiar, o sucessivo e complementar suporte financeiro concedido no caso de incapacidade financeiro dos pais, e o amparo moral e psicológico, se constituem num feixe de situações de suma relevância, na medida em que viabilizam a realização direta da tábua axiológica constitucional, possibilitando o equilibrado desenvolvimento da personalidade do menor no âmbito da família. A solidariedade familiar culmina na premência de amparo, e de assistência material e moral entre os membros da família, que repercutirá também no contato entre antecedentes e seus netos.

Há, todavia, de se cuidar, com zelo de ourives, para que tal direito seja exercido na medida em que promova a proteção integral dos menores, afastando-se quaisquer pretensões egoístas e patrimonialistas que os coloque no epicentro de conflitos de interesses. O melhor antídoto para tais riscos mostra-se o aferimento do merecimento de tutela das relações afetivas pelos valores normativos constitucionais que permeiam o Estatuto da Criança e do Adolescente, o Código Civil e toda a legislação infraconstitucional.

Em síntese apertada, a relação entre avós e netos deve estar plasmada de amor e afeto e impregnada de solidariedade, não podendo, contudo, lançar mão da necessária responsabilidade e de deveres – dos avós, em atuar com zelo na relação com seus netos; e dos pais, em viabilizar que o contato possa ocorrer da melhor forma possível. Imperioso, portanto, uma vez introduzida a realidade da vida, do amor e do afeto (em especial no âmbito da avosidade) na experiência normativa, que não se releguem as relações de família à pura espontaneidade, desprovida de valores jurídicos. É de se sobressaltar, na mesma medida, como meio de concretizar a legalidade constitucional, os deveres a que corresponde o amor responsável – associando-se, sempre, liberdade à solidariedade –, comprometido com a alteridade e com tudo aquilo que se cultiva na relação intersubjetiva.

A AVOSIDADE COMO NOVA FACE DA PARENTALIDADE E OS DESAFIOS DAS FAMÍLIAS INTERGERACIONAIS

Heloisa Helena Barboza

Professora Titular de Direito Civil da Faculdade de Direito da Universidade do Estado do Rio de Janeiro (UERJ). Diretora da Faculdade de Direito da Universidade do Estado do Rio de Janeiro (UERJ). Doutora em Direito pela UERJ e em Ciências pela ENSP/FIOCRUZ. Especialista em Ética e Bioética pelo IFF/FIOCRUZ. Procuradora de Justiça do Estado do Rio de Janeiro (aposentada). Parecerista e advogada.

Vitor Almeida

Doutor e Mestre em Direito Civil pela Universidade do Estado do Rio de Janeiro (UERJ). Professor Adjunto de Direito Civil da Universidade Federal Rural do Rio de Janeiro (UFRRJ). Professor dos cursos de especialização do CEPED-UERJ, PUC-Rio e EMERJ. Vice-diretor do Instituto de Biodireito e Bioética (IBIOS). Membro do Instituto Brasileiro de Estudos de Responsabilidade Civil (IBERC). Pós-doutorando em Direito Civil pela Universidade do Estado do Rio de Janeiro (UERJ). Advogado.

Netos são filhos com açúcar.[1]

Sumário: 1. Introdução. 2. A parentalidade responsável e o papel dos avós como pais de fato. 3. O dever de cuidado e a avosidade: alcance e efeitos jurídicos. 4. A posição jurídica dos ascendentes na contemporaneidade: horizonte além dos novos avós. 5. Considerações finais: os dilemas da intergeracionalidade no direito das famílias.

1. INTRODUÇÃO

Com o aumento da expectativa de vida é crescente a participação cada vez mais longa e efetiva dos avós na vida dos seus netos, o que propicia um novo papel diante das contemporâneas dinâmicas familiares. Segundo dados do IBGE, as "famílias atuais passam a ter mais avós e netos",[2] o que revela, em perspectiva bidirecional, uma relação intergeracional modificada a partir da proximidade e do tempo cada vez maior de convívio. Diante desse cenário, descortina-se o tema da avosidade, ainda pouco estudado

---

1. Dito popular.
2. BRASIL. Ministério do Planejamento, Orçamento e Gestão. Instituto Brasileiro de Geografia e Estatística. Censo Demográfico – 2010. Famílias e domicílios. Resultados da amostra. Rio de Janeiro, p. 1-203, 2010. Disponível em: [https://biblioteca.ibge.gov.br/visualizacao/periodicos/97/cd_2010_familias_domicilios_amostra.pdf]. Acesso em: 03.06.2020. Cabe frisar que o Censo Demográfico de 2020, em função das orientações do Ministério da Saúde relacionadas ao quadro de emergência de saúde pública causado pela Covid-19, adiou a realização para o ano de 2021.

no Brasil,³ mas que se define, para além do vínculo de parentesco, como situação de cuidado e criação que muitos avós têm em relação aos seus netos. Embora intimamente ligada às funções materna e paterna,⁴ delas se diferencia na medida em que a avosidade compreende questões intergeracionais específicas, bem como deveres e direitos diferenciados. No entanto, é inegável que essa interação seja cada vez mais determinante na formação de crianças e adolescentes e que esses, por sua vez, interfiram de modo intenso e diversificado no processo de senescência. Surgem, assim, novos comportamentos e situações recíprocas, que moldam relações jurídicas com efeitos peculiares, que têm feição da parentalidade, mas que com esta não se confundem.

A configuração das relações familiares com a participação ativa e efetiva dos avós não é uma realidade exclusiva do Brasil. Pelo contrário, o fenômeno do aumento da expectativa de vida da população mundial propiciou uma profunda modificação do papel dos idosos tanto no âmbito social quanto no familiar. Em consequência, ampliou-se o número de avós, nem sempre idosos, e o tempo de convivência dos netos com os avós.⁵ Neste panorama de aumento da longevidade descortinam-se as relações intergeracionais, que abrangem a convivência de pessoas idosas com seus netos, bisnetos e, em alguns casos, tataranetos.⁶ Possibilitada foi, portanto, e por maior tempo a convivência entre os avós e netos, a que não mais se restringe à função recreativa outrora predominante na infância.⁷ Indispensável destacar que, atualmente, a velhice é um conceito multifatorial, que compreende questões sociais e culturais, não se restringindo a um processo de transformações biológicas e cronológicas. Em consequência, há diferentes estilos de avós, que cumprem funções diversificadas em relação aos seus netos, muitas vezes propiciando seu desenvolvimento saudável, quando não sua sobrevivência.

Não obstante a situação familiar dos avós venha sendo estudada há tempo considerável por outros campos do conhecimento, no direito brasileiro não seria exagero afirmar que o tema se circunscreve às decorrências patrimoniais do parentesco até data recente. O estudo das relações familiares sob a perspectiva do afeto e do cuidado, que se desenvolvem no âmbito da cláusula geral de proteção da pessoa humana inscrita na Constituição da República, revelou situações de há muito existentes, como as de avosidade, mas invisibilizadas por uma normativa moldada para atender interesses patrimoniais, então predominantes. Tempo já é, portanto, que se dê à avosidade a devida atenção no campo jurídico, onde muitas questões desafiam as normas existentes.

O presente trabalho tem por fim examinar, com base em pesquisa bibliográfica e na perspectiva bidirecional da avosidade, os deveres e direitos dos avós e dos netos a partir da relação de proximidade e convivência, em especial no que respeita à interferência na

---

3. "Avosidade é tema ainda pouco estudado. Com as mudanças rápidas que ocorrem nas famílias na contemporaneidade, os avós estão ocupando novos papéis". OLIVEIRA, Alessandra Ribeiro Ventura; VIANNA, Lucy Gomes; CÁRDENAS, Carmen Jansen de. Avosidade: Visões de avós e de seus netos no período da infância. *Revista Brasileira de Geriatria e Gerontologia*, Rio de Janeiro, ano 13, v. 3, 2010, p. 473.
4. "A avosidade, definida como laço de parentesco, está intimamente ligada às funções materna e paterna, das quais, entretanto, se diferencia, exercendo papel determinante na formação do sujeito". *Id. Ibid.*, p. 461.
5. *Id. Ibid.*, p. 461.
6. PIERDONÁ, Natália *et al.* Avosidade nos desenhos animados ocidentais: estilos de avós com netos adolescentes. In: *Estudos interdisciplinares do envelhecimento*, Porto Alegre, v. 23, n. 2, p. 9-23, 2018.
7. OLIVEIRA, Alessandra Ribeiro Ventura; VIANNA, Lucy Gomes; CÁRDENAS, Carmen Jansen de. Op. cit., p. 463.

criação e no sustento dos netos e à reciprocidade que dela deve decorrer. Investiga-se a extensão e o alcance do dever de cuidado diante da interação intergeracional e o atual papel dos avós nas entidades familiares brasileiras. Almeja-se analisar a aplicabilidade, ainda que por analogia, de algumas normas do Código Civil relativas à parentalidade às situações de avosidade. Nessa linha, será questionada a incidência do art. 229 da Constituição da República nas relações nas quais os avós atuam como pais de fato, para gerar o dever de os netos, por sua vez, ampararem os avós na velhice, carência ou enfermidade.

2. A PARENTALIDADE RESPONSÁVEL E O PAPEL DOS AVÓS COMO PAIS DE FATO

A noção de paternidade responsável foi incluída expressamente no ordenamento jurídico brasileiro pelo §7º do art. 226, da Constituição Federal, como princípio que fundamenta o direito ao planejamento familiar, ali assegurado. Contudo, o termo *paternidade*, constante do texto constitucional, tem sentido restritivo, visto que denota a condição ou qualidade de pai ou a relação de parentesco que vincula o pai a seus filhos. Com o objetivo de conferir ao princípio a amplitude necessária, apta a traduzir o escopo almejado pelo legislador constituinte, entende a doutrina tratar-se no caso de *parentalidade*,[8] palavra que melhor se adequada ao conteúdo da norma, que se destina aos *pais*, ou seja, ao homem, à mulher ou ao casal, incluído o homossexual, o qual, no exercício de sua autonomia reprodutiva, promove um projeto *parental*, adjetivo que se refere a pai e mãe.[9]

Nos termos do §7º acima citado, atribui-se ao Estado competência para propiciar recursos educacionais e científicos para o exercício do direito ao planejamento familiar. Entende Guilherme Calmon Nogueira da Gama que tal atribuição, não chega a configurar uma intromissão ou ingerência do poder público na esfera privada dos titulares daquele direito, uma vez que o dispositivo tem função preventiva e promocional, no que se refere à prestação dos meios muitas vezes necessários para o exercício do planejamento familiar, os quais se "associam ao cuidado como valor jurídico".[10] Emerge, desse modo, o cuidado no contexto constitucional das relações de parentalidade, conceito adiante analisado por ser de capital importância para a identificação objetiva das relações dessa natureza.

O que se constata do contexto constitucional e legal é uma normativa centrada na relação paterno/materno-filial, vale dizer na família nuclear (pai-mãe-filhos), que não cogita dos avós, salvo no que concerne aos efeitos existenciais e, especialmente, patrimoniais que decorrem do parentesco, os quais são mais ou menos intensos a depender das linhas e graus características do vínculo.

Na verdade, a referência é feita em geral a "ascendentes", termo que se refere aos parentes na linha reta, como definido no art. 1.591, do Código Civil. A palavra é encontrada

---

8. A questão foi bem analisada por GAMA, Guilherme Calmon Nogueira da. Parentalidade responsável e o cuidado: algumas reflexões. In: FERREIRA, Fernando G. de Andréa; GALVÃO, Paulo Braga (Orgs.). *Direito contemporâneo*: estudos em homenagem a Sergio de Andréa Ferreira. Rio de Janeiro: De Andréa & Morgado, 2009, p. 326-327.
9. GAMA, Guilherme Calmon Nogueira da. Op. cit., p. 326-327.
10. *Id. Ibid.*, p. 323.

cerca de vinte nove vezes, sendo dezenove em dispositivos de natureza patrimonial.[11] A menção a avós é escassa e se encontra expressamente no art. 2.009, do Código Civil, que trata da colação a ser feita pelos netos, quando sucederem aos avós, representando os seus pais.[12] Outra menção está contida no parágrafo único, do art. 1.589, que trata do direito de visita dos avós, a critério do juiz, observados os interesses da criança ou do adolescente, que foi incluído pela Lei nº 12.398, de 28 de março de 2011, portanto oito anos após a vigência do Código Civil. A Lei 8.069/1990, Estatuto da Criança e do Adolescente (ECA), igualmente não faz menção a avós, mas a ascendentes.

Não obstante o franco distanciamento legal dos avós, de há muito as situações de fato revelam, de modo notório, o papel desempenhado pelos avós na criação dos netos desde tenra idade, desde o início crescente e, a partir de meados do século XX, em processo de aceleração continuada. Essa dinâmica é inegável consequência e guarda proporcionalidade com a integração da mulher no mercado de trabalho: se a mãe sai para trabalhar, "naturalmente" as avós "tomam conta das crianças". A referência a "avós", muitas vezes indica a predominância da atuação da avó, especialmente da materna, em geral invisibilizadas e incluídas no longo rol das questões de gênero que concernem diretamente à mulher. Como é natural na tradição patriarcal, ao avô cabe não raro a função de provedor, ainda que modesta seja sua renda.

Não apenas a alteração do papel da mulher na família, que passou de dependente para colaboradora, quando não provedora, motivou a maior participação dos avós na criação dos netos. A dinâmica social gerou uma série de situações, que se tornaram igualmente crescentes, em que os pais deixaram de criar seus filhos, por razões diversas, que vão da morte prematura ao abandono voluntário, passando por enfermidades e comprometimento com drogas. Em tais casos, torna-se necessário que os avós "imitidos" de fato nas funções dos pais sejam "investidos" juridicamente de poderes para atender os direitos fundamentais de seus netos.

Cabe lembrar que os pais têm o dever constitucional (art. 229, CR) de assistir, criar e educar os filhos menores, consectário do princípio da paternidade responsável. De acordo com a Lei Civil, os filhos estão sujeitos ao poder familiar, enquanto menores (art. 1.630). O Código Civil de 1916, embora utilizasse a vetusta expressão pátrio poder, continha dispositivo similar. Após a promulgação da Constituição da República de 1988, doutrina mais progressista conceituava o pátrio poder como "o conjunto de direitos e deveres atribuídos aos pais, em relação à pessoa e aos bens dos filhos não emancipados, tendo em vista a proteção destes".[13] Contudo, como esclarece a doutrina contemporânea, houve profunda remodelação das estruturas familiares, que se tornaram mais hu-

---

11. Há cerca de 29 dispositivos no Código Civil que contém a palavra "ascendente"; onze estão no Livro V, que trata do Direito das Sucessões; um no Capítulo da Tutela; dois no Subtítulo dos Alimentos; dois no Capítulo das Relações de Parentesco; dois no Capítulo da Invalidade do Casamento; um no Capítulo das Causas Suspensivas do Casamento; um no Capítulo dos Impedimentos para Casamento; um no Título Da Laje; um na Seção do Seguro de Dano; um no Capítulo da Doação; um no Capítulo da Troca ou Permuta; um no Título da Prova; um na Seção Das Causas que Impedem ou Suspendem a Prescrição; dois no Capítulo da Sucessão por ausência; e um no Capítulo dos Direitos da Personalidade.
12. "Art. 2.009. Quando os netos, representando os seus pais, sucederem aos avós, serão obrigados a trazer à colação, ainda que não o hajam herdado, o que os pais teriam de conferir".
13. RODRIGUES, Silvio. *Direito Civil*: direito de família. 22. ed. São Paulo: Saraiva, 1997, p. 347.

manizadas, solidárias e democráticas. Tais modificações alcançaram a relação parental, da qual a criança e o adolescente participam como pessoas em desenvolvimento, com direitos próprios dessa qualidade, não mais sendo adequada, por conseguinte, à ideia de "sujeição" expressa na lei, como acima referido. Nessa linha, a expressão "autoridade parental" melhor traduz "o conteúdo democrático da relação familiar, além de espelhar preponderantemente a carga de deveres em relação à de deveres atribuído aos pais".[14] Merece destaque o entendimento de Ana Carolina Brochado Teixeira, que bem expressa o conteúdo da nova expressão: "para a definição da autoridade parental é o fato de que esta se mede na tutela da pessoa, que não em apenas o escopo protetivo, mas, principalmente, promocional da personalidade dos filhos".[15]

Os pais, no exercício de autoridade parental, que detém com exclusividade, cumprem os deveres previstos no art. 1.634, do Código Civil, sempre em função do melhor interesse dos filhos, em interpretação conforme os preceitos constitucionais. Diante dessa titularidade exclusiva da autoridade parental sobre os filhos, que inclui muito mais do que o dever de dirigir-lhes a criação e a educação, visto que o escopo maior é proporcionar o pleno desenvolvimento de sua personalidade, cabe indagar, diante do silêncio da lei, quais soluções jurídicas podem os avós invocar para cumprir sua missão, em todos os casos em que já a exercem de fato. A busca dessa resposta é o objeto das considerações seguintes.

3. O DEVER DE CUIDADO E A AVOSIDADE: ALCANCE E EFEITOS JURÍDICOS

Para que se possa melhor compreender as "tarefas" assumidas pelos avós, quando se tornam pais, é útil relembrar os principais deveres dos pais na perspectiva constitucional, vale dizer, da família humanizada, solidária e democrática, voltada para a promoção do desenvolvimento pleno da personalidade dos filhos, permita-se a insistência. Não se trata aqui dos avós que colaboram com os pais no exercício da autoridade parental, situação muitas vezes que propicia conflitos familiares, por vezes graves, ensejados pela distância das gerações, dentre outas causas, tema relevante, mas que escapa aos estreitos limites desse trabalho. A presente reflexão se dirige aos avós que se tornam pais de fato, substituindo os genitores em todas as suas funções, ao ponto de, em alguns casos, ser preciso regulamentar o direito de convivência dos pais com os filhos.

Como assinalado, os deveres a serem cumpridos pelos pais tem sede no princípio da paternidade responsável, que fundamenta o direito ao planejamento familiar, vale dizer, a autonomia reprodutiva, em seu aspecto positivo. Nessa perspectiva, aqueles que exercem seu direito de reproduzir tornam-se responsáveis por seus filhos, mas o que deve se compreender nessa responsabilidade? O que significa a paternidade responsável, ou melhor, a parentalidade responsável?

---

14. TEPEDINO, Gustavo; TEIXEIRA, Ana Carolina Brochado. *Fundamentos do Direito Civil*. Direito de Família, v. 6. Rio de Janeiro: Forense, 2020, p. 285-286.
15. *Id. Ibid.*, p. 295.

O conceito indeterminado[16] de que se valeu o legislador constituinte facilita a aplicação da norma de modo mais atento às peculiaridades de uma sociedade plural, na qual se busca precipuamente a proteção do ser humano em sua dignidade. Por outro lado, porém, exige esforço continuado do intérprete que deve atender, com absoluta prioridade, o princípio do melhor interesse da criança e do adolescente, em consonância com a dinâmica social e familiar.[17] Nesta senda, o intérprete tem construído o conteúdo do princípio da *parentalidade* responsável,[18] que se desejaria fosse inerente à própria relação humana que a enseja, isto é, a procriação.

O dispositivo constitucional, que atribui aos pais (art. 229, CR) os deveres de assistir, criar e educar os filhos menores, tem dupla função. A primeira consiste na reafirmação das obrigações essenciais dos pais, no momento em que estavam sendo reconhecidas novas entidades familiares, estendendo, por conseguinte, tais deveres a todos os genitores, mantenham ou não uma relação de conjugalidade, aproveitando, a um só tempo, casados, companheiros hetero ou homossexuais, separados, solteiros, viúvos. A disposição permanece atual diante da dinâmica familiar contemporânea que apresenta novos arranjos familiares, de que são exemplo as famílias socioafetivas.

A segunda função do art. 229 vem atender situação que, embora recente, vem se instalando de modo efetivo no meio social, em virtude da utilização crescente das técnicas de reprodução assistida, que se valem de gametas doados ou da gestação por substituição, as quais rompem conceitos assentados, porque vinculados, até então, a leis naturais. Nestes casos, a paternidade e/ou da maternidade será jurídica, como na adoção, visto que o pai e/ou mãe não serão mais os genitores, nem a mãe será a que gestou e deu à luz. Vale lembrar que a parentalidade é um instituto jurídico com efeitos existenciais e patrimoniais próprios. Assim sendo, por força do mencionado artigo, toda pessoa que assume a parentalidade em conjunto ou isoladamente, haja ou não vínculo genético, tenha ou não gestado e dado à luz, deverá cumprir os deveres constitucionais estabelecidos em atenção aos direitos dos filhos, no *melhor interesse* desses. Observe-se que a situação, que se pode dizer nova, guarda similaridade com a de adoção, embora com esta não se confunda.

---

16. Indispensável observar que por "indeterminado" não se deve entender "aleatório". António Menezes Cordeiro esclarece que o conceito indeterminado é um instrumento privilegiado concedido pelo legislador aos juízes para promover a justiça no caso concreto, de modo mais apurado. Este privilégio não significa que o juiz possa agir de modo arbitrário ou segundo seu sentimento jurídico, mas, ao contrário, impõe-lhe o dever de buscar *esquemas científicos, seguros e verificáveis* na Ciência do Direito. CORDEIRO, António Menezes. *Tratado de Direito Civil Português*, p. I, t. I, Coimbra: Almedina, 1999, p. 198-199.
17. Como destacado em estudo anterior, uma das características do ordenamento jurídico civil atual é a adoção de conceitos indeterminados. Embora tal técnica legislativa não seja inédita, sua utilização após 1988, ao lado das cláusulas gerais, facilita a aplicação da lei de modo mais atento às peculiaridades de uma sociedade plural, em que se busca precipuamente a proteção do ser humano em sua dignidade. Não se trata propriamente de uma lacuna da lei, mas de um espaço de "criação", onde a norma se materializa e se torna efetiva. Cabe aos tribunais e à doutrina colmatar os conteúdos de tais conceitos, em plena consonância com o espírito da Constituição da República, ou nos limites do por ela estabelecido, no caso de normas infraconstitucionais. BARBOZA, Heloisa Helena. Paternidade Responsável: o Cuidado como dever jurídico. In: PEREIRA, Tânia da Silva; OLIVEIRA, Guilherme de (Orgs.). *Cuidado e Responsabilidade*. São Paulo: Atlas, 2011, p. 93.
18. Cf. SOUZA, Vanessa Ribeiro Corrêa Sampaio. *O princípio da paternidade responsável e seus efeitos jurídicos*. Curitiba: Prismas, 2017, p. 191-209.

Por outro lado, é indispensável destacar que os deveres dos pais não se cingem aos mencionados no art. 229, da Constituição da República, que tem feição de síntese, quando se consideram os direitos próprios das crianças e dos adolescentes previstos no art. 227, do diploma constitucional. Como ali expresso, é dever da família, da sociedade e do Estado assegurar com absoluta prioridade o direito à vida, à saúde, à alimentação, à educação, ao lazer, à profissionalização, à cultura, à dignidade, ao respeito, à liberdade e à convivência familiar e comunitária, de ser protegido contra toda forma de negligência, discriminação, exploração, violência, crueldade e opressão.

Emerge desse conjunto o dever implícito de cuidado,[19] em toda sua dimensão, que reúne e amplia todos os deveres expressos, e permite que se alcance a integralidade da proteção à criança, que a Constituição da República abraçou e determina. O dever de cuidado implica uma série de obrigações positivas. O não-cuidado pode caracterizar um ato ilícito, inclusive penal de que é exemplo o abandono de incapaz,[20] porém não se esgota nessa noção, na medida em que pode comprometer irreversivelmente, se não inviabilizar a vida do outro, e gerar sanções além das patrimoniais, como a destituição do poder familiar. Em qualquer dos casos, o dever de cuidado faz parte necessária do conteúdo da *parentalidade* responsável.

Deve ser registrado que o reconhecimento do cuidado como valor jurídico implícito,[21] em nada prejudica sua qualificação como dever, mas, ao contrário, confere a esse dever sólido fundamento ético.[22] Deve se considerar que o valor é uma noção unitária, mas tem múltiplos aspectos, como os políticos, sociológicos, filosóficos, jurídicos. O valor resulta da fusão desses aspectos concorrentes,[23] mas os campos em que o valor se impõe não se confundem, mesmo que um mesmo valor adquira papel ímpar em cada um deles, de que são exemplo o campo moral, o político e o jurídico. Por razões de método, os problemas morais nunca poderão ser resolvidos pela ciência, que não tem condições de estabelecer o que sejam finalidades morais, e por não caberem as decisões morais de modo algum no seu campo de pertinência.[24]

O cuidado, como valor implícito do ordenamento jurídico,[25] vincula as relações de afeto, de solidariedade e de responsabilidade não só familiar, pois é "preciso identificar

---

19. "Cabe lembrar que a presença de deveres implícitos no ordenamento jurídico é antiga, de que é exemplo o dever de não causar dano, que informa a responsabilidade civil, e integra o conceito de ilícito, gerando a obrigação de indenizar". BARBOZA, Heloisa Helena. Op. cit., 2011, p. 95.
20. Código Penal: "Art. 133. Abandonar pessoa que está sob seu cuidado, guarda, vigilância ou autoridade, e, por qualquer motivo, incapaz de defender-se dos riscos resultantes do abandono [...] Aumento de pena [...] II - se o agente é ascendente ou descendente, cônjuge, irmão, tutor ou curador da vítima".
21. V. PEREIRA, Tânia da Silva; OLIVEIRA, Guilherme. *O cuidado como valor jurídico*. Rio de Janeiro: Forense, 2008, *passim*.
22. Seja consentido remeter a BARBOZA, Heloisa Helena. Perfil jurídico do cuidado e da afetividade nas relações familiares. In: PEREIRA, Tânia da Silva; OLIVEIRA, Guilherme de; COLTRO, Antônio Carlos Mathias (Org.). *Cuidado e Afetividade*. Projeto Brasil/Portugal - 2016-2017. São Paulo: Atlas, 2016, p. 175-191.
23. PERLINGIERI, Pietro. *Perfis do direito civil*: introdução ao direito civil constitucional. Rio de Janeiro: Renovar, 1997, p. 30-31.
24. PAUPÉRIO, Machado A. Valor. In: LIMONGI, França (coord.). *Enciclopédia Saraiva do Direito*. v. 76. São Paulo: Saraiva, 1977, p. 350-351.
25. "A concepção de valor é de ordem filosófica, o que não a afasta do Direito. Ao contrário, afirma-se que o Direito é o mínimo ético, assim entendido o mínimo de prescrições, de limitações, que o legislador destacou das normas éticas e revestiu de sanção jurídica, para satisfazer necessidades supremas da convivência dos homens. A Moral é

o cuidado dentre as responsabilidades do ser humano como pessoa e como cidadão". Nesse sentido, o cuidado conduz a compromissos efetivos e ao envolvimento necessário com o outro, como norma da ética da convivência. Entendido como "valor informador da dignidade da pessoa humana e da boa-fé objetiva nas situações existenciais", tem importante papel na interpretação e aplicação das normas jurídicas.[26]

Há entendimento no sentido de que a noção de dever jurídico está vinculada à de responsabilidade, na medida em que aquele que tem o dever pode ser chamado a cumpri-lo ou a arcar com os efeitos de seu descumprimento, isto é, a sofrer a sanção prevista na lei. Nestes termos, o valor do cuidado implica um dever moral e um dever jurídico,[27] implícito na cláusula geral de proteção da pessoa humana, que se espraia por outros dispositivos constitucionais, dentre os quais se destaca o princípio da paternidade responsável. O valor jurídico do cuidado, quando considerado em sua dimensão de alteridade, reciprocidade e complementariedade traduz toda grandeza do conteúdo da paternidade responsável, e permite explicitar todos os deveres dos pais.

Traçados os contornos da parentalidade responsável, ou seja, do que compete aos pais fazer para cumprir, em síntese, os deveres constitucionais de assistir, criar e educar os filhos menores, os quais, como acentuado acima, se estendem a toda e qualquer pessoa que assume juridicamente o papel de pai ou mãe, é possível concluir que esses serão os deveres a serem cumpridos pelos avós que se investem na qualidade de pais.

Surge, desse modo, um arranjo familiar constituído por avó(s) e neto(s), que mescla vínculos genéticos e socioafetivos, que se aproxima da família extensa ou ampliada, assim entendida aquela que se estende para além da unidade pais e filhos ou da unidade do casal, formada por parentes próximos com os quais a criança ou adolescente convive e mantém vínculos de afinidade e afetividade (art. 25, par. único, do ECA), mas que acaba por se transformar, como se constata, em uma família substituta, especialmente a partir do momento em que se regulariza a guarda.

Ao se tornarem pais de fato, os avós não têm autoridade parental sobre os netos, visto ser essa exclusiva dos pais, tornando-se necessário regularizar juridicamente tal situação para que se minimizem as dificuldades de ordem prática que são cotidianamente encontradas por todas as pessoas que criam filhos que não são seus, como representação junto a escolas, responsabilidade junto a hospitais, etc. A solução adotada em geral é o requerimento da guarda dos netos, com base no art. 33, do ECA. De acordo com o §1º deste artigo, a guarda destina-se a regularizar a posse de fato, podendo ser deferida, liminar ou incidentalmente, nos procedimentos de tutela e adoção, exceto no de adoção

---

a norma do dever, a regra da conduta individual, dirige-se ao homem e determina que faça o bem, como forma de atingir a perfeição, tem caráter unilateral. O Direito é a regra da conduta social, que estabelece o que o indivíduo deve fazer no interesse dos outros, mas em contrapartida dos deveres que estatui, reconhece direitos, sendo tanto a norma do dever, como das faculdades ou prerrogativas que se lhe contrapõem, tem caráter bilateral. A inobservância do dever moral enseja sanções éticas, internas, como o remorso, mas o descumprimento do dever jurídico gera a aplicação de sanções externas, que podem chegar à privação da liberdade". GOMES, Luiz Roldão de Freitas. A ética, o legítimo e o legal. *Revista Forense*, v. 335, Rio de Janeiro: Forense, jul./set., 1996, p. 124.

26. GAMA, Guilherme Calmon Nogueira da. Op. cit., p. 322 e 324.
27. Para Roberta Tupinambá, o cuidado é um princípio jurídico. V. TUPINAMBÁ, Roberta. O cuidado como princípio jurídico nas relações familiares. In: PEREIRA, Tânia da Silva; OLIVEIRA, Guilherme (Coord.). *O Cuidado como valor jurídico*. Rio de Janeiro: Forense, 2008, p. 357-379.

por estrangeiros. O §2º, do mesmo artigo, prevê que, excepcionalmente, deferir-se-á a guarda, fora dos casos de tutela e adoção, para atender a situações peculiares ou suprir a falta eventual dos pais ou responsável, podendo ser deferido o direito de representação para a prática de atos determinados. Sem dúvida, parece ser esta a melhor solução, uma vez que os avós não podem adotar os netos, por força do art. 42, §1º, do ECA, e a tutela só teria cabimento no caso de falecimento dos pais ou de esses decaírem da autoridade parental, conforme dispõe o art. 1.728, do CC.

Além do direito de representação, a guarda obriga a prestação de assistência material, moral e educacional à criança ou adolescente, conferindo a seu detentor o direito de opor-se a terceiros, inclusive aos pais (art. 33, do ECA) e confere à criança ou adolescente a condição de dependente, para todos os fins e efeitos de direito, inclusive previdenciários (art. 33, § 3º, do ECA).

O deferimento da guarda de criança ou adolescente aos avós não impede o exercício do direito de visitas pelos pais, assim como o dever de prestar alimentos, que serão objeto de regulamentação específica, a pedido do interessado ou do Ministério Público (art. 33, § 4º). Resguardados estão, como se vê, os direitos fundamentais da criança e do adolescente à alimentação e à convivência familiar. Destaque-se que a guarda por terceiro não altera a autoridade parental ou o vínculo de parentesco entre pais e filhos, do qual decorrem direitos/deveres existenciais e patrimoniais, como de prestar alimentos, como acima mencionado. Preservam os pais todas as demais competências previstas no art. 1.628, do Código Civil, que lhes são atribuídas para o exercício da autoridade parental. Algumas dessas competências não concedidas aos avós guardiões podem gerar problemas de ordem prática na vida dos filhos, como o consentimento para viajarem ao exterior ou para mudarem sua residência permanente para outro Município (art. 1.634, IV e V, do CC). Essas questões terão que ser decididas caso a caso e submetidas ao Poder Judiciário.

Muitas e diversificadas, como se vê, são as obrigações enfrentadas pelos avós no dia a dia da criação dos netos. Algumas delas têm acolhidas e são resolvidas pelos Tribunais, sempre sensíveis à realidade social. Indiscutível, no entanto, que o dever de cuidado tem peculiar contorno no caso de avós guardiões, eis que, como já afirmado, o exercício dos deveres inerentes aos pais pelos avós, em razão de diferentes motivos, atrai a incidência do art. 229 da Constituição de 1988. Inegável, portanto, a importância do dever de cuidado dos avós em relação aos netos menores, sobretudo nos casos em que atuam como pais de fato. No entanto, em perspectiva bidirecional, não se menospreza que o dever de cuidado também deve ser observado em relação aos ascendentes idosos na hipótese de enfermidade, carência e velhice, o que exige dos netos maiores e capazes a responsabilidade e o cuidado em relação à proteção dos seus avós, especialmente em relação aos casos de abandono e alienação familiar.

Nesse cenário, convém mencionar que o Estatuto do Idoso (Lei nº 10.741/2003), preocupado com a vulnerabilidade social da pessoa idosa, assegura, em seu art. 4º, que nenhum idoso será vítima de qualquer tipo de violência e determina que os casos de suspeita ou confirmação de violência praticada contra idoso serão objeto de notificação compulsória pelos serviços de saúde públicos e privados (art. 19).[28] Há de se destacar que tal diploma obriga as entidades de atendimento a comunicar o Ministério Público a situação de abandono moral e material por parte dos familiares, para as providências cabíveis.[29] Percebe-se que o legislador pátrio nitidamente preocupou-se com a dignidade da pessoa idosa na medida em que busca combater todas as formas de violência intrafamiliar contra as pessoas idosas, o que inclui, obviamente, o abandono. À luz do texto constitucional, os princípios da dignidade e da solidariedade familiar amparam o dever de cuidado como necessário para a tutela das vulnerabilidades no cenário democrático das famílias, em que se torna legítima a interferência do Estado para coibir os abusos e as violências no interior dos arranjos familiares.

Inicialmente pensada para relações paterno-filiais,[30] a alienação no âmbito das relações familiares também pode alcançar outros sujeitos vulneráveis. Desse modo, pessoas idosas em situação de vulnerabilidade, por exemplo, também podem ser manipuladas por terceiros, familiares ou não, atuando em prol da sua vontade e em prejuízo ao seu melhor interesse e ao direito constitucional à convivência familiar. Nessa linha, mesmo diante do silêncio da Lei nº 12.318/2010[31] e da ausência de previsão expressa no Estatuto do Idoso, nada obsta que uma interpretação assentada no melhor interesse dos vulneráveis e no combate à violência intrafamiliar permita que, de forma análoga, a prática de alienação seja aplicada de forma extensiva, desde que respeitadas às intrínsecas vulnerabilidades. Uma vez identificada que a alienação protege a integridade psicofísica do sujeito vulnerável alienado como forma de garantir o direito fundamental à convivência familiar e comunitária, a aplicação por extensão da lei da alienação parental aos demais familiares vulneráveis parece não encontrar óbice. Pelo contrário, é medida que se justifica pela atual compreensão de uma das vocações da família constituir na tutela das vulnerabilidades e do mandamento constitucional de obrigação do Estado de coibir a violência familiar.

Por isso, ainda que não conste expressamente o termo "alienação" no Estatuto do Idoso, nada impede que de forma análoga, como já dito, tal prática seja enquadrada nas situações de risco elencadas no art. 43 e a interpretação de violência contra o idoso

---

28. A Lei nº 12.461/2011 incluiu o § 1º ao art. 19 e definiu que, para os efeitos desta Lei, considera-se violência contra o idoso qualquer ação ou omissão praticada em local público ou privado que lhe cause morte, dano ou sofrimento físico ou psicológico.
29. Como, por exemplo, a caracterização do abandono de incapaz, previsto no art. 133 do Código Penal.
30. Nos anos oitenta do século passado, a alienação parental foi inicialmente definida como síndrome por força da construção teórica do psiquiatra americano Richard Gardner. Cf. MADALENO, Ana Carolina Carpes; MADALENO, Rolf. *Síndrome da alienação parental*: a importância de sua detecção com seus aspectos legais e processuais. Rio de Janeiro: Forense, 2013. p. 41. Inegavelmente, a alienação parental é um fenômeno jurídico contemporâneo potencializado em razão do aumento de separações e divórcios em que há alto grau de litigiosidade
31. A Lei nº 12.318/2010 prevê, exemplificativamente, os atos alienadores e suas sanções, bem como alguns trâmites processuais especiais. Nos termos do art. 2º, "considera-se ato de alienação parental a interferência na formação psicológica da criança ou do adolescente promovida ou induzida por um dos genitores, pelos avós ou pelos que tenham a criança ou adolescente sob a sua autoridade, guarda ou vigilância para que repudie genitor ou que cause prejuízo ao estabelecimento ou à manutenção de vínculos com este". Com efeito, a prática da alienação parental se configura a partir de diversas atitudes que visam o afastamento da criança ou do adolescente do outro genitor, por meio de manipulação, implantação de falsas memórias, criação de dificuldades de convivência familiar, entre outros, mas que objetivem que o filho repudie o genitor alienado. Cf. TEIXEIRA, Ana Carolina Brochado; RODRIGUES, Renata de Lima. Alienação parental: aspectos materiais e processuais. *Civilistica.com*, Rio de Janeiro, ano 2, n. 1, jan./mar., 2013. Disponível em: http://civilistica.com/alienacao-parental/. Acesso em 28 maio de 2020.

se ampare nos termos do §1º do art. 19, o qual considera qualquer ação ou omissão praticada em local público ou privado que lhe cause morte, dano ou sofrimento físico ou psicológico, o que demonstra que tais atos não se restringem aos maus-tratos e ao abandono.[32] O próprio texto constitucional reconhece a vulnerabilidade geracional no início e no fim da vida ao estabelecer no art. 229 que os "pais têm o dever de assistir, criar e educar os filhos menores, e os filhos maiores têm o dever de ajudar e amparar os pais na velhice, carência ou enfermidade". Tal prática tem sido denominada de *alienação parental inversa* e decorre da violação do direito da pessoa idosa ao convívio familiar (art. 10, §1º, V, do Estatuto do Idoso), além de ofender a sua integridade psicofísica e configurar constrangimento ou violência psicológica, como já afirmado.[33] Nada obsta, portanto, que avós, bisavós e tataravós sofram atos de alienação por parte de seus netos, bisnetos e tataranetos, em clara violação ao dever de cuidado inscrito na cláusula geral de promoção da dignidade humana.

4. A POSIÇÃO JURÍDICA DOS ASCENDENTES NA CONTEMPORANEIDADE: HORIZONTE ALÉM DOS NOVOS AVÓS

As modificações da sociedade, de modo geral, acabam por interferir na vida familiar em diferentes aspectos, encontrando a avosidade uma de suas causas na alteração do papel da mulher na atividade econômica, como acima referido. Fato que atinge diretamente a avosidade é o aumento da expectativa de vida, o que tem levado a maior tempo de permanência dos indivíduos na função de avós, e permite se afirmar que "o século XXI será o século dos avós".[34] Na perspectiva aqui abordada, pesquisa do IBGE revela o aumento da população de idosos e da expectativa de vida do brasileiro,[35] o maior tempo de convivência entre gerações diferentes e as transformações nos arranjos familiares, entre outros fatores, compõem o cenário em que os avós têm assumido papéis de importância crescente nos relacionamentos familiares.[36] Os mesmos estudos revelam que

---

32. Conforme defende Claudia Gay Barbedo: "[...] o idoso, a criança e o adolescente estão no mesmo polo de fragilidade. O idoso, em razão da idade, que traz dificuldades inerentes, pode facilmente estar na condição de vítima. A criança e o adolescente, na condição de seres humanos em desenvolvimento, são pessoas fáceis de serem enganadas. Diante disso, justifica-se a possibilidade de extensão da Lei de Alienação Parental ao idoso". BARBEDO, Claudia Gay. A possibilidade de extensão da Lei da Alienação Parental ao idoso. In: COELHO, Ivone M Candido (Coord.). *Família contemporânea*: Uma visão interdisciplinar. Porto Alegre: IBDFAM e Letra & Vida, 2011. p. 148. MITRE, Jaquelina Leite da Silva. Alienação parental de idoso por analogia à alienação parental da criança e do adolescente. Disponível em: [https://www.migalhas.com.br/depeso/310635/alienacao-parental-de-idoso-por-analogia-a-alienacao-parental-da-crianca-e-do-adolescente]. Acesso em: 29.05.2020.
33. O Projeto de Lei nº 9446/2017 foi apensado ao Projeto de Lei nº 4562/2016e visa alterar a Lei nº 10.741, de 1 de outubro de 2003, que dispõe sobre o Estatuto do Idoso e dá outras providências, para dispor sobre o abandono afetivo do idoso por seus familiares, e a Lei nº 12.318, de 26 de agosto de 2010, que dispõe sobre a alienação parental e altera o art. 236 da Lei nº 8.069, de 13 de julho de 1990.
34. OLIVEIRA, Alessandra Ribeiro Ventura; VIANNA, Lucy Gomes; CÁRDENAS, Carmen Jansen de. Op. cit., p. 462.
35. Disponível em: [https://censo2020.ibge.gov.br/2012-agencia-de-noticias/noticias/26103-expectativa-de-vida-dos-brasileiros-aumenta-para-76-3-anos-em-2018.html]. Acesso em: 20.06.2020.
36. COELHO, Maria Teresa Barros Falcão; DIAS, Cristina Maria de Souza Brito. Avós Guardiões: Uma Revisão Sistemática de Literatura do período de 2004 a 2014. In: *Psicologia*: Teoria e Pesquisa, vol. 32, n. 4, Brasília, 2016, pp. 1-7. Disponível em: [https://www.scielo.br/pdf/ptp/v32n4/1806-3446-ptp-32-04-e324214.pdf]. Acesso em: 20.06.2020.

ampliou-se o número de lares em que se verifica a corresidência, nos quais várias gerações residem juntas, assim como aqueles em que os avós criam seus netos integralmente. Nessa circunstância, eles são chamados "pais substitutos", "avós em tempo integral", "avós com custódia" (quando detêm a guarda dos netos judicialmente), "avós cuidadores" e também "avós guardiões" [...] Pode-se perceber que são diversas as situações que, entrelaçadas a uma multiplicidade de motivações, levam os avós a participar da vida dos netos assumindo papéis de relevância para a família e para a comunidade [...].[37]

Não obstante sua importância para a vida familiar e, principalmente, no pleno desenvolvimento das potencialidades de crianças e adolescentes, o interesse pelos estudos voltados para a avosidade se iniciou na década de 1990, nos Estados Unidos, em razão da necessidade de dar apoio aos avós e netos diante das dificuldades que enfrentam até hoje. No Brasil, especialmente no campo jurídico, esses estudos são recentes, como de início assinalado, embora a situação de fato de há muito exista. A rigor, as relações de avosidade não diferem entre si, ainda que sejam distintos os fatores culturais. Os avós têm assumido o cuidado dos netos em tempo parcial ou integral, sendo classificados "como cuidadores primários, quando assumem a criação integral dos netos, cuidadores secundários, quando cuidam devido a uma ausência temporária dos pais, e terciários, quando são chamados para ajudar em uma tarefa específica". Os avós guardiões são responsáveis pelo cuidado em tempo integral, tendo, por vezes, a guarda formalizada dos netos, caso em que são considerados "cuidadores primários". Nesta situação, estudos revelam que avós e netos "enfrentam diversos desafios emocionais, sociais e financeiros".[38]

No tocante às causas, as pesquisas americanas indicam "quatro razões como as mais citadas, chamadas pelos pesquisadores como *four D's* (quatro D's), a saber, *'divorce, desertion, drugs and death'*. Ou seja, divórcio, abandono, drogas e morte". Pesquisadores brasileiros "ampliam o foco e descrevem várias situações que envolvem mudanças na família e motivam os avós a assumir a criação dos netos". São citados como causas: gravidez na adolescência; trabalho em horário integral ou desemprego dos pais; novo casamento de pais separados e não aceitação da criança por parte do novo cônjuge. Informam, ainda, a existência, em muitos casos, de "uma sobreposição de motivos, assim como, em geral, os avós assumem a criação dos netos por participarem anteriormente dos seus cuidados, coabitarem ou morarem próximos aos netos". Como se verifica, os avós assumem a criação dos netos diante de situações de crise e perda na família.[39]

Independentemente de qualquer designação específica e das diversas causas geradoras desse deslocamento da parentalidade para os avós, o que se constata é a falta de qualquer normativa sobre a matéria no Brasil e o distanciamento das regras do direito das famílias vigente da realidade dos arranjos familiares que convivem com essa nova "parentalidade". Em consequência, a doutrina e os Tribunais têm se valido da orientação principiológica da Constituição da República de 1988 para resolver as tormentosas questões que crescentemente lhes são submetidas.

A judicialização de tais questões torna-se, na maioria das vezes, inevitável. Os Tribunais têm se revelado atentos e sensíveis às delicadas situações envolvendo "ascendentes",

---
37. Id. Ibid., pp. 1-7.
38. COELHO, Maria Teresa Barros Falcão; DIAS, Cristina Maria de Souza Brito. Op. cit., p. 1-7.
39. Id. Ibid., p. 1-7.

muitas das quais são fruto de relações intergeracionais até então não usuais. Servem de exemplo alguns julgados do Superior Tribunal de Justiça (STJ), dentre eles: (*i*) REsp. n. 1.708.951/SE, que apreciou a questão relativa à invalidade ou não de doação remuneratória, da integralidade do único bem da herança, feita em favor de bisneta, para decidir se tal doação deve ou não respeitar a legítima dos herdeiros;[40] (*ii*) REsp. n. 1.573.635/RJ, que entendeu não ter cabimento a imposição da visitação dos avós, como previsto em lei, em atenção ao melhor interesse do menor;[41] (*iii*) REsp. n. 1.842.287/SP, que reconheceu o direito dos netos à pensão por morte deixada por seu avô guardião, por haver, no caso concreto, a presença do vínculo de dependência econômica, como postulado pelo art. 16, §2º, da Lei nº 8.213/91, "cuja diretriz, embora refira apenas o vínculo da tutela, também abrange a hipótese da guarda", ali versada;[42] (*iv*) REsp. n. 1.589.827/SE, que restaurou pensão por morte do avô guardião, ex-combatente, suspensa pelo INSS, em favor do neto judicialmente interditado por invalidez anterior aos vinte e um anos, em hipótese não prevista em lei, por entender colmatada a lacuna pelo art. 33, §3º, do ECA;[43] (*v*) Agravo Interno no Recurso em Mandado de Segurança n. 43653/SP, que manteve a decisão que determinara a inclusão de menor como dependente de seu avô, para fins de assistência médica hospitalar, em atenção ao conteúdo normativo do art. 33, §3º, do ECA, que confere à criança ou adolescente a condição de dependente, para todos os fins e efeitos de direito, inclusive previdenciários, e ao princípio constitucional do melhor interesse

---

40. "[...] A doação remuneratória, caracterizada pela existência de uma recompensa dada pelo doador pelo serviço prestado pelo donatário e que, embora quantificável pecuniariamente, não é juridicamente exigível, deve respeitar os limites impostos pelo legislador aos atos de disposição de patrimônio do doador, de modo que, sob esse pretexto, não se pode admitir a doação universal de bens sem resguardo do mínimo existencial do doador, nem tampouco a doação inoficiosa em prejuízo à legítima dos herdeiros necessários sem a indispensável autorização desses, inexistente na hipótese em exame". STJ, 3ª. T., Resp. n. 1.708.951/SE, Rel. Min. Nancy Andrighi, j. 14.05.2019, publ. 16.05.2019.
41. "[...] O direito à visitação avoenga, reconhecido pela doutrina e pela jurisprudência antes mesmo da entrada em vigor da Lei 12.398/2011, constitui-se em um direito que visa o fortalecimento e desenvolvimento da instituição familiar, admitindo restrições ou supressões, excepcionalmente, quando houver conflito a respeito de seu exercício, mediante a compatibilização de interesses que deverá ter como base e como ápice a proteção ao menor. 4. As eventuais desavenças existentes entre os avós e os pais do menor não são suficientes, por si sós, para restringir ou suprimir o exercício do direito à visitação, devendo o exame acerca da viabilidade do pedido se limitar a existência de benefício ou de prejuízo ao próprio menor. 5. Na hipótese, tendo sido o menor diagnosticado com TEA - Transtorno do Espectro do Autismo, devidamente demonstrado por estudos psicossociais que atestam as suas especialíssimas condições psíquicas e que recomenda a sua não exposição a ambientes desequilibrados, a situações conturbadas ou a experiências traumáticas, sob pena de regressão em seu tratamento psicológico, descabe ao Poder Judiciário, em atenção ao melhor interesse do menor, impor a observância da regra que permite a visitação". STJ, 3ª. T., Resp. n. 1.573.635/RJ, Rel. Min. Nancy Andrighi, j. 27.11.2018, publ. 06.12.2018.
42. "[...] Mediante revaloração do conjunto fático-probatório, jurisprudencialmente autorizada por esta Corte, faz-se de rigor o reconhecimento, no caso concreto, da presença do vínculo de dependência econômica entre os netos recorrentes e o falecido avô guardião, como postulado pelo art. 16, § 2º, da Lei n. 8.213/91". STJ, 1ª. T., Resp. 1.842.287/SP, Rel. Min. Sérgio Kukina, j. 20.02.2020, publ. 28.02.2020.
43. "[...] faz-se de rigor a restauração da pensão por morte deixada por seu guardião e avô materno, ex-combatente, mesmo depois de ter completado a idade de 21 anos. 6. Na espécie, desinfluente se revela o fato de a moléstia incapacitante do autor ter sido superveniente ao óbito do instituidor da pensão, porquanto não houve interrupção da dependência econômica, quer pela qualidade de menor sob guarda, quer pela condição da incapacidade decorrente de doença mental, assim reconhecida perante o competente Juízo estadual em que foi decretada a interdição do beneficiário". STJ, 1ª. T., Resp. n. 1.589.827/SE, Rel. Min. Sérgio Kukina, j. 30.05.2019, publ. 03.06.2019.

da criança;⁴⁴ (vi) REsp. n. 1.734.536/RS, que reconheceu a legitimidade dos avós para a propositura de ação indenizatória por dano em ricochete ou reflexo, em razão da alta probabilidade de existência do vínculo afetivo com a vítima que não faleceu.⁴⁵

Indispensável mencionar que o reconhecimento pelo STJ dos efeitos da avosidade, como relação de parentalidade, em substituição à figura dos pais, se dá também de modo reverso, ou seja, em favor dos avós. Nesse sentido o citado Tribunal já decidiu: (i) que deve ser reconhecido aos avós de segurado falecido o direito ao recebimento de pensão por morte em razão de terem sido os responsáveis pela criação do neto, ocupando verdadeiro papel de genitores (REsp 1.574.859/SP);⁴⁶ e (ii) constatada situação de vulnerabilidade, aplica-se a Lei Maria da Penha no caso de violência praticada pelo neto contra a avó (AgRg no AREsp nº 1.626.825/GO).⁴⁷ Nessa linha cabe indagar se há limites e quais são para a aplicação do disposto no art. 229 e 230 aos avós que criam os netos, especialmente os guardiões.

Uma leitura funcionalizada e sistemática dos aludidos dispositivos permitem interpretá-los com base nas funções exercidas pelos ascendentes e descendentes, sem se ater a estrutura parental abstrata, uma vez que o fenômeno da avosidade descortina cada vez mais sua face como parentalidade, sobretudo quando avós exercem o encargo de guardiões e passam a exercer parcela considerável das funções atribuídas aos pais. Em chave inversa de leitura, o mesmo raciocínio cabe no caso de netos adultos que devem ser responsabilizadas pelos avós idosos em casos de enfermidade e carência, devendo ampará-los e cuidá-los. Cuida-se, como se vê, de interpretação dos dispositivos à luz do melhor interesse dos membros vulneráveis das entidades familiares intergeracionais, o que é cada vez mais comum na sociedade brasileira. Uma análise cuidadosa do caso concreto permite valorar a dinâmica familiar a ponto de comprovar os avós que efetivamente exerceram a condição de pais dos netos, o que, por sua vez, atrairá direitos e deveres

---

44. "AGRAVO INTERNO NO RECURSO EM MANDADO DE SEGURANÇA. GUARDA JUDICIAL DE MENOR. INCLUSÃO NO PLANO DE ASSISTÊNCIA MÉDICA DO AVÔ. INOBSERVÂNCIA DO PRINCÍPIO DA DIALETICIDADE. SÚMULAS 283 E 284/STF. MANDADO DE SEGURANÇA. INEXISTÊNCIA DE SITUAÇÃO TERATOLÓGICA OU EXCEPCIONAL. UTILIZAÇÃO DO MANDAMUS COMO SUCEDÂNEO RECURSAL. DESCABIMENTO. SÚMULA 267/STF. RECURSO DESPROVIDO". STJ, 3ª. T., AgInt. no RMS n. 43653/SP, Rel. Min. Marco Aurélio Bellizze, j. 25.05.2020, publ. 28.05.2020.
45. "[...] A legitimidade dos avós para a propositura da ação indenizatória se justifica pela alta probabilidade de existência do vínculo afetivo, que será confirmado após instrução probatória, com consequente arbitramento do valor adequado da indenização". STJ, 4ª. T., Resp. 1.734.536/RS, Rel. Min. Luis Felipe Salomão, j. 06.08.2019, publ. 24.09.2019.
46. "[...] No caso concreto, são incontroversos os fatos relativos ao óbito, a qualidade de segurado, a condição dos avós do falecido similar ao papel de genitores, pois o criaram desde seus dois anos de vida, em decorrência do óbito dos pais naturais, e, a dependência econômica dos avós em relação ao segurado falecido. 5. O fundamento adotado pelo Tribunal *a quo* de que a falta de previsão legal de pensão aos avós não legitima o reconhecimento do direito ao benefício previdenciário não deve prevalecer. Embora os avós não estejam elencados no rol de dependentes, a criação do segurado falecido foi dada por seus avós, ora recorrentes. Não se trata de elastecer o rol legal, mas identificar quem verdadeiramente ocupou a condição de pais do segurado". STJ, 2ª. T., Resp. n. 1.574.859/SP, Rel. Min. Mauro Campbell Marques, j. 08.11.2016, publ. 14.11.2016.
47. "AGRAVO REGIMENTAL NO AGRAVO EM RECURSO ESPECIAL. VIOLÊNCIA DOMÉSTICA E FAMILIAR CONTRA MULHER. DELITO PRATICADO POR NETO CONTRA AVÓ. SITUAÇÃO DE VULNERABILIDADE. APLICABILIDADE DA LEI N. 11.340/2006. COMPETÊNCIA DE JUIZADO ESPECIALIZADO EM VIOLÊNCIA DOMÉSTICA E FAMILIAR CONTRA A MULHER. DECISÃO MANTIDA. AGRAVO REGIMENTAL DESPROVIDO". STJ, 5ª. T., AgRg no AREsp 1626825/GO, Rel. Min. Felix Fischer, j. 05.05.2020, publ. 13.05.2020.

recíprocos entre avós e netos com base nos dispositivos constitucionais inicialmente direcionados aos pais e filhos.

Questão que deve ser destacada, dentre as decisões do STJ, diz respeito à possibilidade de adoção pelos avós, vedada nos termos do §1º, do art. 42, do ECA. Ao julgar delicada e complexa relação familiar, o STJ admitiu, excepcionalmente, a adoção de neto por avós, tendo em vista as seguintes particularidades do caso analisado, em fundamentada decisão, da qual merece transcrição a seguinte passagem:

> [...] o § 7º do art. 226 da CF deu ênfase à família, como forma de garantir a dignidade da pessoa humana, de modo que o direito das famílias está ligado ao princípio da dignidade da pessoa humana de forma molecular. É também com base em tal princípio que se deve solucionar o caso analisado, tendo em vista se tratar de supraprincípio constitucional. Nesse contexto, não se pode descuidar, no direito familiar, de que as estruturas familiares estão em mutação e, para se lidar com elas, não bastam somente as leis. É necessário buscar subsídios em diversas áreas, levando-se em conta aspectos individuais de cada situação e os direitos de 3ª Geração. Dessa maneira, não cabe mais ao Judiciário fechar os olhos à realidade e fazer da letra do § 1º do art. 42 do ECA tábua rasa à realidade, de modo a perpetuar interpretação restrita do referido dispositivo, aplicando-o, por consequência, de forma estrábica e, dessa forma, pactuando com a injustiça. No caso analisado, não se trata de mero caso de adoção de neto por avós, mas sim de regularização de filiação socioafetiva. Deixar de permitir a adoção em apreço implicaria inobservância aos interesses básicos do menor e ao princípio da dignidade da pessoa humana.[48]

Em outro julgado, manteve o STJ entendimento no mesmo sentido, para acolher o pedido de adoção deduzido por avós que criaram o neto desde o seu nascimento, por impossibilidade psicológica da mãe biológica, vítima de agressão sexual (REsp nº 1635649-SP). Convém destacar que a vedação da adoção por ascendentes ou irmãos, conforme previsto no §1º do art. 42 do ECA, se fundamenta em razões de ordem moral e patrimonial. Cuida-se de um "impedimento total", de acordo com autorizada doutrina, que teria por objetivo "evitar inversões e confusões nas relações de parentesco", bem como novos impedimentos matrimoniais e questões sucessórias[49]. Observa-se, desse modo, uma preocupação de fundo patrimonial, eis que voltada à proteção dos potenciais herdeiros legítimos. De fato, a flexibilização da regra impeditiva prevista no § 1º do art. 23 do ECA, em casos excepcionais, deve ser realizada, uma vez que atende o princípio do melhor interesse de crianças e adolescentes, bem como os fins sociais e a condição de pessoas em desenvolvimento, como reza o art. 6º do mesmo diploma, e desde que apresente "reais vantagens para o adotando" e se funde "em motivos legítimos", nos termos do art. 43 da Lei n. 8.069/1990.[50]

---

48. STJ, 3ª. T., Resp. n. 1.448.969/SC, Rel. Min. Moura Ribeiro, j. 21.10.2014, publ. 03.11.2014.
49. "Caso fosse permitida a adoção por esses parentes, haveria um verdadeiro tumulto nas relações familiares, em decorrência da alteração dos graus de parentesco. [...] A situação artificial que seria trazida pela adoção realizada pelos avós ou irmãos tumultuaria a família, trazendo um desequilíbrio às suas sadias relações. [...] Com esta possibilidade de adoção surgiriam problemas de novos impedimentos matrimoniais, com a manutenção dos impedimentos anteriormente existentes, além de questões sucessórias. Deve-se levar em conta que, em muitas situações, a intenção de avós em adotar um neto para reduzir a quota legítima de seu filho pode ser o motivador da decisão, o que será uma distorção dos fundamentos da adoção". BORDALLO, Galdino Augusto Coelho. Adoção. In: MACIEL, Kátia Regina Ferreira Lobo Andrade (coord.). Curso de direito da criança e do adolescente: aspectos teóricos e práticos. 6. ed., rev. e atual. conforme Leis n. 12.010/2009 e 12.594/2012. São Paulo: Saraiva, 2013, p. 271-272.
50. Cf. HIRCHFELD, Adriana Kruchin. A adoção pelos avós. In; LEITE, Eduardo de Oliveira (coord.). Grandes temas da atualidade – adoção. Rio de Janeiro: Forense, 2005.

Paralelamente a esses avanços jurídicos é indispensável que sejam aprofundados os estudos e pesquisa sobre o processo de envelhecimento, não apenas em razão do aumento da expectativa de vida, mas principalmente para que a "velhice" seja ressignificada diante do importante e crescente papel que tem os avós na vida de crianças e adolescentes. É preciso considerar que há um novo horizonte para os ascendentes, onde os bisavós e trisavós, e possivelmente tetravós, farão parte da família, não só porque são longevos, mas principalmente porque a avosidade chega cedo para muitas pessoas, especialmente se considerarmos os filhos de adolescentes.

5. CONSIDERAÇÕES FINAIS: OS DILEMAS DA INTERGERACIONALIDADE NO DIREITO DAS FAMÍLIAS

A adequada compreensão da avosidade nas relações familiares contemporâneas permite o livre desenvolvimento das potencialidades individuais e o compartilhamento de experiências e vivências intergeracionais, bem como revela os novos papéis ocupados pelos avós na dinâmica familiar, o que vem sendo chamado de famílias intergeracionais (ou multigeracionais). Em tais arranjos, tipicamente associados ao processo de envelhecimento populacional, a intergeracionalidade surge como traço característico comum, em que a comunidade familiar passa a conviver com o envelhecimento dos seus membros, organizando-se para atender às demandas que surgem dentro desse contexto, como a prevalência de doenças degenerativas e crônicas e as questões de diferentes gerações coabitando, não raras vezes, o mesmo domicílio. Sem dúvida, a configuração familiar intergeracional é desafiada na medida em que o tempo de convivência familiar entre diferentes gerações é ampliado,[51] bem como os apoios e cuidados peculiares que envolvem as novas relações intergeracionais, cada vez mais próximas e longas, como já afirmado.

A construção de relações intergeracionais satisfatórias deve considerar, em perspectiva bidirecional, os direitos e deveres de avós e netos em diferentes etapas da vida, a exigir uma interpretação das normas a partir de uma renovada axiologia que contemple o atual aspecto sociológico da avosidade que permeia as dinâmicas familiares hodiernas. Questões como alimentos[52] e visitação avoengos[53] já encontram amparo legal, enquanto o exercício da guarda avoenga, como visto, ainda necessita de maiores aprofundamentos diante da realidade social brasileira, em que as atribuições parentais são cada vez mais

---

51. "[...] pode-se concluir que avós idosas mantêm forte relação de proximidade vivenciada com seus netos no período da infância, o que é confirmado e reconhecido por seus netos". OLIVEIRA, Alessandra Ribeiro Ventura; VIANNA, Lucy Gomes; CÁRDENAS, Carmen Jansen de. Op. cit., p. 461.
52. De acordo com o art. 1.698 do Código Civil: "Se o parente, que deve alimentos em primeiro lugar, não estiver em condições de suportar totalmente o encargo, serão chamados a concorrer os de grau imediato; sendo várias as pessoas obrigadas a prestar alimentos, todas devem concorrer na proporção dos respectivos recursos, e, intentada ação contra uma delas, poderão as demais ser chamadas a integrar a lide". Sobre a obrigação alimentar dos avós, o Superior Tribunal de Justiça aprovou o verbete da súmula n. 596 nos seguintes termos: "A obrigação alimentar dos avós tem natureza complementar e subsidiária, somente se configurando no caso da impossibilidade total ou parcial de seu cumprimento pelos pais". Cf. SOUZA, Vanessa Ribeiro Corrêa Sampaio. A obrigação alimentar dos avós (idosos) e o melhor interesse de crianças e adolescentes: trajetória evolutiva e ponderações à luz da aplicação judicial brasileira. In: BARLETTA, Fabiana Rodrigues; ALMEIDA, Vitor (Orgs.). *A tutela jurídica da pessoa idosa*. São Paulo: Editora Foco, 2020, p. 193-208.
53. A Lei n. 12.398/2011 incluiu o parágrafo único ao art. 1.589 do Código Civil para reconhecer que o "direito de visita estende-se a qualquer dos avós, a critério do juiz, observados os interesses da criança ou do adolescente".

exercidas pelos avós. A vedação à adoção pelos avós, conforme determinado pelo ECA, parece não mais subsistir diante de uma valoração fática a partir do melhor interesse dos infantes, como o próprio Superior Tribunal de Justiça tem realizado.

Por outro lado, o abandono afetivo de avós por seus netos e a alienação de pessoas idosas surgem como novos desafios diante do fenômeno da intergeracionalidade familiar, em que se deve avaliar, à luz do caso concreto, a violação do dever de cuidado pelo netos em amparar e auxiliar seus avós idosos, sobretudo aqueles que exerceram a função parental. Tais casos expõem um delicada ponderação que nem sempre se revela possível diante dos conflitos cada vez graves submetidos aos tribunais brasileiros e que a ausência de normas específicas leva os julgadores a recorrerem à sensibilidade para solucionar tais demandas.

Como visto, o fenômeno da intergeracionalidade no âmbito das relações familiares sempre foi marginalizada ou invisível à luz do Código Civil. Se no livro do Direito de Família da Lei Civil pretérita o termo "avô" aparecia em dois dispositivos por ocasião da disciplina da tutela, ora, assegurando o direito de nomear tutor na hipótese de falecimento dos pais, de forma sucessiva, primeiro ao avô paterno e, em sequência, o materno (art. 407);[54] ora, incumbindo-lhes do encargo da tutela no caso de ausência de tutor nomeado pelos pais, sendo chamado, em primeiro lugar, o avô paterno, depois o materno, e na falta destes, as avós paterna e materna, nesta ordem.[55] Tais regras continham feição patriarcal bem ao gosto das codificações oitocentistas que atribuíam ao homem a chefia da sociedade conjugal e à família do marido poderes em caso do falecimento dos pais, em nítida oposição à prática dos cuidados geralmente tendentes à família da mulher.

Na vigente codificação civil, o termo "avós" somente é mencionado por ocasião da inclusão do parágrafo único ao art. 1.589 que lhes estende o direito de visitação, a critério do juiz, e em observância aos interesses da criança e do adolescente. Nas demais passagens do Código Civil, a utilização do termo se restringe às relações sucessórias (art. 2.009, CC/02; art. 1.791, CC/16) e alusões genéricas à "ascendentes", mormente para fins patrimoniais como ausência, tutela e sucessão. Parece desfocada a lente codificada que descura da realidade brasileira de intensa e efetiva participação dos avós na criação e sustento dos seus netos. A invisibilidade legal dos avós é signatária de um espaço familiar que exclui as pessoas idosas do comando das decisões da família, em nítida desconsideração da sua autodeterminação existencial, o que é fruto do legado social de incapacidade e invalidade que decorre do processo de infantilização do idoso.[56]

Cediço, portanto, que a intergeracionalidade não é levada em conta na disciplina das relações familiares, o que desafia a doutrina em relação aos dilemas das famílias in-

---

54. "Art. 407. O direito de nomear tutor compete ao pai; em sua falta, á mãe; se ambos falecerem, ao avô paterno; morto este, ao materno".
55. "Art. 409. Em falta de tutor nomeado pelos pais, incumbe a tutela aos parentes consangüíneos do menor, por esta ordem: I. Ao avô paterno, depois ao materno, e, na falta deste, á avô paterna, ou materna. II. Aos irmãos, preferindo os bilaterais aos unilaterais, o do sexo masculino ao do feminino, o mais velho ao mais moço. III. Aos tios, sendo preferido o do sexo masculino ao do feminino mas velho ao mais moço".
56. Seja consentido remeter a ALMEIDA, Vitor; SANTOS, Deborah Pereira Pinto dos. Reflexões sobre o direito à autodeterminação existencial da pessoa idosa. In: BARLETTA, Fabiana Rodrigues; ALMEIDA, Vitor (Org.). *A tutela jurídica da pessoa idosa*: melhor interesse, autonomia e vulnerabilidade e relações de consumo. Indaiatuba, SP: Foco, 2020, p. 135-161.

tergeracionais, cada vez mais presentes nos tribunais pátrios. A compreensão do sentido e do alcance da avosidade é o ponto de partida para a valorização dos avós no contexto familiar, sobretudo nos casos em que de fato já exercem parcela das atribuições parentais. Nessa diretriz, a guarda avoenga nos termos estatutários nem sempre cumpre seu principal desiderato de integral proteção da criança e do adolescente.

O cuidado intergeracional representa nova dimensão da avosidade nas relações familiares democráticas em que a participação dos avós é cada mais presente e incisiva na criação dos netos, o que permite benefícios a todas as gerações. Definitivamente, o dever de cuidado intergeracional possui contornos próprios a depender do papel desempenhado por avós e encontra parâmetros seguros a partir do art. 229, em perspectiva bidirecional, atribui responsabilidades a depender da concreta possibilidade de cumprimento. Assim, aos avós ainda em fase produtiva cabem os deveres de assistir, criar e educar os netos menores nas hipóteses em que a lei assim determinar; enquanto aos netos maiores cabem o amparo e o auxílio aos avós nos casos de velhice, carência ou enfermidade.

A leitura funcionalizada do art. 229 da CR demanda uma análise do exercício dos papeis ali delineados ao invés do apego à estrutura do parentesco de forma abstrata, o que é reforçado com a interpretação conjunta com o dispositivo subsequente – o art. 230 –, que determina a proteção das pessoas idosas, inclusive como dever da família. O cuidado intergeracional, portanto, possui efeitos próprios e demanda uma análise contextualizada da composição familiar, sem recursos à fórmula abstratas. Desse modo, em que pese as famílias intergeracionais nem sempre se revelarem como uma entidade familiar de *per si*, investigar a dimensão da intergeracionalidade no campo das famílias descortina o plural mosaico dos diferentes estilos de avós em cada cotidiano familiar e sua importância no desenvolvimento da personalidade dos netos.

A AVOSIDADE NA JURISPRUDÊNCIA DO SUPERIOR TRIBUNAL DE JUSTIÇA

Livia Teixeira Leal

Doutoranda e Mestre em Direito Civil pela UERJ. Pós-Graduada pela EMERJ. Professora da PUC-Rio, da EMERJ e da ESAP. Assessora no Tribunal de Justiça do Rio de Janeiro – TJRJ.

> "como uma agulha cabe numa caixa de fósforos ou num caixão
> num palheiro num jardim no bolso de uma pessoa na multidão
> caminhão montanha tudo cabe em seu tamanho tudo no chão
> hoje eu caibo nesse mesmo corpo que já coube na minha mãe
> minha mãe
> minha avó
> e antes delas minha tataravó
> e antes delas um milhão de gerações distantes
> dentro de mim"
>
> (Cabimento – Arnaldo Antunes)

Sumário: 1. A relação entre avós e netos sob a ótica jurídica. 2. A avosidade na jurisprudência do Superior Tribunal de Justiça. 2.1 Direito à convivência familiar intergeracional. 2.2 Adoção por avós. 2.3 Obrigação alimentar. 2.4 Direito à ancestralidade. 3. Considerações finais.

1. A RELAÇÃO ENTRE AVÓS E NETOS SOB A ÓTICA JURÍDICA

A avosidade, sob uma perspectiva jurídica, pode ser compreendida como a relação de parentesco em linha reta de 2º grau,[1] da qual decorrem os vínculos entre avós e netos, com o estabelecimento de direitos e obrigações. Embora esta relação permeie diversas fases da vida, é na condição de criança ou adolescente dos netos e na de idoso dos avós que esta ligação assume contornos peculiares, considerando a especial vulnerabilidade de tais sujeitos, reconhecida pelo ordenamento jurídico brasileiro.

No contexto atual, como observa Gustavo Tepedino, o sistema jurídico busca tutelar de forma pendular dois valores: a *necessidade de se assegurar a liberdade nas escolhas existenciais* que propiciem o desenvolvimento pleno da personalidade da pessoa, a *tutela das vulnerabilidades*, a fim de que as relações familiares se desenvolvam em ambiente de igualdade de direitos e deveres, com o efetivo respeito da liberdade individual.[2] Assim,

---

1. CC/02, Art. 1.591. São parentes em linha reta as pessoas que estão umas para com as outras na relação de ascendentes e descendentes.
2. TEPEDINO, Gustavo. O conceito de família entre autonomia existencial e tutela de vulnerabilidades. *Tribuna do Advogado*, ano LXV, n. 555, fev. 2016.

no tratamento jurídico das relações familiares, busca-se proteger muito mais o indivíduo do que a família em si mesma, reconhecendo-se a liberdade individual dos membros que a integram, sem descuidar da necessária proteção de sujeitos que se encontrem em situação de vulnerabilidade.

Ressalta Heloisa Helena Barboza que todos os seres humanos são vulneráveis, na medida em que podem ser atingidos em seu complexo psicofísico, mas os seres humanos diferem-se em relação à vulnerabilidade, devendo receber tratamentos diferenciados de acordo com os formatos e as peculiaridades desta. Deste modo, para fins de tratamento jurídico, deve-se identificar as "situações substanciais específicas" em que haja um desequilíbrio expressivo, para que sejam delineadas normas específicas de proteção de grupos que se encontrem em situações de vulnerabilidade potencializada, capazes de promover o reequilíbrio dessas relações por meio de uma tutela jurídica direcionada.[3]

Nesse sentido, assim como às crianças e aos adolescentes é reconhecida tutela jurídica especial em razão de sua condição peculiar de desenvolvimento, ao idoso (pessoa com idade igual ou superior a 60 anos[4]), também é conferido tratamento particular, diante de sua vulnerabilidade potencializada por decorrência do avançar da idade.[5]

Ressalta-se que, de acordo com dados de 2014 do Instituto de Pesquisa Econômica Aplicada (IPEA), os idosos formam o único grupo etário que deverá apresentar taxas de crescimento crescentes até 2050 no Brasil.[6] Segundo levantamento publicado em 2016 pelo Instituto Brasileiro de Geografia e Estatística (IBGE), o Brasil contava com aproximadamente 25 milhões de pessoas acima dos 60 anos de idade, sendo a expectativa de que, até 2050, aproximadamente 68,1 milhões de pessoas atinjam os 60 anos.

Além disso, em 2018, um estudo elaborado pela LCA Consultores, com base na Pnad Contínua do IBGE, constatou que, em um ano, a parcela de casos em que mais de 75% da renda mensal familiar vinha de idosos havia subido 12%, de 5,1 milhões para 5,7% milhões,[7] revelando um significativo acréscimo da participação financeira de idosos no contexto da família.

---

3. BARBOZA, Heloisa Helena. Vulnerabilidade e cuidado: aspectos jurídicos. In: PEREIRA, Tânia da Silva; OLIVEIRA, Guilherme de (coord.). *Cuidado e vulnerabilidade*. São Paulo: Atlas, 2009, p. 107 e 111.
"A vulnerabilidade como categoria jurídica insere-se em um grupo mais amplo de mecanismos de intervenção reequilibradora do ordenamento, com o objetivo de, para além da igualdade formal, realizar efetivamente uma igualdade substancial". KONDER, Carlos Nelson. Vulnerabilidade patrimonial e vulnerabilidade existencial: por um sistema diferenciador. *Revista de Direito do Consumidor*, v. 99, p. 101-123, Mai-Jun / 2015.
4. Lei 10.741/03, Art. 1º É instituído o Estatuto do Idoso, destinado a regular os direitos assegurados às pessoas com idade igual ou superior a 60 (sessenta) anos.
5. "(...) o idoso se encontra no grupo dos que têm a vulnerabilidade potencializada, inscrevendo-se para fins de elaboração e aplicação das leis, na categoria dos vulnerados, ou seja, daqueles que se encontram, por força de contingências, em situação de desigualdade, devendo ser discriminado positivamente para resguardo de sua dignidade". BARBOZA, Heloisa Helena. O princípio do Melhor Interesse do Idoso. In: PEREIRA, Tânia da Silva; OLIVEIRA, Guilherme de (coord.). *O Cuidado como valor jurídico*. Rio de Janeiro: Forense, 2008, p. 61.
6. CAMARANO, Ana Amélia. Perspectivas de crescimento da população brasileira e algumas implicações. *In: Novo regime demográfico: uma nova relação entre população e desenvolvimento?* Rio de Janeiro: IPEA, 2014, p. 195.
7. FOLHA DE SÃO PAULO. CERIONI, Clara Cerioni. *Aposentados, idosos voltam a ser os chefes da família*. Disponível em: [https://www1.folha.uol.com.br/mercado/2018/08/aposentados-idosos-voltam-a-ser-os-chefes-da-familia.shtml]. Acesso em: 30.07.2020.

Nesse cenário de aumento maciço de pessoas idosas na sociedade, evidencia-se a necessidade de se efetivar a integração familiar e comunitária dos mais velhos, reconhecendo-se o papel da convivência intergeracional, que não se restringe e nem pode ser analisado apenas sob o aspecto econômico.

Em tal contexto, conforme já destacado em outros estudos,[8] a presença dos avós no âmbito da família pode proporcionar a expansão do universo familiar, representando aos netos um aprendizado contínuo quanto às rotinas diárias, alimentação etc., bem como um efetivo exemplo de experiência e de hábitos de vida. A troca de conhecimentos propiciada entre gerações pode ser um referencial importante para aqueles que se encontram em fase peculiar de desenvolvimento, na medida em que os avós são pessoas que "percorreram vários momentos do ciclo do grupo familiar e têm uma experiência de vida a relatar".[9]

O art. 226 da CRFB/88 conferiu à família proteção especial do Estado, determinando, que um dever de proteção também aos membros da família e à sociedade como um todo quanto ao amparo das pessoas idosas, à garantia de participação familiar e comunitária dos mais velhos, e à garantia de sua dignidade, bem-estar e do seu direito à vida (art. 230, CRFB/88), com preferência ao lar da pessoa idosa como local de execução de programas de amparo, visando fortalecer os laços familiares. Estabelece também o art. 3º, § 1º, V do Estatuto do Idoso a priorização do atendimento do idoso por sua própria família, em detrimento do atendimento asilar.

No que tange às responsabilidades familiares, a Constituição da República determina o dever dos pais de criar e educar os filhos menores, e dos filhos maiores de ajudar e amparar os pais na velhice, carência ou enfermidade (art. 229), estabelecendo que a solidariedade familiar se opera "em mão dupla". Nota-se que, apesar de inicialmente ser previsto como uma obrigação dos "filhos", não se pode negar que, em alguns casos, o dever de amparo pode ser cumprido na prática pelos netos, não se restringindo a solidariedade familiar à relação parental.

No seio da família, a figura dos avós adquire destacada relevância quando o parágrafo único do art. 25 da Lei 8.069/90 – Estatuto da Criança e do Adolescente, incluído pela Lei 12.010/09 reconhece como *família extensa ou ampliada* "aquela que se estende para além da unidade pais e filhos ou da unidade do casal, formada por parentes próximos com os quais a criança ou adolescente convive e mantém vínculos de afinidade e afetividade".

A importância da convivência intergeracional também foi ressaltada pela Lei 12.398/11, que alterou o art. 1.589 do Código Civil de 2002 e o art. 888 do Código de Processo Civil então vigente – CPC/1973, para estender expressamente o direito de visita aos avós, considerando-se que este vínculo se opera em benefício tanto da criança e do adolescente quanto do idoso.

A relação entre avós e netos repercute no universo jurídico de diferentes formas, desde aquelas relativas a aspectos existenciais, consistentes no direito de

---

8. PEREIRA, Tânia da Silva; LEAL, Livia Teixeira. Conquistas e desafios para a tutela dos direitos da pessoa idosa. In: BARLETTA, Fabiana Rodrigues; ALMEIDA, Vitor. (Org.). *A tutela jurídica da pessoa idosa*. Indaiatuba/SP: Foco, 2019, p. 77.
9. BARROS, Myriam Lins de. *Autoridade e Afeto: avós, filhos, netos na família brasileira*. Rio de Janeiro: Zahar, 1987, p. 74.

convivência familiar, na afetividade, no direito ao nome e à ascendência genética, até as atinentes a questões patrimoniais, como o direito aos alimentos e o direito sucessório.

Sem a pretensão de abranger todos esses temas, o presente estudo tem por finalidade identificar, por meio da análise de precedentes do Superior Tribunal de Justiça, como a relação entre avós e netos e seus reflexos jurídicos vem sendo abordada pela jurisprudência pátria, a fim de que se possa identificar, sob a perspectiva do direito, as singularidades que permeiam a *avosidade*.

2. A AVOSIDADE NA JURISPRUDÊNCIA DO SUPERIOR TRIBUNAL DE JUSTIÇA

Com o objetivo de examinar como o Superior Tribunal de Justiça vem reconhecendo questões relacionadas à relação entre avós e netos, foram destacadas as principais soluções adotadas em temas selecionados por sua expressividade para a *avosidade*, quais sejam: a convivência familiar entre avós e netos, a adoção de netos pelos avós em circunstâncias excepcionais, a obrigação alimentar derivada desta relação e o reconhecimento do direito à ancestralidade como instrumento para a averiguação da existência de vínculo de parentesco com o avô ou a avó.

2.1 Direito à convivência familiar intergeracional

Dentre os direitos fundamentais do idoso, a Lei 10.741/2003 assegura, em seu art. 3º, como obrigação da família, da comunidade, da sociedade, e do Poder Público a convivência familiar e comunitária. Além disso, prevê o inciso V do parágrafo único do mesmo dispositivo o atendimento por sua própria família em detrimento do atendimento asilar, em consonância com a previsão constitucional constante no art. 230 da Carta Magna.

A convivência familiar é especialmente garantida, também, à criança e ao adolescente, tanto pelo art. 227 da CRFB/88 quanto pelo ECA, que, em seu art. 19, caput, prevê o "direito da criança e do adolescente ser criado e educado no seio de sua família e, excepcionalmente, em família substituta, assegurada a convivência familiar e comunitária, em ambiente que garanta seu desenvolvimento integral".

Assim, reconhece o legislador a expressiva relevância da convivência familiar para pessoas que apresentem alguma vulnerabilidade, o que adquire contornos peculiares quando se trata de convivência entre avós e netos, já reconhecida de forma especificada pela Lei 12.398/11, ao prever incluir expressamente no ordenamento jurídico pátrio o direito de visita dos avós.

Em nossos estudos anteriores, destacamos que a expansão do universo familiar autoriza os avós pleitearem o direito de conviver com os netos, nele incluído o direito de hospedagem, bem como o de correspondência, ressaltado que a presença dos avós no âmbito da família pode representar para os netos um aprendizado contínuo quanto as rotinas diárias, alimentação etc., bem como, um efetivo exemplo de experiência e hábitos de vida. A troca de conhecimentos propiciada entre gerações pode ser um referencial importante para aqueles que se encontram em fase de desenvolvimento.[10]

Nessa esteira, o deferimento da guarda dos netos aos avós para atender a situações peculiares tem sido acolhida pelo STJ,[11] sobretudo para resguardar situação fática já existente, quando os avós já exercem a posse de fato da criança ou do adolescente.[12] Todavia, entende a Corte que não é possível conceder a guarda de criança ou adolescente aos avós para fins exclusivamente financeiros ou previdenciários, já que tais circunstâncias não se referem ao propósito de preservação da convivência familiar, que fundamenta a aplicação da medida.[13]

No que tange à guarda, importa ressaltar que, em relevante precedente, o STJ reconheceu a guarda compartilhada entre a avó e o tio paternos de criança, considerando a convivência do infante com os postulantes desde os quatro meses de idade, os bons cuidados dispensados e a anuência dos genitores.[14] Trata-se de decisão que reflete o papel

---

10. PEREIRA, Tânia da Silva; LEAL, Livia Teixeira. É possível aplicar ao idoso a mesma solução do "abandono afetivo"? In: TEIXEIRA, Ana Carolina Brochado; MENEZES, Joyceane Bezerra de (coord.). *Direito de gênero e vulnerabilidade*. São Paulo: Foco, 2020, no prelo.
11. Nesse sentido, ver: STJ, 3ª Turma, REsp 1186086/RO, Rel. Ministro Massami Uyeda, j. 03.02.2011, DJe 14.02.2011; STJ, 3ª Turma, AgRg no REsp 532984/MG, Rel. Ministro Vasco Della Giustina (Desembargador Convocado do TJ/RS), j. 18.05.2010, DJe 07.06.2010; STJ, 4ª Turma, REsp 945283/RN, Rel. Ministro Luis Felipe Salomão, j. 15.09.2009, DJe 28.09.2009.

    Ressalta-se que, de acordo com o entendimento do STJ, ao menor sob guarda deve ser assegurado o benefício de pensão por morte em face da prevalência do disposto no artigo 33, § 3º, do ECA, sobre a norma previdenciária. STJ, 1ª Seção, REsp 1.411.258/RS, Rel. Min. Napoleão Nunes Maia Filho, j. 11.10.2017, DJe 21.02.2018.
12. "Direito da criança e do adolescente. Pedido de guarda formulado pela avó. Consentimento dos pais. Melhor interesse da criança. – Sob a tônica da prevalência dos interesses da pessoa em condição peculiar de desenvolvimento deve-se observar a existência da excepcionalidade a autorizar o deferimento da guarda para atender situação peculiar, fora dos casos de tutela e adoção, na previsão do art. 33, § 2º, do ECA. – A avó busca resguardar situação fática já existente, por exercer a posse de fato da criança desde o nascimento, com o consentimento dos próprios pais, no intuito de preservar o bem estar da criança, o que se coaduna com o disposto

    no art. 33, § 1º, do ECA. – Dar-se preferência a alguém pertencente ao grupo familiar – na hipótese a avó – para que seja preservada a identidade da criança bem como seu vínculo com os pais biológicos, significa resguardar ainda mais o interesse do menor, que poderá ser acompanhado de perto pelos genitores e ter a continuidade do afeto e a proximidade da avó materna, sua guardiã desde tenra idade, que sempre lhe destinou todos os cuidados, atenção, carinhos e provê sua assistência moral, educacional e material. – O deferimento da guarda não é definitivo, tampouco faz cessar o poder familiar, o que permite aos pais, futuramente, quando alcançarem estabilidade financeira, reverter a situação se assim entenderem, na conformidade do art. 35 do ECA. – Se as partes concordam com a procedência do pedido de guarda, não será o Poder Judiciário que deixará a marca da beligerância nessa relação pacífica, quando deve mesmo assegurar que o melhor interesse da criança seja o resultado da prestação jurisdicional. – Se restou amplamente demonstrado que os interesses da criança estarão melhor preservados com o exercício da guarda pela avó, a procedência do pedido de guarda é medida que se impõe. Recurso especial provido". STJ, 3ª Turma, REsp 993458/MA, Rel. Min. Nancy Andrighi, j. 07.10.2008, DJe 23.10.2008.
13. Nesse sentido, ver: STJ, 3ª Turma, REsp 1297881/MG, Rel. Ministro Paulo de Tarso Sanseverino, j. 13.05.2014, DJe 19/05/2014; STJ, 3ª Turma, AgRg no Ag 1207108/RJ, Rel. Ministro Vasco Della Giustina (Desembargador Convocado do TJ/RS), j. 21.10.2010, DJe 10.11.2010; STJ, 4ª Turma, AgRg no Ag 1281609/PE, Rel. Ministro Luis Felipe Salomão, j. 26.10.2010, DJe 04.11.2010.
14. "Civil e processual. Pedido de guarda compartilhada de menor por tio e avó paternos. Pedido juridicamente possível. Situação que melhor atende ao interesse da criança. Situação fática já existente. Concordância da criança e seus genitores. Parecer favorável do ministério público estadual. Recurso conhecido e provido. I. A peculiaridade da situação dos autos, que retrata a longa coabitação do menor com a avó e o tio paternos, desde os quatro meses de idade, os bons cuidados àquele dispensados, e a anuência dos genitores quanto à pretensão dos recorrentes, também endossada pelo Ministério Público Estadual, é recomendável, em benefício da criança, a concessão da guarda compartilhada. II. Recurso especial conhecido e provido". STJ, 4ª Turma, REsp 1147138/SP, Rel. Min. Aldir Passarinho Junior, j. 11.05.2010, DJe 27.05.2010.

da família extensa como suporte muitas vezes necessário para a criança ou adolescente, acolhido juridicamente.

O exercício da tutela pelos avós também constitui uma importante forma de reconhecimento da importância da família extensa, estabelecendo o art. 1.731, I, do CC/02 que, na falta de nomeação de tutor pelos pais do infante, a tutela caberá aos ascendentes, preferindo o de grau mais próximo ao mais remoto.[15]

Em outro caso também expressivo, a 3ª Turma, sob relatoria do Ministro Ricardo Villas Bôas Cueva, afastou a aplicação de medida de acolhimento institucional a criança que possuía membro da família extensa – no caso, a avó materna – com interesse de lhe prestar cuidados. No caso concreto examinado, a avó materna, assim que teve ciência da potencial institucionalização da neta, havia ajuizado ação em que buscava obter a guarda da criança, de modo que não se justificaria a aplicação da mencionada medida de proteção.[16]

De outro lado, deve-se considerar que o direito de convivência dos avós com os netos não é absoluto, podendo ceder em algumas circunstâncias, mormente quando estiver em conflito com o melhor interesse do infante.

Nessa esteira, a 3ª Turma do STJ afastou a visitação avoenga em hipótese na qual o neto havia sido diagnosticado com TEA – Transtorno do Espectro do Autismo, não podendo ficar exposto a ambientes desequilibrados, a situações conturbadas ou a experiências traumáticas, sob pena de regressão em seu tratamento psicológico. O Colegiado entendeu que as desavenças existentes entre os avós e os pais do menor poderiam, neste caso, acarretar o agravamento do transtorno do neto, de modo a justificar a suspensão do convívio naquele momento.

A Ministra Nancy Andrighi, relatora, assinalou que, não obstante não se olvidasse da angústia vivida pelo avô que pretendia acompanhar de perto o crescimento do neto, as especialíssimas condições psíquicas do menor demandavam "extremo zelo e um ambiente absolutamente equilibrado e controlado", de maneira que "uma reaproximação entre avô e neto não poderia ocorrer de forma impositiva e obrigatória".[17]

---

15. O STJ, inclusive, já analisou caso que envolvia disputa judicial entre os avós paternos e maternos, residentes em países diversos, pela tutela de neto, criança de dupla nacionalidade que se tornara órfã em razão de acidente de trânsito ocorrido no brasil, do qual restaram fatalmente vitimados os respectivos pais. STJ, 4ª Turma, REsp 1.449.560/RJ, Rel. Min. Marco Buzzi, j. 19.08.2014, DJe 14.10.2014.
16. "Habeas corpus. Acolhimento institucional. Adoção. Impossibilidade. Família extensa. Avó materna. Vínculo familiar. Prevalência. Guarda. Possibilidade. Arts. 1º e 100, parágrafo único, X, do ECA. Melhor interesse da criança. 1. O Estatuto da Criança e do Adolescente-ECA, ao preconizar a doutrina da proteção integral (artigo 1º da Lei 8.069/1990), torna imperativa a observância do melhor interesse da criança. 2. É incabível o acolhimento institucional de criança que possui família extensa (avó materna) com interesse de prestar cuidados (art. 100 da Lei 8.069/1990). 3. Ressalvado o evidente risco à integridade física ou psíquica do infante, é inválida a determinação de acolhimento da criança, que, no caso concreto, exterioriza flagrante constrangimento ilegal. 4. Ordem concedida". STJ, 3ª Turma, HC 440.752/PR, Rel. Min. Ricardo Villas Bôas Cueva, j. 24.04.2018, DJe: 27.04.2018.
17. "Civil. Processual civil. Ação de regulamentação de visita avoenga. Restrição ou supressão ao direito de visitação existente entre avós e netos. Possibilidade, em caráter excepcional, em observância ao dever de máxima proteção ao menor. Animosidade entre pais e avós. Irrelevância. Exame de viabilidade do pedido que se submete exclusivamente a existência de benefício ou prejuízo ao menor. Neto diagnosticado com transtorno psíquico que não recomenda a exposição a ambientes desequilibrados, conturbados ou potencialmente traumáticos. Observância do melhor interesse do menor. 1– Ação proposta em 28/11/2012. Recurso especial interposto em 23/03/2015 e atribuído à Relatora em 25/08/2016. 2– O propósito recursal consiste em definir se, ao fundamento de se proteger integralmente

Também já respaldou a 6ª Turma a negativa da visita de netos de tenra idade ao avô condenado por tráfico, em regime fechado, por considerar que o direito de visitação do preso, buscando a sua ressocialização, não poderia se sobrepor aos direitos do infante, já que o ambiente prisional poderia ser prejudicial ao neto.[18]

2.2 Adoção por avós

A adoção dos netos pelos avós é vedada pelo § 1º do art. 42 do ECA, que estabelece que "[n]ão podem adotar os ascendentes e os irmãos do adotando".

Contudo, o STJ, já em 1997, vinha discutindo a possibilidade de flexibilizar tal regramento quando as circunstâncias indicassem a criação do neto pelo avô ou pela avó como se pai ou mãe fosse. No julgamento do REsp 76712/GO pela 3ª Turma, prevaleceu o teor do dispositivo legal como norma cogente, mas o então Ministro Waldemar Zveiter, já à época, votou em sentido contrário, pontuando a possibilidade de se conciliar "a vedação imposta pela regra do art. 42, § 1º, com o texto do art. 6º da mesma lei, em caráter excepcional", e assinalando que "a vedação contida no § 1º do art. 42 há de ceder ante o princípio geral excepcionando-a em cada caso a ver prevalente o interesse e o direito do menor".[19]

Em 2014, a 3ª Turma, sob relatoria do Ministro Moura Ribeiro, manteve, por unanimidade, a adoção do neto pelos avós, diante de particular situação fática. No caso examinado pela Corte, os requerentes haviam adotado uma criança de 8 anos de idade,

---

e atender ao melhor interesse do menor, o direito de visita que busca promover a convivência entre os avós e os netos pode ser restringido ou, até mesmo, inteiramente suprimido. 3– O direito à visitação avoenga, reconhecido pela doutrina e pela jurisprudência antes mesmo da entrada em vigor da Lei 12.398/2011, constitui-se em um direito que visa o fortalecimento e desenvolvimento da instituição familiar, admitindo restrições ou supressões, excepcionalmente, quando houver conflito a respeito de seu exercício, mediante a compatibilização de interesses que deverá ter como base e como ápice a proteção ao menor. 4 – As eventuais desavenças existentes entre os avós e os pais do menor não são suficientes, por si sós, para restringir ou suprimir o exercício do direito à visitação, devendo o exame acerca da viabilidade do pedido se limitar a existência de benefício ou de prejuízo ao próprio menor. 5 – Na hipótese, tendo sido o menor diagnosticado com TEA – Transtorno do Espectro do Autismo, devidamente demonstrado por estudos psicossociais que atestam as suas especialíssimas condições psíquicas e que recomenda a sua não exposição a ambientes desequilibrados, a situações conturbadas ou a experiências traumáticas, sob pena de regressão em seu tratamento psicológico, descabe ao Poder Judiciário, em atenção ao melhor interesse do menor, impor a observância da regra que permite a visitação. 6 – Recurso especial conhecido e provido, ficando prejudicado o efeito suspensivo anteriormente deferido na MC 25315". STJ, 3ª Turma, REsp 1.573.635/RJ, Rel. Min. Nancy Andrighi, j. 27.11.2018, DJe 06.12.2018.

18. Agravo regimental em recurso especial. Julgamento monocrático. Ausência de violação do princípio da colegialidade. Execução penal. Visita do preso. Direito que não é absoluto. Preponderância da proteção integral à criança. Visita dos netos ao avô preso por tráfico em regime fechado. (...) 2. O direito de visitação do preso, com o objetivo de ressocialização, não deve se sobrepor aos direitos do menor já que os estabelecimentos prisionais são, por sua própria natureza, ambientes impróprios à formação psíquica e moral de crianças e adolescentes, cuja proteção integral tem base constitucional, nos termos do art. 227 da Constituição Federal. 3. A negativa da visita de netos de tenra idade ao avô, condenado por tráfico e associação ao tráfico à reprimenda de 12 anos, 8 meses e 13 dias de reclusão em regime fechado não implica em isolamento do preso se resta garantido o direito em relação às demais visitas, tampouco em desrespeito dos direitos das crianças ao convívio familiar se podem elas viver na presença do pai, mãe e demais familiares. 5. Agravo regimental improvido". STJ, 6ª Turma, AgRg no REsp 1.702.274/SC, Rel. Min. Maria Thereza de Assis Moura, j. 19.04.2018, DJe 11.05.2018.

19. "Adoção. ascendente. proibição. Inarredável a norma cogente do art. 42, par. 1., do Estatuto da Criança e do Adolescente, que proíbe a adoção por ascendente. Recurso conhecido e provido". STJ, 3ª Turma, REsp 76712/GO, Rel. Min. Waldemar Zveiter, Rel. p/ Acórdão Min. Paulo Costa Leite, j. 16.12.1996, DJ 17.03.1997.

já grávida em razão de abuso sexual sofrido, e o infante, filho da adotanda, foi registrado apenas em nome da mãe, com informações desatualizadas, já que a genitora, após o registro do filho, alterou seu próprio nome, questão que não havia sido retificada no assento da criança. Após a concretização da adoção da mãe, o infante passou, desde o nascimento, a ser cuidado pelos adotantes como filho em todos os aspectos, exercendo os avós desde o nascimento dele a paternidade socioafetiva.

O Colegiado considerou que a hipótese versava, na realidade, sobre regularização de filiação socioafetiva, não configurando propriamente caso de adoção de descendente por ascendente, de modo que a questão não tratava de mera aplicação do art. 42, § 1º, do ECA ao caso concreto, já que este dispositivo visa atingir situação distinta daquela apresentada. Isso porque o infante havia sido criado como filho pelos postulantes desde o seu nascimento, e não como neto, não havendo a confusão genealógica que o referido dispositivo buscava evitar. Assim, a Turma reconheceu a possibilidade da mitigação do art. 42, § 1º, do ECA, levando-se em conta o disposto no art. 6º do ECA, diante da realidade familiar daquela situação em específico.[20]

Hipótese fática bastante similar foi também analisada pelo STJ em 2018, diante de pedido de adoção deduzido por avós que haviam criado o neto desde o seu nascimento, por impossibilidade psicológica da mãe biológica, vítima de agressão sexual. Também neste caso a 3ª Turma, sob relatoria da Ministra Nancy Andrighi, flexibilizou o entendimento constante no art. 42, § 1º, do ECA, apontando a Relatora o que se segue:

> Assim tenho que o art. 42, § 3º, submetido, como deve estar, ao arcabouço principiológico de proteção e preservação do melhor interesse da criança e do adolescente, pode ser superado quando suas bases teleológicas são frágeis, ou mesmo inexistentes, como na espécie, pois é certo, pelo quadro traçado na origem, que os recorrentes foram além do agir por dever, mas potencializaram, numa construção

---

20. "Estatuto da Criança e do Adolescente. Recurso especial. Ação de adoção c/c destituição do poder familiar movida pelos ascendentes que já exercem a paternidade socioafetiva. Sentença e acórdão estadual pela procedência do pedido. Mãe biológica adotada aos oito anos de idade grávida do adotando. Alegação de negativa de vigência ao art. 535 do CPC. Ausência de omissão, obscuridade ou contradição no acórdão recorrido. Suposta violação dos arts. 39, § 1º, 41, *caput*, 42, §§ 1º e 43, todos da Lei 8.069/90, bem como do art. 267, VI, do Código de Processo Civil. Inexistência. Discussão centrada na vedação constante do art. 42, § 1º, do ECA. Comando que não merece aplicação por descuidar da realidade fática dos autos. Prevalência dos princípios da proteção integral e da garantia do melhor interesse do menor. Art. 6º do ECA. Incidência. Interpretação da norma feita pelo juiz no caso concreto. Possibilidade. Adoção mantida. Recurso improvido. 1. Ausentes os vícios do art. 535, do CPC, rejeitam-se os embargos de declaração. 2. As estruturas familiares estão em constante mutação e para se lidar com elas não bastam somente as leis. É necessário buscar subsídios em diversas áreas, levando-se em conta aspectos individuais de cada situação e os direitos de 3ª Geração. 3. Pais que adotaram uma criança de oito anos de idade, já grávida, em razão de abuso sexual sofrido e, por sua tenríssima idade de mãe, passaram a exercer a paternidade socioafetiva de fato do filho dela, nascido quando contava apenas 9 anos de idade. 4. A vedação da adoção de descendente por ascendente, prevista no art. 42, § 1º, do ECA, visou evitar que o instituto fosse indevidamente utilizado com intuitos meramente patrimoniais ou assistenciais, bem como buscou proteger o adotando em relação a eventual "confusão mental e patrimonial" decorrente da "transformação" dos avós em pais. 5. Realidade diversa do quadro dos autos, porque os avós sempre exerceram e ainda exercem a função de pais do menor, caracterizando típica filiação socioafetiva. 6. Observância do art. 6º do ECA: na interpretação desta Lei levar-se-ão em conta os fins sociais a que ela se dirige, as exigências do bem comum, os direitos e deveres individuais e coletivos, e a condição peculiar da criança e do adolescente como pessoas em desenvolvimento. 7. Recurso especial não provido". STJ, 3ª Turma, REsp 1448969/SC, Rel. Min. Moura Ribeiro, j. 21.10.2014, DJe 03.11.2014.

diária, as relações próprias entre avós e netos (quando aqueles detém a guarda), para construírem uma relação filial, que foi igualmente assumida pelo resto do grupo familiar.[21]

Nesse sentido, pode-se observar que a vedação de adoção pelos avós pode ser flexibilizada, em situações excepcionais, para que se reconheça uma situação e fato já consolidada com o tempo, consubstanciada na criação da criança ou do adolescente como filho, a afastar, assim, o escopo de incidência da norma constante no art. 42, § 1º, do ECA para se reconhecer a filiação socioafetiva.

Em tais situações, pode-se afirmar que, apesar de um enquadramento inicial das partes como avô/avó e neto/neta, a relação de avosidade propriamente dita não se configurou na prática, já que constituída uma relação parental, viabilizando-se o reconhecimento da relação de filiação, estabelecida por meio dos vínculos socioafetivos.

Ressalta-se, contudo, que a se afasta a possibilidade de adoção quando esta tiver por finalidade objetivos escusos, na mesma esteira anteriormente apontada quanto à guarda. Sob este aspecto, a 4ª Turma, sob relatoria do Min. Luis Felipe Salomão, manteve a exclusão de maior adotada nos inventários de seus pais adotivos, considerando que a adoção simples (prevista pelo Código Civil de 1916), naquele caso, não teve outro propósito senão o recebimento de pensão militar, que somente era paga a filhas de militares.[22]

---

21. "Civil. Recurso especial. Família. Estatuto da criança e do adolescente. Adoção por avós. Possibilidade. Princípio do melhor interesse do menor. Padrão hermenêutico do ECA. 01 – Pedido de adoção deduzido por avós que criaram o neto desde o seu nascimento, por impossibilidade psicológica da mãe biológica, vítima de agressão sexual. 02 – O princípio do melhor interesse da criança é o critério primário para a interpretação de toda a legislação atinente a menores, sendo capaz, inclusive, de retirar a peremptoriedade de qualquer texto legal atinente aos interesses da criança ou do adolescente, submetendo-o a um crivo objetivo de apreciação judicial da situação específica que é analisada. 03. Os elementos usualmente elencados como justificadores da vedação à adoção por ascendentes são: i) a possível confusão na estrutura familiar; ii) problemas decorrentes de questões hereditárias; iii) fraudes previdenciárias e, iv) a inocuidade da medida em termos de transferência de amor/afeto para o adotando. 04. Tangenciando à questão previdenciária e às questões hereditárias, diante das circunstâncias fática presentes – idade do adotando e anuência dos demais herdeiros com a adoção, circunscreve-se a questão posta a deslinde em dizer se a adoção conspira contra a proteção do menor, ou ao revés, vai ao encontro de seus interesses. 05. Tirado do substrato fático disponível, que a família resultante desse singular arranjo, contempla, hoje, como filho e irmão, a pessoa do adotante, a aplicação simplista da norma prevista no art. 42, § 1º, do ECA, sem as ponderações do "prumo hermenêutico" do art. 6º do ECA, criaria a extravagante situação da própria lei estar ratificando a ruptura de uma família socioafetiva, construída ao longo de quase duas décadas com o adotante vivendo, plenamente, esses papéis intrafamiliares. 06. Recurso especial conhecido e provido". STJ, 3ª Turma, REsp 1635649/SP, Rel. Min. Nancy Andrighi, j. 27.02.2018, DJe 02.03.2018.

22. "Direito civil-constitucional. Escritura pública de adoção simples celebrada entre avós e neta maior de idade. Código civil de 1916. Efeitos jurídicos restritos quanto aos direitos do adotado. Superveniência da constituição federal de 1988. Isonomia entre filiação biológica e adotiva. Direito constitucional intertemporal. Retroatividade mínima da constituição. Alcance que não transmuda a essência do ato jurídico perfeito. Adoção cartorária entre avós e neta. Ausência de vínculos correlatos ao estado de filiação. Finalidade exclusivamente previdenciária. Valores não protegidos pela constituição federal. (...) 11. A adoção por avós de neto maior de idade, no sistema do Código Civil de 1916, sem que houvesse a constatação de estado de filiação de fato, em princípio, não satisfazia nenhum propósito legítimo, notadamente quando o adotante, como no caso, possuía filhos biológicos. Tampouco proporcionava aproximação ou criação de vínculos afetivos, não tinha como desígnio a retirada de pessoa de situação de desabrigo material, e, não tendo eficácia plena, também não conferia direitos sucessórios ao adotado. Ou seja, não há outra explicação lógica para a adoção cartorária como a ora em exame, entre avós (com filhos biológicos) e neta maior de idade, senão a de que foi levada a efeito para fins exclusivamente previdenciários. 12. E foi exatamente essa a moldura fática reconhecida pelo acórdão recorrido, no sentido de que a mencionada adoção não visou outro propósito senão ao recebimento de pensão militar, que somente era paga a filhas de militares. Tendo sido o de cujus genitor apenas de filhos homens, a adoção simples prevista no Código Civil de 1916 serviu bem a esse desiderato. 13. O vínculo nascido da adoção meramente cartorária, como a dos autos,

De outro lado, o STJ já reconheceu o direito à pensão por morte em relação avoenga, não obstante o avô não estivesse elencado no rol dos dependentes do segurado. A relatora Min. Laurita Vaz pontuou, naquela oportunidade, que o *de cujus* residia com o avô desde seu nascimento e que seus pais faleceram quando ainda estava em tenra idade, de modo que se estabeleceu, na prática, uma relação filial entre ambos. Consignou também que o neto continuou a residir com o avô mesmo na idade adulta, prestando-lhe total assistência econômico-material. Assim, a excepcionalidade da situação fundamentou a concessão ao avô do direito à pensão decorrente do óbito do neto.[23]

2.3 Obrigação alimentar

No que tange ao direito aos alimentos, insta salientar que os avós podem ser tanto credores quanto devedores de alimentos, cabendo analisar cada uma dessas situações separadamente, por suas peculiaridades.

Inicialmente, a obrigação alimentar em favor do idoso encontra fundamento nos arts. 229 e 230 da Constituição da República, que estabelecem o dever de amparo direcionado aos idosos, reconhecendo a importância de se assegurar sua participação na comunidade, de se defender sua dignidade e bem-estar, e de garantir-lhes o direito à vida. O dever de prestar alimentos encontra-se, ainda, presente no art. 1.694 do CC/02, que estabelece serem devidos alimentos entre parentes.[24]

Ademais, o direito aos alimentos em favor da pessoa idosa foi previsto pelos arts. 11 e 12 da Lei 10.741/2003 – Estatuto do Idoso[25] como obrigação solidária dos familiares, de modo que é facultado ao autor o direito de acionar um único prestador, o qual deverá cumprir a totalidade da obrigação e a quem é assegurado o direito de regresso contra os demais codevedores.

---

realizada entre avós e neta maior de idade, puramente para fins previdenciários, não é aquele vínculo visado pela Constituição Federal de 1988, ao igualar as várias modalidades de filiação. A isonomia fincada na Carta de 1988 visou, a toda evidência, igualar situações jurídicas de quem efetivamente sempre foi filho, por vínculos biológicos ou socioafetivos, mas que o ordenamento jurídico anterior, por inveterado preconceito ou por vetusto moralismo, teimava em conferir tratamento jurídico diferenciado. Não é o caso dos autos. 14. Recurso especial não provido". STJ, 4ª Turma, REsp 1.292.620/RJ, Rel. Min. Raul Araújo, Rel. para Acórdão Min. Luis Felipe Salomão, j. 25.06.2013, DJe 13.09.2013.

23. "Previdenciário. Pensão por morte. Avô. Óbito do neto. Situação especialíssima dos autos. Neto que fora criado como se filho fosse em decorrência da morte de seus pais. Possibilidade. 1. A teor do art. 16 da Lei 8.213/91, o avô não é elencado no rol dos dependentes do segurado, razão pela qual, a princípio não faria jus à pensão gerada pelo óbito do neto em cuja companhia vivia. 2. Presença, nos autos, de hipótese singular, em que a criação do segurado pelo avô, desde o nascimento, acrescida da morte precoce de seus pais, demonstram que o segurado tinha para com o Autor, na verdade, uma relação filial, embora sanguínea e legalmente fosse neto. 3. Impossibilidade de exigência da adequação legal da relação que existia à real situação fática, uma vez que é vedada a adoção do neto pelo avô, a teor do disposto no art. 42, § 1º, do Estatuto da Criança e do Adolescente. 4. Direito à pensão por morte reconhecido. 5. Recurso especial conhecido e provido". STJ, 5ª Turma, REsp 528987/SP, Rel. Min. Laurita Vaz, j. 06.11.2003, DJ 09.12.2003.

24. CC/02, Art. 1.694. Podem os parentes, os cônjuges ou companheiros pedir uns aos outros os alimentos de que necessitem para viver de modo compatível com a sua condição social, inclusive para atender às necessidades de sua educação. § 1º Os alimentos devem ser fixados na proporção das necessidades do reclamante e dos recursos da pessoa obrigada. § 2º Os alimentos serão apenas os indispensáveis à subsistência, quando a situação de necessidade resultar de culpa de quem os pleiteia.

25. Lei 10.741/2003, Art. 11. Os alimentos serão prestados ao idoso na forma da lei civil.
Lei 10.741/2003, Art. 12. A obrigação alimentar é solidária, podendo o idoso optar entre os prestadores.

Nesses casos, "o direito aos alimentos é personalíssimo, impenhorável e imprescritível, mas as prestações vencidas prescrevem no prazo de dois anos", devendo o magistrado pautar-se no binômio necessidade/possibilidade para sua determinação. Assim, "se o idoso tem necessidade e a família tem possibilidade, a pensão alimentícia será fixada pelo juiz da Vara da Família através da ação de alimentos proposta pelo idoso ou por seu curador".[26]

Conforme observam Denis Franco Silva e Fabiana Rodrigues Barletta, deve-se considerar, nas hipóteses em que os alimentos forem direcionados aos idosos, as necessidades ambivalentes de preservação da autonomia, de um lado, e de proteção, do outro, bem como as minúcias decorrentes da condição de idoso, como alimentação especial, gastos específicos com saúde, auxílio para locomoção, adaptações residenciais, dentre outras.[27]

De outro lado, em se tratando dos avós na qualidade de devedores de alimentos, destaca-se que o STJ editou, em 2017, a Súmula 596, que prevê que "[a] obrigação alimentar dos avós tem natureza complementar e subsidiária, somente se configurando no caso da impossibilidade total ou parcial de seu cumprimento pelos pais", consolidando entendimento já reiterado daquela Corte a respeito do tema.

Sublinha-se que, em 2002, o STJ já vinha afastando a solidariedade dos avós e dos pais quanto à prestação dos alimentos. Desse modo, no julgamento do REsp 366837/RJ, a 4ª Turma decidiu que não bastaria o simples inadimplemento dos pais quanto à obrigação de sustento dos filhos para que a responsabilidade recaísse de forma integral nos avós.[28]

No mesmo sentido, no AgInt no AREsp 740.032/BA, a 3ª Turma, sob relatoria do Ministro Marco Aurélio Bellizze consignou que, diante da complementaridade e da subsidiariedade da obrigação avoenga, deve-se esgotar os meios processuais direcionados à coerção do genitor para o pagamento dos alimentos, inclusive por meio da decretação da sua prisão civil, para só então ser possível o redirecionamento da demanda aos avós.[29]

---

26. BRAGA, Pérola Melissa Vianna. *Curso de Direito do Idoso*. São Paulo: Atlas, 2011, p. 19.
27. "O princípio da proteção integral, no que se refere aos alimentos, diz respeito às precisões advindas das minúcias da condição de idoso, que podem demandar alimentação especial, gastos com saúde diferenciados como, por exemplo, fisioterapia, uma casa com certos aparatos para deficiências visuais, de audição, de locomoção, de alcance, de manuseio ou, talvez, uma entidade de atendimento que já possua esses elementos. Somados, os princípios da proteção integral e da absoluta prioridade compõem um só princípio: o do melhor interesse do idoso. Essa construção decorre das necessidades ambivalentes de autonomia, que advêm do princípio da liberdade e de proteção, sucedâneo do princípio da solidariedade, conferidas ao idoso de forma peculiar e, na medida do caso concreto, de acordo com suas especificidades, a fim de se preservar seu melhor interesse num ou noutro sentido". SILVA, Denis Franco; BARLETTA, Fabiana Rodrigues. Solidariedade e tutela do idoso: o direito aos alimentos? In: In: BARLETTA, Fabiana Rodrigues; ALMEIDA, Vitor. (Org.). *A tutela jurídica da pessoa idosa*. Indaiatuba/SP: Foco, 2019, p. 188.
28. "CIVIL. FAMÍLIA. ALIMENTOS. RESPONSABILIDADE COMPLEMENTAR DOS AVÓS. Não é só e só porque o pai deixa de adimplir a obrigação alimentar devida aos seus filhos que sobre os avós (pais do alimentante originário) deve recair a responsabilidade pelo seu cumprimento integral, na mesma quantificação da pensão devida pelo pai. Os avós podem ser instados a pagar alimentos aos netos por obrigação própria, complementar e/ou sucessiva, mas não solidária. Na hipótese de alimentos complementares, tal como no caso, a obrigação de prestá-los se dilui entre todos os avós, paternos e maternos, associada à responsabilidade primária dos pais de alimentarem os seus filhos. Recurso especial parcialmente conhecido e parcialmente provido, para reduzir a pensão em 50% do que foi arbitrado pela Corte de origem". STJ, 4ª Turma, REsp 366837/RJ, Rel. Min. Ruy Rosado de Aguiar, Rel. para Acórdão Min. Cesar Asfor Rocha, j. 19.12.2002, DJ 22.09.2003.
29. "Agravo interno no agravo em recurso especial. Ação de alimentos. Obrigação do avô paterno. Responsabilidade subsidiária e complementar. Necessidade de esgotamento dos meios processuais para localização do genitor.

Em 2017, a 3ª Turma, no HC 416.886/SP, sob relatoria da Min. Nancy Andrighi, concedeu *habeas corpus* a um casal de idosos que haviam tido a prisão civil decretada pelo inadimplemento de mensalidades escolares e cursos extracurriculares dos netos. Para o Colegiado, o fato de os avós terem assumido de forma espontânea o custeio da educação dos infantes não poderia resultar da adoção do mesmo rito e as mesmas técnicas coercitivas da cobrança de dívida alimentar devida pelos pais, mormente ao se considerar o caráter subsidiário dos alimentos avoengos.[30]

2.4 Direito à ancestralidade

O STJ tem reconhecido, ademais, a possibilidade de ajuizamento de ação declaratória pelo(a) neto/neta para que o Judiciário decida se existe ou não relação material de parentesco com o suposto(a) avô/avó.[31]

Nesse sentido, destacam-se as lições de Rolf Madaleno, *infra* transcritas:

> Negar o direito de os netos investigarem a origem genética de seu pai que morreu sem ter investigado sua paternidade seria negar o inescusável direito à identidade familiar, atributo personalíssimo e direito inerente ao neto de buscar sua identificação pessoal, social e familiar. A identidade é a verdade íntima

---

Agravo desprovido. 1. A obrigação dos avós de prestar alimentos aos netos é subsidiária e complementar, tornando imperiosa a demonstração da inviabilidade de prestar alimentos pelos pais, mediante o esgotamento dos meios processuais necessários à coerção do genitor para o cumprimento da obrigação alimentar, inclusive por meio da decretação da sua prisão civil, prevista no art. 733 do CPC, para só então ser possível o redirecionamento da demanda aos avós. 2. Agravo interno desprovido". STJ, 3ª Turma, AgInt no AREsp 740.032/BA, Rel. Min. Marco Aurélio Bellizze, j. 21.09.2017, DJe: 02.10.2017.

Também nessa esteira: STJ, 3ª Turma, REsp 1.698.643/SP, Rel. Min. Nancy Andrighi, j. 10.04.2018, DJe 13.04.2018.

30. "Civil. Processual civil. Habeas corpus. Prisão civil por alimentos. Obrigação alimentar avoenga. Caráter complementar e subsidiário da prestação. Existência de meios executivos e técnicas coercitivas mais adequadas. Indicação de bem imóvel à penhora. Observância aos princípios da menor onerosidade e da máxima utilidade da execução. Desnecessidade da medida coativa extrema na hipótese. 1– O propósito do habeas corpus é definir se deve ser mantida a ordem de prisão civil dos avós, em virtude de dívida de natureza alimentar por eles contraída e que diz respeito às obrigações de custeio de mensalidades escolares e cursos extracurriculares dos netos. 2– A prestação de alimentos pelos avós possui natureza complementar e subsidiária, devendo ser fixada, em regra, apenas quando os genitores estiverem impossibilitados de prestá-los de forma suficiente. Precedentes. 3– O fato de os avós assumirem espontaneamente o custeio da educação dos menores não significa que a execução na hipótese de inadimplemento deverá, obrigatoriamente, seguir o mesmo rito e as mesmas técnicas coercitivas que seriam observadas para a cobrança de dívida alimentar devida pelos pais, que são os responsáveis originários pelos alimentos necessários aos menores. 4– Havendo meios executivos mais adequados e igualmente eficazes para a satisfação da dívida alimentar dos avós, é admissível a conversão da execução para o rito da penhora e da expropriação, que, a um só tempo, respeita os princípios da menor onerosidade e da máxima utilidade da execução, sobretudo diante dos riscos causados pelo encarceramento de pessoas idosas que, além disso, previamente indicaram bem imóvel à penhora para a satisfação da dívida. 5– Ordem concedida, confirmando-se a liminar anteriormente deferida". STJ, 3ª Turma, HC 416.886/SP, Rel. Min. Nancy Andrighi, j. 12.12.2017, DJe 18.12.2017.

31. "Ação dos netos para identificar a relação avoenga. Precedente da Terceira Turma. 1. Precedente da Terceira Turma reconheceu a possibilidade da ação declaratória "para que diga o Judiciário existir ou não a relação material de parentesco com o suposto avô" (REsp 269/RS, Relator o Ministro Waldemar Zveiter, DJ de 7/5/90). 2. Recursos especiais conhecidos e providos". STJ, 3ª Turma, REsp 603885/RS, Rel. Min. Carlos Alberto Menezes Direito, j. 03.03.2005, DJ 11.04.2005.

"Recurso especial. Família. Relação avoenga. Reconhecimento judicial. Possibilidade jurídica do pedido. – É juridicamente possível o pedido dos netos formulado contra o avô, os seus herdeiros deste, visando o reconhecimento judicial da relação avoenga. – Nenhuma interpretação pode levar o texto legal ao absurdo". STJ, 3ª Turma, REsp 604154/RS, Rel. Min. Humberto Gomes de Barros, j. 16.06.2005, DJ 01.07.2005.

e estrutural do ser humano e diz respeito à sua história, sua biografia e herança que irá depois transmitir para seus sucessores (...).[32]

O mesmo autor ressalta, ainda, a importância do reconhecimento da ancestralidade para a garantia do direito ao nome e também dos demais direitos decorrentes do vínculo de parentesco (alimentos, sucessão, convivência familiar etc.).[33]

Na mesma esteira, a 2ª Seção reconheceu, em 2010, que os netos "possuem direito de agir, próprio e personalíssimo, de pleitear declaratória de relação de parentesco em face do avô, ou dos herdeiros se premorto aquele, porque o direito ao nome, à identidade e à origem genética estão intimamente ligados ao conceito de dignidade da pessoa humana". O Colegiado afastou as preliminares de carência da ação por ilegitimidade de parte e de impossibilidade jurídica do pedido, sustentadas pelos herdeiros do avô, considerando que a questão envolvia direitos da personalidade, como o direito ao nome e ao conhecimento da origem genética, e que o direito à busca da ancestralidade é personalíssimo, possuindo tutela jurídica integral e especial, nos moldes dos arts. 5º e 226, da CF/88.[34]

Verifica-se, desse modo, que o reconhecimento da relação jurídica de parentesco entre avô e neto se revela essencial para a construção da identidade pessoal e genética, não devendo ser afastada a possibilidade de ajuizamento de ação direcionada a esta finalidade, já que os laços familiares não se restringem às relações de parentesco.

3. CONSIDERAÇÕES FINAIS

A cada dia, revela-se mais urgente e essencial o debate a respeito da *avosidade*, aqui compreendida como a relação de parentesco em linha reta de 2º grau, da qual decorrem os vínculos entre avós e netos. O envelhecimento da população, como consequência do aumento da expectativa de vida, proporciona a ampliação do período e das possibilidades de convivência dos netos com os avós, de modo que as questões jurídicas que decorrem dessa relação se tornam ainda mais expressivas.

A relação entre avós e netos repercute juridicamente tanto sob o aspecto existencial, por meio do direito de convivência familiar, da afetividade, do direito ao nome e à ascendência genética, quanto patrimonial, relacionando-se ao direito aos alimentos e ao direito sucessório, dentre outros.

No presente estudo, buscou-se destacar as principais soluções adotadas pelo Superior Tribunal de Justiça em temas vinculados à *avosidade*, por meio da seleção de alguns precedentes daquela Corte, que se destacam por sua relevância e expressividade para a relação entre avós e netos.

Verificou-se, assim, que a convivência familiar entre avós e netos tem sido reconhecida por meio do deferimento da tutela e da guarda dos netos aos avós, sobretudo para resguardar situação fática já existente, quando os avós já exercem a posse de fato da criança ou do adolescente, o que pode, inclusive ocorrer de forma compartilhada com

---

32. MADALENO, Rolf. *Direito de Família*. 9. ed. Rio de Janeiro: Forense, 2019, p. 559.
33. *Ibidem*.
34. STJ, 2ª Seção, REsp 807849/RJ, Rel. Min. Nancy Andrighi, j. 24.03.2010, DJe: 06.08.2010.

outros parentes. Além disso, privilegia-se a família extensa ou ampliada como forma de se evitar a aplicação de medida de acolhimento institucional.

Afasta-se, por outro lado, a guarda de criança ou adolescente aos avós para fins exclusivamente financeiros ou previdenciários, podendo o direito de convivência dos avós com os netos ceder, ademais, quando estiver em conflito com o melhor interesse do infante.

Também foi pontuado que a vedação de adoção pelos avós, constante no art. 42, § 1º, do ECA, pode ser flexibilizada, em situações excepcionais, para que se reconheça uma situação de fato já consolidada com o tempo, consubstanciada na criação da criança ou do adolescente pelos avós como filho, a estabelecer uma relação de parentalidade socioafetiva.

Quanto ao direito aos alimentos, salientou-se que os avós podem ser tanto credores quanto devedores de alimentos, devendo o exame acerca dos alimentos direcionados aos avós idosos considerar as necessidades singulares desta fase da vida, e se impondo a consideração da natureza complementar e subsidiária da obrigação alimentar dos avós em relação aos netos.

Por fim, vem o STJ afastando as alegações de ilegitimidade da parte e impossibilidade jurídica do pedido nas ações propostas por netos com o fito de verem reconhecido o vínculo de parentesco com o avós, evidenciando a importância deste reconhecimento para a construção da identidade pessoal e genética do indivíduo, consistente no denominado direito à ancestralidade.

Essas decisões revelam apenas uma parte do universo de reflexos da *avosidade* para o direito, mas, dentro do que o presente trabalho se propôs, evidenciam entendimentos relevantes firmados pelo STJ em temas relevantes para as relações entre avós e netos, indicando a preservação dessa convivência e das obrigações que dela decorrem quando o convívio atender ao viés de promoção da integração intergeracional que contemple o melhor interesse das pessoas vulneráveis envolvidas.

AS DECISÕES SOBRE SAÚDE DOS AVÓS E O RESPEITO À ESPIRITUALIDADE E À AUTONOMIA

Maria Aglaé Tedesco Vilardo

Doutora em bioética, ética aplicada e saúde coletiva pelo Programa de Pós-Graduação em Bioética, em associação da Universidade do Estado do Rio de Janeiro, Universidade Federal do Rio de Janeiro, Universidade Federal Fluminense e Fundação Oswaldo Cruz, com doutorado sanduíche no Kennedy Institute of Ethics, na Georgetown University – Washington DC – EUA. Professora da Escola da Magistratura do Estado do Rio de Janeiro – EMERJ. Presidente do Fórum Permanente de Biodireito, Bioética e Gerontologia da EMERJ. Juíza de Direito do Tribunal de Justiça do Estado do Rio de Janeiro.

Sumário: 1. Introdução. 2. Conceitos doutrinários e legislativos. 3. Reciprocidade no Cuidado Intergeracional. 4. Casos concretos judicializados. 4.1 A obrigação do Estado em contribuir com os custos de cuidados da pessoa idosa. 4.2 O direito à convivência de avós com a terceira geração. 4.3 A tomada de decisão de saúde de pessoa idosa e o respeito à espiritualidade e à autonomia. 5. Conclusão.

1. INTRODUÇÃO

O grande desafio para o envelhecimento da população é garantir a dignidade até o fim da vida. Antes de chegar à velhice, as pessoas têm um longo percurso de vida com suas histórias, seus afetos, seus valores e seus desejos, de formas diferenciadas. Transmitir o acúmulo destas experiências e da sabedoria de vida para as demais gerações não é tarefa simples, pois implica em respeito ao passado construído sobre vivência pessoal em um mundo em constante mutação, inclusive de valores morais. A aproximação das gerações, especialmente nos laços de avosidade, nos faz reconhecer a existência de preconceitos e a busca em rechaçar a discriminação pelo idadismo, ou seja, em razão da idade avançada.

O objetivo deste artigo é demonstrar que a legislação brasileira respalda de forma contundente o direito à manutenção da espiritualidade e da autonomia nas decisões de saúde quando chegam o envelhecimento e a natural ocupação das novas gerações nos espaços de cuidado das famílias. Os espaços começam a ser ocupados pela segunda geração, filhos e filhas, e a seguir pela terceira geração, netos e netas, cabendo, por vezes, a assunção de lugares inversos, passando de pessoas cuidadas a pessoas cuidadoras.

De início são apresentados conceitos doutrinários delineados pela doutrina e pela legislação. A seguir são trazidas pesquisas desenvolvidas com foco no cuidado de pessoas idosas e crianças cuidadoras. Por fim, são apresentados casos concretos escolhidos em função da temática da relação de avosidade.

Estes casos possuem três focos específicos: a obrigação do Estado em contribuir com os custos de cuidados da pessoa idosa; o direito à convivência de avós com a terceira geração; a tomada de decisão de saúde de pessoa idosa e o respeito à espiritualidade e à autonomia. Os casos, submetidos ao julgamento de tribunais superiores e estaduais, são descritos e analisados de acordo com os conceitos e as leis para demonstrar a existência de fundamentação legal robusta a manter os direitos das pessoas idosas a decidir o que desejam para si, em consonância com sua história de vida e suas crenças.

2. CONCEITOS DOUTRINÁRIOS E LEGISLATIVOS

Para melhor compreensão, apresentamos alguns conceitos a serem utilizados para fundamentar as ideias, tanto no campo doutrinário quanto no campo legislativo. São os conceitos centrais de saúde da pessoa idosa, espiritualidade e autonomia. Outros conceitos próximos a estes são definidos com o mesmo propósito, tais como independência, envelhecimento, religiosidade e transcendência, pois servirão de base à discussão sobre a avosidade, esta relação de parentesco e laços afetivos e de responsabilidades entre avós/avôs e netas/netos, e a potencial inversão geracional ao se tratar de cuidados de saúde das pessoas idosas. Iniciemos com o conceito de saúde na fase de vida na qual a degradação do corpo físico é compreendida como natural.

A saúde da pessoa idosa nos remete à fragilidade na finitude da vida. Quando pensamos nas avós e nos avôs a imagem que nos vem é de uma pessoa bem velha, enxergando e ouvindo pouco, com dores e com dificuldades para caminhar, pouca memória dos fatos recentes, embora nem sempre seja assim. Algumas destas pessoas estão em atividade, aposentadas ou não, trabalhando e sustentando outras pessoas de sua família, fazendo os afazeres domésticos, cuidando de crianças enquanto outras estão precisando ser cuidadas.

O cuidado de saúde envolve mais do que o bem-estar físico. É fundamental que se tenha a manutenção de corpo físico capaz de realizar as tarefas diárias, como cozinhar os alimentos, cuidar da higiene pessoal, fazer compras básicas, pagar as contas. Entretanto, nem sempre tais habilidades permanecem intactas ou são viáveis. Além do aspecto físico, a saúde mental e psíquica é da maior importância para que se possa realizar todas as tarefas necessárias, mesmo quando há alguma redução cognitiva, para manter boa parte da independência, ou, ainda que se necessite do auxílio de outra pessoa.

A independência é a possibilidade de realizar por si própria as suas atividades diárias. Quando uma pessoa consegue fazer pessoalmente o que se determinou é considerada independente. Se precisar de ajuda será parcialmente independente. Estando sem possibilidade em desempenhar suas tarefas básicas, estará dependente de terceiros, seja para sua higiene íntima ou alimentação. A independência difere da autonomia, como veremos.

A autonomia é a possibilidade de uma pessoa tomar decisões, por si própria, sem coerção, embora seja possível receber influência para decidir. O que importa é que a autodeterminação esteja preservada. A decisão autônoma implica em que a escolha seja livre, de acordo com a ideia e vontade pessoal. A pessoa recebe informações adequadas sobre o que precisa decidir, poderá ou não discutir os fatos com alguém em quem confie, refletirá sobre as possibilidades apresentadas, suas alternativas e as possíveis consequências, escolhendo o que melhor convier.

A decisão livre de coerção significa que qualquer pressão irá retirar da pessoa a liberdade de escolha, pois passará a decidir compelida a fazer algo não desejado, por intimidação ou para satisfazer outra pessoa, por medo ou por ameaça, viciando sua vontade íntima e afastando o elemento volitivo. A liberdade é fundamental para se decidir, aliada à boa informação, clara, compreensível, com as possíveis opções e previsibilidades. A autonomia é reconhecida, em geral, para as pessoas adultas, todavia há preconceito quando nos referimos à autonomia da pessoa mais velha por serem consideradas sem condições mentais ou psíquicas, pelo fato de estarem velhas.

No Brasil, um país em desenvolvimento, velho é quem tem 60 anos ou mais, embora alguns direitos à pessoa idosa sejam concedidos somente aos 65 anos. Em países desenvolvidos é considerado velho quem tem 65 anos ou mais.

É questionável ser considerada velha uma pessoa com 60 anos, pois se trabalha e é ativa, não nos parece velha. A palavra velha tem uma carga forte, podendo remeter à inutilidade, a um peso, tornando negativa sua utilização. Talvez esta seja a razão de se usar a palavra idoso, tanto no dia a dia quanto nas normas legais. A diferença entre o termo velho e idoso pode ser explicada pela distinção feita na França,[1] no século XIX, quando a palavra velho adquiriu conotação de desprezo, pois era aquele não considerado socialmente, ao contrário da expressão idoso, que era bem vista. Isso porque a velhice seria a representação daquela pessoa bem-sucedida financeiramente, pois somente se chegaria a esta fase da vida com condições financeiras favoráveis, o que demonstra que envelhecer exige mais do que saúde.

O processo de envelhecer é estudado pela gerontologia e teve seu início no limiar do século XX, por Élie Metchnikoff, que passou a estudar o prolongamento da vida a partir dos novos conhecimentos científicos,[2] sem ter recebido apoio da sua comunidade científica. Pouco depois, a geriatria foi reconhecida como nova especialidade médica para tratar da velhice e seus acometimentos, quando o médico Ignatz L. Nascher fundou a sociedade de geriatria de Nova York. Aliadas, a gerontologia e a geriatria passaram a estabelecer as distinções entre um processo de envelhecimento saudável ou não. As alterações fisiológicas ocorridas pelo longo tempo de vida, ao não caracterizarem doença, são conhecidas como senescência e, se consideradas patológicas, são chamadas de senilidade, embora alguns autores não façam tal distinção.

A senescência vem sendo estudada pela biogerontologia[3] com pesquisas sobre o mecanismo do envelhecimento dispondo de várias teorias biológicas que não a consideram uma doença, pois esta compromete o organismo em suas funções fisiológicas e evolutivas, enquanto, no envelhecimento, há uma degradação da matéria por vários processos complexos internos ocorridos na relação com o meio ambiente, levando a

---

1. FREITAS, Maria Célia de et al. Perspectivas das pesquisas em gerontologia e geriatria: revisão da literatura. *Rev. Latino-Am. Enfermagem*, Ribeirão Preto, v. 10, n. 2, p. 221-228, abril, 2002. Disponível em: [http://www.scielo.br/scielo.php?script=sci_arttext&pid=S0104-11692002000200015&lng=en&nrm=isso]. Acesso em: 14.06.2020.
2. FREITAS, Elizabete Viana de; Py, Ligia. *Tratado de Geriatria e Gerontologia*. 4. ed. RJ: Guanabara Koogan, 2016. Netto, Mateus Papaléo-Estudo da velhice. Histórico, definição do campo e termos básicos, p. 3-13.
3. MOREIRA, Virgílio Garcia - Biologia do envelhecimento. In: *Tratado de geriatria e gerontologia*, p. 14-27.

vasto risco de morte, tornando-a inevitável, tornando a qualidade de vida no envelhecer, de grande relevância.

Em 1935, a qualidade de vida do envelhecimento passou a ser prioridade, a partir da implementação da avaliação geriátrica especializada, pela médica Marjory Warren, responsável por um asilo de velhos e doentes em Londres. A reabilitação e a mobilização, com o engajamento da pessoa idosa em suas atividades rotineiras, permitiram que muitos destes pacientes asilados fossem recuperados em suas funções e voltassem a viver em família. O propósito da independência do paciente idoso, em seu grau máximo, era a tônica, embora o paciente envelhecido não tivesse a visibilidade de outro tipo de paciente, pois a geriatria era uma nova especialidade em busca de respeitabilidade. Esta conquista da médica Warren ampliou a importância da especialização face ao número crescente da população envelhecida aliada à necessidade de recursos econômicos para atender a esta demanda.

Além dos cuidados biológicos, há necessidade de serem observados os demais aspectos no entorno da vida no processo de envelhecimento. Para isso, deve ser considerado o significado da dimensão que cada pessoa confere a sua própria vida, pois a partir da voz de quem vivencia este processo, se torna possível avaliar valores preponderantes que carrega consigo, em consonância com sua história de vida, sua biografia. O bem-estar psicossocial traz a importância da vida em sua completude, através do afeto, psiquê, relações sociais, entre outros, tão importantes quanto a saúde física neste corpo finito.

A certeza da finitude e a irreversibilidade da morte do corpo físico tornam, ainda maior, o mistério de estarmos neste mundo. O corpo assume sua decadência com sofrimento e dor, entre a frustração e o tédio, o que gera a busca pelas respostas sobre o porquê de estarmos no mundo.[4] Buscar explicações sobre nossa presença no mundo é a busca de um sentido espiritual.

A espiritualidade pode ser compreendida como a busca de significado para nossa presença passageira no mundo, passível de ocorrer independente de religiosidade e de se ter crença em uma entidade superior. Implica em indagar quais as razões de nossa presença na Terra, se há propósitos além de viver um boa vida, se temos responsabilidades para com as outras pessoas, os animais, o meio ambiente, bem como questionarmos os nossos valores pessoais.

Espiritualidade e religiosidade, portanto, não se confundem, sendo possível viver a espiritualidade de várias formas sem uma referência externa, transcendental, embora possa ser vivenciada por meio de ritos religiosos e de crenças. A religião, segundo Jung,[5] é uma consideração de fatores dinâmicos que se apodera e domina o humano. Jung utiliza a expressão numinoso, referenciada por Rudolf Otto, cujos efeitos produzem modificação na consciência através de um objeto ou de uma presença invisível e potencializada, como os espíritos ou os deuses. A repetição da experiência dinâmica faz nascer o rito e a imutabilidade religiosa. A psicologia não irá considerar a pretensão da crença ou transcendência, mas seu aspecto humano e os fatores que agem sobre seu estado.

---

4. UNGER, Roberto Mangabeira. *O homem despertado*: imaginação e esperança. Rio de Janeiro: Ed. Civilização brasileira, 2020, p. 19-36.
5. JUNG, C.J. Espiritualidade e transcendência. Rio de Janeiro: Ed. Vozes, 2018, p. 73-80.

Para Schramm,[6] a transcendência pressupõe uma entidade fora do mundo, a legitimar as decisões tomadas por seus representantes na humanidade. As relações entre os indivíduos são dotadas de uma estrutura hierárquica na qual a autoridade legitimidade pela entidade externa toma as decisões polêmicas e influencia a decisão individual daqueles que acreditam nesta estrutura. Schramm a denomina de transcendência vertical. No entanto, admite uma transcendência horizontal, entre os indivíduos, a qual não tem uma necessária relação com um ser superior, mas aceita a transcendência na sua existência com o outro, representada na alteridade. Considera uma autêntica espiritualidade aquela que não esteja vinculada a alguma religião, pois a transcendência vertical, com forte influência da entidade externa, impede o enfrentamento de novas questões ligadas a ética da vida, a bioética, admitindo o controle externo da própria vida.

Após a exposição de alguns conceitos apresentados pela doutrina, vamos extrair das normas vigentes no Brasil, as referências a estes conceitos. Além da legislação ordinária é apresentado o compromisso internacional firmado pelo país, mesmo sem força de lei, mas uma responsabilidade assumida perante a comunidade internacional no que diz respeito à proteção da pessoa idosa. Iniciamos com o conceito de saúde e a definição da Organização Mundial de Saúde (OMS).

A constituição normativa da OMS[7] conceitua a saúde como um completo bem-estar, em todos os aspectos, físico, mental e social. Não se refere, apenas, à ausência das doenças. Mas para isso, há que se ter condições de assegurar a saúde nesta integralidade quanto à disponibilidade financeira, acessibilidade, aceitabilidade e qualidade do serviço de saúde pública de um país. É um modelo holístico considerado difícil de ser alcançado e necessita de outros setores, além da saúde, para isso.

Dentre as recentes metas estabelecidas pela OMS estão as que irão impactar diretamente na saúde das pessoas idosas, como o controle das doenças crônicas não transmissíveis; o impacto de pandemias; e cuidados na atenção primária, o primeiro ponto de contato com o sistema de saúde.

O Estudo Longitudinal de Saúde dos Idosos Brasileiros (Elsi)[8] examina os determinantes sociais e biológicos do envelhecimento e suas consequências para o indivíduo e a sociedade. O estudo revela que as doenças crônicas acometem quase 40% das pessoas idosas e o vírus da influenza alcançou os idosos com 55% dos óbitos.

Com estes resultados, é premente a cobertura universal de saúde, prevista na Constituição Federal Brasileira, bem como estratégia de financiamento deste serviço, havendo norma para que o acesso aos serviços de saúde seja sem sacrifícios financeiros.[9] Portan-

---

6. SCHRAMM, Fermin Roland. *Espiritualidade e bioética*: o lugar da transcendência horizontal do ponto de vista de um bioeticista laico e agnóstico. O MUNDO DA SAÚDE São Paulo: 2007: abr/jun 31(2):161-166. Disponível em: [https://www.researchgate.net]. Acesso em: 28.06.2020.
7. ORGANIZAÇÃO MUNDIAL DE SAÚDE. Disponível em: [http://www.direitoshumanos.usp.br/index.php/OMS-Organiza%C3%A7%C3%A3o-Mundial-da-Sa%C3%BAde/constituicao-da-organizacao-mundial-da-saude-omswho.html]. Acesso em: 26.06.2020.
8. Pesquisa coordenada pela Fundação Oswaldo Cruz – Minas Gerais (FIOCRUZ-MG) e pela Universidade Federal de Minas Gerais (UFMG). Disponível em: [http://elsi.cpqrr.fiocruz.br/a-pesquisa/o-que-e-o-elsi-brasil/]. Acesso em: 26.06.2020.
9. Resolução 58.33 da Assembleia Mundial da Saúde de 2005. Disponível em: [http://www.saude.pi.gov.br/uploads/divisa_document/file/104/revisao_regulamento_sanitario_internacional.pdf]. Acesso em: 26.06.2020.

to, há um longo caminho para alcançar este amplo bem-estar que requer investimento financeiro, além de políticas públicas eficientes. Embora esta busca possa parecer um tanto utópica, há que se iniciar este percurso com propósitos objetivos, considerando que existe uma lei ordinária de específica proteção à pessoa idosa, o Estatuto do Idoso.

O Estatuto do Idoso assegura, com absoluta prioridade, todas as oportunidades e facilidades para preservação de saúde física e mental e aperfeiçoamento moral, intelectual, espiritual e social das pessoas idosas, em condições de liberdade e dignidade. Tal obrigação é tanto da família, quanto da comunidade, da sociedade e do Poder Público prevendo que a manutenção da saúde exige atendimento geriátrico e gerontológico em ambulatórios; unidades geriátricas de referência com pessoal especializado nas áreas de geriatria e gerontologia social; atendimento e internação domiciliar ou em instituição pública e reabilitação e medicamentos quando necessários. Tudo em acesso universal e igualitário, como prevê a Constituição Federal, e de forma gratuita, previsão específica deste Estatuto, pois não está na Constituição para todos.

A proteção legal da saúde se preocupa com a presença de um acompanhante ao idoso em tempo integral e a preferência especial aos maiores de oitenta anos quando em tratamento de saúde. Seu aspecto de maior relevância é o fato de a lei assegurar ao idoso o direito de optar pelo tratamento de saúde que lhe for reputado mais favorável, fortalecendo sua autodeterminação. Embora a norma assegure este direito, desde que "esteja no domínio de suas faculdades mentais", com a mudança do paradigma legal sobre as pessoas com deficiência mental ou intelectual, advinda da Convenção Internacional sobre os Direitos das Pessoas com Deficiência, não se exige este domínio. O que a Convenção determina é a participação de todas as pessoas sobre as decisões de sua vida, seu corpo e sua saúde, sem discriminação baseada na deficiência ou na idade.

No mesmo sentido, o Estatuto da Pessoa com Deficiência, lei de 2015, determina esta participação, no maior grau possível, para obtenção do consentimento prévio, livre e esclarecido da pessoa com deficiência, indispensável para a realização de tratamento, procedimento ou hospitalização. A forma como o consentimento será obtido dependerá da interação entre os profissionais e os familiares e a pessoa idosa com problema cognitivo. Nada impede haja intermediação ou auxílio, pois a participação de outra pessoa não significa a substituição de vontade, mas um suporte para a transmissão da vontade e as preferências da pessoa idosa com deficiência mental, isentas de conflito de interesses e de influência indevida.

De outro modo, poderá ser transmitida a vontade da pessoa pelo conhecimento de sua manifestação pretérita de vontade, ou ainda por sua biografia, sua história de vida quanto aos seus valores e suas preferências em coerência com as suas circunstâncias de vida. Assim, aquele que lhe der voz, suas filhas/filhos ou netas/netos, deverá cumprir sua vontade para fazer com que sua manifestação de vontade prevaleça. A preservação da saúde está ligada diretamente a autonomia da pessoa idosa, priorizada ao lado do aperfeiçoamento moral, intelectual, espiritual e social, em condições de liberdade e dignidade, como consta do Estatuto do Idoso.

A espiritualidade, assim como a autonomia, também está contemplada na Convenção Interamericana sobre a Proteção dos Direitos Humanos dos Idosos, um compromisso assinado pelo país, mas ainda não incorporado ao nosso ordenamento jurídico porque não ratificada pelo Congresso Nacional. Não obstante, pode ser utilizada para fundamentar direitos e decisões judiciais por ser um compromisso firmado pelo Brasil junto a outros países, o que confere responsabilidade pública em benefício das pessoas idosas, um número crescente no Brasil. Para 2042, há projeção de população de 57 milhões de idosos, quase 25% da população brasileira prevista de 232,5 milhões de habitantes.

Na Convenção Interamericana, o envelhecimento é definido como um "processo gradual que se desenvolve durante o curso de vida e que implica em alterações biológicas, fisiológicas, psicossociais e funcionais de várias consequências, as quais se associam com interações dinâmicas e permanentes entre o sujeito e seu meio." A Convenção define o envelhecimento, como também o envelhecimento ativo e saudável, no qual se otimizam as oportunidades de bem-estar físico, mental e social e participação em atividades sociais, econômicas, culturais, espirituais e cívicas, sob proteção, segurança e atenção, com o objetivo de ampliação da esperança de qualidade de vida saudável do idoso, em contribuição familiar e comunitária ativa.

Esta duplicidade de definição leva à compreensão de que há um envelhecimento não tão bom quanto o esperado, indicando que o envelhecimento estaria distante da atividade e da saúde, por isso é importante discutirmos o senso comum, de que a velhice está associada, necessariamente, à doença e à solidão, a uma vida sem graça e desprovida de interesses agradáveis.

Uma das formas de envelhecimento saudável é a participação em atividades diversas, dentre elas as espirituais. A menção legislativa não nos dá a referência da importância da espiritualidade, por isso fortalecer esta ideia, ao lado dos demais conceitos, contribui para o tema avosidade.

A espiritualidade é desenvolvida com o tempo de vida, com as experiências e as respostas das pessoas idosas aos problemas enfrentados durante sua existência. A Convenção reconhece o direito à independência e à autonomia do idoso para tomar decisões, definir seu plano de vida, desenvolver uma vida autônoma e independente, conforme suas tradições e crenças. Ambas têm relação com a história de vida da pessoa idosa e podem incluir a espiritualidade com sentido de religiosidade ou não. O valor dado a sua existência terrena em correlação aos demais seres que habitam a Terra e como é percebida sua presença passageira na proximidade da morte e na transmissão dos ensinamentos aos mais jovens, netas e netos.

As relações intergeracionais visam a fortalecer a solidariedade e o apoio mútuo como elementos essenciais do desenvolvimento social e o compartilhar dos conhecimentos e experiências dos idosos com as demais gerações. Esta norma legal de direito à participação e à integração comunitária prevê a contribuição essencial entre as gerações para minimizar a brecha geracional, o que conduz à participação ativa, produtiva, plena e efetiva dentro da família. O direito à educação contínua e o compartilhar dos seus conhecimentos e experiências com as demais gerações é o reconhecimento de sua condição de ser autônomo e merecedor de respeito nas suas opinião e expressão, ambas compreendidas no direito à liberdade, ao lado da crença e culto religioso, como consta no Estatuto do Idoso. O direito à liberdade, ao respeito e dignidade serão prevalentes a todo momento, inclusive nas decisões sobre sua saúde. Para isso são necessários requisitos a fim de formar sua livre escolha.

A exigência de respeito à autonomia da pessoa idosa na tomada de suas decisões está diretamente relacionada ao consentimento livre e informado no âmbito das decisões de saúde. A pessoa idosa deve receber as informações de forma clara e compreensível para decidir o que entende melhor para sua saúde, observando-se sua identidade cultural, nível educacional e suas necessidades próprias, garantida, inclusive, a possibilidade de manifestar previamente sua vontade com instruções a respeito das intervenções que admite ou não e a escolha por cuidados paliativos.

A Convenção define cuidados paliativos como um cuidado ativo, integral e interdisciplinar que é oferecido para pacientes em doença sem cura e podem ter suas dores evitadas e a qualidade de vida melhorada. Priorizam o controle dos sintomas, das dores e dos problemas sociais, psicológicos e espirituais do idoso. A preocupação é com o paciente e com sua família e a perspectiva da morte, que ocorrerá ao seu tempo, está inserida como um processo normal da vida. A preocupação é em evitar o isolamento da pessoa idosa, as intervenções fúteis ou inúteis e o sofrimento desnecessário daquele que passa por isso e das pessoas que ama em seu entorno.

Na intercessão destes conceitos e com a compreensão de que a pessoa idosa deve ter respeitada suas escolhas de saúde serão atendidas as suas escolhas e desejos. Mesmo quando não puder se expressar e a decisão for tomada pelas filhas/filhos ou netas/netos, seus desejos e vontades devem ser respeitados, com base em suas experiências de vida, em verdadeira troca de saberes e respeito recíproco.

3. RECIPROCIDADE NO CUIDADO INTERGERACIONAL

O convívio intergeracional vem sendo positivado na legislação recente, pois a vida prática demonstra a forte referência de cuidado dentro das famílias entre avós e avôs e suas netas e seus netos. Direitos como a guarda, a prestação de alimentos de forma suplementar e o convívio regular com netas e netos passam a constar da lei e da jurisprudência, como decisões do Superior Tribunal de Justiça (STJ)[10] que passam a permitir a adoção de netos por avós, antes proibido pelo Estatuto da Criança. No âmbito da família, ainda podemos extrair a inversão de papéis de cuidado na fase adulta das netas/ netos e velhice dos avós, assumindo os cuidados no lugar de seus pais, em verdadeiro exercício de reciprocidade.

As questões de saúde dos avós velhos são inúmeras, podendo estar relacionadas à saúde mental, pois as demências acometem muitas pessoas idosas. São 52 tipos de demência que podem limitar a independência das pessoas idosas, tornando necessária a supervisão e o acompanhamento constante por parte de pessoas que possam oferecer cuidados, atenção, afeto. A doença de Alzheimer tem sido uma das prevalentes nesta faixa etária, exigindo enorme atenção das famílias.

A obrigação legal de cuidar, em primeiro lugar, é dos filhos/filhas. Estes devem assumir seus pais e mães quando envelhecidos, sendo necessária a presença de alguém

---

10. STJ, REsp 1.635.649 - SP, julgado em fevereiro de 2018 e processo 1.587.477/SC, julgado em março de 2020.

que os acompanhe, conforme art. 229 da Constituição Federal ao determinar a obrigação de os filhos ajudarem e ampararem seus pais na velhice, na carência ou na enfermidade. Entretanto, se estes não cumprirem sua obrigação, a mesma recairá nos netos e netas.

Este encargo costuma recair sobre os familiares, mais do que sobre terceiros. Por vezes, o vínculo afetivo de netos com seus avós é construído de forma especial o que leva a uma natural retribuição de cuidados. As netas e os netos passam a exercer as responsabilidades para com seus avós e assumir decisões sobre sua saúde. Em outras situações, a ausência das filhas/filhos ou carência financeira conduz à determinação de que a terceira geração deva substituir seus pais nesta responsabilidade.

Esta relação intergeracional acaba recaindo com maior incidência sobre as netas mulheres, em razão de serem consideradas como cuidadoras, pelo fato de serem meninas e pela condição da maternidade. Desde crianças ganham brinquedos que ensejam cuidados, como bonecas bebês e casinhas, pois para os meninos está reservada a rua e os brinquedos de ação, como carros e bolas.

Cuidar de uma pessoa idosa com dependência, mesmo sem doença mental, servir alimentos e medicamentos, ajudar na higiene e fazer a vigilância, podem gerar ansiedade e depressão em crianças prejudicando o rendimento escolar e seus relacionamentos sociais.

Poucas pesquisas são desenvolvidas sobre esta questão e não temos informações suficientes sobre o número de crianças que exercem este papel em nosso país. Nos Estados Unidos, pesquisa, de 2015, indica que há cerca de 1,4 milhões de crianças, entre 8 e 18 anos de idade, exercendo os cuidados de seus avós.[11]

O relatório "Young Caregivers in the U.S. – Findings from a National Survey"[12] apresenta dados de dois estudos realizados, nos Estados Unidos, com crianças que vivem a experiência de cuidados de saúde de seus avós sendo suas vidas influenciadas pela precoce responsabilidade. As pesquisas costumam ser realizadas com maiores de 18 anos e esta foi a primeira a se preocupar com as crianças. O relatório afirma que cuidar da família tornou-se uma verdadeira oportunidade de emprego aos maiores de 18 anos, contudo há que se investigar, com relação às crianças cuidadoras, se estão exercendo atividades inadequadas para sua idade; o fato de as próprias crianças intermediarem a relação com os profissionais que cuidam de seus avós; e se as crianças cuidadoras têm necessidades especiais quando cuidam de avós com doença mental, o que geraria possíveis consequências emocionais passíveis de repercussão no futuro destas crianças.

O relatório levanta suspeitas sobre a existência de diferentes consequências entre crianças cuidadoras dos pais ou cuidadoras dos avós, embora não tenha informações suficientes para explorar esta hipótese e se haveria sobrecarga maior ao cuidar de idosos, necessitando mais pesquisas sobre o tema. Esta necessidade existe também para os países de língua portuguesa.

---

11. AMERICAN PSYCHOLOGICAL ASSOCIATION. *Young Caregivers*. Disponível em: [https://www.apa.org/pi/about/publications/caregivers/practice-settings/intervention/young-caregivers?tab=1]. Acesso em: 28.06.2020.
12. YOUNG CAREGIVERS IN THE U.S. REPORT OF FINDINGS. Disponível em: [https://www.caregiving.org/wp-content/uploads/2020/05/youngcaregivers.pdf]. Acesso em: 28.06.2020.

Em artigo de revisão, de 2012,[13] primeiro em língua portuguesa sobre o tema no campo da enfermagem, os autores apontam a importância de pesquisas sobre as necessidades das crianças cuidadoras, incluindo-as nas discussões dos cuidados, dando apoio psicológico e conferindo benefícios que impeçam as consequências negativas e melhore a qualidade de saúde das crianças ao exercer tarefas próprias aos adultos, além de preservar a saúde dos idosos. O artigo indica fatores possíveis para a criança ser responsabilizada pelos cuidados dos mais velhos: o aumento da expectativa de vida; a criança ser o único familiar disponível para realizar a tarefa; as dificuldades financeiras; a extensão da doença; a dinâmica familiar e o gênero da criança. Este último fator é mencionado no relatório americano sobre a maior dificuldade para os meninos assumirem tal responsabilidade havendo influência psicológica.

As consequências psicológicas são relevantes, pois, estando as crianças em desenvolvimento, a atividade de cuidadora tende a repercutir em suas escolhas pessoais e suas vidas, a partir das diversas emoções a que estão submetidas e ao impacto desta vivência que poderá ser sofrida ou cheia de culpas. Além disso, há que se olhar do ponto de vista da pessoa idosa quanto a como poderá se sentir sob a dependência de sua neta ou neto para realizar tarefas simples, além de avaliar sentimento de fragilidade face o papel que pode ter exercido anteriormente de forma inversa quando as crianças eram menores.

As crianças cuidadoras costumam começar a exercer os cuidados em torno dos 12 anos de idade e a atividade tem a duração média de 5 anos, mas pode se estender até a vida adulta. O tempo despendido pela maioria é de 19 horas semanais, mas há crianças que se ocupam o dobro deste tempo. As tarefas mais difíceis relatadas pelas crianças são com os cuidados de higiene e sua maior participação se dá no contato de afeto e para fazer companhia. Outras atividades incluem a gestão dos cuidados de saúde, os tratamentos de feridas e as garantias da segurança do idoso, cuidados próprios de enfermagem.

As vantagens para as crianças são o desenvolvimento da responsabilidade, de maturidade, de solidariedade, dos laços afetivos e alívio dos temores com relação à condição do ente querido. Em contraponto, há limitação de sua vida social e oportunidades, com dificuldades para elaborar as emoções e a transição para a vida adulta. Para os idosos, as crianças são consideradas melhores cuidadoras do que profissionais pagos para o trabalho, mas podemos questionar quanto à aceitação de suas vontades e decisões em respeito a sua espiritualidade e autonomia ao considerar a pouca vivência das crianças cuidadoras.

Em outro estudo[14] é demonstrado que o percentual de crianças cuidadoras está entre 2% a 4% do total de crianças dos países desenvolvidos. No Reino Unido, em 2001, eram 175.000 crianças cuidadoras, 2,1% do total de crianças. Na Austrália, em 2003, 169.900

---

13. MAROTE, Ana Sofia Filipe et al. CRIANÇAS COMO CUIDADORAS: REVISÃO INTEGRATIVA, Rev. Latino-Am. Enfermagem Artigo de Revisão 20(6): [10 telas] nov.-dez. 2012. Disponível em: [https://www.scielo.br/pdf/rlae/v20n6/pt_23.pdf]. Acesso em: 28.06.2020.
14. Becker, Saul. (2007). Global Perspectives on Children's Unpaid Caregiving in the Family Research and Policy on 'Young Carers' in the UK, Australia, the USA and Sub-Saharan Africa. Global Social Policy. 7. 23-50. 10.1177/1468018107073892. Disponível em: [https://www.researchgate.net/publication/258138192_Global_Perspectives_on_Children's_Unpaid_Caregiving_in_the_Family_Research_and_Policy_on_'Young_Carers'_in_the_UK_Australia_the_USA_and_Sub-Saharan_Africa]. Acesso em: 29.06.2020.

crianças cuidadoras, 3,6% do total das crianças e nos Estados Unidos, já mencionado, 1,4 milhões de crianças, correspondendo a 3,2%, em 2005.

O IBGE realizou Pesquisa Nacional por Amostra de Domicílios Contínua[15] e identificou, em 2019, 5,1 milhões de familiares que exercem os cuidados de idosos, parentes ou moradores em seu domicílio. No Rio Grande do Norte, o percentual de familiares que cuidam de idosos é de 15,2% e, no Rio de Janeiro, 12,3%. A principal atividade é monitorar ou fazer companhia aos idosos, no total de 83,4% das atividades. Destes, 25,6 % do total de cuidadores estão entre 14 a 24 anos de idade, não havendo informação sobre crianças cuidadoras abaixo de 14 anos.

Embora não sejamos um país desenvolvido, este índice de 2% a 4% de crianças cuidadoras poderia alcançar em torno de três milhões de crianças cuidadoras, sobretudo se considerarmos o alto índice de crianças vivendo em extrema pobreza e considerando que são 35,5 milhões de crianças até 12 anos e 68,8 milhões de zero a 19 anos.

Os membros das famílias precisam trabalhar e exercer suas outras funções, como a de pai e de mãe e as crianças precisam de seu tempo próprio para aproveitar sua infância e realizar suas tarefas estudantis. As crianças podem realizar trabalhos domésticos e auxiliar nos cuidados dos avós, mas os limites entre a atividade de cuidador e as tarefas comuns esperadas de uma criança é uma das questões formuladas na pesquisa americana, ainda sem resposta.

Os interesses e direitos a serem assegurados não são só das crianças, mas dos avós. A lei brasileira coloca a responsabilidade pelos cuidados das pessoas idosas tanto para a família como para a sociedade e o Poder Público e para alcançar este propósito o Poder Judiciário tem sido acionado para tornar efetiva esta proteção e cuidados de saúde como veremos em alguns casos selecionados em acordo com o tema discutido.

4. CASOS CONCRETOS JUDICIALIZADOS

Passaremos a examinar alguns casos judicializados sobre direitos dos idosos e saúde em correlação ao amplo conceito conferido pela OMS e aos conceitos legais delineados no início do texto. Os casos trazidos estão em três tópicos: a) a obrigação do Estado em contribuir com os custos de cuidados da pessoa idosa; b) o direito à convivência de avós com a terceira geração; c) a tomada de decisão de saúde de pessoa idosa e o respeito à espiritualidade e à autonomia.

4.1 A obrigação do Estado em contribuir com os custos de cuidados da pessoa idosa

O primeiro caso judicial diz respeito à Lei 8.213/91,[16] que dispõe sobre benefícios da previdência social, e estabelece o acréscimo de 25% do valor da aposentadoria por

---

15. IBGE – PESQUISA NACIONAL POR AMOSTRA DE DOMICÍLIOS CONTÍNUA – PNAD. Contínua outras formas de trabalho: 2019 Disponível em: [https://biblioteca.ibge.gov.br/visualizacao/livros/liv101722_apresentacao.pdf]. Acesso em: 29.06.2020.
16. Art. 45. O valor da aposentadoria por invalidez do segurado que necessitar da assistência permanente de outra pessoa será acrescido de 25% (vinte e cinco por cento).

invalidez, ao segurado que precise de assistência de outra pessoa, um cuidador. A questão chegou ao STJ quando do julgamento de recurso repetitivo, tema 982:[17] "Aferir a possibilidade da concessão do acréscimo de 25%, previsto no art. 45 da Lei 8.213/91, sobre o valor do benefício, em caso de o segurado necessitar de assistência permanente de outra pessoa, independentemente da espécie de aposentadoria".

A decisão, por maioria, foi no sentido de estender este pagamento a todas as modalidades de aposentadoria quando comprovada a necessidade de assistência permanente de terceiro, mediante perícia, em prestígio ao princípio da dignidade humana e da isonomia. O voto afirma que independe da prévia indicação da fonte de custeio do "auxílio-acompanhante" por não constar no rol do art. 18 da Lei 8.213/91, o qual elenca os benefícios e os serviços devidos aos segurados do Regime Geral de Previdência Social e seus dependentes.

Entretanto, o tema foi sobrestado pelo Supremo Tribunal Federal (STF), na Petição 8002, em decisão de março de 2019, na qual foi suspenso o trâmite destas ações judiciais. No RE 1.215.714-RS, o ministro relator submeteu ao regime de repercussão geral o tema 1.095/RE 1.221.446. Assim, há que se aguardar a decisão do STF para a definição sobre o pagamento de percentual para contribuir com a contratação de um acompanhante para pessoas em situação de vulnerabilidade, especialmente idosos dependentes de terceiro. A futura decisão pode ser respaldada no artigo 12 da Convenção de Direitos Humanos dos Idosos, norma que prevê um sistema integral de cuidados da pessoa idosa para que possa permanecer em seu próprio domicílio e manter sua independência e autonomia. Este encargo vem sendo minimizado por outras decisões de tribunais estaduais.

O Tribunal de Justiça do Estado do Rio de Janeiro (TJRJ)[18] decidiu que, mesmo considerando o dever de cuidado dos familiares, seria razoável a disponibilização de um cuidador por meio período diário para que os familiares possam trabalhar e concedeu seis meses de assistência com os custos arcados pelo Município. Neste mesmo sentido, outro julgamento,[19] do TJRJ, determinou que o Município pagasse cuidador por 12 horas diárias, tomando por base norma legal[20] que estabelece a obrigatoriedade de atendimento domiciliar no Sistema Único de Saúde (SUS). Ainda haveria a possibilidade de renovação, comprovada sua necessidade.

4.2 O direito à convivência de avós com a terceira geração

Além da necessidade de cuidados diretos no dia a dia, a pessoa idosa tem direito ao convívio com seus netos e netas como forma de envelhecimento saudável, o que tem sido assegurado pela Justiça por se tratar de convívio essencial para o envelhecimento saudável.

O Tribunal de Justiça de São Paulo (TJSP) confirmou a visita das netas à avó, com 88 anos e muito doente, que as criou. O conflito teve início com relação à insatisfação

---
17. STJ, RESPs n. 1.648.305/RS e 1.720.805/RJ, julgados em agosto de 2018.
18. TJRJ – Processo 0027268-97.2018.8.19.0000, julgado em abril de 2019.
19. TJRJ – Processo 0001815-04.2019.8.19.0053, julgado em junho de 2020.
20. Lei 8.080/90, art. 19-I, § 1º.

das netas quanto à administração da pensão da avó, realizado pelo curador/filho. O filho e curador não permitia as visitas, mas o Judiciário decidiu[21] que, diante da dependência e da fragilidade da idosa seria salutar o convívio com as netas para sua estabilidade e seu equilíbrio. A decisão judicial está em consonância com o conceito da Convenção Interamericana sobre o envelhecimento ativo e saudável, otimizando o bem-estar mental e social da idosa, no sentido amplo do conceito de saúde da OMS.

É relevante salientar que a curatela não mais existe para tratar de direitos existenciais, mas apenas dos direitos patrimoniais e negociais. Portanto, o curador não tem nenhuma ingerência sobre com quem a idosa pode conviver. Esse é um exemplo de que, mesmo sob curatela, idosos dependentes podem estar desprotegidos quanto aos seus melhores interesses e vontades e seus direitos existenciais, devendo o instituto da curatela ser utilizado apenas como medida extraordinária e jamais alcançar o direito ao próprio corpo e à saúde.[22]

Em outro julgamento do TJSP,[23] foi mantida a antecipação de tutela concedida em primeiro grau para o convívio das netas e da filha com o avô/pai idoso que havia tido um acidente vascular cerebral, sob a justificativa de preservar os vínculos afetivos e o saudável desenvolvimento emocional do pai/avô idoso adoecido gravemente, não cabendo à companheira atual impedir este convívio. A visita foi fixada em primeiro grau por tempo reduzido de duas vezes no mês durante uma hora cada e confirmada em segundo grau. O Estatuto do Idoso afirma a obrigação de o Estado garantir à pessoa idosa um envelhecimento saudável e em condições de dignidade do qual faz parte a convivência familiar. Para isso, além das políticas públicas, cabem todas as medidas judiciais, além das administrativas e das legislativas, para salvaguardas que impeçam abusos contra seus direitos, como consta da Convenção interamericana, no artigo 11, quanto ao direito irrenunciável de manifestar o consentimento livre e informado sobre sua saúde.

4.3 A tomada de decisão de saúde de pessoa idosa e o respeito à espiritualidade e à autonomia

Um caso levado ao TJRJ[24] foi uma ação proposta por Hospital em face de uma senhora idosa internada, com 83 anos, e seus dois filhos. A idosa, uma advogada, tinha grave cardiopatia e os médicos do Hospital recomendaram um implante de marca-passo, o que foi recusado pelos dois filhos, substituindo a manifestação da mãe, impossibilitada de se pronunciar. O pedido era de autorização judicial para realizar o procedimento, não obstante a recusa.

Liminarmente, o implante do marca-passo foi autorizado judicialmente, justificando que os motivos religiosos não poderiam prevalecer sobre a manutenção da vida da idosa. Por alguma razão desconhecida, acreditou-se que a recusa dos filhos era por

---

21. TJSP– Processo 1012609-73.2018.8.26.0161, julgado em abril de 2020.
22. Lei 13146/2015 – Art. 85. A curatela afetará tão somente os atos relacionados aos direitos de natureza patrimonial e negocial. § 1º A definição da curatela não alcança o direito ao próprio corpo, à sexualidade, ao matrimônio, à privacidade, à educação, à saúde, ao trabalho e ao voto.
23. TJSP – Processo 2130412-29.2016.8.26.0000, julgado em março de 2018.
24. TJRJ – Processo 0013363-88.2019.8.19.0000, julgado em março de 2019.

serem Testemunhas de Jeová, o que não constava dos autos, pois nada disso constava da petição inicial.

Os filhos afirmaram não existir qualquer questão religiosa e justificam a negativa pelo fato de a mãe idosa estar em situação de grave debilidade e que a intervenção também representava enorme risco de vida para ela. O pedido dos filhos era no sentido de ser respeitado o princípio da beneficência da paciente e a capacidade dos envolvidos em tomar a decisão sobre a saúde da mãe idosa que não podia se manifestar e que a decisão do hospital lhes causava danos morais e deveriam ser indenizados.

Em nova decisão, a liminar é suspensa sob a justificativa de que o hospital não é titular dos direitos da idosa e nem seu substituto legal na defesa de seus direitos, considerando que o mesmo não é parte ilegítima para ingressar com a ação e, por estar a idosa impossibilitada de se manifestar naquele momento, os filhos a representam cabendo a eles a decisão e suas consequências. Apesar de afirmar a ilegitimidade ativa do Hospital, o feito não foi extinto.

O Hospital interpôs o recurso de agravo de instrumento desta decisão. Na oportunidade, a idosa já estava internada há 244 dias, com indicação de gastrostomia para nutrição e com múltiplas comorbidades neurológicas e cardíacas, conforme laudo pericial com a conclusão de que "a indicação do médico é correta".

O recurso é acolhido no segundo grau com a determinação do implante do marca-passo, justificando que a idosa está incapacitada de se manifestar e que a decisão dos filhos não prevalece diante da orientação do profissional médico que a idosa escolheu, não cabendo a quem não é médico indicar o tratamento, nem ao paciente, nem ao magistrado, que deve seguir a perícia. Então, os filhos retiram a mãe do hospital fazendo com que o recurso perca seu objeto e seja extinto sem julgamento do mérito. O processo originário está em fase de julgamento.

As três diferentes decisões conflitantes demonstram a necessidade de serem fixados os conceitos e princípios a serem seguidos com precisão, a fim de que o Poder Judiciário ofereça segurança jurídica em casos envolvendo saúde de idosos em respeito a sua autonomia.

Uma primeira observação cabe quanto à confusão inicial com a recusa ao tratamento médico ter constado na decisão como sendo por motivos religiosos, dizendo que os filhos eram Testemunhas de Jeová, o que não foi aventado em nenhum momento. Discute-se sobre tomada de decisão influenciada por motivos religiosos ou por seus líderes quando não prepondera o conhecimento das ciências biológicas.

A espiritualidade de cada um não pode ser objeto de discriminação, esta sim um direito garantido pelas normas legais. Quando se toma uma decisão com influência de alguma religião em decisão livre de coerção, esta deve ser respeitada. Não cabe afirmar que as escolhas individuais religiosas são desprezíveis diante da liberdade constitucional de crença religiosa ou convicção filosófica, pois o respeito à autonomia acolhe as diferentes moralidades.

O outro argumento de que todos os demais aspectos e circunstâncias da vida são deixados em segundo plano, pois a vida seria prevalente e dela decorreriam os demais direitos, é uma ideia que não está na Constituição Federal ou em outra norma legal, mas no senso comum. A Constituição prevê no mesmo patamar a inviolabilidade do direito à vida, à liberdade, à igualdade, à segurança e à propriedade. Cada indivíduo pode considerar, em determinado momento de sua vida, que um destes direitos prevalece sobre o outro, caso contrário seria inadmissível, por exemplo, a defesa da propriedade ou da liberdade sexual causando a morte de alguém. Esta é uma das razões para que a liberdade de decidir sobre o próprio corpo seja inarredável.

A espiritualidade, respeitada e reconhecida legalmente, pode ser em sentido não religioso. As atividades espirituais fazem parte do envelhecimento ativo e saudável e não pode ser rechaçada no momento de uma decisão judicial porque não se tem o mesmo entendimento moral. A transcendência horizontal, que aceita a alteridade na existência do outro e na pluralidade moral, deve ser aceita por todos, especialistas ou não, na medida em que a legislação confere proteção ao contínuo aperfeiçoamento moral, intelectual, espiritual e social da pessoa idosa, em condições de liberdade e dignidade e sem discriminação, antevendo os conflitos morais passíveis de acontecer, sendo que o dano à integridade moral do idoso será considerada como maus-tratos e violência passível de sanção.

Ultrapassada a questão quanto à espiritualidade religiosa, o argumento central em defesa da idosa é o princípio da beneficência em relação à paciente e a manifestação dos filhos para cumprir este princípio, próprio da bioética principialista de Beauchamp & Childress.[25]

Partindo da compreensão de que ao se avaliar o tratamento médico recomendado deve ser considerada a história de vida da paciente, sua biografia, seus valores e desejos, devemos nos reportar ao princípio do respeito à autonomia. Mesmo quando um indivíduo não consegue se manifestar, seus desejos e vontades poderão ser conhecidos. Se a pessoa tem suas Diretivas Antecipadas de Vontade (DAV) por escrito, gravada em vídeo ou áudio ou inserida no seu prontuário, deverá ser cumprida. Caso não tenha este documento com sua manifestação prévia, aqueles com quem conviveu poderão lhe dar voz.

O caso sobre obrigação de tratamento quando a recusa do consentimento tem relação com a espiritualidade foi considerado pelo STF como tema de Repercussão Geral,[26] o que significa que após a decisão terá que ser seguido por todos os tribunais. O tema 952: "Conflito entre a liberdade religiosa e o dever do Estado de assegurar prestações de saúde universais e igualitárias", tem por escopo analisar e decidir sobre a extensão das liberdades previstas na Constituição e sua relação com o livre exercício de consciência e de crença, previsto no art. 5º, VI; as políticas públicas de saúde; e o direito individual a decidir os rumos da própria vida em livre desenvolvimento da personalidade e não somente a garantia de acesso formal aos serviços de saúde do Estado, conforme voto do Ministro Roberto Barroso. Neste caso, a sentença, confirmada em apelação, julgou procedente o pedido da paciente para determinar a responsabilidade solidária entre Estado

---

25. BEAUCHAMP & CHILDRESS. *Principles of Biomedical Ethics*. 7th ed. Oxford University Press, 2013.
26. Repercussão Geral no Recurso Extraordinário 979.742 – AMAZONAS – Recurso extraordinário em que se discute, à luz dos princípios constitucionais da isonomia e da razoabilidade, a possibilidade de o direito à liberdade religiosa, assegurado no inc. VI do art. 5º da Constituição da República, justificar o custeio de tratamento médico indisponível na rede pública. Decisão de junho de 2017.

e Município a custear cirurgia sem transfusão de sangue, em modalidade de tratamento fora do domicílio, custeando, também, transporte, diárias e acompanhamento.

Em outro caso analisado pelo STF,[27] a paciente "plenamente capaz, lúcida e orientada" recusou a transfusão de sangue de terceiros por ser Testemunha de Jeová e o Hospital afirmou não ter viabilidade técnica para realizar a cirurgia de substituição de válvula aórtica atendendo sua recusa.

A argumentação da paciente é de que o direito à vida não é absoluto e sua escolha existencial tem por base suas convicções e valores que lhes são caros e as definem como ser humano e merecedora de dignidade e que a interferência estatal é uma afronta à sua liberdade religiosa e violação da sua autonomia.

O Ministro Gilmar Mendes, então, decide tratar-se de caso ligado ao tema 952, porque se refere ao respeito à autodeterminação confessional, o que está vinculado ao direito fundamental à liberdade de consciência e de crença e à inviolabilidade de outros princípios, direitos e garantias constitucionais.

O tema será objeto de intensos debates dada a tensão existente entre a efetivação de diferentes direitos fundamentais, bem como entre estes e a alocação de recursos públicos escassos, como consta do decidido. Todavia, independentemente da decisão sobre obrigatoriedade de políticas públicas considerarem ou não concepções religiosas e filosóficas compartilhadas por comunidades específicas, a discussão enfrentada sobre prevalência do respeito à autonomia será de extrema relevância, tendo em vista outras decisões dos tribunais superiores valorizando a autodeterminação das pessoas, como a decisão a seguir.

O STJ se manifestou de forma contundente sobre o tema autonomia. Em acórdão[28] sobre julgamento de ação de responsabilidade civil decorrente da ausência de cumprimento ao dever de informação sobre procedimento médico, na qual realça a dignidade humana, denominada de valor-fonte de todos os outros valores sociais. A preservação de sua integridade é o que conduz à realização da personalidade. A decisão se reporta ao entendimento de Diniz[29] sobre o direito ao consentimento livre e informado, que tem como fonte a autodeterminação com o reconhecimento de domínio sobre a própria vida e restringindo a "intromissão alheia e indevida no mundo daquele que se submete a um tratamento ou a uma intervenção médica", vindo o sujeito de direitos à frente da paciente. O acórdão faz expressa referência à Declaração Universal sobre Bioética e Direitos Humanos[30] que prestigia o respeito à autonomia e ao consentimento informado nas decisões de saúde, além de fazer menção a outros documentos internacionais como o Parecer do Comitê Econômico e Social Europeu sobre os Direitos dos Pacientes e a Declaração de Lisboa sobre os Direitos do Paciente,[31] este último, se refere à manifestação prévia de vontade.

---

27. STF – Recurso Especial 1212272 – AL. Decisão de outubro de 2019.
28. STJ – Recurso Especial 1540580/DF.
29. DINIZ, Maria Helena. *O estado atual do biodireito*. 3. ed. São Paulo: Saraiva, 2007, p. 15.
30. Declaração Universal sobre Bioética e Direitos Humanos, artigos 5 e 6. Disponível em: [http://bioeticaediplomacia.org/wp-content/uploads/2013/10/declaracao_univ_bioetica_dir_hum.pdf]. Acesso em: 30.06.2020.
31. Associação Médica Mundial, em 1995, em Bali, Indonésia. Disponível em: [http://www.dhnet.org.br/direitos/codetica/medica/14lisboa.html]. Acesso em: 30.06.2020.

Acrescenta o fundamento do direito à informação[32] previsto no Código do Consumidor. A jurisprudência brasileira vem considerando as relações entre profissionais médicos e seus pacientes como relação de consumo, muito embora o Código de Ética Médica, que é norma ética e não lei, nos seus direitos fundamentais tenha norma expressa de que "a medicina não pode, em nenhuma circunstância ou forma, ser exercida como comércio".[33]

O STJ conclui que há dano a ser indenizado pelo fato de ter sido violada a autodeterminação da paciente ao não ter o direito de escolher por sua livre vontade, mediante a informação adequada, se submeter ou não aos riscos possíveis, não importando se a intervenção seria simples ou complexa, o que vale é a conduta decorrente da boa-fé objetiva.

Na compreensão do entendimento do tribunal superior em correlação com o caso judicial anteriormente mencionado sobre o consentimento informado, não há dúvida de que a apresentação do plano terapêutico exige a prestação de informação material e efetiva para a tomada de decisão mediante o consentimento ou sua recusa. Seria inadmissível exigir um termo de consentimento sem que houvesse a real possibilidade de recusa, pois passaríamos a ter apenas um documento formal desprovido de seu principal elemento, a vontade.

E mesmo quando esta é substituída pela absoluta impossibilidade de a paciente se pronunciar por sua própria voz, a substituição se dá de acordo com a ordem legal, mas sobretudo em consonância com seus desejos, história, valores pessoais, sua biografia, pois diz respeito à decisão sobre seu corpo. O fundamento encontra-se no artigo 12 da Convenção Internacional sobre os Direitos das Pessoas com Deficiência, incorporada ao nosso ordenamento jurídico, o qual reconhece que todas as pessoas gozam de capacidade legal em igualdade de condições em todos os aspectos da vida. Este artigo prevê salvaguardas efetivas para prevenir abusos e respeitar os direitos, a vontade e as preferências da pessoa, isentas de conflito de interesses e de influência indevida, além de proporcionais e apropriadas às circunstâncias da pessoa.

O que se depreende é a necessidade premente de se seguirem as leis existentes sobre respeito à autonomia das pessoas quanto às suas decisões pessoais em acordo com seus princípios, valores, história de vida e desejos, em qualquer idade, especialmente na velhice quando a história tem muito mais páginas escritas.

5. CONCLUSÃO

A análise demonstra que a legislação brasileira protege o direito ao respeito à espiritualidade e à autonomia nas decisões de saúde das pessoas idosas, incluindo as relações de avosidade, quando a terceira geração assume responsabilidades muitas vezes vivenciadas anteriormente de forma inversa.

A reciprocidade no cuidado intergeracional pode trazer diferentes consequências psicológicas no amadurecimento das crianças cuidadoras, ampliando laços afetivos ou limitando oportunidades sociais, como também, deixando as pessoas idosas mais feli-

---
32. Código do Consumidor, art. 6º, III.
33. Resolução CFM 2217/2018, Cap. I- IX.

zes ao serem cuidadas por suas netas e seus netos, embora possa ser de difícil aceitação para estas crianças os desejos autônomos de seus avós. Devemos ter um olhar atento às necessidades próprias em cada fase da vida.

A análise dos casos judicializados indica que o Estado deve contribuir com políticas sociais para viabilizar cuidados em domicílio às pessoas idosas e reduzir a sobrecarga familiar, especialmente das crianças cuidadoras. As pessoas idosas devem estar em convívio com suas netas e seus netos em cumprimento ao amplo conceito de saúde, sendo o respeito à espiritualidade e à autonomia das pessoas idosas, inseridos nas leis e na jurisprudência dos tribunais superiores, prioridade diante da história de vida que cada pessoa carrega, a sua biografia.

A CONVIVÊNCIA HUMANA: AVÓS E O ART. 230 DA CONSTITUIÇÃO

Maria Garcia

Professora-Associada Livre-Docente – PUC/SP. Procuradora do Estado. Ex-Assistente Jurídico da Reitoria da USP. Professora de Direito Constitucional, Educacional, Biodireito/Bioética, Previdenciário e Psicologia Jurídica. Membro do Comitê de Bioética/HCFMUSP e HCOR. Diretora Geral do IBDC. Membro do Instituto dos Advogados de São Paulo/IASP, da Academia Paulista de Letras Jurídicas (Cadeira Enrico T. Liebman) e do Conselho Superior de Direito da FECOMERCIO.

Sumário: 1. Introdução. 2. Convivência e a condição humana. 3. Idosos e convivência: o fator educacional. 4. Família e comunidade. 5. Pressupostos do art. 230: gerações em convivência. 6. "O mundo de todos nós" (José Afonso da Silva).

1. INTRODUÇÃO

Pretende-se, neste texto, refletir sobre a forma de não – convivência que a sociedade contemporânea desenvolveu, seja em relação aos avós, seja em relação à família, em geral.

Interesses variados e, muitas vezes, secundários, separam jovens casais de seus familiares, as reuniões são raras, um desinteresse se desenvolve – a respeito dos idosos e da família. Não há uma boa vontade a seu respeito e crianças e jovens crescem nesse ambiente, por vezes malsão, por vezes simplesmente indiferente.

Conviver, do Latim *convivere*, na acepção de viver em comum[1] traz em si a ideia de *comunidade*; do Latim *communitas*,[2] estado do que é comum; comunhão, identidade.

Também, *comunnitate*. Qualidade daquilo que é comum; comunhão; participação em comum".[3] A Constituição Federal utiliza o termo em vários sentidos muito importantes: "a formação de uma comunidade latino-americana de nações" (par. único, art. 4º) e a "participação da comunidade nas ações e serviços públicos de saúde"(art. 198, III), art. 216, § 1º (patrimônio cultural), e, especificamente, no art. 230:

> A família, a sociedade e o Estado têm o dever de amparar as pessoas idosas, assegurando sua participação na comunidade, defendendo sua dignidade e bem-estar e garantindo-lhes o direito à vida.

Daí a fundamentalidade do termo que inclui família e sociedade, envolvendo pessoas e Estado.

---

1. *Larousse Cultural*. Rio de Janeiro: Nova Cultural, 1998.
2. *Idem*. Também, "conjunto de cidadãos de um Estado, de habitantes de uma cidade com afinidades socioeconômicas ou geográficas". *Larousse Cultural*. Rio de Janeiro: Nova Cultural, 1998.
3. *Michaelis* – Moderno Dicionário de Língua Portuguesa. São Paulo: Melhoramentos, 2015.

Todo esse significado e conscientização passam por um instrumento básico da formação humana, *a educação,* acesso ao conhecimento e à liberdade.

Torna-se necessária, portanto, essa tomada de consciência, desde a infância, no respeito e valoração dos familiares idosos o que não deixa de ser, para crianças, adolescentes e jovens, uma mesma visão do próprio futuro.

Aquela assinalada "participação em comum" da convivência não se demonstra fácil, evidentemente: há uma série de fatores que envolvem essa possibilidade, como sejam, a escolaridade, e uma situação de bem-estar, conforme preconiza a Constituição (arts. 170 e 193).[4]

Contudo, a educação pode realizar essa finalidade extraordinária, de integrar os indivíduos na sociedade e de possibilitar a convivência humana, dispondo o art. 205, conforme dispõe:

> A educação, direito de todos e dever do Estado e da família, será promovida e incentivada com a colaboração da sociedade, visando ao pleno desenvolvimento da pessoa, seu preparo para o exercício da cidadania e sua qualificação para o trabalho.

O pleno desenvolvimento da pessoa abrange uma educação ampla e aprofundada nos aspectos humanos, conforme propõe a Constituição Federal, art. 214, V: "promoção humanística científica e tecnológica do País", como um dos objetivos do "plano nacional de educação".

Pensa-se hoje, com efeito, num novo humanismo – numa reconstrução do movimento que, através dos tempos, desde o Renascimento, "coloca o homem e os valores humanos acima de todos os outros valores. O valor e a dignidade do homem, "medida de todas as coisas".[5]

2. CONVIVÊNCIA E A CONDIÇÃO HUMANA

Goffredo Silva Telles Junior[6] trata da "disciplina da convivência humana":

> Para os seres humanos, *viver é conviver.* De fato, a *convivência* é uma imposição de nossa específica natureza. O ser humano é *social* por natureza. É um *animal político,* já ensinou Aristóteles. É um animal destinado a viver na "polis" – na *cidade,* ou seja, na *sociedade.*

E destaca:

> Para os seres humanos, viver *bem é bem conviver.* Ou seja, é *bem* se *relacionar* com o próximo. E isto significa que, para os seres humanos, a convivência implica um relacionamento *ordenado:* um relacionamento conforme a uma *ordenação normativa.*

Daí as prescrições normativas para a convivência, a relação Eu/Outro, tal como invoca o citado art. 230 da Constituição, no comentário de Paulo Abrão:[7]

---

4. Art. 170. A ordem econômica, fundada na valorização do trabalho humano e na livre iniciativa, tem por fim assegurar a todos existência digna, conforme os ditames de justiça social (...).
   Art. 193. A ordem social tem como base o primado do trabalho, e como objetivo o bem-estar e a justiça sociais.
5. *Larousse Cultural.* Op. cit.
6. TELLES JUNIOR, Goffredo Silva. *A criação do Direito.* São Paulo: Editora Juarez de Oliveira, 2004, p. 471 e s.
7. ABRAÃO, Paulo de T.S. *Constituição Federal Interpretada.* Barueri – SP: Manole, 2012, p. 1142-1143.

(...) o texto do art. 230 é inovador, ao prever pela primeira vez que, em nosso País, a proteção e o amparo às pessoas idosas serão dados por intermédio da família, da sociedade e do próprio Estado. (...)

E destaca:

§ 1º Os programas de amparo aos idosos serão executados preferencialmente em seus lares". Tal previsão é consequência da defesa da dignidade e do bem-estar do idoso, que, em princípio, e à toda evidência, se inicia no seu local de moradia, lugar onde se observam as primeiras regras de respeito e segurança.

Ou não se observam.

Porquanto, conforme ressalta o mesmo autor,

a previsão constitucional necessitou de regulamentação, com a criação de um microssistema jurídico que contemplasse a efetividade dessa proteção, como ocorreu, por exemplo, com as crianças e os adolescentes. Aliada a essa necessidade, também é de se verificar que tal legislação infraconstitucional teve de vir em função também de uma crescente discriminação relativamente aos idosos.[8]

Necessário anotar também que a geração antecedente preparou a sociedade para a geração seguinte:

De qualquer forma, o reconhecimento de direitos especiais para os destinatários desta norma", finaliza, "reflete a necessidade de um reconhecimento relativamente àqueles que, durante muito tempo, deram uma parcela de contribuição ao desenvolvimento do país.[9]

José Afonso da Silva[10] comenta a Política Nacional do Idoso:

A Lei 8.842, de 4.1.1994 que dispõe sobre a política nacional do idoso e criou o Conselho Nacional do Idoso, considera idoso, para seus efeitos a pessoa maior de 60 anos de idade. Segundo seu art. 1º, a política do idoso tem por objetivo assegurar seus direitos sociais, criando condições para promover sua autonomia, integração e participação efetiva na sociedade.

3. IDOSOS E CONVIVÊNCIA: O FATOR EDUCACIONAL

O mesmo e citado autor José Afonso da Silva[11] tem, a respeito do Capítulo – Da Família, da Criança, do Adolescente e do Idoso estas palavras:

1. *O MUNDO DE TODOS NÓS.* O Capítulo, como se vê, cuida de um mundo em que todos nós estivemos, ou estamos, ou poderemos estar inseridos. Nascemos em um *família* – especialmente agora, que a Constituição concebe a família em termos amplos de *entidade familiar,* em que se incluem situações que estiveram marginalizadas nos ordenamentos constitucionais brasileiros e estrangeiros até agora; somos ou fomos *crianças,* esse período de vida – a infância – que nos marca para sempre, para o bem ou para o mal, mas é obrigação do Estado e da sociedade envidar esforços para que seja sempre para boa formação do homem de amanhã; somos, ou fomos, ou seremos *adolescentes* esse momento que enriquece o ser humano pelo despontar do amor que humaniza, pela rebeldia, pela curiosidade, pelo desejo de ser tudo, pelo sonho e o imaginário, necessários ao adulto em formação, que a Constituição ampara, para que, sendo o elo entre a criança e o adulto, traga daquela o espírito da inocência, honestidade e sinceridade

---

8. Estatuto do Idoso, Lei 10.741, de 1º de outubro de 2003.
9. ABRAÃO, Paulo de T.S. "Constituição Federal Interpretada". Op. cit., p. 1.142.
10. SILVA, José Afonso da. *Comentário contextual à Constituição.* São Paulo: Malheiros, 2005, p. 862.
11. *Idem,* p. 849.

e leve para este a capacidade de se rebelar contra as injustiças, as falsidades, o arbítrio; finalmente, somos ou possivelmente seremos *idosos*, que, tendo recebido da criança e do adolescente, através do homem adulto, aquelas qualidades, incluindo a capacidade de sonhar, podem viver na tranquilidade de quem cumpriu ou, pelo menos, se esforçou nos limites de suas faculdades para cumprir sua missão, com amor e sofrimento, mas para garantir que *não passou pela vida em brancas nuvens*.

Em toda circunstância familiar e social, de assinalar a presença indefectível do *fator educacional*. O processo inicia-se na *família* – ou na sua falta: sempre, porém os circunstantes adultos em redor da criança.

Em "Esboço de Psicanálise", Freud descreve o aparelho psíquico[12] (*superego, ego e id*) e explicando:

> O longo período da infância, durante o qual o ser humano em crescimento vive na dependência dos pais, deixa atrás de si, como um precipitado, a formação, no ego, de um agente especial no qual se prolonga a influência parental. Ele recebeu o nome de *superego*.
>
> (...)
>
> Esta influência parental, naturalmente, inclui em sua operação, não somente a personalidade dos próprios pais, mas também a família, as tradições sociais e nacionais por eles transmitidas, bem como as exigências do *milieu* social imediato que representam.[13]

Dependerá, portanto, e muito, das atitudes, informações, ensinamentos transmitidos, costumes, e, ainda, daquilo que venha a ser interpretado pela própria criança – por sua vez, as atitudes, expressões verbais e da conduta da mesma criança, adolescente ou jovem o comportamento destes para com os idosos.

4. FAMÍLIA E COMUNIDADE

Dispõe o art. 226 da Constituição Federal: "A família, base da sociedade, tem especial proteção do Estado".

Comenta o citado Paulo Abrão:[14]

> As relações familiares sofreram e têm sofrido muitas mudanças durante a história. (...)
>
> As normas que disciplinam, que orientam a convivência entre as pessoas, nas suas mais diversas formas conhecidas e reconhecidas na História, talvez nunca tenham tido um tratamento tão diferenciado como agora. (...)
>
> A família é considerada a base da sociedade, e tem especial proteção do Estado. A frase contida no art. 226, além de cuidar da família como uma entidade fundamental ao desenvolvimento do convívio

---

12. FREUD, Sigmund. *Obras completas de Sigmund Freud*. Rio de Janeiro: Imago, 1975, p. 165 e s.
13. "Outro fator da formação da personalidade é pertencente ao próprio indivíduo, o que se denomina *caráter*: "enquanto mister se fez entender por caráter o que, de modo exato, distingue os indivíduos, embora as suas condições de existência ou os resultados de sua atividade não pereçam muito diferentes. Da mesma forma que a inteligência, o caráter não é composto de partes distintas, de átomos ou de radicais diversamente reunidos e combinados. Para cada indivíduo, ele constitui a maneira habitual ou constante de reagir, à condição porem de não se entender por modo de agir uma certa forma de reações, particulares e sempre semelhantes a si mesmas, mas antes uma espécie de parentesco latente, unindo as reações entre si, mesmo que seja através das circunstancias e das mais variadas situações". VALLON, Henri. *As origens do caráter na criança*. São Paulo: Difusão Europeia do Livro, 1971, p. 15-16.
14. ABRAÃO, Paulo de T.S. Op. cit., p. 1119-1120.

social, aceita, porque impõe ao Estado uma proteção especial na preservação do núcleo familiar, a influência desse grupo no comportamento das pessoas.

Daí a extrema importância da educação, com tudo que compõe a educação, transmitida no grupo familiar/ou ambiente da criança órfã de pais e família.

Grupos de famílias compõem a *comunidade*, do que constitui a *comunnitate*, (latim), como visto, participação em comum. E daí, como uma espiral, formando outros níveis e entidades, até a sociedade política, o Estado.

O que vincula esses níveis e entidade denomina-se *cultura*.

> Chamo *cultura"* – afirma Jacques Soustelle[15] ao conjunto de comportamentos, técnicas, crenças, ritos, instituições que caracterizam o homem e as sociedades humanas – por contraste com os animais e as sociedades animais – e que se opõem por isso "à natureza.[16]

A educação, como dito, – acesso ao conhecimento – está profundamente relacionada *à cultura* na transmissão, precisamente, de ideias e comportamentos, de ideias e comportamentos. Desse instrumento decorre a composição da família e os seus vínculos como tal.

A ideia que se forma com referência a *idoso* – "que tem muitos anos, velho" – registra o Dicionário[17] e tal acepção prende-se, apenas, ao número de anos de que uma pessoa seja portadora.

Michel Foucault, porém, em aula de 1982,[18] refere-se a uma "nova ética da velhice".

> A velhice deve ser considerada como uma meta, e uma meta positiva da existência.
>
> Deve-se tender para a velhice e não resignar-se a ter que um dia afrontá-la. É ela, com suas formas próprias, que deve polarizar todo o curso da vida.
>
> (...)
>
> No fundo, é preciso que, a cada momento, mesmo sendo jovens, mesmo na idade adulta, mesmo se estivermos ainda em plena atividade, tenhamos, para com tudo que fazemos e somos, a atitude, o comportamento, o desapego e a completude de alguém que já tivesse chegado à velhice e completado sua vida.[19]

O que Foucault denomina, portanto, "a nova importância e o novo valor que a velhice passa a ter" e que a Constituição Federal consagra no referido art. 230 – deverá ser transmitida pelo instrumental da educação, por todos os meios a partir da família e da escola.

---

15. SOUSTELLE, Jacques. *Los cuatro soles*: origen y ocaso de las culturas. Madrid: Guadarrama, 1969, p. 91, Tradução livre.
16. E mais adiante (p. 93): "chamo *civilização* ao estado a que chegaram determinadas culturas no curso da história humana. Enquanto existiram e existem um grande número de culturas, não conhecemos no passado e em nossos dias nada mais do que um número restrito de civilizações".
17. *Larousse Cultural*. Op. cit.
18. FOUCAULT, Michel. *A hermenêutica do sujeito*. São Paulo: Martins Fontes, 2004, p. 135-137.
19. "O privilégio da velhice, conforme Foucault, quando bem preparada, por uma longa prática de si, é o ponto em que o eu, como diz Sêneca, finalmente atingiu a si mesmo, reencontrou-se, e em que se tem para consigo uma relação acabada e completa, de domínio e de satisfação ao mesmo tempo". *Ibidem*.

5. PRESSUPOSTOS DO ART. 230: GERAÇÕES EM CONVIVÊNCIA

Dos jornais

O Estado de S. Paulo, 12/8/2012, p. D2[20]

"Livros de autores estrangeiros falam da relação de avós e netos (..)"

Na doença

Mari nasce em uma cadeira de palha, aos pés de uma cerejeira. Impaciente e enérgica como só as crianças sabem ser, ela tem na avó sua melhor amiga.

(...) Mas a vida surpreende e a menina encontra a avó caída no chão. O avô conta que ela tropeçou. Esperta, Mari desacredita. A avó mergulha em um sono profundo. (...) É companheira e está perto quando ela desperta (...) porém descobre que a avó não fala, que se esqueceu de um monte de coisas. (...) Com delicadeza, Mari elabora o seu sofrimento. Faz desenhos coloridos para enfeitar as paredes do quarto no hospital.

(...) O livro tem uma virada e também fala de morte e despedida.[21]

Companheirismo

A relação de uma neta e seu avô também conduz a história. Aqui, no entanto, o foco não é a doença e o sofrimento, mas sim o companheirismo.

(...) Narra uma relação cheia de amor e afeto. Neta e avô plantam juntos, tocam música, brincam, contam histórias (...) e às vezes também se estranham quando ela diz coisas pouco simpáticas. O avô resgata lembranças da infância (...) e a menina se espanta: "Você também já foi bebê"?

São situações possíveis que estarão sendo vividas – que, porém, não vêm sendo enfatizadas, expostas e ensinadas – pelos meios de comunicação.

Gerações em convivência não são realidades da época atual, por muitos motivos, também compreensíveis, e não. Também o art. 229 da Constituição enfatiza essa questão, ao determinar – o que pode parecer exagerado ou deslocado:

> Art. 229 – Os pais têm o dever de assistir, criar e educar os filhos menores, e os filhos maiores têm o dever de ajudar e amparar os pais na velhice, carência ou enfermidade.

O citado Paulo Abrão comenta, fundadamente:

> Assim como este artigo prevê a paternidade responsável, impõe que a proteção à pessoa dos pais, pelos filhos maiores, obedeça à mesma regra, o que chamamos de dever mútuo de assistência.
>
> Assim, além da proteção social, condições dignas de sobrevivência e assistência médica eficiente em uma época na qual as doenças se agravam, este artigo traz a necessidade de uma Efetivação dos Direitos Humanos na Terceira Idade, com ações originadas na família, em primeiro lugar, e calcadas no respeito, acatamento, reverência e solidariedade, tão importantes quanto os aspectos materiais do relacionamento.[22]

Bem assinalada pelo autor a palavra "solidariedade" pois o art. 3º, I da Constituição de 1988 estabelece, entre os "objetivos fundamentais da República Federativa do Brasil".

---

20. "Como elaborar dor e luto. Livros de autores estrangeiros falam da relação de avós e netos, morte e perdas". In: O Estado de S. Paulo, 12/08/12, p. D2.
21. "Mari e as coisas da vida", Tim Mortier, Pulo do Gato; "Vovô", John Burningham, Cosacnaify; "O coração e a garrafa", Oliver Jeffers, Salamandra.
22. ABRAÃO, Paulo de T.S. Op. cit., p, 1.141.

I – construir uma sociedade livre, justa e solidaria;"

E ainda:

(...)

IV – promover o bem de todos, sem preconceitos de origem, raça, sexo, cor, idade e quaisquer outras formas de discriminação;

Como se pode concluir, a *questão dos avós*, na sociedade brasileira, apresenta-se não, apenas, uma questão familiar, mas, constitucional igualmente envolvendo, portanto, Estado e pessoas, na mesma e fundamental participação da comunidade.

6. "O MUNDO DE TODOS NÓS" (JOSÉ AFONSO DA SILVA)

A frase de José Afonso da Silva e as palavras que se lhe seguem (v. *supra*) abre as portas de compreensão de que todos os seres humanos vivem as fases da infância, da adolescência e da juventude – podendo chegar à velhice.

Cada uma dessas fases deixará marcas – e é preciso que elas sejam "para a boa formação do homem".

Com Foucault (v. *supra*) "a nova ética da velhice" – considerada como "uma meta, e uma meta positiva da existência".

E o instrumento, o modo, a forma para que isso aconteça está no *processo educacional*.

O termo *educação* tem origem no verbo *ducare* que significa conduzir, instruir, guiar com o prefixo *ex* (exterior, algo que vem da sociedade, do pedagogo):

A educação é um processo social que, embora assumindo formas diversas, é comum a todas as comunidades humanas.

(...)

Além de sua função tradicional, a educação pode ter também papel transformador.

Pensadores políticos tão díspares como Marx e Platão, por exemplo, tinham em comum a convicção de que a educação dá às pessoas poder para mudarem suas vidas. Assim, há dois aspectos opostos e complementares: ao mesmo tempo que conforma as pessoas às normas e ao modo de vida de uma sociedade, a educação também pode ser um instrumento de mudança social e de autonomia individual.[23]

Platão, sobretudo, atribui à educação um papel superior na sociedade:

Na 'República' disse expressamente que a educação iria substituir uma legislação numerosa, enquanto em "As Leis" dez da legislação o instrumento da educação dos cidadãos. (...)

Não pensou em abandonar sua alta opinião acerca do poder da simples educação, mas escreveu 'As Leis' num esforço consciente para impregná-las com a ideia da educação, no objetivo de que pudessem cumprir na realidade a tarefa que o Estado ateniense havia destinado à lei nos tempos de Péricles: ser a educadora do povo.[24]

"Educação é liberdade". (André Gide)[25]

---

23. *Nova Enciclopédia Ilustrada Folha*, 1996, I/284.
24. JAEGER, Werner. *Alabanza de la ley*. Madrid: Centro de Estudos Constitucionais, 1982, p. 63-64. Tradução livre.
25. WAGONER, Kathy. *365 Reflexões sobre a Arte de Ensinar*. São Paulo: Publifolha, 2002, p. 175.

A questão maior a enfrentar é que não há "Escola de pais", o que deve ser seriamente pensado, falta essa em todos os sentidos, a partir da necessidade da inclusão do preceituado no art. 229, como visto acima, determinando "o dever de ajudar e amparar os pais na velhice, carência ou enfermidade".

Essa inclusão constitucional denota a falha existente em nosso atual sistema educacional.

Envelhecer

– como "amanhecer", "entardecer" – *é um processo da passagem do tempo* – no qual todos os seres humanos – e a natureza, estamos inseridos – e que ocorre desde o início da vida: o *envelhecimento*.

Carmela Dell'Isola e Thais Novaes Cavalcanti[26] esclarecem:

> A Assembleia Geral das Nações Unidas, em 1992, aprovou a Proclamação sobre o Envelhecimento, estabeleceu 1999 como o Ano Internacional dos Idosos, como o *slogan* "Uma sociedade para todas as idades". Em 1995 foram elaborados, pela ONU, os parâmetros para a adoção de um marco conceitual sobre a questão do envelhecimento e foram envolvidas para análise: a situação dos idosos, o desenvolvimento individual continuado, as relações multigeracionais e a inter-relação entre envelhecimento e desenvolvimento social.
>
> Em um contexto propício a tratar de temas sociais, a pessoa mais velha passou, gradualmente, a ser vista como um segmento ativo da população e atuante, que deve ser incorporado à busca do bem-estar de toda a sociedade.

Trata-se, portanto, de outro modo de ver e compreender o *processo de envelhecer*.

Mirian Goldenberg[27] refere-se às "perdas que cada um de nós experimenta com o envelhecimento", mas ressalta:

> Depois de concluir "A bela velhice" percebi que é possível rimar a palavra idade com maturidade, felicidade, reciprocidade, dignidade, autenticidade, serenidade, finalidade, oportunidade, personalidade, sensibilidade, curiosidade, intensidade, profundidade, prioridade, centralidade, espontaneidade, sinceridade, integridade, totalidade, naturalidade, singularidade, individualidade, originalidade, necessidade, humanidade, preciosidade, estabilidade, continuidade, tranquilidade, generosidade, positividade, assertividade, flexibilidade, plasticidade, elasticidade, criatividade, ludicidade, inventividade, capacidade, mobilidade, adaptabilidade, cumplicidade, proximidade, intimidade, atividade, produtividade, possibilidade, vitalidade, maioridade, longevidade, jovialidade, visibilidade, sexualidade, conjugalidade, feminilidade, masculinidade, maternidade, paternidade, subjetividade, objetividade, realidade, utilidade, comunidade, simplicidade, facilidade, prosperidade, racionalidade, fidelidade, responsabilidade e muito mais idades.

E completa:

> Paro por aqui porque as rimas possíveis para idade são quase infinitas. Mas quero destacar que as minhas preferidas são: maturidade, serenidade, autenticidade, reciprocidade e dignidade.

---

26. DELL'ISOLA, Carmela; CAVALCANTI, Thais Novaes. *Envelhecimento e Intergeracionalidade*. Curitiba: Editora CRV, 2019, p. 255.
27. GOLDENBERG, Mirian. *A Bela Velhice*. São Paulo: Record, 2013, p. 121.

Cada pessoa poderá escolher, como a autora, as palavras que mais reflitam o seu pensamento e, sobretudo, alcançar um *sentido para a vida*; então, a passagem dos anos significarão, apenas, o caminho para chegar à montanha.

Tudo isso deve ser transmitido, adequadamente à criança, ao adolescente, ao jovem, para que possa ocorrer a *intergeracionalidade*, conforme proposto (v. *supra*), ou seja, gerações em convivência.

O ESPAÇO E A AVOSIDADE: A CRIANÇA E O IDOSO

Miriam Nardelli

Mestre pela Universidade de Brasília (UnB) e pós-graduada em Iluminação e Design pelo IPOG-DF. Arquiteta. Professora universitária por 14 anos na Unieuro-DF. Professora convidada para participar de bancas de graduação, atuou também como orientadora e coorientadora de muitos formandos. Foi por duas vezes conselheira do Crea-DF tendo sido Coordenadora da Câmara de Arquitetura. Integrou a Comissão Organizadora do XX Congresso Pan-americano de Arquitetos, em 2006, e foi coautora de artigo apresentado no IV Encontro Nacional de Tecnologia do Ambiente Construído, em 1997. Arquiteta aposentada do Banco do Brasil.

Sumário. 1. Introdução. 2. A percepção do espaço das cidades. 3. A criança e o espaço. 4. O idoso e o espaço. 5. Elementos do espaço. 6. Um exemplo de cidade dentro da perspectiva de se criar cidades amigas do idoso. 7. Sugestões alternativas. 8. Conclusão.

1. INTRODUÇÃO

Sob o enfoque da Arquitetura, o artigo busca entender como poderiam ser os espaços com características intergeracionais. O foco, no caso, é a possibilidade de nesses espaços reunirem-se idosos com crianças, seus netos ou não, partilhando experiências, trocando energia e principalmente ocupando espaços projetados de modo a atender às suas necessidades e anseios.

O tema chama atenção de estudiosos de múltiplas áreas e principalmente dos arquitetos, que têm em si a responsabilidade de criar esses espaços e ressignificar os existentes, atendendo às expectativas sociais.

A cidade contemporânea vem concentrando habitantes em espaços cada vez menores, com trânsito excessivo de veículos, poluição sonora de diferentes origens, redução das áreas verdes, o que resulta por excluir os mais vulneráveis, em especial, os idosos e as crianças.

A cidade é de todos e para todos. Deve integrar todas as faixas etárias, conferindo-lhes o sentimento de pertencimento, bem como promovendo vínculos afetivos.

Por que a criança é lembrada e inserida no estudo nessa perspectiva de apossar-se e usufruir da cidade? Por que a criança e o idoso? Um iniciando seu caminho; outro, peregrino de longa caminhada. Um na plenitude de suas potencialidades e vitalidade, com pureza e abertura para o novo, enquanto o outro, já muito vivido, cansado, marcado algumas vezes por desilusões. O idoso é consciente de que tem muito menos a viver do que já viveu até agora! Estes, que um dia ajudaram a cidade a ser construída, veem-se muitas vezes excluídos, desatendidos e em profunda solidão.

Estimular a convivência entre as gerações pode parecer desconfortável, sem muito significado, considerando que o idoso demonstra querer mais sossego e que a criança, ruidosa e muitas vezes indisciplinada, pode incomodá-lo. Não é, entretanto, o que se verifica quando se criam oportunidades para que esse encontro aconteça em espaços que os acolham. Espaços onde cada um possa livremente escolher atividades, recolher-se para descansar, se o desejar, tendo o idoso a possibilidade de observar a alegria das crianças em locais sombreados, integrados à natureza, espaços internos e externos repletos de elementos simbólicos. Espaços projetados sob o enfoque bioclimático, onde os mais velhos possam ter conforto e se deslocar claramente orientados, sem que sejam acometidos da sensação labiríntica de não saber onde estão e para onde vão, e com acessibilidade atendida em respeito a eventuais limitações.

O que exatamente seria um lugar? Kohlsdorf e Kohlsdorf[1] definem que:

> Lugar qualifica espaço com presença humana porque esta lhe confere significância. Espaços socialmente utilizados possuem significados, ordem e familiaridade possibilitadores de aprendizagem mediante práticas ambientais e nessa experiência a eles aplicamos referências significativas, fato que os transformam em lugares [...] lugares podem ser internos, externos ou situações em que ambos se combinem. Lugares podem ser edifício, frações urbanas, cidades inteiras, vilas e aldeias" e prossegue dizendo que "mediante demandas dos indivíduos que neles estão e passíveis de acolhidos por atributos físico-espaciais.

As cidades contemporâneas foram se adensando, com prédios cada vez mais altos, os habitantes em moradias cada vez menores, o automóvel sendo privilegiado e as áreas de uso público, com qualidade, reduzidas. O ser humano vai se isolando cada vez mais, imerso em sua rotina vertiginosa, sob pressões contínuas por resultados. Nem todos utilizam a tecnologia digital, seja por falta de acesso a equipamentos ou dificuldade de adaptação, o que já os exclui. Tudo isso vai levando muitas vezes a um isolamento que tem reflexos na saúde física e mental. A cidade se espalha, os menos afortunados cada vez mais na periferia, segregados dos espaços centrais significativos, o dinheiro contado somado ao cansaço da semana, o transporte público nem sempre atendendo à demanda.

Essa própria cidade foi descaracterizada quanto à acolhida e à inserção de sua população, pois tem calçadas reduzidas e irregulares que desestimulam a caminhada, bem como ausência de sombreamentos e de equipamentos coletivos que possam oferecer "estações" de repouso e paradas que estimulem a copresença e confiram urbanidade. Nesse sentido, Gehl[2] entende que:

> não surpreendentemente, progresso e melhoramentos são vistos primariamente nas mais economicamente avançadas partes do mundo. Em muitos casos, como sempre, prósperos enclaves adotaram também a ideologia. Do modernismo como ponto inicial para novas áreas urbanas e posicionando altos edifícios em centros das cidades. Nestas bravas novas cidades, a dimensão urbana não tem estado na agenda, nem agora nem anteriormente.

Impõe-se resgatar a urbanidade perdida, a fim de privilegiar o ser humano e adotar uma postura do cuidado que, mais do que nunca, se afirma como um valor para o século

---

1. KOHLSDORF, Gunter; KOHLSDORF Maria Elaine. *Ensaio sobre o desempenho morfológico dos lugares*. Prefácio de Frederico de Holanda (editor). Brasília: FRBH, 2017, p. 18.
2. GEHL, Jan. *Cities for People*. Washington-USA: Island Press, 2010, p. 5.

XXI em todas as áreas. É urgente o cuidado com o planeta, a busca de soluções que visem preservá-lo e o foco no usuário. Boff[3] define que

> Por sua própria natureza, cuidado inclui, pois, duas significações básicas intimamente ligadas entre si. A primeira a atitude de desvelo, de solicitude e de atenção para o outro. A segunda, de preocupação e inquietação, porque a pessoa que tem cuidado se sente envolvida e afetivamente ligada a outro.

Novamente pensando no idoso e na criança, as dificuldades se somam às características próprias de suas idades. O que pode ser feito para resgatar esse sentimento de pertencimento e de apropriação das cidades, de cuidado para todos e principalmente para eles?

A visão de um arquiteto frente ao espaço da cidade e a sensibilização por vivenciar esse momento também no campo pessoal tornam a reflexão relevante. A criatividade vem se somar à consciência profissional na proposição de alternativas para ambientes externos, internos e mesmo para realização de eventos facilitadores nesses locais.

Como objetivo geral, pretende-se identificar elementos que possam conferir aos espaços características que qualifiquem áreas, tornando-as facilitadoras para encontros entre as gerações. Como objetivos específicos, refletir sobre a cidade pertencer a todos e como o espaço é percebido pelos usuários. Muitos são os fatores que influenciam seus comportamentos no ambiente, como forma, cores e os estímulos apurados pelos sentidos. Informações sobre normas e parâmetros que definem critérios mostram o direcionamento quanto aos quesitos a serem adotados em um projeto. Poder sensibilizar os arquitetos, *designers*, psicólogos, educadores, gestores e pessoas que amam pessoas a caminhar mais adiante nessa direção pode sugerir rumos a serem tomados no ambiente que nos cerca.

Na Conclusão, espera-se apontar elementos concretos para inserção em novos espaços a serem criados ou intervenções nos locais existentes.

2. A PERCEPÇÃO DO ESPAÇO DAS CIDADES

Ribeiro *apud* Holanda[4] defende que:

> A cidade como estrutura moldada pela população que nela habita (pois são os processos sociais que a definem, incluídos ou não procedimentos formais de planejamento) necessita de monitoramento constante. Isso ajuda a compreender sua dinâmica e a partir daí, elaborar planos e definir ações também dinâmicas, capazes de se adaptarem a novas situações e projetar cenários futuros nos quais a cidade tenha um desempenho melhor.

É necessária, portanto, a revisão sistemática dos espaços, a fim de adequá-los às necessidades dos moradores, quando esses se sentirem deslocados e não acolhidos. Isso pode ser observado na medida em que as pessoas se fecham mais em seus espaços privados, frequentemente com restrita comunicação virtual. Gehl[5] chama atenção para o fato de que, "quando os ambientes exteriores são de pouca qualidade, só se levam a cabo as

---

3. BOFF, Leonardo. *Saber cuidar:* ética do humano, compaixão pela terra. Petrópolis-RJ: Vozes, 1999, p. 91.
4. HOLANDA, Frederico. *Ordem e Desordem:* arquitetura & vida social. Brasília: FRBH, 2012, p. 82.
5. GEHL, Jan. *Live between Buildings-Using Public Spaces.* Copenhague: Danish Architectural Press, 2003, p. 19.

atividades estritamente necessárias" e prossegue afirmando que "as oportunidades para reunirmo-nos e realizar atividades cotidianas nos espaços públicos de uma cidade ou de um bairro residencial nos permitem experimentar como outra gente se desenvolve em diversas situações".

O ser humano reage aos estímulos do ambiente. Percebe o espaço através dos seus sentidos, possui em si uma bagagem de experiências e simbolismos que fazem com que seja impactado pelo meio em que se insere. Percebe as formas, as cores, necessita movimentar-se, tem que se orientar dentro dele através de elementos que, de forma clara e bem definida, permitam que faça a leitura desses espaços. Rogers *apud* Gehl[6] afirma que:

> Cidades – como livro – podem ser lidos e Jan Gehl entende a linguagem. A rua, as calçadas, a praça e os parques são a gramática da cidade: eles providenciam a estrutura que permite às cidades ganharem vida e acomodarem atividades diversas, desde o quieto e contemplativo ao barulhento e ocupado, Uma cidade humana com ruas cuidadosamente projetadas, praças e parques cria prazer para visitantes e transeuntes, bem como para aqueles que vivem, trabalham e a usam todos os dias.

Temperatura, acústica, luminosidade e qualidade do ar são fatores fundamentais sob o enfoque bioclimático que ali devem estar equilibrados. Os sons são recebidos involuntariamente e podem ser desagradáveis, se acima dos níveis de conforto ou inadequados à atividade que ali se desenvolve, ou mesmo quando emitidos além dos limites suportáveis... Espaços devem ser expressivos. Kohlsdorf e Kohlsdorf[7] definem: "Adotamos expressividade para designar a condição dos lugares em comunicar mensagens diretamente veiculadas a emoções exigentes de um esforço interpretativo necessariamente sensível de quem as receba".

Também não há segurança na movimentação pela cidade. Não há acesso ao transporte público para todos. Não é claramente permitida a inclusão de uma parcela menos favorecida, que não dispõe de meios próprios para se integrar aos espaços culturais e serviços muitas vezes localizados no centro ou em áreas distantes de suas moradias. Não lhes é garantida a acessibilidade, caso sejam pessoas com deficiência. Somente com grande parte desses itens atendidos é que todos se sentirão incluídos e valorizados, possuidores de qualidade em suas vidas. É preciso, pois, resgatar a dimensão humana nas cidades.

3. A CRIANÇA E O ESPAÇO

Projetar espaços para crianças exige o conhecimento de como se processa a compreensão que têm de um universo próprio, imenso e incontrolável. Crianças possuem intensa vitalidade, desconhecem o perigo, precisam ser protegidas. Sua abertura para novas experiências faz com que se lancem no ambiente de maneira espontânea e carregando em si tantas fantasias! Essas são características essenciais e se manifestarão plenamente se tiverem suas necessidades básicas atendidas, como alimentação, moradia que lhes garanta o mínimo de conforto, educação, saúde e uma razoável estrutura familiar, qualquer que

---

6. GEHL, 2010, Op. cit., p. IX.
7. KOHLSDORF; KOHLSDORF. Op. cit., p. 52.

seja sua composição. Essa não é, entretanto, a realidade de inúmeras crianças no Brasil. Muitas vezes, têm a merenda diária na escola como única refeição.

Ocorre pensar que, dentro desse quadro, cabe aos responsáveis criar para todas as crianças ambientes propícios ao seu desenvolvimento, sejam espaços públicos ou privados, conferindo-lhes a oportunidade de brincar, movimentar-se, sonhar, aprender a viver. O ambiente tem certamente um papel a ser exercido e é sobre isso que se busca refletir.

4. O IDOSO E O ESPAÇO

Ao vivenciar o envelhecimento, etapa inexorável da vida, o homem olha para trás e reflete sobre todos os seus passos, as etapas vividas, o significado de suas experiências. Essa visão lhe mostra o valor de tudo o que passou, o que ficou de tudo isso, as pessoas que cruzaram seu caminho, nunca em vão. Aprendizes ou professores, oscilamos a cada dia entre esses dois polos e isso não finda com a idade.

O idoso está mais vulnerável e suscetível a doenças. Pode estar saudável física e mentalmente ou, ao contrário, debilitado e entristecido. Ativo, trabalhando em outra carreira, financeiramente equilibrado ou lutando com dificuldade pela sobrevivência. Muitas vezes experimenta uma solidão que o machuca... percebe que o tempo de vida lhe será menor... tem a maturidade que sua estrada lhe trouxe e, por vezes fechado em si mesmo, anseia por contatos. Por outro lado, está mais sensível às reflexões e à espiritualidade em um amplo sentido, independentemente de religião. Nem todos estarão disponíveis, energizados e dispostos a conviver com a criança. Suas dores, limitações, desânimo podem desestimular essa convivência de forma frequente ou intensa. É preciso respeitar a necessidade de eventualmente se isolarem, de buscarem o silêncio, a contemplação ou mesmo suportarem alguma dor. Uma coisa, entretanto, é fato: o convívio com a criança pode estimular, trazer energia, alegria, justamente porque, vivenciando essa fase, o idoso percebe o essencial, o pouco significado de valores que um dia podem ter sido importantes para ele. É motivado por um sentimento protetor sobre esse serzinho, nem sempre tão angelical, mas obviamente ainda um aprendiz da vida.

Há alguns que são os avós de sangue, outros os avós sociais, conforme cita Cardoso,[8] que assim se refere àqueles que vêm se somar aos demais relacionamentos que se seguem ao original.

Ah, os avós! Tão amados e acolhedores eles são, na maioria das vezes. Despertam sentimentos de acolhida, a certeza de um colo e apresentam uma disponibilidade sincera para ouvir. Podem conferir à criança a percepção de que, no mundo, são as pessoas que mais a amam. Agem entre ela e seus genitores, resolvendo conflitos, sendo eventuais cúmplices e depositários de pequenos segredos, por vezes a força discreta da casa e sabendo estar ali, aparentemente alheios, só observando. São companheiros, somam nas despesas mesmo que seja com limitados recursos. Transmitem valores morais, ensinam atividades rotineiras, são capazes de semear serenidade. Precisam ser valorizados, reconhecidos, atendidos não só pelo seu próprio círculo de família, mas também pela comunidade e pelo

---

8. CARDOSO, Andréia Ribeiro. *Avós no Século XXI*. Curitiba: Juruá, 2011, p. 235.

Estado. Cardoso[9] defende que "temos muito a oferecer com a implementação de políticas públicas voltadas à família e à população que envelhece". Isso vai se refletir em todos.

Como podem ser os ambientes onde esses idosos vão conviver com a criança, que elementos devem estar presentes nesses espaços externos ou internos? Tal questionamento se coloca como ponto de partida para o exercício de um novo projeto, seja na implantação de novas áreas seja na revitalização das existentes.

5. ELEMENTOS DO ESPAÇO

Buscando descrever os elementos básicos de uma edificação ou de um espaço público, algumas características se destacam: suas dimensões, aspectos de salubridade e de conforto em todas as suas subdimensões, materiais de revestimento, funcionalidade, possibilidade de usufruto e fruição estética, presença de componentes simbólicos, aproximação com o ambiente da natureza no que se refere à vegetação e a aberturas que possibilitem a iluminação natural.

Kohlsdorf e Kohlsdorf[10] pontuam que "a noção do bem comum deve guiar a prática arquitetônica e isso necessariamente acolhe a procura por valores que nos tornem mais humanos". Prosseguem relacionando dimensões morfológicas que podem ser conceituadas como "um instrumental de representação morfológica dos lugares, aquele necessário em momentos de projetação".

Holanda *et al. apud* Kohlsdorf e Kohlsdorf[11] definem as expectativas que criam aspectos ou dimensões da arquitetura, quais sejam:

1. Funcional

2. "Artística", composta pelas subdimensões afetiva e simbólica

3. Bioclimática, com quatro subdimensões: higrotérmica, acústica, luminosa e qualidade do ar.

4. Topoceptiva (entendimento relativo à noção de lugar)

Onde estou e para onde vou (*grifo nosso*)

5. Copresencial

6. Econômico-financeira (custo versus benefício social)

Andrade *apud* Kohlsdorf e Kohlsdorf[12] explica que,

na hipótese dimensional da abordagem arquitetônica, a sustentabilidade não significa outra dimensão morfológica. Ela se posiciona através destas porque integra as dimensões econômica, social, ambiental e político-institucional das situações consideradas, as conecta com os demais âmbitos territoriais e sociais e exige envolvimento de todos os atores no estabelecimento de problemas, compromissos e parcerias.

---

9. *Idem, ibidem*, p. 236.
10. KOHLSDORF; KOHLSDORF. Op. cit.
11. *Idem*, p. 52.
12. *Ibidem*, p. 65.

Kohlsdorf e Kohlsdorf[13] afirmam que "dominar a relação entre atributos de configuração espacial e necessidades humanas é importante facilitador da atividade projetual". Em cada projeto, todas são importantes. Uma ou mais de uma, entretanto, podem ter maior destaque dependendo do conceito do espaço, da intenção do projeto, do programa, dos atributos dos locais considerados e dos recursos disponíveis.

Ao buscar a dimensão humana dentro do seu trabalho, o arquiteto sabe que está projetando para um espaço a ser socialmente utilizado, e toda sua atenção deve estar dirigida à consideração de cada uma das dimensões. A partir da análise criteriosa do lugar, de suas condicionantes e de todos os itens descritos, cabe a ele, atendendo às normas e posturas, definir como vai ocupar esse terreno, que tipo de edificação e de ambiente irá propor.

No que se refere à cidade, Rogers *apud* Gehl[14] defende que:

> Todos devem ter o direito ao livre acesso a espaços abertos, tanto quanto eles têm o direito à água pura. Todos devem ser capazes de ver uma árvore de sua janela ou sentar-se em um banco perto de sua casa com um espaço de brincar para crianças, ou para caminhar em direção a um parque em 10 minutos. Bem desenhada vizinhança inspira as pessoas que vivem nela, enquanto que cidades pobremente projetadas brutalizam seus cidadãos. Como Jan diz: nós formamos cidades e elas nos formam.

Ao considerar as decisões a serem tomadas no projeto, o partido a ser adotado na ocupação do terreno, ocorre questionar-se de que maneira pode ser a integração visual com o exterior. Há um nível de iluminação para cada atividade específica a ser ali desenvolvida e a essa luz vai se somar a artificial. Os materiais a serem indicados deverão atender a critérios de qualidade e oferecer fácil manutenção. São numerosos, variam em preço e exigem que se considere a relação custo-benefício, bem como a disponibilidade no mercado. Cores provocam sensações de agradabilidade ou não. Sabendo que o meio pode influenciar na satisfação e até mesmo no comportamento do usuário, impõe-se a opção por formas que possibilitem a circulação, independentemente de barreiras. O arquiteto deve decidir se fará uso de vegetação, consciente de que o ser humano sente-se melhor em ambientes que remetam ao meio natural, incluindo a luz. Equipamentos urbanos como bancos, áreas sombreadas por copas altas que permitam ao olhar se estender para o seu redor poderão estimular ali a permanência do idoso e da criança. Atender a parâmetros da ergonomia nas dimensões de móveis que melhor atendam às proporções do corpo, escala e a utilização possível por todos, deve nortear o pensamento do profissional. Elementos simbólicos presentes no espaço da cidade podem conferir representatividade e despertar uma ligação afetiva com o local.

6. UM EXEMPLO DE CIDADE DENTRO DA PERSPECTIVA DE SE CRIAR CIDADES AMIGAS DO IDOSO

O envelhecimento é um assunto que preocupa em função do desequilíbrio demográfico que se observa no mundo, considerando que a população vem vivendo mais, por

---
13. *Ibidem*, p. 53.
14. GEHL, 2010. Op. cit., p. IX.

ter acesso a melhores condições de vida e a recursos da medicina, enquanto a natalidade vem registrando queda.

Os mais velhos são vistos de forma diferenciada dentro de cada cultura. Por vezes são respeitados por sua sabedoria, reverenciados pelos que os sucedem. O que se verifica, no entanto, é que muitos são tidos como um peso, um incômodo. Isso os torna carentes de maior atenção, aumentando a responsabilidade de se trabalhar no sentido de lhes facilitar a vida neste momento de maior fragilidade.

A Organização Mundial da Saúde (OMS) havia aprovado, em 1991, os princípios das Nações Unidas em prol das pessoas idosas (Resolução 46/1991). Em 2002, quando foi realizada em Madri a 2ª Assembleia Mundial da ONU para Idosos, foram pedidas mudanças em todo o mundo.

No Brasil, apesar de haver maior consciência da necessidade de amparo efetivo aos idosos e várias iniciativas estarem sendo tomadas no sentido de criar espaços para eles, muito ainda há para ser feito. Em 1960, o Serviço Social do Comércio (SESC) foi pioneiro em desenvolver um trabalho destinado aos mais vividos. A Constituição de 1988 veio estabelecer mudanças significativas.[15]

Em 2019, o Senado aprovou um projeto de lei criando o Programa Cidade Amiga do Idoso, com o objetivo de incentivar municípios a adotarem medidas para o envelhecimento saudável e para aumentar a qualidade de vida da pessoa idosa. Côrte[16] relatou que esse projeto ainda seguiria para a Câmara e que não estava claro, a partir daí, seu encaminhamento. Quatro cidades brasileiras[17] já haviam recebido da OMS a certificação internacional de Cidades e Comunidades Amigáveis ao Idoso: Pato Branco (PR), Esteio, Porto Alegre e Veranópolis (RS). No mesmo ano, Camboriú (SC) foi considerada pela Organização como a quinta cidade brasileira a atender aos quesitos para ser reconhecida como Amiga do Idoso.

Pesquisas têm sido feitas em várias cidades do mundo para observar o comportamento do idoso e sua demanda nos espaços urbanos, a fim de fornecer subsídios para projetos das cidades e intervenções nas áreas já em funcionamento, com implementação de melhorias. Em alguns locais observa-se que algumas dessas condições já foram atendidas, principalmente naquelas cidades em que há a preocupação de criar exatamente ambientes amigáveis não só para os idosos, mas para todos os cidadãos.

A cidade de Copenhague, na Dinamarca, e seus arredores chamam atenção por ter sido ali implantado um conceito de sociedade onde se privilegiam as pessoas, e onde se verifica especial consideração com crianças e idosos. Isso se reflete no desenho da cidade

---

15. [...] "em 1º de outubro de 2003 foi promulgado o Estatuto do Idoso, um passo importante da Legislação Brasileira. [...] Em seus 118 artigos foram consolidados direitos conferidos por diversas leis federais, estaduais e municipais referentes à saúde, à assistência social, à habitação, ao transporte, à fiscalização de entidades de atendimento e à tipificação de crimes contra a pessoa idosa". VERAS, Peixoto Renato; OLIVEIRA, Martha. *Envelhecer no Brasil*: a construção de um modelo de sucesso. Disponível em: [www.scielosp/article/csc/2018.v23n6/1929-1936]. Acesso em: 17.06.2020.
16. CÔRTE, Beltrina. *Cidade Amiga do Idoso, Cidades para todas as idades ou Estratégia Brasil Amigo da Pessoa Idosa?* 2019. Disponível em: [www.portaldoenvelhecimento.com.br]. Acesso em: 17.07.2020.
17. *Idem*.

em espaços públicos e privados de diversão e em políticas públicas de apoio à população. Elementos urbanos e rotinas sobressaem pela simplicidade e boas soluções.

No Centro da cidade está o grande parque de diversões, o Tivoli, que embora exija tickets para acesso, é muito frequentado pela população. É uma área que integra brinquedos tradicionais, lago, restaurantes, lojas e teatro, todos em meio a jardins. São na essência locais de diversão e serviços ou simplesmente lugares para se estar em um grande espaço de encontro. Gehl[18] destaca que "pessoas são espontaneamente inspiradas e atraídas pela atividade e a presença de outras pessoas".

Atividades junto à natureza são frequentes mais intensamente no verão, embora mesmo no tempo frio sejam dominantes. São numerosos os parques infantis que podem ser encontrados ao se caminhar, muitos deles em pequenos espaços, e também muitas áreas verdes, além de praças. Mesmo quando reduzidas as suas dimensões, esses parques contêm brinquedos que estimulam o movimento. Possuem algumas características distintas entre si, sendo bastante frequentados, e em todos se observa que há o cuidado de estimular o exercício físico. Nos pequenos parques são muito utilizados materiais residuais, numa clara opção pela sustentabilidade. Madeira também é estruturada em instalações convidativas para escaladas. Pneus adaptados para balanços e partes de troncos de madeira formam caminhos a serem percorridos em equilíbrio. Em alguns desses parques há pisos que apresentam diferença de nível, podendo ser em material emborrachado ou areia.

Junto à estação de trem no subúrbio da cidade de Copenhague, em Vallensbaeck, uma configuração de edificações em torno do Centro Administrativo do Município destaca-se por constituir um pequeno e bem resolvido núcleo de apoio para aquela comunidade. Há um edifício onde apartamentos são para alugar, mas é dada preferência a quem tem mais idade. Próximo, há outro prédio onde moram os idosos que necessitam de cuidados, sendo-lhes garantida essa moradia social. Ali existem dois supermercados, academia, lanchonete, um posto bancário, um café e uma pequena loja de variedades, com revistas e artigos de primeira necessidade. Uma agência de viagem, também presente nesse núcleo, sugere sempre a possibilidade de viagens dentro e fora do país. Há também uma biblioteca de pequeno porte que dispõe de acesso à *internet*, de computadores, espaços de estar, canto para contar histórias, um baú com objetos e roupas *vintage*. A comunidade regularmente usufrui desses espaços em suas atividades rotineiras, deslocando-se de trem para a cidade de Copenhague, onde têm acesso aos eventos culturais.

O uso da bicicleta é bastante estimulado na capital da Dinamarca. Adultos e crianças vivenciam essa atividade independentemente da idade.

> A cidade de Copenhague foi reestruturada em rede de ruas por muitas décadas, removendo pistas de direção e vagas de estacionamento em um processo deliberado de criar melhores e seguras condições para o tráfego de bicicletas. Ano a ano os habitantes da cidade foram convidados a usar mais as bicicletas. A cidade inteira é agora servida por um efetivo e conveniente sistema de caminhos para bicicleta, separados por meios-fios das calçadas e das pistas para carros.[19]

---

18. GEHL, 2010. Op. cit., p. 65.
19. *Idem, ibidem*, p. 11.

Existe uma associação denominada Andar de Bicicleta sem Idade, que reúne 60 municípios dinamarqueses. A inspiração foi tirada da ideia de todos terem direito a usufruir desse meio de transporte e sentirem o "vento nos cabelos". Os voluntários se cadastram, recebem um treinamento com um piloto experiente e se habilitam a levar idosos saudáveis para passear de bicicleta. Depois desse treinamento, podem marcar a primeira viagem *on-line* e a reserva é confirmada por um membro da equipe da casa de repouso. "O roteiro é combinado na hora com o passageiro. Deve haver todo um cuidado com a velocidade e as curvas em atenção a quem é conduzido". As bicicletas elétricas poderão estar acopladas a um *riquixá* ou mesmo a uma cadeira de rodas e permitem que os idosos que não teriam mais condições de pedalar possam usufruir desse prazer e também se sentirem vivos passeando pela cidade. É uma associação que pode buscar recursos para aquisição dessas bicicletas especiais, tanto para as *Kommuner* (comunidades) quanto para centros de repouso. Há no *site* vídeos e depoimentos de usuários, registros de momentos de grande felicidade para idosos que efetuam até mesmo pequenas viagens para eventos em outros municípios, visitam parentes, realizam seus sonhos que, de outra forma, não seriam mais possíveis sentindo a integração com o vento. É uma iniciativa de grande ternura.[20]

Em um parque, no Centro da cidade, o projeto foi pensado para que as crianças aprendam regras de trânsito. Entre jardins e bancos para repouso, há pistas e sinalização em escala própria à delas. Ali aprendem a andar de bicicleta, a respeitar faixas, a observar sinais luminosos. Muitos idosos acompanham as crianças, bem como as levam ao zoológico, aos parques públicos ou aos *shoppings*.

Frequentando piscinas públicas localizadas em espaços internos devido à baixa temperatura durante grande parte do ano, muitos idosos e crianças nadam juntos. Nas praias, acessíveis em todo o país por trajetos que não chegam a uma hora de duração, o que se vê são as famílias interagindo e usufruindo das águas que são frias praticamente durante todo o ano, fato que não os intimida, adaptados que estão a conviver com esses fatores e o vento que vem do mar.

As escolas abrem seu espaço para essa interação dos netos com os avós ou com idosos da comunidade que tenham disponibilidade e carinho para partilhar com os alunos. Nas escolas de primeiro grau existem atividades de inserção desses idosos: uma tarde por semana eles vão ensinar trabalhos manuais nas salas de criatividade.

7. SUGESTÕES ALTERNATIVAS

O que se afigura como alternativa, na proposição de espaços facilitadores da convivência intergeracional, é projetar ambientes para serem utilizados por idosos e crianças. Sensível a essa premissa, característica fundamental para o profissional que for desempenhar essa função, o arquiteto precisa atentar para sutilezas que devem ali ser inseridas: detalhes, elementos que remetam à memória afetiva dos usuários, à sua história, cultura e sensibilidade. Buscará ocasionalmente referência em sua relação com os

---

20. Disponível em: [https://cyklingudenalder.dk/bliv-pilot/]. Acesso em: 19.06.2020.

próprios avós, que muitas vezes representam refúgio, cumplicidade. São essas as figuras que parecem imensas aos olhos da criança, cúmplices de seus segredinhos, refúgio em muitos momentos, e que vão se tornando companheiros ao longo da vida. O tempo e o espaço são determinantes para facilitar esses encontros, seja no interior das edificações, nos espaços abertos e na própria cidade.

A abordagem dessas sugestões alternativas será feita no artigo a partir do espaço restrito da edificação, ampliando-se para áreas públicas nas quais se desenvolvem as atividades do dia a dia, e procurando finalmente refletir, de forma mais ampla, sobre a cidade como um todo.

No interior da moradia, a representatividade da casa dos avós é significativa. A criação de um canto escolhido pela criança pequena para ser o local deles, definido para ser dos dois, assume assim um caráter único e personalizado; passa a ser um recanto onde podem ouvir música, contar histórias, brincar. O idoso vivencia esses momentos observando atentamente a criança, como sua vida se desenvolve, comparando-a com a da sua época. Cores suaves, móveis com materiais de fácil limpeza e quinas arredondadas, cadeiras e, se possível, algum pequeno móvel na escala da própria criança devem compor o ambiente. Superfície para desenhar, material de artes, um livro de história, um jogo favorito, alguns brinquedos. Na verdade, a dimensão desse espaço não é o que mais importa e, sim, o fato de conferir identidade a ele.

Aprender uma receita da família pede um banco em que a criança possa ficar ao nível da bancada da cozinha, transforma os momentos em diversão e deixa lembranças afetivas que permanecem por toda a vida, associadas ao paladar e ao odor dessa experiência. Possuir utensílios que reproduzam os existentes na casa é visto pela criança como a comprovação de que participa efetivamente daquela comunidade.

Aos poucos a criança vai crescendo, expande seus interesses e é tempo de buscar outros espaços. É o momento em que brincar com os avós na natureza passa a atraí-la. A criança se apropria mais do espaço que a cerca. Tem olhos para o lá fora. Abre-se o seu mundo para tantas informações e novidades! Passeios ao ar livre são muito apreciados, atividades culturais em companhia dos avós vão marcar essa parceria nas visitas a museus, exposições. A vegetação nas áreas verdes afigura-se como um espaço de descoberta de pequenos animais, de aprendizado sobre condições ambientais muito além de somente ornamentais.

A escola passa a ter importância, é onde a criança se relaciona socialmente e vai aos poucos aprendendo a viver. Os avós sempre presentes ali nos eventos veem-se envolvidos nessas atividades e podem ser bem eficientes também no processo educativo.

Cardoso[21] defende a ideia "de as escolas ampliarem sua função na sociedade, abrindo seus portões para que a família como um todo, incluindo os bisavôs, avós, pais e netos, possa participar de projetos que ofereçam integração entre seus membros".

A ideia de abrir as escolas para a comunidade pode consolidar a parceria entre avós e netos, engajá-los em práticas educativas, transmitir valores, participar dos exercícios, repassar tranquilidade. O espaço das escolas deve atender a essa demanda. Incluir uma

---

21. CARDOSO. Op. cit., p. 236.

sala de criatividade integrada a uma área externa ajardinada, muita luz natural em grandes aberturas, um armário repleto de material para artesanato e livre expressão. Lá fora, também mesa e bancos. Uma horta elevada – altura mínima de 85cm, um registro que possa ser mais comodamente acionado para irrigar através de tubulação perfurada ao longo do canteiro, sem necessidade de buscar água longe – pode ser um local instrutivo de lidar com a natureza, de plantar folhas, legumes que irão ser mais aceitos na alimentação quando vistos crescendo na terra, banhados pelo sol. A responsabilidade por cuidar dessa área natural e ocasionalmente cuidar de algum pequeno animal vai sendo assumida pela criança.

A escola deve ter todos os espaços acessíveis a todos, sem limitação. Alguns painéis podem ser executados em cores fortes, mas um tom geral mais suave na maior parte do ambiente, conferindo serenidade, irá destacar aquelas paredes que se quer pontuar como mais estimulantes. Uma parede de lousa com possibilidade de interagir com desenhos e mensagens é um espaço em que a criança pode dele apropriar-se e desenvolver sua criatividade. Elementos instalados sob o enfoque bioclimático assegurarão equilíbrio térmico, acústico e luminoso. Tetos revestidos em material absorvedor nas salas de aula para diminuir a reverberação excessiva fazem parte do cuidado. Ambientes esportivos mais afastados, em áreas onde livremente poderão ser produzidos ruídos, devem ser amplamente acessíveis e abertos à comunidade para programações de lazer mesmo durante o período das aulas, em alguns momentos, e nos finais de semana.

Pátios abertos e cobertos são importantes espaços de eventos, tornando-se cenário para múltiplas atividades.

A inserção de espaços significativos na escola, se possível ainda no programa de projeto, pode ser representada em oficinas, áreas que reproduzam uma casa que tem todo um simbolismo, e uma cozinha – ambas com dimensões 2/3 da altura normal –, onde pequenos *chefs* poderão preparar receitas com os avós. As crianças apreciam aprender tarefas, pintura, tricô e até marcenaria, supervisionadas por eles. Apreciam também integrá-los aos jogos ao ar livre, às atividades físicas, e divertem-se com seu esforço em acompanhá-las, o que lhes confere uma sensação de poder.

Na biblioteca, buscar criar um recanto para livros, com tapete e almofadas, para de forma descontraída contar histórias, representar pequenas atuações em um espaço de repouso e tranquilidade. Uma sala para reflexão pode existir no projeto para que a criança saiba que ali ela pode ficar por um período, relaxar e se recuperar da agitação.

Além do espaço da escola, a cidade abre-se enfim à criança. Assustadora por suas dimensões e por todos os estímulos ali existentes, será cenário que avós e netos vão usufruir. Para que sejam inseridos nos espaços vivos da cidade, o acesso ao transporte público deve ser garantido.

Jacobs[22] afirma:

> As crianças da cidade precisam de uma boa quantidade de locais onde possam brincar e aprender. Precisam entre outras coisas, de oportunidades para praticar todo tipo de esporte e exercitar a destreza física e oportunidades mais acessíveis do que aquelas que desfrutam na maioria dos casos. Ao mesmo

---

22. JACOBS, Jane. *Morte e vida das grandes cidades*. São Paulo: Martins Fontes, 1961. Versão Kindle. posição 1626.

tempo, no entanto, precisam de um local perto de casa, ao ar livre, sem um fim específico, onde possam brincar, movimentar-se e adquirir noções de mundo.

O urbanista precisa ter proposto calçadas largas onde a circulação seja segura, tanto na pavimentação quanto na clareza do caminho a ser seguido, orientado pela comunicação visual. A atenção aos materiais de piso pede uma escolha consciente, devendo o percurso ser sinalizado e ter as transições marcadas.

Áreas sombreadas por árvores de copa ampla – permitindo que se veja além delas, evitando-se vegetação que obstrua esse poder olhar distante – e plantas distribuídas em toda a área, com funções diferentes – ora forração, ora direcionamento dos caminhos – vão também absorver o excesso de ruído circundante. Equipamentos para exercício físico, bancos para repouso, a presença da água em jardins de chuva (pequenos canais dispostos pelo trajeto) e em espelhos d´água, constituindo uma estratégia de resfriamento evaporativo, proporcionam conforto.

Banheiros públicos, quiosques para alimentação, espaços para ficar livremente, bancos para se sentar e descansar ao longo do caminho, com encosto e braços para apoio, trajetos disponíveis e sem barreiras para limitações são fundamentais, assim como os espaços de copresença, onde os idosos possam estar ao lado de outras pessoas.

8. CONCLUSÃO

O mais importante e que se confirma após todas as reflexões sobre o assunto é a relevância de o arquiteto proporcionar espaços intergeracionais capazes de acolher os moradores da cidade, integrando-os em locais pensados com foco em todas as faixas etárias. Adultos jovens, adultos idosos, crianças e adolescentes podendo usufruir de uma cidade viva, acessando todos os locais, aproveitando tudo que ali pode lhes ser oferecido, a exemplo de eventos culturais e serviços. Toda ela sem barreiras, sem limitações, plena de estímulos para os sentidos.

Os núcleos próximos a estações de transporte público, como o situado em Vallensbaek-Dinamarca, revela-se uma alternativa muito interessante a ser implantada, ao invés de somente serem projetados grandes espaços institucionais (casas de repouso) ou loteamentos fechados para idosos. Estruturas como essas, que hoje são as opções normalmente escolhidas, podem possuir muitas vezes ótimas acomodações, academia, *home theater*, lindos espaços verdes e áreas desportivas. Carecem, entretanto, do contato com a própria comunidade. A iniciativa de voluntários para passear com os idosos que ali residem parece uma boa ideia a ser considerada e adotada nesses casos, conferindo-lhes a oportunidade de sair além dos limites da instituição. O núcleo integrado à cidade, por outro lado, como o descrito na Dinamarca, apresenta uma dinâmica de vida. Há atividades que o idoso saudável poderá fazer. Tem ali toda uma estrutura disponível: o supermercado, a farmácia, o café e o restaurante para encontro com amigos e família, a biblioteca e o apoio da *Kommune* – no caso do Brasil, o apoio das administrações regionais. Lá, como verificado, há bicicletas para serem pilotadas pelos voluntários da Associação Bicicleta sem Idade. Aqueles que precisam de cuidados estão também em um prédio próximo, nesse mesmo núcleo, e podem até vivenciar os ambientes ali existentes em momentos de recuperação da saúde ou do bem-estar.

    A perspectiva de integrar as gerações, seja em lugares especialmente criados para isso seja em áreas que vão desde o interior dos edifícios até os equipamentos coletivos da cidade, como a escola, áreas desportivas e parques, pode fazer com que os mais velhos se sintam pertencentes a esses espaços. A criança, por sua vez, estará conquistando a cada dia mais uma porção de tudo isso. Juntos, o idoso e a criança caminharão de mãos dadas rumo ao futuro neste caminho que, mesmo findo, restará eterno dentro deles.

AVOSIDADE E RESPONSABILIDADE CIVIL: UM DIÁLOGO EM CONSTRUÇÃO

Nelson Rosenvald

Pós-Doutor em Direito Civil Universidade Roma Tre (IT). Pós-Doutor em Direito Societário pela Universidade de Coimbra (PO). Doutor e Mestre pela PUC-SP. Professor de Direito Civil do Doutorado e Mestrado do IDP/DF. Procurador de Justiça do Ministério Público de Minas Gerais. Presidente do IBERC – Instituto Brasileiro de Estudos de Responsabilidade Civil.

> *"Bibiana é bem como a avó, dessas que só gostam dum homem em toda a vida. Essas nunca esquecem".*
> Érico Verissimo

Sumário: 1. Introdução. 2. A avosidade e a responsabilidade civil. 3. A responsabilidade civil por omissão de cuidado. 3.1 Omissão de cuidado na avosidade. 3.2 Cabe o Ilícito de omissão de cuidado inverso na avosidade? 4. A responsabilidade civil pela alienação parental. 4.1 A alienação avoenga. 5. A reparação de danos extrapatrimoniais é o caminho preferencial? 6. Conclusão.

1. INTRODUÇÃO

Esta obra coletiva pioneira e sistematicamente descreve o fenômeno interdisciplinar da "avosidade", entendido como "laço de parentesco entre avós e netos, sobretudo estando os últimos no período da infância; é tema que cria um elo entre a pediatria e a gerontologia. Envolve os estudos que vinculam o laço e parentesco nas relações de filiações trigeracionais do ponto de vista pessoal, social e familiar. Aproximar gerações é o objetivo do trabalho social que busca quebrar barreiras entre gerações, eliminar preconceitos e vencer discriminações".[1]

A família, como se sabe é um organismo mutável, construído historicamente. Os seus sentidos, papéis e funções se reconfiguram. Neste contexto dinâmico se insere o neologismo *avosidade*. Trata-se de uma derivação do termo espanhol *abuelidad*,[2] fazendo referência as relações intergeracionais construídas no contexto familiar pela interação entre seus membros. Avosidade se associa com o vocábulo equivalente "paternidade" para descrever o vínculo e função entre pais e filhos.

---

1. OLIVEIRA Alessandra Ribeiro Ventura; GOMES, Lucy; TAVARES, Adriano Bueno; CÁRDENAS Carmen Jansen. *Relação entre avós e seus netos no período da infância*. Disponível em: [https://revistas.pucsp.br/kairos/article/view/4420/2992]. Acesso em: 20.05.2020.
2. *Abuelidad* é um conceito desenvolvido pela psicanalista argentina Paulina Redler em 1980 para denominar a relação e função dos avós com respeito aos netos e os efeitos psicológicos do vínculo. No idioma inglês o conceito pode ser traduzido como "grandparenthood", utilizados desde o século XIX. Para significar o mesmo, na língua francesa se introduziu desde a década de 1990, o conceito de "grand-parentalité".

Na contemporaneidade, um dos fatores que imprimem mudanças nesse cenário é o crescente processo de envelhecimento populacional, trazendo uma presença cada vez mais acentuada dos avós em várias famílias, sobremaneira em nações periféricas como o Brasil, onde a precariedade econômica remete a uma contenção financeira que culmina por unir diferentes gerações sob um mesmo teto. A experiência aponta para o envelhecimento das mulheres, acompanhada por filhos adultos que nem sempre deixam a casa dos pais ao constituírem uma nova família. Filhos adultos que morrem antes de chegar à terceira idade. Filhos adultos que não assumem a criação de seus filhos e consequentemente, netos sendo criados pelas avós. Avôs e avós assumem a criação não apenas de netos biológicos, mas a avosidade afetiva de crianças adotadas por seus filhos, novos filhos da nora viúva e sobrinhos-netos do marido.

Em sua genialidade, Guimarães Rosa frisava a importância de "fugirmos das formas estáticas, cediças, inertes, estereotipadas e lugares comuns... a maneira de dizer tem de funcionar, a mais, por si".[3] Em seus livros o leitor é chocado, despertado de sua inércia mental, da preguiça e dos hábitos. Com a introdução do neologismo avosidade em uma obra coletiva capaz de captar a sua transversalidade, talvez o civilista possa tomar consciência viva do escrito, aprendendo novas maneiras de refletir sobre um fenômeno extremamente atual. Avosidade é um recurso expressivo que nos remete para muito além do formalismo do parentesco em linha reta.[4]

Tampouco a avosidade remete à tutela da pessoa idosa, calcada na proteção de uma pessoa vulnerável, que resulta, tanto de sua natural assimetria em um contexto individual de declínio das potencialidades psicofísicas, como também de sua dificuldade de inserção em um ambiente social culturalmente marcado por práticas discriminatórias.[5] A avosidade se localiza no plano da intersubjetividade, ressignificando o direito das famílias, como local de comunhão de vidas.

A avosidade é um tema novo. Porém, somente será um modelo jurídico autônomo se transcender a compreensão genética do parentesco e a condição de vulnerabilidade

---

3. MARTINS, Nilce Sant'Anna. *O léxico de Guimarães Rosa*. São Paulo: Edusp, 2001.
4. Parentes em linha reta são os que mantêm entre si uma relação de descendência direta, decorrente, ou não, de vínculo biológico. Procede direta e sucessivamente de cada pessoa para os seus antepassados e para os descendentes. São os avós e netos, pais e filhos... Como reza o art. 1.591 do *Codex*, "são parentes em linha reta as pessoas que estão umas para com as outras na relação de ascendentes e descendentes". Bem por isso, a linha reta pode ser ascendente ou descendente, a depender da perspectiva do parente que se esteja analisando, partindo-se da pessoa considerada para os seus antepassados (do filho para o pai, do neto para o avô etc.) ou para os seus descendentes (do pai para o filho, do avô para o neto...). A linha reta ascendente, por sua vez, pode bifurcar-se em linha paterna e materna, dizendo respeito ao parentesco relativo ao pai e à mãe e aos parentes de cada um deles.
5. Heloisa Helena Barbosa explica que, "a proteção especial dos vulneráveis não se limita ao consumidor. A definição de vulnerabilidade compreende além da ideia de risco, outras como carência, inferioridade, constrangimento e sofrimento, não episódicos, mas "naturalizados", ínsitos a situação da pessoa. Por definição, todos os seres humanos são vulneráveis, mas não basta afirmar a vulnerabilidade que lhes é intrínseca para que recebam tutela adequada. Para tanto é indispensável verificar as peculiaridades das diferentes situações de cada indivíduo e/ou grupo. Desse modo é preciso distinguir a vulnerabilidade – condição ontológica de qualquer ser vivo – da suscetibilidade ou vulnerabilidade secundária. Muitas pessoas têm a sua vulnerabilidade potencializada por problemas socioeconômicos ou de saúde e podem ser qualificados como vulnerados. Uma pessoa idosa é vulnerável, em razão do processo de envelhecimento, que pode atingir pessoas já vulneradas por doenças, pobreza ou deficiência física ou psíquica; estas estarão nitidamente em situação mais grave a exigir proteção diferenciada, diversa da conferida aos "apenas" idosos". BARBOSA, Heloisa Helena. Proteção dos vulneráveis na Constituição de 1988. In: NEVES, Thiago Ferreira Cardoso (coord.). *Direito e justiça social*. São Paulo: Atlas, 2013, p. 107-10.

do idoso para alcançar a dinâmica da concreta convivência entre avós e netos a despeito da efetiva configuração de uma categoria intermediária que se interponha entre os que se encontram no alvorecer e aqueles que já se colocam no crepúsculo da vida.[6] A socioafetividade rompe a fronteira atual e alcança novos confins.

Se há algo consensual no direito de família contemporâneo é a transmudação da família instituição para a concepção da família instrumento.[7] As diversas entidades familiares não são mais consideradas um intangível fim em si, porém meio de proteção e promoção de direitos fundamentais entre os seus membros, um espaço privilegiado para o desenvolvimento de afetos e do livre desenvolvimento da personalidade de seus integrantes. Se esta passagem de um modelo a outro ineludivelmente expõe o direito de família ao diálogo com os arranjos substanciais de tutela da pessoa humana, naturalmente a responsabilidade civil será o repositório das disfuncionalidades do exercício da conjugalidade, parentalidade e, por que não, da avosidade. A final, a despatrimonialização da família coincide com a despatrimonialização da responsabilidade civil, que paulatinamente tende a etiquetar diversas espécies de danos extrapatrimoniais.

2. A AVOSIDADE E A RESPONSABILIDADE CIVIL

Como enquadrar o fenômeno da avosidade no amplo espectro da responsabilidade civil? Uma pista seria a passagem do conceito de paternidade para ancestralidade.[8] A paternidade é uma dimensão da identidade pessoal que possui assento no direito de família, invocando reflexos jurídicos imediatos como nome, alimentos, guarda e sucessão. Porém a edificação da individualidade transcende a paternidade e se edifica na afirmação da personalidade. A um primeiro olhar a avosidade se destaca da paternidade, pois a tônica da relação de avós com netos não reside nos deveres, porém na função da transmissão do conhecimento geracional, do passado, das origens. É da natureza das coisas que avós mantenham relacionamentos com os netos menos tensos que aqueles estabelecidos com os pais, estando em melhores condições para ouvir, compreender e apoiar os seus netos em ocasiões em que seus pais não possam se fazer presentes ou mesmo careçam de aptidão para tanto. Desta forma, eles desempenham um papel essencial

---

6. "Por que dizemos que o avô é uma função possível? Para que essa função seja cumprida, é necessário que o avô realize uma operação simbólica de transmissão da função materna ou paterna. Dizem que ser avó é ser mãe duas vezes. Nós não concordamos com isso. Ser avó é ser mãe da mãe ou pai do neto. É ser mãe uma vez e avó outra. A operação simbólica é colocar em função do pai ou mãe de outro pai ou mãe. Transmitir aos seus próprios filhos a possibilidade de serem pais. Trata-se de reproduzir um lugar simbólico". GOLDFARB, D. C. *Corpo, Tempo e Envelhecimento*. São Paulo: Ed. Casa do Psicólogo, 1998.
7. Se compreendermos o imprescindível papel emancipatório de uma família estruturada na formação de cidadãos autônomos, também levaremos a sério a advertência de Tocqueville, para quem a principal tarefa de um governo virtuoso é permitir que as pessoas possam viver sem a sua ajuda. Para tanto deve se cultivar o apreço pela liberdade, cujo principal sustentáculo reside no cuidado da família. TOCQUEVILLE, Alexis de. *A democracia na América*. São Paulo: Martins Fontes, 2004.
8. Designar as ações relativas ao estado parental de investigação de paternidade é, por certo, enxergar menos do que a ponta de um *iceberg*. Note-se que, na contemporaneidade, por conta dos avanços biotecnológicos e das técnicas de reprodução assistida, é possível investigar não somente a paternidade, mas, identicamente, a maternidade e, até mesmo, outros vínculos de parentesco, como no caso dos avós. Por isso, é de se vislumbrar que a determinação do parentesco, através de decisão judicial, é obtida por meio de uma ação investigatória de parentalidade, e não somente de através da restritiva via da investigação de paternidade.

no processo de "transmissão intergeracional", um processo intimamente ligado ao da construção da identidade.

Em uma perspectiva mais arrojada, podemos dizer que em matéria de eficácia horizontal de direitos fundamentais nas relações familiares, o princípio da solidariedade penetra pela cláusula geral da afetividade (art. 1.511, CC), materializada pelos elementos que compõem o "cuidado" (art. 1.634, CC) no âmbito da autoridade parental. Pela objetiva condição de assimetria entre pais e filhos menores, naturalmente a intervenção do ordenamento jurídico será no sentido de robustecer o conceito de "direito-função", iluminando a feição funcional essencial da parentalidade, vocacionada à criação, educação e companhia dos filhos. Aqui a palavra dignidade se exprime em sua dupla face: o viés protetivo, como respeito e consideração a pessoa do filho e o viés promocional, pela afirmação da sua liberdade e autodeterminação, um permanente porvir.

Todavia, no âmbito da avosidade o direito fundamental de solidariedade tende a se eficacizar de forma prevalentemente positiva pela via do princípio da convivência familiar, tida como "relação afetiva diuturna e duradoura entretecida pelas pessoas que compõem o grupo familiar...que não se esgota na chamada família nuclear, composta apenas pelos pais e filhos".[9]

Avós integram este ambiente solidário e atuam coadjuvando a promoção dos direitos da personalidade de netos – crianças e adolescentes – através do contato, visitação e intervenção ativa no ato de forjar identidades. Incorporando essa filosofia pluralista, o Estatuto da Criança e do Adolescente, com as modificações implantadas pelas Leis 12.010/2009 e 13.509/2017), reconheceu proteção a diferentes modelos familiares (à família natural, à família ampliada e à família substituta). Dentro dessa perspectiva, inclusive, a nova redação do parágrafo único do art. 1.589 do Código Civil reconhece o direito de visitas dos avós, confirmando uma ampliação do conceito de família.

Aqui se insere o conceito de família extensa ou ampliada, perpassando a comunidade de pais e filhos ou a unidade do casal, sendo formada por parentes próximos com os quais a criança ou o adolescente convive e apresenta vínculo de afinidade ou afetividade. Essa família extensa pode se transmudar, posteriormente, em família substituta, a depender da situação verificada. Aqui, vale o exemplo da família formada por padrasto ou madrasta e enteado e por avós que criam os netos. É, enfim, a grande família, tradicionalmente composta por pessoas agregadas, entrelaçadas por um vínculo afetivo. Por igual, o Estatuto da Criança e do Adolescente, com a redação emprestada pelas Leis 12.010/2009 e 13.509/2017, faz alusão a diferentes tipos de família (a família natural, a família ampliada e a família substituta), abraçando essa concepção amplíssima.[10]

---

9. LÔBO, Paulo. Direito de Família e os princípios constitucionais. In: *Tratado de direito das famílias*. Belo Horizonte: IBDFAM, p. 126.
10. Nos termos do Estatuto da Criança e do Adolescente, notadamente em seu art. 28, §§ 3º e 4º, a família ampliada terá preferência, salvo algumas exceções (como no caso de irmãos), para a colocação infantojuvenil em família substituta. É que, na apreciação do pedido de colocação em família substituta, devem ser levados em conta o grau de parentesco e a relação de afinidade e afetividade. Com isso, procura-se preservar os vínculos familiares e, ao mesmo tempo, proteger o infante, diminuindo a dificuldade de adaptação com a nova família. Exemplo interessante de reconhecimento de efeitos jurídicos para a família ampliada pode ser lembrado com o direito de guarda e de visitas para os avós.

Dentre as várias possibilidades de afetação da responsabilidade civil próprias à parentalidade, podemos deslocar para o perímetro da avosidade a discussão da ilicitude no campo da omissão do cuidado e da alienação parental.

3. A RESPONSABILIDADE CIVIL POR OMISSÃO DE CUIDADO

A responsabilidade civil decorrente da omissão de cuidado tem sido prestigiada pelos tribunais, sobremaneira após a decisão do Superior Tribunal de Justiça no REsp 1.159.242, de abril de 2012[11] que ofereceu bases jurídicas mais sólidas para o deslinde de colisões de direitos fundamentais envolvendo a liberdade do genitor e a solidariedade familiar.

Em resumo, a Min. Relatora Nancy Andrighi salientou que, na hipótese, não se discute o amar – que é uma faculdade – mas sim a imposição biológica e constitucional de cuidar, que é dever jurídico, corolário da liberdade das pessoas de gerar ou adotar filhos. Assim, considerou o cuidado como um valor jurídico objetivo, sendo que a omissão do genitor no dever de cuidar da prole atinge um bem juridicamente tutelado – no caso, o necessário dever de cuidado (dever de criação, educação e companhia) – importando em vulneração da imposição legal, gerando a possibilidade de pleitear compensação por danos morais por abandono afetivo. Acrescenta ainda que os pais assumem obrigações jurídicas em relação à sua prole que ultrapassam aquelas chamadas *necessarium vitae*. É consabido que, além do básico para a sua manutenção (alimento, abrigo e saúde), o ser humano precisa de outros elementos imateriais, igualmente necessários para a formação adequada (educação, lazer, regras de conduta etc.). O cuidado, vislumbrado em suas diversas manifestações psicológicas, é um fator indispensável à criação e à formação de um adulto que tenha integridade física e psicológica, capaz de conviver em sociedade, respeitando seus limites, buscando seus direitos, exercendo plenamente sua cidadania. O direito de família não pretende judicializar o amor, ou descobrir um pretenso princípio da felicidade.[12]

3.1 A omissão de cuidado na avosidade

Poderiam os avós ser responsabilizados pela omissão de cuidado aos netos? A resposta positiva poderia ser tentadora no contexto de uma família substituta, se considerarmos que o cuidado é uma relação construída com dispêndio de tempo e energia – o *amor proativo* da pós-modernidade –, forjado em um processo diuturno de providências, e sacrifícios; ou seja, atos materiais perfeitamente sindicáveis e objetivamente aferíveis por um espectador privilegiado. O cuidado ocorre a margem da miscelânea de sentimentos e emoções que permeiam a razão e o instinto dos cuidadores. Na pluralidade do Estado Democrático de Direito, o vasto setor da vida íntima de cada ser humano é impermeável

---

11. STJ, REsp 1.159.242-SP, Rel. Min. Nancy Andrighi, j. 24.04.2012. DJe 04.05.2012.
12. Evidencia-se o equívoco na adoção da pioneira expressão abandono afetivo, por remeter a discussão ao pântano da subjetividade –pelo fato do afeto ser incoercível, com a necessária substituição pela expressão omissão de cuidado, que evidencia a intolerância do sistema jurídico brasileiro com comportamentos demeritórios ao dever de solidariedade dos pais perante os filhos.

aos humores do legislador de plantão. Todavia, na privacidade da relação filial, o adimplemento do cuidado é o fato jurídico que interessa ao ordenamento jurídico.

Por isto, compartilhamos a nossa preocupação com a precisão semântica. Dar a um modelo jurídico um nome adequado é fundamental para lhe emprestar precisão, eficácia e coerência com o sistema jurídico. Seria o dever de cuidado exclusivamente deferido aos genitores, ou os membros da família devem se responsabilizar uns pelos outros, quando existe algum tipo de vulnerabilidade?[13]

Em princípio, a própria Carta Constitucional, na primeira parte do artigo 229, assume que "Os pais têm o dever de assistir, criar e educar os filhos menores, e os filhos maiores têm o dever de ajudar e amparar os pais na velhice, carência ou enfermidade".[14] Temos aqui critérios objetivos para equacionar a tensão entre os princípios da liberdade e solidariedade, no momento em que o fundamento da ilicitude da conduta paterna migra da metafísica ofensa a um suposto "dever de amar", ou mesmo da violação a etérea cláusula geral da dignidade da pessoa humana, para uma objetiva conduta antijurídica consistente na omissão de deveres igualmente assinalados nos incisos I e II do artigo 1634 do Código Civil, concretamente consubstanciados na violação dos deveres de criação, educação, companhia e guarda.

Nada obstante, de acordo com o art. 227 da Constituição Federal, os deveres da família consistem em assegurar à criança, ao adolescente e ao jovem, com absoluta prioridade, o direito à vida, à saúde, à alimentação, à educação, ao lazer, à profissionalização, à cultura, à dignidade, ao respeito, à liberdade e à convivência familiar e comunitária, além de colocá-los a salvo de toda forma de negligência, discriminação, exploração, violência, crueldade e opressão.

Vale dizer, a omissão de cuidado é um ato ilícito que não apenas se localiza em uma parentalidade disfuncionalmente exercitada por um genitor, mas por quem se encontre no exercício dessa função e ofenda diretamente o direito fundamental à convivência familiar (art. 227, CF). É certo que esse dispositivo possui forte conotação moral. Ocorre que, no paradigma do Estado Democrático de direito, mesmo que um princípio seja embasado em elementos sociológicos, depois que está posto, não poderá ser corrigido. Ora, ninguém nega que o Direito seja um sistema composto por regras e princípios. Nesse contexto, princípios são normas e quando o direito é aplicado, não podemos olvidar dos princípios. Ao contrário do que se comenta nas esquinas, os princípios não são valores, são deontológicos. Logo, funcionam a partir do binário lícito-ilícito. Se a Constituição diz que há um direito à convivência familiar, assume-se que a espontânea negativa a esse dever representa não apenas uma conduta reprovável, porém antijurídica. A omissão de cuidado fere a ética e o direito.

---

13. Essa responsabilidade independe do afeto, pois se trata de deveres de conduta objetivos, cuja fonte é a filiação, e quando os deveres não são exercidos de forma espontânea, o Estado interfere e imputa tal responsabilidade, para que a pessoa vulnerável tenha garantida uma vida digna". TEIXEIRA, Ana Carolina Brochado; LIMA RODRIGUES, Renata de. *O direito das famílias entre a norma e a realidade*, São Paulo: Atlas, 2010, p. 107.
14. O prestígio ao dever de cuidado é também parte da Convenção Internacional sobre Direitos da Criança, ratificada pelo Brasil por meio do Decreto 99.710/1990, constando em seu art. 3º que "os Estados Partes se comprometem a garantir à criança a proteção e os cuidados necessários ao seu bem-estar".

O ilícito da omissão de cuidado pode se configurar quando a avosidade migra do contexto da família ampliada para a família substituta. Na família ampliada não se aplica aos avós o comando do artigo 1.634, I e II do Código Civil. Neste contexto a participação avoenga na criação e educação dos netos é sempre bem-vinda, mas jamais compulsória. Tudo muda na conjuntura da família substituta.

O dado cultural da personalização da família submeteu ao império da ilicitude todo e qualquer comportamento indicativo de que o procriador não exerce o status de pai socioafetivo por deixar de adotar o próprio filho. O mesmo se aplica aos avós ao tempo em que família substituta entre em cena. Esse dever constitucional de solidariedade justifica a qualificação da ilicitude ao ato antijurídico por omissão do dever de cuidado.[15]

Nos termos do Estatuto da Criança e do Adolescente, notadamente em seu art. 28, §§ 3º e 4º, a família ampliada terá preferência, salvo algumas exceções (como no caso de irmãos), para a colocação infantojuvenil em família substituta. É que, na apreciação do pedido de colocação em família substituta, devem ser levados em conta o grau de parentesco e a relação de afinidade e afetividade. Com isso, procura-se preservar os vínculos familiares e, ao mesmo tempo, proteger o infante, diminuindo a dificuldade de adaptação com a nova família. A inserção em família substituta deve garantir à criança ou adolescente um ambiente familiar adequado, propício ao desenvolvimento físico, mental, moral, espiritual e social, em condições de liberdade e dignidade (ECA, art. 3º).

A guarda estatutária é a regularização de uma anterior situação de fato, quando uma criança ou adolescente já se encontra sob a responsabilidade moral e material de um terceiro. Os avós podem, eventualmente, ter a guarda dos netos, como forma de colocação em família substituta, sem afetar o exercício do poder familiar pelos pais (ECA, art. 33). Por óbvio, porém, não se pode utilizar a guarda pelos avós como mecanismo de fraudes previdenciárias, apenas para transmitir benefícios a serem deixados por avós. Efetivamente, a guarda avoenga exige demonstração de que os avós já estão prestando assistência moral e material ao neto, cuidando-se, tão só, de regularização de prévia situação de fato. Nesse caso, é possível deferir a ele a guarda do menor, como mecanismo de proteção integral. Para além disso, a guarda estatutária também pode ser vista como um mecanismo, incidental ou preparatório, para a concessão de uma tutela (no caso de criança ou adolescente órfã) ou de uma adoção (quando cessará o poder familiar dos pais).[16]

---

15. Nesse sentido, a doutrina sustentada na cátedra de Giselle Câmara Groeninga tem instituído maiores discussões a proclamar que o direito à convivência familiar, como princípio básico do direito de família, extraído da tutela integral à criança e ao adolescente alinhada pelo artigo 227 da Constituição Federal, carece de uma nova configuração, a se constituir como "princípio do direito ao relacionamento familiar". Nele estarão incluídas a convivência, a companhia, as visitas, o contato permanente, as garantias de efetividade, como formas de atingi-lo em sua plenitude. GROENINGA, Giselle Câmara. *Direito de família e psicanálise*: rumo a uma nova epistemologia. São Paulo: Imago, 2003.

16. Na guarda regulamentada pelo Estatuto da Criança e do Adolescente (ECA, art. 28), afasta-se por completo dos interesses relativos aos pais. Sequer há necessidade de existência de um litígio pela posse de um filho menor de idade. Aliás, não se exige, nem mesmo, que os pais estejam dissolvendo a relação de casamento ou de união estável. A guarda estatutária, como é conhecida, é concedida em favor de terceira pessoa, que, juntamente com os pais, prestará assistência moral e material a uma criança ou adolescente. Não é um substitutivo do poder familiar, coexistindo harmonicamente com ele. Trata-se de mecanismo de maximização de proteção infantojuvenil, conferindo a um terceiro a obrigação de prestar assistência moral e material a uma criança ou adolescente.

Enfim, aplica-se a mesma lógica da obrigação alimentar avoenga, de natureza subsidiária e complementar, fixada em regra apenas quando os genitores estiverem impossibilitados de prestá-los de forma suficiente.[17] Localizada a autoridade parental primária nos genitores, mesmo na eventualidade de os avós terem assumido uma obrigação de natureza complementar de forma espontânea, em caso de inadimplemento, a execução não seguirá o rito estabelecido para o cumprimento das obrigações alimentares devidas pelos genitores,[18] que são, em última análise, os responsáveis originários pela prestação dos alimentos necessários aos filhos menores.[19]

3.2 Cabe o Ilícito de omissão de cuidado inverso na avosidade?

Há um aceso debate acerca da caracterização da omissão de cuidado como fato ilícito. Inicialmente, quando definimos os papéis de autor e vítima, imediatamente identificamos os pais e o filho. Mas seria possível inverter as posições? Vale dizer, o fato antijurídico da omissão de cuidado poderá ser praticado pela progenitura contra os próprios progenitores?[20]

O ponto de partida para o debate se encontra em dois dispositivos da Constituição Federal. A teor do art. 229: "Os pais têm o dever de assistir, criar e educar os filhos menores, e os filhos maiores têm o dever de ajudar e amparar os pais na velhice, carência ou enfermidade". Conforme o art. 230: "A família, a sociedade e o Estado têm o dever de amparar as pessoas idosas, assegurando sua participação na comunidade, defendendo sua dignidade e bem-estar e garantindo-lhes o direito à vida".

A luz do *direito à diferença*, a missão do ordenamento jurídico é a de conceber normas e instrumentos capazes de inserir o idoso na sociedade, preservando os seus direitos fundamentais na especificidade de suas naturais diferenças perante os mais jovens. Lateralmente ao Estado, a família é sujeito passivo desse direito à inclusão. A condição humana requer a pluralidade, seja em sua alvorada como em seus estertores. Se na criança os deveres asseguram a sua formação, no idoso são essencialmente de amparo. A entidade familiar se assume como solidária não apenas quando pais edificam a autonomia de seus filhos, mas simetricamente quando os filhos preservam a autodeterminação dos pais que se tornam velhos. O cuidado é um dever imaterial imprescindível à estruturação psíquica de crianças, adolescentes e idosos.

---

17. Súmula 596 do STJ: "a obrigação alimentar dos avós tem natureza complementar e subsidiária, configurando-se apenas na impossibilidade total ou parcial de seu cumprimento pelos pais".
18. A propósito da prisão civil por alimentos, o STJ frisou que a responsabilidade pela prestação de alimentos pelos avós (obrigação alimentar avoenga) possui as características da complementariedade e da subsidiariedade. Por isso, havendo meios executivos mais adequados e igualmente eficazes para a satisfação da dívida alimentar dos avós, deve-se evitar a prisão (medida coativa extrema). É admissível a conversão da execução para o rito da penhora e da expropriação, a fim de afastar o decreto prisional em desfavor dos avós. STJ, HC 416.886, Rel. Min. Nancy Andrighi, por unanimidade, j. 12.12.2017, DJe 18.12.2017.
19. Conselho de Justiça Federal, IV Jornada de Direito Civil – Enunciado 342: "Observadas suas condições pessoais e sociais, os avós somente serão obrigados a prestar alimentos aos netos em caráter exclusivo, sucessivo, complementar e não solidário quando os pais destes estiverem impossibilitados de fazê-lo, caso em que as necessidades básicas dos alimentandos serão aferidas, prioritariamente, segundo o nível econômico-financeiro de seus genitores".
20. Tivemos a oportunidade de escrever um artigo sobre a omissão de cuidado inverso em obra coletiva coordenada por Rolf Madaleno: *A responsabilidade civil no direito de família*. São Paulo, Atlas, 2015.

Especificamente no espaço reservado à negligência filial quanto aos deveres de ajudar e amparar os pais na velhice, carência ou enfermidade, tem-se um agravante: trata-se de um ilícito qualificado por se protrair no tempo, tornando mais árdua a passagem da vida em seus estertores. A omissão não consiste em um ato isolado, mas em uma atividade que se renova a cada dia, repercutindo a sonegação do dever de amparo na paulatina desestruturação psicofísica do ascendente. A desídia que se equipara a um "ilícito continuado" certamente não se prende àquilo que consideramos como uma culpa leve, mas a um comportamento antijurídico doloso ou permeado pela culpa grave do filho.

Aqui se visualiza o dano existencial,[21] que pode ser conceituado como uma modificação prejudicial relevante na vida de uma pessoa decorrente de um fato danoso. Atrevo-me a dizer que a distinção entre o dano moral e o dano existencial é mais árdua que comparativamente ao dano à imagem e ao dano estético. Com relação a essas figuras, a dessemelhança é qualitativa: o dano moral opera por exclusão, impondo-se sempre que a lesão a um interesse existencial concretamente merecedor de tutela não ocorra nos territórios da indevida captação da imagem ou da funcionalidade orgânica. Assim, ofensas à reputação, privacidade e integridade psíquica ainda se inserem nas lindes do dano moral em sentido estrito. Nada obstante, a distinção entre o dano moral e o dano existencial é quantitativa: o dano moral resulta de uma violação à personalidade cujas consequências deletérias se circunscrevem ao evento; em contrapartida o dano existencial encontra a sua medida na permanência da eficácia danosa sobre o dinamismo e qualidade de uma vida. Em termos pragmáticos, a distinção encontrará eco na desejável proporcionalização de montantes indenizatórios, justificando condenações em valores mais significativos nos casos de danos existenciais em cotejo com as hipóteses de incidência do dano moral.

O direito fundamental ao cuidado e ao amparo consiste não apenas em forte orientação ética, como em um compromisso constitucional com um dever de virtuosidade filial, promovendo o valor da importância da presença dos filhos adultos para a afirmação da dignidade dos pais no outono de suas vidas.

Em sede de direito à convivência, preferimos a clássica conceituação aristotélica de justiça como "dar as pessoas o que elas merecem". A lei não poderá ser neutra no que tange à qualidade de vida de crianças e adolescentes, cuja autonomia é um porvir, nem tampouco na qualidade de vida de idosos, cuja autonomia paulatinamente se esvaí. O ordenamento deverá se manifestar no tocante à constituição da subjetividade dos nossos filhos e no cuidado com a preservação da estrutura psicofísica dos mais velhos e fragilizados, pois uma sociedade justa deve induzir os cidadãos a comportamentos virtuosos. Essa é a base de uma responsabilidade parental recíproca.

Por conseguinte, haverá ato ilícito quando filhos maiores e capazes privem os pais de companhia, visitação e apoio psicológico. Trata-se de uma responsabilidade parental mútua. A par da obrigação filial de prestar alimentos aos pais idosos e necessitados,[22] é

---

21. A reforma trabalhista (Lei 13.467/17) trouxe o art. 223-B, explicitamente outorgando ao dano extrapatrimonial a condição de gênero, tendo como espécies o dano moral e o existencial.
22. Art. 11 e 12 da Lei 10.741/03:
    Art.11. Os alimentos serão prestados ao idoso na forma da lei civil.
    Art. 12. A obrigação alimentar é solidária, podendo o idoso optar entre os prestadores.

pertinente frisar que o direito fundamental à convivência é tutelável em prol dos ancestrais e o seu descumprimento revela um comportamento em contradição com a Constituição Federal, devendo ser sancionado pelo sistema civil.

Esse é o ponto fulcral. O princípio da reciprocidade se faz presente na avosidade, ao ponto de estender a omissão de cuidado inverso aos netos que negligenciam avós? Quais são as possibilidades hermenêuticas do "dever de amparar as pessoas idosas", extensiva a família, de acordo com o art. 230 da CF?

Na família ampliada aplica-se aos netos o preceituado nos artigos 11 a 14. do Estatuto do Idoso. Parte-se da premissa matemática de que dificilmente um neto terá condições de amparar avós de 60 anos de idade antes de atingir a idade adulta e, que. Quando ela vier, raramente os avós ainda não serão sexagenários. Mais ainda, se os filhos maiores não possuírem condições econômicas de prover o seu sustento, impõe-se a subsidiariedade dos netos na contribuição alimentar. Infere-se do texto do artigo 1.697 do Código Civil que na falta ou impossibilidade dos filhos a obrigação alimentar poderá recair sobre netos, bisnetos, e assim sucessivamente.[23]

Ocorre que a normativa aplicável a obrigação alimentar não pode ser automaticamente transposta ao nível de responsabilidade civil por omissão de cuidado. A emergência da incidência da solidariedade familiar em regras civis e do Estatuto do Idoso compelindo netos ao fornecimento de um mínimo existencial aos avós, não se paraleliza automaticamente em uma obrigação de indenizar por omissão de cuidado, que, conforme já vislumbrado demanda a travessia de um percurso quadrifásico, consistente na demonstração do ato ilícito, culpa, dano e nexo causal entre a omissão de cuidado de netos e um eventual dano moral ou existencial sofrido por um dos avós.

Na aferição cuidadosa da concretude do caso, o desenvolvimento de doenças degenerativas – o *Alzheimer* é a forma mais comum de demência –, será o pano de fundo para o agravamento do quadro de um idoso disfuncional, que, gradativamente, se afastará da sociedade e da própria família ampliada. A conjunção de uma patologia incapacitante, acrescida a um entorno sem referências estabilizadoras são fatores que serão levados em consideração.

Para além da inconteste evidência demográfica do envelhecimento populacional brasileiro, há uma constatação empírica que merece destaque. É um dado da experiência que os familiares não submetem os idosos progressivamente acometidos de enfermidades à curatela. Não o fazem por uma gama de razões: a) culturalmente, por não haver por parte de filhos o mesmo interesse afetivo que pais teriam em despender tempo, energia e recursos no cuidado com pais idosos, inclusive por não ser muito clara a diferenciação dentre uma real causa e incapacitação ou apenas uma lenta degeneração que é fruto da

---

23. Superior Tribunal de Justiça: "Àqueles unidos pelos laços de parentesco, sejam eles ascendentes descendentes ou, ainda, colaterais, estes limitados ao segundo grau, impõe-se o dever recíproco de socorro, guardada apenas a ordem de prioridade de chamamento à prestação alimentícia, que é legalmente delimitada, nos termos dos arts. 1.696 e 1.697 do CC/02. 10. São chamados, primeiramente, a prestar alimentos, os parentes mais próximos em grau, só fazendo recair a obrigação nos mais remotos, à falta daqueles; essa falta deve ser compreendida, conforme interpretação conjugada dos arts. 1.697 e 1.698 do CC/02, para além da ausência de parentes de grau mais próximo, como a impossibilidade ou, ainda, a insuficiência financeira desses de suportar o encargo". STJ, 3ª Turma, REsp 1170224/SE, Rel. Min. Nancy Andrighi, j. 23.11.2010.

idade avançada; b) historicamente, por se considerar que instituições de recolhimento idosos possam se prestar a esse papel; c) ideologicamente, por se acreditar que a curatela ofende a autonomia das pessoas idosas – sobremaneira após a edição da CDPD e leis nacionais que minudenciam a fundamentalidade da autodeterminação – e que o melhor será evitar o estigma da "interdição", delegando-se àquelas pessoas a responsabilidade individual por suas próprias escolhas e comportamentos.

Esses fenômenos conjugados remetem a uma "crise da incapacitação", reduzindo-se paulatinamente o número de idosos com qualquer espécie de desordem mental cuja capacidade tenha sido modulada judicialmente. Consequentemente, apesar dessas pessoas se encontrarem parcialmente privadas de razão ou vontade para decidir sobre a sua pessoa ou patrimônio, encontram-se sob o cuidado de amigos, familiares ou em uma rede de apoio em residências de idosos. Para aquilo que especificamente nos interessa neste artigo, devemos indagar: Na falta de representante legal, netos que assumam cuidado e vigilância sobre avós, a margem do direito, podem ser recepcionadas pelo direito como "guardiões de fato"?

Trata-se de modelo jurídico que corresponde a uma atividade de prioritário cuidado, apoio e promoção da capacidade residual de idosos. Ilustrativamente, o guardião de fato não é inserido no rol dos objetivamente responsáveis pelo fato de terceiro do art. 932 do Código Civil. Solução distinta adotou o legislador alemão ao dispor que: "Quem, nos casos descritos nos parágrafos 823 a 826, não é responsável pelos danos causados por ele, de acordo com os parágrafos 827 e 828, deve reparar o dano causado de qualquer maneira, desde que a compensação pelo dano não possa ser reclamada contra um terceiro obrigado por um dever de controle e se, de acordo com as circunstâncias, em particular, das relações entre os participantes, uma compensação de acordo com a equidade é exigida e ele não está privado dos meios que ele precisa para atender aos seus meios de subsistência adequados, bem como para o cumprimento de suas obrigações legais de alimentos" (parágrafo 829, BGB). O Código Civil alemão propõe que reparação pelo guardião de fato seja subsidiária em relação à indenização exigida pelo "custodiante de direito". De qualquer forma, o mérito da norma consiste na ampliação do conceito de custódia, albergando não apenas os clássicos custodiantes legais (pais, tutores e curadores), porém qualquer pessoa que tenha o dever de controle sobre a causador material do dano, ampliando a abrangência do conceito de avosidade.

Em princípio, o art. 932 do Código Civil omite qualquer referência ao guardião de fato como responsável por fato de terceiro. Isto gera duas interpretações colidentes: a primeira, considerando uma hermenêutica restritiva do dispositivo, de forma a manter a sua literalidade e considerar que as hipóteses ali elencadas são *numerus clausus*, de modo a excluir a guarda de fato; lado outro, uma interpretação ampla e que entenda a enumeração legal como meramente exemplificativa, a ponto de incluir a guarda de fato como uma variação cabível na tutela e curatela, partindo da premissa de que o Código Civil abarca todas as figuras protetivas que envolvam relações de companhia e vigilância mais ou menos estáveis entre pessoas vulneráveis e os seus protetores. A identidade de razões entre as hipóteses de guarda de direito e de fato tornaria possível a aplicação analógica do preceito legal.

Contudo, preferimos uma interpretação que responsabilize a pessoa que exerce a guarda de fato pelos danos que a pessoa sob guarda possa causar a terceiros. Ou seja, quem delibere por assumir o cuidado e a assistência de uma pessoa que não pode se autodeterminar completamente por ter reduzida a suas faculdades cognitivas e volitivas – independentemente de sua capacidade ter sido ou não modificada judicialmente – terá obrigação de reparar os prejuízos que aquela cause, sendo suficiente que se afirme o vínculo ou nexo de dependência.[24] O dever de custódia não só deriva da lei, como também é corolário da voluntária assunção de uma obrigação.

Ao examinar o art. 2.047 do Código Civil Italiano,[25] que trata da responsabilidade daquele que exerce a "sorveglianza" (vigilância) de um incapaz, Massimo Bianca[26] explica que o dispositivo abarca as pessoas que não foram interditadas, porém são incapazes de entender e querer, sendo certo que a responsabilidade dos guardiões emerge não apenas de um vínculo jurídico, mas também e uma escolha livremente assumida por um sujeito que, acolhendo outem em sua esfera pessoal ou familiar, assume pessoalmente a tarefa de prevenir ou impedir que o seu comportamento possa causar dano a outrem.

Constata-se que o direito civil brasileiro ignorou as relações informais em que pessoas próximas se convertem em cuidadores, legislando apenas para os incapacitados judicialmente e colocando à margem do direito a maior parte dos fatos jurídicos envolvendo pessoas em situação de vulnerabilidade que se encontram sob a guarda de fato.

4. A RESPONSABILIDADE CIVIL PELA ALIENAÇÃO PARENTAL

A alienação parental é o "outro lado da moeda do abandono afetivo",[27] decorrendo de um "trabalho incessante, silencioso e sutil do alienador, que precisa de tempo para pôr em prática sua estratégia para eliminar os vínculos afetivos do filho com o progenitor alienado".[28]

Na dicção do art. 2º da Lei 12.318/10, "considera-se ato de alienação parental a interferência na formação psicológica da criança ou do adolescente promovida ou induzida por um dos genitores, pelos avós ou pelos que tenham a criança ou adolescente sob a sua autoridade, guarda ou vigilância para que repudie genitor ou que cause prejuízo ao estabelecimento ou à manutenção de vínculos com este". Como ponto de partida, qualificamos a alienação parental como ilícito civil pelo abuso do direito do poder parental (art. 187, CC). A autoridade parental é um direito potestativo funcionalizado à promoção das situações existenciais dos filhos. Por isso que o ordenamento confere e reconhece o

---

24. No mesmo sentido, o artigo 6:101 do PETL (*Principles of European Tort Law*), ao declarar que "a pessoa que tem a custódia de outra, menor ou com deficiência mental, é responsável pelos danos causados por essa pessoa, a menos que o custodiante demonstre que agiu em conformidade ao adequado *standard* de comportamento de supervisão". O decisivo no preceito é o fato de uma pessoa se encarregar de alguém com deficiência, independente da titularidade formal de uma posição jurídica.
25. "In caso di danno cagionato dalla persona incapace di intendere o di volere il risarcimento è dovuto da chi è tenuto alla sorveglianza (1)dell'incapace, salvo che provi di non aver potuto impedire il fato".
26. BIANCA, Massimo. *Diritto civile, 5, la responsabilità*. Milano: Giuffrè, 2015, p. 702-3.
27. PEREIRA, Rodrigo da Cunha. *Direito das famílias*. São Paulo: Gen, 2019, p. 276.
28. MADALENO, Ana Carolina Carpes; Madaleno, Rolf. *Síndrome de Alienação parental. Importância da detecção. Aspectos legais e processuais*. 2. ed. Rio de Janeiro: Forense, 2014, p. 45.

poder de família. De acordo com o art. 1.634, "compete aos pais, quanto à pessoa dos filhos menores: I – dirigir-lhes a criação e educação; II – tê-los em sua companhia e guarda".

Ademais, a Lei 8.069/90, diploma legal conhecido como "Estatuto da Criança e do Adolescente", especifica que a proteção a ser dispensada, desde a família até o Estado, a bem da infância e juventude, deve ser integral e efetiva, de sorte a propiciar todas as oportunidades e facilidades que ensejem o pleno desenvolvimento físico, mental, moral, espiritual e social, em condições de liberdade e de dignidade (art. 3º, ECA). Todavia, a alienação parental vulnera o disposto no art. 17 do Estatuto da Criança e do Adolescente, "o direito ao respeito consiste na inviolabilidade da integridade física, psíquica e moral da criança e do adolescente, abrangendo a preservação da imagem, da identidade, da autonomia, dos valores, ideias e crenças, dos espaços e objetos pessoais". Em complemento, dispõe o art. 18 da mesma Lei 8.069/90 que "é dever de todos velar pela dignidade da criança e do adolescente, pondo-os a salvo de qualquer tratamento desumano, violento, aterrorizante, vexatório ou constrangedor".

Dessume-se do exposto que essa *potestade* já nasce marcada funcionalmente. O problema reside em saber se o exercício da autoridade parental obedeceu aos limites do poder de família, na medida em que ele existe para perseguir interesses legítimos e não para negar interesses alheios. Há um poder/dever de proteção em relação à prole. O abuso do direito se manifesta quando, ao invés de priorizar a proteção integral, concedendo estruturação psíquica e autonomia ao filho, culmina o genitor por invadir espaço de liberdade que não lhe era deferido a ponto de promover verdadeira campanha de desmoralização contra o outro genitor.

O abuso do direito é uma conduta contrária a princípios. *Prima facie*, existe uma regra que permite o exercício da autoridade parental, porém essa conduta se converte em ilícita ao ofender o direito fundamental de convivência, privando um filho do cuidado que receberia do genitor alienado. Portanto, o abuso do direito só encontra espaço em ordenamentos jurídicos que integram princípios e regras. O abuso é um mecanismo de autocorreção do direito para aqueles casos em que as regras que permitem ao titular o exercício de uma situação jurídica resultam injustificadas à luz de princípios.

Ademais, o abuso do direito é um ilícito objetivo, dispensando a aferição de culpa para a sua constatação. Quer dizer, para que se censure o comportamento do genitor alienante, é suficiente a existência de um confronto entre o exercício formal da autoridade parental e o seu fundamento valorativo, sem se investigar a motivação daquele que pratica os atos antijurídicos. Aparentemente, o comportamento atende as premissas do poder de família, mas o seu exercício viola materialmente o sentido axiológico da norma. Ilustrativamente, uma mãe assiste, cria e educa o filho menor – tal como obriga o art. 229 da CF –, mas exorbita a autoridade parental ao promover a *orfandade afetiva* do infante, ao promover uma campanha depreciatória do outro genitor. A demonstração clara de um processo de desqualificação com o objetivo de dilacerar a convivência familiar é o cerne da alienação parental. Vale citar o Enunciado n. 37 do Conselho de Justiça Federal: "A responsabilidade civil decorrente do abuso do direito independe de culpa e fundamenta-se somente no critério objetivo-finalístico".

Nem sempre o ilícito será comissivo. Se na maior parte das vezes é alcançado por um incessante trabalho de "lavagem cerebral" e discursos atentatórios à figura do genitor, eventualmente será fruto de uma postura omissa do genitor diante de alguma resistência do filho perante o outro genitor. A inação e a não interferência nesses momentos alimenta a insensatez do filho.

Isoladamente, o ilícito da alienação parental não atrai a responsabilidade civil do genitor alienante em face do filho que foi injustamente privado da convivência com o genitor alienado. A pretensão de reparação de danos requer a aferição da Síndrome de Alienação Parental, que não se confunde com a alienação parental em si. Enquanto esta representa o processo de deslegitimação, consistente em programar uma criança para que odeie um de seus genitores sem justificativa, a seu turno, a síndrome da alienação parental (Síndrome de Medeia – que mata os filhos por vingança ao marido infiel!) diz respeito às sequelas emocionais e comportamentais de que padece a vítima daquele alijamento. É a consequência das alienações, que nesse momento tornou-se uma síndrome, a qual se revela pelo apego excessivo e exclusivo do filho com relação a um dos genitores e o afastamento total do outro. Apresenta-se como resultado da conjugação das técnicas do genitor que pretende alienar a criança.

Por conseguinte, a reparação pelo dano moral requer a conjugação dos pressupostos do fato ilícito, dano injusto e nexo causal, com todas as especificidades a que fizemos menção quando estudamos a omissão de cuidado parental.

4.1 A alienação avoenga

A violação da responsabilidade parental, extrapola a dupla parental, impondo especial atenção ao comportamento de outras pessoas que compõem o núcleo familiar. Bem por isso, o art. 2º da Lei 12.318/10 aceita que a interferência na formação psicológica da criança ou adolescente possa ser promovida ou induzida pelos avós, de forma a repudiar um dos genitores ou causando prejuízo ao vínculo existente entre eles. Podemos ilustrar com a propagação de notícias desqualificadoras da conduta de um dos genitores, o empecilho para o exercício da visitação pelo genitor não guardião e a omissão de informações relevantes sobre a criança ou adolescente, dentre outras variadas hipóteses.

Evidentemente que essa responsabilidade se agrava na medida em que os atos alienatórios são praticados pelo avô conjuntamente com seu filho/a (um dos genitores), reforçando a aversão do menor pelo genitor alienado. O mesmo se diga quando a guarda é deferida um dos avós, sendo este imediatamente responsável pela criação e educação do infante.

Contudo, o destaque atual se dá para as situações em que um dos avós é vítima de alienação parental. Não obstante o mencionado art. 2, se refira somente à possibilidade de que os atos de alienação parental tenham como desiderato que se "repudie genitor ou que cause prejuízo ao estabelecimento ou à manutenção de vínculos com este", o conceito de avosidade necessariamente refletirá na interpretação da norma.[29]

---

29. "Impossível ignorar que as relações com os avós acrescentam admirável quantidade de experiências e valores materiais, sociais e culturais aos netos, que têm direito a esse feixe de conhecimentos, componentes da herança

O direito fundamental à convivência (art. 227 CF) não se limita ao universo de pais/filhos, espraiando-se do âmbito da parentalidade estrita para a avosidade, sem que haja acessoriedade ou subsidiariedade entre os vínculos, pois avós e netos não apenas coexistem em um acesso intermediado pelos pais, mas convivem independentemente da existência – fisiológica ou patológica – ou inexistência de coabitação entre genitores e filhos. Dentro dessa perspectiva, a redação atual do parágrafo único do art. 1.589 do Código Civil reconhece o direito de visitação pelos avós, confirmando uma ampliação do conceito de família, sempre levando em conta o princípio do melhor interesse da criança e do adolescente e sem qualquer contrapartida a um dever subsidiário de alimentos.[30]

Por conseguinte, o direito de visitação tem por finalidade manter o relacionamento do filho não apenas com o genitor não guardião, tratando-se de uma manifestação do direito fundamental de convivência familiar, direito do próprio filho, de acesso a família ampliada, priorizando a afetividade e juridicizando a avosidade nos casos em que já havia um vínculo socioafetivo entre netos e avós, rompido em decorrência de situação superveniente que impediu o prosseguimento da convivência.[31]

A consagração legislativa do direito à visitação pelos avós – incluindo nele o direito à hospedagem dos netos em outro lugar –, concretiza a dimensão promocional do direito fundamental à convivência, afirmando a intersubjetividade no plano familiar. Contudo, a contrapartida é a garantia de que a prática do ilícito de alienação parental acarretará a modificação da guarda, suspensão ou destituição da autoridade parental, quando afetem o titular do direito à visitação, sejam eles pais, avós e, obviamente, a própria criança. A par da alienação agressiva e aguda, a forma por excelência de objetivação da alienação parental é a constante conduta do alienador de obstaculizar as visitas, negando-lhe acesso sob diversos pretextos, dando vazão ao traço mais desequilibrado de sua personalidade.

Por conseguinte, resta superada a noção de que o avô ou avó seria apenas sujeito passivo de um dano reflexo nos casos em que seu filho figure como genitor alienado, fato que frustraria não apenas a parentalidade como inviabilizaria a construção de uma relação com o(s) predecessor(es). O comportamento antijurídico da alienação parental se materializa diretamente na desconstrução da avosidade, quando o direito à visitação de avós gozar de autonomia com relação à deliberação judicial sobre a convivência de

---

patrimonial, social e cultural. Os valores dos avós acrescentam ao futuro dos netos, podendo constituir lhes relevante fator de sucesso nos futuros embates a vida – assim como a privação do contato com os avós pode desfalcá-los de verdadeiro patrimônio imaterial, social e cultural necessário à vida, ao qual os neto têm direito, guardando na formação os valores materiais e psicossociais dos seus avós". BENETI, Sidnei Agostinho. In: LAGRASTA NETO, Caetano; SIMÃO, José Fernando. *Dicionário de direito de família*. São Paulo: Atlas, 2014, p. 127.

30. Conselho de Justiça Federal: IV Jornada de Direito Civil – Enunciado 333: "O direito de visita pode ser estendido aos avós e a pessoas com as quais a criança ou o adolescente mantenha vínculo afetivo, atendendo ao seu melhor interesse".
31. STJ, Informativo 599, Publicação: 11 de abril de 2017. "A cláusula geral do melhor interesse da criança e do adolescente, decorrente do princípio da dignidade da pessoa humana, recomenda que o Poder Judiciário cumpra o dever de protegê-las, valendo-se dos mecanismos processuais existentes, de modo a garantir e facilitar a convivência do filho com o visitante nos dias e na forma previamente ajustadas, e coibir o guardião de criar obstáculos para o cumprimento do acordo firmado com a chancela judicial. Nesse cenário, o direito de visitação deve ser visto como uma obrigação de fazer do guardião de facilitar, assegurar e garantir, a convivência do filho com o não guardião, de modo que eles possam se encontrar, manter e fortalecer os laços afetivos e, assim atender suas necessidades imateriais, dando cumprimento ao preceito constitucional". STJ, 3ª Turma, REsp 1.481.531-SP, Rel. Min. Moura Ribeiro, DJe 07.03.2017.

um dos genitores com o filho, inclusive nos casos em que este contato com o genitor sequer se efetive, sendo a relação com os progenitores o único elo com um dos ramos da família da criança ou adolescente.[32]

Em adição, a Lei 12.318/10 previu sanções contra a própria prática do ilícito, independentemente de seus eventuais efeitos danosos. Estipula o art. 6º da Lei 12.318/10 que, "caracterizados atos típicos de alienação parental ou qualquer conduta que dificulte a convivência de criança ou adolescente com genitor, em ação autônoma ou incidental, o juiz poderá, cumulativamente ou não, sem prejuízo da decorrente responsabilidade civil ou criminal e da ampla utilização de instrumentos processuais aptos a inibir ou atenuar seus efeitos, segundo a gravidade do caso: I – declarar a ocorrência de alienação parental e advertir o alienador; II – ampliar o regime de convivência familiar em favor do genitor alienado; III – estipular multa ao alienador; IV – determinar acompanhamento psicológico e/ou biopsicossocial; V – determinar a alteração da guarda para guarda compartilhada ou sua inversão; VI – determinar a fixação cautelar do domicílio da criança ou adolescente; VII – declarar a suspensão da autoridade parental".

Em um primeiro olhar, já percebemos que o legislador se serviu de diferentes eficácias para o ilícito de alienação parental, sendo o efeito reparatório – previsto no *caput* – apenas uma de suas eventuais consequências, desde que associado ao dano injusto e ao nexo causal. Nos sete incisos do art. 6º da Lei 12.318/10, há um arsenal de sanções punitivas em face de potenciais ofensores com o intuito de estimular o cuidado psicológico parental. Por via de ação autônoma, ou incidentalmente em outro processo, suscitada a alienação parental, viabiliza-se a obtenção de medidas jurisdicionais que concedam a tutela inibitória ou reintegratória do ilícito afirmado; vale dizer, medidas que sirvam para impedir o ilícito, a sua repetição ou a sua continuação.

Uma forma preventiva de inibir a alienação avoenga é justamente a da estipulação da guarda avoenga compartilhada em situações potencialmente delicadas, partindo-se da premissa de que os avós constituem referência de vida estável para os netos, devendo ser antes incluídos, ao invés de excluídos.

Relativamente a responsabilidade civil, cremos que eventual condenação do genitor alienante poderá repercutir extrapatrimonialmente na categoria do dano à vida em relação. Trata-se de espécie de dano existencial, projetado na primeira pessoa do plural. A alienação parental é um comportamento antijurídico (art. 6º, Lei 12.318/10) que desqualifica a figura de um dos genitores perante o filho, e, por si só, eventual fato gerador de um dano moral (seja ao parente alienado como ao filho). Entretanto, a reiteração da atividade ilícita ao longo dos anos pode resultar em uma síndrome de alienação parental. Mais do que um dano psíquico ao filho, tem-se aqui um dano ao projeto de parentalidade,

---

32. A própria comissão parecerista da reforma que introduziu a visitação avoenga no direito brasileiro ressaltou que "em casos de separação, não raras vezes, o diálogo desaparece da vida dos pais do menor. Entre disputas mesquinhas, a criança acaba por ter vínculo familiar apenas com a família daquele que detém a sua guarda. A outra família, dependendo do conflito, fica afastada. São situações dolorosas, e os avós acabam tendo que se render ao fato de que a lei não lhes dá nenhum amparo". Parecer da Comissão de Constituição e Justiça. Disponível em: [https://www.camara.leg.br/proposicoesWeb/fichadetramitacao?idProposicao=27541]. Acesso em: 14.05.2020.

de caráter bifronte, envolvendo também a desconstrução da socioafetividade que é o próprio conteúdo material da avosidade.[33]

5. A REPARAÇÃO DE DANOS EXTRAPATRIMONIAIS É O CAMINHO PREFERENCIAL?

A figura dos avós surge como corolário maior do relacionamento entre pais e filhos, como colaboradores indispensáveis na proteção e criação de seus netos. A presença dos avós no âmbito da família pode representar para os netos um aprendizado contínuo quanto às rotinas diárias, bem como um efetivo exemplo de experiências e hábitos de vida. A troca de conhecimentos propiciada entre gerações pode ser um referencial importante para aqueles que se encontram em fase peculiar de desenvolvimento.[34]

Paralelo ao despontar do modelo jurídico da avosidade, naturalmente a responsabilidade civil se descortina em seu horizonte eficacial. Inevitavelmente, as mesmas críticas que lhe são dirigidas em outras vertentes do direito de família, serão reproduzidas ao cabo de demandas que imponham obrigações de reparação de danos extrapatrimoniais por omissão de cuidado ou alienação parental.

Primeiro, pode-se falar de um "leilão". Ao invés do sistema jurídico inibir o fato jurídico da irresponsabilidade filial, acaba por tolerá-la, desde que suas consequências lesivas sejam monetarizadas. A condenação pecuniária funciona como uma moeda de troca ao *cuidado descuidado*. Com isto, potencializam-se as críticas a subversão axiológica do direito de família, na medida em que a patrimonialização das demandas caminha na direção contrária do objetivo constitucional de reforço da solidariedade familiar e proteção integral dos vulneráveis.[35]

Outra crítica consiste em antever o desfecho da ação de responsabilidade civil como um "túmulo", no qual a sentença sepultará definitivamente as possibilidades de reconciliação entre agente e vítima. O fato é que o com o trânsito em julgado da sentença condenatória o litígio se encerra, mas o conflito prossegue. Assim, por melhor que seja a conduta e resolução de um conflito, não há como evitar a deterioração dos vínculos que constituem as relações de quem se submeteu à controvérsia. Um conflito intersubjetivo

---

33. Referindo-se ao dano ao projeto de vida, Carlos Pianovski traz definição perfeitamente aplicável ao dano à vida em relação, "É um dano, ao mesmo empo, à liberdade positiva e à liberdade substancial. Trata-se de dano tão grave que retira a efetividade do poder de uma pessoa definir os rumos de sua vida a partir daquilo que ela valoriza. Ao privá-la da liberdade substancial para fazê-lo, inviabilizando a materialização das escolhas para ela valorosas, acaba por aniquilar a própria liberdade positiva... É dano tão grave que inviabiliza até mesmo a busca de realização, pelo sujeito, de suas escolhas valorosas, na definição dos rumos de sua vida.". RUZYK, Carlos Eduardo Pianovski: *As Fronteiras da Responsabilidade Civil*. ROSENVALD, Nelson; RUZYK, Carlos Eduardo Pianovski (coord.). São Paulo: Foco, 2020, p. 59.
34. SILVA PEREIRA, Tânia da. Proteção dos idosos. In: *Tratado de direito das famílias*. Cap. 8. 3. ed. Belo Horizonte, IBDFAM, 2019. Como refere a autora, "a narração de histórias pessoais realça a importância não apenas da relação dual entre avô(avó) e neto(a), como também as relações familiares estabelecidas ao longo da vida, que favorecem a socialização desses indivíduos nos papeis que atualmente desempenham na família. Op. cit., p. 398.
35. "Na doutrina, também há controvérsia com uma maioria silenciosa contrária à indenização em todo e qualquer caso, por temor da mercantilização das relações paterno-filiais. De fato, o temor é justificável, diante de uma ótica que ainda associa o dano moral, ora a uma suposta função punitiva ou exemplar ou prejuízos psicológicos causados à vítima, sempre de difícil aferição objetiva". MORAES, Maria Celina Bodin de. A Responsabilidade e a reparação civil em direito de família. In: *Tratado de direito de família*. 3. ed. Belo Horizonte: IBDFAM, p. 956.

e complexo chega ao seu final, representando aquilo que a sociedade estimula: a ver o mundo sob a ótica do certo e errado, do vencedor e vencido.

No mais, se ao final do processo – mesmo evidenciado o comportamento antijurídico da omissão de cuidado ou da alienação parental – a demanda for julgada improcedente, seja pela ausência de culpa, dano injusto ou nexo causal, o sistema jurídico admitirá a sua fragilidade, pois a conduta que a Constituição Federal definiu como ilícita não será sancionada. Um princípio (responsabilidade filial) terá a sua normatividade debilitada e um direito fundamental (amparo aos pais) não será vivificado. A legalidade constitucional se submeterá à ineficácia infraconstitucional.

O renovado direito das famílias oferece um rol de possiblidades amplas de realização afetiva e existencial da pessoa no interior de uma pluralidade de entidades, mas em contrapartida descurou em conceber técnicas de controle social hábeis a dar vazão a toda ordem de novos ilícitos que irrompem neste cenário de novas demandas sociais. A única saída para tutelar estas vítimas foi pegar de empréstimo o regramento da responsabilidade civil e introduzir a compensação intrafamiliar de danos.

Nesse ponto, constatamos que a doutrina civilista optou por sancionar o ilícito da omissão de cuidado pela via clássica da responsabilidade civil. Deliberou-se por conceder uma resposta da modernidade a um ilícito gestado na pós-modernidade. Tal descompasso se reflete em dois momentos: a) na dificuldade de enquadrar os tradicionais pressupostos da responsabilidade civil na demanda de reparação pelo dano extrapatrimonial; b) na própria fragilidade dos resultados de uma sentença de reparação de danos por omissão de cuidado ou alienação parental

Pensamos que o diagnóstico é correto, mas talvez o medicamento seja equivocado, inviabilizando a cura, ou mesmo ela poderá ser traumática diante dos efeitos colaterais que virão. A responsabilidade civil é uma sanção ao ilícito ajustada para as situações jurídicas patrimoniais e, até certo ponto justificável para as situações existenciais. Nada obstante, no direito de família há um encontro de subjetividades que merece uma abordagem qualitativamente distinta. Sancionar o ilícito civil da omissão de cuidado pela via da reparação econômica é disfuncional, empobrecedor e representa até mesmo um demérito ao empreendimento virtuoso dos artigos 229 e 230 da CF.

Há um desvio de perspectiva ao se sancionar o ilícito ao direito fundamental à convivência familiar por eventual dano injusto dele decorrente ao invés de se reprimir a própria conduta antijurídica de quem omite o cuidado ou afasta a criança da convivência com outro familiar, independentemente da produção ou não de consequências lesivas. O desrespeito à norma não será única e eficazmente solucionado pela neutralização de danos injustos, através do modelo da responsabilidade civil. O mandamento constitucional ao legislador infraconstitucional não consiste na contenção de danos, mas na contenção de comportamentos que ofendam a solidariedade familiar.

Naturalmente o caminho será a mediação, propondo uma solução às partes em litígio, sem, contudo, a impor, como acontece nos processos de arbitragem. Trata-se de sistema alternativo não excludente de resolução de conflitos, em que as partes assistidas por um terceiro neutro, são orientadas no processo de tomada de decisões por via do diálogo, focadas no futuro, onde se enfatiza as necessidades reais dos participantes. Ao invés de se colocar a culpa no outro, surge a autorresponsabilização.[36]

Esse espaço dialético é especialmente importante em uma área sensível como direito de família, cujo perfil é a de abrigar conflitos continuados que comumente subsistem após o fim da demanda, merecendo tratamento interdisciplinar. Antes do conflito se instalar em juízo e quando o a omissão de cuidado começa a se manifestar, há a oportunidade da mediação extrajudicial e pré-processual, esvaziando a litigiosidade pela via da cooperação – sem a presença institucionalizada do Estado –, permitindo que cada sujeito se responsabilize e participe de um processo de transformação de uma família desestruturada em um ambiente de solidariedade.

Diante do fenômeno da judicialização da vida – fazendo com que o Direito, que deveria ser a última *ratio*, tenha se tornado a primeira –, na resolução de conflitos parentais estamos diante de um dilema: ou se faz um resgate ético ou a cultura da litigiosidade baseada na coação e encobrimento do outro acabará com as possibilidades de uma jurisdição eficaz, tornando o sistema jurídico algo simbólico. Ao invés de se transformar o conflito emocional em conflito judicial e este, na inadequada solução da condenação pecuniária, busca-se a mediação para restaurar a convivência harmoniosa no núcleo familiar.

6. CONCLUSÃO

Erico Verissimo criou Ana Terra e sua neta Bibiana como mulheres moldadas pela natureza do ventoso território sulino, pela realidade do tempo em que viveram, pelas perdas por morte, pelas adversidades, pelos desafios. Acima de tudo, uma família moldada pelo tempo: "Só naquele instante é que o Padre percebeu que os Terras quase sempre principiavam suas sentenças com um mas; era sinal de que estavam sempre discordando do que os outros diziam. Era gente mais cabeçuda, mais teimosa que ele conhecia".[37]

Observa Zarebski que os termos avô e velho são usados como sinônimos, apesar de ser possível ser avô sem ter abandonado a idade de ser considerado velho e, graças a tantas modificações culturais que ocorreram nas últimas décadas, ser avô é apenas uma das possibilidades de identificação. Podemos ser muitas outras coisas. O que define um avô não é uma imagem, nem uma idade, nem mesmo um papel social. A avosidade é uma função intimamente relacionada à materna e paterna da qual claramente difere, mas que, como eles, tem um papel determinante na estruturação psíquica do sujeito. O papel do avô está sempre presente, independentemente de o indivíduo o aceitar ou rejeitar, porque o simbólico precede e constitui o sujeito na genealogia. A avosidade é a função do sujeito que está localizado no primeiro nível da ordem de filiação trigeneracional. As grandes questões do ser humano se referem à origem e ao fim da existência: imaginamos de onde

---

36. "Não é raro nos depararmos com situações em que o julgamento parece não alcançar a concretude e a amplitude da vida ou mesmo com casos em que as narrativas dos atores processuais não sejam suficientes para uma visão imparcial da situação familiar. Nesses casos é que o auxílio de uma equipe interdisciplinar se mostra mais uma vez imprescindível, de modo a preservar a integridade psíquica da criança, não se criando mais uma hipótese legal que permita que a criança seja utilizada como instrumento para perpetuar o restabelecimento de um litígio". MULTEDO, Renata Vilela. *Liberdade e família*. Rio de Janeiro: Processo, 2017, p. 162.
37. VERÍSSIMO, Érico. *Um certo capitão Rodrigo*. São Paulo: Editora Abril, 1981.

viemos e para onde estamos indo. A avosidade desempenha um papel na apresentação de uma origem, dando sentido à filiação.[38]

A responsabilidade na família é pluridimensional e não se esgota nas consequências dos atos do passado, de natureza negativa, que é o campo da responsabilidade civil. Mais importante e desafiadora é a responsabilidade pela promoção dos outros integrantes as relações familiares e pela realização de atos que assegurem as condições de vida digna das atuais e futuras gerações, de natureza positiva.[39]

---

38. ZAREBSKI, G. *Hacia um buen envejecer*. Buenos Aires: Universidad Maimónides, 2013.
39. LÔBO, Paulo. Direito de Família e os princípios constitucionais. In: *Tratado de direito das famílias*. Belo Horizonte: IBDFAM. "A família, mais que qualquer outro organismo social, carrega consigo o compromisso com o futuro, por ser o mais importante espaço dinâmico de realização existencial da pessoa humana e de integração de gerações". Op. cit., p. 130.

SOCIOAFETIVIDADE E MULTIPARENTALIDADE E SEUS EFEITOS NO PARENTESCO AVOENGO

Paulo Lôbo

Doutor em Direito Civil pela USP. Professor Emérito da UFAL. Foi Conselheiro do Conselho Nacional de Justiça. Membro fundador do IBDFAM. Membro da International Society of Family Law.

Sumário: 1. Socioafetividade como categoria do direito de família brasileiro. 2. Socioafetividade na filosofia, na antropologia, na história, na psicanálise e na demografia. 3. Critérios da parentalidade socioafetiva. 4. Hipóteses legais de parentalidade socioafetiva. 5. Não há supremacia da origem biológica sobre a origem socioafetiva nem desta sobre aquela. 6. Multiparentalidade ou a possibilidade jurídica de múltiplos pais, mães e avós. 7. A decisão do STF em repercussão geral reconhecida sobre socioafetividade e multiparentalidade – Tema 622. 8. As razões do voto divergente no STF sobre o Tema 622. 9. Os "efeitos jurídicos próprios" da tese geral do tema 622 na parentalidade avoenga. 10. Multiparentalidade e sucessão hereditária em relação aos avós.

1. SOCIOAFETIVIDADE COMO CATEGORIA DO DIREITO DE FAMÍLIA BRASILEIRO

A socioafetividade, como categoria jurídica, é de origem recente no direito brasileiro. Em grande medida resultou das investigações das transformações ocorridas no âmbito das relações de família, máxime das relações parentais, desde os anos 1970.

Entre os juristas, houve a instigação especial do impacto provocado pelo advento da Constituição de 1988, que revolucionou o tratamento fundamental dado aos integrantes das entidades familiares, superando o histórico *quantum* despótico que as caracterizava, afastando-se os últimos resíduos dos poderes domésticos, principalmente o poder marital e o pátrio poder.

Permitam-nos destacar três trabalhos nessa direção, em momentos distintos, que confluíram para demonstrar a dimensão jurídica da afetividade nas relações de filiação, no direito brasileiro, antes e após a Constituição de 1988:

a) Em 1979, João Baptista Villela, com *Desbiologização da paternidade*, no qual o autor afirma que não tem, a paternidade, em essência, conteúdo biológico, sendo sempre uma opção, pois, inclusive, pode realizar-se sobre prole alheia.[1]

b) Em 1989, nosso *Repersonalização das relações familiares*, no qual concluímos que, na longa evolução jurídica da família, sua função afetiva que esteve por séculos reprimida, emergiu com força para substituir as tradicionais funções procracional, econômica,

---

1. VILLELA, João Baptista. Desbiologização da paternidade. *Revista da Faculdade de Direito da Universidade Federal de Minas Gerais*. Belo Horizonte, n. 21, maio 1979, *passim*.

política e procracional da família patriarcal. A afetividade projetou-se como princípio jurídico, máxime após a Constituição de 1988.[2]

c) Em 1996, Luiz Edson Fachin, com *Da paternidade: relação biológica e afetiva*, assinalando a recuperação, no âmbito do direito de família, da noção de posse de estado de filho, na relação paterno-filial, como realidade sociológica e jurídica. Foi um dos primeiros, entre nós, a utilizar o termo "socioafetivo", que conquistou a doutrina especializada.[3]

A socioafetividade tem sido empregada no Brasil para significar as relações de parentesco não biológico, de parentalidade e filiação, notadamente quando em colisão com os vínculos de origem biológica. A evolução da família expressa a passagem do fato natural da consanguinidade para o fato cultural da afetividade, principalmente no mundo ocidental contemporâneo. Os termos "socioafetividade" e seus correlatos congregam o fato social ("socio") e a incidência do princípio normativo ("afetividade").

Não é o afeto, enquanto fato anímico ou social, que interessa ao direito. Interessam, como seu objeto próprio de conhecimento, as relações sociais de natureza afetiva que engendram condutas suscetíveis de merecer a incidência de normas jurídicas e, consequentemente, deveres jurídicos. O afeto, em si, não pode ser obrigado juridicamente, mas sim as condutas que o direito impõe tomando-o como referência. Uma pessoa não pode ser obrigada pelo direito a ter afeto real por outra, até mesmo entre pais e filhos. Mas, o direito pode instituir deveres jurídicos e impor comportamentos inspirados nas relações afetivas reais.

Qualquer relação parental/filial é socioafetiva, porque brota de sua raiz cultural adotada pelo direito. Nesse sentido, a parentalidade socioafetiva é gênero, da qual a parentalidade biológica e a parentalidade socioafetiva em sentido estrito são espécies. É neste sentido estrito que empregaremos a expressão doravante nesta exposição.

A parentalidade socioafetiva consolidou-se na legislação, na doutrina e na jurisprudência brasileiras orientada pelos seguintes eixos: 1. Reconhecimento jurídico da filiação de origem não biológica (socioafetiva); 2. Igualdade de direitos dos filhos biológicos e socioafetivos; 3. Não prevalência *a priori* ou abstrata de uma filiação sobre outra, dependendo da situação concreta; 4. Impossibilidade de impugnação da parentalidade socioafetiva em razão de posterior conhecimento de vínculo biológico; 5. O conhecimento da origem biológica é direito da personalidade sem efeitos necessários de parentesco.

2. SOCIOAFETIVIDADE NA FILOSOFIA, NA ANTROPOLOGIA, NA HISTÓRIA, NA PSICANÁLISE E NA DEMOGRAFIA

A socioafetividade não é elaboração cerebrina ou mera racionalização lógica. É fruto de longo desenvolvimento da consideração do afeto e da afetividade no desenvol-

---

2. LOBO, Paulo Luiz Neto. Repersonalização das relações familiares. *O direito de família na Constituição de 1988*. Carlos Alberto Bittar (Coord.). São Paulo: Saraiva, p. 53-82, 1989.
3. FACHIN, Luiz Edson. *Da paternidade: relação biológica e afetiva*. Belo Horizonte: Del Rey, 1996.

vimento das sociedades modernas e contemporâneas e das pessoas humanas, enquanto integrantes dos grupos familiares.

Na filosofia, Espinoza e depois Kant demonstraram que os afetos ou sentimentos não poderiam ser inteiramente afastados do mundo da razão, como pretendeu Descartes. Para Espinosa há que se distinguir o afeto bruto sem controle da razão (paixão) do afeto atravessado pela razão, que ele denominou de "afecção" pois afetada pela ação ou potência de agir.[4] Kant, por sua vez, afirmou que o amor, enquanto inclinação, não pode ser ordenado, mas o bem-fazer por dever é amor prático e não patológico, que reside na vontade e não na sensibilidade.[5]

Na antropologia e na etnologia, as pesquisas dos grupos humanos antigos ou atuais revelaram que as relações familiares são fundadas na cultura desenvolvida nesses grupos e não na natureza. Antes, os mitos e as forças mágicas, depois a tradição da autoridade de natureza religiosa, finalmente os costumes e a ética normativa.

A história revela a lenta erosão das funções tradicionais das famílias, cujo epílogo dar-se-á na segunda metade do Século XX. As funções religiosas, políticas, econômicas e até mesmo as procracionais da família foram perdendo consistência ao longo da história. Assim, a erosão das antigas funções fez emergir a função de afetividade, da família como *locus* de interlocução afetiva e de realização da dignidade humana de seus integrantes.

A psicanálise confirmou o que a antropologia já tinha descoberto: a família é construção cultural e não ditada pela natureza. As limitações e repressões não têm fundamentação científica.

A demografia trouxe e traz informações contundentes sobre as mudanças na composição das famílias, no Brasil, principalmente nas últimas décadas. As análises dos dados demonstram que a família tomada paradigma para a legislação brasileira, ao longo do século XX, deixou de existir. Deixou de ser numerosa, caindo profundamente o número de crianças por mãe. Não gira mais sob dependência econômica exclusiva do pai. A emancipação feminina, inclusive econômica, a conversão dos filhos de objetos a sujeitos de direitos e a urbanização intensa implodiram seus fundamentos tradicionais. É a família nuclear, de dimensões pequenas, ao lado de famílias monoparentais e múltiplos arranjos familiares, além de considerável número de domicílios de pessoas que vivem sós. É o afeto e a solidariedade familiar e não outros interesses ou funções que unem seus integrantes.

Exemplificando-se com a família matrimonial, a grande transformação ocorrida foi a substituição dos casamentos arranjados, em razão de fins econômicos, sociais ou religiosos, pelos casamentos por amor.

3. CRITÉRIOS DA PARENTALIDADE SOCIOAFETIVA

Orientados pela necessidade de segurança jurídica, com a massa de dados e informações obtidos de investigações variadas, a doutrina e a jurisprudência dos tribunais

---

4. ESPINOSA, Benedictus de. *Ética*. Trad. Joaquim Ferreira Gomes. São Paulo: Abril Cultural, 1983, p. 176.
5. KANT, Immanoel. *Fundamentação da metafísica dos costumes*. Trad. Paulo Quintela. Lisboa: Ed. 70, 1986, p. 77.

foram progressivamente construindo critérios que conformassem essa categoria jurídica, nas relações parentais, notadamente de filiação. Esses critérios são interligados e podem ser assim enunciados:

a) *Comportamento social típico de pais e filhos*. O comportamento que se tem entre pais e filhos deve ser aferível socialmente. É típico porque se repete de modo subjetivo e objetivo em todos os relacionamentos equivalentes, de modo a que qualquer pessoa possa identificá-los como os que ocorrem regularmente entre pais e filhos. No Brasil, a doutrina tradicionalmente desdobra esse requisito em três outros, segundo antiga lição: *nome*, quando um dos pais ou ambos atribuem seus sobrenomes ao perfilhado, mediante registro civil; b) *trato*, quando um ou ambos os pais tratam socialmente o perfilhado como seu filho; c) *fama*, quando a comunidade onde vivem os pretensos pais e filhos os reconhecem assim, segundo as circunstâncias. Porém, esses requisitos não são cumulativos e basta um deles ou outras circunstâncias distintas para gerar o convencimento judicial da existência de comportamento social típico entre pais e filhos.

b) *Convivência familiar duradoura*. O comportamento social típico de pais e filhos apenas se consolida quando ocorre convivência familiar, ou seja, quando essas pessoas integrem uma entidade familiar juridicamente reconhecida e convivam assim. Essa convivência há de ser duradoura e não episódica. O direito brasileiro não impõe um tempo determinado para que se caracterize a convivência familiar, mas há de ser suficiente para que se identifiquem laços familiares efetivos e não apenas relações genericamente afetivas.

c) *Relação de afetividade familiar*. As relações entre as pessoas devem ser de natureza afetiva e com escopo de constituição de família, para que se constitua estado de parentalidade e de filiação. Devem ser desconsideradas como tais as que tenham outro escopo ou interesse, ainda que haja convivência sob o mesmo teto. Assim, não há afetividade familiar no acolhimento doméstico que uma pessoa dá a uma criança desabrigada, ou na relação social entre padrinhos e madrinhas e seus afilhados, ou na prática de apadrinhamento de criança que viva em instituição de acolhimento.

4. HIPÓTESES LEGAIS DE PARENTALIDADE SOCIOAFETIVA

No Código Civil, identificamos as seguintes referências da clara opção pelo paradigma da filiação socioafetiva:

a) art. 1.593, para o qual o parentesco é natural ou civil, "conforme resulte de consanguinidade ou outra origem". A principal relação de parentesco é a que se configura na paternidade (ou maternidade) e na filiação. A norma é inclusiva, pois não atribui a primazia à origem biológica; a paternidade de qualquer origem é dotada de igual dignidade.

b) art. 1.596, que reproduz a regra constitucional de igualdade dos filhos, havidos ou não da relação de casamento (estes, os antigos legítimos), ou por adoção, com os mesmos direitos e qualificações. O § 6º do art. 227 da Constituição revolucionou o conceito de filiação e inaugurou o paradigma aberto e inclusivo.

c) art. 1.597, V, que admite a filiação mediante inseminação artificial heteróloga, ou seja, com utilização de sêmen de outro homem, desde que tenha havido prévia autorização do marido da mãe. A origem do filho, em relação aos pais, é parcialmente biológica, pois o pai é exclusivamente socioafetivo, jamais podendo ser contraditada por ulterior investigação de paternidade.

d) art. 1.605, consagrador da posse do estado de filiação, quando houver começo de prova proveniente dos pais, ou, "quando existirem veementes presunções resultantes de fatos já certos". As possibilidades abertas com esta segunda hipótese são amplas. As presunções "veementes" são verificadas em cada caso, dispensando-se outras provas da situação de fato.

Portanto, as hipóteses legais de parentalidade socioafetiva são a adoção, a filiação derivada de técnica de inseminação artificial heteróloga e a posse de estado de filiação. A terceira é a que interessa aos propósitos deste estudo.

5. NÃO HÁ SUPREMACIA DA ORIGEM BIOLÓGICA SOBRE A ORIGEM SOCIOAFETIVA NEM DESTA SOBRE AQUELA

Sobre a distinção entre direito ao conhecimento da origem genética e direito à parentalidade e parentesco, expressamos nosso ponto de vista quanto à sua necessidade, tendo em vista se tratar de direitos subjetivos e deveres jurídicos que não se confundem.[6]

O estado de filiação e os laços de parentesco decorrentes, originados da estabilidade dos laços afetivos construídos no cotidiano de pai e filho, de acordo com os critérios legais, constituem fundamentos essenciais da atribuição de parentalidade. Nada tem a ver com o direito de cada pessoa ao conhecimento de sua origem genética. São duas situações distintas, tendo a primeira natureza de direito de família e a segunda de direito da personalidade. As normas de regência e os efeitos jurídicos não se confundem nem se interpenetram.

Para garantir a tutela do direito da personalidade não há necessidade de investigar a paternidade ou a maternidade. O objeto da tutela do direito ao conhecimento da origem genética é assegurar o direito da personalidade, na espécie direito à vida, pois os dados da ciência atual apontam para necessidade de cada indivíduo saber a história de saúde de seus parentes biológicos próximos para prevenção da própria vida. Não há necessidade de se atribuir a parentalidade a alguém para se ter o direito da personalidade de conhecer, por exemplo, os ascendentes biológicos paternos do que foi gerado por dador anônimo de sêmen, ou do que foi adotado, ou do que foi concebido por inseminação artificial heteróloga.

Em contrapartida, toda pessoa humana tem direito inalienável ao estado de filiação, quando não o tenha. Apenas nessa hipótese, a origem biológica desempenha papel relevante no campo do direito de família, como fundamento do reconhecimento da paternidade ou da maternidade, cujos laços não se tenham constituído de outro modo (adoção, inseminação artificial heteróloga ou posse de estado). É inadmissível que sirva de base para vindicar novo estado de filiação, contrariando o já existente.

---

6. Direito ao estado de filiação e direito à origem genética: uma distinção necessária. *Afeto, ética, família e o novo Código Civil Brasileiro*. Rodrigo da Cunha Pereira (Coord.). Belo Horizonte: Del Rey, p. 505-530, 2004.

A evolução do direito conduz à distinção, que já se impõe, entre pai e genitor ou procriador. Pai é o que cria. Genitor é o que gera. Esses conceitos estiveram reunidos, enquanto houve primazia da função biológica da família. Ao ser humano, concebido fora da comunhão familiar dos pais socioafetivos, e que já desfruta do estado de filiação, deve ser assegurado o conhecimento de sua origem genética, ou da própria ascendência, como direito geral da personalidade.

Toda pessoa tem direito fundamental, na espécie direito da personalidade, de vindicar sua origem biológica para que, identificando seus ascendentes genéticos, possa adotar medidas preventivas para preservação da saúde e, *a fortiori*, da vida. Esse direito é individual, personalíssimo, não dependendo de ser inserido em relação de família para ser tutelado ou protegido. A paternidade e a maternidade derivam do estado de filiação, independentemente da origem (biológica ou não). Na hipótese de inseminação artificial heteróloga, o filho pode vindicar os dados genéticos de dador anônimo de sêmen que constem dos arquivos da instituição que o armazenou, para fins de direito da personalidade, mas não poderá fazê-lo com escopo de atribuição de paternidade.

Os desenvolvimentos científicos, que tendem a um grau elevadíssimo de certeza da origem genética, pouco contribuem para clarear a relação entre pais e filho, pois a imputação da paternidade biológica não determina a paternidade jurídica. O biodireito depara-se com as consequências da dação anônima de sêmen humano ou de material genético feminino. Nenhuma legislação até agora editada, nenhuma conclusão da bioética, apontam para atribuir a paternidade aos que fazem dação anônima de sêmen aos chamados bancos de sêmen de instituições especializadas ou hospitalares. Em suma, a identidade genética não se confunde com a identidade da filiação, tecida na complexidade das relações afetivas, que o ser humano constrói entre a liberdade e o desejo.

O reconhecimento jurídico da filiação socioafetiva fez ressaltar a solução para o eventual conflito de tutelas jurídicas desta e da origem biológica. A situação comum é a pretensão do filho socioafetivo ajuizar ação de investigação de paternidade, com intuito de ver judicialmente reconhecida a paternidade do genitor biológico e, consequentemente, o cancelamento do registro civil da primeira, principalmente para fins sucessórios, dado a que o direito brasileiro não admitia a dupla paternidade. O mesmo se aplica à maternidade socioafetiva em face da genitora biológica.

Algumas correntes se formaram na doutrina e na jurisprudência, mas prevaleceu a tese de que a parentalidade biológica não era dotada de supremacia sobre a parentalidade socioafetiva, pois esta desigualdade não é admitida pela Constituição. Assim, a pretensão do interessado deveria ater-se à garantia do direito fundamental ao conhecimento de sua origem genética, sem efeitos de parentesco.

Todavia, no STJ, algumas decisões mitigaram o alcance desse entendimento, ainda que fazendo ressaltar a igualdade jurídica das parentalidades biológicas e socioafetivas, em circunstâncias determinadas. Assim, entendeu-se que a parentalidade socioafetiva prevaleceria contra o pai ou a mãe que pretendesse desfazê-la. Mas não contra o filho, pois este poderia fazer prevalecer a parentalidade biológica, dado a que não teria manifestado sua vontade para aquela, em situações conhecidas como de "adoção à brasileira", quando o declarante no registro público não é o genitor biológico. Contra esse entendimento, que contrariou decisões anteriores do mesmo Tribunal, levantaram-se várias argumentações doutrinárias, inclusive a nossa, pois também o registro da parentalidade biológica não pode ser contestado pelo filho, inclusive ao adquirir a capacidade civil plena, o que levou a tratamento jurídico desigual.

Há grande consenso na doutrina e na jurisprudência quanto a não se configurar a filiação socioafetiva, na hipótese de esta resultar de sequestro ou outro ato considerado criminoso. Porém, essa regra não é absoluta, pois não pode ser aplicada contra a vontade manifestada pelo filho de continuar na família que o criou, apesar de informado da circunstância criminosa. O filho não pode ser duplamente punido por fato, cuja existência não deu causa.

6. MULTIPARENTALIDADE OU A POSSIBILIDADE JURÍDICA DE MÚLTIPLOS PAIS, MÃES E AVÓS

O direito de família brasileiro sempre teve entre seus pilares o modelo binário de parentalidade em relação aos filhos. Segundo o padrão tradicional, o casal constituído de pai e mãe. Quando os pais não fossem casados e apenas um fosse o declarante do nascimento no registro civil, caberia a pretensão à investigação da paternidade ou maternidade em relação ao outro, se não tivesse havido o reconhecimento voluntário. Essa regra era aplicável tanto à parentalidade biológica quanto à socioafetiva.

Com a decisão do STF (ADI n. 4277[7]) em 2011, a união homoafetiva foi juridicamente reconhecida como entidade familiar, com igual tutela jurídica conferida às demais entidades familiares. Nessa entidade familiar, o modelo binário da parentalidade continuou, dado a que se encerra no casal de pessoas do mesmo sexo, excluídas terceira ou terceiras pessoas.

Todavia, paralelamente à construção da categoria da socioafetividade, peregrinou a tese da possível tutela da multiparentalidade, rompendo o modelo binário, tanto dos casais heterossexuais quanto dos casais de mesmo sexo. Pugna pela legalidade, no direito brasileiro, de múltiplos pais e mães.

É uma realidade da vida, cuja complexidade o direito não conseguiu lidar satisfatoriamente até agora, em nenhum país do mundo. Ela é agravada com os resultados fantásticos das manipulações genéticas (por exemplo, o uso de materiais genéticos de três pessoas, para reprodução assistida).

No início, a multiparentalidade pareceu ser o caminho adequado para abrigar a parentalidade dos casais de mesmo sexo, mas tornou-se dispensável desde quando o STF admitiu que esses casais podem constituir família. Permanece sua utilidade, no entanto, para as técnicas de reprodução assistida, quando mais de duas pessoas são nelas envolvidas, a exemplo de utilização de sêmen de amigo para inseminação de uma ou das duas integrantes de união homoafetiva. Essas hipóteses não estão suficientemente enfrentadas pelo direito brasileiro.

---

7. STF, Tribunal Pleno, ADI n. 4277, Rel. Min. Ayres Britto, j. 05.05.2011, DJe 13.05.2011.

Igualmente, a multiparentalidade tem sido ressaltada em casos julgados por nossos tribunais, incluindo o STJ, que envolvem a admissibilidade de cumulação de paternidade ou maternidade, no registro civil, em situações em que há pai ou mãe registral e se pleiteia o acréscimo do sobrenome de pai ou mãe biológicos. Ou quando o registro de pai ou mãe biológicos é acrescentado do sobrenome de quem efetivamente criou a pessoa.

Na legislação, há previsão expressa do acréscimo do sobrenome do padrasto ou madrasta, por requerimento do enteado e assentimento daqueles ("Lei Clodovil", 11.924/2009), cuja anotação simbólica reflete a história de vida da pessoa. A lei é omissa quanto aos demais efeitos jurídicos, para além do parentesco por afinidade. A averbação não significa substituição ou supressão do sobrenome anterior, mas acréscimo, de modo a não ensejar dúvida sobre a antiga identidade da pessoa, para fins de eventuais responsabilidades. O acréscimo do sobrenome não altera a relação de parentesco por afinidade com o padrasto ou madrasta, cujo vínculo assim permanece, sem repercussão patrimonial, uma vez que tem finalidade simbólica e existencial. Consequentemente, não são cabíveis pretensões a alimentos ou sucessão hereditária, em razão desse fato.

Entende-se que o namoro ou noivado não podem ensejar multiparentalidade. Assim é porque esses relacionamentos afetivos são pré-familiares, ou seja, têm o escopo de constituição de família, mas não são ainda famílias constituídas. É certo que, às vezes, ultrapassam a tênue zona limítrofe e se convertem em união estável, que é ato-fato jurídico – quando o direito desconsidera a vontade e atribui consequências ao resultado fático – e não ato ou negócio jurídico, estes dependentes de manifestação de vontade negocial consciente; porém, quando isso ocorre, não se cogita mais de namoro ou noivado, mas sim de entidade familiar própria.

A relação entre padrasto ou madrasta e enteado configura vínculo de parentalidade singular, permitindo-se àqueles contribuir para o exercício do poder familiar do cônjuge ou companheiro sobre o filho/enteado, uma vez que a direção da família é conjunta dos cônjuges ou companheiros, em face das crianças e adolescentes que a integram. Dessa forma, há dois vínculos de parentalidade que se entrecruzam, em relação ao filho do cônjuge ou do companheiro: um, do genitor originário separado, assegurado o direito de contato ou de visita com o filho; outro, do padrasto ou madrasta, de convivência com o enteado. Porém, por mais intensa e duradoura que seja a relação afetiva entre padrasto ou madrasta e seus enteados, dessa relação não nasce paternidade ou maternidade socioafetiva em desfavor do pai ou da mãe legais ou registrais, porque não se caracteriza a posse de estado de filiação, o que igualmente afasta a multiparentalidade, salvo se houver a perda do poder familiar dos pais, como decidiu o STJ (REsp 1106637[8]) que reconheceu a legitimidade de padrasto para pedir a destituição do poder familiar, em face do pai biológico, como medida preparatória para a adoção unilateral da criança.

---

8. STJ, 3ª Turma, REsp 1106637, Rel. Min. Nancy Andrighi, j. 01.06.2010, DJe 01.07.2010.

7. A DECISÃO DO STF EM REPERCUSSÃO GERAL RECONHECIDA SOBRE SOCIOAFETIVIDADE E MULTIPARENTALIDADE – TEMA 622

Assim se encontravam a doutrina e a jurisprudência brasileiras quando o STF reconheceu como repercussão geral a matéria da socioafetividade e consolidou seu entendimento, como Tema 622, em decisão plenária tomada no dia 22/09/2016, tendo como caso paradigma o RE 898060,[9] com a seguinte tese geral:

> A paternidade socioafetiva, declarada ou não em registro público, não impede o reconhecimento do vínculo de filiação concomitante baseado na origem biológica, com os efeitos jurídicos próprios.

O Tribunal fundou-se explicitamente no princípio constitucional da dignidade da pessoa humana (CF, art. 1º, III), que inclui a tutela da felicidade e da realização pessoal dos indivíduos, impondo-se o reconhecimento jurídico de modelos familiares diversos da concepção tradicional. Igualmente, no princípio constitucional da paternidade responsável (CF, art. 226, § 7º), que não permite decidir entre a filiação socioafetiva e a biológica, devendo todos os pais assumir os encargos decorrentes do poder familiar e permitindo ao filho desfrutar dos direitos em relação a eles sem restrição.

O Min. Luiz Edson Fachin – acompanhado pelo Min. Teori Zavascki – apresentou voto substancialmente divergente do Relator. Vencidos, quanto à solução a ser adotada no caso concreto, aderiram ao final à redação jurídica geral aprovada pela maioria (divergiram desta os Ministros Dias Toffoli e Marco Aurélio).

O item 13 da Ementa do Acórdão indica que, mercê desses fundamentos constitucionais, impõe-se o reconhecimento conjunto da filiação socioafetiva e da filiação biológica, sem que seja necessário decidir entre um ou outro vínculo, "quando o melhor interesse do descendente for o reconhecimento jurídico de ambos". Todavia, esse requisito de melhor interesse, que também comparece como hipótese admissível de multipropriedade no voto divergente do Min. Edson Fachin, não figurou na redação da tese jurídica geral.

Eis, resumidamente, o caso concreto que serviu de paradigma para a tese jurídica acima transcrita: F. G., à época com dezenove anos de idade, ingressou com ação de investigação de paternidade, cumulada com pedido de alimentos e retificação de registro civil, contra A. N., alegando que era filha biológica deste, apesar de ter sido criada pelo marido de sua mãe, que a registrou como filha, quando nasceu. Exame de DNA consensual confirmou o vínculo biológico. A sentença de primeiro grau julgou procedente o pedido. O Tribunal estadual reformou a sentença, entendendo que, apesar do vínculo biológico, a paternidade socioafetiva consolidada em largo tempo deveria prevalecer. O mesmo Tribunal, apreciando embargos infringentes, fez prevalecer a paternidade biológica, com alteração do registro de nascimento e fixação de obrigação alimentícia desde a citação até ao final do curso universitário da autora recorrida. Irresignado, o genitor biológico interpôs recurso extraordinário ao STF.

Constata-se que o STF confirmou o reconhecimento jurídico da socioafetividade. Como o julgamento em repercussão geral produz eficácia geral, de cumprimento obriga-

---

9. STF, Tribunal Pleno, RE 898060, Rel. Min. Luiz Fux, j. 21.09.2016, DJe 30.09.2016.

tório pelo sistema judiciário, a socioafetividade e, principalmente, a filiação socioafetiva não poderão ser mais questionadas em juízo.

Ainda que o Tribunal não tenha utilizado a expressão "parentalidade socioafetiva", a alusão à "paternidade socioafetiva" deve ser entendida como abrangente da maternidade socioafetiva. Por igual, abrange as linhas de parentesco avoengo daí decorrentes. A exclusão da maternidade socioafetiva e das linhas de parentesco decorrentes importaria tratamento desigual para situações equivalentes do mundo da vida, o que contrariaria os pressupostos sobre os quais o Tribunal decidiu. Portanto, há seu reconhecimento implícito.

Outro ponto relevante é o reconhecimento de que a filiação socioafetiva não apenas se constata pela declaração ao registro público, mas também pela ocorrência no mundo da vida, notadamente pela posse do estado da filiação, cujos efeitos jurídicos independem do registro público, ao qual é atribuída função declaratória, do mesmo modo que à sentença judicial.

O que surpreendeu a doutrina especializada foi a amplitude que o STF conferiu ao tema, pois, além do reconhecimento da parentalidade socioafetiva, avançou no sentido de contemplar a multiparentalidade. É o que se extrai dos termos "reconhecimento do vínculo de filiação concomitante baseado na origem biológica". O vínculo de filiação "concomitante" leva à multiparentalidade. Ou seja, na hipótese explicitada de paternidade, de acordo com o caso concreto que serviu de paradigma, o registro civil deve contemplar dois pais, isto é, o pai socioafetivo e o pai biológico, além da mãe biológica; dois pais e uma mãe.

A decisão do STF provocou verdadeiro giro de Copérnico. Até então, no conflito entre parentalidade socioafetiva e origem genética, esta não podia prevalecer sobre aquela (notadamente nos casos de "adoção à brasileira"), máxime quando o móvel fosse patrimonial ou econômico, notadamente participar da sucessão de genitor biológico afortunado. A rejeição a essa pretensão já tinha sido objeto de antigo precedente do STF, em 1970, tendo sido relator o Min. Aliomar Baleeiro.[10] Doravante, as discussões sobre a origem biológica e a força desta para afastar a parentalidade socioafetiva perderam consistência.

Por ser tema de repercussão geral, não pode ficar adstrito ao caso concreto. Destarte, têm-se como abrangidas as hipóteses de mãe e pai socioafetivos registrados, aos quais se pode acrescentar a mãe biológica, ou o pai biológico ou ambos, o que resultará em três ou quatro pais e seis ou oito avós, no total.

8. AS RAZÕES DO VOTO DIVERGENTE NO STF SOBRE O TEMA 622

Em seu voto divergente, o Min. Edson Fachin procurou precisar os pontos essenciais de sua divergência, em sintonia com a construção doutrinária dominante e sua recepção jurisprudencial, tanto em relação ao caso concreto, quanto – o mais importante – em relação à tese jurídica geral (a qual terminou por adotar orientação estranha à evolução do direito brasileiro; o Ministro Relator invoca a experiência do Estado de Louisiana,

---
10. *RTJ* n. 53/131.

nos Estados Unidos, para concluir pela possibilidade jurídica de multiparentalidade). São eles, incluindo os expostos na antecipação de seu voto:

a) Não havia conflito de paternidades, no caso paradigmático, ou seja, a pretensão da autora era de prevalecer a ascendência genética, quando já havia uma paternidade estabelecida, com todos os requisitos de posse de estado de filho, a saber, a *reputatio*, a *nominativo* e a *tractatio*.

b) Não há hierarquia, à luz do que estabelece a CF, arts. 226 e 227, entre as diversas espécies de famílias, entre diversas espécies de filiação e, por consequência, entre diversas formas de paternidade. Assim, nenhum vínculo de filiação, seja biológico ou socioafetivo, se impõe juridicamente sobre o outro.

c) Houve superação do juízo de ilegitimidade pelo princípio da igualdade entre filhos, ante a opção constitucional pela neutralidade e pela inocência da filiação.

d) Não se pode confundir investigação de paternidade – que fixa o parentesco paterno-filial –, com direito ao reconhecimento da origem genética, que tem a natureza de direito da personalidade, quando esse parentesco, sob a modalidade socioafetiva, já existe.

e) O parentesco parte da realidade da vida, mas não deixa de ser jurídico. "É nesse sentido que avulta a expressão relacional em que se funda a paternidade". O vínculo biológico pode ser suficiente para determinar o parentesco jurídico, desde que não se sobreponha a outro já estabelecido.

f) A adoção e a filiação decorrente de inseminação artificial heteróloga são exemplos, previstos expressamente no sistema jurídico brasileiro, de filiação em que o vínculo biológico não prevalece, o que revela a necessidade da distinção entre genitor e pai.

g) A desconstituição do vínculo jurídico de socioafetividade somente é possível quando tal vínculo relacional não mais existe.

h) A multiparentalidade pode ser admitida em caráter excepcional, quando se expressa na realidade da socioafetividade ("o pai biológico quer ser pai, o pai socioafetivo não quer deixar de sê-lo, e isso atende ao melhor interesse da criança – ou é consentido pelo adolescente").

O voto conclui pelo provimento parcial do recurso extraordinário do genitor biológico para que, prevalecendo (no caso) os efeitos jurídicos do vínculo socioafetivo, sem a retificação do registro civil pretendida, fique resguardado o direito da recorrida de reconhecimento de sua origem biológica, porém sem fins de parentesco.

O voto condutor do Ministro Relator, todavia, orientou-se pela admissibilidade da multiparentalidade (dois ou mais pais ou mães socioafetivos e biológicos), pelas razões já expostas. A tese jurídica geral adotada, como salientado, não incluiu o requisito de excepcionalidade, quando presente o melhor interesse do descendente, apesar de referido no item 13 da Ementa do Acórdão.

9. OS "EFEITOS JURÍDICOS PRÓPRIOS" DA TESE GERAL DO TEMA 622 NA PARENTALIDADE AVOENGA

Ante a concisão das teses dos temas de repercussão geral, as expressões amplas utilizadas são exigentes de interpretação, de acordo com os princípios e pressupostos que os inspiraram. Tal se dá com a expressão "com os efeitos jurídicos próprios".

A análise do julgamento do caso concreto paradigma pouco contribui, até porque a decisão que o STF nele proferiu é exatamente contrária ao que estipula a tese geral, no que concerne à multiparentalidade. No caso concreto, a maioria do Tribunal, contraditoriamente, confirmou as decisões judiciais anteriores no sentido do cancelamento do registro da paternidade socioafetiva, para se fazer constar apenas a paternidade biológica.

Do núcleo da tese do Tema 622 resultam as seguintes conclusões, que nos permitem avançar nos efeitos jurídicos próprios:

1ª. O reconhecimento jurídico da parentalidade socioafetiva;

2ª. A inexistência de primazia entre as filiações biológicas e socioafetivas;

3ª. A admissão da multiparentalidade.

4ª. A parentalidade socioafetiva – para os fins da tese – restringe-se às hipóteses de posse de estado de filiação, excluindo-se a adoção e a filiação oriunda de inseminação artificial heteróloga. Também está excluída a filiação biológica que nunca foi antecedida por filiação socioafetiva.

Assim sendo, em relação aos efeitos da origem genética ou biológica:

a) quando configurada a prévia parentalidade socioafetiva, registrada ou não, a origem genética intitula o filho a investigar a parentalidade biológica com efeitos amplos de parentesco, além do registro civil. Igualmente, pode o genitor biológico reconhecer o filho biológico, com todos os efeitos decorrentes, inclusive o do registro civil concomitante;

b) permanece o direito ao conhecimento da origem genética, como direito da personalidade, sem efeitos de parentesco, na hipótese de adoção, conforme previsto expressamente no art.48 do ECA, com a redação dada pela Lei 12.010/2009: *O adotado tem direito de conhecer sua origem biológica, bem como a obter acesso irrestrito ao processo no qual a medida foi aplicada e seus eventuais incidentes, após completar 18 (dezoito) anos.* Em caso de recusa ao acesso, pode ser ajuizada ação para tal finalidade, que não se confunde com investigação de paternidade ou maternidade. A decisão do STF não implica inconstitucionalidade da norma legal que estabelece a ruptura dos vínculos familiares de origem do adotado, exceto quanto aos impedimentos matrimoniais. Vigora, no direito constitucional brasileiro, a presunção de constitucionalidade das normas legais, até que sejam declaradas inconstitucionais pelo STF;

c) o direito ao conhecimento da origem genética, também sem efeitos de parentesco, é assegurado ao que foi concebido com uso de sêmen de outro homem, que não o marido da mãe e com autorização deste, de acordo com o art. 1.597, V do Código Civil, desde que o dador tenha consentido nessa utilização, sem se valer da garantia de anonimato;

d) não há direito ao conhecimento da origem genética nem ao reconhecimento judicial da parentalidade, se a técnica de reprodução assistida utilizar materiais genéticos de dador anônimo, crioconservados em estabelecimentos especializados para inseminação artificial.

Os direitos e deveres jurídicos do filho com múltiplas parentalidades são iguais em face dos pais e avós socioafetivos e biológicos, particularmente quanto:

a) a autoridade parental ou poder familiar, que é exercida de modo compartilhado, em princípio, pelos pais biológicos e socioafetivos, tal como ocorre com os pais separados. Em caso de conflito entre pais biológicos e socioafetivos, como não há primazia entre eles, o juiz deve se orientar pelo princípio do melhor interesse do filho, para a tomada de decisão. Se ambos os pais forem considerados temporariamente inaptos para exercer a autoridade parental, pode o juiz determinar a guarda a algum ou alguns dos avós, biológicos ou socioafetivos, observado o melhor interesse dos netos, assegurado o direito ao contato aos demais.

b) a guarda compartilhada é obrigatória por lei, entre os pais, salvo se se ficar demonstrada em decisão judicial motivada que a guarda individual, ante as circunstâncias especiais, é a que mais recomendável por força do melhor interesse do filho. Essa regra é aplicável tanto para situação comum do casal de pais, quanto para a de multiparentalidade (mais de dois pais), até porque não há hierarquia entre eles. A guarda compartilhada é compatível com a preferência da moradia que o filho tem como referência para suas relações sociais e afetivas. No exemplo comum, de filho que sempre viveu com seus pais socioafetivos, a moradia deste é preferencial. O conflito deve ser arbitrado pelo juiz, de modo a que assegure o contato do filho com seus pais socioafetivos e biológicos, e com os parentes de cada linhagem, especialmente os avós.

c) os alimentos devem ser partilhados pelos pais socioafetivos e biológicos em igualdade de condições, em princípio. Em caso de conflito entre eles, o juiz deve considerar a partilha proporcional do valor de acordo com as possibilidades econômicas de cada um, segundo os critérios da justiça distributiva. Os alimentos devem ser fixados em valor único, para partilha entre os pais, pois o suprimento da necessidade do alimentando não depende da quantidade de devedores alimentantes, além da observância da vedação legal do enriquecimento sem causa (CC, art. 884).

Os avós, tanto os biológicos quanto os socioafetivos apenas são obrigados aos alimentos em caráter complementar, distribuídos de acordo com as possibilidades econômicas de cada um. Como o dever de alimentos na linha reta de parentesco é ilimitado, o filho com múltiplos pais e avós pode se obrigar a todos eles. Na hipótese de a mãe estar separada tanto do pai biológico quanto do pai socioafetivo, o filho poderá reclamar alimentos tanto a um quanto a outro, de acordo com as possibilidades econômicas de cada um.

10. MULTIPARENTALIDADE E SUCESSÃO HEREDITÁRIA EM RELAÇÃO AOS AVÓS

No direito brasileiro, os avós não herdam igualmente, mas de acordo com sua linha (o único avô paterno herda a metade e os dois avós maternos herdam a outra metade); esse exemplo demonstra que a sucessão por linhas pode levar à desigualdade entre os ascendentes, máxime quando ocorrer multiparentalidade.

Se o autor da herança não deixar descendentes, seus ascendentes biológicos e socioafetivos herdarão concorrentemente, de acordo com suas linhas (maternas e paternas), por força do CC, art. 1.836. Se deixar dois pais (um socioafetivo e outro biológico) e uma mãe, esta herda a metade da herança e os pais a outra metade.

Quanto às linhas do parentesco avoengo, algumas considerações se impõem, quando houver reconhecimento judicial de multiparentalidade: 1. As linhas são mais do que as duas tradicionais (paterna e materna), podendo ser três (paradigma do caso concreto julgado pelo STF) ou mais do que três, ante as consequências da realidade da vida de vários relacionamentos familiares socioafetivos sucessivos, ou do uso de técnicas de reprodução assistida. 2. Não há hierarquia entre essas múltiplas linhas, mas sim igualdade, não só para o exercício dos direitos por todos os avós, concorrentemente, nas relações familiares, mas também na distribuição igualitária aos avós, por linhas, da herança deixada pelo neto, cujos pais não lhe sobreviveram.

O mesmo direito de sucessão dos filhos de pais biológicos em conjunto com pais socioafetivos, transmite-se aos filhos daqueles. O neto será herdeiro necessário tanto do avô socioafetivo, quanto do avô biológico, em igualdade de direitos em relação aos demais herdeiros necessários de cada um.

A sucessão hereditária legitima é assegurada igualitariamente ao neto, filho de pais concomitantes biológicos e socioafetivos, em igualdade de condições, sem observância de linhas. Aberta a sucessão de cada um deles é herdeiro legítimo de quota parte atribuída aos herdeiros de mesma classe (direta ou por representação), imediatamente, em virtude da saisine. A igualdade entre filhos e, consequentemente, entre netos de qualquer origem é princípio cardeal do direito brasileiro, a partir da Constituição, incluindo o direito à sucessão aberta. Os limites dizem respeito às legítimas dos herdeiros necessários de cada sucessão aberta e não ao número de pais autores das heranças.

Terá duplo direito à herança, diferentemente dos que forem netos apenas de avós biológicos ou de avós socioafetivos, levando-o a situação vantajosa em relação aos seus próprios irmãos que sejam apenas socioafetivos, de um lado, ou apenas irmãos biológicos, do outro, mas essa não é razão impeditiva da aquisição do direito.

Após a edição da tese do Tema 622, o STJ (3ª Turma) teve oportunidade de afirmar no REsp 1618230,[11] que o reconhecimento do vínculo filial biológico, ao lado do vínculo socioafetivo, gera os mesmos efeitos patrimoniais, como o direito à herança; no caso, o interessado, com aproximadamente 70 anos, obteve o direito de receber a herança do pai biológico, mesmo já tendo recebido a herança do pai socioafetivo.

A reciprocidade de direitos sucessórios, na ocorrência de multiparentalidade, é acentuada no Enunciado 33 do IBDFAM, o que prevê que "o filho faz jus às heranças, assim como os genitores, de forma recíproca, bem como dos respectivos ascendentes e parentes, tanto por direito próprio como por representação".

---

11. STJ, Terceira Turma, REsp 1618230, Rel. Min. Villas Boas Cueva, j. 28.03.2017, DJe 10.05.2017.

A VELHICE BEM-SUCEDIDA E A AVOSIDADE

Pedro Caetano de Carvalho

Filósofo e Juiz de Direito aposentado. Coordenador Estadual da Fundação Catarinense do Bem-Estar do Menor. Presidente do Conselho Estadual dos Direitos da Criança e do Adolescente, onde representava a Escola de Pais do Brasil, seccional de SC. Professor da ESMESC – Escola Superior da Magistratura Catarinense. Secretário Executivo da ABMP-Associação Brasileira dos Magistrados e Promotores da Infância e Juventude. Ex-membro da Ordem dos Clérigos Regulares Teatinos e do IBDFAM. Autor de diversas publicações sobre o cuidado, família, criança e adolescente. Pai de dois filhos e avô de um neto.

Sumário. 1. A velhice e a delícia da vovozice. 2. Avós transmissores de valores. 3. Avosidade e vovozice. 4. Família poliamorista e outros arranjos. 5. Conclusão.

1. A VELHICE E A DELÍCIA DA VOVOZICE

Sou avô de um menino chamado Lucas que, quando chegou, mudou minha vida. Acompanhar bem de perto seu desenvolvimento de uma forma que não consegui fazer com meus filhos, principalmente por questões profissionais, foi um aprendizado incrível e uma delícia. Acho que fez bem até para minha saúde, levando-me a valorizar mais a importância de uma velhice bem sucedida para o bom exercício da avosidade.

Participei em minha existência de vários eventos tratando de família, tendo frequentado, inclusive, a Escola de Pais do Brasil durante mais de 30 anos, como membro ativo, das seccionais de Santa Catarina, tanto de Blumenau, como Florianópolis e Joinville. Aprendi muito sobre a educação de filhos, escrevi várias reflexões publicadas em revistas e livros especializados, ministrei várias palestras sobre família, criança e adolescente, mas foi só chegarem os filhos e de imediato entendi que nada era fácil, a prática era bem outra. Logo a gente descobriu por que os filhos não vêm com manual de instrução. Com o aprendizado teórico, erros, revisões e acertos o caminho foi sendo trilhado sempre com foco na melhor educação.

No que se refere à Escola de Pais, foi onde tive um aprendizado ímpar, pois, com sua didática usada em todos os eventos, ela propunha sempre ao grupo e à reflexão pessoal os conteúdos para que cada um encontrasse as suas próprias respostas. Em suas ações, respeitava o indivíduo, procurava satisfazer suas necessidades de doação ao seu semelhante, tendo em vista que não há uma medida recomendada, pois o ser humano é único, sem igual, diferente e, sobretudo, um ser em constante desenvolvimento. Nessa Escola a gente desenvolvia nossas qualidades pessoais para utilizá-las em nossa família e em nossa comunidade através do voluntariado.

Como filósofo por formação, com o nascimento das nossas crianças tive que reconhecer com a humildade de Sócrates que "[s]ó sei que nada sei". Os meus estudos preparatórios para ser padre, inclusive de psicologia, muito me ensinaram, mas não chegaram nem perto do desafio prático da educação de filhos e de netos. Com foco neste desafio é que pretendo trilhar esta reflexão sobre a velhice bem sucedida e a avosidade, tendo como principal fonte minha vivência e a pesquisa nos 30 livros dos Anais dos Congressos que tive o privilégio de participar da Escola de Pais do Brasil.

Um dos meus melhores aprendizados foi que a própria vida é didática e terapêutica, uma verdadeira escola, pois, quando a pessoa tem filhos, compreende melhor sua própria infância e juventude. Agora, quando os filhos casam os pais passam em revista o próprio casamento e quando chegam os netos, reconsideram o que fizeram como pais.

Quanto ao papel dos avós, foi apenas no 37º Congresso da Escola de Pais do Brasil, no ano de 2001, que pela primeira vez ouvi a expressão avosidade ou vovozice, e isso me despertou a curiosidade de como as pessoas se comportam quando exercem essa condição na sua vida. Aos poucos fui observando que, numa velhice "bem resolvida", a vovosidade faz muito bem para todos.

Por outro lado, infelizmente, até pela minha atuação no Judiciário como Magistrado na área de Família, Infância e Juventude, pude encontrar várias situações em que se discutia os aspectos negativos do exercício da avosidade, tanto por equívocos da parte dos avós, quanto da parte dos filhos, genros e noras.

Embora a vovozice não chegue apenas para os idosos, para tratar do tema, podemos começar pela longevidade, que é a qualidade de quem vive muito, cuja palavra traz consigo a lembrança do envelhecer. Aqui há também que se tomar em conta que hoje a questão do aumento da expectativa de vida vem a facilitar o convívio entre as gerações, trazendo novos desafios para a avosidade.

Certamente chegará um dia para todos nós, a hora da velhice, e se não nos prepararmos poderemos ser surpreendidos como se isso fosse algo muito difícil de ser enfrentado, um pesado fardo.

É sabido que não é de repente que a pessoa se torna idosa. Ao envelhecer, o indivíduo é forçado a se deparar com alterações físicas e psicológicas em si próprio, e também com mudanças nas suas possibilidades de atuação no mundo, especialmente no que se refere a seu lugar na estrutura familiar e social, o que inclui também a avosidade.

As psicólogas Dra. Ruth Gelehrteer e Sila Zugman Calderoni, ao abordarem "O idoso e a família no alvorecer do novo milênio", no 38º Congresso Nacional da Escola de Pais do Brasil, frisaram que:

> se a personalidade do indivíduo foi bem constituída ele terá recursos internos para se diferenciar e para não sucumbir diante do olhar que a sociedade lhe dirige ao envelhecer e diante das transformações que afetam a vida que avança pelo tempo. Ele poderá então acreditar em si e ter uma vida interior que o conduza a encontrar gratificação consigo mesmo, com o outro e com sua atuação no mundo. Vai conseguir preservar a sua independência e encontrar possibilidades de atuação produtiva mesmo na longevidade, mantendo com sua família os padrões vivenciados anteriormente.[1]

---

1. GELEHRTEER, Ruth; CALDERON, Sila Zugman. In: A Família educando para a paz. *Anais do 38º Congresso Nacional da Escola de Pais do Brasil.* São Paulo: Editora Marco Marcovitch, 2006, p. 99.

O envelhecimento é inexorável, no entanto, há sim uma grande diferença no modo de envelhecer.

Numa tentativa de refletir sobre isso, precisamos nos ater ao fato de que quem envelhece mal não aprende a enfrentar a circunstância da vida com sabedoria e serenidade.

O período da velhice é caracterizado por um declínio de certas capacidades, um período que requer adaptação social, psicológica e física às novas circunstâncias que estão mudadas ou em mudanças.

O casal Ceres e Nilton Sampaio, ao abordar a "Longevidade do ser humano: os avós na família", no 42º Congresso da Escola de Pais do Brasil, destacou que:

> Se a velhice traz restrições de ordem corporal, em compensação traz consigo agregados, momentos de vida enriquecedores. A velhice testemunha tudo: a família que criou, as atividades que desempenhou, as derrotas, as conquistas, os erros, os acertos, as lagrimas e os risos. Tudo intensamente vivido torna a experiência desta pessoa inigualável. Precisamos sim implantar novos valores em relação à velhice, reconhecer que não é uma idade decrépita, mas enriquecedora. O velho é o produto final dos valores que foi assumido durante toda uma vida. Com a longevidade atual a influência da geração dos avós para a educação futura se torna cada vez de maior importância.[2]

É comum ouvir-se que o papel dos avós é determinante para haver mais e melhor família. Eu fui neto e sei como foram importantes para mim os meus avós.

Para que isso se concretize bem, algumas condições são necessárias. As relações familiares não se tornam diferentes com a possibilidade de pessoas viverem mais tempo, apenas torna-se complexa devido ao número crescente de pessoas interagindo.

O principal desafio será o de construir comportamentos sadios e empenhar-se em conseguir espaços adequados para todos. Sem dúvida também haverá uma condição elementar para que ocorra uma convivência feliz entre avós e filhos casados: o respeito mútuo. Torna-se necessário que os filhos respeitem a casa e os costumes dos seus pais, que os avós tenham clara consciência do respeito à família nova criada pelo filho e pela filha, na qual, além disso, existe uma pessoa – a nora ou o genro – que veio de outro ambiente e que merece por razões óbvias a máxima consideração, o máximo respeito a seu modo de ser e de fazer as coisas.

É preciso preparar-se para receber os novos componentes da família, o que nem sempre é coisa fácil. No meu caso foi um aprendizado fantástico. São atitudes fundamentais de aceitação dos cônjuges dos nossos filhos, o respeito e a disposição para o entendimento.

Estar atento à dificuldade que eles enfrentam em adaptar-se a esta nova comunidade, inicialmente estranha, que é a família do marido ou da mulher, é abrir mais possibilidades para uma boa convivência. Perigosa é a ideia de supostamente "adotá-los" como um novo filho, como me deparei tantas vezes em embates judiciais. O que eles precisam é de serem reconhecidos na sua identidade de genro ou nora e estimados pelo que representam. Essa atitude é determinante na construção de uma intimidade que favorecerá as relações familiares.

---

2. SAMPAIO, Ceres; SAMPAIO, Nilton. In: Meus pais, meus filhos, meus netos: convivência das quatro gerações. *Anais do 42º Congresso Nacional da Escola de Pais do Brasil*. São Paulo: Escola de Pais do Brasil, 2006, p. 112-113.

Com certeza o nascimento de um neto inaugura um novo tipo de relação, algo de muito especial.

Enfim, a relação entre os avós e netos gera uma troca maravilhosa onde ambos ganham muito, enquanto os avós ensinam o que sabem de sua experiência de vida e da história da família, os netos os levam a reviver o passado e assim elaborá-lo melhor. E isso é uma delícia.

Os avós, geralmente, têm mais tempo disponível, e mesmo que não tenham, possuem mais experiência de lidar seja com os pequenos ou os mais velhos. Como dizem Ceres e Nilton,

> Ao lado dos avós não existem tantas ordens ou obrigações, mais pacientes e tolerantes, advogados de plantão, quando surge uma bronca ou mesmo uma briga, confidentes e, muitas vezes, quebra galhos.
>
> Nas relações dos netos surgem a linguagem do afeto criando-se uma cumplicidade entre as duas gerações. Na casa dos avós pode-se sempre escolher o lanche, repetir a sobremesa e não falta nunca guardado em um armário o biscoito preferido de cada um. À noite na hora de dormir, há sempre tempo para mais uma história.
>
> Apesar de tantos mimos os avós precisam estar conscientes da sua importância para a formação das crianças. Os avós influenciam no desenvolvimento emocional, cognitivo e social, além de ajudarem na formação dos valores dos netos.[3]

Nunca é demais insistir que a responsabilidade sobre educação e formação dos filhos recai sobre os pais, não é delegável. Para mim, na condição de avô, foi especialmente difícil me adaptar a esta condição de que são eles que planejam as principais linhas educativas, os hábitos e os valores humanos que desejam transmitir a seus filhos. Certamente os avós podem apoiar essa tarefa, porém nunca devem permitir que lhes repassem essa responsabilidade.

O perigo de que deseduquem os netos existirá quando os avós não souberem limitar perfeitamente as fronteiras entre o mimo razoável, que deixará feliz o neto, sem nenhuma complicação, e o mimo que pode ser prejudicial.

Eva Giberti, a psicóloga, psicanalista, assistente social e professora universitária em Buenos Aires, em 1961 lançou uma obra intitulada "Escuela para Padres", com intuito de atender as novas gerações que vinham encontrando dificuldades com a educação dos filhos. Ela própria se surpreendeu com a incessante procura pelo seu livro, em espanhol, que mereceu muitas edições. Muitos dos pontos aqui abordados coadunam com os ensinamentos dessa especialista. Apenas a título de ilustração trago sua abordagem "entre papa y abuelo", que muito ensina para os avós atuais:

> La misión de los abuelos es un deber regulador: de ellos deben venir la indulgencia, el interceder para obtener algo ante mamá o papá; deben constituir algo así como la válvula de escape que permita al niño realizar alguna travesura aliviadora de la disciplina familiar. Lo que jamás deben hacer es intervenir en beneficio del nieto – asi suponen ellos – cuando en realidad no tienen razón. En el fondo de estas situaciones suele estar librándose algo así como una batalla para conquistar al chiquito, para conseguir su preferencia ante la severidad de los padres. La reacción es normal pero injusta para la educación general. Los abuelos deben recordar siempre que ellos son un apoyo y un sostén para los padres y que

---

3. SAMPAIO, Ceres; SAMPAIO, Nilton. Op. cit., p. 114.

como tales deben cooperar en la formación del nieto, sin suscitar problemas que en nada ayudan al normal desenvolvimiento de un hogar.[4]

Nas relações entre as avós e suas filhas, e às vezes noras, surgem inevitavelmente questões do cuidado com os netos pequenos. As interferências das avós nem sempre são bem-vindas. Em certos casos é conveniente que conversemos com os avós sobre nossas ideias a respeito da educação das crianças. Podemos seguir ou não seus conselhos, porém é sempre bom escutá-los, e se for oportuno, aceitar sua ajuda e colaboração.

Os pais têm de ver isso como uma vantagem da qual toda família pode se beneficiar. Isso sim, desde que uns e outros saibam qual o seu lugar: os pais, como principais responsáveis pela educação dos filhos e os avós como colaboradores nesta tarefa de distribuidores de carinho e compreensão.

Em algumas ocasiões a permissividade e a flexibilidade dos avós com seus netos se convertem em problema para os pais.

Certamente a solução não será colocar barreiras ou evitar que os netos se relacionem com seus avós. Os pais deverão explicar aos avós as normas estabelecidas por eles e procurar conseguir deles o compromisso de respeitá-las.

Há situações em que convivem sobre o mesmo teto avós, filhos casados e netos. Ou ainda, mesmo vivendo cada família em sua casa, os avós ficam com o neto longo tempo, porque os pais trabalham fora.

Nessa situação e levando em conta que os pais estejam ausentes por grandes períodos não há como evitar uma maior interferência dos avós. O perigo acontece ou está se os avós queiram imprimir valores e regras baseados na formação que tiveram ou que deram aos seus filhos. É provável que muitas vezes os avós contradigam as ordens dos pais que por sua vez terminam impossibilitados de exercer a sua autoridade.

Essa situação termina por desencadear um jogo de poder gerando conflitos na educação que é dada aos netos que, em muitos casos terminam na Justiça. As crianças confundem os papéis de pais e o de avós e os adolescentes aproveitam essas brechas para fazerem o que querem. Não é certamente uma tarefa fácil. Existem situações em que, por força das circunstâncias, os avós não podem vivenciar só o lado prazeroso da relação com as crianças. Apesar disso, os avós evidentemente não poderão, mesmo que quisessem, ocupar um lugar que não é deles.

Insisto que juntos, avós e pais, deverão buscar soluções que atendam a expectativa de ambos e não prejudique a educação dos filhos. Os pais deverão tomar as medidas apropriadas para evitar deixar toda a responsabilidade educativa nas costas dos avós. Também é conveniente que conversem com os avós e, em conjunto, estabeleçam alguns pontos básicos do que é permitido, o que é proibido e o papel que cada um desempenha. Sem dúvida, ambos importantes na formação do indivíduo, mas essencialmente diferentes.

É importante que os avós conheçam os objetivos dos pais e adaptem-se a eles, o que tornará tudo mais fácil. Dentro deste planejamento a atuação dos avós deverá reforçar o critério educativo dos pais, sem estabelecer diferença entre o que estes dizem ou fazem,

---

4. GILBERTI, Eva. *Escuela para Padres*. 15. ed. Buenos Aires: Editora Sebastián de Amorrortu e Hijos S.A., 1970, p. 207.

com o que eles os avós façam ou digam diante dos netos. Assim não deverão dizer aos netos jamais que seus pais estão agindo mal, porque isto seria causar-lhes, aos netos, um sério prejuízo.

Como alertam Ceres e Nilton, "[o] que podem, e devem, é dialogar incansavelmente com os pais, para que modifiquem sua atitude quando necessário, ainda que isso suponha perder um pouco de tranquilidade. Mas, é preciso evitar o perigo de saltar do diálogo a discussão. Aos avós cabe entender que as famílias fundadas por seus filhos são diferentes das que eles fundaram. Que seus filhos, noras e genros devem viver sua própria vida familiar, sem interferências, sem intromissões, mas que continuam sendo seus filhos ainda que sejam pais, porque a responsabilidade paterna ou materna não desaparece enquanto os pais vivam sobre a terra",[5] e isso nós não podemos deslembrar.

Ser avó ou avô é condição que nos chega como uma graça ou como uma imposição. Cabe aqui a pergunta: porque podemos optar por ser pai ou mãe, mas para ser avô ou avó a opção não é nossa, mas de nossos filhos? Recebemos esse pacote pronto e sem possibilidade de recusa. A grandeza do avô ou da avó nessa hora é enxergar a beleza que lhe está acontecendo e encampá-la com alegria, com entusiasmo, assumindo as funções e a missão que a ocorrência lhes confere. A partir daí passa a existir alguém com quem nós vamos relacionar de um modo muito especial, diferente das relações que são nossas conhecidas e que mantemos com os outros.

Entre as consequências que nos chegam como parte desse novo relacionamento está o despertar para a necessidade de nos fazermos, sem possibilidade de fuga, transmissores de novos valores. Então, se por um lado devemos nos retrair, se a missão de pais não nos pertence, junto a esses novos parentinhos recém adquiridos, por outro lado, somos investidos de novas e diferentes responsabilidades. Se na família somos reconhecidos e sempre procurados como acompanhantes experientes, mais vividos, como conselheiros importantes, agora já não estamos ali para interferir absolutamente, mas para ajudar na busca de caminhos e de acertos. E não é só diante de netos que avós se devem manter atentos, pois eles são além de avós, pais a um só tempo, e por isso mesmo olham por netos e olham por filhos. Ser avô e ser avó, ser pai e ser mãe são grandezas que importam missões e harmonizam perfeitamente tudo.

A família abriga a todos e marca presença até no meio social maior para aí plantar as maravilhas de que se incumbe e que deve enriquecer a comunidade humana, sempre e tudo isso por transmissão de valores, que veremos a seguir.

2. AVÓS TRANSMISSORES DE VALORES

Os sociólogos se referem à família nuclear e com isso querem dizer que cada unidade tem vida própria e goza de autonomia, uma vez que é, de muitos pontos de vista, independente das famílias dos pais, e mais, todavia, dos avós paternos e maternos. Não é que cessem os laços de afetividade e interesse entre as partes. Os contatos de afeto e mesmo alguma vizinhança com os avós costumam ser mantidos e mesmo valorizados.

---

5. SAMPAIO, Ceres; SAMPAIO, Nilton. Op. cit., p. 117.

Mas, de um modo geral, crianças destas famílias veem os avós só ocasionalmente, por motivo de datas festivas, aniversários, eventos religiosos e celebrações especiais como casamentos, batizados ou funerais. Quando existe uma proximidade geográfica e/ou facilidades no campo econômico os contatos se fazem mais frequentes.

Todos conhecemos casos em que por ocasião dos problemas sérios no núcleo familiar de origem, a casa dos avós se torna uma espécie de refúgio, chegando a abrigar as crianças por espaço de tempo de certo porte, mas na maior parte do tempo e da vida cotidiana cada núcleo familiar é muito independente e, tem sua rotina, costumes e padrões próprios. É a partir dela e de sua lógica que os pais regulam o intercâmbio com os avós, buscando um meio termo saudável.

Muitas vezes, em processos de separação de casais com filhos menores, remarquei a audiência solicitando a presença dos avós. Isso propiciava a reconciliação ou a melhor definição da guarda dos filhos, com o auxílio das ponderações sensatas dos avós. Afinal, quando se separam os casais continuam sendo pais e avós.

Em famílias com mais recursos financeiros, por outro lado, se faz notar a influência das facilidades da comunicação de que dispomos hoje. Os meios de transporte como avião, carro etc., e de comunicação, como é o caso do celular e da internet que estão fazendo surgir modalidades novas e mais frequentes de contato e interação entre avós, pais e netos, como por exemplo, o recurso do *WhatsApp* que no meu caso, mesmo eu sendo "analfabyte", tem me ajudado a acompanhar meu neto quando impossibilitado do contato presencial. Isso tudo favorece a permanência afetiva e efetiva da imagem dos avós e bisavós na mente e no coração das crianças.

No geral, porém, no dia a dia de muitas crianças a comunicação real se faz de modo precário dentro de um padrão de relativo isolamento de cada família. A família nuclear, em que os pais convivem com um ou dois filhos em espaços físicos, geralmente acanhados, tende a selecionar e restringir seus contatos sociais com outros grupos e famílias, não se restringindo mais tanto aos vizinhos, como era antes o caso.

Hoje:

> Seus laços mais pessoais se estabelecem é com os amigos e companheiros de trabalho e/ou de juventude ou faculdade. As crianças dependem em parte das escolhas seletiva dos pais, mas sua convivência na escola e com amigos exerce uma importante função socializadora e psicoafetiva.
>
> Na medida em que o lazer e o intercâmbio social são imprescindíveis para uma família urbana, os contatos costumam se estender também a grupos e organizações sociais como clubes, associações de igrejas e de bairro, espaço de lazer etc. São ambientes externos, mas acham-se em sintonia com o que a família costuma buscar e valorizar para si mesma. São ambientes que viabilizam contatos face a face bastante relevantes do ponto de vista dos relacionamentos humanos. Em cidades grandes e hostis os espaços deste tipo se tornam imprescindíveis para que a família não se encolha demasiado sobre si mesma.[6]

Colhi essas anotações do amigo padre João Edênio Valle, ex-Diretor de Psicologia da PUC SP e, meu conselheiro espiritual, enquanto eu pertencia à congregação religiosa

---

6. VALLE, João Edênio. In: Meus pais, meus filhos, meus netos: convivência das quatro gerações. *Anais do 42º Congresso Nacional da Escola de Pais do Brasil*. São Paulo: Escola de Pais do Brasil, 2006, p. 11.

dos Padres Teatinos, o qual fez a Conferência de abertura do 42º Congresso da Escola de Pais do Brasil.

É de se notar que também os avós de hoje, em parte, não são como os de ontem, pois não estão mais tão grudados aos problemas dos filhos. Nem ansiosos em não perder de vista os netos e infelizes quando percebem que ambos, os filhos e os netos, se afastam deles exatamente porque cresceram.

João Edênio traz uma interessante abordagem, seguida de provocativas indagações:

> Os avós modernos, ou o que se convencionou chamar de avosidade, também têm vida autônoma: sabem se ocupar, têm programas próprios e querem (e podem) ser felizes por si mesmos. Não é que seu amor e dedicação aos filhos e netos tenham desaparecido no sorvedouro do individualismo, coisa que sem dúvida acontece com frequência. É que os avós de hoje querem e tem condições de ter sua vida própria e só desde aí querem e acreditam manter vivos seus canais de contato e apoio (mútuo por sinal) com seus filhos e netos.
>
> Mesmo supondo que a maioria das famílias hoje conservam canais ainda bastante ativos de comunicação e convivência entre avós e netos, vale perguntar se os avós e (mais ainda os bisavós) podem de fato ter um peso efetivo na formação dos seus netos? Há plausibilidade em se reivindicar e cultivar um papel pedagógico ativo de geração mais idosa na educação familiar hoje?
>
> Não me refiro apenas a um bom relacionamento com os pais das crianças. Falo da educação efetiva dos pequeninos na qual a figura dos avós costuma ser uma referência meio folclórica; refiro-me igualmente às fases posteriores da vida dos netos. Estariam os adolescentes e os jovens adultos dos nossos dias cheios de modismos juvenis, jovens abertos a um diálogo pedagógico com seus avós? Em que campos a influência dos avós poderia estar se dando de forma positiva? Em que outros ele é pouco provável? Como favorecer e implementar um possível intercâmbio de experiências entre as gerações? Que complementação deveria existir na ação dos pais e avós para impedir intrusões prejudiciais? Quando iniciar e como se dar sequência ao diálogo inter-geracional, respeitando atribuições e espaços tanto dos pais e avós, dos netos em sua caminhada individual, rumo a idade adulta?[7]

A esperança de avós e bisavós é que também seus filhos e netos os possam perceber como pessoas que tem uma colaboração específica a dar no crescimento e bem estar dos que eles mais amam. Mesmo sabendo que outra é a época e outras as condições culturais, perguntam-se muitos deles sobre a melhor maneira de estar passando sua experiência de vida para essa nova geração sem invadir o que só pode ser dos pais.

Como muitos outros educadores, tenho consciência de que, para poderem ser coeducados, é indispensável criar um diálogo bem respeitoso, realista entre as partes envolvidas. Sem uma reflexão mais aprofundada sobre o que poderia ser uma convivência educativa intergeracional torna-se difícil um entendimento construtivo entre as partes.

Os avós exatamente por terem vivido outras crises da família têm o que os psicólogos contemporâneos chamam de resiliência, isto é, a capacidade de reagir e se recuperar dos efeitos estressantes. Com isso têm melhores recursos para entender, enfrentar e resolver as pressões nocivas que procedem dos ambientes externos. Por isso queremos dar voz e vez aos próprios protagonistas da família.

Trago mais uma vez os sábios e atualizados ensinamentos do psicólogo Edênio Valle:

---

7. VALLE, João Edênio. Op. cit., p. 12.

A família sempre foi um lugar e uma situação natural que leva os seres humanos a estarem juntos por quase toda a vida, estreitados por vínculos de pertença em que se mesclam os laços do sangue, os sentimentos alicerçados nos cuidados que durante longo tempo os mais velhos da família, os avós e os pais, dispensaram aos mais jovens, os filhos e os netos para que especialmente esses pudessem sobreviver e crescer. Entram aqui, igualmente, expectativa e atitudes culturais arraigadas que se fundam sobre costumes e normas legais e se baseiam em valores e princípios religiosos arraigados desde milênios no coração da humanidade.

Mesmo depois que os filhos partem para a constituição dos seus próprios lares, os laços familiares persistem; a convivência se mantém para lá da distância física e da autonomia psicológica e financeira que os filhos e suas novas famílias possam adquirir, o que representa um valor humano de inestimável preço.

Embora a sociologia crítica e alguns regimes políticos do século XX afirmassem que a família era uma realidade obsoleta a ser complementada, ou até substituída, por cuidados do Estado, o fato é que nesse início do século XXI que estamos vivendo se constata que a família, agora reduzida a pequenos núcleos, continua sendo imprescindível à humanidade. Sem a família o mundo se desumanizaria mais ainda do que parece estar acontecendo. Pesquisas de segura base científica nos dizem que, sociologicamente falando, existe hoje um retorno a família, apesar, é claro, das muitas contradições que a enfraquecem e impedem de amadurecer e se recriar de modo a dar os frutos sem os quais a vida social corre o risco de se tornar uma quase selva. É na família, apesar de toda sua fragilidade, que aprendemos, ou não, a sermos fraternos, solidários e humanos.[8]

O Papa João Paulo II exerceu para muitos um papel de formador da abertura para o diálogo que esteve presente na sua vida e ficou registrado nos documentos que ele publicou ao longo do seu magistério e nestes documentos a família sempre mereceu destaque. Tomemos por exemplo o Compêndio da Doutrina Social da Igreja, publicado pelo Pontifício Conselho da Justiça e da Paz em 2 de abril de 2004, que diz:

A família tem um papel de todo original e insubstituível na educação dos filhos. O amor dos pais, colocando-se a serviço dos filhos para ajudá-los a 'tirar deles' o melhor de si, encontra a sua plena realização exatamente na tarefa educativa.

O amor dos pais é fonte e motor da educação, da formação dos filhos. Esta afirmação contraria a visão da nossa civilização pós-moderna que quer prescindir do amor no aprendizado, privilegiando os critérios de eficiência, eficácia e efetividade. Na educação do ser humano, por natureza sociável, o amor dos pais, de fonte se transforma em alma e, portanto norma, que inspira e guia toda ação educativa concreta, enriquecendo-a daqueles valores de doçura, constância, bondade, serviço, desinteresse, espírito de sacrifício, que são, sobretudo, frutos do amor.[9]

A família pós-moderna vive hoje sobre uma égide paradoxal: as relações consanguíneas que, por definição, são aquelas que exprimem a qualidade de permanência ao longo do tempo, pois garantem o sentimento de pertencimento do indivíduo, os valores que formam um grupo e/ou sociedade, através da transmissão entre gerações "legado das gerações passadas na formação das novas gerações" e, na contemporaneidade, são essas relações que estão sendo tomadas por um caráter fluido, descartável e momentâneo.

Há um outro aspecto observado por Isabel Cristina Gomes, a qual foi professora do departamento de psicologia clínica do Instituto de Psicologia da USP, em sua palestra sobre "A imaturidade dos pais na família atual":

---

8. VALLE, João Edênio. Op. cit., p. 18.
9. PAULO II, Papa João. *Compendio Della Doutrina Sociale Della Chiesa, da Libreria Editricie Vaticana*, Roma, 2004, p. 239.

> O velho hoje é sinal de deteriorado em contraposição ao antigo como detentor e transmissor de sabedoria, das etapas passadas. Os pais não querem envelhecer, a juventude é buscada de forma frenética, servindo aos interesses econômicos vigentes. A estética do corpo perfeito levada ao extremo, uma só moda vestindo indistintamente jovens e velhos, o mesmo linguajar, a mesma forma de lazer e diversão, enfim, tudo facilitando uma descaracterização entre o universo dos pais e o dos filhos, principalmente, quando os filhos são adolescentes. Os pais adultecem em vez de amadurecerem, e acabam comprometendo o desenvolvimento saudável de seus filhos. O que estamos definindo como imaturidade dos pais no mundo atual aparece também nas situações que a gravidez na adolescência, fato muito comum no nosso país, principalmente nas camadas da população de baixo poder aquisitivo. (...) Que maternagem uma mãe desprovida, ainda criança, pode oferecer ao seu bebê? Isso sem pensarmos nos fatores de riscos e comprometimentos físicos que um corpo não totalmente desenvolvido fica sujeito, quando a gravidez é precoce.[10]

Me deparei muitas vezes, nas tantas demandas da judicatura nas Varas de Família, com esse assunto que deve ser tratado do ponto de vista da prevenção, como os especialistas são unânimes em afirmar. Essas mães adolescentes acabam desenvolvendo forte dependência com a família de origem, e o bebê acaba sendo criado por duas mães, a própria adolescente e a avó, o que fatalmente provocará conflitos e adaptações na estrutura familiar. O bebê, muitas vezes, é associado a boneca que a adolescente não teve ou a um troféu que ela exibe como única realização possível em sua vida

É pacífico que o apoio social dado às jovens mães reduz os efeitos negativos da gravidez precoce, propiciando aos novos pais, que também recebem suporte de suas famílias uma interação mais afetuosa com seus filhos, com menos tendência a desenvolverem comportamentos depressivos e ansiosos.

Contudo, há situações de pobreza, ou até mesmo da falta de preparo das partes envolvidas, que requerem a intervenção do Estado, não com o intuito inicial de tirar a criança da família, mas sim de oferecer adequados programas de apoio familiar, na forma prevista na legislação vigente, principalmente no Estatuto da Criança e do Adolescente.

3. AVOSIDADE E VOVOZICE

Aprendi muito sobre avosidade com a professora Dra. Ruti Gellerter da Costa Lopes, em uma exposição que fez sobre "Os idosos na intimidade familiar", por ocasião do 37º Congresso da Escola de Pais do Brasil, realizado em São Paulo.

Quando ela trata do item do exercício da avosidade, ela começa dizendo que:

> vários tabus se criam em torno do envelhecimento. Um deles é estabelecer uma sabedoria que inviabiliza a explicitação das angústias ou a necessidade de continuar se perguntando e perguntando aos demais, sobre fatos que criam desconforto e dúvida com relação a maneira de proceder. O exercício da sabedoria representa o constante governo de si, forjado durante o desenvolvimento do homem através dos ideais da juventude, alicerçado com a aquisição de conhecimento, tendo seu ápice com a aceitação da transitoriedade. Sem dúvida nenhuma é o resultado do trabalho da vida inteira, mas a

---

10. GOMES, Isabel Cristina. In: Meus pais, meus filhos, meus netos: convivência das quatro gerações. *Anais do 42º Congresso Nacional da Escola de Pais do Brasil*. São Paulo: Escola de Pais do Brasil, 2006, p. 62-63.

elaboração da consciência da finalidade implica da finitude implica numa ação permanente de rever um momento anterior, ligado ao nascimento e um depois, ligado à morte.[11]

Nesse quadro que ela delineou, se tornar avô talvez não seja uma tarefa assim tão tranquila como queiramos acreditar. O imaginário social associa a avó a idade de velho, e de alguém livre de sentimentos contraditórios. No entanto, na sociedade contemporânea, a velhice é carregada de atribuições negativas. Assim, a crise de papéis atinge também expectativas com relação ao ser avó ou avô.

Ela procurou exemplificar mecanismos psicológicos que adquirem especificidade no momento da vida quando se escolhe o ser avó como aspecto importante da estruturação psíquica do indivíduo idoso. Parte do princípio que enquanto características biológicas involuem, características psíquicas podem evoluir.

Sendo assim, a Dra. Ruti Lopes

> acredita que se conseguirmos nos aproximar do entendimento dos processos internos dessas funções familiares, consigamos criar novas maneiras de exercer a 'vovozice' ou 'avosidade'.
>
> Os dois termos são usados como denominação dessa problemática humana conflitiva: neto representa promessa de vida em relação a certos ideais e morte em relação à decadência física.
>
> A existência do neto intranquiliza, gerando um tumulto interno que propiciará o surgimento de novos interesses e o resgate da vitalidade. Através da possibilidade de amor pelo neto o idoso redescobre esse sentimento em si.
>
> Na vovozice o indivíduo lida com emoções relacionadas: a si mesmo, ao que foi, ao que queria ser e a pessoa que foi parte de si mesmo.
>
> Mecanismos psicológicos bastante elaborados estão presentes ao aceitar filhos como tendo possibilidade de serem pais, amenizando eventuais conflitos familiares de conteúdo fortemente agressivo. Os netos, ao serem a possibilidade simbólica da imortalidade, aliviam o enfrentamento da situação desconhecida que é a morte. O exercício da vovozice pode ser a saudável, porém conflitiva, aproximação dessas figuras aterrorizadoras da finitude.
>
> A avosidade não remete a uma idade cronológica, mas a um laço de parentesco localizado nas filiações trigeracionais, do ponto de vista pessoal, familiar e social.
>
> Atentar para a delicadeza dessa etapa da vida implica em programas voltados para o debate desse tema junto ao segmento diretamente envolvido. Não é esperar para ver o que acontece, mas se antecipar à exteriorização dos confrontos sob a forma de embates familiares irreconciliáveis ou adoecimento desencadeado ou acentuado pela depressão.[12]

Lembro que o amigo baiano, talvez, o avô mais entusiasta desta função, Manuel Lessa Ribeiro, *in memoriam*, então vice-presidente da Escola de Pais do Brasil, ao abordar os avós como transmissores de valores dizia da seguinte forma:

> o instante em que pais assumem também sua posição de avós, além da de pais, por lhes ter nascido um neto, é momento de grandeza em suas vidas e não pode significar abdicação de sua condição de transmissores de valores, em sua relação com seu novo descendente. Esse será sempre um momento para comemoração, para assumi-lo de novas funções, e não para demissões, para renúncias, para desclassificação. Assim como se cumprimentam, se felicitam os que se tornam pais, se deveriam cumprimentar, felicitar os que se tornaram avós. Estudiosos opinam pela necessidade até da instalação de

---

11. LOPES, Ruti Gellerter da Costa. In: A intimidade familiar no limiar do novo milênio: fechar-se ou abrir-se. *Anais do 37º Congresso da Escola de Pais do Brasil*. São Paulo: Editora Marco Marcovitch, 2001, p. 39.
12. LOPES, Ruti Gellerter da Costa. Op. cit., p. 39-40.

um rito de passagem, de uma marca forte, para registro de tão importante ocorrência na história de uma vida. Momento de festa, de crescimento, de surgimento de avós.

São inumeráveis nas histórias de famílias, as referências a avós que brotam espontâneas e cheias de amor de netos agradecidos. Eles reconhecem o quanto os avós foram ou são importantes em suas vidas. E recordam seus contatos, suas conversas, seus passeios e, o quanto tudo isso marcou essa amorosa convivência. Vivem eles avós e netos, uma relação de tanto mimo e entendimento, de convivência mesmo, que dela guardarão registros para nunca serem esquecidos. Estou me referindo a delicadeza, a compreensão, ao mimo, ao amor, próprios da vida de avós e netos que tão bem sabem juntos construir e cultivar. O que ocupa, então, todos os espaços do seu tempo.[13]

Assim, passar a avô não é um passo qualquer, dado sem consequências, mas um assumir de novos deveres, de novas responsabilidades.

Para bem cumprirem sua missão de bons transmissores de valores, lembra Manuel Lessa que "os avós contam com uma riqueza de observações colhida através da vida, uma enorme gama de registros preciosos a serem passados e que precisam ser recolhidos, aproveitados, pelos mais novos, seus netos inclusive".[14]

Não podemos olvidar que a velhice bem sucedida depende das oportunidades do indivíduo para ter acesso a condições adequadas de educação, urbanização, habitação e saúde.

Quando pensamos numa velhice bem sucedida como forma de se exercer a avosidade, com tudo que ela tem de bom, é vital se desenvolver a empatia que é a capacidade de se colocar no lugar do outro, de sentir o que o outro está sentindo. As pessoas mais amadurecidas que já passaram por tantas atribuições, sofrimentos e superaram entendem essa capacidade. São mais compreensivas e capazes de ouvir os outros, pois o mundo está muito carente desse tipo de postura.

4. FAMÍLIA POLIAMORISTA E OUTROS ARRANJOS

Para não dizer que só falei das flores, aí subentendida a família tida como ideal, registro alguns outros arranjos familiares diferentes onde encontramos também a avosidade.

Pais e filhos, avós criando netos e sustentando a casa, amigos que moram juntos, mães e filhos, casais formados a partir de outras uniões e até pai, mãe e filhos. Famílias. As composições foram mudando ao longo dos tempos, mas o conceito está longe de perder seus significados. O formato conhecido como tradicional, o matrimonial, deu lugar para possibilidades múltiplas e a figura do tomador de decisões foi ganhando novos personagens.

Nas últimas décadas cada vez que se fala na família é lembrado que há a família pensada, ou idealizada, a qual já abordamos nos itens anteriores, e a família vivida, que convencionou-se chamar a família real, como sendo aquela formada por um grupo social, unido por sangue ou não, unido por vínculos afetivos de diversas maneiras e econômicos. Ambas as situações deságuam no Poder Judiciário, mas os novos arranjos são os que

---

13. RIBEIRO, Manuel Lessa. In: Valores que permanecem, valores que amanhecem. *Anais do 44º Congresso da Escola de Pais do Brasil*. São Paulo: Escola de Pais do Brasil, 2008, p. 71-72.
14. RIBEIRO, Manuel Lessa. Op. cit., p. 74.

exigiram maior adequação da atuação da Justiça, gerando jurisprudências, que muitas vezes ajudaram no surgimento de novas legislações mais condizentes com a realidade.

Em muitas situações que requeriam um parecer técnico de profissionais da Vara de Família, Infância e Juventude, era comum trazerem a desconexão entre o modelo familiar e a que realmente existia, referindo-se à "família desorganizada".

Hoje é visível que se foi o tempo em que família só se resumia na triangulação pai, mãe e filhos, surgindo cada vez mais outros desenhos formados. A evolução familiar no Brasil se deu e ainda se dá de forma lenta.

Porém, a lentidão nesse ciclo evolutivo ocorre muitas vezes pelo preconceito. E o preconceito, na maioria das vezes, é acarretado por conta da falta de conhecimento que muitos têm acerca do que vem a ser uma família.

Pela influência, tida por arcaica para muitos, registra Pâmela Duarte Lopes, baseada em Berenice Dias, que quanto à formação tradicional da família,

> é notório o julgamento prévio que muitos fazem quando se deparam com uma estrutura familiar diferente.
>
> Por conta disso, Dias ((d) 2013) alega que não se devem proferir expressões discriminatórias ao se tratar dessas novas famílias, conforme se vê no trecho abaixo transcrito:
>
> A convivência com famílias recompostas, monoparentais, homoafetivas, permite reconhecer que seu conceito se pluralizou. Daí a necessidade de flexionar igualmente o termo que a identifica, de modo a albergar todas as suas conformações. Expressões como famílias marginais, informais, extramatrimoniais não mais servem, pois trazem um ranço discriminatório. (p. 39)
>
> No mesmo sentido, Dias ((d) 2013) enfatiza o fato de a mistura na estrutura familiar consagrar a igualdade entre os filhos havidos fora do casamento, transformando verdadeiramente a convivência familiar, principalmente no que concerne o vínculo entre pais e filhos e irmãos unilaterais, conforme se comprova com o trecho transcrito: "A consagração da igualdade, o reconhecimento da existência de outras estruturas de convívio, a liberdade de reconhecer filhos havidos fora do casamento operaram verdadeira transformação na família" (p.40).[15]

Sem adentrar nas diversas correntes ideológicas, jurídicas, sociológicas, religiosas e outras tantas que envolvem os tantos arranjos familiares, registro, a título de exemplo, o poliamorismo que está a desafiar ultimamente a Justiça.

Em publicação recente do IBDFAM encontramos que o poliamor ainda enfrenta a negligência do ordenamento jurídico brasileiro. Há dois anos, o Conselho Nacional de Justiça – CNJ proibiu que cartórios registrem escrituras de uniões poliafetivas, mantendo uma parcela de entidades familiares à margem da sociedade. Assim, questões como multiparentalidade, adoção, pensão alimentícia, previdência e herança envolvendo essas famílias encontram controvérsias ao chegarem à Justiça.

Este fato mereceu a atenção da bacharel em Direito Jéssica Sousa, membro da Comissão de Pesquisas Científicas e Jurisprudências da seção Distrito Federal do Instituto Brasileiro de Direito de Família – IBDFAM-DF, a qual realizou interessante pesquisa de campo a fim de traçar o perfil dos poliamoristas brasileiros, bem como a visão da psicolo-

---

15. LOPES, Pâmela Duarte. *Os novos arranjos de família no Direito Brasileiro*. Disponível em: [https://jus.com.br/artigos/37521/os-novos-arranjos-de-familia-no-direito-brasileiro]. Acesso em: 21.06.2020. Obra mencionada pela autora: DIAS, Maria Berenice. *Manual de Direito das famílias*. 9. ed. São Paulo: Revista dos Tribunais, 2013.

gia e de líderes religiosos sobre o tema. Um dos aspectos importantes que Jéssica destaca é que "as crianças criadas a partir de um relacionamento poliamoroso como filhos de todos os envolvidos é recebedora de afeto de todos os pais e mães. Em contraposição à religião, por não consentir o poliamor, profissionais da mente acreditam que tal entidade familiar pode ser benéfica para os mais jovens".[16]

Pontua Jéssica: "Analisando as consequências que o poliamor poderia causar na criação ou adoção de crianças, os psicólogos e psiquiatras entrevistados sustentaram em sua maioria que o que estabelece a saúde mental e a felicidade de uma criança não é a composição ou número de pessoas responsáveis por ela, mas a qualidade de afeto, atenção e carinho que essa criança irá receber".[17]

A pesquisadora antes referida busca afastar o entendimento do poliamor como um modelo novo, atual, chamando a atenção de tratar-se de um modelo de família antigo, que já existiu, e em muitas civilizações ainda persiste, bem antes da Igreja Católica estabelecer a monogamia como regra, muito tempo depois do início do cristianismo.

Cita diversos dados que obteve, dos quais destaco aqui apenas estes: "O estudo aponta que 98,7% dos poliamoristas vêm o poliamor como entidade familiar, ainda que não exista previsão legislativa a esse respeito. A união poliafetiva também é reconhecida como uma forma legítima de família por 91,9% dos psicólogos e psiquiatras entrevistados".[18]

É possível entender que novos arranjos familiares que encontram tantas controvérsias ao chegarem à Justiça necessitam ser enfrentados, sempre atento ao melhor interesse das crianças envolvidas, sejam lá filhos ou netos, com foco no afeto e no amor que exista entre as partes na sua convivência.

Como defende Jéssica "O poliamor é real, é comum, e não regulamentá-lo não o fará deixar de existir, pelo contrário, só prejudicará os envolvidos nesse relacionamento, principalmente as crianças. Estamos atrasados, e enquanto essas questões não abarrotarem o Judiciário, não teremos uma solução eficaz para protegermos essas famílias".[19]

Assim, estamos diante de mais um desafio para os legisladores enfrentarem quanto aos novos arranjos familiares. Na falta da regulamentação, não encontrando, ainda, todos os parâmetros legais condizentes para decidir, penso que cabe ao julgador, pelo menos, ater-se aos fins sociais a que a lei se destina. Afinal, nossa legislação nacional e internacional é rica na proteção, no cuidado e no afeto que devem cercear toda relação com a criança e o adolescente, inclusive com os adultos, subentendidos aí os direitos humanos de toda pessoa a serem preservados.

5. CONCLUSÃO

Cônscio de que a vovozice ou avosidade não é privilégio apenas do idoso, acredito que uma velhice bem sucedida em muito contribui para esta honrosa função.

---

16. IBDFAM. *Quem é a família poliamorista brasileira?* Pesquisa traça perfil de adeptos e evidencia negligência de direitos ao poliamor no Brasil. Disponível em: [http://www.ibdfam.org.br/noticias/7339]. Acesso em: 19.06.2020.
17. *Ibidem*.
18. *Ibidem*.
19. *Ibidem*.

O direito do indivíduo de usufruir de um bem estar pessoal deve estar presente em qualquer faixa etária. O idoso conquistando espaços sociais conscientiza a sociedade para o envelhecimento como continuação e consequência de um modo de vida anterior. No âmbito familiar ele desempenha papel preponderante, sendo fundamental, inclusive a oferta de programas voltados para o resgate da capacidade criadora que há no ser humano, sempre que necessário.

Assim, voltar a se sentir amado pode estar junto com a busca pela atualização. Para se atingir esse objetivo não se deve isolar o indivíduo de sua faixa etária.

É importante que o idoso faça ele mesmo suas escolhas, garantindo sua autonomia e vontade que vão fazer diferença na vida dele e, consequentemente, no mundo. É importante planejar o caminho do envelhecimento, a vontade de viver. Vontade de viver bem sem agressões e violências. Vontade de viver em união, com solidariedade, respeito e dignidade seja qual for a idade. A vida é movimento e a cada dia estamos envelhecendo e envelhecemos conforme vivemos.

Em se tratando dos avós, eles têm preocupações que lhe são próprias e que os fazem, por exemplo, se perguntarem constantemente que mundo será o mundo dos seus netos. Diante dos perigos do tempo atual, dos riscos que enxergam no ambiente em que vivem, investigam os avós seguidamente o que podem fazer para melhorar o mundo porque como avó ou avô sonha sempre com um mundo melhor para os seus netos.

Um mundo que se autodestrói irresponsavelmente como o que está aí é um mundo gerador de permanente preocupação para os bem intencionados e responsáveis. Na enorme gama de valores que os avós procuram transmitir aos seus netos está a sabedoria para que sejam capazes de viver, e viver bem, no ambiente que vier a ser o que lhes for possibilitado na vida. É de se esperar que toda avó ou avô queira o melhor para seus netos.

AVOSIDADE, NUTRINDO O AFETO E A ALIMENTAÇÃO SAUDÁVEL ATRAVÉS DAS GERAÇÕES

Renata Furlan Viebig

Graduada em Nutrição pela Universidade Bandeirante de São Paulo (1998). Doutora em Ciências pelo Departamento de Medicina Preventiva da Faculdade de Medicina da Universidade de São Paulo – FMUSP (2010) e Mestre em Saúde Pública pela Faculdade de Saúde Pública da Universidade de São Paulo – FSP/USP (2002). Especialista em Nutrição Clínica (2000) e em Teorias e Técnicas em Cuidados Integrativos pela Universidade Federal de São Paulo – UNIFESP (2013). Docente da Universidade Presbiteriana Mackenzie, desde 2009, atuando também como supervisora de estágios na área de Nutrição Clínica e na orientação de Trabalhos de Conclusão de Curso e de Iniciação Científica. Docente e orientadora de cursos de pós-graduação do Centro Universitário São Camilo, desde 2003.

Andrea Romero de Almeida

Graduada em Nutrição pela Universidade de São Paulo (1993) e em Psicologia pela Universidade Presbiteriana Mackenzie (2018), Mestre em Saúde Pública pela Universidade de São Paulo (2000). Doutoranda no Programa de Distúrbios do Desenvolvimento da Universidade Presbiteriana Mackenzie (2018). Especialista pela UNIFESP em Teorias e Técnicas para Cuidados Integrativos (2012) e em Administração Hoteleira pelo SENAC (1995). Desde 2010 é professora da Universidade Presbiteriana Mackenzie, supervisiona os alunos em estágios de AUAN e Saúde Coletiva, é orientadora de TCC, participa de projetos de pesquisa e orienta projetos de Iniciação Científica. Atua como psicóloga nas áreas de Análise do Comportamento e Transtornos Alimentares.

Sumário: 1. Introdução. 2. O lugar da mulher é na cozinha? 3. O cuidado e a "comida de avó". 4. Influência das avós no aleitamento materno e alimentação complementar. 5. Avós construindo o comportamento alimentar de crianças e adolescentes. 6. As avós e a nutrição sob a visão dos cuidados integrativos. 7. Peculiaridades sobre o papel das avós e da comida nos tempos atuais. 8. Considerações finais.

1. INTRODUÇÃO

As avós da atualidade incorporam os aspectos femininos da "Grande Mãe", como verdadeiras "*Grandmothers*", e têm sido responsáveis pelos cuidados com seus netos, em muitas ocasiões de ausência dos pais, no Brasil e no mundo. As avós têm representado uma importante fonte de apoio, carinho e afeto para filhos e netos, o que as torna também amadas, admiradas e respeitadas por oferecerem seus cuidados.[1]

---

1. DIAS, Cristina Maria de Souza Brito; AGUIAR, Ana Gabriela de Souza; HORA, Flávia Fernanda Araújo da. Netos criados por avós: motivos e repercussões. In: FÉRES-CARNEIRO, Terezinha (org.). *Casal e família*: permanências e rupturas. permanências e rupturas. São Paulo: Casa do Psicólogo, 2009, p. 41-58.

A geração mais velha, particularmente as avós, desempenha papel central em vários aspectos sociais importantes, desde a tomada de decisão de gravidez e até a criação de filhos dentro da unidade familiar. Isto é particularmente verdadeiro, principalmente, em países de baixa e média renda.[2]

Assim, a opinião da avó sobre muitos assuntos é valorizada por ser esta herdeira de conhecimentos próprios, oriundos de sua vivência adquirida ao longo dos anos, o que a torna reconhecida e respeitada pelos integrantes de seu grupo primário.[3]

Além disso, a figura da avó habita nosso imaginário, estabelecendo importante elo entre as gerações, pois, atua no processo de transmissão da história e da memória familiar, revelando um tempo particular e também coletivo em relação a esse grupo. Dessa forma, as avós têm papel de destaque na transmissão da herança simbólica que integra os legados geracionais.[4]

Hoje em dia, as avós são consideradas um recurso emocional, social e econômico imprescindível para muitas famílias, no mundo todo, e são muito importantes na transmissão de valores sociais e culturais e no cuidar dos seus netos.[5]

No Brasil, o papel dos avós na família vem ganhando grande representatividade, visto que eles ocupam lugar de destaque em vários aspectos, principalmente no que diz respeito à guarda dos netos. Essa guarda pode ocorrer devido a vários fatores em relação aos pais das crianças, tais como: dissolução de união estável, envolvimento com substâncias psicoativas, distância geográfica, problemas na vinculação materna ou paterna, imaturidade dos pais, situação empregatícia e aprisionamento dos mesmos.[6]

Em uma pesquisa realizada no nordeste brasileiro, os avós foram referidos pelos netos, na sua maioria (80%), como as pessoas mais importantes da sua vida, que a relação entre eles é de autoridade e que os mesmos são repreendidos quando não obedecem aos avós. O que as crianças mais referiram que os seus avós faziam (92%) eram os cuidados com a alimentação, vestuário e contar histórias/contos.[7]

Além da autoridade, os avós representam para os netos o exemplo de afetividade e a noção da continuidade da existência e os netos trazem para avós a antecipação do futuro, portanto existem trocas de informações, de ideias e histórias. Existem vários benefícios e vantagens da afetividade entre avós e netos, com relação aos netos podemos dizer que,

---

2. NEGIN, Joel et al. The influence of grandmothers on breastfeeding rates: a systematic review. *BMC Pregnancy And Childbirth*, Sydney, v. 16, n. 1, p. 101-111, abr. 2016.
3. LOSA-IGLESIAS, Marta Elena; RODRÍGUEZ-VÁZQUEZ, Rocio; VALLEJO, Ricardo Becerro de Bengoa. Papel de la abuela en la lactancia materna. *Aquichan*, Chia, v. 13, n. 2, p. 270-279, ago. 2013.
4. ACOSTA, Ana Rojas; VITALE, Maria Amalia Faller (org.). *Família*: redes, laços e políticas públicas. 6. ed. São Paulo: Cortez, 2008, p. 27.
5. VIEIRA, João Paulo Rodrigues. *Os Avós na Família e Sociedade Contemporâneas*: uma abordagem intergeracional e intercultural. 2013. 491 f. Tese (Doutorado) – Curso de Psicologia, Universidade Aberta, Brasília, 2013.
6. PRADO, Larissa Soares do; SOUZA, Filippe Almeida. Voltando no Tempo: o papel dos avós guardiões. *Revista do Instituto de Pesquisas e Estudos*: Construindo o Serviço Social, Bauru, v. 19, n. 35, p. 132-153, jun. 2015.
7. SILVA, Ana Mateus. A colaboração dos avós na educação dos netos. *Interfaces Científicas*, Aracaju, v. 1, n. 1, p. 67-75, out. 2012.

estarem perto dos avós dão-lhes uma sensação de segurança, fortalece os vínculos familiares, estimula a cumplicidade e ensina a respeitar os idosos. Já as vantagens para os avós: a distração com os netos afasta a depressão, melhora a autoestima e sentem-se úteis para seus filhos. Com o carinho e a atenção dos netos aumenta a sensação de bem-estar. Desse modo, estando presente o afeto nessa relação, a convivência de avós e netos, e de todos os membros do grupo familiar, favorece a qualidade de vida do núcleo familiar.[8]

Dentre os benefícios que a sabedoria anciã e o cuidado das avós proporcionam aos seus netos, estão aqueles relacionados à alimentação e nutrição, que vão desde o apoio ao aleitamento materno, até o incentivo do consumo de alimentos mais saudáveis e nutritivos, motivados pela preocupação em ver o crescimento e desenvolvimento integrais de seus netos.[9]

Além do impacto positivo na alimentação, crianças e adolescentes cuidados por suas avós parecem mais bonitos, felizes e satisfeitos com sua imagem corporal, o que afeta, de maneira positiva, suas escolhas alimentares e cuidados com a saúde.[10]

2. O LUGAR DA MULHER É NA COZINHA?

Nos dias atuais, com a maior inserção da mulher no mercado de trabalho e o estímulo constante para a produtividade extrema e a competitividade, para muitas mulheres, o ato de cuidar e de prestar atenção aos demais, mesmo que sejam estes, seus próprios filhos tem se tornado um "sacrifício" e ou apenas uma responsabilidade adicional e não prazerosa no crescente rol de papéis assumidos por elas, em seu cotidiano.

Este processo é provocado pela rápida transformação dos papéis da mulher na sociedade atual, e para muitas delas, pode gerar frustrações individuais e repercussões sociais importantes, mesmo que a maior parte das mulheres não tenha consciência disso, neste momento.

A maior inserção feminina no mercado de trabalho contribui para a adoção de piores hábitos alimentares da própria mulher e de sua família. Embora exerçam atividades profissionais fora do lar, as mulheres brasileiras ainda são responsáveis por cerca de 80% das atividades alimentares domésticas e precisam lançar mão da aquisição de alimentos industrializados, refeições prontas para o consumo e realização de lanches noturnos.[11]

Os alimentos industrializados são largamente utilizados, na atualidade, devido à praticidade e à facilidade de uso. Além disso, a realização de refeições fora de casa e

---

8. PRADO, Larissa Soares do; SOUZA, Filippe Almeida. Voltando no Tempo: o papel dos avós guardiões. *Revista do Instituto de Pesquisas e Estudos*: Construindo o Serviço Social, Bauru, v. 19, n. 35, p. 132-153, jun. 2015.
9. DUTRA, Helena Maria de Sousa Menezes Ormonde Mende. *O papel das avós na promoção de estilos de vida saudáveis junto dos netos*. 2009. 65 f. Dissertação (Mestrado) – Curso de Medicina, Universidade de Lisboa, Lisboa, 2009.
10. ABRAHÃO, Erika Rondello. *Insatisfação corporal de adolescentes e mensagens enviadas por seus pais sobre alimentação e peso e sua associação com o índice de massa corporal*. 2015. 76 f. Dissertação (Mestrado) – Curso de Nutrição – do nascimento à adolescência, Centro Universitário São Camilo, São Paulo, 2015.
11. LAMBERT, Jean Louis *et al*. As principais evoluções dos comportamentos alimentares: o caso da França. *Rev. Nutr*, Campinas, v. 18, n. 5, p. 577-591, out. 2005.

flexibilização dos horários das refeições durante, principalmente, os finais de semana, reduzem as obrigações domésticas das mulheres ou facilitam o seu desempenho.[12]

Porém, em contrapartida, há um aumento do risco de doenças associadas à vida moderna, pois os alimentos processados devem ser consumidos em menores proporções dentro do contexto de alimentação adequada proposto no Guia Alimentar para a População Brasileira,[13] que recomenda que os alimentos *in natura* ou minimamente processados devem constituir a base de uma alimentação apropriada.

Assim, o ingresso definitivo das mulheres mais jovens no mercado de trabalho as tem obrigado a fazer uso de métodos mais práticos e rápidos para alimentar seus filhos e, também, a delegar o cuidado com suas casas, filhos, entes queridos, alimentação, o vestir, o estudo, a outras mulheres mais velhas, como as avós, ou a instituições como creches e escolas.

Por outro lado, enquanto as mulheres mais jovens têm dificuldades em cuidar de si e da sua casa, as idosas da atualidade têm vivenciado o processo de retomada dos "papéis ancestrais" da mulher. Mesmo que muitas delas não tenham tido a oportunidade de adentrar a vida social e profissional como desejariam, hoje, o envelhecimento tem sido, para algumas mulheres, tempo de resgate de si mesma e de realização de sonhos e desejos postergados. Essas mulheres, ao mesmo tempo que cuidam dos netos, ocupam-se de suas vontades, se permitem ter crenças diferentes e uma nova visão sobre espiritualidade, tentam retomar quem realmente são e, o que podem oferecer ao mundo, e saem definitivamente do lugar de resignação que, até então, lhes era imposto pela sociedade ocidental.[14]

Pesquisas que tratam da nutrição infantil de inúmeros ambientes socioculturais na África, Ásia e América Latina revelaram três padrões comuns relacionados à dinâmica social e à tomada de decisões dentro das famílias e comunidades. Em primeiro lugar, as avós desempenham um papel central como conselheiras para mulheres mais jovens e como cuidadoras de mulheres e crianças em questões nutricionais e de saúde. Em segundo lugar, as redes sociais das avós exercem influência coletiva sobre as práticas relacionadas à nutrição materna e infantil, especificamente no que diz respeito à gravidez, alimentação e cuidado de bebês, crianças pequenas e crianças doentes. Em terceiro lugar, os homens desempenham um papel relativamente limitado na nutrição infantil cotidiana dentro dos sistemas familiares. Desta forma vê-se a importância de incluir as avós, dado seu papel fundamental como conselheiras e cuidadoras culturalmente designadas.[15]

---

12. LELIS, Cristina Teixeira. *Mulheres, trabalho e alimentação*: uma análise comparativa. 2012. 117 f. Dissertação (Mestrado) – Curso de Economia Doméstica, Universidade Federal de Viçosa, Viçosa, 2012.
13. BRASIL. Ministério da Saúde. *Guia Alimentar para a População Brasileira*. 2. ed. Brasília, DF, 2014.
14. SÁNCHEZ, Mirta; ROEL, Irene. El proceso de envejecimiento en la mujer. *Revista Tiempo*: El portal de la Psicogerontología, v. 2, n. 8, p. 12-18, ago. 2001.
15. AUBEL, Judi. The role and influence of grandmothers on child nutrition: culturally designated advisors and caregivers. *Maternal & Child Nutrition*, v. 8, n. 1, p. 19-35, set. 2011.

Neste contexto, ainda é uma realidade que o lugar das mulheres mais velhas brasileiras ainda seja na cozinha, além de tantos outros lugares que elas podem e querem estar atualmente. A presença das avós, mais do que os avôs, como influenciadoras da saúde e nutrição de seus netos provoca impactos fundamentais na unidade familiar e oferece a oportunidade de aprendizado com o contato intergeracional, de muitas maneiras diferentes.

No âmbito do lar, a cozinha sempre foi espaço da mulher e da sociabilidade entre as mulheres. É um lugar de intimidade na casa e, enquanto se prepara as refeições, principalmente em almoços de domingo ou em comemorações festivas, as relações entre as mulheres na cozinha oscilam entre a revelação de alguns segredos e a manutenção de outros. É o momento de troca de informações, preocupações e resolução de problemas familiares. As receitas são passadas em maior quantidade da avó para a mãe e desta, ou da sogra, para as filhas ou noras e, evidencia uma "relação de poder", no sentido de que são as mães e as avós que detêm o conhecimento sobre o melhor preparo da comida, e são elas que conhecem o "gosto dos membros da família", principalmente dos homens.[16]

Ainda é comum, devido ao papel feminino de donas de casa, que as mulheres sejam associadas à cozinha e às práticas culinárias dentro da casa, no ambiente privado e para consumo da família. Ao se observar quem prepara as refeições e, com quem se come podemos observar a centralidade do papel das mulheres no preparo da comida e como detentoras de um saber sobre os gostos e preferências dos demais membros da família, o qual é importante na dinâmica das relações familiares.[17]

Os participantes de uma pesquisa americana sobre como mães de baixa renda selecionam e adaptam receitas culinárias, relataram que os métodos e estilos de cozimento de suas mães e/ou avós contribuíram para a escolha das receitas. Frequentemente, os participantes trouxeram lembranças queridas da infância como o vínculo com mães e avós enquanto assistiam e as ajudavam a cozinhar. Este estudo forneceu evidências de que, existe um fluxo de receitas através de pelo menos três gerações. As participantes comentaram ainda que buscavam engajar seus filhos na seleção de receitas, planejamento de refeições e culinária como forma de gerenciar as aversões à alguns ingredientes e aumentar a aceitação da receita/preparação culinária.[18]

Pesquisas indicam que os rituais alimentares familiares da infância são mantidos na idade adulta e há evidências crescentes de que o envolvimento na preparação e desenvolvimento de alimentos de habilidades culinárias por adolescentes e adultos jovens está associado a hábitos alimentares atuais e de longo prazo mais saudáveis. A pesquisa norte-americana também ressaltou a importância da conscientização entre os pais sobre

---

16. RIAL, Carmen Silva. *Mar-de-dentro*: a transformação do espaço social na lagoa da conceição. 1988. 383 f. Dissertação (Mestrado) – Curso de Filosofia e Ciências Humanas, Universidade Federal do Rio Grande do Sul, Porto Alegre, 1988.
17. MACIEL, Maria Eunice. Cultura e alimentação ou o que têm a ver os macaquinhos de Koshima com Brillat-Savarin? *Horizontes Antropológicos*, Porto Alegre, v. 7, n. 16, p. 145-156, dez. 2001.
18. TOBEY, Lauren N. et al. How Low-Income Mothers Select and Adapt Recipes and Implications for Promoting Healthy Recipes Online. *Nutrients*, Oregon, v. 11, n. 2, p. 339-348, 5 fev. 2019.

os hábitos alimentares que modelam em casa, os alimentos que eles têm prontamente disponível em casa e as relações de alimentação entre pais e filhos, pois o aprendizado observacional molda os padrões alimentares imediatos das crianças e as trajetórias gerais de saúde na idade adulta. O desenvolvimento de receitas de família pode ajudar a garantir que as crianças estejam engajadas no planejamento e na preparação da refeição e que incorporem comportamentos e habilidades alimentares saudáveis em suas vidas em uma idade jovem.[19]

O Guia Alimentar para a População Brasileira[20] recomenda que as pessoas procurem desenvolver e partilhar suas habilidades culinárias com quem se convive, principalmente com crianças e jovens, sem distinção de gênero. Ressalta-se a importância de desenvolver estas habilidades culinárias se o indivíduo não as possui, conversando com pessoas que saibam cozinhar e ninguém é melhor do que as avós para ensinar essas habilidades. O Guia também sugere que se troquem receitas em família, entre amigos, que se leiam livros, consultem a internet e façam cursos de culinária, reforçando a importância de as pessoas aprenderem a cozinhar.

A habilidade no preparo de alimentos melhora quando é praticada, as pessoas podem se surpreender com os progressos que podem fazer em pouco tempo e com o prazer que o preparo de alimentos pode acrescentar à sua vida. Quando se cozinha em Grandotes companhia, o prazer compartilhado é redobrado.

Um estudo realizado em 2014 analisou a relação entre frequência de preparo dos alimentos em casa e qualidade da dieta e se essa relação varia de acordo com a intenção de perda de peso. Verificou-se que cozinhar o jantar em casa com mais frequência (≥2 vezes/semana) estava associado a uma melhor qualidade da dieta, especificamente menor consumo de quilocalorias totais, carboidratos, gorduras e açúcar e menos consumo de *fast food*, refeições consumidas não preparadas em casa, refeições congeladas e prontas para comer. Como esperado, cozinhar com mais frequência é protetor, independentemente da intenção de perda de peso.[21] Em outras palavras, se uma pessoa ou alguém em sua casa cozinha o jantar com frequência, independentemente de estar ou não tentando perder peso, a qualidade da dieta melhora. Isso é, provavelmente, devido ao teor relativamente menor de energia, gordura e açúcar em alimentos cozidos em casa em comparação com alimentos de conveniência ou alimentos consumidos fora de casa.

3. O CUIDADO E A "COMIDA DE AVÓ"

"A comida da avó é aquela que alimenta a alma. A lembrança da Vovó no fogão, sempre linda e de avental, mexendo o doce de leite, ou o de abacaxi, faz com que o cheiro da minha infância volte, como mágica. Aquela comida que cuida da gente, até os dias de hoje, quando raramente conseguimos visitá-la. Aos seus 95 anos, sempre tem algo de gostoso em casa, recém-preparado, para fazer

---

19. TOBEY, Lauren N. et al. How Low-Income Mothers Select and Adapt Recipes and Implications for Promoting Healthy Recipes Online. *Nutrients*, Oregon, v. 11, n. 2, p. 339-348, 5 fev. 2019.
20. BRASIL. Ministério da Saúde. *Guia Alimentar para a População Brasileira*. 2. ed. Brasília, DF, 2014.
21. WOLFSON, Julia A.; BLEICH, Sara N. Is cooking at home associated with better diet quality or weight-loss intention? *Public Health Nutrition*, v. 18, n. 8, p. 1397-1406, nov. 2014.

felizes os netos e bisnetos e trazer um pouco de aconchego, nessa corrida da sociedade moderna. A Nutrição da minha avó não leva em conta as proporções de carboidratos, gorduras e proteínas e nem a quantidade de sal e açúcar. É normal e mais natural, mas é a mais saborosa do mundo, porque aquece o meu coração."

É na cozinha que acontece a mágica das avós e é essa sensação de conforto, cuidado e alívio emocional que muitos de nós vai buscar no alimento que era preparado e oferecido em nossas infâncias, por nossas avós. Esse sabor e esse aroma estão associados muitas vezes a períodos significativos da vida de um indivíduo (como a infância) e/ou à convivência em grupos considerados significativos por ele (como a família).[22]

O ato de comer vem permeado de sentimentos de afetividade, tendo uma importante função para a sobrevivência humana. Nesse contexto a alimentação permeia os acontecimentos diários de um ser humano, logo se não for feita a ingestão de nutrientes, não será possível a sobrevivência. Porém, o alimento pode significar, além da mera ingestão de nutrientes, o despertar de sentimentos, vivências ou memórias.[23]

Atualmente, muito se pesquisa a respeito dos "*comfort foods*", que representam as comidas (e bebidas) que possuem uma ligação com o passado percebido como mais feliz do que a realidade vivenciada no atual momento. Ao recorrer a determinada iguaria em momento de fragilidade, este consumo pode funcionar também como um mecanismo de reforço identitário, sendo acionado para fortalecer o vínculo a um determinado grupo. Isso se dá porque, embora exista uma tendência que aponte o consumo "*comfort foods*" como individual, o seu vínculo memorial com situações de comensalidade é evidente. Além do aspecto emocional, também se verifica a importância da vinculação destas iguarias/bebidas com grupos sociais e com momentos significativos da história pessoal do sujeito.[24]

O cenário dos "*comfort foods*" ou da comida afetiva rompe padrões e restringe o trabalho ao domínio da cozinha. A refeição é concebida como uma experiência transcendental, na qual a atmosfera, a cozinha, os aromas, a decoração e a segurança são conferidas àquele que prepara o alimento. Baseado nesse conceito pode-se pensar que a comida afetiva é aceitar que a comida não emita som, porém pode falar com aquele que a come, pois ela desperta sentimentos, memórias, pensamentos.[25]

O afeto dentro da comida pode ser demonstrado por inúmeras formas, podendo ser um agrado que uma avó se faz, ao seu neto com um simples bolo de chocolate acompanhado com chá, no final da tarde, ou um churrasco feito pelo patriarca da casa em um dia de folga. As pessoas que comerem aquela comida terão uma nova percepção da comida

---

22. GIMENES-MINASSE, Maria Henriqueta Sperandio Garcia. Comfort food: sobre conceitos e principais características. *Contextos da Alimentação*: Revista de Comportamento, Cultura e Sociedade, São Paulo, v. 4, n. 2, p. 32-102, mar. 2016.
23. TAVARES, Adriano Pereira. *Comida afetiva*: uma expressão de gosto, hospitalidade e memória. 2018. 108 f. Dissertação (Mestrado) – Curso de Turismo, Universidade de Brasília, Brasília, 2018.
24. GIMENES-MINASSE, Maria Henriqueta Sperandio Garcia. Comfort food: sobre conceitos e principais características. *Contextos da Alimentação*: Revista de Comportamento, Cultura e Sociedade, São Paulo, v. 4, n. 2, p. 32-102, mar. 2016.
25. TAVARES, Adriano Pereira. *Comida afetiva*: uma expressão de gosto, hospitalidade e memória. 2018. 108 f. Dissertação (Mestrado) – Curso de Turismo, Universidade de Brasília, Brasília, 2018.

que lhe é partilhada e entenderão que convívio social e familiar produzem memórias alimentares associadas a comidas afetivas.[26]

4. INFLUÊNCIA DAS AVÓS NO ALEITAMENTO MATERNO E ALIMENTAÇÃO COMPLEMENTAR

É comum que as mães, especialmente de primogênitos, encontrem dificuldades em terem que escolher entre as afirmações dos profissionais de saúde que as acompanham e as tradições das avós. Neste caso, as avós e os familiares figuram como uma fonte relevante de informações sobre os cuidados com o bebê e sobre amamentação, cuja influência negativa/positiva poderia justificar as taxas de incidência e prevalência do aleitamento que se observam hoje.[27]

A amamentação é permeada por mitos, crenças e valores repassados de geração em geração, influenciada pelo contexto histórico em que está inserida a nutriz, bem como pela sua rede social. Assim, as avós são consideradas elementos fundamentais para a manutenção ou abandono de tal prática.[28]

Em estudo realizado no Rio Grande do Sul, foi observado que a convivência cotidiana de primíparas com as avós de seus filhos indica que as interações familiares têm potencialidade para influenciar diretamente nas práticas de cuidados relativos à alimentação da criança.[29] Assim, em relação à alimentação de seus filhos, elas têm possibilidade de fazer como suas mães e/ou sogras ou fazer diferente, o que, por um lado reforça as tradições culturais e, por outro, confere dinamicidade à cultura familiar.

Diante da proximidade das avós e sua ajuda no cuidado com as mães e os bebês (o banho, o curativo do coto, a troca de fraldas, a ajuda com a casa, a roupa e a cozinha), pode-se inferir que a avó tem credibilidade e grande potencial para exercer influência positiva no estabelecimento e na manutenção do aleitamento materno, desde que adquiram conhecimento e habilidades adequados.[30] A influência é tida como positiva quando mães ou sogras têm experiências acumuladas e significado importante sobre amamentação.

Uma revisão da literatura feita no Brasil discutiu a interface entre família e amamentação, destacando a importância da experiência das gerações mais antigas no processo de ensino-aprendizagem às novas gerações. O estudo mostrou que a transmissão de conhecimentos entre gerações sustenta valores, normas e crenças que asseguram a con-

---

26. TAVARES, Adriano Pereira. *Comida afetiva*: uma expressão de gosto, hospitalidade e memória. 2018. 108 f. Dissertação (Mestrado) – Curso de Turismo, Universidade de Brasília, Brasília, 2018.
27. NUNES, Leandro Meirelles et al. Reduction of Unnecessary Intake of Water and Herbal Teas on Breast-Fed Infants: a randomized clinical trial with adolescent mothers and grandmothers. *Elsevier Inc*, v. 49, n. 3, p. 258-264, set. 2011.
28. TEIXEIRA, Marizete Argolo; NITSCHKE, Rosane Gonçalves; SILVA, Luzia Wilma Santana da. A prática da amamentação no cotidiano familiar – um contexto intergeracional: influência das mulheres-avós. *Rev Temática Kairós Gerontol*, São Paulo, v. 14, n. 3, p. 205-221, jun. 2011.
29. ,[34] GROSS, Fabiana de Medeiros et al. Influence of grandmothers on infant feeding: what they say to their daughters and granddaughters. *Acta Paul Enferm*, v. 24, n. 4, p. 534-540, mar. 2011.
30. FERREIRA, Thelen Daiana Mendonça et al. Influence of grandmothers on exclusive breastfeeding: cross-sectional study. Einstein, São Paulo, v. 16, n. 4, p. 1-7, maio 2018.

tinuidade cultural, sendo fundamental que interajam mães, filhas e avós nesta relação, que pode ser afetiva ou conflitiva, no espaço familiar.[31]

Um estudo realizado com 88 famílias de Serra Leoa encontrou que as mães conheciam bem os conselhos dos profissionais de saúde sobre as práticas ideais de aleitamento materno. No entanto, elas descreveram vários casos em que os conselhos dos profissionais de saúde diferiam dos conselhos das avós, e as mães geralmente seguiam os conselhos das avós, devido ao seu papel de autoridade na supervisão. Pai, mães e crianças deixaram claro que "todo mundo pede conselhos e orientações às avós" sobre alimentação. Assim, em relação às orientações recebidas pelos trabalhadores da saúde, a vasta experiência das avós foi mais valorizada, como ilustrado pela resposta frequente de que "as avós têm mais experiência e às vezes aconselham até as parteiras".[32]

O início da alimentação complementar depende de fatores socioeconômicos, culturais, biológicos, psicossociais entre outros, assim, a idade da introdução do primeiro alimento para o bebê varia significativamente de uma população para outra. Ocasionalmente, as condições socioeconômicas podem produzir a introdução precoce da alimentação complementar, que é principalmente o caso nos grupos socioeconômicos mais desfavorecidos, uma vez que a mãe tem que trabalhar e abandonar o aleitamento materno exclusivo, tendo que contar com a alimentação complementar para cobrir as necessidades alimentares do bebê. O baixo nível de escolaridade das mães pode refletir na relação de trabalho informal, que exige pouca qualificação e significa baixa renda, fato que indicaria parcialmente que as grandes famílias vivem no mesmo lar por razões econômicas, o que também explicaria a grande influência que as famílias maternas têm na nutrição das crianças. Estudos mostram que o conselho de sua mãe ou avó foi mais verdadeiro do que aqueles dados pelos profissionais de saúde, principalmente por encontrarem apoio, acompanhamento contínuo e explicações baseadas em experiências familiares.[33]

Uma pesquisa realizada com duzentas e quarenta comunidades rurais de dezesseis distritos do Nepal encontrou que o conhecimento correto sobre amamentação e alimentação complementar das avós é traduzido no conhecimento correto das mães e, portanto, se reflete nas práticas ideais de nutrição infantil. Os pesquisadores observaram que as chances de práticas ótimas de amamentação eram maiores em domicílios onde as avós tinham conhecimento correto *versus* as que tinham conhecimento incorreto (início precoce da amamentação e alimentação com colostro). O mesmo padrão foi encontrado para o momento correto da introdução da alimentação complementar, com a inclusão de água, leite, semissólidos e sólidos.[34]

---

31. ANGELO, Bárbara Helena de Brito et al. Práticas de apoio das avós à amamentação: revisão integrativa. *Rev. Bras. Saúde Mater. Infant.*, Recife, v. 15, n. 2, p. 161-170, jun. 2015.
32. MACDONALD, Carolyn A. et al. Grandmothers as Change Agents: developing a culturally appropriate program to improve maternal and child nutrition in sierra leone. *Current Developments In Nutrition*, Atlanta, v. 4, n. 1, p. 1-9, dez. 2019.
33. FERREIRA, Thelen Daiana Mendonça et al. Influence of grandmothers on exclusive breastfeeding: cross-sectional study. *Einstein*, São Paulo, v. 16, n. 4, p. 1-7, maio 2018.
34. KARMACHARYA, Chandni et al. Grandmothers' knowledge positively influences maternal knowledge and infant and young child feeding practices. *Public Health Nutrition*, v. 20, n. 12, p. 2114-2123, jun. 2017.

5. AVÓS CONSTRUINDO O COMPORTAMENTO ALIMENTAR DE CRIANÇAS E ADOLESCENTES

Estudos realizados na China,[35,36,37] Japão,[38,39] Austrália,[40,41] Estados Unidos[42] e Reino Unido[43] estabeleceram que os avós desempenham um papel significativo na construção das práticas alimentares de seus netos. Certos temas recorrentes relacionados ao conhecimento, atitudes e práticas foram comuns nos estudos e as avós geralmente expressavam suas influências sobre a dieta de seus netos através da preparação de alimentos e determinação da quantidade e qualidade dos alimentos consumidos.

As mães brasileiras costumam reconhecer a importância das avós na prática da alimentação infantil, auxiliando em suas dificuldades e dando apoio e segurança, principalmente durante a amamentação e primeira infância. Entretanto, os conhecimentos das avós refletem as experiências adquiridas em épocas diferentes, podendo estas transmitir pontos de vista positivos ou negativos em relação à prática alimentar de seus netos.[44]

Estudos australianos, americanos e do Reino Unido demonstraram que os avós se orgulhavam de ter um papel de destaque na alimentação da família e acreditavam que tinham autoridade para permitir que seus netos se entregassem a alimentos menos saudáveis por vezes.[45]

Em uma revisão sistemática,[46] foi observado que os avós, no papel de cuidadores, podem influenciar negativamente a ingestão alimentar e o *status* de peso de seus netos. Os autores identificaram que as diferenças nas atitudes e comportamentos de alimentação infantil entre pais e avós criaram conflitos e tensões entre os cuidadores, geralmente resultando em práticas alimentares inadequadas. Associações positivas estatisticamente

---

35. LI, Bai; ADAB, Peymané; CHENG, Kar Keung. The role of grandparents in childhood obesity in China – evidence from a mixed methods study. *International Journal Of Behavioral Nutrition And Physical Activity*, v. 12, n. 1, p. 91-102, jun. 2015.
36. JINGXIONG, Jiang et al. Influence of grandparents on eating behaviors of young children in Chinese three-generation families. *Appetite*, Beijing, v. 48, n. 3, p. 377-383, maio 2007.
37. HE, Qinying; LI, Xun; WANG, Rui. Childhood obesity in China: does grandparents' coresidence matter? *Economics & Human Biology*, v. 29, n. 12, p. 56-63, maio 2018.
38. WATANABE, E; LEE, J S; KAWAKUBO, K. Associations of maternal employment and three-generation families with pre-school children's overweight and obesity in Japan. *International Journal Of Obesity*, v. 35, n. 7, p. 945-952, abr. 2011.
39. MORITA, Ayako et al. Association between grandparent coresidence and weight change among first grade Japanese children. *Pediatric Obesity*, v. 14, n. 8, p. 124-135, mar. 2019.
40. ROBERTS, Michele; PETTIGREW, Simone. The Influence of Grandparents on Children's Diets. *Journal Of Research For Consumers*, Perth, v. 18, n. 10, p. 1-7, jan. 2010.
41. [50] ROGERS, Emily; BELL, Lucinda; MEHTA, Kaye. Exploring the Role of Grandparents in the Feeding of Grandchildren Aged 1–5 Years. Journal Of Nutrition Education And Behavior, v. 51, n. 3, p. 300-306, mar. 2019.
42. ELI, Karin et al. "A little on the heavy side": a qualitative analysis of parents' and grandparents' perceptions of preschoolers' body weights. *BMJ Open*, v. 4, n. 12, p. 1-9, dez. 2014.
43. LIDGATE, Eleanor Diana; LI, Bai; LINDENMEYER, Antje. A qualitative insight into informal childcare and childhood obesity in children aged 0–5 years in the UK. *Bmc Public Health*, v. 18, n. 1, p. 1-13, nov. 2018.
44. GUERRA, Adriana Queiroga Sarmento. *Alimentação infantil*: representações sociais de mães e avós. 2014. 74 f. Tese (Doutorado) – Curso de Enfermagem, Universidade Federal da Paraíba, João Pessoa, 2014.
45. ROBERTS, Michele; PETTIGREW, Simone. The Influence of Grandparents on Children's Diets. *Journal Of Research For Consumers*, Perth, v. 18, n. 10, p. 1-7, jan. 2010.
46. YOUNG, Kylie G.; DUNCANSON, Kerith; BURROWS, Tracy. Influence of grandparents on the dietary intake of their 2-12-year-old grandchildren: a systematic review. *Nutrition & Dietetics*, Port Macquarie, v. 75, n. 3, p. 291-306, fev. 2018.

significantes entre coabitação dos avós e aumento das taxas de sobrepeso e obesidade infantil foram encontradas em um quarto das pesquisas incluídas na revisão.

Já em um estudo realizado no Japão[47] verificou-se que a coabitação dos avós estava associada a um risco aumentado de comportamentos de lanches no primeiro ano, mas negativamente associada aos escores do Índice de Massa Corporal no segundo ano após o ajuste para comportamentos sociodemográficos e obesogênicos da família.

Uma pesquisa norte-americana[48] mostrou tendências de avós preferindo crianças obesas e acreditando que ser pesado estava associado a uma boa nutrição. Ainda em termos de conhecimento, estudos asiáticos mostraram que os avós tendiam a abrigar vários equívocos sobre alimentação saudável, incluindo a crença de que uma criança com excesso de peso é evidência de sucesso na alimentação.[49,50,51]

Entretanto, em outra pesquisa,[52] os autores observaram que as avós de Cingapura (91,3%) reconheciam que o excesso de peso na infância pode levar a problemas de saúde mais tarde na vida. Isso é especialmente importante, pois cerca de um terço dos avós de Cingapura são os principais cuidadores de seus netos. No entanto, os avós e as avós estudados, assim como observado em outros países como a China, ainda carecem de conhecimentos sobre práticas alimentares saudáveis, como evidenciado por sua pontuação mediana na avaliação de conhecimento aplicada (62,5% de acertos) e conceitos errôneos de conhecimento sobre alimentos, como a necessidade de dar ao neto toda a comida do prato dele.

O estudo de Cingapura mostrou ainda que 60% dos avós tomavam decisões alimentares com base no que consideravam saudável para o neto e alguns (33%) permitiam que o neto consumisse alimentos não saudáveis, ocasionalmente. Os avós chineses relataram que preparam refeições de acordo com o que acreditavam ser bom e nutritivo para toda a família, mas compravam comida de acordo com as preferências de seus netos.[53]

Um estudo mostrou que avós afro-americanas, por outro lado, relataram que somente faziam escolhas alimentares mais saudáveis para os netos com intuito de proporcionar a prevenção de doenças.[54]

---

47. MORITA, Ayako et al. Association between grandparent coresidence and weight change among first grade Japanese children. *Pediatric Obesity*, v. 14, n. 8, p. 124-135, mar. 2019.
48. ELI, Karin et al. "A little on the heavy side": a qualitative analysis of parents' and grandparents' perceptions of preschoolers' body weights. *BMJ Open*, v. 4, n. 12, p. 1-9, dez. 2014.
49. LI, Bai; ADAB, Peymané; CHENG, Kar Keung. The role of grandparents in childhood obesity in China – evidence from a mixed methods study. *International Journal Of Behavioral Nutrition And Physical Activity*, v. 12, n. 1, p. 91-102, jun. 2015.
50. HE, Qinying; LI, Xun; WANG, Rui. Childhood obesity in China: does grandparents' coresidence matter? *Economics & Human Biology*, v. 29, n. 12, p. 56-63, maio 2018.
51. WATANABE, E; LEE, J S; KAWAKUBO, K. Associations of maternal employment and three-generation families with pre-school children's overweight and obesity in Japan. *International Journal Of Obesity*, v. 35, n. 7, p. 945-952, abr. 2011.
52. TAN, Bernadette Q. M. et al. Feeding-Related Knowledge, Attitudes, and Practices among Grandparents in Singapore. *Nutrients*, Cingapura, v. 11, n. 7, p. 1696-1717, jul. 2019.
53. JINGXIONG, Jiang et al. Influence of grandparents on eating behaviors of young children in Chinese three-generation families. *Appetite*, Beijing, v. 48, n. 3, p. 377-383, maio 2007.
54. HODAC, Nicole et al. Factors Influencing Grandmothers' Feeding Practices, Barriers, and Needs in Nutrition Education for Feeding Grandchildren. *Journal Of Nutrition Education And Behavior*, Cincinnati, v. 47, n. 4, p. 70-76, jul. 2015.

A Federação Espanhola de Sociedade de Nutrição, Alimentação e Dietética revelou, em 2011, resultados de estudo com 404 pessoas com mais de 60 anos, mostrando que na Espanha os avós são os principais, e os últimos, promotores do padrão mundialmente conhecido e saudável da dieta mediterrânea, pois dois em cada três avós fomentava uma dieta rica em verduras, frutas e leguminosas junto aos netos.[55]

A influência das avós na alimentação de seus netos é indiscutível. Entretanto, os resultados de estudos em diferentes populações são conflitantes no que diz respeito à uma influência completamente positiva das avós na qualidade nutricional da alimentação dos jovens. A falta de conhecimento sobre alimentação saudável observada em várias pesquisas pode ser multifatorial, dos quais níveis mais baixos de educação foram identificados como um fator associado significativo. Esses conceitos errôneos persistentes podem contribuir potencialmente para práticas alimentares associadas à obesidade. Assim, aumentar a conscientização sobre práticas alimentares saudáveis entre os avós continua sendo uma questão premente a ser abordada, com a intenção de aproveitar a influência e a sabedoria destes especiais membros das famílias na promoção da saúde e prevenção de enfermidades.[56]

Melhorar o estado nutricional de bebês e crianças pequenas nos países em desenvolvimento depende, em certa medida, da adoção de práticas nutricionais ideais no contexto familiar. A maioria das políticas, pesquisas e programas sobre nutrição materno infantil se concentram estreitamente na díade mãe-bebê e não consideram os ambientes domésticos e comunitários mais amplos em que outros atores, padrões hierárquicos de autoridade e redes de comunicação informais operam e influenciam tais práticas. Em particular, o papel e influência das mulheres idosas, ou avós.[57]

No Brasil, é realidade que os avós, especialmente as avós, representam importante influência para o comportamento alimentar de seus netos, os nutrindo física e emocionalmente. Assim, a educação alimentar direcionada aos avós cuidadores de seus netos é uma potencial estratégia para a promoção e desenvolvimento de um comportamento alimentar saudável em crianças.

6. AS AVÓS E A NUTRIÇÃO SOB A VISÃO DOS CUIDADOS INTEGRATIVOS

A ciência da nutrição, sob a óptica dos cuidados integrativos, é o estudo da interação e da assimilação das forças dinâmicas do alimento pelas forças dinâmicas de todo o nosso Ser, desafiando o conceito materialista-mecanicista da Nutrição como a única forma de compreendê-la. A comida é muito mais que calorias, proteínas, gorduras ou carboidratos. O alimento nutre o corpo e, também altera a disposição mental; é uma força dinâmica, que interage com os seres humanos nos níveis físico, mental-emocional, energético e espiritual. A Nutrição está presente em nossas vidas desde o ventre materno; acolhendo,

---

55. FESNAD. *Recomendaciones Nutricionales Basadas en la Evidencia para la Prevencion y el Tratamiento del Sobrepeso y la Obesidad en Adultos*. Consenso FESNAD-SEEDO. Madrid: Sociedad Española Para El Estudio de La Obesidad, v. 10, n. 1, out. 2011.
56. TAN, Bernadette Q. M. et al. Feeding-Related Knowledge, Attitudes, and Practices among Grandparents in Singapore. *Nutrients*, Cingapura, v. 11, n. 7, p. 1696-1717, jul. 2019.
57. AUBEL, Judi. The role and influence of grandmothers on child nutrition: culturally designated advisors and caregivers. *Maternal & Child Nutrition*, v. 8, n. 1, p. 19-35, set. 2011.

preservando e ressignificando a vida. Nutrição é, sobretudo, cuidado, carinho, caminho para o divino. As avós nos ajudam a nos conectar com este conceito e o nutrir de forma ancestral adquire um real significado em nossas vidas.[58]

É neste contexto que se encaixa perfeitamente o cuidado dos avós com seus netos, em especial, das avós, que buscam pela alimentação auxiliar no crescimento e no desenvolvimento saudável e, ao mesmo tempo, agradam, amam e protegem seus netos com receitas deliciosas e inesquecíveis para eles.

As avós são genuínas representantes do papel social da nutrição, estimulando os entes queridos a estarem reunidos para fazerem suas refeições juntos, para falar como foi o dia e desenhar planos futuros, estreitar os laços familiares e expressar sentimentos. Em especial, a alimentação em família tem importância ímpar para o desenvolvimento das crianças, que crescem mais felizes e seguras.

O hábito de preparar, sempre que possível sua alimentação e de sua família, mantendo uma atitude e pensamentos positivos, a fim de levar ao alimento as melhores vibrações e de agradecer pelo alimento – a prece realizada antes da refeição acalma o espírito, reúne os familiares e permite valorizar a comida como uma dádiva da "Mãe Terra", de natureza divina ajudam a integrar todos os aspectos do nosso ser com nossos antepassados e o nutrir o corpo e alma de forma mais integrada.[59]

7. PECULIARIDADES SOBRE O PAPEL DAS AVÓS E DA COMIDA NOS TEMPOS ATUAIS

Em 2020, o mundo todo foi assoberbado pela pandemia mundial da COVID-19, o que trouxe muitas reflexões sobre diversos assuntos da rotina diária, em praticamente todas as sociedades ao redor do planeta. Nos primeiros meses do primeiro ano desta década, mudanças importantes têm impulsionado os indivíduos transformarem muitas das suas atitudes e hábitos.

No que tange à alimentação, pôde-se observar que o hábito de cozinhar em casa foi reforçado, seja pela oportunidade que as famílias tiveram de maior convivência e maior tempo de se dedicarem a cozinha e culinária, ou pelo medo de se comprar comidas de serviços de entrega. Durante este período, as pessoas também puderam partilhar em grupos de redes sociais receitas que costumam cozinhar, ajudando umas às outras a melhorarem suas habilidades culinárias.

Os idosos têm se mantido mais isolados, por serem considerados o principal grupo de risco para esta enfermidade. Assim, os avós estão saudosos, com medo e apartados de seus netos, mesmo que temporariamente. Para muitos, este fato trouxe uma maior atenção

---

58. LATTERZA, Andrea Romero et al. Cuidados Integrativos em Nutrição. In: PHILIPPI, Sonia Tucunduva; AQUINO, Rita de Cássia (org.). *Dietética*: princípios para o planejamento de uma alimentação saudável. Princípios para o Planejamento de uma Alimentação Saudável. Barueri: Manole, 2015, p. 479-504.
59. LATTERZA, Andrea Romero et al. Cuidados Integrativos em Nutrição. In: PHILIPPI, Sonia Tucunduva; AQUINO, Rita de Cássia (org.). *Dietética*: princípios para o planejamento de uma alimentação saudável. Princípios para o Planejamento de uma Alimentação Saudável. Barueri: Manole, 2015, p. 479-504.

e cuidado das famílias com seus idosos, buscando realizar suas compras diárias, checar sua saúde, mesmo que virtualmente, e promover encontros *on-line* entre netos e avós.

Assim, algumas famílias evitaram o contato de suas crianças com seus avós, mas houve um aumento do compartilhamento de receitas e as avós têm sido consultadas, mesmo que à distância, incentivando o hábito de cozinhar nos núcleos familiares de seus filhos e netos. Parece que o livro de receitas da vovó e suas experiências culinárias nunca foram tão preciosos.

Por outro lado, algumas famílias com crianças pequenas, optaram por fazer o isolamento social com sua família de origem, para que as avós pudessem ajudar no cuidado com as crianças, e os pais pudessem continuar suas atividades de trabalho à distância. Desta forma, nota-se um convívio mais próximo entre netos e avós, e a oportunidade de se comer a comida da avó foi assim valorizada.

8. CONSIDERAÇÕES FINAIS

As avós podem ser consideradas importante reforçadoras das tradições culinárias familiares e de hábitos de saúde, em geral. Porém, é importante que sejam levadas em conta na formulação das estratégias familiares de educação alimentar, unindo a sua influência e respeitabilidade a práticas saudáveis de alimentação na família.

A sensação produzida pela comida e o cuidado proporcionados pelas avós se fixam em nossas memórias de maneira surpreendente e podem deixar marcas importantes na vida de seus netos, tornando-os mais seguros, afetivos e saudáveis.

O AVÔ NA LITERATURA E O ACESSO AOS NETOS

Roberto Rosas

Professor Titular da Faculdade de Direito da Universidade de Brasília. Doutor em Direito pela Faculdade de Direito da UFRJ. Doutor em Direito pela Universidade de Brasília. Mestre em Direito pela Universidade de Brasília. Membro da Academia Brasileira de Letras Jurídicas. Ex-Ministro do Tribunal Superior Eleitoral.

Fala-se muito na maternidade e na paternidade, assim, pai e mãe, e os avós? Essa aproximação será, cada vez, maior com o aumento da idade, e da média de vida, hoje 74 anos, permite a aproximação neto e avô, num encontro de gerações.

Na legislação, a Constituição Federal já chegava ao avô, ao definir a responsabilidade dos filhos, na velhice dos pais, e por que não estender esse dever aos netos?, *afinal os avós servem como amortecedores das proibições contidas na paternidade*, no dizer do antropólogo Roberto da Matta

Em geral, os filhos reclamam da rigidez dos pais, mas enaltecem a lassidão dos avós, tudo é permitido, os pais educam e os avós deseducam. Como diz Veríssimo – *O avô é um pai com licença para estragar a criança* (O Estado de São Paulo – 29/3/20), ou no dito popular – *avó é a mãe que teve uma segunda chance*.

Decorre dessa convivência, que os avós exageram nas qualidades e nas belezas dos netos, mas os netos não mostram as fotos dos avós. É o carinho do avô, que é um pai sem exigências.

Certamente os avós estão em boa idade para a aproximação com os netos, apenas casamentos precoces levam os avós jovens (em torno de 50 anos). Essa relação de idade, compatibiliza-se com a velhice, e esta, como se caracteriza? No Hamlet (ato II) – dizem que a velhice é a segunda infância, de fato, há uma aproximação física e mental entre o começo e o fim da vida. Nas palavras de Hamlet – *"porque vós mesmos, meu senhor, ficaríeis tão velho quanto eu, se pudésseis andar para trás como um caranguejo"*. Cícero ironizou – *todos desejam chegar à velhice e quando chegar a ela acusam-na*, ou na caracterização irônica de *Mário Quintana* – *velhice é quando um dia as moças começam a nos tratar com respeito e os rapazes sem respeito nenhum* (A Vaca e o Hipogrifo). A velhice prepara o ser para um novo comportamento, forrado da experiência e da lembrança, oportunidade de excluir erros e seguir trilha certa, na linha de *Norberto Bobbio* – *"O grande patrimônio do velho está no mundo maravilhoso da memória"* (O tempo da memória).

Mas com a memória viva, os avós encantam a vida dos outros, e vão ilustrar a literatura, principalmente infantil.

No formidável *Monteiro Lobato*, Dona Benta no Sítio do Pica Pau Amarelo (*Reinações de Narizinho*).

Erico Veríssimo descreve a família gaúcha cambará, no centro a matriarca avó Ana Terra (*O Tempo e o vento*).

Em *Ziraldo*, a avó, não parada, mansa, quieta – ela é agitada, vai a academia, a praia, dança (*Vovô Delícia*).

A consagrada autora infantil *Ana Maria Machado* em – *Bisa Bisa Bel*.

E o conto de *Clarice Lispector O grande passeio* – eixo entre uma realidade e o feitiço.

Carlos Lacerda, grande líder político, primeiro governador do Estado da Guanabara, criado em 1960, após a transferência da capital para Brasília, escreveu excelente livro sobre seu avô, a convivência, a vida na fazenda, no município de Vassouras, Estado do Rio, Sebastião Lacerda, que fora político e Ministro do Supremo Tribunal (1912/1925) (*A Casa do Meu avô*, 1977).

Por fim, na área nacional, como indicação, o excelente trabalho de *Célia Regina Delácio Fernandes* – *Avós e Netos na Literatura Infantil: vidas compartilhadas*.

Machado de Assis, no conto *Miss Dollar*, explora a denominação brasileira de quatro costados – os quatro avós eram brasileiros. Era um sentimento nativo.

O clássico conceito familiar – pai/mãe deve chegar ao avô. Para a filosofia-família é – "*grupo de indivíduos parentes ou aliados que vivem conjuntamente*" (*André Lalande* – *Vocabulário*).

Em *Fernando Pessoa*, o neto consola o avô, triste com o tempo e a idade, e os castelos que caem, e diz o neto – "*Caiu, mas não faz mal: Torna-se já a arranjar*" (*O Avô e o Neto* (*Ficções do Interlúdio*).

Se formos às grandes virtudes, veremos neto ao avô – compaixão, mas há outra mais forte – a gratidão, como é belo ao avô – "*A gratidão nada tem a dar, além do prazer de ter recebido.*" (*André Comte-Sponville* – *Pequeno Tratado das Grandes Virtudes*, p. 146). Kant (Ética) faz a diferença da gratidão simplesmente afetiva, à gratidão ativa.

No capítulo Compaixão a terna história contada pelos *Irmãos Grimm* (*O velho e o neto*). Um velho, muito idoso, tinha imensa dificuldade em comer, tremia, jogava comida fora. O filho e a nora colocaram o velho longe da mesa, e lhe deram uma tigela de barro. Caiu e quebrou. Compraram um prato de madeira (gamela). Todos em volta da mesa, o neto brincava com umas madeiras, e suscitou a pergunta dos pais – que é isso? E o menino respondeu – estou fazendo uma gamela para vocês, quando eu crescer. O velho foi intronizado na mesa.

A descrição da infância de *Pablo Neruda* (*Confesso que vivi*).

Marcel Proust, grande escritor francês (1871-1922), publicou a espetacular obra – *Em busca do tempo perdido*, em sete volumes, no segundo, *À sombra das raparigas em flor* (1919) onde o narrador vai a um balneário francês, com o avô, em trezentas páginas uma paixão enorme por uma adolescente, desenvolve-se, mas o avô é o seu companheiro, na temática do livro – o amor.

Joaquim Nabuco, ao descrever o *Engenho Massangana*, no Pernambuco da sua infância traduz – "*o traço todo da vida é para muitos um desenho da criança esquecida pelo homem, mas ao qual ele terá sempre que se cingir sem o saber...*" (*Minha Formação*).

Gabriel Garcia Marques nasceu na pequena Aracataca, interior da Colômbia, na casa dos avós, e por eles criado até os nove anos. Sentiu profundo a morte do avô, e como determinante, para uma conduta de vida. A avó dedicou *Ninguém escreve ao coronel*, que o escritor considerava sua obra prima. A mais famosa – *Cem anos de solidão*, envolve-se com o avô em Aracataca.

Na Savannah, cidade da Georgia, Estados Unidos, de predominância negra, herança de acirrada escravidão, nasceu um menino (1948) que teve a desdita do afastamento de seu pai, aos dois anos foi criado pelo avô materno. O menino cresceu, foi para a Faculdade de Direito de Yale, e hoje, é o Justice *Clarence Thomas* da Suprema Corte americana, o segundo negro a integrá-la. Por isso, explica-se o intrigante título de suas memórias: *My Grandfather's Son: A Memoir*, 2007 (*O filho do meu avô*).

O primeiro grande latifundiário, e criador de gado, e por isso, talvez primeiro rico empresário, foi *Garcia d'Ávila* (1528-1609). Constituiu uma imensa área de terras da Bahia até o Rio São Francisco (incluía Sergipe), e formou, está ainda hoje na Praia do Forte, BA, o *Castelo de Garcia d'Ávila*, além dos empreendimentos, muitos filhos, e uma briga sucessória, resolvida – o neto tem a totalidade da herança (*Jorge Caldeira – 101 Brasileiros que fizeram história*, p. 23).

Montaigne, célebre escritor e pensador francês (1533/1592) publicou em seu *Ensaios*, duas grandes dissertações sobre a educação das crianças, e a afeição dos pais pelos filhos, neste há ligação (ainda que não descrita) que chega aos avós.

Manuel Bandeira lê as cartas da avó ao avô – "*O meu semblante está enxuto, mas a alma, em gotas mansas, chora, abismada do luto das minhas desesperanças*" (Cartas de meu avô: as cartas a avó).

Enfim, antes do jurídico, o empréstimo poético de *Drummond*, de mãe, mas vale para avó: "*Fosse eu Rei do Mundo/ baixava uma lei:/ Mãe não morre nunca,/ Mãe ficará sempre/ junto de seu filho/ e ele, velho embora,/ será pequenino/ feito grão de milho*" (*Drummond – Para Sempre*).

Em *Menino de Engenho, José Lins do Rego*, mostra o patriarcado, o senhor de engenho, com a morte da mãe (assassinada pelo pai), o menino, sem apoio, vai viver no engenho do avô, e este vira o pai.

Dona Benta, de *Monteiro Lobato* – não há avó que não se delicie com os nocautes que leva aos netos.

As gracinhas dos netos contadas por avós, são monótonas e repetitivas, e até concordava com o Ministro Hermes Lima – nada mais chato que historinha dos netos, exceto em relação aos meus, assim, estive ontem, hoje, diferente, com quatro netos.

Mas como avós e netos podem aproximar-se? Passar pela vigilância, proteção e domínios dos pais? Chegaremos a ponto de o avô cuidar, oficialmente, do neto.

O Estatuto do Idoso impede a adoção por ascendentes (art. 42, § 1º). Será preconceito com a idade? Com impossibilidade física do avô? Certamente, não, porque o mesmo dispositivo impede a adoção por irmãos, há incoerência porque o próprio Estatuto assegura à criança e ao adolescente, o direito de serem criados e educados no seio da sua família (art. 19).

Essa possibilidade foi admitida pelo Superior Tribunal de Justiça em recente decisão (março de 2020) (REsp. 1.587.477). A adoção avoenga é vedada pelo ECA, mas foi admitida no melhor interesse da criança e do adolescente, com fim social objetivado pela Constituição da República de 1988 e pela Lei nº 8069/90, conferindo-se a devida e integral proteção aos direitos e interesses das pessoas em desenvolvimento cuja vulnerabilidade e fragilidade justificam o tratamento, como acentuou o Ministro Luis Felipe Salomão, Relator.

A realidade, muitas vezes, supera a lei, e permite-se a adoção pelo avô, no melhor interesse da criança do adolescente.

Encerro com o compositor carioca, consagrado em *O Bêbado e a Equilibrista – Aldir Blanc* – "*Ponho a mão na testa do meu neto/ e é meu avô que está estendendo a mão/ Nessa comunhão dos três/ eu sou avô do meu avô*" (Acalanto Pros Neto).

GUARDA COMPARTILHADA COM OS AVÓS

Rolf Madaleno

Professor de Direito de Família e Sucessões na Pós-Graduação da PUC/RS. Diretor Nacional e sócio fundador do IBDFAM. Metre pela PUC/RS. Palestrante no Brasil e exterior. Advogado.

Sumário. 1. A família extensa. 2. A família estrita. 3. A importância dos avós. 4. A rede familiar. 5. A guarda compartilhada e a residência de referência. 6. As vinculações afetivas das crianças e adolescentes. 7. A guarda compartilhada com os avós. 8. O guardador familiar.

1. A FAMÍLIA EXTENSA

A família atual é formada em regra, pelos pais e seus descendentes, bem diferente da família mais ampla, que reunia avós, tios e primos e geralmente em ambiente rural, dependendo todos do campo como meio de sobrevivência, e cujas famílias extensas também serviam como força indispensável de trabalho. O processo histórico de urbanização proveniente da Revolução Industrial foi responsável pela migração do trabalhador agrícola para as grandes cidades e consequentemente destruiu seu estilo de vida formado pelas famílias extensas, que não raras vezes, também moravam nas terras de poucos e ricos proprietários.

Este importante movimento social gerou a família nuclear, integrada pelos cônjuges e pelos filhos que viviam sob o mesmo teto, sendo inicialmente composta basicamente por seus vínculos biológicos e ignorando qualquer relação familiar que não fosse o da consanguinidade, e a do matrimônio formal, não reconhecendo, portanto, qualquer parentesco nos vínculos socioafetivos, como tampouco qualquer efeito jurídico nas relações provenientes de uniões de fato. A família legítima partia exclusivamente do casamento dos progenitores e apenas as justas núpcias geravam a presunção da paternidade da filiação biológica, que era o único vínculo aceitável de filiação, só admitindo a sociedade, muito tempo depois e por ficção, a filiação adotiva e mais adiante aceitando os relacionamentos de fato, hoje chamados de uniões estáveis e seus filhos biológicos, que já não mais podiam ser discriminados como ilegítimos. Nesse quadro de evolução a sociedade passou a aceitar as relações homoafetivas e a Corte Suprema cunhou a sua legalidade, a par da jurisprudência e doutrina tratarem massivamente da filiação socioafetiva que, em sua pureza tem hierarquia precedente à própria filiação biológica, não obstante ainda vivamos sem qualquer reconhecimento legal nas filiações advindas das técnicas de reprodução humana assistida e nas relações de padrasto e de madrasta, enteado e enteada, cujos vínculos não encontram nenhum suporte legal, doutrinário ou jurisprudencial no Brasil.

Fácil concluir nos dias atuais, que o conceito de família mudou bastante, tanto que sequer alude à família como um modelo único, mas *às famílias*, cujo espectro conceitual é muito mais amplo e abarca os mais diferentes modelos de famílias igualmente destinatárias da proteção limitada, criada pelo legislador para atender apenas ao matrimônio. Ainda que as demais formas de constituição de família possam não ser equivalentes ao casamento, é incontroverso que todas devem ser destinatárias da proteção estatal, que é dirigida ao ser humano, quer viva ele só, fato bastante raro, quer viva ele em algum agrupamento social, fato este mais comum, pois o homem é naturalmente gregário e não é concebível possa ser negada proteção à família, apenas porque formada de fato e moldada diferente do casamento.

O conceito de família é extrajurídico, e pode ser definido como gente habitando na mesma casa e sob a mesma direção, tratando-se de um conceito social protegido pela Constituição Federal, mas que não se for uma família baseada no matrimônio ou uma família extramatrimonial, afigurando-se com uma interpretação coerente com um sistema respeitoso para com as liberdades civis dos indivíduos, no contexto de uma sociedade plural que convive com tantas outras configurações familiares reconhecidas pela lei e carentes de vínculos matrimonial.[1]

2. A FAMÍLIA ESTRITA

Dentro deste mosaico a família nuclear é integrada pelos cônjuges ou companheiros, e os filhos que com eles coabitem, fazendo contraponto à família extensa, ou mais ampla, composta pelas pessoas unidas por vínculos de parentesco, abarcando pais, avós e irmãos. As famílias restritas podem ser conjugais ou provenientes de uma relação de fato, cujos pais coabitam na informalidade, podendo ser originárias ou reconstituídas, quando casais separados ou divorciados refazem seus laços afetivos e formam novos conjuntos familiares, e assumem por vínculos informais a relação de padrastos ou madrastas, e enteados e enteadas, vivendo juntos ou não, mas adotando uma relação de ascendência de um sobre os filhos do outro e vice-versa, muitas vezes com autoridade de pais e tantas outras vezes sem qualquer resquício ou assunção desta autoridade.

Esta incursão sobre os diferentes arranjos familiares presentes na sociedade em geral, permite ver como nos afastamos dos modelos hierarquizados, ancorados em concepções petrificadas e obsoletas, para aportar em padrões democráticos de igualdade de famílias e que respeitam o princípio da personalidade e da liberdade dos membros do grupo familiar.[2]

Mesmo sendo a grande massa das famílias formada por este modelo prático e econômico do modelo nuclear, mais adequado ao modo de vida na cidade, não escapa aos olhos da sociedade e importância que tem para a estabilidade familiar a existência, integração e cooperação da família extensa, particularmente em decorrência da existência dos avós que respeitam a um porto seguro para filhos e netos, tanto sob a ótica financeira

---

1. Sentença da Audiência Provincial (Seção 4ª) de Barcelona, de 27 de maio de 1991, citada na obra de SÁNCHEZ-EZNARRIAGA, Luis Zarraluqui. *El matrimonio y los nuevos modelos de família*. Madrid: Wolters Kluwer. 2019, p. 660.
2. FUENTE, María Linacero de la. *Tratado de Derecho de família. Aspectos sustantivos*. Valencia: Tirant lo Blanch. Dirección FUENTE, María Linacero de la. 2016, p. 31.

proveniente da estabilidade econômica que permite a manutenção indireta dos filhos e netos surgidos em duas gerações subsequentes ao núcleo familiar daqueles que agora exercem o papel de avós, como igualmente relevante sua existência como suporte fático e de auxílio aos filhos que encontram nos seus pais, pessoas confiáveis e imprescindíveis no auxílio e na administração desta sempre operosa tarefa de ser mãe e pai.

3. A IMPORTÂNCIA DOS AVÓS

Os avós são, salvo raras exceções, são *peças*, ou protagonistas indispensáveis na relação familiar, e sobremodo, na vida dos netos, pois atuam como *pais* sem compromisso com a educação, e para com os cuidados na formação direta dos netos, cuja tarefa é dos seus filhos, também servindo os avós como importante ponto de referência da estrutura familiar, que cria uma espécie de nova categoria de família nuclear, porque representam um importante auxílio pessoal e financeiro para seus netos, enquanto os pais precisam conciliar seu tempo com seus afazeres profissionais nesta desenfreada corrida que quase todas as pessoas precisam passar até que logrem sua estabilidade financeira e emocional.

Ser pai e ser avô são experiências que nunca lograrão ser inteiramente compreendidas, salvo quando pessoalmente experimentadas em cada uma das suas longas etapas desta penosa e gratificante trajetória de vida humana.

Embora os avós sempre tivessem enorme e fundamental importância na criação e educação dos netos, não sendo sequer incomum deparar com netos chamando a avó de *mãe*, em um mundo jurídico nem tão distante, eles só eram lembrados pela circunstancial obrigação alimentar complementar ou subsidiária dos netos, pouco importando a procedência ou improcedência da ação, uma vez que o direito e a jurisprudência brasileiros só tinham olhos voltados para os deveres dos avós e nenhuma lembrança para os seus direitos.

Pessoalmente, recordo de experiência profissional na década de 1980, na qual deparei com decisão liminar extinguindo ação de regulamentação de visitas avoengas porque não existia previsão legal de convivência dos avós, surgindo desta demanda o precedente judicial no qual o tribunal de justiça gaúcho ordenou o processamento da ação de visitas mesmo sem previsão legal, pois se os avós podiam ser compelidos a pagarem alimentos para os netos, podiam em contrapartida, verem judicialmente respeitado um direito avoengo de convivência, qual seja, o direito de os netos conviverem com seus avós, sua família extensa ou melhor dito, *mais intensa*.

Posterior sentença proferida por juiz substituto registra uma das mais belas, poéticas e sensíveis páginas da compreensão humana, consignado o magistrado que, embora soubesse não poder obrigar a amar, diante da aparente recusa dos netos contatarem a avó paterna, disse que não cometeria o erro de não tentar e destarte, ordenou as visitas avoengas, que terminaram sendo essenciais para a formação dos netos, fato que soube anos depois pelo depoimento de um dos netos que me procurou em meu escritório de advocacia para agradecer pelo processo que o obrigara, juntamente com seu irmão a visitarem a avó.

Vinte anos após a histórica e sensível sentença judicial que pioneiramente estendeu aos avós o direito de visitas, entrou em vigor no Brasil a Lei nº 12.398/2011, que acrescentou um parágrafo único ao artigo 1.589 do Código Civil. Antes foi promulgada a Lei nº 12.010/2009, que acrescentou um parágrafo único ao artigo 25 e o § 1º no artigo 39, ambos do Estatuto da Criança e do Adolescente e conceituou a família extensa e também proclamou a sua preferência para acolher os menores no lugar da adoção, além de reconhecer a importância dos parentes na criação, educação e convivência dos infantes.[3]

Maria Berenice Dias lembra que, com frequência os avós buscam a guarda dos netos com a só finalidade de assegurar-lhes direitos previdenciários, justificando que o neto vive com eles, embora o real objetivo seja o de garantir a subsistência do infante,[4] como tampouco se mostra raro encontrar avós reivindicando judicialmente a guarda de seus netos, cujos próprios pais são igualmente menores de idade, ou se trata de pais ausentes e irresponsáveis, muitos sendo dependentes químicos, que se descuram dos cuidados para com seus filhos.

Sequer a possibilidade excepcional de adoção de menor pelos avós escapa à argúcia do Poder Judiciário, como ocorreu em julgamento pela Quarta Turma do Superior Tribunal de Justiça, ao demonstrar a importância do papel dos avós na vida de seus netos, apesar da expressa proibição de adoção prevista no parágrafo único, do artigo 42, do Estatuto da Criança e do Adolescente. Os avós já vinham exercendo com exclusividade, o papel de pais, desde o nascimento da criança e, conquanto a adoção avoenga traga reais vantagens para o adotando, a criança também reconhece os avós como seus pais, com os quais não guarda nenhum vínculo afetivo.

Em outras situações os avós atuam com uma guarda assistencial voluntária sem intervenção judicial, figura que no passado da jurisprudência brasileira era bastante comum ver os avós requererem a guarda dos netos diante das dificuldades dos pais, de netos que eram literalmente criados pelos avós, e cuja custódia informal não se sustentava exatamente no desamparo dos progenitores, os quais tampouco eram destituídos de seu *pátrio poder*, mas se viam forçados a recorrerem aos avós por circunstâncias alheias à vontade dos pais. Muitas vezes situações ligadas às questões econômicas eram inevitáveis, diante de um histórico de fraqueza e de dependência química, ou pela falta de maturidade dos progenitores para a assunção da sagrada e excelsa função de ser pai ou mãe dos filhos que trouxeram ao mundo e para o seio de uma família minimamente estruturada.

De qualquer sorte, estes pais que se ausentavam pelas mais diferentes razões não eram excluídos do convívio ainda que esporádico da sua prole, e tampouco incorriam em alguma suspensão ou perda do poder familiar, mas eram e seguem sendo auxiliados por seus próprios pais, os avós dos infantes que assumem seus netos e cujos encargos eram e ainda são claudicados pelos pais.

---

3. CARVALHO, Dimas Messias de. *Adoção e guarda*. Belo Horizonte: Del Rey. 2010, p. 69.
4. DIAS, Maria Berenice. *Manual de direito das famílias*. 10. ed. São Paulo: RT. 2015, p. 667.

4. A REDE FAMILIAR

Os filhos têm diferentes dimensões de relações com seus próprios pais, e o mesmo se estende para seus avós, criando campos de maior ou menor cumplicidade dentro desta indissociável rede familiar, e pela qual transitam com maior ou menor fluidez, criam seus saudáveis laços de interação, aprendizado e proteção, mesmo porque os membros de uma família não permanecem isolados, e nem vivem ilhados, pois são gregários por natureza e precisam estar sempre em constante interação, cuja dinâmica mantém o ser humano vivo e em constante crescimento e evolução pessoal e intelectual.

Conforme Adelina Gimeno, o termo relação é muito amplo e também inclui a comunicação, o afeto e a ação conjunta, sendo que as relações familiares se prolongam por longo tempo, e com o passar deste tempo vão se configurando pautas habituais, que seguem modelos repetitivos,[5] e criam uma forma de conduta, e uma dependência que faz parte do caminho construído com diferentes protagonistas da família extensa. O Estatuto da Criança e do Adolescente a denomina de *família extensa,* porque inclui outros familiares além dos pais, e e experiência prática os avós são usualmente convocados para atuarem diretamente no crescimento dos netos, colaborando de forma decisiva e indispensável, para a higidez física e psíquica dos netos, exercendo um papel adicional na construção da personalidade e da independência do infante. Esta interação dos avós se estende, em regra, para toda a vida do neto, que vive em intercâmbio com toda a sua extensa família, com papéis muito bem definidos entre pais e avós, e cuja larga convivência desaconselha, salvo motivos relevantes, sofra alguma solução de continuidade nas relações familiares, como sucedeu, por exemplo, em tempos de pandemia com o Covid-19, que afastou netos e avós.

Vínculos afetivos e de dependência também surgem nas famílias reconstruídas de padrastos e madrastas, e enteados e enteadas, não sendo descogitado logrem judicial direito de comunicação nestas famílias mosaico, quando os pares se apartam e restam distanciados dos enteados. Estes vínculos quando salutarmente cultivados são igualmente importantes para a construção sadia da personalidade dos enteados, cujas funções não se extinguem na fase adulta dos infantes, mas ao revés, em determinado ciclo de suas vidas seus papéis se invertem e os protegidos se tornam protetores, como ciclo natural da vida humana, e das suas relações pessoais.

Na teoria sistêmica da relações entre os componentes de uma família os lugares precisam ser preenchidos, pois cada qual de seus membros tem o seu papel e a sua função, e cada qual deles influencia com a sua conduta sobre o modo de pensar e de sentir dos demais integrantes deste mesmo grupo familiar, existindo e sempre, uma interação recíproca entre os familiares e quanto mais próxima a presença deles maior e mais importante a função de cada um, onde um membro da família complementa o outro, tanto que existindo relações saudáveis ninguém cogita de afastar um filho da sua mãe, ou do seu pai e tampouco de seus avós, onde todos atuam respeitando suas individualidades e características dentro desta complexa, mas indispensável rede familiar.

---

5. GIMENO, Adelina. *La família: el desafio de la diversidade.* Ariel: Barcelona, 1999, p. 63-64.

Netos costumam guardar afeto e apego por seus avós, e neles encontram estabilidade e cuidados básicos, não sendo incomum que mantenham contatos frequentes que auxiliam os pais ocupados com seu trabalho, nada existindo em contrário que recomende dificultar ou desestimular as vinculações afetivas construídas pelos netos com seus avós, ocorrendo com natural constância deles demonstrarem o desejo de estarem na companhia dos avós e a satisfação que reportam

Conforme Adelina Gimeno:

> A necessidade de apoio não é só uma demanda infantil, senão que é também dos adultos, os quais recorrem à família em caso de diversas dificuldades, como a criança dos filhos, uma enfermidade, um fracasso laboral ou uma frustração amorosa. Segundo um estudo de Wan e Jaccard (1996), as fontes de apoio prioritário variam segundo se trate de estruturas familiares completas ou monoparentais, sendo o casal em primeiro lugar, e os avós em ambas as estruturas, as referências de apoio consideradas como as mais importantes.[6]

5. A GUARDA COMPARTILHADA E A RESIDÊNCIA DE REFERÊNCIA

A guarda dos filhos é um atributo do poder familiar, mas não se confunde com o poder familiar, até porque, quem detém o poder familiar nem sempre será o guardião da criança ou do adolescente, sendo plenamente possível separar a guarda do poder familiar, tanto que a guarda pode ser transferida para um terceiro destituído do poder familiar[7] que legalmente comete aos pais. A custódia dos filhos integra a função parental que por sua vez respeita aos pais assegurarem aos filhos seus direitos fundamentais, além de dirigir-lhes a educação (CC, art. 1.634, I), velando pelos filhos através dos necessários cuidados próprios da idade e sob constante e adequada vigilância, tendo-os em sua companhia, e responsabilizando-se por sua alimentação e demais cuidados para que tenham uma formação integral.

A guarda representa a convivência do guardião com o menor sob o mesmo teto e o dever de prover a assistência material ao que for necessário à sobrevivência física e moral do menor e o seu pleno desenvolvimento psíquico.[8] Sua designação como guarda unilateral, compartilhada ou aos cuidados de um terceiro só aparece diante da falta de convivência dos pais, ou porque nunca viveram juntos e diante da existência de dois lares que precisam conciliar o exercício do poder familiar, já que a expressão nasce exatamente quando ocorre a quebra do exercício unitário do poder familiar dos progenitores.

Isto porque, usualmente a guarda é exercida em conjunto pelos pais que mantém seus filhos sob sua conjunta moradia e supervisão, só havendo falar em atribuição judicial de guarda quando os pais se separam, pois enquanto conviverem sob o mesmo teto estarão exercendo o verdadeiro compartilhamento da guarda de seus filhos, surgindo com a extinção da coabitação dos pais uma natural adaptação dos cuidados paternos que agora bifurcam, ficando os filhos em uma *residência de referência*.

---

6. GIMENO, Adelina. Op. cit., p. 69 e 80.
7. MADALENO, Rolf e MADALENO, Rafael. *Guarda compartilhada física e jurídica*. 4. ed. São Paulo: RT. 2019, p. 41.
8. MOURA, Mário Aguiar. *Guarda do filho menor*. Ajuris. n. 19. v. 7. Porto Alegre: Ajuris. jul.1980, p. 15.

A Lei nº 61/2008 introduziu uma nova designação no direito português, ao abandonar a noção de guarda que foi substituída pela expressão *residência*, anotando Clara Maria Sottomayor que o legislador lusitano quis apenas atender às pressões de grupos de pais divorciados, de todo mundo ocidental que faziam pressão contra a guarda materna unilateral, e que propugnavam pela implementação da guarda compartilhada, embora as expressões *guarda e residência* sejam exatamente as mesmas.[9] A mesma história sucedeu no direito brasileiro quando juízes e tribunais temerosos de não acatarem duas leis especialmente editadas no propósito de acolherem as mesmíssimas reivindicações reclamadas pelos pais divorciados de todo o mundo ocidental. Trata-se de um movimento social que teve início na Europa para abraçar como regra a guarda compartilhada, imaginada pelos pais como uma custódia conjunta, com a divisão igualitária de tempo de permanência de ambos os genitores para com a sua prole.

Entretanto, na jurisprudência brasileira jamais foi simpática com esta proposição, que logo denominou de guarda alternada e pela qual os pais não encontraram um efetivo eco jurisprudencial, passando os julgadores brasileiros a dispor por acordo ou por decisão que a *guarda seria compartilhada, mas com a residência de referência materna*, e estabelecendo um mero eufemismo da consagrada custódia unilateral, que parece ter servido para aplacar os ânimos e as reivindicações dos pais separados ou divorciados, que clamavam por uma guarda compartilhada, muitas vezes até sem ter a exata percepção do seu significado, e sem se darem conta ou não se importarem de que no seu cotidiano familiar, os filhos seguiam coabitando na *residência materna*, titulada como sendo de *referência*, e sendo regulado na sequência o direito de convivência paterno.

Contudo, para ser fiel aos fatos, prevalece nestes arranjos consensuais ou nas decisões judiciais o espírito de uma guarda que deve ser conjunta, ao menos no seu ponto de vista jurídico e não físico, vale dizer, têm os pais o direito e sobretudo o dever de exercerem o poder familiar sobre seus filhos, no propósito de consensuarem suas decisões relacionadas com a formação e a educação de sua prole, embora não dividam igualmente o tempo de convivência física dos filhos.

Tem extremo relevo a crítica levantada por Maria Clara Sottomayor quando diz que a determinação de residência da criança junto de um dos pais não pode significar apenas o local e a pessoa com quem o infante coabita no dia a dia, *tem que significar, também, a prestação de cuidados básicos e o exercício dos direitos-deveres de educação e de proteção da criança no quotidiano, caso contrário estaria a esvaziar-se a função fundamental do progenitor que desempenha o papel de cuidado primário ou de pessoa de referência da criança.*[10]

Com esta orientação jurisprudencial de uma guarda compartilhada de decisões e não de permanência física, ainda que por vezes na prática cotidiana termine o ascendente que não restou indicado como morador habitual definitivamente alijado de uma custódia jurídica de tomada de decisões pertinentes aos filhos, ainda assim, com esta reforma terminológica, ao menos restou a este progenitor a sensação de que assumiu com o seu divórcio, ou com a sua separação, muito mais do que legalmente deriva do

---
9. SOTTOMAYOR, Maria Clara. *Regulação do exercício das responsabilidades parentais no caso de divórcio*. 5. ed. Coimbra: Almedina. 2011, p.24.
10. SOTTOMAYOR, Maria Clara. Op. cit., p. 25.

termo custódia, e que no passado, sempre lhe dava o sentimento de que com a guarda unilateral materna havia perdido quase tudo.

Quando os pais rompem sua convivência, o exercício do poder familiar que era conjunto e imediato sofre um natural redimensionamento criando duas novas frentes, uma em sentido amplo e outra em sentido restrito, em relação às funções que são próprias da convivência diária, mas que deixa de existir para um dos progenitores, sendo restritas neste sentido, pois o ascendente que não titula a residência de referência atuará doravante mais diretamente sobre as decisões que tratam da vida do filho, inclusive sobre a sua educação e formação, e também sobre os cuidados e proteção física que seguem tendo ambos os progenitores. É exatamente a média destes dois conceitos de exercício amplo e restrito do poder familiar que tem cabimento e significado a guarda compartilhada, como instituição que quer assegurar a ambos os pais os cuidados de seus filhos de uma forma equitativa, independentemente de um deles conviver mais ou menos tempo do que o outro com os filhos comuns, não descurando que o poder familiar envolve tanto a esfera pessoal como a patrimonial da prole.[11]

6. AS VINCULAÇÕES AFETIVAS DAS CRIANÇAS E ADOLESCENTES

Viceja com soberania, o princípio da integral proteção dos interesses prevalentes das crianças e dos adolescentes, conceito altamente subjetivo, porém, igualmente intuitivo, dado que as regras da experiência e do bom senso apontam para a salutar preservação das vinculações afetivas dos filhos menores e incapazes, e se assim não fosse, jamais trataria o legislador de proibir e sob qualquer pretexto, que irmãos fossem separados em temas atinentes à sua guarda ou adoção. Sabem os mais experientes, que devem ser priorizadas as vinculações afetivas e emocionais das crianças e dos adolescentes, quer sejam elas atinentes às pessoas de sua família, com as quais traçam vínculos de parentesco, como pais, irmãos e avós, quer sejam estas conexões com pessoas com as quais entretenham apenas elos de amizade ou de socioafetividade, mesmo em relação a animais de estimação ou até mesmo bichos inanimados de pelúcia, com os quais as criança conversam, dormem e se sentem protegidas como se eles realmente integrassem a sua família.

O apego dos menores se dá com seus pais, com seus irmãos, com seus avós, com seus animais de estimação tenham vida ou não, mas são vinculações afetivas de forte enlace emocional, que exercem um papel importante no desenvolvimento da personalidade do infante. Conquanto se tratem comumente de relações boas e saudáveis entre o menor e seu entorno familiar de maior extensão, incluídos nesta família mais extensa ainda, os mascotes e bichinhos de pelúcia aos quais as crianças também se apegam. Portanto, qualquer corte ou deslocamento desta rede que forma a balança emocional do menor, com qualquer um destes seus importantes e imprescindíveis vínculos, só se justificaria diante da própria e sincera manifestação de rechaço do infante, ou de atitudes de alienação da criança por atos dos adultos, que comprometem a integridade física e psicológica da criança ou o adolescente, que fica em efetivo risco. Portanto, não subsistem motivos

---
11. MARTÍN, Carmen Rosa Iglesias. *La custodia compartida. Hacia una corresponsabilidade parental en plano de igualdad*. Valencia: Tirant Lo Blach. 2019, p. 50.

para desfazer a ponte construída ao largo da convivência avoenga, que estabeleceu um mundo seguro e complementar e por onde a criança e o adolescente caminham em direção à maturidade e independência.

Conforme Maria Clara Sottomayor, *a separação da crianças das pessoas que, independentemente dos laços biológicos, desempenharam a função parental, causa às crianças danos psicológicos e de saúde mental, como depressões, fúrias violentas, adaptação superficial às outras pessoas, angústia, risco de instabilidade afetiva ou fuga, assim como a experiência de um sofrimento emocional e um retrocesso no desenvolvimento, que os Tribunais têm de considerar nas suas decisões.*[12]

Assim como usualmente a residência materna se torna a moradia de referência do menor, por ser a mãe em regra quem se dedica ao filho desde o seu nascimento, realizando inclusive jornada laboral mais reduzida para atender as rotinas do infante, também sucede usualmente de a avó materna muito contribuir, ocupando seu tempo e atenções aos netos, para que os pais possam exercer suas tarefas pessoais e suas ocupações profissionais, e que também possam usufruir um pouco de sua vida social, estando a prole perfeitamente adaptada ao convívio avoengo e em natural interação com seus avós.

Portanto, a proteção dos menores não decorre unicamente do estabelecimento do poder familiar, pois muito provêm da companhia com os avós, devendo ser respeitado o âmbito da autonomia dos infantes para decidirem sobre seus próprios interesses em sua esfera pessoal, na medida de seu gradual crescimento, eis que cada vez mais opinam sobre tudo que de alguma forma lhes diga respeito, embora isto não signifique que suas apreciações sejam vinculantes para as resoluções finais que seus pais devam tomar, mas devem ser consideradas as circunstâncias que conformam o seu entorno sociofamiliar.

Como assinala Maria Clara Sottomayor, *a jurisprudência já tem defendido que a guarda das crianças pode ser confiada a terceiras pessoas, desde que o interesse da criança o reclame ainda que a criança tenha pais em condições de exercer as responsabilidades parentais,*[13] podendo surgir a custódia por terceiros de uma gama de níveis, que passam pela existência de um sério e invencível conflito dos genitores, os quais não exercem o poder parental e nem cuidam de seus filhos, preponderando, no entanto, o elevado interesse do infante de não ser alijado da companhia daqueles com os quais está acostumado a conviver e a receber as necessárias e indispensáveis atenções e o essencial afeto. Tudo para que a sua vida não resulte vazia e sem sentido, como se tivesse sido abandonado por aqueles que têm o dever do poder familiar, onde nem sempre prevalece o critério preferencial dos pais quando presente na avaliação funcional a extrema e indissociável relação afetiva dos avós ou de terceiros que, embora totalmente estranhos ao elo genético ocuparam e preencheram esta função paternal.

Não é sem outro sentido que Bernardo Cruz Gallardo acresce que, na atualidade, os avós guardam na ruptura matrimonial uma importância transcendental nas relações familiares para o equilíbrio emocional que aportam para seus descendentes, ocupando vazios que muitas vezes surgem da falta de capacidade dos progenitores para o exercício

---
12. SOTTOMAYOR, Maria Clara. Op. cit., p. 78-79.
13. SOTTOMAYOR, Maria Clara. Op. cit., p. 76-77.

do poder familiar, devido aos seus horários de trabalho, ou simplesmente pelo relaxamento no cumprimento dos seus deveres parentais, obrigando os avós da família extensa a desempenharem uma função que ultrapassa a simples comunicação, ou o mero exercício de visitas avoengas.[14] Avós ocupam um lugar destacado na vida dos netos e terminam sendo criados como se fossem seus próprios filhos e que por isto há momentos que os melhores interesses e as maiores necessidades dos netos articulam em juízo o exercício de uma guarda compartilhada.

7. A GUARDA COMPARTILHADA COM OS AVÓS

Embora seja proibida a adoção pelos avós, em situações excepcionais, onde prevalece um grau estremo de vinculação socioafetiva e um completo abandono ou descaso dos pais de uma criança ou adolescente, ocasionalmente, o STJ tem admitido a adoção avoenga, permitindo também questionar se existiria na legislação brasileira alguma vedação explícita para o estabelecimento de uma guarda compartilhada dos pais com os avós, pois quem pode o mais certamente também pode o menos.

Bernardo Cruz Gallardo não impõe qualquer obstáculo e vais mais adiante ao conferir, inclusive, uma denominação específica para a guarda compartilhada com os avós, e que prefere denominar de *guarda familiar*.[15]

Começa que o critério reitor de atribuição da guarda é o interesse superior do menor, consagrado como a diretriz básica de toda a legislação de menores, e conferido por toda a jurisprudência brasileira e internacional, que assim consagra direito constitucional de proteção das crianças e dos adolescentes. Ao confrontar o que possa ser definido como superior interesse do infante, é preciso cotejar este princípio com os direitos fundamentais de uma criança e de um adolescente, cujo leque de direitos é composto pelo direito à vida, à saúde, à educação, liberdade de pensamento, consciência e religião, direito de ser ouvido, direito à proteção contra toda forma de prejuízo, abuso físico o mental, descuido, negligência, maus tratos ou exploração, direito de não ser separado de seus pais, salvo que seja necessário no interesse do menor.

Portanto, entre todos os fundamentais direitos atinentes ao menor está o direito de não ser separado de seus pais, salvo que assim se faça necessário no interesse do infante, podendo ainda ser ponderado se a separação dos pais será temporária ou definitiva, total ou apenas parcial, permitindo conceber neste amplo espectro de possibilidades, a busca da solução que melhor atenda, e em sua integralidade e com o mínimo sacrifício, os direitos essenciais de uma criança ou de um adolescente.

Como visto nas linhas antecedentes, as relações familiares não se restringem e nem devem ser restringidas à convivência dos filhos com seus pais, quando o conceito extenso de família é muito mais amplo e absolutamente imprescindível para o real benefício e interesse superior do filho menor de idade, como complemento necessário para o desenvolvimento de sua personalidade. E para que cresça e viva em uma salutar integração de

---

14. GALLARDO, Bernardo Cruz. *La guarda y custodia de los hijos en las crisis matrimoniais*. Madrid: La Ley. 2012, p. 90.
15. GALLARDO, Bernardo Cruz. Op. cit., p. 90.

seu entorno sociofamiliar, convivendo com pais, irmãos, avós, tios e primos, mas para que também aprenda e conviva em sociedade e cujos vínculos só devem ser cortados quando exista um fato concreto que perturbe a formação e a segurança do menor, muito embora a legislação brasileira se olvidasse da importância da convivência avoenga até o ano de 2011, quando passou a viger a Lei nº 12.398, que acrescentou o parágrafo único ao artigo 1.589 do Código Civil, e estendeu aos avós o direito de visitas. Um direito de convivência, porquanto, durante a coabitação dos pais é corriqueiro que os avós convivam e interajam com seus netos, podendo ocorrer mudanças nesta rotina em momentos de crise e de desestabilidade conjugal dos pais, não se mostrando lúcido interromper as boas relações avoengas com os netos porque se apresentam tensas as relações entre os avós e os progenitores da criança.

Conforme Bernardo Cruz Gallardo, os pais não podem impedir os laços afetivos existentes entre os filhos menores de idade e os avós, ou outros parentes e pessoas afins, encontrando respaldo no artigo 160 do Código Civil espanhol,[16] que ampara as relações familiares. Não obstante esta advertência é bastante frequente a prática de alienação dos avós por um dos progenitores e até mesmo por ambos, quando se encontram em conflito pessoal, não sendo rara a cooptação do cônjuge que descende dos avós literalmente alienados do contato com seus netos.

A função da guarda desempenhada por terceiros encontra respaldo no §5º, do artigo 1.584 do Código Civil, acrescentado pela Lei nº 11.698/2008 (Lei da Guarda Compartilhada), estabelecendo que o juiz poderá deferir a guarda de filho que não deve permanecer sob a custódia do pai ou da mãe, à pessoa que revele compatibilidade com a natureza da medida, considerados, de preferência, o grau de parentesco e as relações de afinidade e afetividade, cujos fatores aproximam naturalmente, na maior parte das vezes, para uma guarda exclusiva dos avós, que têm laços mais estreitos com seus netos diante de um histórico de vida que se inicia a partir do seu nascimento, porém, não há nenhum dispositivo desenvolvido pela legislação brasileira que trate de uma guarda compartilhada, fosse para adotá-la ou para rejeitá-la, muito embora caia no raciocínio de um simples e prosaico bom senso, defluir que, se os avós podem exercer o ponto máximo e radical de uma guarda exclusiva de seus netos, porque fatores concretos conduzem à perda do poder familiar e da custódia dos progenitores, não se mostra impossível e impensável possa ocorrer o deferimento misto de uma guarda compartilhada que atenda com muito mais efetividade aos reais interesses da prole.

Isto porque, o interesse do filho deve funcionar como princípio básico e prevalente para atribuir a sua guarda em caso de crise matrimonial ou de risco à integridade da prole, contudo, este sistema de proteção não responde apenas às hipóteses extremadas do tudo ou nada, ou de uma decisão única entre a guarda compartilhada dos pais em confronto com a guarda compartilhada dos avós. Nestas disputas é obviamente apropriado que o julgador dê satisfação às necessidades da criança ou do adolescente e lhe preserve, se não forem prejudiciais ao infante, a manutenção de suas relações familiares em toda a sua extensão, conservando a convivência com os pais e com os avós, pois salvo prova em

---
16. GALLARDO, Bernardo Cruz. Op. cit., p. 92.

contrário, estará preenchendo as necessidades materiais, físicas, educativas, emocionais e afetivas de uma criança ou adolescente. Vale dizer, nunca restringindo direitos dos menores, mas antes estendendo as relações familiares do menor, de modo a que melhor amparem as indigências do infante, podendo preferir em determinadas situações conferir ao menor uma guarda compartilhada com os avós na falta ou não de um dos ascendentes, não obstante o artigo 1.631 do Código Civil reserve a exclusividade do poder familiar ao cônjuge supérstite, mas esta é uma leitura que talvez atenda aos interesses dos adultos e não obrigatoriamente aos melhores valores do menor.[17]

Ora, se os progenitores não podem e nem devem impedir os laços afetivos entre os filhos menores de idade e seus avós, parentes e pessoas próximas, e frequentemente surgem estes obstáculos para uma integral relação familiar, mais amiúde seria inconcebível romper estes vínculos em momentos de crise conjugal, pois não faria sentido que o julgador criasse qualquer desnecessária e injustificada restrição para esta mesma convivência familiar. Podem pais e avós compartirem a custódia do menor sem que ocorra a perda ou suspensão do poder parental dos pais, o que seria uma medida de exceção regulamentada pelo artigo 233.1.1 do Código Civil da Catalunha ao admitir a guarda dos filhos pelos avós, conferindo-lhes funções tutelares e estas sim, com a suspensão do poder parental.

8. O GUARDADOR FAMILIAR

Pode existir uma guarda de fato dos avós porque os pais não mantêm entre si uma convivência, ou porque simplesmente preferem viver exclusivamente um para o outro, muitas vezes aventurando-se na busca de trabalho e emoções pessoais, inclusive viajando e vivendo no exterior e deixando seus filhos com seus próprios pais, existindo crianças que desde o seu nascimento são criadas pelos avós e assim prosseguem até a sua adolescência, ou idade adulta, compartilhando com os pais alguns momentos conflitivos, pois é óbvio que pais ausentes perdem sua autoridade, tendo completa pertinência trecho destacado por Ezequiel Morais de voto proferido por Ruy Rosado de Aguiar no REsp. 439.376-RJ, datado de 27 de maio de 2003, no qual o saudoso Ministro questiona o interessa de uma criança, *que nasceu na casa dos avós e até hoje, com oito anos de idade, foi criada na casa dos avós? O que significa a quebra do ambiente familiar? Que influência psicológica sofrerá no momento em que esse ambiente de sua criação e formação for substituído por outro? Não estou me perguntando se essa mãe tem condições ou não, se ela vive hoje casada ou descasada, se tem amor, se tem dedicação pela criança: pergunto-me se a transferência da guarda, hoje, decorridos tantos anos, não traria uma dificuldade emocional para essa criança.*

---

17. "Apelação cível. Ação de guarda de menor. Disputa entre os avós paternos e o genitor. Guarda compartilhada. Cabível, na hipótese, guarda compartilhada entre avó paterna e genitor, haja vista o melhor interesse da criança, até porque o genitor deve participar afetivamente na vida do filho e nas responsabilidades e tomada de decisões em relação a ele, fixada a sua residência junto aos avós paternos. Recurso parcialmente provido". Apelação cível n. 70081503757. Sétima Câmara Cível do TJRS. Relatora. Desa. Liselena Schifino Robles Ribeiro. Julgado em 26.06.2019.

Afirma Ezequiel Morais que os avós constituem-se em figura de relevo e essenciais para o equilíbrio psíquico e psicológico dos netos,[18] ou seja, os avós representam o equilíbrio da vida em família, pois representam o porto seguro de filhos e netos que contam com a experiência, e a estabilidade econômica e emocional dos avós, mantendo uma relação contínua e equilibrada com cada um dos avós e em algumas situações, permitindo que os netos conheçam e convivam com a família de um genitor que já faleceu.

Em verdade Rui Rosado de Aguiar antecipava os termos do Enunciado 334 da IV Jornada de Direito Civil do Conselho da Justiça Federal ao consignar que "A guarda de fato pode ser reputada como consolidada diante da estabilidade da convivência familiar entre a criança ou o adolescente e o terceiro guardião, desde que seja atendido o princípio do melhor interesse".

Pais com dificuldades com drogas ou portadores de algum desequilíbrio mental que os impeçam de desenvolver a função de guarda dos filhos são fatores que também podem conduzir à guarda de um terceiro familiar, enquanto não superadas as complicações dos pais.[19]

Ezequiel Moraes está entre os doutrinadores que com pioneirismo abordaram a temática da guarda compartilhada dos avós, ao propugnar por uma interpretação extensiva e sistemática do § 5º, do artigo 1.584 do Código Civil, que dispõe deva o juiz deferir a guarda à pessoa que revele compatibilidade com o menor se verificar que o filho não deve permanecer sob a guarda do pai ou da mãe, e denuncia que permanece a lacuna neste artigo que nada regula acerca de uma *guarda compartilhada* entre os avós e o genitor supérstite, quando este necessitar da constante convivência e apoio dos avós para a criação do filho.[20]

Não se trata, portanto, de excluir os progenitores para atribuir aos avós a guarda do neto, mas ao revés e por outros motivos, especialmente no caso de ascendente divorciado ou viúvo, se trata de compartilhar de forma proativa a dedicação ao rebento, dividindo tarefas e responsabilidade para a criação e formação conjunta do neto com o auxílio do progenitor subsistente e dos avós. Segundo ainda Ezequiel Moraes a inserção das mulheres no mercado de trabalho tem sido um fator de potencial relevância para viabilizar a decretação da guarda conjunta entre o genitor supérstite e os avós,[21] valendo-se do mesmo argumento utilizado na primeira sentença de visita avoenga prolatada no Brasil na década de 1980, de que, se os avós têm o dever legal de custear os alimentos do neto, por qual motivo não teriam o direito de obter a guarda do menor – privado da presença, por morte ou incapacidade, por exemplo, de um dos pais,[22] servindo este mesmo contexto, no primeiro caso, para reconhecer na jurisprudência gaúcha as visitas avoengas que não tinham nenhuma previsão legal. Muitas décadas depois destacada doutrina defende a proposição de uma custódia compartilhada entre ascendente supérstite e os avós do rebento, para que o progenitor remanescente conserve a titularidade do poder familiar

---

18. MORAIS, Ezequiel. *Os avós, a guarda compartilhada e a mens legis*. In Guarda compartilhada. 2. ed. São Paulo: Método. Coord. COLTRO, Antônio Carlos Mathias e DELGADO, Mário Luiz. 2015, p.81.
19. MADALENO, Rolf e MADALENO, Rafael. Op. cit., p. 292.
20. MORAIS, Ezequiel. Op. cit., p. 66.
21. *Idem*. Op. cit.
22. *Ibidem*. Op. cit., p. 67.

e compartilhe a guarda com os avós da criança, através de um acordo judicialmente homologado, de delegação das funções derivadas da autoridade parental, consoante as necessidades e circunstâncias que gravitem sobre este compartilhamento de cuidados voltados para a integral proteção do infante e o mesmo pode ser projetado quando presentes ambos os pais.

Divergem as razões que justificariam o compartilhamento da guarda dos filhos pelos pais com os avós, sendo mais comum o debilitamento dos laços afetivos entre os membros que compõem o núcleo familiar, afirmando Bernardo Cruz Gallardo que este relaxamento nas relações familiares pode ter como causa a incapacidade dos pais, ou ser devido à sua escassa participação no exercício do poder familiar, que nem sempre é motivada pela crise conjugal, mas cujos fatores levam os avós a ocuparem um lugar preeminente na relação com os netos, não mais se limitando às funções tradicionais de ajuda física e financeira aos pais, mas assumindo funções próprias da responsabilidade parental, que garantam uma maior coesão e estabilidade na estrutura familiar,[23] algumas vezes assumindo diretamente a guarda dos netos, outras vezes compartilhando sua custódia com os pais.

Diferentemente do direito brasileiro que no §5º, do artigo 1.584 do Código Civil, simplesmente outorga a guarda a terceiros que guardem com a criança e o adolescente afinidade e afetividade, podendo se tratar dos avós, irmãos ou outros protagonistas daquela que é chamada de família extensa, ou até mesmo adiante dela, o direito espanhol prevê no artigo 103-1 do Código Civil a figura do *guardador familiar*, e como medida excepcional a atribuição aos avós, a outros parentes, ou às pessoas próximas, ou na falta destes a uma instituição idônea, de funções tutelares com a suspensão do poder familiar dos pais, quando eles tenham falecido ou se desentendam dos filhos menores de idade. A lei atribui aos avós ou aos irmãos maiores de idade as funções próprias de autoridade familiar, tendo a prole sob sua companhia, criá-la e educá-la, com os mesmos direitos e obrigações que correspondem aos pais, que não serão privados da titularidade do poder familiar, mas o seu exercício será atribuído ao *guardador familiar*.

A privação do poder familiar dos pais só ocorrerá em caso de descumprimento grave dos seus deveres parentais, que importem em efetivo prejuízo aos interesses do menor ou o ponham em situação de risco, podendo neste caso serem destituídos das suas atribuições parentais e a criança ou o adolescente ser encaminhado para uma relação de adoção, mas que no Brasil levaria justamente para uma guarda que restaria ao encargo da família extensa de que trata o artigo 25 do Estatuto da Criança e do Adolescente, e o § 5º, do artigo 1.584 do Código Civil, conferindo a este guardador o direito de opor-se a terceiros, inclusive aos pais, que não ficam dispensados de seus deveres de assistência, como o pagamento de alimentos.[24]

A guarda atribuída a terceiro deve ser vista sempre em função do superior interesse do menor, não existindo outro argumento para a imposição de uma guarda compartilhada, sendo que o STJ reconheceu por unanimidade, no REsp 1.147.138/SP, julgado em 11

---

23. GALLARDO, Bernardo Cruz. Op. cit., p. 547.
24. GRISARD FILHO, Waldyr. *Guarda compartilhada: um novo modelo de responsabilidade parental*. 4. ed. São Paulo: RT. 2009, p. 73.

de maio de 2010, pela Quarta Turma, na relatoria do Ministro Aldir Passarinho Júnior, a possibilidade jurídica da guarda compartilhada de menor por tio e avô paterno que moravam no mesmo lugar e mantinham a menor com 10 anos de idade, em uma fática guarda conjunta desde seus quatro meses de vida.[25] Também a Terceira Turma do STJ, pelo REsp. 1.186.086/RO, julgado em 03 de fevereiro de 2011, do qual foi relator o Ministro Massami Uyeda,[26] deferiu a guarda ao avô paterno diante da morte do pai da criança e com o consentimento da mãe, muito embora nada impedisse a custódia compartilhada entre o avô e a nora, mãe do infante, o que só reforçaria os interesses do menor com a soma de seus cuidados e não com a sua restrição, como sucedeu com o afastamento da progenitora que não só preservava sua obrigação alimentar para com seu filho, mas que acima de tudo, deveria preservar suas relações de afeto, e suas responsabilidades para com o seu filho, dando ambos proteção e amparo à criança e evitando os aspectos negativos da ausência voluntária do ascendente supérstite.

Como igualmente compartilham da guarda os avós que têm o neto sob a sua companhia, nada impedindo que os avós da outra linha de parentesco reivindiquem a custódia compartilhada do neto comum, assim como pode surgir a pretensão de uma guarda compartilhada a ser exercida entre um genitor registral e socioafetivo e o pai genético deste mesmo infante, nascido de relação afetiva precedente ou posterior, havida de relação sexual livre ou adulterina com a genitora da criança,[27] devendo prevalecer sempre o efetivo e elevado interesse do menor, que deverá ir de encontro ao sub-reptício ou notório interesse dos adultos se um e outro se confrontarem.

---

25. "Civil e processual. Pedido de guarda compartilhada de menor por tio e avó paternos. Pedido juridicamente possível. Situação que melhor atende ao interesse da criança. Situação fática já existente. Concordância da criança e seus genitores. Parecer favorável do Ministério Público estadual. Recurso conhecido e provido. I. A peculiaridade da situação dos autos, que retrata a longa coabitação do menor com a avó e o tio paternos, desde os quatro meses de idade, os bons cuidados àquele dispensados, e a anuência dos genitores quanto à pretensão dos recorrentes, também endossada pelo Ministério Público Estadual, é recomendável, em benefício da criança, a concessão da guarda compartilhada. Recurso especial conhecido e provido". STJ, 4ª Turma, REsp 1.147.138/SP, Rel. Min. Aldir Passarinho Júnior, j. 11.05.2010.
26. STJ, 3ª Turma, REsp. 1.186.086/RO, Rel. Min. Massami Uyeda, j. 03.02.2011.
27. MADALENO, Rolf e MADALENO, Rafael. Op. cit., p. 293-294.

AVOSIDADE: A IMPORTÂNCIA DA RELAÇÃO DOS NETOS COM OS AVÓS PARA A SAÚDE

Selma Sabra

Mestre em Pediatria pela Universidade Federal Fluminense – UFF e da Clínica Médica da Criança e do Adolescente da Universidade do Grande Rio – UNIGRANRIO. Doutoranda da UFF. Membro Titular da Academia de Medicina do Rio de Janeiro. Membro da Associação de Mulheres Jornalistas e Escritoras do Brasil, (AJEB) Unidade Rio de Janeiro. Membro Titular da Academia Brasileira de Medicina e Reabilitação. Editora da Coluna Saúde de domingo do Jornal O Fluminense. Bacharel em Direito, advogada com pós-graduação "Lato Sensu" em Direito Civil e Processo Civil.

Com a evolução da Medicina e a longevidade, o número de idosos aumentou significativamente em todo o mundo, ampliando a sobrevida e proporcionando um convívio mais prolongado com a família, fazendo com que os netos participem de forma significativa na vida de seus avós.

Quando um neto nasce, seja menino ou menina, a relação se fortalece, fazendo reviver a união da família.

Com a evolução dos tempos, avós que antes adoeciam mais jovens, hoje entram na terceira idade, em regra, com saúde e disposição com capacidade para realizar atividades com seus filhos e participando da criação dos netos, dando oportunidade aos netos de terem seus avós por muito mais tempo.

A participação e a convivência dessa relação revigoram o vinculo de amor e proporciona o fortalecimento da presença destes, como responsáveis de alguns cuidados e de atenção. A ocupação dos pais devido ao trabalho, ou outras atividades cotidianas, reflete na responsabilidade dos avós de participação sempre que possível, proporcionando segurança e proteção, mas nem sempre os avós podem estar por perto. Todos desejam deixar seu legado, o registro de sua presença, um rastro que perdure através dos tempos, evitando o esquecimento e preservando a sua memória. Deixar uma herança emocional, projetada nos ideais da família e na consideração mútua, engrandece a visão dos netos em relação aos seus avós.

Na infância, as crianças apesar de inúmeras vacinas que atualmente previnem muitas doenças como sarampo, rubéola, caxumba, coqueluche, paralisia infantil catapora, dentre outras, disponibilizadas nos postos de saúde e em clínicas particulares, desenvolvem uma série de outras viroses comuns da infância adquiridas na maioria das vezes no convívio escolar ou nas creches, podendo transmitir aos seus familiares, irmãos, pais e avós, justificando a importância de todos estarem devidamente imunizados.

Com a participação dos avós de forma cada vez mais atuante na vida de seus netos, seja no aspecto material ou emocional, fornecendo alimentos aos netos, quando os pais apresentam inviabilidade financeira e atenção na ausência dos pais, aproxima ainda mais esse afeto dos netos para com os seus avós. Em algumas situações especiais é necessário ainda arcar com a obrigação da guarda de seus netos, para o melhor interesse da criança e do adolescente.

Em algumas situações decorrentes da separação dos pais, a função dos avós se torna ainda mais presente, sobretudo se houver qualquer grau de alienação parental. Devido a isso, podem ocorrer sentimentos de rejeição, de sensação de abandono, fragilizando a criança, gerando distúrbios não só emocionais e psicológicos, mas também podendo afetar o desenvolvimento físico e psicossocial dessas crianças.

Os avós quando presentes, devem se desdobrar em superar essa lacuna, fortalecendo o vínculo dos netos com seus avós e pais, que com o princípio do afeto, fundamentará essa relação de amizade e amor, amenizando o sofrimento e dando confiança que fará dos netos seus parceiros não só na vida atual, mas no futuro sabendo reconhecer a importância de uma relação sincera e afetuosa, capaz de superar obstáculos, evitando os traumas psicológicos e prevenindo a fragilidade imunológica.

O Princípio do Afeto pode ser encontrado em vários dispositivos de nossa legislação, estando amparada a afetividade em artigos da Constituição Federal, do Código Civil e do Estatuto da Criança e do Adolescente.

A Constituição Federal de 1988 estabelece que "É dever da família, da sociedade e do Estado assegurar à criança e ao adolescente, com absoluta prioridade, o direito à vida, à saúde, à alimentação, à educação, ao lazer, à profissionalização, à cultura, à dignidade, ao respeito, à liberdade e *à convivência familiar e comunitária*, além de colocá-los a salvo de toda forma de negligência, discriminação, exploração, violência, crueldade e opressão." (art. 227, caput).

Nos últimos anos a crescente influência e valorização pelas leis brasileiras do Princípio do Afeto no Direito de Família culminaram com a publicação da Lei nº 12.398/11, a qual estendeu aos avós o direito de visita aos netos, valorizando a importância da relação entre netos e avós, garantindo a manutenção deste vínculo.

Da mesma maneira que os avós dedicam seu tempo, atuando em tarefas de distração, de companhia e de cuidados no decorrer do crescimento dos netos, fazendo com que essa relação com o passar dos anos, gere uma bagagem emocional surpreendente, onde os netos se sintam amparados, valorizados e com uma sensação de gratidão e amor, desejando estarem presentes com os seus pais e avós, de forma prolongada.

A atividade física desenvolvida pelos avós nos cuidados dos netos, em ir e vir, brincar de jogar bola, de levar a escola, praças, clubes e outras atividades externas, trazem múltiplos benefícios e estimulam o exercício físico quando eles não conseguem desenvolver essas atividades numa academia. Essas atividades proporcionam uma melhor qualidade de vida, pela interação e relacionamento com outras pessoas, destacando sua função importante no relacionamento com os netos e destes com seus avós, fazendo com que todos se sintam valorizados, avós e netos.

Os netos mesmo sem saberem do papel que estão desempenhando ainda na infância iniciam os cuidados da longevidade de seus avós, brincando e jogando, se divertindo e fazendo com que seus avós pelas responsabilidades a eles impostas, muitas vezes sendo obrigados a desenvolver as tarefas junto com eles, faz com que exercitem o cérebro, preservando a saúde mental e física. Essa sensação de amor, de atenção e de carinho deve ser perpetuada, garantindo uma consciência do mundo real por muito mais tempo. A saúde física e mental dos avós é exercitada na arte dessa relação.

Algumas famílias infelizmente não têm essa oportunidade, seja pela distância, por morarem afastados, seja pelo trabalho de alguns avós que se estendem por mais tempo, por falecimento dos avós ou por alguma doença que debilite a convivência, ou outros problemas particulares com os pais que geram o afastamento familiar.

As características das relações dos netos com seus avós estarão disciplinadas no tipo de relacionamento entre eles, variando no decorrer dos anos, principalmente na época da adolescência, levando muitas vezes a diminuição das visitas, pela própria característica da adolescência e as transformações bio psico sociais, secundárias às alterações hormonais e do desenvolvimento da maturação sexual. Isso não acontece quando este convívio é diário pela proximidade que os cerca. Vencida essa fase, ocorre à reestruturação da relação, pois essa fase é felizmente provisória.

A convivência dos avós e netos quando presente proporciona a participação dos cuidados durante as doenças comuns da infância, as viroses de um modo geral, e pela convivência intima, muitos acabam adquirindo e compartilhando do mesmo quadro clinico, mas atualmente na situação da pandemia da COVID 19, acometendo o mundo, essa convivência está sendo apenas virtual ,quando possível, mas muitas vezes os avós moram com seus filhos e netos, mantendo esse confinamento familiar, como uma maneira de ainda mais fortalecer esse vínculo familiar, tão necessário na situação atual em que vivemos no Brasil e no mundo.

As doenças comuns do idoso, são muitas e com o aumento da longevidade, houve uma ampliação e perpetuação dessas patologias, mas atualmente com as novas perspectivas de tratamento e prevenção, objetivando e preservando a saúde garante a manutenção dessa relação por muito mais tempo.

A frequência de contato com o neto passou a ser um fator importante nos efeitos positivos dessa relação, pois se sabe que quanto maior o contato e a proximidade avó-neto, maior será o tempo de atividades desfrutadas em conjunto, fortalecendo esse convívio entre eles e mantendo a família unida, bem como junto dos pais e filhos.

Em algumas situações podemos observar certa fragilidade e uma dependência dos avós, que podem despertar sentimentos positivos nos membros da família, estimulando a vontade de ajudar, de cuidar, muito mais que a sensação de obrigação. Quando os avós se sentem debilitados, seja por fragilidade física ou emocional, contar com apoio dos netos e do carinho da família, conforta e faz seguir em frente.

Algumas doenças podem acometer os idosos como a doença pulmonar obstrutiva crônica, a DPOC, conhecida como enfisema pulmonar, acometendo cerca de milhões de idosos em todo o mundo. Os netos devem encorajar os avós a manter os cuidados indicados pelo médico e incentivar a manter o tratamento de forma efetiva, encorajando e participando de forma ativa para a sua saúde.

Outra doença neurodegenerativa progressiva que acomete os idosos é a Doença ou Mal de Alzheimer, um quadro de demência, que se manifesta apresentando deterioração cognitiva e da memória de curto prazo, com uma variedade de sintomas neuropsiquiátricos e de alterações comportamentais que se agravam ao longo do tempo. O primeiro sintoma, e o mais característico é a perda de memória recente e com a progressão da doença, pode ocorrer também à perda da memória remota, que corresponde à memória dos fatos mais antigos com prejuízo na capacidade de se orientar no espaço e no tempo. Neste ponto, uma vigilância semelhante aos que os avós tinham ao evitar que seus netos se perdessem numa praça onde brincavam, evitando os perigos numa rua movimentada ou na vigilância redobrada em lugares onde seus netos pudessem se perder é invertida e se torna mandatória, pois o esquecimento é frequente, podendo não lembrar onde mora não sabendo nem mesmo como voltar para casa.

Outras tantas doenças decorrentes de artrose e doenças osteoarticulares, problemas reumatológicos, podem limitar a movimentação e o deslocamento dos avós, devendo ajudá-los e orientá-los no acompanhamento médico e no acesso da locomoção dentro de casa, evitando camas altas para evitar quedas, quinas, degraus e colocando corrimões ou suportes, quando necessário, da mesma forma que no passado, esses cuidados eram feitos para as crianças não se machucarem, evitando traumas. Os netos crescem e agora em retribuição podem pedir ou disponibilizar essas medidas preventivas nos cuidados para os seus avós.

A presença marcante da hipertensão arterial e da Diabetes, duas doenças tão frequente em idosos gera a necessidade de uma prevenção adequada dessas doenças, parceria no rastreio e no acompanhamento médico como uma condição obrigatória na preservação da saúde.

Na grande maioria das vezes em compensação, existe a reciprocidade do carinho dos netos por seus avós e vice versa, a tranquilidade e segurança dos cuidados é impar, indestrutível e fortalecedora dessa união firme, inabalável e duradoura. Quantos avós assumem uma função de pais e os netos, uma função de filhos. Quando estão doentes e se sentem amparados, amados, fortalecendo a longevidade e massageando o coração.

À medida que os avós vão envelhecendo, os cuidados com o passar dos anos, acaba se invertendo, e a presença e a atenção dos netos pelos seus avós é infinito, nas situações em que a presença destes foi marcante. Para que essa relação se perpetue, deve ser contínua para ser duradoura. Aquilo que plantamos, poderá dar frutos que serão colhidos no futuro.

A parceria para melhorar a qualidade de vida e a manutenção do convívio prolongado dá forças para superar desafios na busca contínua da longevidade e da preservação dessa relação. Quando os avós partem, deixam uma saudade eterna, mas a consciência tranquila de que receberam todo o amor de volta que deram aos seus netos para que a sensação de missão cumprida abrande a perda e a saudade. Isso tudo deve servir de estímulo a tantos netos a se dedicarem aos seus avós de forma afetuosa, pois um provérbio antigo já dizia que é dando que se recebe.

Vou narrar um conto de amor dos netos por seus avós

O avô muito orgulhoso dos seus seis netos, casado e já aposentado, teve a oportunidade de se dedicar em regime de dedicação exclusiva à participar da educação de seus três netos, uma vez que morava no mesmo prédio de sua filha com sua esposa.

Esses avós dedicados se ocupavam da criação, sempre presentes, ajudando nos cuidados básicos, na supervisão diária de todas as atividades, desde levar para passear na praça, para colocar para dormir até supervisionar as brincadeiras, prevenindo quedas e acompanhando o crescimento e desenvolvimento, vibrando com cada conquista.

À medida que foram crescendo, as atividades de levar e buscar na escola se tornou rotina, acompanhando até mesmo das atividades extraclasse. O incentivo aos esportes e a ida ao clube com a participação contínua, de futebol, ginástica olímpica, natação, se tornaram uma constante.

As atividades de jogos com a participação da família era sempre incentivada, pela constante solicitação do avô de ter a oportunidade de brincarem juntos jogando cartas.

O amor existente entre eles foi se desenvolvendo, crescendo no dia a dia, com o incentivo da filha, que conseguia ser grata pela forma que seus filhos eram amados por seus avós extremamente carinhosos. O amor familiar apesar da luta cotidiana, pelo trabalho e afazeres, era marcado pela perseverança entre os avós, os pais, na figura de filha, somado ao amor de seu marido, o pai de seus três filhos tão amados e seu irmão, numa convivência que deixa lembranças muito agradáveis e inesquecíveis.

Com o passar do tempo, essa convivência se manteve cada vez mais próxima, os netos cresceram e todo o amor que os avós doaram, estavam recebendo de volta, numa intensidade merecida e contínua.

Os cuidados de saúde no avô tiveram de ser iniciados após o diagnóstico de Diabetes, que com a ajuda de todos, conseguiu ser bem controlada.

O tempo foi passando e o amor desenvolvido ao longo dos anos era agora indestrutível. A capacidade de estar sempre junto dos netos passou a ser uma constante, até que por uma fatalidade, Deus resolveu levar o avô para perto dele, criando uma lacuna irreparável, deixando uma saudade infinita, mas com a sensação de que todo o amor que ele deu à sua família recebeu de volta, em todos os momentos de sua vida e que é preservada na memória pelo grande pai e avô que ele sempre foi ao longo de sua vida.

A avó dedicada, carinhosa, disponibilizando toda a sua atenção à família, marcada pela ausência de seu marido e companheiro pela longa jornada da vida, têm até hoje a certeza de que a semente por eles plantada foi e continua sendo colhida, porque o amor de pais, filhos e netos, quando bem regados, bem construídos, se tornam indestrutíveis e inabaláveis, sendo capazes de superar as dificuldades da vida e seguir pela eternidade.

VOVÓ, COMO FOI QUE MAMÃE NASCEU? VICISSITUDES TRANSGERACIONAIS NAS RELAÇÕES AVÓS-NETOS

Sergio Nick

Especialista em Psiquiatria e Psicoterapia da Criança e do Adolescente - IPUB/UFRJ. Especialista em Direito Especial da Criança e do Adolescente - UERJ. Psiquiatra e Psicanalista. Vice-Presidente da International Psychoanalytical Association – IPA (2017-2021). Psicanalista de Crianças e Adolescentes – COCAP/IPA. Membro efetivo da Sociedade Brasileira de Psicanálise do Rio de Janeiro – SBPRJ. Membro da Associação Brasileira de Psiquiatria – ABP.

"Aquilo que herdaste de teus pais, conquista-o para fazê-lo teu".
Goethe, Fausto

Sumário: 1. Uma história a ser contada. 2. Sobre o 'não dito'. 3. Vamos tentar dar sentido a essa história? 4. A transmissão psíquica transgeracional. 5. Sobre a avosidade. 6. Transmissões psíquicas. 7. Transmissão Intergeracional. 8. Vovó, como foi que mamãe nasceu? 9. À guisa de conclusão.

1. UMA HISTÓRIA A SER CONTADA

Triste e desapontada, Ana deita-se no colo de sua avó Clara e lhe pergunta: "Vó, porque que mamãe fez isso?". Clara, tanto ou mais triste, responde: "Não sei, minha netinha. Têm coisas que são mesmo muito difíceis de entender". Clara cai em profundo silêncio, tentando pensar no que teria motivado a sua filha. Pensa em seu tataravô, homem que originou tamanha mudança nos rumos de sua família quando largou a família e foi para a capital. Até então, sua família vivia de forma simples como comerciantes naquela pacata cidadezinha mineira. Foi a morte repentina da matriarca, vítima de uma moléstia desconhecida, que o levou a tentar a sorte na capital. Seu pai, deprimido, deu para beber desde cedo pela manhã e não dava conta de sustentar a família. Como não tolerava tamanha tristeza, aceitou um convite da madrinha e foi estudar em Belo Horizonte. Ele montou um belo e próspero negócio de representação comercial, constituiu família, e nunca mais fez outro contato com sua família de origem que não fosse o envio mensal de sua contribuição financeira ao pai. Não o convidou nem aos irmãos para o seu casamento, nem deu notícias do nascimento dos filhos. Houve um rompimento violento com suas origens. Clara lembra de seu avô dizer, referindo-se ao pai: "Era homem forte e resoluto. Nada o parava. Só não gostava que lhe perguntassem sobre sua família. Dizia que sua família era a esposa, os filhos e seus netos!".

2. SOBRE O 'NÃO DITO'

Vemos, na história acima, um exemplo de como um ato ocorrido tempos atrás numa família pode emergir várias gerações depois sem que um elo entre eles possa ser facilmente estabelecido. Denominamos isso de 'não dito'[1] para tentar explicar memórias, afetos, e comportamentos que não passam através de uma história contada, mas através de repetições e vivências cujos elos com o passado foram se perdendo pelo caminho entre gerações. Quando a vovó da minha história, absorta em seus pensamentos, relembra aquilo que um dia ouviu, ela na verdade não é capaz de ligar conscientemente o ato de sua filha com a neta ao que ocorreu com o seu tataravô. Acreditamos que vovó Clara fez esta ligação em seu devaneio, o que nos permite inferir o laço transgeracional entre um fato e outro.

Enquanto estudiosos das transmissões psíquicas transgeracionais, nós, psicanalistas, ficamos especialmente atentos àquilo que foi negado, ou, como gostamos de nominar, forcluído (ou foracluído). São as memórias que não podem ser representadas nem conversadas no âmbito familiar, pois houve uma interdição causada por reações mal elaboradas a um fato traumático. Entendemos que essas memórias habitam o universo imaginário de uma família como algo não dizível, rememorável apenas através de atos ou sintomas psíquicos.

Silva,[2] em sua tese sobre transmissões transgeracionais, fala da saga da família Kennedy – a partir do sofrido pela matriarca desta família – para tentar explicar o enorme número de acidentes fatais que ocorre há gerações naquela família. Em seu artigo "Fantasmas no berçário",[3] Fraiberg, Adelson & Shapiro dizem que problemas no desenvolvimento e apego do bebê decorrem dos fantasmas de seus pais. Os fantasmas não lembrados impedem os pais de desenvolverem um apego profundo ao filho, o que é importante para o seu desenvolvimento.

É vasta a literatura psicanalítica sobre o tema, ultrapassando o objetivo que busco traçar neste trabalho; qual seja, o de apresentar ao público leigo um apanhado sobre essas teorias para discutir sobre a importância dos avós na constituição do psiquismo humano. Janine Puget enumera alguns desses conceitos teóricos, todos bastante complexos e encontrados na clínica psicanalítica:

> A negação, a denegação, a desmentida, como mecanismos neuróticos ou psicóticos, passaram a adquirir um novo *status* teórico quando Kaës, por exemplo, propõe a ideia de Pacto Denegativo, o que o conduz a postular seu modelo de constituição de vincularidade grupal e familiar. Podemos dizer o mesmo de Piera Aulagnier, quando ela formula o seu famoso Contrato Narcisista. Também André Green, seguindo outro caminho, se ocupa do Negativo para abordar a compreensão da psicose, a mãe branca, a mãe morta, e que volta a ser pensada por Haydée Faimberg para introduzir a ideia de Telescopagem das gerações, baseada no descobrimento da força de uma identificação alienante etc.[4]

---

1. Ver: ROSA, Miriam Debieux. *O não-dito familiar e a transmissão da história*. Psychê, Ano V, n. 8, São Paulo, 2001, p. 123-137; DOLTO, Françoise. *Quando os Pais se Separam*. Jorge Zahar: Rio de Janeiro, 1989.
2. SILVA, Maria Cecília Pereira da. *A herança psíquica na clínica psicanalítica*. São Paulo: Casa do Psicólogo; FAPESP, 2003.
3. FRAIBERG, Selma; ADELSON, Edna; SHAPIRO, Vivian. Ghosts in the Nursery: A Psychoanalytic Approach to the Problems of Impaired Infant-Mother Relationships. *Journal of the American Academy of Child Psychiatry*, v. 14, Issue 3, Summer 1975, p. 387-421, tradução livre.
4. PUGET, Janine. Prefácio. In: TRACHTENBERG, Ana Rosa Chait [et. al]. *Transgeracionalidade - de escravo a herdeiro: um destino entre gerações*. Porto Alegre: Sulina, 2013, p. 15-16, grifos no original.

3. VAMOS TENTAR DAR SENTIDO A ESSA HISTÓRIA?

Ana tenta recorrer à sua avó para tentar entender o porquê de sua mãe tê-la abandonado assim sem explicações. Sua indizível dor só encontra algum alívio no colo de sua avó, que parece conhecer algo dessa dor, apesar de tampouco saber nominá-la ou explicá-la. As reminiscências de Clara, ao associar a dor da neta à saga de seu tataravô, podem ser compreendidas no âmbito dessas dificuldades com o apego que marcam a sua família desde algumas gerações. Ao não suportar o luto pela perda de sua mãe, o tataravô de Clara busca "começar sua vida emocional do zero!" (aqui começaria a interdição, que dá lugar ao 'não dito' que atravessa várias gerações nessa família). O fato de seu pai não ter demonstrado muita capacidade para tolerar esse luto (ele "deu para beber") tampouco o ajudou a transpor este marco em sua vida que não fosse através este brutal rompimento com o passado. Mas o que acontece não é simplesmente apagado. Essas marcas se mostram presentes no caráter, nas expressões e comportamentos, e só podem ser entendidas mediante um profundo mergulho na história familiar.

Ana, sua mãe e sua avó Clara tem uma história para contar. Eu a formularia de forma mais complexa, não fora o âmbito meramente informativo deste ensaio. Mas poderíamos imaginar que um déficit de apego, entranhado em Clara, tenha se expressado em uma forte dificuldade de sua filha apegar-se à Ana? Podemos pensar que as três repetem um *script* familiar que se origina gerações atrás, quando da trágica morte da tataravó de Clara? Clara não o transmite à filha a não ser pela dificuldade de um apego mais profundo a ela. Tal entrave ao apego é transmitido à neta de forma mais contundente pela reedição do trauma transgeracional através de uma inexplicável separação.

4. A TRANSMISSÃO PSÍQUICA TRANSGERACIONAL

Na busca de explicar tais ocorrências no âmbito familiar, a Psicanálise, aliada aos estudiosos sobre a família, aliou os conceitos de construção do psiquismo aos achados de situações patológicas em bebês e crianças para desenvolver os estudos sobre as transmissões psíquicas. Aliados aos estudos sobre a Parentalidade, foi-se construindo uma série de conceitos que buscam explicar como determinados dramas familiares se constroem, se repetem, e se mantém presentes durante gerações.

Podemos enumerá-las como transmissões intergeracionais, transgeracionais, transpsíquicas e intersubjetivas. Tanto a história familiar como a cultura em que está inserido um sujeito soem ser transmitidas através de uma dessas formas. Pensamos que um bebê, ao chegar ao mundo, será inundado de significantes e significados pelo meio que o circula. Quanto maior e mais diversa for a sua exposição a essas diferentes transmissões, mais rico poderá se tornar o seu psiquismo. Não à toa, o Estatuto da Criança e do Adolescente – ECA – busca dar espaço de convivência do *infans* com o maior número possível de seus familiares. Mas nem tudo que se transmite vai promover a saúde mental nesses bebês. Destarte não ser possível saber de antemão o que será positivo ou negativo para cada indivíduo, sabemos que sintomas precoces em bebês podem hoje ser acessados via as Terapias Pais-Bebês,[5] muitas vezes com a melhoria dos sintomas e a retomada do pleno desenvolvimento daquela criança.

Dentro das transmissões psíquicas que mais podem ocasionar adoecimento mental, destacamos as transgeracionais. Segundo Silva:

> A transmissão transgeracional refere-se a material psíquico inconsciente que atravessa diversas gerações sem ter podido ser transformado ou simbolizado, promovendo lacunas e vazios na transmissão, impedindo uma integração psíquica. Portanto, uma herança transgeracional é constituída de elementos brutos, transmitidos tal qual, marcados por vivências traumáticas, não ditos, lutos não- elaborados. Por não terem sido elaborados pela ou pelas gerações precedentes, esses elementos brutos irrompem nos herdeiros, atravessam o espaço psíquico sem apropriação possível.[6]

Por apropriação possível, entendo que a autora se refere à impossibilidade de transformar esses elementos brutos em palavras, pensamentos, e nas tão importantes conversas que se dão no íntimo espaço familiar. Impossibilitada de tratar de apego e separação devido ao trauma vivido décadas atrás por seu antepassado, a mãe de Ana o "atua" ou "repete", "fazendo" com Ana aquilo que não pôde ser dito ou conversado. Aprofundando um pouco mais, pode-se sugerir que havia nessa família um traço mórbido, muitas vezes não observável ou considerado como uma forma de ser e de agir: a falta de apego ou a dificuldade de manter ligações emocionais profundas.

Para Szejer,[7] desvendar o "não dito" é condição essencial para a cura dos sintomas psíquicos do bebê. Incluem-se aí situações clínicas corriqueiras, como insônia e dificuldades na amamentação, e sintomas mais alarmantes, como asma e infecções recorrentes. Como uma das pioneiras nos estudos clínicos das relações mães-bebês, Szejer[8] acredita que uma facilitação do diálogo mãe-bebê pode ter forte impacto no desenvolvimento emocional da criança. Suas teorias incluem a participação dos avós como importantes veículos de informação acerca dos elementos brutos ou não representados que são detectados nessas intervenções terapêuticas.

5. SOBRE A AVOSIDADE

Clara, diante de sua neta Ana, tem dificuldade de explicar a atitude de sua filha. Mas é capaz de consolá-la e assim transmitir algo de apego e consideração pela dor da neta. Isso talvez seja possível pelo maior afastamento emocional que a avosidade enseja. Como nos informa Virginia Ungar:

> O relacionamento com os avós é único. Os amigos dizem: "- Você vai ver o que sentirá quando for avó, o sentimento é muito diferente daquele que você conhece em outros relacionamentos". E devo dizer que é verdade. Compreendi que não há o componente de ambivalência que está presente no relacionamento com os filhos, é puro amor![9]

---

5. GOLSE, Bernard. *Sobre a psicoterapia pais-bebê:* narratividade, filiação e transmissão. São Paulo: Casa do Psicólogo, 2003.
6. SILVA. Op. cit., 2003, p. 30-31.
7. SZEJER, Myriam. *Palavras para nascer:* a escuta psicanalítica na maternidade. São Paulo: Casa do Psicólogo, 1999.
8. *Ibidem.*
9. UNGAR, Virginia (comunicação pessoal, 27 de junho de 2020).

A avosidade, quando bem constituída, permite uma relação bem mais livre de conflitos, onde a criança percebe um amor mais livre de condicionamentos, vínculos neuróticos, e os imperativos educativos que marcam os relacionamentos pais-filhos. Como diz a velha sabedoria popular, a vovó "está ali para estragar". É um dito eivado de diferentes significados, onde "estragar" pode significar mimar, não exigir obediência, permissividade além dos limites dados aos pais etc.

O objetivo oculto dos avós é o prazer mutuamente fruído. Um prazer destituído de sexualidade genital incestuosa, onde o 'prazer das zonas erógenas' vai sendo estimulado passo a passo.

"– Quer um doce? Toma."

"– Fez xixi nas calças? E daí?"

"– Não quer trocar a fralda agora? Tudo bem, vamos antes terminar isso que estamos fazendo."

"– Nooossaaa! Você é mesmo o maior!"

Para os avós, a menor necessidade de educar pode mais facilmente dar lugar ao gozo. Mesmo respeitando certos limites, os avós já construíram uma dimensão de tempo diferente daquela experimentada pelos pais. A seta do tempo indica a eles que o deleite da vida não pode esperar. Não há tanto tempo assim para viver. Há que desfrutá-lo enquanto a vida corre em nossas veias. Assim, quando o neto(a) pergunta aos avós "Posso?", ele(a) sabe que terá uma resposta onde a transgressão será permitida em nome do gozo momentâneo. Deste modo, os avós "são legais". É bom passar tempo com eles pois há um afrouxamento das regras que postergam e limitam o prazer da vida.

Há também o tempo da conversa, das perguntas sobre os 'não ditos' familiares, da expansão da curiosidade muitas vezes barradas nas relações com os pais. Se a avosidade é um reforço de vida para aqueles que atingem este estágio de vida, para os netos é um importante espaço de aprendizado e de uma intimidade muitas vezes inibida na relação com os pais. É um outro espaço de vida, marcado por relações pessoais de outra ordem. Não é igual à relação com os pais, tampouco com as amizades com outras crianças. Não é tão presente a forte barreira do incesto (em parte devido à sexualidade própria aos idosos) que marca a relação com os pais, nem a competição e desregramento existente nas brincadeiras entre crianças.

Com os avós o tempo é outro. Há lugar para o carinho, a compreensão, e para uma parceria de outra qualidade. Para os recém natos que podem desfrutar dos cuidados oferecidos pelos avós, há um acolhimento desprovido de toda a angústia que mães de 'primeira viagem' sentem ante a necessidade de corresponder ao lugar de provedoras.

Se a relação mãe-filha é razoavelmente boa, sem muita competição, a avó pode ser de grande ajuda nos cuidados ao bebê. Com sua experiência, a avó pode mitigar as angústias que os cuidados ao nascituro podem despertar na mãe, bem como auxiliá-la nos momentos de cansaço próprios aos primeiros tempos do puerpério e da amamentação.

Num nível mais profundo, a avó pode auxiliar na importante tarefa de diferenciação entre o bebê imaginário (aquele filho que a mãe imagina ter) e o bebê real. Ao apresentar à mãe o bebê real ('– Ele está chorando de fome!, ou '– Isso não é fome, acho que ele está com frio!'), uma avó presente e compreensiva ajuda na construção de uma relação mãe-bebê menos marcada pelo imaginário, propiciando assim que o bebê se sinta melhor atendido por sua mãe, facilitando o seu desenvolvimento, sua autoestima, e sua crença num mundo externo capaz de atender às suas necessidades básicas.

6. TRANSMISSÕES PSÍQUICAS

Para ir além na compreensão dessas formas de constituição do sujeito no seio de uma família, há que traçar alguns parâmetros que foram se desenvolvendo desde que Sigmund Freud nos indicou o conceito de identificação como fundante do aparelho psíquico. Para ele, a psique vai se constituindo mesmo antes que o Eu (Ego) esteja delineado como tal. Ele supõe o aparelho psíquico quase como uma tela em branco onde marcas oriundas da realidade vão sendo deixadas. É como se nós nos constituíssemos a partir do outro, daquilo que sem que o nascituro se dê conta, vai sendo implantado nele. Ele as chamava de *marcas mnêmicas* quando começou a esboçar, em seu "Projeto",[10] as bases para o conceito de Inconsciente tão caro para a Psicanálise. Nesse sentido, Piera Aulagnier diz que "a palavra materna despeja um fluxo portador e criador de sentido, que antecipa em muito a capacidade do *infans* de reconhecer o seu significado e de dá-lo como próprio".[11]

É mister portanto reconhecer que aquilo que se vai constituindo como um ser em desenvolvimento comporta uma série de transmissões psíquicas que o alienam de si mesmo. Como indicamos na citação que abre este trabalho[12], assumir a sua herança como própria implica um árduo trabalho cuja complexidade ainda estamos longe de abarcar. Mas como já existe farta bibliografia a respeito[13], cabe tentar explicitar apenas o que considerei necessário para o leitor compreender a questão.

Kaës[14] ressalta quatro áreas significativas onde se daria a transmissão psíquica:

a) *Área Intrapsíquica* – que abrange aquilo que poderíamos chamar de uma 'conversa interna', onde elementos psíquicos 'passeiam' de uma instância psíquica à outra, mas se mantém dentro do próprio psiquismo da pessoa. Um bom exemplo é o ocorrido com Clara, ao associar internamente a queixa da neta com o passado de seu tataravô (mesmo que de forma inconsciente, pois através de um devaneio que não lhe permite fazer a ligação entre os dois fatos).

---

10. FREUD, Sigmund (1895). Projeto para uma psicologia científica. In: *Edição standard brasileira das obras psicológicas completas de Sigmund Freud*, v. 1. Rio de Janeiro: Imago, 1996.
11. *apud*. MELLO, Vera Maria Homrich Pereira de. Entre luz e trevas: o legado transgeracional de um luto não elaborado na realidade psíquica de uma criança. In: TRACHTENBERG, Ana Rosa Chait [et. al]. *Transgeracionalidade - de escravo a herdeiro:* um destino entre gerações. Porto Alegre: Sulina, 2013, p. 121.
12. Ver epígrafe.
13. A esse respeito, cabe dizer que este trabalho é tributário de inúmeros autores com os quais tive contato. Eles trabalharam não só o tema da transmissão psíquica de forma aprofundada, como também muitos aspectos das relações mães-bebês. Cito alguns aqui: Bernard Golse, John Bowlby, Françoise Dolto, D. W. Winnicott, Bruno Bettelheim, Serge Lebovici, Donald Meltzer, Thomas Ogden e Melanie Klein.
14. KAËS, R. Introdução – O sujeito da herança. In KAËS, R.; FAIMBERG, H.; ENRIQUEZ, M. & BARANES, J. J. *Transmissão da vida psíquica entre as gerações*. São Paulo: Casa do Psicólogo, 2001.

b) *Área Intersubjetiva* – aqui a transmissão se dá de pessoa a pessoa, mesmo que parte dela se dê de forma inconsciente. Aquilo que é transmitido afeta a pessoa que recebe a mensagem, podendo ser transformada pelo receptor. No nosso exemplo, não dissemos como Ana recebeu a resposta de sua avó, mas podemos especular que ao recebê-la, a mensagem pode ter variados efeitos em Ana (ela pode se acalmar, ou ver despertar nela uma curiosidade sobre o que a avó disse, ou mesmo entender que há uma interdição ali e que não deve perguntar mais nada.).

c) *Área Transpsíquica* – é aquela dos elementos transmitidos de forma bruta, não elaborável psiquicamente. Os 'não ditos' são um bom exemplo disso, abrindo uma área da mente onde não é possível haver desenvolvimentos. A 'cripta' referida acima, ou as 'lacunas mentais' são o corolário desse tipo de transmissões psíquicas. Como tentei demonstrar com o exemplo dado, fica uma área (no caso, o apego e o cuidado maternos) não desenvolvida na mente, impossibilitada de se desenvolver se não houver uma intervenção (muitas vezes somente através de ajuda especializada) externa.

d) *A Formação do Eu (Ego)* – conforme exposto acima, desde Freud entendemos que há uma parte do desenvolvimento da mente que ocorre antes que haja um Eu (ou Ego) capaz de fazer a intermediação entre o eu e o mundo externo. Pode-se dizer que as transmissões do tipo 'transpsíquicas', que passariam a ter um lugar na estrutura do indivíduo em forma de 'cripta' ou 'lacuna', seriam próprias dessa fase do desenvolvimento do Eu. Quando o Eu se forma, já existiriam, portanto, 'dispositivos' mentais para fazer a intermediação e metabolização das transmissões psíquicas de uma forma que podemos chamar de 'mais desenvolvidas'.

Essas quatro áreas descritas acima englobam complexa teoria psicanalítica que busca dar sentido àquilo que encontramos na clínica com pacientes e na vida cotidiana. São formas de compreender o psiquismo humano e a sua formação.

> Nas áreas acima, Kaës (2001) ressalta e enfatiza a sujeição do sujeito aos conjuntos dos quais ele procede, seja a família, o grupo, as instituições ou a massa. Como refere o autor: " Neste conjunto que recebe a criança, que a nomeia, que terá sonhado com ela, que nela investe e lhe fala, o sujeito do grupo se torna sujeito falante e sujeito falado, não somente pelo efeito da língua, senão pelo efeito do desejo dos que – como antes de tudo a mãe – se fazem também os porta-vozes do desejo, da proibição, das representações de conjunto, ou seja, ocorrem inúmeras ações psíquicas que fazem com que o sujeito, em seu inconsciente, perceba uma necessidade dupla de "ser para si mesmo seu próprio fim" e também de ser "o elo de uma cadeia à qual está submetido sem a participação de sua vontade" (p. 11).[15]

Vera de Mello, em sua bela descrição dos avatares dessas transmissões psíquicas que terminam por se mostrar um empecilho ao desenvolvimento, explicita que:

> Na transmissão transpsíquica, portanto, o sujeito fica depositário de uma parte não explícita e não acessível da história de um outro, acarretando um nível de alienação de sua própria subjetividade. Observa-se, nessas situações, uma tendência à repetição de acontecimentos vividos, em que o indizível,

---

15. apud. TRACHTENBERG, Ana Rosa Chait & CHEM, Vera D. M. Homenagem a René Kaës. In: TRACHTENBERG, Ana Rosa Chait [et. al]. *Transgeracionalidade – de escravo a herdeiro: um destino entre gerações*. Porto Alegre: Sulina, 2013, p. 24.

o inominável, o inconfessável são transmitidos sem serem elaborados, sem serem pensados, sem serem simbolizados de geração à geração.[16]

A definição de herança transgeracional se mistura com a da transpsíquica, pois sua denominação depende do ângulo pela qual é abordada: ou a sua perpetuação através das gerações, ou a forma como é transmitida ao *infans*. Me parece, no entanto, que o leitor poderá se beneficiar do conhecimento dessas duas denominações, uma vez que ambas estão implicadas na presença de material psíquico não elaborável/digerível na mente de um sujeito.

Tisseron o descreve magistralmente:

> Quando em uma geração, após um trauma que pode ser um luto, mas que também pode ser qualquer tipo de experiência traumática, o trabalho de elaboração psíquica não é realizado, resulta-se, como consequência, uma clivagem que constituirá para as gerações subsequentes uma verdadeira pré-história de sua história pessoal. O evento em questão pode ser chamado de "indizível", na medida em que está psiquicamente presente naquele (ou naqueles) que o experimentou, mas de tal maneira que este não pode falar sobre isso, na maioria das vezes por conta de vergonha. Este sujeito é portador de uma "cripta".[17]

É assim que seguimos em nosso intento de destrinchar nossa história fictícia, para dar sentido ao abandono vivido por Ana. Sua mãe, impossibilitada de ter acesso à história do tataravô de sua mãe, repete-o como ato. Não importa, aqui, no que pensamos ser importante para uma explicação longitudinal de tais atos, os motivos conscientes que a levaram a deixar a filha. Pode ser um caso amoroso proibido, um acidente fatal, ou um mero comportamento desleixado em relação à filha. O que me parece importante destacar é a ligação que podemos fazer entre a morte de um antepassado, a dificuldade de seus parentes em fazer o luto por essa perda, e a transmissão transgeracional que vai atingir um parente muitas gerações adiante. Assim como a morte da tataravó de nossa história foi vivida como um abandono irreparável, impossível de ser digerido psiquicamente, a ausência da mãe de Ana acaba por ser vivida por ela da mesma forma: algo sem explicação, impossível de ser adequadamente metabolizada psiquicamente. Destaco que apenas a sua avó é detentora de uma memória, que lhe surge como um devaneio naquele momento de encontro amoroso com a sua neta, capaz de dar sentido ao trauma inexplicável para Ana. Ao perguntar à sua avó o que aconteceu, Ana abre um espaço para que ela e sua avó possam reparar um fato traumático ocorrido várias gerações atrás. Como vocês podem deduzir do exemplo dado, Ana e sua avó, diferentemente do que fez o tataravô, se encontram ternamente, conversam, e aceitam que aquela dor seja dizível. É uma esperança de redenção deste trauma para esta família.

7. TRANSMISSÃO INTERGERACIONAL

As transmissões intergeracionais seriam aquelas mensagens que são passadas entre gerações adjacentes. Elas ocorrem por comunicações diretas entre pais e filhos, e

---

16. MELLO. Op. cit., p. 122.
17. TISSERON, Serge. Introducción – El psicoanálisis ante la prueba de las generaciones. In: TISSERON, Serge et. al. *El psiquismo ante la prueba de las generaciones:* clinica del fantasma. Buenos Aires: Amorrortu, 1997, p. 18, tradução livre.

englobam vivências, afetos, palavras, recordações, sonhos e fantasias, bem como aquilo que procuramos demonstrar com o conceito de identificação. Diferentemente das comunicações dos 'não ditos' ou 'não elaborados psiquicamente', podemos dizer que os conteúdos das transmissões intergeracionais são de mais fácil acesso à consciência, passíveis portanto de representações 'dizíveis' ou comunicáveis. Nesse sentido, Tisseron,[18] acompanhando o pensamento de Nicolas Abraham, diz que as influências entre as gerações não ocorreriam em torno de conteúdos psíquicos que estariam presentes "em oco" (ou 'em lacuna'), mas através de símbolos fragmentados ou em pedaços. Haveria, portanto, formas não-verbais de simbolização, a exemplo da modalidade de pensamento sensório-afetivo-motor. Vejamos:

> Dito de outro modo, todo símbolo inclui: uma participação do lado da percepção, de suas marcas e, portanto, as imagens que estão ligadas a elas (ou aquelas geradas por suas transformações); uma participação do lado dos afetos, tanto positivos (como a alegria) como negativos (como a angústia, o ressentimento ou a raiva); uma participação do lado motor (que consiste nas potencialidades de ação, ou seja, nos atos que o sujeito se sente compelido a realizar, quer o faça ou não); uma participação no lado da linguagem verbal.[19]

Ainda seguindo o nosso exemplo, quando Clara diz à Ana "Não sei, minha netinha. Têm coisas que são mesmo muito difíceis de entender", ela não desmente as sensações vividas por Ana, tampouco as explica de forma a dar um sentido ao ininteligível. Clara simplesmente dá lugar à emergência dos sentimentos de tristeza e abandono vivenciados por Ana, e se oferece como um ombro amistoso e acolhedor àqueles sentimentos. Destaco isso por conter, neste ato, a possibilidade de uma diferente elaboração do luto. Se um antepassado não pôde lidar com o luto a não ser através do rompimento com o passado, Clara oferece à Ana uma outra opção: um espaço afetivo onde as dores e as tristezas podem ser experimentadas, ditas, e digeridas. Ademais, ela dá lugar à possibilidade de dúvidas e falta de explicações próprias àquele fato. Dentro dos estudos sobre o CUIDADO, penso que esta descrição aborda uma plêiade de elementos emocionais contidos nos cuidados providos pela vovó Clara à sua neta Ana.

Acreditamos que os 'ocos' mentais, bem como os aludidos símbolos fragmentados, podem ser desenvolvidos caso existam condições ótimas para tanto. A dúvida e a curiosidade são propiciadoras de desenvolvimento psíquico e intelectual, sendo que a presença dos avós são importantes também por seu referido 'amor sem ambivalência'. Os aspectos sadios da mente do menor em 'situação especial de desenvolvimento' encontram nos avós um campo rico para essas necessárias operações psíquicas.

8. VOVÓ, COMO FOI QUE MAMÃE NASCEU?

A pergunta que dá título a este trabalho pode, portanto, dar lugar a diversas respostas. Meu intento aqui era justamente explicitar a polissemia contida na pergunta e dar lugar a alguns sentidos que nós psicanalistas fomos desenvolvendo nos estudos sobre as relações humanas, seus desvios, e sua etiologia. Diferentemente de outros estudiosos,

---
18. *Ibidem*.
19. *Ibidem*, p. 21, tradução livre.

que pesquisam as implicações genéticas ou neurocientíficas acerca dos comportamentos humanos, buscamos fazer uma dissecção das variadas formas de transmissão possíveis não só de comportamentos, caracterologias, e afetos, mas também de vincularidades próprias das dinâmicas familiares.

Quando um(a) neto(a) pergunta aos avós como foi que sua mãe nasceu, pensamos estar nessa pergunta uma gama enorme de questões relativas à herança familiar que cada um carrega e deve tomar posse. Os avós, na medida em que se encontrem emocionalmente disponíveis para o diálogo e convivência com os seus netos, podem dar a eles um sentido histórico vasto e profundo sobre as formações culturais, afetivas, e históricas que desembocaram no nascimento da mãe (e porque não dizer do pai) de seu/sua neto/a. Com isso, alarga-se para o *infans* não só o conhecimento de suas origens, mas também muito de sua constituição como um ser para o mundo. Ele passa a compreender que não é apenas fruto da relação de seus pais, mas que se insere numa corrente histórica própria que o marca através das diversas formas descritas neste trabalho.

9. À GUISA DE CONCLUSÃO

Como busquei evidenciar nesse texto, à pergunta que Ana faz à sua avó, há uma gama enorme de explicações e respostas. Existe a resposta doce e compreensiva da vovó que diz: "Não sei, minha netinha. Têm coisas que são mesmo muito difíceis de entender!"; mas existe também a resposta não dita mas pensada pela avó: suas reminiscências sobre o seu tataravô.

Penso que a teorização aqui descrita nos permite ir além do mero devaneio de Clara e buscar, num trabalho psicanalítico profundo, dar voz e significado a estes atos e sintomas que perpassam tantas gerações em uma família. Não se trata de achar culpados ou de demonizar estes atos. Para além da culpabilização, nós buscamos formas de dar um sentido aos comportamentos humanos. Ao destrinchar o ocorrido em várias gerações, nos é possível compreender como um antepassado foi destroçado psiquicamente por uma situação traumática. Podemos também ajudar uma família a dar sentido e incorporar a sua história não através de sintomas e repetições, mas através de uma verdadeira compreensão das vicissitudes vividas, bem como de suas formas adoecidas de reação aos traumas.

Este texto é também uma homenagem ao meu avô materno, homem culto, estudioso da história e dos idiomas, que buscava em nossas conversas inserir o tanto de cultura que herdamos ao conhecer a 'História do Mundo'. Somos todos tributários dessa História, bem como nos é legada a incumbência de transmiti-la aos que venham a nos suceder.

O PAPEL DOS AVÓS NA GRAVIDEZ INFANTOJUVENIL

Taisa Maria Macena de Lima

Doutora e Mestre em Direito pela UFMG. Professora da Graduação e do Programa de Pós-graduação (mestrado e doutorado) em Direito na PUCMinas. Ex-bolsista do DAAD. Conselheira do KAAD. Desembargadora do Trabalho.

Maria de Fátima Freire de Sá

Doutora (UFMG) e Mestre (PUCMinas) em Direito. Professora da Graduação e do Programa de Pós-graduação (especialização, mestrado e doutorado) em Direito na PUCMinas. Pesquisadora do Centro de Estudos em Biodireito – CEBID. Advogada.

Sumário: 1. Revisitando o papel dos avós. 2. Quando a vida e o cinema se confundem. 3. Autonomia progressiva da criança e do adolescente e a competência *Gillick*. 4. O cuidado dos avós em substituição dos direitos-deveres parentais.

1. REVISITANDO O PAPEL DOS AVÓS

Quem nunca ouviu o ditado "os avós são pais duas vezes"? Parece que era assim que os avós se sentiam. Instigados a apoiar os filhos na educação e na criação dos netos, eles aceitavam de bom grado a incumbência, sabedores de que a melhor parte estaria com eles. Era-lhes permitido ser mais condescendentes com os erros dos netos confiantes de que os pais assumiriam efetivamente o encargo educacional e imporiam os limites necessários. Era-lhes permitido, também, ser mais generosos com os netos do que foram com os filhos, mimando-os, porque cientes de que os custos com a educação seriam suportados pelos genitores. Afinal, já aposentados e com os filhos criados, podiam assumir o papel de avós presentes e amorosos. Os dois extremos da vida, infância e velhice, se encontravam nas casas de veraneio, nas brincadeiras nos quintais dos avós, na mesa de quitutes do lanche da tarde no dia ensolarado de férias.

Todavia, o tempo passou e tudo mudou. A crescente infantilização dos adultos redesenhou o papel dos avós na criação dos netos. São muitas as famílias em que o genitor não comparece financeiramente, comprometendo o sustento dos filhos e gerando, para os avós, uma obrigação antes impensável.

Essa presença na vida familiar é sobremaneira visualizada quando os pais, precocemente, tornam-se avós, porque as filhas e/ou filhos, prematuramente, tornaram-se mães e/ou pais. São crianças trazendo outras crianças a esse mundo.

Não raro, nos casos de gravidez infantojuvenil, a criação, o sustento e a educação da criança são assumidos pelos avós, mesmo que juridicamente não lhes caiba o exercício da autoridade familiar, nem haja decisão judicial deferindo-lhes a tutela ou a guarda do neto ou neta.

Neste texto, voltado para o exercício da avosidade, o tema central é o papel dos avós na gravidez na infância e na adolescência, o que importa o enfrentamento de questões polêmicas, na perspectiva do direito.

Iniciamos essa abordagem com análise de dois filmes sobre a gravidez na adolescência, salientando a relevância da conduta dos pais – futuros avós – no exercício dos direitos das gestantes e no destino das filhas e netos.

Em seguida, adentramos na questão da autonomia progressiva da criança e da adolescente, com ênfase na competência *gillick*, ou seja, na aptidão, que pode ser reconhecida tanto a pessoas capazes como a pessoas incapazes, para tomar decisões de natureza médica.

Por fim, passamos a revisitar o papel dos avós na vida dos netos e das netas que nasceram de uma gravidez infantojuvenil e as questões jurídicas dele decorrentes.

2. QUANDO A VIDA E O CINEMA SE CONFUNDEM

Juno é um filme americano-canadense de 2007, com roteiro original de Diablo Cody e dirigido por Jason Reitman. Trata-se de uma comédia-drama, em que Juno MacGuff, protagonizada por Ellen Page, engravida, aos dezesseis anos, de seu melhor amigo Paulie Bleeker, interpretado por Michael Cera.

Como tantas outras adolescentes de sua geração, Juno vive protegida pelo pai e pela madrasta, sem maiores preocupações na vida. Após uma única relação sexual, Juno descobre-se grávida. Consciente de que não está preparada para assumir a maternidade naquele momento de sua vida, em um primeiro impulso resolve interromper a gravidez, ideia abortada quando já se encontrava na clínica.

Conversando com sua amiga Leah (Olivia Thirlby), Juno decide procurar pais adotivos que ofereçam à criança uma vida familiar estruturada. É assim que Vanessa (Jennifer Garner) e Mark (Jason Bateman) entram em sua vida. O encontro é marcado na residência do casal, com o acompanhamento da advogada deles que, inclusive, oferece a Juno compensação financeira, prontamente recusada. A menina deixa claro que sua intenção é proporcionar à criança uma vida feliz.

É importante salientar que Juno teve o apoio de sua família quando decidiu ter a criança e encaminhá-la para adoção, o que foi fundamental para o exercício da autonomia pela adolescente. No entanto, nem sempre isso é possível, como no drama *Philomena*.

Baseado em história real, o filme é dirigido pelo inglês Stephen Frears e narra a trajetória da enfermeira irlandesa Philomena Lee, interpretada por Judi Dench, na busca pelo filho Anthony, que teve na adolescência.

Na Irlanda da década de 1950 foram muitas as jovens solteiras que, grávidas e abandonadas pelas famílias, foram recolhidas em conventos. Em troca de alimentação e moradia, lá trabalhavam por anos a fio, quase que em regime servil. As crianças nascidas nessas instituições eram encaminhadas, contra a vontade de suas mães, para a adoção por casais abastados que, agradecidos pela oportunidade de se tornarem pais, faziam doações significativas à Igreja Católica.

Foi nesse ambiente hostil às chamadas "mães solteiras" que viveu Philomena. E certamente foi por isso que ela escondeu, durante cinquenta anos, esse filho jamais esquecido. O fato só veio à luz quando finalmente teve coragem de confessar tudo à sua filha que a encorajou a descobrir o paradeiro do irmão. É nesse momento que o jornalista Martin Sixmith, interpretado por Steve Coogan (coprodutor e corroteirista do filme), inicialmente relutante, aceita escrever um livro de história de interesse humano e passa a investigar, não só o paradeiro daquela criança, mas todos os fatos relacionados à Irlanda católica.

Confrontando as duas narrativas, a primeira fictícia e a segunda real, sobressai a distinção entre o exercício da autonomia para levar adiante a gravidez e a posterior escolha pelo exercício da maternidade. No primeiro caso, Juno pode escolher ter o filho e, destinando-o a adoção, claramente escolheu não exercer a maternidade. No segundo caso, Philomena sequer cogitou interromper a gravidez, algo impensável por dupla razão: os próprios valores católicos que ela assimilou e o ambiente opressor no qual estava inserida. A escolha pelo exercício da maternidade foi-lhe dolorosamente retirada. Em uma visão atual é de se defender que cabia somente à Philomena a opção pelo exercício ou não da maternidade, o que não era o pensamento nem a prática da época.

3. AUTONOMIA PROGRESSIVA DA CRIANÇA E DO ADOLESCENTE E A COMPETÊNCIA *GILLICK*

Retomando a pergunta: seria possível impor à gestante, menor de idade, um aborto indesejado? E, se além de menor, a gestante for portadora de enfermidade ou deficiência mental, poderá ela decidir? Problematizando ainda mais a situação: podem os pais da gestante, avós da criança por nascer, proibir a interrupção da gestação contra o desejo da menor de fazer o aborto, naqueles casos em que a lei o permite?

Tais questões passam pela análise da extensão e limites da autoridade parental em face da autonomia da criança e do adolescente. As possibilidades de atuar e de decidir, conferidas pelo ordenamento jurídico aos titulares do poder familiar não se encontram no campo da autonomia privada. A autonomia se dá quando a ação é livre. Assim, caracteriza-se como ato negocial a autorização para um tratamento médico; por exemplo, uma cirurgia de reconstituição de mama, concedida pela própria paciente. Todavia, quando os pais decidem pela interrupção da gravidez da filha menor, está-se diante do exercício de um múnus, de modo que a decisão deve ser tomada em benefício da própria menor, mesmo quando isso contrarie os interesses do titular da autoridade parental. Trata-se, portanto, de ação necessária e não de ação livre.

A distinção acima encontra-se alicerçada nas lições de João Baptista Villela[1] quando traça os contornos do ato jurídico não negocial em confronto com os negócios jurídicos:

---

1. VILLELA, João Baptista. Do fato ao negócio: em busca da precisão conceitual. In: *Estudos em homenagem ao professor Washington de Barros Monteiro*. São Paulo: Saraiva, 1982, p. 265.

> [...] dir-se-á que o negócio se distingue do ato em que aquele é uma ação *livre*, este uma ação *necessária*. [...] Certo que também nos negócios há submissão a vínculo. Neles, contudo, o compromisso surge, para usar a feliz observação de Rescigno, da liberdade e vontade dos sujeitos (cf. *Manuale*, cit., p. 261). O consentir em intervenção cirúrgica, por exemplo, só não tem natureza negocial para o agente que se encontre sob o dever de praticá-lo, como é o caso do representante do paciente incapaz. Mas é negócio próprio e verdadeiro quando o paciente é também autor da declaração, ressalvada a hipótese de um suposto dever jurídico para consigo próprio.

Fica claro, portanto, que a tomada de decisão pelos pais deve observar, de um lado, o dever de cuidado inerente à autoridade parental e, de outro, a autonomia do menor nos limites delineados pela ordem jurídica, em especial o Estatuto da Criança e do Adolescente.[2]

Como pessoa humana em processo de desenvolvimento, a criança e o adolescente têm direito à liberdade, ao respeito e à dignidade, entre outros. Como componente do direito à liberdade, o art. 16[3] refere-se a "opinião e expressão" (inciso II), ou seja, se lhes garante o direito de ter ideias próprias e de expressá-las. Não foi explicitamente incluído, no direito de liberdade, a faculdade de tomar decisões sobre o próprio corpo. Contudo, é-lhes assegurado o direito ao respeito que, nos termos da lei, consiste na inviolabilidade da integridade física, psíquica e moral, abrangendo a preservação da imagem, da identidade, da autonomia, dos valores, ideias e crenças, dos espaços e objetos pessoais.

Esse quadro normativo é suficiente para se falar em uma autonomia corporal da gestante menor de idade. Assim, em caso de gravidez, não há como ignorar o seu *desejo* de ter a criança e mantê-la consigo; ter a criança e encaminhá-la para a adoção ou, ainda, praticar o aborto, nos casos em que a lei o permita.

Essas decisões, no entanto, são sérias e graves e podem comprometer o futuro, não apenas da menina que se encontra grávida, como da criança que irá nascer. Ouvir a criança e o adolescente configura-se dever jurídico. Necessário salientar que não se pretende defender que recaia sobre a criança ou o adolescente a responsabilidade da decisão; o que se defende é a sua participação no processo decisório, tal como preconiza o art. 12 da Convenção sobre os Direitos da Criança,[4] adotada pela Assembleia Geral das Nações Unidas em 20 de novembro de 1989, e ratificada pelo Brasil em 1990:

> 1 – Os Estados Partes garantem à criança com capacidade de discernimento o direito de exprimir livremente a sua opinião sobre as questões que lhe respeitem, sendo devidamente tomadas em consideração as opiniões da criança, de acordo com a sua idade e maturidade. 2 – Para este fim é assegurado à criança a oportunidade de ser ouvida nos processos judiciais e administrativos que lhe respeitam, seja diretamente, seja através de representante ou de organismo adequado segundo as modalidades previstas pelas regras de processo da legislação nacional.

---

2. BRASIL. Lei 8.069 de 13 de julho de 1990. Dispõe sobre o Estatuto da Criança e do Adolescente e dá outras providências. Brasília. DF: Presidência da República, [2020]. Disponível em: [http://www.planalto.gov.br/ccivil_03/leis/l8069.htm]. Acesso em: 25.06.2020.
3. Vide artigo 16 do Estatuto da Criança e do adolescente.
4. BRASIL. Decreto 99.710 de 21 de novembro de 1990. Promulga a Convenção sobre os direitos da criança. Brasília, DF: Presidência da República. Disponível em: [http://www.planalto.gov.br/ccivil_03/decreto/1990-1994/d99710.htm]. Acesso em: 25.06.2020.

Não se pode esquecer, no entanto, a pessoa concreta. Situações haverá em que a menina gestante terá maturidade para participar ativamente do processo de decisão. De outro modo, a menina poderá ver-se totalmente despreparada para elaborar uma opinião, quanto mais expressá-la. Tal benesse legal recairia sobre ela como um peso insuportável. É difícil imaginar que uma menina de dez anos, abusada sexualmente por um membro da própria família, tenha as mesmas condições emocionais de participar de um processo decisório e exercer a maternidade com tão tenra idade, quanto uma jovem de quinze ou dezesseis anos. Talvez aqui a distinção da Lei brasileira entre criança e adolescente[5] tenha um papel relevante.

Os critérios para se reconhecer à criança e ao adolescente a possibilidade juridicamente garantida de tomada de decisões nas questões que lhe são afetas ou, ao menos, participar do processo decisório vem sendo alvo de discussão nas últimas décadas. Prova disso é o Caso Gillick,[6] apreciado pela Corte inglesa, em 1986.

Em verdade, o Caso Gillick representa um marco na conquista do direito de adolescentes e crianças receberem informações médicas, independentemente da autorização de seus pais ou responsáveis.

Gillick é o nome de uma preocupada mãe de cinco filhas que, inconformada com o disposto na circular – HSC(IS)32, emitida em 1974 pelo Departamento de Saúde e de Segurança Social do Reino Unido, requereu às autoridades locais a proibição de fornecer informações referentes a métodos contraceptivos às suas filhas, até que completassem a idade de dezesseis anos ou apenas mediante sua autorização.

A Circular mencionada é dirigida aos profissionais da área da saúde do planejamento familiar dedicando a seção G[7] aos jovens. De acordo com a Circular, as consultas clínicas devem ser disponibilizadas para pessoas de todas as idades. Sugere um tratamento

---

5. ECA, Art.2º. Considera-se criança para efeitos desta Lei, a pessoa até doze anos de idade incompletos, e adolescente aquela entre doze e dezoito anos.
6. As informações jurídicas sobre o caso foram retiradas do site: [http://www.cirp.org/library/legal/UKlaw/gillickvwestnorfolk1985/].
7. REVISED SECTION G-THE YOUNG: Clinic sessions should be available for people of all ages, but it may be helpful to make separate, less formal arrangements for young people. The staff should be experienced in dealing with young people and their problems. There is widespread concern about counselling and treatment for children under 16. Special care is needed not to undermine parental responsibility and family stability. The Department would therefore hope that in any case where a doctor or other professional worker is approached by a person under the age of 16 for advice in these matters, the doctor, or other professional, will always seek to persuade the child to involve the parent or guardian (or other person in loco parentis) at the earliest stage of consultation, and will proceed from the assumption that it would be most unusual to provide advice about contraception without parental consent. It is, however, widely accepted that consultations between doctors and patients are confidential and the Department recognises the importance which doctors and patients attach to this principle. It is a principle which applies also to the other professions concerned. To abandon this principle for children under 16 might cause some not to seek professional advice at all. They could then be exposed to the immediate risks of pregnancy and of sexually-transmitted disease, as well as other long-term physical, psychological and emotional consequences which are equally a threat to stable family life. This would apply particularly to young people whose parents are, for example, unconcerned, entirely unresponsive, or grossly disturbed. Some of these young people are away from their parents and in the care of local authorities or voluntary organizations standing in loco parentis. The Department realizes that in such exceptional cases the nature of any counselling must be a matter for the doctor or other professional worker concerned and that the decision whether or not to prescribe contraception must be for the clinical judgment of a doctor.

menos formal aos jovens, feito por uma equipe com experiência e, ainda, que o médico aconselhe o jovem a envolver seu representante legal.

Inclui-se, nas atribuições do médico, o aconselhamento e a avaliação acerca da prescrição de métodos contraceptivos à criança ou ao adolescente, ainda que sem o consentimento dos pais.

A autora justificou o requerimento sustentando que dar informações sobre métodos contraceptivos sem autorização dos pais viola o direito à autoridade parental, argumento que não foi acolhido. Segundo o magistrado, informações dadas aos jovens, por si só, não incentiva a prática de atos sexuais por menores de dezesseis anos. Salientou, ainda, que o interesse dos pais sobre a vida dos filhos é, antes de tudo, um dever, e não um direito.

Em sede de recurso a mãe teve sua pretensão acolhida. O Tribunal de Recursos considerou a circular ilegal ao fundamento de que menores de dezesseis anos não podem receber aconselhamento sexual sem autorização de seus pais ou responsáveis. Contra essa decisão o Departamento de Saúde se insurgiu recorrendo à *House of Lords*.

A Corte decidiu pela licitude da Circular afirmando que a autoridade parental visa proteger a criança, tratando-se de um dever dos pais. Ao final, prevaleceu o entendimento de que é permitido ao menor de dezesseis anos dar seu consentimento em questões relacionadas a tratamento médico, independentemente de autorização do representante legal, desde que seja considerado apto para tanto pelo profissional da saúde.

O Caso Gillick deu origem ao termo Competência Gillick (*Gillick Competence*). Para apurar se a criança ou o adolescente tem a compreensão necessária para tomada de decisões, foram criados os denominados testes Gillick (*Fraser Guidelines* e o teste de Lorde Scarman), elaborados por dois dos juízes que julgaram a questão.

Para Lorde Scarman os critérios são inteligência e discernimento, que devem ser avaliados pelo médico diante de cada situação.

Jane Fortin[8] comenta a proposta de Lorde Scarman:

> [...] A fórmula para apurar a competência de Gillick elaborada por Lorde Scarman, para todos os efeitos, proporciona um excelente método pelo qual os médicos podem identificar os pacientes adolescentes que são suficientemente maduros para tomar decisões responsáveis. Ele permite que um médico adote uma abordagem muito mais inteligente para o conceito de capacidade do que só depender da idade ou até mesmo na evidência de pesquisa sobre o crescimento cognitivo das crianças. O teste é funcional – o menor tem capacidade de compreender, e, portanto, concordar com o procedimento, dependendo da gravidade do que é proposto. Mesmo assim, a dificuldade implícita no teste de avaliação da competência de Gillick é sua enganosa simplicidade. Na verdade, foi apenas no contexto de uma prestação de aconselhamento e tratamento contraceptivo que essa orientação foi desenvolvida. Em contextos

---

8. No original: "[...] Lord Scarman's Gillick competence formula, to all intents and purposes, provides an excellent method whereby doctors can identify those teenage patients who are sufficiently mature to reach responsible decisions for themselves. It allows a doctor to adopt a far more intelligent approach to the concept of capacity than one merely relying on age or even on the research evidence on children's cognitive growth. The test is a functional one – whether the minor has capacity to comprehend, and therefore consent to, the procedure depends on the gravity of what is proposed. Even so, the difficulty implicit in the test for assessing Gillick's competence is it's deceptive – simplicity. Indeed, it was only in the context of the provision of contraceptive advice and treatment that such guidance was developed further. In more general medical contexts, Gillick's left doctors with no clear guidelines over the circumstances in which they can accept that an adolescent can consent to a particular procedure without involving his or her parents". FORTIN, Jane. *Children's rights and the developing law*. 3. ed. Nova York: Cambridge University Press, 2009, p. 148.

médicos mais amplos, o teste de Gillick deixa os médicos sem diretrizes claras sobre as circunstâncias em que se pode aceitar que um adolescente possa consentir em um determinado procedimento, sem envolver seus pais. (*Tradução nossa*).

A proposta de Lorde Fraser consiste na apuração de cinco elementos:

(1) estar convicto de que o jovem compreende o aconselhamento/tratamento; (2) não deve forçar o jovem a informar os pais ou a dar-lhe autorização para tal; (3) deve suspeitar que o jovem vai, quase certamente, começar ou continuar a ter relações sexuais com ou sem proteção; (4) deve suspeitar que, se o jovem não receber tratamento contraceptivo, a sua saúde física ou mental poderá sofrer danos; (5) deve considerar ser do melhor interesse do jovem receber aconselhamento ou tratamento contraceptivo sem o conhecimento ou consentimento dos pais.[9]

Transpondo essa construção do Direito inglês para a realidade da gestação precoce, o primeiro aspecto a ser verificado é se há, por parte da gestante, inteligência e discernimento (Lorde Scarman) suficientes para enfrentar essa delicada situação. A maior ou menor autonomia jurídica vai depender do maior ou menor amadurecimento psicológico da jovem. Situações haverá em que ela estará pronta para decidir, outras, apenas para participar do processo de decisão e, por fim, situações em que não estará pronta quer para participar do processo decisório, quer para decidir. Neste último caso, a decisão ficará a cargo dos representantes legais, no melhor interesse da criança ou do adolescente.

O que parece ser mais tormentosa é a última hipótese aventada, qual seja, a da incompetência da criança para participar e/ou tomar decisão, recaindo sobre os pais essa responsabilidade. Se a gestação decorre de violência sexual, abre-se caminho para o chamado aborto sentimental, não punível no Direito brasileiro. Contudo, haverá sempre a hipótese de os pais, na circunstância do caso, decidirem pela continuidade da gravidez.

Quando a gravidez não decorre de violência sexual, nem põe em risco a vida da gestante, do ponto de vista jurídico, não há possibilidade de abortamento. Haverá, no entanto, decisões importantes que vão atingir a menina gestante e a criança por nascer. Assim, o princípio do melhor interesse da criança se desdobra para alcançar ambas.

Voltando à ficção, não há como negar que no caso da protagonista Juno, dar a criança em adoção foi a solução encontrada para atender tanto os interesses de Juno quanto os direitos do recém-nascido, devidamente acolhido por uma mãe amorosa. Enquanto isso, Juno poderia seguir a trajetória de adolescente e esperar o momento adequado para o projeto de maternidade. Diferentemente, a realidade de Philomena: a criança pode até ter tido uma boa vida, mas a gestante teve seus direitos violados.

4. O CUIDADO DOS AVÓS EM SUBSTITUIÇÃO DOS DIREITOS-DEVERES PARENTAIS

Por fim, há que se enfrentar a situação mais frequente. A adolescente dá à luz e assume a maternidade jurídica. A situação sugere vários desdobramentos considerando não

---

9. ABREU, Catarina Maria Pedro. *As regras de obtenção do consentimento para intervenções médicas em menores*: o significado da Gillick competence e a possível adoção da figura em Portugal. 2012. 47f. Dissertação (Mestrado) – Universidade Católica Portuguesa. Programa de Pós Graduação em Direito. 2012. p. 16.

apenas o discernimento, mas também a faixa etária, porquanto este é um dos critérios eleitos pelo legislador para definir a categoria de plenamente capazes, relativamente incapazes e incapazes. Isso nos leva à seguinte indagação: a atribuição da autoridade parental decorre do simples fato biológico da procriação? Ou também é exigido que os pais biológicos sejam plenamente capazes nos termos da lei civil?

Respeitáveis vozes do Direito brasileiro[10] defendem que o adolescente, seja absoluta ou relativamente incapaz, titulariza a autoridade familiar e tem a representação legal do filho menor, afirmando que o exercício desse múnus não está vinculado à idade dos pais. Assim não entendemos. Não há coerência em uma ordem jurídica que veda a uma pessoa a prática de atos jurídicos que envolvam seus interesses patrimoniais e existenciais e, ao mesmo tempo, confira-lhe a possibilidade de praticar atos jurídicos que envolvam interesses patrimoniais e existenciais de outrem, quando o outro seja seu filho biológico. Esse entendimento *não leva* à conclusão de que a mãe, sendo incapaz, está excluída das decisões sobre o destino do filho.

Quando a mãe tem idade inferior a dezesseis anos ela é absolutamente incapaz nos termos da Lei Civil, não podendo, portanto, exercer a autoridade parental. Se o pai assumiu a paternidade da criança e tem mais de dezoito anos, dúvida não há que cabe a ele esse múnus. Todavia, não raro, o pai da criança também é civilmente incapaz e, dependendo da sua idade, sequer poderá reconhecer juridicamente a paternidade, quanto mais exercê-la.

Não se pode perder de vista que o reconhecimento voluntário de filhos é um ato jurídico *stricto sensu* de natureza personalíssima. Admite-se que seja praticado pelo relativamente incapaz, independentemente de assistência, mas não poderá ser praticado por representante legal.

O Código Civil de 2002, no parágrafo único do art. 1860, inovando, reconhece a capacidade de testar aos maiores de dezesseis anos. Ora, o testamento sempre foi um meio utilizado para o reconhecimento de filhos, sobretudo os filhos que nasceram em situações não acolhidas socialmente. É intuitivo, portanto, que o reconhecimento da capacidade de testar, implicitamente, atribui ao maior de dezesseis anos a possibilidade juridicamente garantida de reconhecer sua prole.

Quanto aos absolutamente incapazes, a situação é bem diversa:

> Estes, por óbvio, em face da ausência do necessário discernimento acerca do ato que se praticaria, não podem reconhecer a filiação, por se tratar de ato, essencialmente, de vontade. Por isso, o reconhecimento de filho por ele procedido é nulo de pleno direito. Em se tratando, pois, de absolutamente incapaz, o reconhecimento de filho dependerá de decisão judicial.[11]

Frequentemente, no entanto, a adolescente tem sozinha o seu filho e, sendo absolutamente incapaz, submetida à autoridade familiar dos pais ou mesmo à tutela, é intuitivo que os pais ou tutor também se responsabilizem pela criança. A pergunta é se haverá necessidade de ação judicial pelos pais e pelos tutores da mãe para formalizar a guarda ou mesmo a tutela da criança nascida.

---

10. Cf. BARBOZA, Heloisa Helena. Consentimento na adoção da criança e do adolescente. *Revista Forense* (Impresso), Rio de Janeiro, v. 341, p. 71-75, 1998; CHAVES, Antônio. *Adoção*. Belo Horizonte: Del Rey, 1995.
11. FARIAS, Cristiano Chaves de; ROSENVALD, Nelson. *Curso de direito civil*: famílias. 7. ed. São Paulo: Atlas, 2015, p. 605.

Em se tratando de autoridade parental, aqui defendemos ser desnecessário que os avós da criança formalizem a guarda ou a tutela. Noutras palavras, a mesma pessoa que titulariza o poder familiar sobre a mãe terá, também, a titularidade (causa jurídica) que lhe permitirá cuidar do neto. Tal configuração é a que melhor captura a realidade.

Se a jovem mãe – ainda incapaz – está sob tutela, outra é a solução. Não raro, os próprios avós assumem a tutela dos netos, na ausência dos pais ou na impossibilidade de eles exercerem o poder familiar. E se a neta sob tutela dos avós torna-se mãe ou o neto torna-se pai?

Em comparação com a autoridade parental, os poderes dos tutores são mais limitados, porquanto eles já atuam como substitutos dos pais. Caberá, então, uma ampliação da tutela para alcançar a criança nascida de incapaz. A extensão da tutela requer, necessariamente, uma intervenção judicial?

Uma solução discutida é a aplicação do art. 1778, C.C, relativo à extensão da curatela, que dispõe textualmente: "A autoridade do curador estende-se à pessoa e aos bens do curatelado".

A regra da extensão da curatela não pode ser invocada analogicamente, pois os motivos que a orientam não se encontram presentes no caso do incapaz por limite de idade. É necessário o pronunciamento judicial para que o tutor tenha seus poderes estendidos aos filhos dos seus tutelados.

Se a mãe é relativamente incapaz não há como negar-lhe a possibilidade de participar ativamente das decisões atinentes à criação e à educação de seu filho, devidamente assistida pelos seus pais ou tutores. Aqui poderá haver conflito entre a vontade da mãe e a vontade dos avós, principalmente, em questões existenciais. Essas questões, frequentemente, são resolvidas dentro da família, mas não se exclui a possibilidade da judicialização do conflito que, de qualquer forma, deverá considerar o melhor interesse, não da mãe adolescente ou dos avós, mas, sim, da criança nascida.

Por fim, impõe analisar a questão da obrigação alimentar dos avós ou, de modo mais amplo, o dever de sustento dos netos. Afinal, não é comum que adolescentes tenham patrimônio ou renda que permitam prover o sustento dos filhos.

Na vigência do Código Civil de 1916, já era consagrada a reciprocidade do direito à prestação de alimentos entre pais e filhos. Tal direito era extensivo a todos os ascendentes, os próximos excluindo os mais remotos. Assim, não se pode dizer que a codificação anterior tenha excluído a obrigação alimentar dos netos em relação aos avós ou dos avós em relação aos netos. Todavia, isso era excepcional, pois os avós só assumiriam o encargo alimentar na ausência dos pais, e os netos só assumiriam a obrigação de alimentar os avós na ausência de filhos.

A recodificação do Direito Privado em 2002 alterou esse panorama ao consagrar o critério do pagamento complementar de pensão alimentícia entre os parentes. De acordo com o art. 1698:[12]

---

12. BRASIL. Lei 10.406 de 10 de janeiro de 2002. Institui o Código Civil. Brasília. DF: Presidência da República. Disponível em: [http://www.planalto.gov.br/ccivil_03/leis/2002/l10406.htm]. Acesso em: 25.06.2020.

Se o parente, que deve alimentos em primeiro lugar, não estiver em condições de suportar totalmente o encargo, serão chamados a concorrer os de grau imediato; sendo várias as pessoas obrigadas a prestar alimentos todos devem concorrer na proporção dos respectivos recursos, e, intentada a ação contra uma delas, poderão as demais ser chamadas a integrar a lide.

Esse dispositivo se tornou o fundamento legal da chamada pensão avoenga naquelas situações em que o dever alimentar não é honrado pelos seus devedores originários – os pais ou apenas um deles. Importante ressaltar que o dispositivo não fala em exoneração do devedor originário, tudo para que se possa garantir a satisfação da necessidade do alimentando.[13] Portanto, é incontroverso que a pensão avoenga é de natureza complementar e não excludente. Não poderia ser de outra forma tendo em vista que a autoridade familiar conferida aos pais não é alterada pelo simples apoio financeiro prestado por quem não a titulariza. E, claro, entre os deveres inerentes à autoridade familiar inscreve-se o sustento dos filhos.

Aspecto controverso na questão de prestar alimentos centra-se na natureza da obrigação: solidária ou subsidiária. O art. 1698 do C.C. admite, expressamente, que várias pessoas sejam obrigadas a prestar alimentos concorrendo na proporção dos respectivos recursos. Não se trata de solidariedade, mas de obrigação alimentar conjunta e divisível proporcionalmente entre os coobrigados.[14]

Ilustrando, caso o alimentando já não tenha pais vivos, mas estejam vivos tanto os avós maternos quanto os paternos, ainda assim não lhe é dado o direito de acionar apenas um ou alguns deles. Para que se possa aplicar a regra da divisibilidade da obrigação é necessário que todos sejam chamados a juízo e contribuam na medida das suas possibilidades. Isso não significa, necessariamente, que todos serão condenados na prestação alimentar ao neto. A presença na lide se faz para que se possa verificar a capacidade financeira de cada um deles e decidir, antes de tudo, quem, dentre eles, tem condições de prestar alimentos.

A imposição do dever alimentar aos avós dependerá da comprovação da impossibilidade dos genitores de prover o sustento dos filhos e da capacidade financeira dos progenitores de fazê-lo. Ou seja, o simples inadimplemento da prestação alimentar por um dos pais não terá como resultado a transferência da obrigação aos avós. O inadimplemento poderá ser meramente culposo e não revelar, por isso, impossibilidade de adimplir os deveres patrimoniais inerentes à paternidade.

Nesse sentido decidiu o Superior Tribunal de Justiça em acórdão[15] de relatoria da Ministra Nancy Andrighi. Tratava-se de ação de alimentos proposta em face de avó. O pai

---

13. GAGLIANO, Pablo Stolze; PAMPLONA FILHO, Rodolfo. *Novo curso de direito civil:* direito de família – as famílias em perspectiva constitucional. v.VI. São Paulo: Saraiva, 2011, p. 678.
14. ALMEIDA, Renata Barbosa de; RODRIGUES JÚNIOR, Walsir Edson. *Direito Civil:* famílias. 2. ed. São Paulo: Atlas, 2012, p. 396.
15. Civil. Processual civil. Recurso especial. Obrigação alimentar avoenga. Pressupostos. Possibilidades do alimentante. Ônus da prova. 1. Apenas na impossibilidade de os genitores prestarem alimentos, serão os parentes mais remotos demandados, estendendo-se a obrigação alimentar, na hipótese, para os ascendentes mais próximos. 2. O desemprego do alimentante primário – genitor – ou sua falta confirmam o desamparo do alimentado e a necessidade de socorro ao ascendente de grau imediato, fatos que autorizam o ajuizamento da ação de alimentos diretamente contra este. 3. O mero inadimplemento da obrigação alimentar, por parte do genitor, sem que se demonstre sua impossibilidade de prestar os alimentos, não faculta ao alimentado pleitear alimentos diretamente

já havia sido condenado à prestação alimentar, sem, contudo, cumpri-la. Os alimentandos não fizeram prova de que o inadimplemento da obrigação pelo pai tinha como causa a impossibilidade de adimplir, ou seja, a sua falta de capacidade financeira. Por outro lado, tampouco havia prova de recursos financeiros por parte da avó que ensejasse sua condenação a prestar alimentos aos netos. No caso, a avó fez prova da impossibilidade financeira de arcar com o sustento dos netos. Assim, inviável a transmigração do dever alimentar para o ascendente mais remoto.

Nos casos de gravidez infantojuvenil, os avós assumem o protagonismo também nas questões patrimoniais, mediante a prestação alimentar que, já dissemos, tem caráter complementar. Ocorre que, frequentemente, os avós acabam assumindo o sustento dos netos, pela circunstância de tê-los em sua companhia.

Para além das obrigações jurídicas, os avós dedicam amor e cuidado aos netos que podem, muitas das vezes, tornar inócuas as determinações legais. São muitos os avós, nos universos particulares, que contribuem para o sustento dos netos por ato espontâneo, compartilhando com os pais os custos da criação e da educação formal, ou assumindo-os integralmente.

A judicialização das questões decorrentes da gravidez infantojuvenil é apenas um grão de areia. Muitas outras são solucionadas fora dos tribunais, pois o cuidado dos avós pelos netos é, antes, uma alegria, do que um dever jurídico.

---

aos avós. 4. Na hipótese, exige-se o prévio esgotamento dos meios processuais disponíveis para obrigar o alimentante primário a cumprir sua obrigação, inclusive com o uso da coação extrema preconizada no art. 733 do CPC. 5. Fixado pelo Tribunal de origem que a avó demonstrou, em contestação, a impossibilidade de prestar os alimentos subsidiariamente, inviável o recurso especial, no particular, pelo óbice da Súmula 7/STJ. 6. Recurso não provido. BRASIL. Superior Tribunal de Justiça. Recurso Especial n. 1211314/SP. Relatora: Min. Nancy Andrighi. 15 setembro de 2011. Brasília: STJ, [2020]. Disponível em: [https://ww2.stj.jus.br/processo/revista/inteiroteor/?num_registro=201001637094&dt_publicacao=22/09/2011]. Acesso em: 2.06.2020.

AVOSIDADE E A CONVIVÊNCIA INTERGERACIONAL NA FAMÍLIA: AFETO E CUIDADO EM DEBATE

Tânia da Silva Pereira

Mestre em Direito Privado pela UFRJ, com equivalência em Mestrado em Ciências Civilísticas pela Universidade de Coimbra (Portugal). Professora de Direito aposentada da PUC/Rio e da UERJ. Advogada especializada em Direito de Família, Infância e Juventude.

Sumário: 1. Considerações iniciais. 2. Direito à convivência familiar e comunitária de crianças, adolescentes e idosos. 3. A integração intergeracional: direitos e responsabilidades nas relações familiares contemporâneas. 4. Avosidade: direitos e responsabilidades nas relações familiares contemporâneas. 5. Considerações finais: Avosidade, afeto, solidariedade e cuidado.

1. CONSIDERAÇÕES INICIAIS

Nos nossos estudos e pesquisas desenvolvidos em 2016, visando à elaboração de um texto para a obra coletiva intitulada *Cuidado e Afetividade*, pudemos constatar que a sociedade brasileira vem construindo, desde o final do século XX, uma nova imagem do idoso e do envelhecer, influenciada em parte pela força das mídias, destacando-se o fato de que os idosos também procuram conquistar o seu espaço social com mais dignidade, conscientes dos seus direitos de cidadania e da sua importante participação na vida do país. Como um fenômeno mundial, o aumento na longevidade do ser humano também prevalece entre nós, na medida em que a predominância de crianças e jovens já se faz acompanhar de uma presença maciça de pessoas com mais de sessenta anos que exigem, urgentemente, novas prioridades.

A presença do idoso na vida familiar, redimensionando os limites da privacidade, reconquistados pela amizade e carinho de todos, exige que a sociedade enfrente os equívocos que envolvem esta destacada parcela da população. Na medida em que o tempo passa, indaga-se o verdadeiro sentido da vida, buscando-se novas experiências realizadoras, nas quais as escolhas e propósitos desafiam o cotidiano, limitados pelas restrições próprias da idade. Situado no tempo e no espaço, o idoso deve estar atento para o momento histórico e para os alertas das demais gerações. A convivência intergeracional permite preparar idosos e jovens, não só para uma relação de confiança, como também para a compreensão, tolerância e aceitação recíprocas.

O convívio com os idosos depende, muitas vezes, da experiência de vida adquirida, a qual poderá ser repassada aos demais, sem se esquecer os benefícios do fortalecimento dos vínculos e da relação afetiva entre estes. A lembrança do passado e dos próprios avós justificam as atitudes dos idosos, também como avós, que buscam uma convivência com os filhos e netos a partir das próprias experiências.

A memória das experiências passadas pode ser uma determinante na identificação de renovadas aptidões, ultrapassando limites possíveis, com maior liberdade, assumindo transformações científicas, tecnológicas, políticas e sociais. Este renovar de atitudes envolve as dimensões afetivas, interpessoais e emocionais, onde é prioritário o "conviver", seja no âmbito familiar, no trabalho, nos grupos sociais e comunitários. O conviver afetivo ajuda a enfrentar a imprevisibilidade das novas práticas sociais.[1]

Novos cenários se apresentam na convivência familiar onde os avós, estejam eles sozinhos ou compartilhando a vida em comum com seus cônjuges ou companheiros, são pessoas com experiências próprias. Diante das dificuldades decorrentes do envelhecimento, são pessoas que devem ser capazes de perceber seus limites e encontrar alternativas para uma convivência entre os membros da família, sobretudo com os netos.

A recente pandemia do *coronavírus* trouxe informações sobre os idosos em todo o país, os quais estão sujeitos a medidas mais severas de isolamento; o incentivo financeiro aos aposentados e os auxílios emergenciais à população de baixa renda trouxeram maior visibilidade da população brasileira, nas diversas faixas etárias e suas efetivas necessidades.

Cabe lembrar que os cuidados com os idosos vão além da pandemia. Eles continuam adoecendo por conta de outras enfermidades físicas e psíquicas. Segundo Thiago Povoa, Presidente da Sociedade Brasileira de Geriatria e Gerontologia do Distrito Federal, em conversa com a jornalista Katiuscia Neri na TV Brasil datada de 10.05.2020, "uma das poucas certezas que se tem sobre a doença é a vulnerabilidade dos idosos aos sintomas do vírus. Por terem saúde mais frágil, em função do tempo de vida, são os idosos que mais sofrem as consequências da covid-19 em caso de contaminação". (...) "Infelizmente as estatísticas mostram que aumentaram os riscos de um AVC em casa, de um infarto em casa que poderia ser tratado no hospital. É importante que as pessoas prestem atenção a outros problemas e não levem tudo ao pé da pandemia" (...) "As pessoas não deixam de enfartar, de ter derrame, de ter infecções por conta da pandemia". (...) Recomendou também: "o distanciamento social não deve significar um afastamento afetivo. Como familiares, nós devemos guardar um distanciamento social, mas o distanciamento afetivo não deve existir. Importante aquela ligação de assistência, para perguntar se está tudo bem, dizer 'eu estou aqui'".[2]

Neste momento em que propomos debater a importância da integração intergeracional e o efetivo cuidado nesta relação, em meio ao risco do contágio, ou ao enfrentamento de suas consequências, a demonstração de afeto e carinho acaba se materializando, por vezes, por meio do que sempre foi a manifestação mais nítida do, então, *não cuidado*: distância física duradoura, privação de recursos, e decisões e palavras mais ríspidas e duras diante de situações-limite.

Nova dimensão do *cuidado* se impõe, desta feita num cenário marcado, não só pela dificuldade de adaptação às exigências do mundo moderno, agravado também pela

---

1. Estudos e pesquisas desenvolvidos para o texto intitulado "Cuidado e Afetividade: a importância da convivência familiar e social para o idoso", publicado na obra coletiva *Cuidado e Afetividade*, coordenada por Tânia da Silva Pereira, Guilherme de Oliveira e Antônio Carlos Mathias Coltro, e editada pelo Grupo GEN/Atlas, em 2017, p. 609-638.
2. POVOA, Thiago, em conversa com a jornalista Katiuscia Neri na TV Brasil, datada de 10.05.2020. Disponível em: [https://agenciabrasil.ebc.com.br/saude/noticia/2020-05/impressoes]. Acesso em: 12.06.2020.

deficiência educacional desta geração, fruto de uma época em que, frequentar a escola era um privilégio de poucos.

Na contemporaneidade o *cuidado* permanece ligado não só à ideia de *solidariedade* e *afetividade*, como também a *responsabilidade*, sobretudo neste momento controverso da pandemia. A continuidade dos vínculos e a convivência afetiva, especialmente dos avós com filhos e netos, mesmo no isolamento, representa o grande desafio. Vera Regina Waldow, reportando-se a Roach (1993), inclui também *a confiança* dentre os atributos do cuidar, como "qualidade que se desenvolve através de relações de respeito, segurança e honestidade. A insegurança e a decepção destroem a confiança". Alerta a autora para que essa qualidade não se desenvolva através de relações paternalísticas que provoquem dependência.[3]

O acelerado processo de envelhecimento da população vem demandando efetivas medidas que garantam a convivência interfamiliar com os idosos, visando adaptá-los a exigências do mundo moderno e às mudanças que afetam as outras gerações com as quais convive.[4]

Nesse contexto, insta salientar o papel interpretativo da Constituição Federal de 1988, que irradia seus valores também no que tange aos direitos dos idosos. Luiz Edson Fachin, ressaltando o processo de releitura dos três principais institutos do direito privado – propriedade, família e contrato – a partir da centralidade da Constituição, ressalta a passagem "de uma perspectiva fulcrada no patrimônio e na abstração para outra racionalidade que se baseia no valor da dignidade da pessoa".[5] Para o autor, "a eficácia externa imediata da Lei Fundamental significa que a dignidade humana deve ser respeitada não somente por medidas do Estado, mas também por ações dos sujeitos privados, com relação à integridade física e ao núcleo absoluto da personalidade".[6]

Sob esse aspecto, e diante da existência de diplomas legislativos próprios em paralelo ao Código Civil, como o Estatuto da Criança e do Adolescente e o Estatuto do Idoso, cabe ao intérprete promover a reunificação do sistema jurídico por meio dos princípios constitucionais, o que se reflete também no tratamento jurídico direcionado aos idosos.

Assim, estabelece o art. 230 da CF/88 que "[a] família, a sociedade e o Estado têm o dever de amparar as pessoas idosas, assegurando sua participação na comunidade, defendendo sua dignidade e bem-estar e garantindo-lhes o direito à vida". Além disso, evidenciou o Constituinte que o dever de cuidado, que se manifesta, inicialmente, no exercício do poder familiar, posteriormente se consubstancia no dever de solidariedade e de amparo que possuem os filhos em relação aos pais idosos, nos termos do art. 229 da CF/88.

As questões que envolvem os avós encontram-se, desse modo, permeadas por significativos nortes constitucionais, que funcionam como importantes vetores interpre-

---
3. WALDOW, Vera Regina. *Cuidado na saúde: as relações entre o eu e os outros e o cosmos*. Petrópolis: 2005, p. 28.
4. Uma pesquisa publicada em 2018 pelo IBGE apontava o crescimento de 4,8 milhões de idosos no Brasil em cinco anos, destacando a existência de 30,2 milhões de brasileiros com 60 anos ou mais em 2017. IBGE. Número de idosos cresceu 18% em 5 anos e ultrapassa 30 milhões em 2017. Disponível em: [https://agenciadenoticias.ibge.gov.br/agencia-noticias/2012-agencia-de-noticias/noticias/20980-numero-de-idosos-cresce-18-em-5-anos-e-ultrapassa-30-milhoes-em-2017]. Acesso em: 09.04.2020.
5. FACHIN, Luiz Edson. *Direito Civil*: sentidos, transformações e fim. Rio de Janeiro: Renovar, 2015, p. 51.
6. *Ibidem*, p. 62-64.

tativos para a promoção da integração intergeracional, refletidos também sob o direito fundamental à convivência familiar de avós e netos.

A presença dos idosos representa a expansão do universo familiar. Os avós estão presentes nos diversos momentos da vida familiar e têm uma experiência de vida a relatar. O resgate de sua história lhes permite não esquecer as lembranças, os compromissos cotidianos, suas tarefas. "Caso contrário elas seriam membros de uma sociedade sem passado, sem memória e sem compromissos, uma sociedade de pura competição que pode facilmente se autodestruir".[7]

2. DIREITO À CONVIVÊNCIA FAMILIAR E COMUNITÁRIA DE CRIANÇAS, ADOLESCENTES E IDOSOS

O direito à convivência familiar e comunitária de crianças, adolescentes e idosos possui base constitucional, ao estabelecer a Constituição da República, em seu art. 229, o dever dos pais de assistir, criar e educar os filhos menores, e o dever dos filhos maiores de ajudar e amparar os pais na velhice, carência ou enfermidade. No mesmo sentido, prevê o art. 227 da Carta Magna a convivência como direito fundamental da criança, do adolescente e do jovem, e o art. 230 o dever da família de assegurar a participação do idoso na comunidade, além de determinar, em seu parágrafo 1º, que os programas de amparo aos idosos serão executados preferencialmente em seus lares.

O direito à convivência também foi reforçado após a edição do Estatuto da Criança e do Adolescente – ECA (Lei 8.069/90) e do Estatuto do Idoso (Lei 10.741/03), considerando que ambos os diplomas legislativos possuem como finalidade efetivar os direitos fundamentais de crianças, adolescentes e idosos.

O ECA reservou um capítulo inteiro para tratar da garantia do direito à convivência familiar (Capítulo III), que compreende os arts. 19 a 52-D. Contudo, insta salientar que em diversas oportunidades a convivência e o acolhimento familiares se impuseram como prioridade nas relações privadas.

Em seu art. 19, o ECA aponta como direito da criança e do adolescente "ser criado e educado no seio de sua família e, excepcionalmente, em família substituta, assegurada a convivência familiar e comunitária, em ambiente que garanta seu desenvolvimento integral", constituindo linha de ação da política de atendimento políticas e programas destinados a prevenir ou abreviar o período de afastamento do convívio familiar (vide art. 87, inciso VI, do ECA). [8]

---

7. FERREIRA, Odson Costa. *O idoso no Brasil - novas propostas*. Rio de Janeiro: O. Costa Ferreira, 1990, p. 12.
8. O ECA (Lei 8.069/1990), por sua vez, já ampliara as responsabilidades parentais ao estabelecer, de forma efetiva no art. 22, aos afirmar que cabe aos pais o dever de sustento, guarda e educação dos filhos menores, as responsabilidades parentais envolvem os direitos fundamentais da criança e do adolescente presentes no art. 227 da Constituição Federal, sendo certo que foram mantidas as responsabilidades dos pais pelos filhos previstos nos Códigos Civis de 1916 e 2002 ou seja, a preocupação na representatividade e na proteção patrimonial. Também inovou o legislador com a edição da Lei 13.715/2018, que ampliou as causas de perda do poder familiar, ao incluir a prática de crime doloso envolvendo violência doméstica e familiar ou menosprezo ou discriminação à condição de mulher ou crime contra a dignidade sexual contra o outro titular do mesmo poder familiar ou contra filho, filha ou outro descendente.

Tendo a Lei 12.010/2009 incluído no parágrafo único do art. 25 do ECA a *família extensa e ampliada,* que compreende os "parentes próximos com os quais a criança e o adolescente convive e mantém vínculos e afinidade e afetividade", os avós passaram a ter papel relevante no *acolhimento familiar*, desde que exista entre eles e os netos uma relação de *afinidade* e *afetividade.*

O acolhimento familiar, após a entrada em vigor da Lei 12.010/2009, priorizou a família natural, convocando também a família *extensa ou ampliada,* ou seja, aquela "que se estende para além da unidade pais e filhos ou da unidade do casal, formada por parentes próximos com os quais a criança ou adolescente convive e mantém vínculos de afinidade e afetividade" (art. 25, parágrafo único, ECA).

Os vínculos de afinidade e de afetividade adquirem, dessa forma, especial importância, na medida em que se busca alcançar, em sua plenitude, o melhor interesse da criança ou do adolescente. Esses conceitos devem ser interpretados com vista ao *princípio do melhor interesse da criança.* A preferência da família extensa, além de ser marcada por sólido relacionamento de cuidado, atenção e carinho. Esses elementos devem sobrepor-se a uma relação puramente biológica, onde não existe compromisso e responsabilidade com as crianças e jovens.[9]

A *afinidade* se traduz não somente pelo conceito do art. 1.945 do Código Civil, como parentesco civil decorrente do casamento e da união estável. No "Estatuto", traduz identificação e estabilidade afetiva no relacionamento entre eles, bem como, o compromisso e responsabilidade na convivência familiar.

A *afetividade* compõe a nova estrutura de interpretação do direito à convivência familiar a qual se apresenta como imprescindível critério a ser observado na concessão do acolhimento em família substituta. A socioafetividade passou a ser valorizada na normativa vigente e nos Tribunais, adquirindo, também dimensão política, "visto que seu desenvolvimento e manutenção, quando não ocorre na família de origem, necessita da proteção do Estado, no sentido de assegurar essa possibilidade à população infantojuvenil".[10]

Na lição de Lucy Godoy, *a afetividade* "é fator de aproximação, considerada como elemento essencial na formação de famílias estruturadas e sadias emocionalmente". Para ela,

> é no 'ninho familiar' que conhecemos e experimentamos o amor e aprendemos também a distribuí-lo em nossos relacionamentos e, quando isto não nos é transmitido, iremos procurá-lo durante toda a nossa vida. É no núcleo familiar que se consolida a integração social do ser humano. (...) Para que uma família seja considerada saudavelmente afetiva deve ser respeitada no seu modo de ser, apesar de suas idiossincrasias; deve-se desejar e aceitar sua presença e participação em todas as atividades desse núcleo, deve ser amado sem exigências e/ou retribuições, deve ser cuidado em suas insignificantes necessidades e, acima de tudo, protegido das intempérie da vida, independentemente de nossos juízos e valores.

A autora alerta, no entanto: "deve ficar bem claro que não se deve sufocá-lo, impedi-lo de desenvolver atividades que o valorize e lhe dê autonomia, pois essas atitudes poderão

---

9. PEREIRA, Caio Mário da Silva. *Instituições de Direito Civil*. v. V: Direito de Família. 27. ed. Atualizado por Tânia da Silva Pereira. Rio de Janeiro: Forense, 2019, p. 484.
10. VICENTE, Cenise Monte. Direito à convivência familiar e comunitária; uma política de manutenção do vínculo. In: KALOUSTIAN, Silvio M. (org.). *Família Brasileira:* a base de tudo. São Paulo: Cortez, 1998, p. 47-59.

destruir a sua vida, tornando este indivíduo cada vez mais dependente e matando-o a cada minuto nessa vida que poderia ser mais longa".[11]

Ao analisar os vários aspectos do envelhecer, Maria Helena Novaes menciona a afetividade como "tonalidade colorida da vida que corresponde aos desejos, anseios e fantasias durante o trajeto vital, sendo a matéria prima para se estabelecer vínculos e relações afetivas tão importante nesta etapa do desenvolvimento".[12]

O afeto já se incorporou como elemento identificador nas relações familiares, como a solidariedade e a tolerância, novos valores que passam a compor as responsabilidades sociais e familiares.

Temos que reconhecer que todo ser humano, desde sua infância precisa receber e dar afeto para se tornar integral. No seu processo de amadurecimento, seja na escola ou na família, ou mesmo no grupo de amizade, apelar para os seus sentimentos é, muitas vezes, mais convincente que apelar para argumentos racionais. Tratada com afeto, responderá afetuosamente.[13]

A afetividade como valor jurídico já se apresentava no nosso direito nos estudos desenvolvidos pelo Professor João Baptista Villela da Universidade Federal de Minas Gerais. ao propor a "desbiologização" da paternidade e ao afirmar que

> a verdadeira paternidade não é fato da biologia, mas um fato da cultura. Está antes no devotamento e no serviço do que na procedência do sêmen. (...) O aspecto biológico cede espaço ao comportamento. A figura paterna (e a materna também acrescenta-se aqui) é reconhecida pelo amor, desvelo e serviço com que se entrega ao bem da criança, numa atitude que, acima de tudo, serve como uma das maneiras de representação do cuidado, e que acaba, sem qualquer dúvida, por claramente produzir efeitos jurídicos.[14]

Cite-se, oportunamente, a proposta do Professor Guilherme de Oliveira da Universidade de Coimbra (Portugal) preconizando a *verdade sociológica da filiação* ao afirmar: "parece-me ter encontrado fundamento bastante para defender a tese de que a paternidade jurídica, não foi, nem é, forçosamente, determinada pela verdade biológica do parentesco".[15]

Coube, no entanto no Brasil, a proposta precursora de Paulo Lôbo ao utilizar o termo "socioafetividade" referindo-se ao princípio jurídico da afetividade. Esclarece ele:

> a afetividade como dever jurídico não se confunde com a existência real do afeto, porquanto pode ser presumida se a este faltar na realidade das relações; assim, a afetividade é dever imposto aos pais em relação aos filhos e destes em relação àqueles, ainda que haja desamor ou desafeição entre eles. O dever jurídico da afetividade entre pais e filhos deixa de haver com o falecimento de um dos sujeitos ou se houver perda do poder familiar ou autoridade parental.[16]

---

11. GODOY, Lucy. *Terceira Idade... que idade é essa?*. Rio de Janeiro: WAK editora, 2015, p. 112-113.
12. NOVAES, Maria Helena. *Paradoxos Contemporâneos*. Rio de Janeiro: E-Papers, 2008, p. 138.
13. PEREIRA, Tânia da Silva. In: PEREIRA, Tânia da Silva; PEREIRA, Rodrigo da Cunha (coord.). *A Ética da Convivência: sua efetividade no cotidiano dos Tribunais*. Rio de Janeiro: Forense, 2006, p. 234.
14. VILLELA. João Baptista. Família hoje. In: BARRETO, Vicente (org.) *A nova família: problemas e perspectivas*. Rio de janeiro: Renovar, 1997, p. 85.
15. OLIVEIRA, Guilherme de. *Critério Jurídico da Paternidade*. Coimbra: Almedina, 2003, p. XXIII.
16. LÔBO, Paulo. Socioafetividade em família e a orientação do Superior Tribunal de Justiça. In: FRAZÃO, Ana. TEPEDINO, Gustavo (coords.). *O Superior Tribunal de Justiça e a reconstrução do direito privado*. São Paulo: Revista dos Tribunais, 2011, p. 646-647.

Esclarece ainda Paulo Lôbo: "o *afeto* não é fruto da biologia. Os laços de afeto e solidariedade derivam da convivência e não do sangue". Segundo o autor,

> [a] concepção revolucionária da família como lugar de realização dos afetos, na sociedade laica, difere da que tinha como instituição natural e de direito divino, portanto, imutável e indissolúvel, na qual o afeto era secundário. A força da afetividade reside exatamente nessa aparente fragilidade, pois é o único elo que mantém pessoas unidas nas relações familiares.[17]

A convivência dos avós com os netos, há muito reconhecida como "direito" pela Doutrina e por nossos Tribunais, foi legalmente declarado na Lei 12.398/2011 ao acrescentar ao art. 1.589 do Código Civil, o parágrafo único para estabelecer que "o direito de visita estende-se a qualquer dos avós, a critério do juiz, observados os interesses da criança ou do adolescente.".

Os avós podem ter papel significativo nos conflitos familiares, sobretudo nos momentos que envolvem as separações, podendo representar uma referência de segurança e estabilidade. Por seu turno, os netos também têm uma representação crucial na vida dos avós. A convivência entre avós e netos tem valor preponderante na construção da personalidade dos descendentes. E quão sublime se mostra na vida prática a transição de quem já foi pai ou mãe e agora experimenta a altiva e diferente tarefa de ser avô ou avó. Esclarece Rolf Madaleno:

> Experiência de indescritível e fundamental importância na construção da personalidade dos netos, como também admirável para os avós, agora com mais tempo e sem o encargo direto de educar e alimentar sua descendência, os avós participam das etapas únicas e indescritíveis de crescimento de seus netos.[18]

Com a entrada em vigor da Lei nº 11.698, de 13 de junho de 2008, alteraram-se os arts. 1.583 e 1.584 do Código Civil, ao integrar ao sistema jurídico a "Guarda Compartilhada", que já compunha debates doutrinários e inúmeras decisões judiciais, garantindo aos filhos a convivência familiar preconizada pelo art. 227 da Constituição de 1988.

Os Tribunais têm estendido o "compartilhamento da guarda" com outros membros da família. Assim entendeu o Superior Tribunal de Justiça ao reconhecer a possibilidade da medida e conceder a guarda conjunta ao tio e à avó da criança que já vinha sendo criada por ambos, havendo anuência dos genitores para a medida e a manifestação de vontade da própria criança. Entendeu-se que a guarda compartilhada apenas consolidaria legalmente uma situação que já existia no mundo dos fatos, na medida em que a criança já vivia com a avó e com o tio desde quatro meses de idade.[19]

---

17. LÔBO, Paulo. *Famílias*. São Paulo: Saraiva, 2010, p. 68.
18. MADALENO, Rolf. *Direito de Família*. Rio de Janeiro: Forense, 2020, p. 496.
19. STJ, 4ª Turma, REsp 1.147.138/SP, Rel. Min. Aldir Passarinho, j. 11.05.2010, DJe 27.05.2010.
    O Tribunal de Justiça do Estado do Rio de Janeiro também já reconheceu a possibilidade de determinação de guarda compartilhada em favor do genitor e dos avós paternos da criança: "Família. Guarda. Demanda proposta pelos avós paternos contra genitores da infante. Criança, atualmente, com 9 anos de idade inserida e adaptada à família extensa (avós paternos). Laudos técnicos peremptórios. Genitor ajustado à nova situação familiar e que se esforça para participar do cotidiano de sua filha. Realidade que não pode ser desconsiderada. Guarda compartilhada entre avós e pai. Possibilidade. Aplicação dos artigos 33 do ECA, 1.583 e 1.584, §5º do CC/02. Pluralização das responsabilidades. Melhor interesse da criança. Sentença retificada. Apelação do pai parcialmente provida" (TJRJ, 10ª CC, Apelação cível 0002615-80.2006.8.19.0055, Rel. Des. Bernardo Moreira Garcez Neto, j. 25.03.2015).

A Lei 12.010, de 2009, ao modificar o Estatuto da Criança e do Adolescente, assumiu o "acolhimento" como parâmetro exegético nas relações familiares.

O conceito de "acolhimento" passou a exigir do intérprete um posicionamento coerente com os ditames legais e constitucionais, complementado com subsídios interdisciplinares que permitam nova exegese do Direito Fundamental à convivência familiar e comunitária estabelecido no art. 227 da Constituição Federal e regulamentado pelo "Estatuto".

Acolher é dar atenção, carinho e aconchego; é ensinar à criança e ao adolescente a serem capazes de satisfazer as próprias necessidades, tornando-se responsáveis por sua própria vida. Para aquele que acolhe é, sobretudo, dar atenção integral, amparar e aceitar o outro de maneira absoluta; é ouvir sem julgamento, mesmo que discorde; enfim, é estar presente para o outro com generosidade e compreensão.[20]

Merece referência o trabalho desenvolvido por Kelly Lins Beserra Pinto, Alessandra da Rocha Arraes e Katia Cristina Tarouquella Rodrigues Brasil, que procura abordar a relação de avosidade como *suporte parental na adolescência*. Neste contexto, os adultos serão particularmente solicitados, considerando que os adolescentes podem não encontrar a sua volta um "apoio parental que possa sustentar a posição de suporte e de continente para o desafio pubertário", sendo certo que alguns adolescentes "enfrentarão sozinhos esses período e essa situação poderá complexar sobremaneira esse momento de vida". "Nesse período de crise, o apoio parental oferece ao sujeito base para que, no momento da reorganização identificatória, na adolescência ele escolha novos objetos para investir e dar continuidade ao desenvolvimento de forma criativa a serviço da vida". Concluem as autoras:

> a ausência do apoio narcísico parental leva os adolescentes a recorrer aos *acting outs* ou atos direcionados a si mesmo ou ao outro. Outrossim, os adultos podem sentir-se desamparados ante o desafio de enfrentar a violência do pubertário. Assim, alguns pais desconhecem a forma de proteger os próprios filhos da violência contra si mesmos ou não conseguem resistir a destrutividade do filho, de modo que a fragilidade dos adultos não contribui para que os adolescentes encontrem o apoio narcísico parental para enfrentar algo de si mesmo que lhe escapa.[21]

Por outro lado, novas "famílias possíveis" se somam àquelas consideradas tradicionais, desvinculadas do fator biológico a exemplo das famílias adotivas e socioafetivas; as famílias reconstituídas habitualmente decorrem das novas uniões, onde um dos pares já tenha um filho, sendo certo que a presença de um filho anterior é requisito essencial na sua caracterização.

Assim afirma Rosamélia Ferreira Guimarães:

> um novo tipo de família extensa, com novos laços de parentesco e uma variedade de pessoas exercendo praticamente a mesma função, como por exemplo, duas mães, dois pais, dois meio-irmãos, várias avós e assim por diante, de maneira que se compõe uma rede social cada vez mais complexa, com novas relações de poder, de gênero, com tendência à maior horizontalidade nas relações, assim como à decisões mais explícitas e desveladas.[22]

---

20. PEREIRA, Tânia da Silva. Vicissitudes e certezas que envolvem a Adoção Consentida. In: PEREIRA, Rodrigo da Cunha (coord.). *A Família entre o Público e o Privado*. Porto Alegre: Magister/IBDFAM, 2011, p. 347.
21. PINTO, Kelly Lins Beserra Pinto; ARRAES, Alessandra da Rocha Arraes; BRASIL, Katia Cristina Tarouquella Rodrigues. Avosidade x Maternidade: a avó como suporte parental na adolescência. *Psico-USF*, v. 19, n. 1, Itatiba, jan./abr. 2014. Disponível em: [https://doi.org/10.1590/S1413-82712014000100005]. Acesso em: 15.03.2010.
22. GUIMARÃES, Rosamélia Ferreira. *Os recasados nas famílias reconstituídas*. Nova relações depois das separações. São Paulo: Pontifícia Universidade Católica de São Paulo, 1998, p. 16.

Diante da possibilidade do divórcio e de novos casamentos, além dos genitores, "outras pessoas se integram ao convívio familiar e podem construir novas relações de amizade, carinho e responsabilidades, exigindo dos adultos bom senso, paciência e concessões recíprocas". (...) "Se a chegada de madrastas, padrastos e filhos de outro casamento representam o fim da esperança de reconciliação dos pais, devem as boas atitudes em relação a eles transformar as angústias em um bom relacionamento dentro da realidade de cada família".[23]

Também não se pode ignorar a existência de comunidades formadas por pessoas que se propõem a viver em grupo, motivadas muitas vezes por razões religiosas ou ideológicas, agrupamentos na busca de sobrevivência ou autossuficiência. Há que se reconhecer nesses núcleos familiares e/ou comunitários, direitos mínimos vinculados à afinidade e afetividade.

Para se ter um bom relacionamento com os filhos e netos, em qualquer fase madura da vida, ou mesmo, para se ter uma "bela velhice", como proposto por Miriam Goldenberg, devem os idosos, sozinhos ou acompanhados, ter um projeto de vida. Buscando realizar um diálogo profundo com a obra de Simone de Beauvoir intitulada *A Velhice*,[24] a partir de suas próprias reflexões, a mesma autora propôs o desafio e encontrar alternativas para viabilizar a construção, desde cedo, ou mesmo tardiamente, de uma "Bela Velhice". Para ela

> é na infância que cada indivíduo pode se fazer ser o que essencialmente permanecerá para sempre. É nela que cada um se projeta nas coisas por fazer no futuro. Desde muito cedo somos livres para escolher e construir o nosso projeto de vida. (...) O projeto de cada indivíduo também pode ser construído ou modificado nas diferentes fases da vida. A ênfase existencialista se coloca no exercício permanente da liberdade, da escolha e da responsabilidade individual na construção de um projeto de vida que dê significado às nossas existências até os últimos dias.[25]

O "Estatuto do Idoso", por sua vez, no inciso V de seu art. 10, indica, dentre os vários aspectos da liberdade do idoso, o seu direito à participação na vida familiar e comunitária. Além disso, a coabitação no recesso do lar é um direito fundamental, sendo certo que o seu afastamento só pode ocorrer se, havendo parentes, estes não tiverem condições de mantê-lo (vide art. 3º, V, do mesmo diploma).

A vida familiar pode existir fora da residência dos filhos e parentes, desde que assegurado e praticado o direito de visitas, de modo que o legislador impõe às entidades que desenvolvem programas de institucionalização de longa permanência a observância de princípios de preservação dos vínculos familiares, bem como a participação do idoso nas atividades comunitárias, de caráter interno e externo (conforme art. 49, incisos I e IV, do Estatuto do Idoso). Com efeito, todas as entidades de atendimento devem buscar a preservação dos vínculos familiares, não ficando restrita aos serviços que atendam apenas às necessidades básicas do idoso (art.50, VI, do Estatuto do Idoso).

---

23. PEREIRA, Tânia da Silva. Desvendando o Cuidado como Valor Jurídico: Abrigo e alternativas de Acolhimento Familiar. In: *Família e Solidariedade*: Teoria e prática do Direito de Família. Belo Horizonte: Lumen Juris/IBDFAM, 2008, p. 449-450.
24. BEAUVOIR, Simone de. *A Velhice*, publicado na França em 1970 (Ed. Gallimard). Foi publicado no Brasil em 1990 pela Editora Nova Fronteira do Rio de Janeiro, traduzida por Maria Helena Franco Monteiro.
25. GOLDEMBERG, Mirian. *A Bela Velhice*. Rio de Janeiro: Record, 2014, p. 33-34.

3. A INTEGRAÇÃO INTERGERACIONAL: DIREITOS E RESPONSABILIDADES NAS RELAÇÕES FAMILIARES CONTEMPORÂNEAS

A *identidade pessoal* da criança e do adolescente tem vínculo direto com sua identificação no grupo familiar e social. Seu nome, ou apelido o localiza em seu mundo. Sua expressão externa é a sua imagem, a qual vai compor a sua individualização como pessoa, fator primordial em seu desenvolvimento. A família extensa, a exemplo dos avós, tios, padrastos e madrastas, também compõe a identificação das crianças e jovens.

A presença dos idosos representa a expansão do universo familiar. Toda família tem um passado, vive um presente com suas complexidades e contradições e tem regras que, provavelmente, passarão para o futuro. Este modelo que tenderá se repetir nas gerações subsequentes, é ponto de interesse também para uma análise da afetividade nas relações familiares, o que terá um reflexo considerável na tutela jurídica da convivência familiar e comunitária.[26]

A família constrói sua realidade através da história compartilhada de seus membros e caberá ao Direito criar mecanismos de proteção, visando especialmente as pessoas em fase de desenvolvimento.

Ao identificar várias composições familiares que podem ser consideradas "famílias", Heloisa Szymanski destaca as razões afetivas que vinculam as pessoas com um projeto de vida em comum, em que compartilham um quotidiano e, no decorrer das trocas intersubjetivas, transmitem tradições, planejam o futuro, acolhem-se, atendem os idosos, formam crianças e adolescentes. E conclui:

> as trocas afetivas na família imprimem marcas que as pessoas carregam pela vida toda, definindo direções no modo de ser com os outros, afetivamente, e no modo de agir com as pessoas. Esse ser com os outros, apreendidos com pessoas significativas, prolonga-se por muitos anos e frequentemente, projeta-se nas famílias que se formam, posteriormente.[27]

A família contemporânea tem priorizado relações de afeto, solidariedade e cuidado, abandonando a sua identificação tradicional como núcleo econômico e de reprodução. Não podemos também considerar a família como núcleo abstrato de pessoas; todos que a compõem têm suas necessidades próprias, seus universos de desenvolvimento, problemas e realizações. Fazem parte de nosso cotidiano as comunidades formadas por pessoas que se propõem viver em grupo, motivadas, muitas vezes, por razões ideológicas ou religiosas, sem afastar as iniciativas de agrupamentos que buscam a sobrevivência ou autossuficiência.[28]

Uma análise intergeracional, a partir da herança simbólica construída entre gerações, tem significados diferentes para cada uma, por conta das características dos ideais hierár-

---

26. ZAGAGLIA, Rosângela Alcântara; PEREIRA, Tânia da Silva. O Estatuto do Idoso e os desafios da Modernidade. In: LEMOS, Maria Tereza Toríbio Brittes; ZAGAGLIA, Rosângela Alcântara (org.). *A Arte de envelhecer*: saúde, trabalho Afetividade e Estatuto do Idoso. Aparecida/SP: Ideias e Letras, 2004, p. 177.
27. SZYMANSKI, Heloisa. Viver em família com experiência de cuidado mútuo: desafio de um mundo em mudanças. *Revista de Serviço Social e Sociedade. Desafios de um mundo em mudança*, n. 71, p. 10.
28. PEREIRA, Tânia da Silva. O cuidado com valor jurídico. In: PEREIRA, Tânia da Silva; PEREIRA, Rodrigo da Cunha (coord.). *A Ética da Convivência Familiar e sua efetividade no quotidiano dos Tribunais*. Rio de Janeiro: Forense, 2006, p. 232.

quicos que fazem parte desses. "A troca intergeracional, por outro lado, neutralizaria a tendência dos idosos do afastamento dos contextos sociais e familiares, do medo de enfrentar novos relacionamentos, prejudicando a socialização e enfraquecendo os vínculos".[29]

Daí a importância da integração intergeracional no âmbito familiar envolvendo não só os genitores, mas impondo aos idosos a coexistência e os cuidados com os netos e, também, o relacionamento destes com os avós.

Evitando o isolamento das gerações e neutralizando tensões, desacertos e conflitos, destaca Maria Helena Novaes a importância de se respeitar as características de cada geração. Referindo-se aos idosos (mas aplicáveis a todas as formas de vulnerabilidades a exemplo das pessoas com deficiência), a autora esclarece que muito frequentemente, elas se confundem: "sem dúvida, envelhecer é mudar e as atitudes básicas que interferem são muito similares àquelas que atuam em qualquer outra idade, envolvendo áreas vitais, quais sejam, a corporal e física, a intelectual e mental e a interpessoal e relacional".[30]

Esta integração, se priorizada no âmbito familiar, permite à pessoas serem aceitas, acolhidas e amadas, encontrando assim força para enfrentar inseguranças e possibilitando um relacionamento mais prazeroso e gratificante, numa visão ampla de tempo, na qual todos encontram seu lugar e compreendem as peculiaridades de cada geração. Conclui a mesma autora:

> a troca intergeracional, além de neutralizar a tendência de afastamento dos contextos sociais, prepara crianças, jovens, adultos e idosos (e pessoas com deficiência) a conviverem numa sociedade solidária, validando estratégias sociais e comunitárias, com mensagens de tolerância e de harmonia relacional. (...) O contato dos mais idosos com os mais jovens renova pensamentos, levando à aceitação do outro, o que contribui para uma maior compreensão da realidade, por meio da comunicação e da expressão criativa.[31]

O que diferencia uma família funcional da disfuncional, não é a ausência de conflitos, mas a maneira como a família lida com eles. Tais conflitos advêm de pressões internas e externas e estão diretamente relacionados com o ciclo de vida das famílias. Esclarece Maria Helena Novaes:

> no âmbito familiar, seja qual for o seu modelo, dentre os grandes desafios, identifica-se o aprender a aceitar as diferentes realidades, a hierarquia da autoridade, o respeito às normas, a resistência às frustração e o compromisso social, destacando, ainda, que a descrição literária e histórica da vida de família foi substituída por uma abordagem estrutural dos sistemas de parentesco postos em prática pelas ciências humanas, sobretudo pela psicologia, sociologia e antropologia.[32]

Neste momento em que o Sistema Jurídico se propõe a valorizar a convivência familiar, a presença dos avós deve representar para os netos um aprendizado contínuo quanto às rotinas diárias, alimentação etc., bem como, um efetivo exemplo de experiência e hábitos de vida. A troca de conhecimentos e experiências propiciadas entre as gerações

---

29. NOVAES, Maria Helena. A convivência entre gerações e o contexto sociocultural. In: PEREIRA, Tânia da Silva; PEREIRA, Rodrigo da Cunha (coord.). *A Ética da Convivência Familiar e sua efetividade no quotidiano dos Tribunais*. Rio de Janeiro: Forense, 2006, p. 218.
30. NOVAES, Maria Helena. *Psicologia da terceira idade*: conquistas possíveis e rupturas necessárias. Rio de Janeiro: NAU, 2000, p. 162.
31. *Ibidem*, p. 127 e 131.
32. *Ibidem*, p. 225-227.

pode ser um referencial importante para aqueles que se encontram em fase peculiar de desenvolvimento, incentivando a construção de uma cultura solidária.[33]

Os avós se veem como agentes do movimento socializador da maternidade e da paternidade, papel adquirido pela idade e, sobretudo, pela experiência de vida. Com o nascimento dos netos, sua presença junto aos filhos não apenas se modifica, como se intensifica. A mudança observada nas relações entre pais e filhos parece, contudo, não alterar o papel dos pais, agora também avós, como agentes socializadores. Cabe agora aos avós ensinar e auxiliar os pais de seus netos a desempenhar suas funções e prosseguir na mudança inaugurada pelo nascimento.[34]

Outrossim, é significativo o papel dos avós no momento em que há a *ruptura do casamento*, na geração dos filhos, quando as relações de afinidade entram em cena e ganham um lugar especial nos relatos sobre as relações familiares. Para Miriam Lins de Barros,

> o processo de separação é compreendido como uma ameaça à vida familiar, devassando não apenas a vida do casal, que se separa, mas todas as relações familiares com afins, pais, *siblings* (irmãos) e filhos. Não só se torna público algo que devia ser preservado, na intimidade, como parece haver também a uma 'publicização' dos motivos e dos responsáveis pela perda da intimidade familiar.

E esclarece:

> nas situações consideradas dramáticas nas relações familiares, os avós procuram apoiar os filhos e netos, estes últimos considerados, em todos os momentos, como vítimas inocentes de um processo alheio à sua vontade. Os avós veem-se como responsáveis por seus netos menores, não porque pretendem assumir a paternidade, legalmente ou de fato, mas como condutores de seus filhos, tornando-se, nesses casos, indiretamente, pais dos seus netos.[35]

Usualmente, o surgimento do neto ocorre numa fase da vida repleta de mudanças para os idosos. Socialmente, além da aposentadoria e a perda da função materna, há uma dificuldade de assimilação da velhice, o que contribui substancialmente para o conflito, deflagrando o pensar de seu processo de envelhecimento. Psiquicamente há mudanças na relação consigo mesmos. É possível que venham perder elementos gratificantes, ao mesmo tempo que assumem o sentimento do temor: o nascimento do neto põe as avós em contato com a velhice, deflagrando o pensar de seu processo de envelhecimento. Tais equívocos e sentimentos ambíguos envolvem essas relações, a exemplo do amor e desejo, hostilidades e rivalidades.[36]

Esclarece ainda Evaldo Cavalcante Monteiro:

> o ser avó é uma função, que se constitui e independe de idade e de laços consanguíneos; basta duas pessoas assumirem as funções de avós e de netos. Porém, esta implica uma relação trigeracional: avós, filhos e netos. A vivência antecede o nascimento do neto, enquanto desejo, idealização, e continua, após o nascimento. A esta relação assemelha-se à de Narciso com sua imagem, o neto é um reflexo

---

33. PEREIRA, Tânia da Silva. Capítulo 7: Proteção dos idosos. In: *Tratado de Direito das Famílias*. Belo Horizonte: IBDFAM, 2016, p. 354.
34. BARROS, Miriam Lins de. *Autoridade e Afeto:* vós, filhos e netos na família brasileira. Rio de Janeiro: Zahar, 1987, p. 52.
35. *Ibidem*, p. 58-59.
36. MONTEIRO, Evaldo Cavalcante. Avosidade: o exercício da função de avós, as relações e os conflitos. In: *Anais CIEH* (2015), v. 2, n.1- ISS2318-0854. Disponível em: [www. cieh.com.br]. Acesso em: 13.07.2019.

de si mesmo. O tornar-se avó é um marco para os avós com sua história de vida, para os filhos, para os netos e demais membros da família.

E conclui: "ser avô é uma posição relativa, subjetiva e interpessoal".[37]

Nas trocas geracionais, os avós atuais têm características diferentes daqueles de gerações anteriores. Os avós mais jovens tendem a ser divertidos e participantes, enquanto os mais velhos são mais distantes e demandam ajuda por parte dos netos. Esta função parece ser mais importante para a mulher do que para o homem. As avós tendem a ser ativas e participantes, a se comprometerem preferencialmente com os aspectos emocionais e a saúde dos netos. Os avôs participam do lazer, preocupam-se com os estudos e o trabalho dos netos. Tanto os avôs quanto as avós tendem a se relacionar mais com os netos que sejam filhos de seus filhos favoritos. Ambos frequentemente sentem-se abandonados pelos netos quando estes chegam à adolescência ou à juventude.[38]

Diante disso, sugere, mais uma vez, Maria Helena Novaes:

> devemos implementar habilidades para que as pessoas assumam, responsavelmente, as diferentes etapas de suas vidas. As *vivências intergeracionais* permitem ao idoso ser aceito, reconhecido e amado, encontrando, assim, força para enfrentar inseguranças e possibilitando um relacionamento mais prazeroso e gratificante, numa visão ampla de tempo, na qual todos encontram seu lugar e compreendem as peculiaridades de cada geração.[39]

Completa a mesma autora:

> as vantagens da troca intergeracional são importantes não somente para neutralizar a tendência dos idosos de afastamento dos contextos sociais, como de preparar tanto crianças, jovens, adultos e idosos a conviverem numa sociedade solidária, validando estratégias sociais e comunitárias, com mensagens de tolerância e de harmonia relacional.[40]

Alerta também Morton Luiz Faria de Medeiros para a importância da *preservação de valores e ideias* dos idosos, sobretudo na sociedade capitalista que mede e rotula as pessoas segundo sua capacidade de consumo – algo que entre os idosos, surgiu tímida mas vem aumentando a cada dia em face do envelhecimento proporcional da população mundial.[41]

Quanto à *preservação dos espaços e objetos pessoais,* o mesmo autor indica a sua importância pelo temor dos idosos em ver seus pertences serem subtraídos; muitas vezes, são eles a janela do tempo para rememorar as alegrias pretéritas e para reviver as eras passadas, em que gozavam da dignidade e do respeito da sociedade, algo que, simbolicamente, veio o Estatuto do Idoso perseguir e cabe a todos nós defender.

A *troca intergeracional* também favorece a construção de uma cultura solidária e evita o isolamento das gerações, neutralizando tensões, desacertos e conflitos. Para isso, é preciso respeitar as características de cada geração. Neste contexto de evolução, é fun-

---

37. Ibidem.
38. OLIVEIRA, Alessandra Ribeiro Ventura; GOMES, Lucy; TAVARES, Adriano Bueno; CÁRDENAS, Carmen Jansen. Relação entre avós e seus netos no período da infância. Disponível em: [https://revistas.pucsp.br/kairos/article/view/4420/2992]. Acesso em: 13.07.2019.
39. NOVAES, Maria Helena. *Paradoxos Contemporâneos.* Rio de Janeiro: E-papers, 2008, p. 125.
40. Ibidem, p. 127.
41. MEDEIROS, Morton Luiz Faria. In: PINHEIRO, Naide Maria (Coord.). *Estatuto do Idoso comentado.* Campinas/SP: Servanda, 2012 p. 152.

damental que a família, não importa o modelo assumido, represente um referencial e um estímulo para se encontrar novas alternativas de convivência, reforçando a solidariedade nas instituições, predispondo as atitudes de tolerância, de aceitação mútua e dedicação aos outros, contribuindo para a construção de uma sociedade solidária e cidadã.

O médico Drauzio Varella, em artigo publicado no jornal *Folha de São Paulo* em 30.10.2010, refere-se à curiosa experiência de ser avô e observa, com maestria:

> os netos vêm ao mundo como consequência de decisões alheias e nasceriam, igualmente, se nós nos tivéssemos ido. (...) Dizem os biólogos evolucionistas que o amor dos avós confere maior chance de sobrevivência aos bebês que tem a sorte de contar com eles, razão pela qual esse sentimento teria persistido em nossa espécie. Pelo mesmo motivo explicam as vantagens evolutivas conferidas pela menopausa, fase em que a mulher, agora infértil, reúne experiência e disponibilidade para ajudar os filhos a cuidar da prole. Sejam quais forem as raízes biológicas, o fato é que caímos de quatro diante dos netos.

Conclui o mesmo autor: "entramos numa fase inigualável da vida, quando abandonamos compromissos sociais para brincar feito crianças com os netos, sem nos acharmos ridículos".[42]

Merece destacada avaliação o "direito de visita" concedido aos avós nos processos que envolvem a separação e a ausência dos genitores da criança. A primeira observação se vincula à própria expressão "visita" que é imprópria por significar uma cortesia de ir ver alguém em sua residência, quando em realidade as visitas devem ser realizadas em lugar diverso da residência habitual do menor e, muito menos espelha a prática usual de o genitor não guardião permanecer alguns dias, usualmente em finais de semana com o filho visitado, sendo certo que a denominação direito de visita não expressa esta prerrogativa em toda a sua amplitude, particularmente no seu viés psicológico, pois buscam visitante e visitado relações de afeto, cultivando recíproca e sincera comunicação.[43]

Ao indicar a preferência pela expressão *convivência,* Fábio Bauab Boschi destaca que esta "denota *familiaridade* ou *trato diário,* indo muito além do significado da palavra *visita,* encerrando a finalidade do direito de visita que é exatamente manter o trato ou convívio rompido entre o visitante e o visitado". Para ele, a visita, no sentido técnico conferido para o direito, envolve a comunicação entre as partes, o pernoite, a companhia, a vigilância e o compartilhamento das emoções, além de possibilitar ao visitante o exercício, quando for o caso, de determinadas funções vinculadas ao poder familiar.[44]

O direito à convivência dos avós com os netos passou a ser expressamente reconhecido com o advento da Lei 12.398/11 que acrescentou um parágrafo único ao art. 1.589 do Código Civil, estendendo o direito de visita a qualquer dos avós.

Este direito não se restringe apenas ao direito de visitar os netos, mas engloba, também, o direito de se corresponder com o neto e o de hospedar. Destaca finalmente, Fabio de Mathias: "o direito de corresponder com o neto é considerado uma das prerrogativas do avô, sendo certo que a correspondência pode ser efetuada por escrito, por telefone ou qualquer outro meio".[45]

---

42. VARELLA, Drauzio, apud LOPES, Fabio. *Avós e Netos uma forma especial de amar:* manual de convivência. Bauru/SP :Manole, 2011, p. 19-20.
43. MADALENO, Rolf. *Direito de Família.* Rio de Janeiro: Forense, 2016, p. 455.
44. BOSCHI, Fábio Bauab. *Direito de Visita.* São Paulo: Saraiva, 2005, p. 4-5.
45. MATHIAS, Fábio de. Avô direito de visita e limites à autoridade parental. In: *Enciclopédia Saraiva de Direito,* v. 9, p. 537.

Diante das novas tecnologias, o exercício da autoridade parental, da guarda e de convivência com os avós, deve ser remodelado em razão de impactos relevantes sobre as relações familiares. Assim, não obstante os entendimentos da 3ª Turma do STJ de que os limites geográficos podem constituir impedimentos insuperável para o exercício da guarda, buscando subsídios na lição de Livia Teixeira Leal ao questionar a possibilidade do exercício à distância desses direitos:

> A princípio, o dever de guarda (e o exercício da autoridade parental e a convivência com os avós) encontra-se inegavelmente atrelado à um convívio físico, que envolve cuidados básicos e com a saúde, higiene, acompanhamento da educação, vigilância da criança de do adolescente. No entanto, diante de uma realidade que se torna comum, de pais que permanecem em outros estados ou em outro país por anos, mas que se comunicam diariamente com os filhos *(e com a família)*, participam efetivamente das escolhas referentes às suas vidas, que os orienta e fazem 'presentes', ainda que distantes fisicamente, parece que a inviabilidade de exercício da guarda *(da autoridade parental e da convivência com os avós)* à distância vai perdendo força.[46]

Os conflitos familiares que envolvem avós e netos passam necessariamente por impasses e dificuldades nas relações com os filhos, genros e noras. As divergências surgem antes mesmo da escolha das peças do enxoval, quando são frequentes os diálogos envolvendo o futuro dos netos e o modo de encaminhar a educação e o desenvolvimento. Todos se reportam às experiências próprias e alheias e à forma como conduziram os desafios relativos ao nascimento e aos momentos vivenciados.

As dissidências em relação ao enxoval, por exemplo, representam um simbólico reflexo do conflito de gerações; faixas, cueiros, roupas de cama bordadas e roupinhas com pequenos botões, foram substituídos por lenções de malha, mantas e macacões de tecido lavável e antialérgico. Sugere o pediatra Fabio Angona Lopes dirigindo-se às avós: "a ajuda não deve ir além daquilo que foi requerido para não correr o risco de ser tão solícita a ponto de se transformar em 'metida'. O vovô, logicamente, participa, colabora e, na medida do que os homens são capazes, dá seus palpites, quando consultado".[47]

Os estudos que envolvem esta integração, o aumento da expectativa de vida e o despreparo das famílias para as alternativas intergeracionais perpassam não só pelos problemas que envolvem o envelhecimento, mas também pela falta de alternativas de acolhimento da população idosa e pelas dificuldades urbanas quanto à acessibilidade e a uma convivência saudável e permanente.

E mais. O que definirá a avosidade não será a idade cronológica ou o papel social, mas a possibilidade de transmitir as funções materna e paterna para as próximas gerações. Tornar-se avô requer uma elaboração do próprio papel como filho e pai, pois o nascimento de um neto exige uma reorganização psíquica. Agora ele ocupará um novo lugar exigindo demarcar os limites entre ser avô e pai, para passar pelo processo de individualização na estrutura familiar.

---

46. LEAL, Livia Teixeira. O cuidado na era digital: as novas facetas da afetividade no mundo tecnológico e seus impactos jurídicos. In: PEREIRA, Tânia da Silva; OLIVEIRA, Guilherme de; COLTRO, Antônio Carlos Mathias (coord.). *Cuidado e Afetividade*. São Paulo: Atlas, 2016, p. 279.
47. LOPES, Fabio Angona. *Avós e Netos uma forma especial de amar:* Manual de convivência. Baueri/SP, Manole, 2011, p. 24.

Rodrigues e Justo chamam atenção para os novos papéis desempenhados pelas avós, que podem ser, ao mesmo tempo, mães e avós zelosas, mas também, mulheres maduras, sedutoras e ativas.[48]

Nicole Markowski da Rosa, ao se reportar aos estudos desenvolvidos por Deus & Dias,[49] indica existência de uma maior convivência das famílias com as avós maternas. Elas foram destacadas como substitutas dos pais em atividades que se relacionam com a educação, criação e ao cuidado dos netos, além de serem importantes figuras de apoio para as filhas nos períodos perinatal e pós-natal. Ao mesmo tempo em que é reconhecida a responsabilidade dos pais e mães pela criação das crianças, esta também é marcada e influenciada por outras mulheres, em especial as avós. Esta participação ativa das mulheres em flagrante cooperação familiar, reflete a prevalência do apoio feminino em tarefas deste cunho. Alerta a mesma autora que se deve tomar cuidado para que essa cooperação não seja entendida como intrusiva, dependendo da forma que é feita, da relação entre pais e filhos e do papel esperado por cada um nesse momento. Pesquisas interdisciplinares passaram a ser desenvolvidas a partir dos anos 80, aumentando a importância das relações entre avós e netos. As famílias multigeracionais, também aumentam as relações intergeracionais no seio das famílias.[50]

Esses são alguns aspectos que envolvem os estudos sobre a avosidade, sendo certo que o direito de visita dos avós aos netos é um direito natural. Na verdade, não se pode recusar aos avós o direito de se aproximarem de seus netos, pois é da índole da sociedade familiar o cultivo do sentimento de afeição e respeito aos ascendentes.[51]

4. AVOSIDADE: DIREITOS E RESPONSABILIDADES NAS RELAÇÕES FAMILIARES CONTEMPORÂNEAS

A avosidade é definida como "laço de parentesco entre avós e netos, sobretudo estando os últimos no período da infância; é tema que cria um elo entre a pediatria e a gerontologia. Envolve os estudos que vinculam o laço e parentesco nas relações de filiações trigeracionais do ponto de vista pessoal, social e familiar".[52]

Aproximar gerações é o objetivo do trabalho social que busca quebrar barreiras entre gerações, eliminar preconceitos e vencer discriminações. Observa-se que a criança, convivendo e dialogando com seus avós, aprende a valorizar sua cultura e seus valores porque o processo de viver e envelhecer é contínuo. Na infância, o acesso aos avós é controlado pelos pais, principalmente para aqueles que não moram próximo. À medida

---

48. RODRIGUES, A. P.; JUSTO, J. S. *A ressignificação da feminilidade da Terceira Idade.* Estud. Interdiscipl. do envelhecimento, 14(2), 2009, p. 169-186.
49. DEUS, M.D. de & DIAS, A. C. G. Avós Cuidadores e Suas Funções: Uma Revisão Integrativa da Literatura. *Pensando fam.* [online]. 2016, v. 20, n. 1, p. 112-125.
50. ROSA, Nicole Markowski. *Avós Guardiões: Fronteiras e limites entre avosidade e parentalidade.* Disponível em: [https://www.lume.ufrgs.br/bitstream/handle/10183/183272/001077918.pdf?sequence=1]. Acesso em: 06.06.2020.
51. BARRETO, M.F. *Direito de visita dos avós:* uma evolução do Direito de Família. Rio de Janeiro: Lumen Juris, 1989, p. 131.
52. OLIVEIRA, Alessandra Ribeiro Ventura; GOMES, Lucy; TAVARES, Adriano Bueno; CÁRDENAS, Carmen Jansen. *Relação entre avós e seus netos no período da infância.* Disponível em: [https://revistas.pucsp.br/kairos/article/view/4420/2992]. Acesso em: 01.04. 2020.

que os netos crescem adquirem mais autonomia e responsabilidade, podendo decidir o tipo de relacionamento que desejam ter com seus avós. O relacionamento dos avós com os netos reflete os vínculos entre avós e pais e entre avó e avô. Enfim, a função de avô está sempre presente, independentemente de o indivíduo aceitá-la ou não.[53]

A avosidade envolve articulação de ciências diversas, uma vez que surgem a cada dia novas especialidades nas ciências humanas e sociais.

A *interdisciplinaridade* mostra a necessidade de superar a fragmentação da produção de conhecimento. Representa uma nova consciência da realidade, do pensar, ambicionando a troca, a reciprocidade e a integração entre diversas áreas, objetivando a resolução de problemas de forma global e abrangente.[54]

O pensar e agir interdisciplinar se apoiam no princípio de que nenhuma fonte do conhecimento é, em si mesma, completa, e de que, pelo diálogo com outras formas de conhecimento, de maneira a se interpenetrarem, surgem novos desdobramentos na compreensão da realidade e sua interpretação.[55]

Interessa-nos, especialmente, a *Geriatria*, que envolve aspectos curativos e preventivos da atenção à saúde, e a *Gerontologia Biomédica*, que compreende o estudo do envelhecimento do ponto de vista molecular celular, estudos populacionais e de prevenção de doenças. "Nesta linha, a *Geriatria* seria um componente da *Gerontologia*".[56]

Ao listar as bases do conhecimento da *Gerontologia,* Luciana Branco da Motta, reporta-se a Bass e Ferraro, destacando que "o estudo científico do envelhecimento perpassa por várias disciplinas incluindo a biologia, a psicologia, sociologia, ciência política, história, antropologia, economia, humanidade e ética, sendo integrada à profissões como saúde pública, enfermagem, serviço social, direito, medicina, entre outras".[57]

A abrangência da norma legal, ao mesmo tempo que nos reporta à dignidade humana, nos convoca a repensar a proteção do idoso não só no âmbito do atendimento à saúde, como também na manutenção da qualidade de vida, dentro ou fora da família, sendo certo o incontestável envelhecimento da população, o que representa preservar as habilidades físicas e mentais necessárias à manutenção de uma vida independente e autônoma, ainda que convivendo com limites, identificada por Renato Veras como *capacidade funcional*.[58]

O mesmo autor propõe uma mudança radical no "paradigma do cuidado" para com os idosos, rompendo com a tradição da assistência orientada para a doença e buscando uma abordagem orientada para a função e a qualidade de vida. A história, o exame físico e o diagnóstico diferencial não são suficientes para um levantamento amplo das diversas

---

53. *Ibidem.*
54. MOTTA, Luciana Branco da. A constituição da Gerontologia e da Geriatria como campos de conhecimento interdisciplinar: o desafio da formação profissional. In: LEMOS, Maria Teresa T. Brittes; ZAGAGLIA, Rosângela Alcântara (coord.). *A arte de envelhecer:* Saúde, Trabalho, Afetividade e Estatuto do Idoso. Aparecida-SP: Ideias e Letras, 2004, p. 85.
55. FAZENDA, I.C.A. *apud* MOTTA, Luciana Branco da. Op. cit., p. 85.
56. MOTTA, Luciana Branco da. Op. cit., p. 83.
57. BASS, S.A.; FERRARO, K. F. Gerontology education in transition: considering disciplinary and paradigmatic Evolution. *The Gerontologist*, Volume 40, Issue 1, 1 February 2000, Pages 97–106. Disponível em: [https://doi.org/10.1093/geront/40.1.97]. Acesso em: 02 abr. 2020.
58. VERAS, Renato Peixoto (org.). *Terceira Idade:* alternativas para uma sociedade em transição. Rio de Janeiro: Relume-Dumará, 1999, p. 158-159.

variáveis físicas, psicológicas e sociais, essenciais à vida diária, em uma perspectiva de fato abrangente. Para ele, "a prática clínica deve, quando preocupada com a busca da qualidade de vida, realizar uma ampla avaliação funcional com o propósito de detectar as prováveis perdas nessas áreas". Conclui, finalmente, que a *capacidade funcional* deve ser entendida como um elemento central na formulação e efetiva implementação de uma nova política de cuidado com a saúde".[59]

5. CONSIDERAÇÕES FINAIS: AVOSIDADE, AFETO, SOLIDARIEDADE E CUIDADO

Nos nossos estudos sobre o diálogo entre "Estatutos", referindo-nos à população infantojuvenil, aos idosos e às pessoas com deficiências, tivemos a oportunidade de demonstrar a importância dos "microssistemas" que enfrentam desafios na sua aplicação, não só no que concerne a sua temporariedade, como também relativa à sua especialidade, buscando coerência com o ordenamento jurídico vigente. Além de enfrentar a regra tradicional da "lei posterior revoga a anterior", maior dificuldade se apresenta quanto ao princípio da hierarquia das leis.

Alertamos que a tutela das vulnerabilidades envolve tanto uma discriminação positiva por parte do legislador na elaboração dos estatutos protetivos, como uma postura ativa do intérprete no sentido de identificar as peculiaridades de cada indivíduo, com o fito de garantir o efetivo exercício de seus direitos. Além disso, indicamos ser necessário que se considere o fundamento constitucional que norteia a proteção dos grupos vulnerados, compreendendo-se os microssistemas não de forma isolada, mas em um contexto macro.

Naquela oportunidade, conclamamos que sejam consideradas as condições pessoais dos *hipervulneráveis*, o que permite uma visão unitária dos "Estatutos", orientados pelos Direitos Fundamentais Constitucionais e unir esforços em benefício dos seus destinatários, oferecendo soluções que conduzam à sua efetividade. Procuramos demonstrar, finalmente, que a *teoria do diálogo das fontes* como método de interpretação, permite ao operador do Direito coordenar as normas jurídicas em vez de priorizar o conflito entre elas.[60]

O aprofundamento nos estudos sobre as relações intrafamiliares envolvendo avós, filhos e netos nos convoca à *ética da corresponsabilidade,* preconizada por Brunno Silveira, marcada pelo respeito às diferenças, pelo exercício da complementariedade e pela cooperação, identificando e conjugando esforços, sempre, na direção e na construção de algum objetivo comum superior. "É construir juntos, algo a ser compartilhado, indivisível e não apenas partilhado e dividido". E conclui: "para assumir e exercitar a corresponsabilidade não precisamos de certezas, basta o sentimento de segurança daquilo que se nos apresenta para fazer. Não é necessário sequer saber: é só querer".[61]

---

59. VERAS, Renato Peixoto (org.). Op. cit., p. 158-159.
60. PEREIRA, Tânia da Silva. Diálogo entre "Estatutos": o *cuidado* e a tutela das vulnerabilidades. In: PEREIRA, Tânia da Silva; OLIVEIRA, Guilherme de. COLTRO, Antônio Carlos Mathias. *Cuidado e cidadania*: desafios e possibilidades. Rio de Janeiro: GZ, 2019.
61. SILVEIRA, Brunno. "Bem Comum II – A Ética da corresponsabilidade" – texto divulgado para os amigos via e-mail, pouco antes do seu falecimento em 2006. Cabe lembrar que o final da vida do autor foi marcado por um profundo sofrimento físico; deixou-nos, no entanto, destacadas lições de vida e singulares mensagens de otimismo e esperança.

Esta mesma *dimensão ética da responsabilidade* tem sido objeto de efetivos debates, considerando a regra do art. 229 da CF/88, ao estabelecer que "os pais têm o dever de assistir, criar e educar os filhos menores, e os filhos maiores têm o dever de ajudar e amparar os pais na velhice, carência ou enfermidade". Da mesma forma coube ao 230 da CF/88 estabelecer "uma obrigação solidária da família, da sociedade e do Estado de amparar as pessoas idosas, assegurando sua participação na comunidade, defendendo sua dignidade e bem-estar e garantindo-lhes o direito à vida".

Tais diretrizes, conforme sugerido por Ricardo Calderón, "devem constituir força motriz na busca da conscientização quanto as consequências do comportamento omisso nas relações dos genitores com a prole, dos filhos adultos com seus pais idosos, como dos avós com filhos e netos". Buscando referências doutrinárias nas lições de Ricardo Calderón, "não se restringe à mera responsabilidade civil voltada ao passado". "Muito mais do que reparar o dano, há que se empreender esforços na tentativa de procurar evitar a ocorrência de dano existencial".[62]

Reiteramos que o *princípio da dignidade humana* como regra fundamental deve servir como diretriz na interpretação e na aplicação das leis, "sempre considerado na proteção e na tutela dos direitos da personalidade do homem e nas suas relações jurídicas".[63]

Os estudos da Avosidade também convocam ao desenvolvimento doutrinário do *cuidado* como subprincípio da dignidade humana, fazendo com que ele adquira importante função hermenêutica, de integração e complementação das normas jurídicas, quando as previsões legais não sejam suficientes para atender de forma plena às peculiaridades dos casos concretos. Ademais, a "abordagem do cuidado como princípio jurídico atende à valorização preponderante do homem face aos demais seres e coisas, culminando-se no entendimento de que o homem é valor originário de todos os demais valores, que seriam, portanto, valores derivados".[64]

Já se consolidou entre nós o reconhecimento do *cuidado como princípio constitucional* implícito no ordenamento jurídico. Trata-se de um dos significados ocultos, uma das dimensões da dignidade da pessoa humana, razão pela qual deve ser abordado, *a priori*, como subprincípio e, *a posteriori*, como princípio jurídico propriamente dito, a almejar patamar de direito fundamental.[65] Conclui Roberta Tupinambá:

> o cuidado recria o conceito de dignidade da pessoa humana, uma vez que o direito é sempre obrigado a virar-se para todos os lados para preencher seu papel regulador no conflito dos mais diversos discursos existentes em uma sociedade globalizada, fazendo-se necessária, muitas vezes, a consideração de valores maiores, que são utilizados não só para fazer valer o bom e o justo, mas, sobretudo, para fazer valer o próprio intuito de um ordenamento jurídico.[66]

Dimensões filosóficas do *cuidado* vem sendo estudadas nas ciências médicas e sociais, sempre envolvendo uma maior responsabilidade entre gerações, sendo certo que todo

---

62. CALDERÓN, Ricardo. *Princípio da Afetividade no Direito de Família*. Rio de Janeiro: Forense, 2017, p. 268.
63. MULHOLLAND, Caitlin Sampaio. Interdisciplinaridade no ensino jurídico: a experiência do Direito Civil. In: *Diálogos sobre Direito Civil*: construindo uma racionalidade contemporânea. Rio de Janeiro: Renovar, 2002, p. 467.
64. *Ibidem*, p. 357.
65. TUPINAMBÁ, Roberta. Op. cit., p. 361.
66. TUPINAMBÁ, Roberta. Op. cit., p. 364.

cuidado representa um compromisso, pois, se decidir cuidar, ocorre envolvimento. Na visão de Mayeroff, "o cuidar é ação e o agir como cuidadora inclui afeto e consideração, agir no sentido de promover o bem-estar do outro".[67]

Noddings dá maior ênfase ao aspecto relacional do cuidado. Para ele, "o cuidado é um ideal ético. O aspecto fundamental do cuidado é tentar compreender a realidade do outro; envolve sair da própria estrutura referencial e entrar na do outro – é um sentir outro como uma possibilidade para nós, devemos agir para eliminar com o outro. Quando percebemos a realidade do o intolerável, reduzir o sofrimento, preenche a necessidade, atualizar o sonho".[68]

Vera Regina Waldow alerta, inclusive, para atitudes do *não cuidado* e/ou *descuidado* em situações de dependência e carência que desenvolvem sentimentos, tais como, de se sentir impotente, ter perdas e ser traído por aqueles que acreditava que iria cuidá-lo. Situações graves de desatenção e de não cuidado são relatadas como sentimentos de alienação e perda de identidade. Referindo-se a relações humanas vinculadas à enfermagem, a autora destaca sentimentos de desvalorização como pessoa e a vulnerabilidade. Aponta, ainda: "Essa experiência torna-se cicatriz que, embora possa ser esquecida, permanece latente na memória".[69] (...) "O cuidado 'humano' como uma atitude ética, é uma forma de viver em que os seres humanos tentariam harmonizar seus desejos de bem-estar em relação a seus próprios atos em função do bem-estar dos outros. Isto incluiria um todo maior, a sociedade, o meio ambiente, a natureza".[70] Conclui a mesma autora: "no cuidado existe o compromisso uma responsabilidade em estar no mundo, que não é apenas de fazer aquilo que satisfaz, mas sim, ajudar aa construir uma sociedade com base em princípios morais. Isso permite construir uma história da qual se tem orgulho".[71]

No universo jurídico, sentimo-nos realizados por participar de um grupo de juristas humanistas que se empenharam a trazer para o Direito as diretrizes filosóficas dos estudos sobre o *cuidado* desde 2005, fazendo com que o *cuidado* chegasse aos nosso Tribunais, como valor jurídico a orientar uma solução ética de conflitos nas relações familiares.

Leonardo Boff participou desde início do nosso projeto ao reconhecer, na obra *O cuidado como valor jurídico*, que

> [a] justiça e as virtudes para serem humanas precisam expressar o modo de ser singular do ser humano: ser individual que se faz virtuoso para com os outros, animal político vivendo sob o império de leis justas e de instituições. Em ambas as esferas se realiza a justiça e vigoram as virtudes. Mas isso não basta, precisa revelar sua essência como um ser que nasceu do cuidado, tende naturalmente a cuida e deseja ser cuidado. O cuidado impedirá que as virtudes se transformem em farisaísmo, as leis em legalismo e as instituições em prisões.[72]

Merece destaque nestes estudos o acórdão da 3ª Turma do STJ ao julgar o REsp 1.159.242/SP, no qual a violação do dever de cuidado foi reconhecida como ato ilícito, possibilitando-se a aplicação das regras concernentes à responsabilidade civil e o conse-

---

67. MAYEROFF, Milton. *On caring*. Nova YorkHarper, 1971, p. 13.
68. NODDINGS, Nel. *O cuidado uma abordagem feminina a ética e a educação moral*. São Leopoldo: Unisinos, 2003, p. 8.
69. WALDOW, Vera Regina. *Cuidar: expressão humanizadora da enfermagem*. Petrópolis: Vozes, 2006, p. 29
70. *Ibidem*, p. 61.
71. *Ibidem*, p. 62.
72. BOFF, Leonardo. Justiça e cuidado: opostos ou complementares? In: PEREIRA, Tânia da Silva; OLIVEIRA, Guilherme de (coord.). *O cuidado como valor jurídico*. Rio de Janeiro: Forense, 2008, p. 11.

quente dever de indenizar. No caso, a ministra Nancy Andrighi ressaltou que "o cuidado como valor jurídico objetivo está incorporado no ordenamento jurídico brasileiro não com essa expressão, mas com locuções e termos que manifestam suas diversas desinências, como se observa do art. 227 da CF/1988". De acordo com a Relatora, "o *non facere*, que atinge um bem juridicamente tutelado, leia-se, o necessário dever de criação, educação e companhia – de cuidado –, importa em vulneração da imposição legal, exsurgindo, daí, a possibilidade de se pleitear compensação por danos morais por abandono psicológico".[73]

O desenvolvimento doutrinário do cuidado como valor e princípio jurídico faz com que ele adquira importante função hermenêutica, de integração e complementação das normas jurídicas, quando as previsões legais não sejam suficientes para atender de forma plena às peculiaridades dos casos concretos.[74]

Outrossim, na dinâmica das ações intergeracionais interessa-nos ainda o *princípio da solidariedade*, previsto na Carta Magna (inciso 1º do art. 3º), que legitima a intervenção estatal reequilibradora para proteger os vulneráveis de forma diferenciada, impondo à sociedade, ao Estado, a proteção do grupo familiar (art. 226, CF/88) e à criança e ao adolescente (art. 227, CF/88) e ao idoso (art. 230, CF/88).

Explica Paulo Lobo:

> a *solidariedade familiar* é fato e direito; realidade e norma. No plano fático as pessoas convivem no ambiente familiar, não em submissão a um poder incontrariável, mas porque compartilham afeto e responsabilidades. No plano jurídico, os poderes de cada um para com os outros impuseram a definição de novos direitos e deveres jurídicos, inclusive na legislação infraconstitucional, a exemplo do Código Civil de 2002, o que não significa que se alcançou a dimensão ideal da solidariedade, impondo pugnar-se por avanços legislativos.[75]

O dever do *cuidado* envolve o amparo dos pais idosos pelos filhos maiores permanecendo ligado à ideia de solidariedade, sempre vinculado à noção de responsabilidade, a gerar direitos e deveres não só familiares como aqueles de âmbito social.

Cuidar também significa *respeitar*, considerar as necessidades de cada indivíduo e tratá-lo em conformidade com suas particularidades. O respeito é o cuidado posto em prática na relação com o outro, ao considerá-lo como sujeito único e especial por suas diferenças.

Finalmente, cabe alertar para procedimentos práticos que podem colaborar na integração intergeracional permitindo uma convivência agradável e participativa:

i) *Saber ouvir cada um dos membros do núcleo familiar* diante das possibilidades e fragilidades decorrentes das condições individuais, considerando também a idade, as experiências e/ou inexperiências;

ii) *Promover diálogos informais que possibilitem a todos expressarem seus pensamentos e ideias* sem a preocupação de respostas únicas e definitivas, articulando reflexões que conduzam à outras oportunidades para se manifestarem;

---

73. STJ, 3ª Turma, REsp 1159242/SP, Rel. Min Nancy Andrighi, j. 24.04.2012, DJe 10.05.2012.
74. TUPINAMBÁ, Roberta. O cuidado como princípio jurídico nas relações familiares. In: PEREIRA. Tânia da Silva; OLIVEIRA, Guilherme de (coord.). *O cuidado como valor jurídico*. Rio de Janeiro: Forense, 2008, p. 361.
75. LOBO, Paulo. Princípio da Solidariedade Familiar. In: PEREIRA, Rodrigo da Cunha (coord.). *Família e Solidariedade Familiar*: Teoria e Prática no Direito de Família. Rio de Janeiro: Lumen Juris, 2008, p. 05.

iii) *Identificar atividades criativas que permitam um melhor entrosamento entre os idosos, filhos e netos*, respeitando sempre as idades e vivências pessoais de cada um;

iv) *Promover atividades de estímulo à memória que permitam relatos das vivências e experiências anteriores e estimulem a criatividade*, convocando, idosos, adultos, crianças e jovens para os momentos prazerosos de convivência do núcleo familiar;

v) *Estimular a participação em eventos culturais*, respeitadas as motivações e limitações de cada um, evitando convocar para momentos que possam representar um desprazer ou efetiva manifestação de dificuldades pessoais;

vi) *Identificar e participar de iniciativas comunitárias que permitam maior entrosamento entre gerações*, a exemplo de atividades escolares, eventos religiosos ou atividades esportivas que reflitam interesse e prazer de estarem juntos, todos os membros do núcleo familiar;

vii) *Convocar membros da família extensa, amigos e "agregados"* que representem relações afetivas para cada um, permitindo-lhes serem acolhidos com carinho e amizade.

Alerte-se, também, para a realização de projetos informativos de proximidade com a população, devem levar ao idoso e à sua família o conhecimento dos direitos garantidos aos mais velhos e às formas de prevenção e de identificação de possíveis abusos e agressões.

O maior desafio, hoje, é garantir um envelhecimento com dignidade e autonomia, sendo certo que os programas a serem criados tenham por norte o bem-estar do idoso e a manutenção de sua capacidade criativa e relacional, possibilitando a sua integração total no seio da sociedade, afastando em definitivo o estigma que de os mais velhos são seres ultrapassados ou incapacitados, ampliando a sua participação ativa em diversas atividades e o estímulo de suas habilidades.[76]

Além disso, a convivência saudável entre avós e netos reverbera não apenas sobre o núcleo familiar, mas também sobre toda a sociedade, na medida em que a troca intergeracional permite conciliar as transformações vivenciadas pela coletividade com a experiência e as tradições que integram a história e as origens de uma comunidade.

Reporto-me, finalmente, às palavras da Juíza Andréa Pachá, Magistrada do Tribunal de Justiça do Estado do Rio de Janeiro, ao vivenciar em seu cotidiano a competência *orfanológica* e *das pessoas com deficiência*, identifica a importância da integração intergeracional no âmbito das relações familiares:

> *Todos envelhecemos. E sempre haverá mais tempo adiante. Os que estão atrás não nos alcançarão e nós não alcançaremos os que nos antecedem nessa estrada que não terminará enquanto existirmos, seguiremos, velhos, olhando para outros velhos e nos sentindo menos velhos. Depois da velhice vem a vida. E mais vida. E mais vida. Velhos são os outros.*[77]

---

76. PEREIRA, Tânia da Silva. Entrevista publicada no Portal do IBDFAM em 29.07.2015. Disponível em: [www.ibdfam.org.br/noticias/5703/Projeto+de+lei+visa+tornar+crime+hediondo+homic%C3%ADdio+contra+o+idoso+]. Acesso em: 29.04.2016.
77. PACHÁ, Andrea. *Velhos são os outros*. Rio de Janeiro: Intrínseca, 2018, p. 13.

OS EFEITOS JURÍDICOS DA BUSCA DA ANCESTRALIDADE NA RELAÇÃO AVOENGA: UMA ANÁLISE A PARTIR DO PRINCÍPIO DA FRATERNIDADE

Tatiane Gonçalves Miranda Goldhar

Mestre em Direito Civil pela Universidade Federal de Pernambuco. Especialista em Processo Civil pela FANESE/JusPodivm. Professora Universitária de Graduação e Pós-Graduação. Conselheira da Ordem dos Advogados do Brasil – OAB/SE Diretora do Núcleo de Pós Graduação da Escola Superior de Advocacia de Sergipe – ESA/SE Presidente da Associação Jurídica do Estado de Sergipe –AJE-SE. Advogada. tatiane-goldhar@gmail.com.

Clara Cardoso Machado Jaborandy

Doutora e mestre em direito pela UFBA. Especialista em direito público pela UNIDERP. Professora do Programa de mestrado em direitos humanos da UNIT. Advogada e Vice-presidente da Comissão de Estudos Constitucionais da OAB/SE. claracardoso-machado@gmail.com.

Sumário: 1. Introdução. 2. O princípio jurídico da fraternidade no direito de família. 3. Da importância da avosidade na construção e integração dos laços familiares. 4. Da busca da ancestralidade através dos avós e do direito de integração familiar. 5. Da conclusão.

1. INTRODUÇÃO

Como passar do tempo, o Direito de Família, preocupado com a interrelação de seus membros, com a busca da felicidade e da plenitude da pessoa humana num contexto mais relacional e que exclusivamente individual, vem abraçando novos conceitos, oxigenado pelos olhares mais cuidadosos e progressistas dos juristas que sentem a necessidade de dar uma resposta mais justa e digna aos anseios dos seres humanos viventes da comunidade familiar, e até normatizar ou, pelo menos, enfrentar, judicialmente, as demandas dos indivíduos que impulsionam o Direito de Família na atualidade.

Se há um direito que tem se atualizado para acolher os desafios que pupulam diariamente em nossas casas e comunidades é o Direito de Família, cada vez mais próximos da Psicologia, da Biogenética, das Ciências Espiritualistas numa interdisciplinaridade que tem por fim melhor tutelar os interesses de seus sujeitos de direito.

Nesse contexto, a avosidade constitui-se como importante campo de estudo e análise para o Direito. Alvissareira, a avosidade é a relação entre avós e netos. Estudá-la torna-se importante para os juristas uma vez que, partindo da experiência cultural brasileira, ao contrário, por exemplo da cultura norte-americana, muitos avós participam ativamente da vida de seus netos, contribuindo significativamente, quando não, efetivamente, criando-os no lugar dos pais, numa função de protagonismo que merece estudo e destaque.

Nesse campo, o artigo trará a perspectiva do princípio jurídico da fraternidade e como ele embasa as tutelas jurídicas no âmbito do Direito de Família, mais de perto o estabelecimento da relação socioafetiva, contrapondo-a com o princípio da solidariedade, oferecendo assim novos pontos de reflexão ao jurista mais curioso no sentido de compreender a fraternidade como uma fonte axiológica capaz de emprestar concretude aos objetivos que o constituinte elencou para o Direito de Família.

O corte que se propõe é analisar neste artigo é a possibilidade de integração familiar, de conhecimento de verdade biológica em face dos avós, quando já não é mais possível obtê-la dos supostos pais. Investigar-se-á se há norma jurídica que respalde a pretensão declaratória de netos em face dos avós, quais os princípios e fontes axiológicas que embasam essa pretensão e, mais, os efeitos dessa busca.

Analisar-se-á como tem sido compreendido na atualidade o direito ao conhecimento da origem genética e da busca da verdade real, com foco na posição atual do Superior Tribunal de Justiça e como a doutrina tem tratado do tema.

Para o desenvolvimento do estudo, foi realizada pesquisa do tipo qualitativa e exploratória, sendo a coleta de dados de natureza bibliográfica, analisando-se a decisão do Superior Tribunal de Justiça sobre reconhecimento declaração de relação avoenga e busca de ancestralidade.

2. O PRINCÍPIO JURÍDICO DA FRATERNIDADE NO DIREITO DE FAMÍLIA

Antes de analisar a possibilidade e os efeitos jurídicos da busca da ancestralidade na relação avoenga é necessário registrar que a compreensão do direito de família que aqui se defende tem como pressuposto teórico o princípio jurídico da fraternidade.

A fraternidade tem amparo constitucional e é referenciada pela primeira vez no preâmbulo da Constituição de 1988, ao enunciar o Estado Democrático de Direito que tem como objetivo a construção de uma sociedade fraterna, pluralista e sem preconceitos. Não bastasse a referência preambular, deve-se reconhecer a juridicidade da fraternidade a partir do compromisso com a declaração universal dos direitos humanos de 1948, que no art. 1º enuncia: "Todos os seres humanos nascem livres e iguais em dignidade e direitos. São dotados de razão e consciência e devem agir em relação uns aos outros com espírito de fraternidade".[1]

Compreende-se fraternidade como princípio jurídico em razão da força normativa do preâmbulo[2] bem como pelo reconhecimento de status constitucional dos tratados

---

1. MACHADO, Clara. *O princípio jurídico da fraternidade*. Rio de Janeiro: Lumen Juris, 2017, p. 107.
2. "Inquestionavelmente, residem no preâmbulo princípios, regras e valores formulados pelo constituinte, sendo alguns reproduzidos na parte dogmática da Constituição e outros previstos apenas no texto preambular, a exemplo da fraternidade. (...). Sublinhe-se que o fato de alguns princípios estarem sediados apenas no preâmbulo não retira sua eficácia jurídica, inclusive como parâmetro de controle de constitucionalidade". MACHADO, Clara. *O princípio jurídico da fraternidade*. Rio de Janeiro: Lumen Juris, 2017.

internacionais de direitos humanos no art. 5º, §2º, razão pela qual é possível extrair o caráter deôntico da referida declaração e, por consequência, do princípio da fraternidade.

Ao postular o reconhecimento do outro, o enraizamento do indivíduo na comunidade, a responsabilidade individual e estatal, o princípio da fraternidade completa a teoria dos direitos fundamentais, em face da suplantação de construções identitárias de forte raiz liberal para a realização da alteridade.[3]

Frise-se que a fraternidade não é filantrópica ou assistencialista, mas possui perspectiva garantista voltada à efetivação de direitos fundamentais e à exigência de deveres. Numa postura distinta, Maria Celina Bodin ressalta que a noção de fraternidade seria a inspiração da solidariedade difundida na modernidade, em que ideias assistencialistas, postas em prática por meio da caridade, do auxílio ao próximo motivado por pura liberalidade, estavam na ordem do dia. A autora relaciona fraternidade à filantropia, ressaltando que não é essa a solidariedade difundida na contemporaneidade. Ao criticar a ideia de fraternidade, pontua a civilista:

> A ideia de fraternidade, ainda que virtuosa, não se mostra suficiente para representar o vínculo caracterizador de uma sociedade que, pautada pelo pluralismo, cada vez mais compreende distintas e sortidas culturas. Mais do que um sentimento fraternal como exigi-lo? é o respeito pela diferença que deve sobressair, possibilitando a coexistência pacífica das diversas concepções de vida, cientes do que as distingue e do que as une no caso, a *igual dignidade* de todas as pessoas humanas. Do mesmo modo, o ato beneficente, ou caritativo, permanece sempre como uma liberalidade, uma opção que diz respeito apenas à consciência, não se concebendo em termos de obrigação a não ser moral; ao passo que a solidariedade, nos termos invocados pelo constituinte, é um dever de natureza jurídica.[4]

Diferentemente do que afirma Maria Celina Bodin, a fraternidade representa a sociedade calcada no pluralismo haja vista estar consubstanciada no reconhecimento da intersubjetividade. Demais disso, a dimensão deôntica da fraternidade garante sua exigibilidade e refuta a compreensão do princípio enquanto virtude ética ligada tão somente a um sentimento humano. Ressalte-se que tais observações não afastam a importância da solidariedade enquanto princípio constitucional, mas auxilia a compreender as distinções entre os termos.

De outro lado, há quem compreenda solidariedade como atualização da fraternidade.[5] Consoante Erhard Denninger, a tríade da Revolução Francesa – "liberdade, igualdade e fraternidade" cedeu lugar à "segurança, diversidade e solidariedade". Para o referido doutrinador, solidariedade refere-se à humanidade, ao reconhecer o outro como ser dotado de dignidade, significando "um vínculo de sentimento racionalmente guiado, enquanto se apoia na similitude de certos interesses e objetivos de forma a, não obstante, manter a diferença entre os parceiros na solidariedade". Em termos jurídicos, solidariedade propõe "uma rejeição do caráter vinculante de sistemas de valor universais,

---

3. MACHADO, Clara. *O princípio jurídico da fraternidade*. Rio de Janeiro: Lumen Juris, 2017, p. 107.
4. MORAES, Maria Celina Bodin. O princípio da Solidariedade. In: *Estudos em homenagem a Carlos Alberto Menezes Direito*. Organizadores: Antônio Celso Alves Pereira, Celso Renato Duvivier de Albuquerque Mello. Rio de Janeiro: Renovar, 2003.
5. Maria Inês Chave de Andrade destaca que após a Revolução francesa, o vocábulo fraternidade foi sendo gradativamente substituído por solidariedade. ANDRADE, Maria Inês Chave de. *A fraternidade como direito fundamental entre o ser e o deve ser na dialética dos opostos de Hegel*. Coimbra: Almedina, 2010, p. 28.

e a renúncia da exigência de nos fazermos iguais aos outros tanto em posses quanto em consciência".[6]

Essa compreensão não confere autonomia ao princípio jurídico da fraternidade, fazendo com que fique esquecido ou subutilizado. A fim de viabilizar o resgate e a aplicação da fraternidade é que se defende que fraternidade tem conteúdo jurídico diverso da solidariedade e mais amplo que o mesmo.

A solidariedade tem como referência o apoio mútuo dos indivíduos seja na esfera institucional ou social (reconhecimento do outro numa relação de vulnerabilidade ou hipossuficiência), servindo para justificar tanto as políticas intervencionistas do Estado, como também a vinculação dos particulares aos direitos sociais, ao sedimentar a ideia de que cada um de nós é também, de certa forma, responsável pelo bem-estar dos demais (art. 3º, I, CF). Por sua vez, o centro de referência na fraternidade é a relação intersubjetiva (reconhecimento a partir do outro) marcada por uma relação horizontal e igualitária, que exige dos indivíduos reconhecimento mútuo e responsabilidades comunitárias.[7] Luis Fernando Barzotto pontua:[8]

> De um modo mais analítico, pode-se dizer que a fraternidade é bilateral, ao passo que a solidariedade é unilateral – um assume a responsabilidade pelo outro, que, neste momento, é incapaz de alcançar o seu bem autonomamente. A fraternidade é horizontal, uma vez que todos são iguais, ao passo que a solidariedade é vertical – um auxilia, o outro é auxiliado. Deste modo, a Fraternidade deve ser proposta como sendo um princípio estrutural da sociedade, ao passo que a solidariedade deve ser pensada como conjuntural.

Fraternidade é princípio jurídico fundamental mais amplo que solidariedade que tem, essencialmente, três funções: função de equilíbrio entre liberdade e igualdade, função de reconhecimento e função interpretativa. Enquanto equilíbrio, fraternidade representa o contraponto aos direitos de liberdade e de igualdade, ao evidenciar o lado dos deveres fundamentais, exigindo do indivíduo e do Estado a observância desses deveres, na perspectiva da responsabilidade, a fim de se alcançar o progresso social e incentivar a participação democrática na vida coletiva. A função de reconhecimento explicita a alteridade e a intersubjetividade no direito, impondo-se do sujeito de direito um olhar para o outro, o respeito às diversidades numa sociedade multicultural (processo de inclusão), o espírito de tolerância, de compreensão mútua e de solidariedade. Destaca-se, nesse projeto, a função interpretativa da fraternidade que deve ser verificada na prática, no momento da definição de sentido de direitos e deveres fundamentais servindo de parâmetro para colisão de diretos fundamentais.[9]

Especificamente no âmbito do direito das famílias solidariedade e fraternidade devem estar presentes como princípios fundamentais ao lado da dignidade humana.

---

6. DENNIGER, Erhard. Segurança, Diversidade e Solidariedade ao invés de Liberdade, Igualdade e Fraternidade. In *Revista Brasileira de Estudos Políticos UFMG*, v. 88, dezembro de 2003, p. 21-45, p. 35.
7. MACHADO, Clara. *O princípio jurídico da fraternidade*. Rio de Janeiro: Lumen Juris, 2017, p. 107.
8. BARZOTTO, Luís Fernando. *Fraternidade: uma aproximação conceitual*. In: Direito e Fraternidade: em busca da concretização/Organização [de] Carlos Augusto Alcântara Machado, Clara Cardoso Machado Jaborandy, Luciene Cardoso Bazotto. – Aracaju: EDUNIT, 2018, p. 84-85.
9. MACHADO, Clara. *O princípio jurídico da fraternidade*. Rio de Janeiro: Lumen Juris, 2017.

No que tange à solidariedade familiar compreende-se que em razão da responsabilidade de todos os envolvidos numa relação familiar há a exigência de assistência mútua de ordem material e imaterial. Paulo Lobo destaca:[10]

> A solidariedade do núcleo familiar compreende a solidariedade recíproca dos cônjuges e companheiros, principalmente quanto à assistência moral e material. O lar é por excelência um lugar de colaboração, de cooperação, de assistência, de cuidado; em uma palavra, de solidariedade civil. O casamento, por exemplo, transformou-se de instituição autoritária e rígida em pacto solidário. A solidariedade em relação aos filhos responde à exigência da pessoa de ser cuidada até atingir a idade adulta, isto é, de ser mantida, instruída e educada para sua plena formação social. A Convenção Internacional sobre os Direitos da Criança inclui a solidariedade entre os princípios a serem observados, o que se reproduz no ECA (art. 4º).

O princípio da solidariedade familiar enseja, por exemplo, o dever de prestar alimentos, devido aos parentes, aos cônjuges ou companheiros que poderão pedir uns aos outros os alimentos de que necessitem para viver de modo compatível com a sua condição social, inclusive para atender às necessidades de sua educação (art. 1.694, CC). Paulo Lôbo ressalta:[11]

> No Código Civil, podemos destacar algumas normas fortemente perpassadas pelo princípio da solidariedade familiar: o art. 1.513 do Código Civil tutela "a comunhão de vida instituída pela família", somente possível na cooperação entre seus membros; a adoção (art. 1.618) brota não do dever, mas do sentimento de solidariedade; o poder familiar (art. 1.630) é menos "poder" dos pais e mais múnus ou serviço que deve ser exercido no interesse dos filhos; a colaboração dos cônjuges na direção da família (art. 1.567) e a mútua assistência moral e material entre eles (art. 1.566) e entre companheiros (art. 1.724) são deveres hauridos da solidariedade; os cônjuges são obrigados a concorrer, na proporção de seus bens e dos rendimentos para o sustento da família (art. 1.568); o regime matrimonial de bens legal e o regime legal de bens da união estável é o da comunhão dos adquiridos após o início da união (comunhão parcial), sem necessidade de se provar a participação do outro cônjuge ou companheiro na aquisição (arts. 1.640 e 1.725); o dever de prestar alimentos (art. 1.694) a parentes, cônjuge ou companheiro, que pode ser transmitido aos herdeiros no limite dos bens que receberem (art. 1.700), e que protege até mesmo o culpado (§ 2º do art. 1.694 e art. 1.704), além de ser irrenunciável (art. 1.707) decorre da imposição de solidariedade entre pessoas ligadas por vínculo familiar.

Em todos os casos o que se observa é que a exigência da solidariedade familiar remete a condição de vulnerabilidade de um dos sujeitos da relação que busca o equilíbrio dos interesses contrapostos por meio deste dever. Os exemplos supratranscritos revelam essa percepção de uma relação em que uma das partes se encontra numa posição de vulnerabilidade, na dependência do outro.

A fraternidade, por outro lado, é mais ampla e não se resume ao âmbito da solidariedade familiar na medida em que propugna um reconhecimento recíproco e um dever comunitário, para além do núcleo familiar. Tem como fundamento o art. XXIX, 1, da Declaração Universal de Direitos Humanos ao afirmar que "todo ser humano tem deveres para com a comunidade na qual o livre e pleno desenvolvimento de sua personalidade é

---

10. Lobo, Paulo. *Princípio da solidariedade familiar*. Disponível em: [http://www.ibdfam.org.br/_img/congressos/anais/78.pdf]. Acesso em: 29.06.2020.
11. LOBO, Paulo. *Princípio da solidariedade familiar*. Disponível em: [http://www.ibdfam.org.br/_img/congressos/anais/78.pdf]. Acesso em: 29.06.2020.

possível". Esse reconhecimento parte de uma perspectiva horizontal e traz deveres mais amplos, a exemplo do dever de todos em relação a saúde pública, em relação a educação das crianças e adolescentes, na proteção dos idosos etc.

A fraternidade "trata da transposição da atitude dos irmãos entre si para o âmbito extrafamiliar. Em outros termos: trata-se de ver como irmão quem, de fato, não é irmão".[12] Luís Fernando Barzotto destaca ainda que o reconhecimento é uma atitude complexa que comporta três aspectos: a) Reconhecimento como solidariedade; b) Reconhecimento como respeito; c) Reconhecimento como reciprocidade. O reconhecimento como solidariedade implica na responsabilidade pelo outro. O reconhecimento como respeito compreende o respeito a liberdade do outro, ou seja, o outro tem que estar numa posição de protagonista compreendendo-se a liberdade por meio da independência, escolha e autoria. Por fim o reconhecimento como reciprocidade enfoca o aspecto da igualdade.

O que se quer demonstrar é que mesmo no âmbito do direito de família deve-se diferenciar a aplicação do princípio jurídico da solidariedade familiar do princípio da fraternidade, que é mais extenso e que amplia os deveres dos indivíduos em uma comunidade (ainda que familiar).

O princípio jurídico da afetividade, por exemplo, dialoga com a fraternidade, na medida em que se compreende que a família está fundada nos laços de afeto existentes a partir de um reconhecimento recíproco e, consequentemente, numa relação igualitária e livre.

Advém deste princípio a compreensão de que todos os filhos são iguais, independentemente de sua origem (art. 227, §6º), que a adoção deriva de uma escolha afetiva (art. 227, §§ 5º e 6º), que a comunidade formada por qualquer dos pais e seus descendentes, incluindo-se os adotivos, e a união estável têm a mesma dignidade de família constitucionalmente protegida (art. 226, §§ 3º e 4º), que o casal é livre para extinguir o casamento ou a união estável, sempre que a afetividade desapareça (art. 226, §§ 3º e 6º).[13]

Sem dúvida o afeto está numa dimensão horizontal, mas, assim como a solidariedade, está restrito ao núcleo familiar, sendo a fraternidade mais ampla. Segundo Paulo Lôbo:[14]

> A afetividade é construção cultural, que se dá na convivência, sem interesses materiais, que apenas secundariamente emergem quando ela se extingue. Revela-se em ambiente de solidariedade e responsabilidade. Como todo princípio, ostenta fraca densidade semântica, que se determina pela mediação concretizadora do intérprete, ante cada situação real. Pode ser assim traduzido: onde houver uma relação ou comunidade unidas por laços de afetividade, sendo estas suas causas originárias e final, haverá família.

Pode-se afirmar que o fundamento jurídico da afetividade é a fraternidade, na medida em que exige o reconhecimento do outro como outro-eu e direciona o indivíduo para uma ação livre e igualitária.

---

12. BARZOTTO, Luís Fernando. Fraternidade: uma aproximação conceitual. In: *Direito e Fraternidade*: em busca da concretização/Organização [de] Carlos Augusto Alcântara Machado, Clara Cardoso Machado Jaborandy, Luciene Cardoso Barzotto. – Aracaju: EDUNIT, 2018, p. 84-85.
13. LÔBO, Paulo Luiz Neto. *Entidades familiares constitucionalizadas*: para além do *numerus clausus*. Disponível em: [http://www.ibdfam.org.br/assets/upload/anais/193.pdf]. Acesso em: 30.06.2020.
14. LÔBO, Paulo Luiz Neto. *Entidades familiares constitucionalizadas*: para além do *numerus clausus*. Disponível em: [http://www.ibdfam.org.br/assets/upload/anais/193.pdf]. Acesso em: 30.06.2020.

Do mesmo modo, o dever de cuidar presente no art. 230 da Constituição em relação aos idosos, revela um dos aspectos da solidariedade, que encontra seu fundamento jurídico na fraternidade. Em virtude da condição que se encontram os idosos há necessidade de reconhecimento de uma proteção jurídica especial, prevista tanto da Constituição como no Estatuto do Idoso. O cuidado não se restringe apenas a relação ascendentes-descendentes, mas é obrigação de todos os membros da relação familiar.

A relação avoenga é pautada pelo princípio da fraternidade, na medida em que o processo de reconhecimento dos avós deve abranger os três aspectos mencionados acima: reconhecimento como solidariedade, reconhecimento como respeito e reconhecimento como reciprocidade. Somente com esse tripé do reconhecimento autêntico é que verdadeiramente será assegurada a dignidade dos avós e o respeito aos seus direitos, no exercício da avosidade.

3. DA IMPORTÂNCIA DA AVOSIDADE NA CONSTRUÇÃO E INTEGRAÇÃO DOS LAÇOS FAMILIARES

O termo avosidade pode causar estranheza no princípio. Todavia é necessário que a sociedade se acostume com essa palavra incomum, pois cada vez mais passará a ser vista e lida no meio acadêmico e, logo mais, na jurisprudência brasileira.

Por avosidade entende-se o exercício da condição de avós na relação com os netos. Não se sabe ao certo quem ou o que deu origem ao termo, tão novo, mas que exprime os elementos constantes da relação entre avós e seus netos e tudo que dela pode ser originada. Segundo Alessandra Ribeiro Ventura Oliveira e outros, "a avosidade, definida como laço de parentesco, está intimamente ligada às funções materna e paterna, das quais, entretanto, se diferencia, exercendo papel determinante na formação do sujeito".[15]

Redler,[16] por sua vez, afirma que a avosidade pode ser muito bem compreendida no aspecto transgeracional e trigeracional, ou seja, no âmbito familiar, social e pessoal, de modo que é mister que o Direito se ocupe em investigar a relação jurídica avoenga e buscar garanti-la através de mecanismos mais protetivos da intangibilidade dessa relação, a partir do entendimento de sua função/relevância para seus protagonistas, netos e avós, dentro da perspectiva da fraternidade conforme desenvolvido acima.

Trata-se de um termo que vem sendo abordado e estudado no campo da psicologia, pediatria e gerontologia a fim de pesquisar os benefícios, em termos de saúde mental e física, que a convivência e estreitamento dos laços entre avós e netos podem trazer para esses dois sujeitos, ora focando mais os efeitos para os avós, como pertencentes a um grupo de terceira idade ou não já que o Brasil é marcado por uma população mais jovem e, portanto, avós mais jovens, ora para os netos como instrumento de desenvolvimento na primeira infância, principalmente.

---

15. OLIVEIRA, Alessandra Ribeiro Ventura; VIANNA, Lucy Gomes; GARDENÁS, Carmem Jansen de. Avosidade: Visões de avós e de seus netos no período da infância. *Revista. Brasileira. Geriatria. Gerontologia*. Rio de Janeiro, 2010; 13(3):461-474.
16. REDLER, Para. *Abuelidade. Más Allá de La Paternidade*. Argentina: Ed. Legasa, 1986.

O estudo também busca entender como os deslocamentos das funções típicas de avôs e avós podem interferir negativamente na relação com os netos, haja vista que quando o avô ou avó protagoniza o papel de primeiros responsáveis pela educação e criação dos netos, a relação acaba por trazer um nível de estresse e tensão que não são desejáveis para a fase avoenga, de modo que esse breve estudo também se preocupa em apontar, entender e até orientar as famílias em busca de uma melhor definição de funções no seio familiar.

Considerando que a infância é período da vida de significativa importância no processo de crescimento e desenvolvimento do ser humano, e que parte desse crescimento emocional, espiritual e físico se dá pela releitura de experiências vividas, torna-se construtivo e importante estimular o convívio entre avós e netos como forma de estruturar e balizar as percepções infantis não só acerca da vida em si mesma, mas sobretudo acerca de sua própria ancestralidade, na visão das experiências avoengas.

Acredita-se que as experiências dos avós, assim como a potencialidade dos mesmos de interferir positivamente na vida das crianças e adolescentes, contextualizando situações, orientando e guiando os netos, a partir de vivências concretas e da relevância da historicidade, contribui significativamente para a consolidação de valores e referências morais e éticas na vida infantil com grande influência positiva para a vida adulta.

Sabe-se que a avosidade ainda é um tema pouco estudado no Direito. Não é comum encontrar estudos sobre avosidade, estando a doutrina muito centrada ainda no aspecto da parentalidade e da multiparentalidade, sendo mister voltar os olhos para a relação avoenga.

As mudanças rápidas que ocorrem nas famílias, valores e estruturas conceituais na contemporaneidade, leva a buscar, cada vez mais, esteios emocionais e estruturantes para recuperação de canais de comunicação e linguagem que se perderam na construção dos novos conceitos de famílias, os quais, embora sejam bem-vindos, no contexto mais amplo de interpretação progressista do direito de família, não podem desconsiderar o lugar da ancestralidade e da necessária contribuição que esses laços de família mais "antigos" podem gerar entre avós, pais e filhos.

Nada se constrói sem passado. A ancestralidade e sua compreensão é parte importante para o desenvolvimento do indivíduo.

Na realidade brasileira, é comum estudos e pesquisas[17] apontarem que os avós ainda são arrimo de muitas famílias e lideram ativamente a construção e consolidação de muitos núcleos familiares,[18] e isso se dá por diversos fatores, seja, econômicos, sociais e culturais. Muitos filhos se casam e permanecem na casa dos pais. Outros continuam a depender economicamente dos próprios pais, mesmo na vida adulta, situação por

---

17. Um estudo usou dados de um questionário respondido por 6.886 pais e mães sobre a rotina de trabalho, níveis de estresse e responsabilidade quanto aos cuidados das crianças. Dentre eles, 40% afirmou deixar os filhos com os avós enquanto 60% optam pelo cuidado formal, como babá ou creche, ou deixam as crianças com outros parentes. Revista Crescer. Disponível em: [https://revistacrescer.globo.com/Familia/Rotina/noticia/2018/08/deixar-criancas-com-os-avos-e-opcao-menos-estressante-para-pais-do-que-baba-ou-creche.html]. Acesso em: 30.062020.
18. A participação dos avós na criação dos netos apareça em 31% das famílias pesquisadas para a matéria sobe para 45% no caso de pais separados. *Revista Crescer*. Disponível em: [https://revistacrescer.globo.com/Familia/Novas-familias/noticia/2018/12/varias-configuracoes-das-familias-brasileiras.html]. Acesso em: 30.06.2020.

vezes sustentadas por ambas as partes, o que se explica muito na teoria da síndrome do ninho vazio.[19]

Essa incapacidade de os filhos viverem a própria vida ou a inabilidade dos pais de permitirem que isso aconteça, mantendo estreitos e, por vezes desnecessários, vínculos afetivo-dependentes com os pais, ainda pautados em guiança afetiva, psicológica e até econômica, traz à tona um protagonismos dos pais que acabam chegando na fase de avós paternos ou maternos, com esse mesmo papel de liderança do lar, numa simbiose difícil de se desfazer e que afeta profundamente a função da avosidade quase que se confundido com a parentalidade originária.

Interessante pesquisa feita por Andreia Ribeiro Cardoso e Leila Maria Torraca de Brito[20] retrata o quadro fático em que os avós brasileiros estão situados:

> Os relatos apresentados pelas participantes expressam mudanças nas configurações do grupo doméstico, onde a família extensa vem se constituindo como um dos modelos da atualidade, por diversos motivos, como o desemprego e o divórcio. O lugar social de cuidadoras situa as avós em papéis voltados para educação e socialização dos netos. A análise dos grupos de encontro com avós sugere que se podem compreender os discursos das avós a partir de práticas sociais destinadas a essa geração. Os diferentes significados e sentidos que apareceram nos grupos estudados apontam para a pertinência de se pensar as relações entre avós e netos a partir das experiências familiares vivenciadas no contexto contemporâneo.

Dessa forma, observa-se que os avós estão definitivamente ocupando novos papéis, ou talvez, na experiência da família brasileira, sempre ocuparam posições que, teórica e cronologicamente, não os caberia. Isso porque apesar do bônus e benefício da convivência amiúde com filhos e netos, carregam esses pais/avós o ônus de assumirem responsabilidades e encargos muito além do que a fase de vida permite. Nessa toada, é que se afirma que os avós acabam sendo protagonistas de uma novela na qual não deveriam ser mais os atores principais e sim coadjuvantes.

Evidente que esse papel de coadjuvante que aqui se destaca como necessária da fase de avós não diminui a importância deles na estrutura familiar, mas traz o aproveitamento sadio da experiência que eles podem e devem oferecer, como colaboradores da infância dos netos e não como responsáveis exclusivos por ela. É dizer: que os avós ocupem a posição de colaboração e cooperação, a partir do reconhecimento da fraternidade que é imanente à comunidade familiar, mas não de centralidade necessária e impositiva como único meio de desenvolver a família e, consequentemente, serem os principais responsáveis pelo crescimento dos seus netos. Tal ônus, com todo respeito, não os cabem!

O presente artigo não se propõe a analisar e esgotar o estudo dos efeitos da avosidade no direito de família brasileira contemporânea que culturalmente é muito distinta de outros países. Voltar-se-á a análise da possibilidade de netos buscarem dos avós o conhecimento da sua verdade biológica e como essa busca e a integração familiar pode ser viabilizada pelo exercício da avosidade nessa nova relação formada.

---

19. SARTORI, A.C.R.; ZILBERMAN, M.L. *Revisitando o conceito de síndrome do ninho vazio*. Revista Psiquiatria Clínica, v. 36, n. 3, p.112-121, 2009 e ver também Donato, F. M. M; Balieiro, C. R. B. *O ninho vazio e suas implicações na vivência familiar.* Disponível em: [https://www.franca.unesp.br/Home/stae/eixo6_007.pdf]. Acesso em: 30.06.2020
20. CARDOSO, Andréa Ribeiro.BRITO, Leila Maria Torraca de. *Ser avó na família contemporânea: que jeito é esse?* In: Psico-USF, Bragança Paulista, v. 19, n. 3, p. 433-441, set./dez. 2014.

A Constituição Federal de 1988, consagra em seu art. 227:

> É dever da família, da sociedade e do Estado assegurar à criança, ao adolescente e ao jovem, com absoluta prioridade, o direito à vida, à saúde, à alimentação, à educação, ao lazer, à profissionalização, à cultura, à dignidade, ao respeito, à liberdade e à convivência familiar e comunitária, além de colocá-los a salvo de toda forma de negligência, discriminação, exploração, violência, crueldade e opressão.

Observou-se que o princípio jurídico da fraternidade, inserto do preambulo, corrobora e sustenta a avosidade como algo salutar para a construção e consolidação dos laços familiares.

O Estatuto da Criança e do Adolescente, além de reproduzir a principiologia da Carta Magna, inaugura, nos artigos abaixo, específica proteção à dignidade infantil e ao seu protagonismo:

> Art. 17. O direito ao respeito consiste na inviolabilidade da integridade física, psíquica e moral da criança e do adolescente, abrangendo a preservação da imagem, da identidade, da autonomia, dos valores, ideias e crenças, dos espaços e objetos pessoais.
>
> Art. 18. É dever de todos velar pela dignidade da criança e do adolescente, pondo-os a salvo de qualquer tratamento desumano, violento, aterrorizante, vexatório ou constrangedor.

Dignidade é, sem dúvida, o maior valor do sistema jurídico brasileiro e na lição de Rodrigo da Cunha Pereira "A dignidade, portanto, é o atual paradigma do Estado Democrático de Direito, a determinar a funcionalização de todos os institutos jurídicos à pessoa humana", e com maior ênfase, os institutos de direito de família. Ao lado dela, vimos que a fraternidade densifica ainda mais os vínculos familiares a embasar, cada vez mais, a restruturação das famílias e seus conceitos com vistas a abrigar e integrar seus membros, sejam eles biológicos ou não.

Tudo isso vem da própria história da humanidade e do Direito. Há uma preocupação maior com os direitos humanos, a partir de novas concepções e direitos fundamentais, protagonizando as crianças e adolescentes um novo eixo de estudo e trabalho, que, voltados a sua formação física, emocional e espiritual, com base nos ensinamentos do escritor francês Philippe Aries, em sua obra, publicada em 1960 – "História Social da Criança e da Família"[21] –, leva-nos a um novo olhar e compreensão sobre esses sujeitos de direitos.

A partir do momento em que a criança e o adolescente passam a ser sujeitos de Direito, cria-se todo um sistema jurídico voltado para esse campo com vistas a concretizar os direitos consagrados na Constituição Federal e Diplomas Internacionais.

Nesse caminho, a criança e ao adolescente tornam-se o centro das famílias atuais e não mais apêndices. Sujeitos de direito com aspirações próprias de sua fase em busca de um desenvolvimento sadio e equilibrado que formarão cidadãos éticos e preparados para a vida em sociedade. A preocupação com as crianças e adolescentes interfere no conceito de família e redesenha os papeis e funções da estrutura familiar, para contemplar sujeitos que devem estar comprometidos com a materialização dos direitos da infância e a adolescência.

---

21. ARIÈS, Philippe. *História Social da criança e da família*. Tradução de Dora Flaksman. 2. ed. Rio de Janeiro, Zahar, 1981, p. 181-186.

Para Pietro Perlingieri, a família é valor universal e atemporal, e se é favorável ao desenvolvimento do indivíduo, que prevaleça então o princípio de conservação, afinal [...] "é preciso garantir de especial modo a conservação de uma formação social que possa tutelar e desenvolver a pessoa humana", para além, inclusive, da estrutura conjugal e de suas modalidades, eis porque a convivência familiar está além das modalidades de união amorosa e seus arranjos. Também nesse contexto, ganha relevo a avosidade como mais uma relação estruturante no desenvolvimento infantil e do indivíduo.

A constitucionalização do direitos civil,[22] qual seja a incidência dos efeitos constitucionais nas relações familiares, assim como a horizontalização dos direitos fundamentais nas relações privadas como um todo, também contribuiu significativamente para o redimensionamento da função da família para os indivíduos, reorientando seus significados e substanciando as inter-relações dos seus componentes, alertando a necessidade de que a família se constituísse de um espaço onde as subjetividades fossem desenvolvidas com dignidade e fraternidade, em busca da felicidade.[23]

O afeto, apesar de não constar expressamente do Código Civil, nesse novo contexto, tornou-se um princípio fundamental e norteador das relações jurídicas familiares. No dizer de Edson Fachin, a família eudemonista é aquela cuja função é realizar o indivíduo, no seu mais profundo aspecto, uma vez que é pacífica, do ponto de vista biopsicossocial, a importância do vínculo afetivo e familiar na construção e maturação da personalidade humana.

Paulo Lôbo[24] destaca também que:

> (...) a família recuperou a função que, por certo, esteve nas suas origens mais remotas: a de grupo unido por desejos e laços afetivos, em comunhão de vida. O princípio jurídico da afetividade faz despontar a igualdade entre irmãos biológicos e adotivos e o respeito a seus direitos fundamentais, além do forte sentimento de solidariedade recíproca, que não pode ser perturbada pelo prevalecimento de interesses patrimoniais. É o salto, à frente, da pessoa humana nas relações familiares.

Sobre a afetividade no sentido objetivo e não estritamente de sentimentos de afeto e carinho exclusivamente, pondera Paulo Lôbo:[25]

> Por outro lado, a afetividade, sob o ponto de vista jurídico, não se confunde com o afeto, como fato psicológico ou anímico, este de ocorrência real necessária. O direito, todavia, converteu a afetividade em princípio jurídico, que tem força normativa, impondo dever e obrigação aos membros da família, ainda que na realidade existencial entre eles tenha desaparecido o afeto. Assim, pode haver desafeto entre pai e filho, mas o direito impõe o dever de afetividade.

---

22. LÔBO, Paulo. A Constitucionalização do Direito Civil Brasileiro. In: TEPEDINO, Gustavo (org.). *Direito Civil Contemporâneo*. Novos problemas à luz da legalidade constitucional. São Paulo: Atlas, 2008 (p. 18-28), p. 17.
23. BARROSO, Luís Roberto. A Constitucionalização do Direito e o Direito Civil. In: TEPEDINO, Gustavo. (org.). *Direito Civil Contemporâneo*. Novos problemas à luz da legalidade constitucional. São Paulo: Atlas, 2008 (p. 238-261), p. 258
24. LÔBO, Paulo. *O Princípio Jurídico da Afetividade na filiação*. Disponível em: [http://www.ibdfam.org.br/?artigos&artigo=130]. Acesso em: 28.06.2020.
25. LÔBO, Paulo. *Paternidade socioafetiva e o retrocesso da Súmula 301 do STJ*. Disponível em: [http://jus2.uol.com.br/doutrina/texto.asp?id=8333]. Acesso em: 28.06.2020.

Para a Catarina Almeida:[26]

> A maior parte das relações familiares é frequentemente, pautada por esse elo emocional que impulsiona as aproximações, a permanência, o cuidado, a sobrevivência. E isso não é privilégio apenas da espécie humana. Muitas outras espécies de animais se agrupam afetivamente e assim permanecem, muitas vezes, por toda vida. O afeto é parte da vida.

É justamente porque o fim da convivência familiar é a busca da felicidade de seus membros, por meio de relações afetivas e afetuosas, que desponta a importância do afeto no pensamento jurídico nos dias de hoje, mudando-se a percepção do conceito de família e a funcionalidade de suas vivências multifacetadas. Trata-se de um princípio jurídico, mais do que um simples valor. É valor positivado com força principiológica.

O cuidado, inclusive desponta para a moderna doutrina civilista brasileira como um valor jurídico, aproximando solidariedade e responsabilidade, na proteção que deve ser dispensada aos vulneráveis.[27] A fonte principiológica do cuidado e do afeto, certamente, é a fraternidade como valor e princípio fundante.

Diante das novas premissas estabelecidas acima, que oxigenam o direito de família para melhor compreender sua função para os indivíduos, não como um fim em si mesma, observa-se que a avosidade desponta como um elemento que realmente merece atenção, tanto do ponto de vista da importância para os avós quanto para os netos e a cumplicidade que dessa relação pode advir, possibilitando o exercício da fraternidade entre ambos.

Eles não têm a responsabilidade que existe dos pais pelos filhos, conforme preceitua o art. 1.634 do Código Civil como, por exemplo, dirigir a criação e a educação dos filhos (inciso I), mas são colaborativos e cooperativos no dever de observar todos os direitos que permitem o desenvolvimento sadio infantojuvenil.

Em regime de fraternidade, a participação na vida dos netos influi positivamente através da colaboração para materialização dos direitos do indivíduo nessa fase. De outro lado, os avós aprendem, crescem e se realizam emocionalmente e espiritualmente nesse intercambio salutar que se estabelece com a participação dos avós na vida de qualquer indivíduo.

Os avós são construtores e não atores principais, eles são grandes incentivadores e partícipes na vida dos netos e essa avosividade é extremamente saudável e desejada para a busca da felicidade de ambos nessa relação afetuosa.

Nesse sentido, conclui-se que a avosidade deve ser estudada e garantida pelo ordenamento jurídico brasileiro, como direito autônomo, como elemento integrativo da estrutura familiar, pautada pela fraternidade, e, por isso mesmo, em se tratando se descoberta de vínculos consanguíneos e afetivos, é que se deve enfrentar a possibilidade de netos buscarem dos avós a sua origem e ancestralidade, como será abordado a seguir.

---

26. OLIVEIRA, Catarina Almeida de. *Relações existenciais decorrentes do poder familiar e sua tutela pelas normas do direito das obrigações.* Tese de Doutorado. Universidade Federal de Pernambuco. 2012, p. 82.
27. Sugere-se a leitura das seguintes obras: PEREIRA, Tania da Silva; OLIVEIRA, Guilherme de. *O Cuidado como Valor Jurídico.* Rio de Janeiro: Forense, 2008; PEREIRA, Tania da Silva; OLIVEIRA, Guilherme de. *Cuidado & Vulnerabilidade.* São Paulo: Atlas, 2009.

4. DA BUSCA DA ANCESTRALIDADE ATRAVÉS DOS AVÓS E DO DIREITO DE INTEGRAÇÃO FAMILIAR

O direito à busca da ancestralidade ou da origem genética já é reconhecido pela doutrina e jurisprudência brasileiras.

Com advento da Constituição de 1988, o ser humano passou a ser o centro das tutela jurídica[28] no ordenamento jurídico brasileiro, havendo inúmeras normas e decisões que reforçam a necessidade de humanização no direito civil,[29] como consequência da constitucionalização[30] do direito privado como um processo de transformação no processo hermenêutico[31] dos princípios e regras no Código Civil. É no Direito Civil que essa mudança axiológica ganha mais força, dado o caráter individualista e patrimonialista do Código oitocentista. Para tanto, princípios e normas têm sido reinterpretados à luz da Constituição de 1988, em que o patrimônio perde sua importância fundamental para dar lugar ao aspecto humano das relações interpessoais.

Nesse caminho, a preocupação com a integridade do indivíduo, com o estabelecimento e o reforço de seus direitos de personalidade, disciplinados no art. 11 e ss. do Código Civil de 2002, dentre eles o direito à vida, ao corpo, ao nome, à imagem, honra, nesse mundo veloz e complexo, assentaram-se discussões sobre um suposto direito do indivíduo ao descobrimento de suas origens genéticas.

A consolidação do reconhecimento da importância da socioafetividade e da fraternidade, como vimos no tópico anterior, também integra essa reconstrução dos postulados da parentalidade e das noções de famílias que embasam a conclusões pelas quais o Direito de Família vem integrando, destacando-se nesse aspectos a parentalidade socioafetiva[32] que nada mais é do que a necessidade de se reconhecer juridicamente os laços de amor e afeto que vão muito além de aspectos biológicos e consanguíneos.[33]

A busca da origem biológica torna-se um ponto de relevante discussão para o direito de família, como possível fundamento do reconhecimento da paternidade ou maternidade. Todavia, a jurisprudência já consolidou que somente é possível se reivindicar o estado de filiação nos casos de não haver sido construído qualquer espécie de laço filial, sob pena de evitar teratologias em situações de vida, com efeitos jurídicos a

---

28. Carlos Britto concebe o humanismo como o princípio em BRITTO, Carlos Ayres. *O humanismo como categoria constitucional*. Belo Horizonte: Fórum, 2007.
29. Há uma lista valiosa de produção intelectual no campo do direito de família e, nesse setor, vale conhecer os estudos do professor Paulo Luiz Netto Lobo em LÔBO, Paulo Luiz Netto. *Entidades Familiares Constitucionalizadas*: para além do *numerus clausus*. Disponível em: [http://www.ibdfam.org.br/assets/upload/anais/193.pdf]. Acesso em: 30.06.2020.
30. Não se pretende aprofundar o estudo desse fenômeno, porquanto foge aos verdadeiros objetivos deste trabalho, porém importante sua citação por se tratar de um dos paradigmas teóricos que propicia terreno fértil para discussão do direito à origem genética.
31. O civilista italiano Pietro Perlingieri apregoa que "a normativa constitucional não deve ser considerada sempre e somente como mera regra hermenêutica, mas também como norma de comportamento, idônea a incidir sobre o conteúdo das relações entre situações subjetivas, funcionalizando-as aos novos valores" em PERLINGIERI, Pietro. *Perfis de Direito Civil*. Introdução ao direito civil constitucional. 3. ed. Rio de Janeiro: Renovar, 2007, p. 12.
32. WELTER, Belmiro Pedro. *Investigação de paternidade*: legitimação passiva na ação. *Revista Brasileira de Direito de Família* – n. 2, jul-ago-set/99, Editora Síntese, p. 27 a 36. Acesso em: 30 jun. 2020.
33. CASSETTARI, Cristiano. *Multiparentalidade e parentalidade socioafetiva*: efeitos jurídicos. 3. ed. São Paulo: Atlas, 2017, p. 18.

provocar a desigualdade entre irmãos, por exemplo, no seio da família. Dessa forma, o entendimento atual da doutrina e da jurisprudência é pela inadmissibilidade da busca da origem genética com fins de determinação do estado de filiação.

Esse tema já foi abordado analisando as consequências do descobrimento da origem genética nos casos de inseminação artificial heteróloga[34] e de filhos adotivos e concluímos que tanto o filho oriundo de inseminação artificial heteróloga quanto o adotivo ou ainda nos casos de posse de estado de filho é preciso assegurá-los o direito de informação da origem genética[35].

O fundamento jurídico para essa busca é, indubitavelmente, o pleno direito à informação inerente a qualquer ser humano de ser integrado na sua ancestralidade e historicidade que é parte integrante do direito da personalidade, cuja formação agrega elementos históricos que estão presentes desde o nascimento e até aqueles que existem na história da família no qual está inserido e elementos de origem intrapessoal, que perfazem o desenvolvimento psíquico, e emocional da pessoa.

Paulo Otero[36] aborda as dimensões que envolvem a identificação da pessoa: a) dimensão absoluta – cada pessoa tem identidade definida por si própria, expressão de caráter indivisível e único, sendo uma realidade singular que a distingue das demais – e b) dimensão relativa ou relacional – toda pessoa tem uma memória familiar conferida pelos seus antepassados – sendo as duas indispensáveis na caracterização do indivíduo.

O sistema jurídico brasileiro assegura a proteção desse peculiar direito de informação não de forma expressa, mas sim mediante o trabalho hermenêutico, extraído da conjugação de diversos princípios de matriz constitucional, a saber, no princípio da igualdade (art. 5º, caput); proteção integral à criança e ao adolescente (art. 227, caput), plena igualdade entre os filhos, (art. 227, §6º), paternidade responsável (art. 226, §7º), do princípio da dignidade da pessoa humana (art. 1º, inciso III) e do art. 1.591, Código Civil.

O princípio da igualdade aponta que não haverá distinções entre o tratamento aos filhos naturais e àqueles provenientes de inseminação artificial ou por outros meios, concebendo-o a estes o direito de conhecer suas origens biológicas, tal como é evidente na realidade dos primeiros, quando essa revelação tem função essencial no desenvolvimento ou na complementação da integridade do ser.

A Convenção sobre os Direitos da Criança (art.7º) reconhece o direito à informação sobre a origem biológica, determinando que sua tutela é imprescritível e o direito é personalíssimo, não se transmitindo aos herdeiros.[37]

O artigo 27 do Estatuto da Criança e do Adolescente, praticamente reproduziu o assunto, de forma expressa:

---

34. LOBO, Paulo Luiz Netto. *Direito ao estado de filiação e direito à origem genética*: uma distinção necessária R. CEJ, Brasília, n. 27, p. 47-56, out./dez. 2004.
35. GOLDHAR, Tatiane Gonçalves Miranda. O Direito à informação e ao conhecimento da origem genética. In: ALBUQUERQUE, Fabíola Santos; et al. (Coord.). *Famílias do Direito Contemporâneo*: Estudos em homenagem a Paulo Luiz Netto Lôbo. Bahia: JusPodivm, 2010.
36. OTERO, Paulo. *Personalidade e Identidade genética e pessoal do ser humano*: um perfil constitucional da bioética. Coimbra: Almedina, 1999, p. 61.
37. Os herdeiros podem dar continuidade à ação ajuizada pelo titular do direito, após a sua morte.

Art. 27. O reconhecimento do estado de filiação é direito personalíssimo, indisponível e imprescritível, *podendo ser exercitado contra os pais ou seus herdeiros*, sem qualquer restrição, observado o segredo de justiça. Destaque nosso.

Observa-se claramente que os atributos desse direito estão muito bem definidos, no entanto, não contempla expressamente os avós paternos e maternos como sujeitos passivos da ação de descobrimento da origem genética.

Então, face a omissão do legislador, indaga-se: os avós podem ser sujeitos passivos na ação de busca da verdade biológica? Em caso positivo, quais são os efeitos desse direito do ponto de vista da avosidade?

A proteção integral da criança e do adolescente também resguarda esses sujeitos de buscar, mesmo quando adultos, tudo aquilo que beneficie ou seja vital ao seu desenvolvimento psíquico e físico, para fins de tornar-se um indivíduo completo e, portanto, apto a enfrentar a vida em sociedade.

Esse direito de informação das origens genéticas deve ser facilitado, a princípio, pelos pais ao auxiliar o desejo do filho na revelação de sua historicidade ou para possibilitar o recurso ao acervo genético que poderá salvar a vida da prole de determinadas enfermidades. Mas e os avós?

Quanto à dignidade da pessoa humana, ressai manifesto que a proteção do direito à informação da origem genética, arrimado em qualquer das razões dantes ilustradas – prevenção e prognósticos de doenças, evitar relações consanguíneas e incestuosas, descobrimento da historicidade com dado relevante da personalidade- representa substancial realização da dignidade humana, na medida em que proporciona a complementação do indivíduo através da integração de sua personalidade ou preservação de sua vida com o conhecimento do acervo genético.

É cediço que a personalidade não tem valor, não é economicamente mensurável e sua dignidade se realiza na busca dos elementos que a integra – memória familiar, ancestralidade, vida saudável, laços de afeto com outros sujeitos, exercício de direitos individuais –, através de meios juridicamente idôneos e eficazes disponíveis no sistema jurídico vigente.

Os efeitos declaratórios da origem genética, com integração da identidade do indivíduo no âmbito psíquico não afetam a filiação baseada na afetividade estabelecida entre a pessoa e sua verdadeira família, inexistindo importância jurídica-prática para essa categoria, porquanto os efeitos atingirão à personalidade do titular desse direito e não qualquer outro patrimonial, sucessório, de paternidade, assistência moral ou material, esperados com a procedência da investigatória de paternidade.[38]

Outrossim, a doutrina ilustra[39] que um efeito importante e necessário da declaratória de identificação genética seria o registro dos genitores no registro civil de nascimento do

---

38. No aspecto processual, a maneira mais adequada de proteção desse direito seria através de ação declaratória, sem que disso resulte qualquer efeito jurídico ou patrimonial em relação aos mesmos, nesse ponto reside a principal característica que diferencia o direito comentado do direito de filiação.
39. Tal possibilidade foi verificada em FEIJÓ, Adriana Maria de Vasconcelos. *A prova pericial do DNA e o direito à identidade genética*. Caxias do Sul: Plenum, 2007.

indivíduo, paras fins de certificação do dado biológico, convivendo documentalmente com o afetivo, sem que disso resulte qualquer incompatibilidade prática prejudicial ao beneficiado, à sua família e à sociedade.

Vale registrar posição da jurista Maria Berenice Dias:[40]

> Nada pode impedir a busca da verdade biológica. É descabido obstaculizar o exercício da ação pelo fato de o investigante ter um pai registral ou ter sido adotado. Em nenhuma dessas hipóteses pode ser negado acesso à Justiça, pois, como alhures se sinalizou, o direito de conhecer a verdadeira identidade integra o conceito de dignidade da pessoa humana.

Sendo assim, Maria Berenice Dias[41] continua no sentido de que:

> O direito de conhecer a verdadeira identidade integra o conceito de dignidade da pessoa humana. No entanto, gerando a adoção vínculo de filiação socioafetiva, *a declaração de paternidade não surte efeitos registrais, o que impede benefícios de caráter econômico*. De qualquer forma, é possível obter a declaração de paternidade genética sem desconstituir a filiação gerada pela adoção. Destaca-se.

O entendimento de Rolf Madaleno segue na mesma linha:[42]

> A origem genética é direito impregnado no sangue que vincula, por parentesco, todas as subsequentes gerações, inexistindo qualquer fundamento jurídico capaz de impedir que o homem investigue a sua procedência e que possa conhecer a sua verdadeira família e saber quem é seu pai.

O Superior Tribunal de Justiça[43] corroborando o raciocínio aqui exposto, tem feita a distinção necessária e acolhido o direito na busca da verdade biológica do indivíduo. Mais recentemente, o Superior Tribunal de Justiça também já deixou claro o entendimento de que a busca pela ancestralidade não gera necessariamente vínculos de parentalidade:

> Dessa forma, no conflito entre o interesse patrimonial do irmão que ajuíza esse tipo de ação, para o reconhecimento de suposta verdade biológica, e a dignidade do réu em preservar sua personalidade – sua intimidade, identidade, seu status jurídico de filho –, deve-se dar primazia aos últimos. Ainda que assim não fosse, isto é, mesmo que, na situação em análise, reconheça-se a presunção relativa decorrente da negativa da demandada em se submeter ao DNA, nenhuma consequência prática nem jurídica poderia advir daí. Isso porque o STJ sedimentou o entendimento de que, em conformidade com os princípios do CC e da CF de 1988, o êxito em ação negatória de paternidade depende da demonstração, a um só tempo, de que inexiste origem biológica e também de que não tenha sido constituído o estado de filiação fortemente marcado pelas relações socioafetivas e edificado na convivência familiar. Vale dizer que a pretensão voltada à impugnação da paternidade não pode prosperar quando fundada apenas na origem genética, mas em aberto conflito com a paternidade socioafetiva. Portanto, o exame de DNA em questão serviria, por via transversa, tão somente para investigar a ancestralidade da ré, não tendo mais nenhuma utilidade para o caso em apreço. Ocorre que, salvo hipóteses excepcionais, o direito

---

40. Tribunal de Justiça do Estado do Rio Grande do Sul. Adoção. Investigação de paternidade. Possibilidade. Apelação Cível n. 70014442743-RS, Rel. Des. Maria Berenice Dias, DJ 26.04.2006.
41. DIAS, Maria Berenice. *Manual de Direito das Famílias*. Revista, atualizada e ampliada. 4. ed. São Paulo: Revista dos Tribunais, 2007, p. 442.
42. MADALENO, Rolf. *Repensando o Direito de Família*. Porto Alegre: Livraria do Advogado Editora, 2007, p. 139.
43. STJ, 3ª Turma, REsp 127541/RS, Rel. Min. Eduardo Ribeiro, j. 10.04.2000, DJ 28.08.2000; STJ, 4ª Turma, REsp: 140665/MG, Rel. Min. Sálvio de Figueiredo Teixeira, j. 17.09.1998, DJ 03.11.1998; STJ, 3ª Turma, REsp: 833712/RS, Rel. Min. Nancy Andrighi, j. 17.05.2007, DJ 04.06.2007.

de investigação da origem genética é personalíssimo, e somente pode ser exercido diretamente pelo titular após a aquisição da plena capacidade jurídica.[44]

Para os fins dessa pesquisa, centrar-se-á a análise na decisão prolatada no REsp 807.849-RJ, Rel. Min. Nancy Andrighi, julgado em 24/3/2010, na qual a ação foi movida em face dos avós:

> O direito à busca da ancestralidade é personalíssimo e, dessa forma, possui tutela jurídica integral e especial nos moldes dos arts. 5º e 226 da CF/1988. O art. 1.591 do CC/2002, ao regular as relações de parentesco em linha reta, não estipula limitação dada sua infinidade, de modo que todas as pessoas oriundas de um tronco ancestral comum sempre serão consideradas parentes entre si, por mais afastadas que estejam as gerações. Dessa forma, uma vez declarada a existência de relação de parentesco na linha reta a partir do segundo grau, essa gerará todos os efeitos que o parentesco em primeiro grau (filiação) faria nascer. As relações de família, tal como reguladas pelo Direito, ao considerarem a possibilidade de reconhecimento amplo de parentesco na linha reta, ao outorgarem aos descendentes direitos sucessórios na qualidade de herdeiros necessários e lhes resguardando a legítima e, por fim, ao reconhecerem, como família monoparental, a comunidade formada pelos pais e seus descendentes, inequivocamente se movem no sentido de assegurar a possibilidade de que sejam declaradas relações de parentesco pelo Judiciário para além das hipóteses de filiação.[45]

Ne referido processo, discutiu-se sobre a legitimidade dos netos para ajuizar, em face dos sucessores de seu pretenso avô, ação declaratória de relação avoenga cumulada com petição de herança, considerado o falecimento do pai, que não buscou em vida o reconhecimento da filiação. O acórdão recorrido prolatado pelo Tribunal de Justiça do Rio de Janeiro julgou no sentido de faltar aos netos legitimidade para agir, pois não poderiam pleitear direito alheio em nome próprio, conduzindo à carência da ação.

No caso, os ditos netos ajuizaram uma declaratória de relação avoenga, com petição de herança, em 1999, na condição, respectivamente, de filhos de pessoas (pais) que eram filhas de supostos avós. O Ministério Público, ao fundamento de que os herdeiros são expressamente legitimados a perseguirem o direito à filiação de ascendente não reconhecido em vida, nos termos do art. 1.609 do CC/02, acolhei a legitimidade dos netos para buscar sua ancestralidade.

Nancy Andrighi apregooú que "os netos, assim como os filhos, possuem direito de agir, próprio e personalíssimo, de pleitear declaratória de relação de parentesco em face do avô, ou dos herdeiros se premorto aquele, porque o direito ao nome, à identidade e à origem genética estão intimamente ligados ao conceito de dignidade da pessoa humana".

Não se olvide que o inciso II, do art. 1.605, Código Civil, permite a prova da filiação "quando existirem veementes presunções resultantes de fato já certos".

Para Alice de Souza Birchal:[46]

> (...) o parentesco na linha reta é infinito. Isso se dá porque a legislação tem como parâmetro digno de proteção jurídica o vínculo biológico existente no núcleo familiar. E, em tese, o afeto na linha reta é

---

44. STJ, 4ª Turma, REsp 1115428/SP, Rel. Min. Luis Felipe Salomão, j. 27.08.2013, DJe 27.09.2013.
45. STJ, 2ª Seção, REsp 807849/RJ, Rel. Min. Nancy Andrighi, j. 24.03.2010, DJe 06.08.2010.
46. BIRCHAL, Alice de Souza. *A relação processual dos avós no direito de família*: direito à busca da ancestralidade, convivência familiar e alimentos. Afeto, Ética, Família e o Novo Código Civil – Anais do IV Congresso Brasileiro de Direito de Família, Coordenador Rodrigo da Cunha Pereira. Belo Horizonte: Del Rey, 2004, p. 43.

sempre infinito (pais e filhos; avós e netos; bisavós e bisnetos etc.) e na colateral, a partir do quarto grau, tais relações afetivas ficam demasiadamente distantes. Portanto *o Direito protege este afeto pela sua relevância emotivo-social, nestes limites: linha reta infinita e linha colateral limitada ao 4o grau*. Destaque nosso.

As palavras da Desembargadora do TJMG acima vão ao encontro do art. 1.591 do CC que preceitua "são parentes em linha reta as pessoas que estão umas para com as outras em relação de ascendentes e descendentes", e não determina um teto, um limite para a filiação, dessa forma, todas as pessoas oriundas de um tronco ancestral comum, sempre serão considerados parentes entre si, por mais distantes que sejam as gerações.

Por isso que a declaração da existência de relação de parentesco ascendente na linha reta a partir do segundo grau resultará em todos os efeitos que o parentesco em primeiro grau (filiação) faria nascer, por decorrência lógica, afinal, o parentesco em linha reta é infinito, segundo interpretação sistemática e teleológica que se extrai dos arts. 1.591 e 1.594, do Código Civil não se limitando sequer com a morte, a justificar sua tutela jurídica em face dos avós.

No julgamento do REsp 807.849-RJ, Nancy Andrighi finaliza:[47]

> Sob a ótica da moderna concepção do Direito de Família, não se mostra adequado recusar aos netos o direito de buscarem, por meio de ação declaratória, a origem desconhecida. Se o pai não propôs ação investigatória quando em vida, a via do processo encontra-se aberta aos seus filhos, a possibilitar o reconhecimento da relação de parentesco pleiteada.

Resta claro que a possibilidade jurídica se justifica quando a ação tem por fim exclusivo a investigação da relação de ancestralidade não de paternidade com vínculos filiatórios. Pela leitura que deve ser feita da Constituição Federal, precisamente do art. 227, § 6º, tanto os netos, filhos dos filhos, reconhecidos pelo avós têm direito à pesquisa da ancestralidade – que já o é definida – mas também os netos dela – ancestralidade – decorrentes, impedindo qualquer violação ao princípio da igualdade entre netos.

Dessa forma, não é justo e plausível pensar que os netos não reconhecidos espontaneamente pelos avós, maternos ou paternos, não poderiam representar seus pais na herança dos avós, sob pena de se afrontar o princípio jurídico da igualdade.

Se a ação declaratória avoenga de ancestralidade for procedente, seguidamente, há que defenda que caberia ainda aos interessados ajuizar a ação de petição de herança[48] diante do direito de o neto representar seu ascendente premorto, na herança dos avós, ainda que o seu genitor tenha falecido sem investigar sua origem genética, o que não pode é que porque este (genitor) não exerceu esse direito, impedir que os netos (seus filhos) o façam, afinal estar-se-ia punindo o descendente pela inercia de seu ascendente o que não cabe à luz da interpretação mais ampliativa e teleológica da filiação como posta no ordenamento jurídico brasileiro.

---

47. STJ, 2ª Seção, REsp 807849/RJ, Rel. Min. Nancy Andrighi, j. 24.03.2010, DJe 06.08.2010.
48. Como se trata de direito patrimonial, o prazo prescricional é de 10 anos.

Pertinente é a conclusão de Belmiro:[49] "(...) o direito personalíssimo do filho é o mesmo direito personalíssimo do pai, do avô, do neto etc. (...) Se o filho não quer exercer o seu direito, não se pode proibir que seu filho (neto) possa exercê-lo, sob pena de se estar negando ao neto o exercício de seu direito nativo de personalidade".

É dizer: se Estatuto da Criança e do Adolescente anuncia expressamente que o exercício do direito de reconhecimento da paternidade pode ser exercitado contra os pais ou seus herdeiros, sem qualquer limite, forçoso concluir que, não tendo o filho buscado o direito à perfilhação, o neto terá plena legitimidade para fazê-lo, exercendo o seu direito personalíssimo ao nome em face do seus avós.

De outro lado, impõe-se reconhecer também que para além de um dever, aos avós, demandados, também assiste o direito de serem reconhecidos na descendência daqueles sujeitos que com ele possuem vínculos de historicidade.

A perspectiva proposta não é apenas olhar o direito dos netos, mas sobretudo do direito desses avós acharem-se contidos na história de seus "novos" netos como parte de sua história de vida. A par dos transtornos e dificuldades que tais demandas podem gerar no plano de vida dos envolvidos, sobretudo no aspecto patrimonial quando for possível reconhecer e concretizar o direito sucessório, e principalmente dos avós, sobretudo quando esse reconhecimento interfere no plano sucessório, não se pode olvida que para esses avós essa descoberta pode ser extremamente positiva e substanciar a avosidade (exercício do afeto na relação entre avós e netos) com esses novos indivíduos, agora integrantes de sua vitória de vida.

Por mais que nessas demandas, netos e avós já não conseguirão uma relação de vida e convivência em que seja possível reconstruir laços ao longo da vida, porquanto normalmente são demandas ajuizadas por adultos, pode-se entender que, ainda, assim é possível que a construção desse liame biológico dê ensejo ao desenvolvimento de laços afetivos únicos e importantes na vida dos protagonistas: avós e netos.

E nesse passo, se possível for o exercício da função da avosidade no campo de vida dos envolvidos, ainda sim será maior o ganho afetivo, de experiência, de fraternidade e afeto a ser vivenciados pelos netos e avós.

5. DA CONCLUSÃO

Na era da afetividade e das relações pautadas pela solidariedade e fraternidade, tem-se a relação avoenga como tema de suma relevância tanto no aspecto social como no campo do direito.

Sem o objetivo de esgotar a temática, o artigo estudou a avosidade e suas implicações no direito de família, tendo como pressuposto teórico a fraternidade. Para tanto, demonstrou o fundamento jurídico para a pretensão de busca de verdade biológica e de

---

49. WELTER, Belmiro Pedro. *Teoria tridimensional no direito de família*: reconhecimento de todos os direitos das filiações genética e socioafetiva. Revista Brasileira de Direito de Família, v. 10, n. 8, p. 104-123, 2009. Disponível em: [http://www.amprs.org.br/arquivos/revista_artigo/arquivo_1246467677.pdf]. Acesso em: 30.06.2020.

ancestralidade dos netos em face dos avós e, a partir de decisões do Superior Tribunal de Justiça retratou as premissas e orientações interpretativas estabelecidas.

Como ficou claro ao longo do desenvolvimento, a demanda judicial de descobrimento de origem genética na relação avoenga é possível e garante aos envolvidos direito personalíssimo de busca da ancestralidade de modo a viabilizar, se assim desejarem as partes envolvidas, o exercício da função da avosidade.